Ouvrages donnés en prime par le journal la PATRIE.

DETTES DE CŒUR
Par AUGUSTE MAQUET.

LE CHEVALIER DE MAILLY
Par MOLÉ-GENTILHOMME et C. GUÉROULT.

UNE SOEUR DU CID
Par MARIE AYCARD.

PARIS
AUX BUREAUX DE LA PATRIE
RUE DU CROISSANT, 12.

1857.

DETTES DE CŒUR

PAR

AUGUSTE MAQUET.

DETTES DE CŒUR

Par

AUGUSTE MAQUET.

DETTES DE CŒUR.

PREMIER VOLUME.

CHAPITRE Ier.

Il y a quatre ans, en hiver, un grand vieillard sec et frais, une de ces figures sérieuses et sereines, que le peuple nomme si bien figures respectables, M. de Bierges, conseiller à la cour des comptes, montait lentement les degrés d'un large escalier rue de l'Université, faubourg Saint-Germain. Six heures et demie sonnaient, l'heure du dîner. Soigneusement enveloppé dans sa redingote ouatée, il posait le pied sur chaque marche à de longs intervalles, comme un convive qui craint d'arriver le premier. Cependant, telle ne devait pas être sa préoccupation, puisqu'il avait lu au bas de sa lettre d'invitation : *Nous serons seuls pour causer à l'aise.*

Que pouvait avoir à lui dire la baronne Chaudray, son hôtesse, et pourquoi ce dîner en dehors du mercredi de chaque quinzaine? Voilà le problème qu'agitait M. de Bierges, et qu'il n'avait pas encore résolu, quand, à bout de conjectures et de degrés, il dut s'arrêter au deuxième étage et saisir le bouton du timbre.

Mme la baronne Chaudray, femme du célèbre savant de ce nom, du baron Chaudray, membre de l'Institut et de toutes les académies européennes, était, à quarante-cinq ans, non pas une femme agréable, mais la plus agréable de toutes les femmes. Grande, grosse et laide, avec une voix charmante et toutes les grâces d'une parfaite maîtresse de maison parisienne, elle avait su attirer et garder chez elle, bien à elle, le meilleur monde cosmopolite qui, autrefois, hantait le cabinet du grand naturaliste. Devenu son mari, M. Chaudray lui avait apporté en dot deux ou trois cents amis illustres collectionnés en Suède, en Russie, en Pologne, en Italie, en Angleterre, en Allemagne. Chacun de ces grands noms, il l'avait cueilli avec une plante inconnue, pêché avec une coquille rare, piqué avec un insecte précieux. Jamais Chaudray n'était revenu d'une excursion lointaine sans rapporter une ou deux douzaines d'amis nouveaux qui devenaient amis éternels en le connaissant homme après l'avoir admiré savant. Dix grands voyages, ses campagnes, à lui, avaient complété la collection ; et son cœur, si grand, si bon qu'il fût, n'en eût pu contenir davantage ; de même que sa poitrine, un peu maigre, avouons-le, n'eût pu loger une croix de plus dans le médailler universel qui la constellait.

Mme Chaudray, qui n'avait pas tant voyagé, apporta moins d'amis, mais plus d'argent dans la communauté. Elle était veuve d'un riche fabricant de produits chimiques, demi-savant, toujours en arrêt devant son illustre confrère de l'Institut, qu'il fournissait d'arsenic et d'alcools. Toutes les décorations, toutes les belles connaissances de Chaudray avaient souvent fait rêver l'ambitieuse marchande. En sorte qu'elle ne crut pas offenser le défunt en déposant son million aux pieds d'un pareil successeur. Quant à elle, la nouvelle baronne pressentait bien tout ce qu'elle gagnerait au marché.

Mariés depuis dix ans, le savant et sa baronne n'avaient pas une minute regretté leur liberté. Chaudray, tout entier, le jour, aux trois règnes, retrouvait avec bonheur le soir, un salon où ces trois règnes étaient représentés par les plus charmantes femmes, les plus gros diamans et les plus suaves fleurs. La baronne, parée tout le jour de la gloire de son mari, trônait à son tour une fois la semaine dans ce salon brillant, sa collection, à elle; spirituelle, engageante, tenace dans ses projets, elle était véritablement reine d'un monde d'insectes à cravate blanche ou à corset de satin, les plus précieux et les plus parfaits de la création, à ce que prétendent les naturalistes.

Telle était l'hôtesse qui attendait à dîner M. de Bierges, et l'avait engagé à venir causer avec elle. Le conseiller entrait dans la soixantaine. Homme intelligent, irréprochable, vieux fleuron d'aristocratie, il avait conquis l'amitié de la baronne en l'aidant de sages conseils et d'une aimable médiation lors de son mariage avec Chaudray. Sans doute, on l'eût souhaité un peu plus illustre, un peu plus ambitieux. Certes, c'était un sujet peu rare qu'un référendaire parmi tant de curiosités vivantes; mais, nous l'avons dit, la baronne était bonne et sensée. Elle savait que M. de Bierges avait un fils, un vrai trésor, un héros. Ce fils, âgé de vingt-sept ans à peine, était si beau, si charmant, si noble et si sage, on le disait si merveilleusement doué, qu'avec un peu d'aide il devait atteindre au faîte des gloires humaines, dans une société qui, disons-le, si elle force trop souvent l'homme de génie à replier ses ailes, l'encourage toujours, au début, à les déployer.

— Oui, dit la baronne au conseiller entre deux serremens de main bien affectueux, j'ai voulu vous voir de bonne heure aujourd'hui. Grande nouvelle !... Mais d'abord, êtes-vous bien certain que votre fils Armand viendra ce soir ici?

— Il me l'a promis, madame, et sans effort; il aime avec une sorte de passion votre maison et vous-même.

— A la bonne heure ! S'il me manquait ce soir, il renverserait le plus bel édifice... J'aurai beaucoup de monde ce soir.

— Ah ! dit le conseiller, à qui ces prolégomènes révélaient la gravité du sujet.

— Oui... le plus de monde possible, car vous savez qu'on a encore du mal à faire sortir de chez eux certains de nos amis depuis cette république.

La baronne soupira. Elle n'était pas républicaine. M. de Bierges sourit. Il était républicain encore moins qu'elle.

— Bah ! dit-il, est-ce qu'il y a une république ? Ne voyez-vous pas que les pavés sont remis à leur place ?

Elle daigna sourire à son tour.

— Je me hâte, ajouta-t-elle, de vous instruire quelque peu avant que M. Chaudray ne nous arrive. C'est qu'il ne soupçonne rien de mon petit complot, voyez-vous, et il ne faut pas qu'il soupçonne; il est rêveur et distrait à ce point qu'il nous vendrait à la première occasion.

— Vous conspirez donc, madame ? dit le conseiller.

— Oui, pour vous, ou plutôt pour votre fils. Ecoutez-moi.

M. de Bierges ne faisait que cela depuis un quart d'heure.

— Sachez d'abord, continua la baronne en allant chercher sur le bras du fauteuil la main fraîche et pâle du conseiller, sachez que vous êtes mon meilleur ami, et que je vous considère comme un frère.

Cette fraternité, la baronne en usait comme formule avec les jeunes gens, ou avec les vieillards : ceux-ci, bien flattés d'être ainsi rajeunis; ceux-là, très honorés d'être ainsi mûris par la sœur de quarante-cinq ans. Mais, respectée, aimée de tous, Mme Chaudray récoltait toujours quelque gracieuseté en échange de cette avance.

Le conseiller lui baisa la main.

— Donc, je vous aime, votre fils et vous, dit-elle. Vous, homme sans désirs, sans fièvre, un peu indolent, tranchons le mot, vous n'accepteriez peut-être rien de moi; mais votre fils n'a pas le droit de refuser l'activité que je veux lui offrir. Il a été sous-préfet avant mil huit cent quarante-huit; il serait préfet aujourd'hui sans cette révolution absurde. On pense, non sans raison, que tout ceci ne durera pas; préparons-nous à bien soutenir le vent sitôt qu'il nous soufflera en poupe. Combien donnerez-vous à votre Armand pour le marier ?

— Pour le marier ! s'écria M. de Bierges.

— Oui.

— C'est selon, madame.

— La femme que j'ai en vue pour lui, possède en propre, aujourd'hui, dix-huit cent mille francs.

Le conseiller bondit sur sa petite chaise capitonnée.

— Et je crois bien qu'il lui en reviendra autant à la mort de ses parens, ajouta la baronne.

— Mais, madame, murmura le conseiller, vous me croyez peut-être plus riche que je ne suis. L'habitude de l'économie, mes goûts simples et la bonne conduite d'Armand me permettent de paraître millionnaire avec trente petites mille livres de rente. Qu'est-ce que cette goutte d'eau dans l'océan d'or de votre nabab ?

— L'argent ne fait rien à l'affaire, reprit

sérieusement la baronne. La femme que je voudrais voir épouser votre fils est raisonnable, désintéressée, tout à fait mûre.

Le conseiller fit un nouveau bond sur son siège de torture.

— Mûre !... dit-il en gémissant. Car il ne pouvait s'empêcher de craindre que la future n'eût quarante ans. Or, comment manifester cette appréhension devant une femme de quarante-cinq ?

— Aussi mûre qu'on peut l'être à dix-neuf ans, interrompit la baronne avec un indulgent sourire, car elle n'a que dix-neuf ans, ma mariée, rassurez-vous, je ne crois même pas qu'elle les ait encore.

Le conseiller joignit les mains comme un naufragé sur sa planche de salut.

— Elle est de plus très jolie, très bonne et très bien élevée.

— C'est une perle alors ! s'écria M. de Bierges.

— Croyez-vous donc qu'ici l'on daigne classer la cornaline ou le strass ? Fi donc ! si je marie votre fils, c'est dans le but qu'il me bénisse chaque matin de sa vie. La jeunesse, la beauté, la douceur, l'esprit de sa femme, seront pour lui ; les trois ou quatre millions qu'elle lui apporterait, seront pour son ambition. Tâchez qu'il en ait. Je l'ai poussé à donner sa démission en quarante-huit...

— Rendez-lui justice, madame ; sa démission était envoyée quand vous lui en parlâtes.

— C'est vrai. Et puis il s'est bien battu en juin. Je le voyais de mes fenêtres, derrière les matelas qui me servait de gabion ; toujours son grand corps abritait mon pauvre petit Chaudray, qui, lui aussi, avait voulu descendre dans la rue. Je me suis juré que tout cela serait payé à votre fils. Vous verrez si je tiens parole.

— Amie incomparable ! s'écria le conseiller avec effusion... Quoi ! vous espérez qu'un tel mariage pourrait réussir !

— Pour peu que votre fils plaise à la jeune personne. Ah ! voilà, vous souriez, vous êtes un orgueilleux père, vous ne doutez pas du succès à cette condition. Là là !... prenez garde, nous avons affaire à une femme difficile !... Aux premiers mots que j'ai prononcés, aux premiers mots que l'on m'a répondus, je n'ai pas jugé la chose aussi aisée que votre fatuité se l'imagine.

Le ton légèrement sec avec lequel la baronne articula cette phrase calma l'élan du conseiller.

— Armand est loin d'être parfait, murmura-t-il ; mais je le garantis aussi près de la perfection que qui que ce soit en ce monde. D'ailleurs, ce n'est pas moi qui dis cela. Vous savez à cet égard l'opinion de quelques dames... difficiles et connaisseuses.

— Eh oui ! eh oui ! s'écria en riant la baronne ; mais il ne s'agit pas de ces dames-là. Celle dont il s'agit n'est pas connaisseuse du tout, et cependant elle a ses exigences, je vous en réponds, et cependant il faut qu'on lui plaise, oui ou non.

— Au moins serez-vous assez bonne, dit le conseiller, pour nous aider, nous diriger.

— Non ! non ! n'y comptez pas, répliqua la baronne avec une impétueuse franchise. J'ai promis de ne rien dire, de n'influencer personne. Je me suis engagée à faire voir M. Armand de Bierges tel qu'il est, ni plus, ni moins, et aussi naturel qu'on peut le désirer aux bougies d'un salon, sous un habit noir. Je ne ferai pas un geste, je ne dirai pas un mot qui contrarie ce programme. Il y a plus, vous allez me promettre, vous, me jurer, entendez-vous bien, que, ce soir, vous n'ouvrirez pas la bouche à votre fils de ce mariage ou des projets qui s'y rattachent. Allons, jurez, ou il n'y a rien de fait.

— Madame... balbutia le conseiller, vous êtes pressante...

— Et pressée, car, je vous le répète, si M. Chaudray arrive, nous nous mettons à table, et adieu notre conversation. Non, je ne veux pas que cette jeune fille soit surprise ; elle vaut votre fils, tout au moins, et si je m'occupe d'un contrat de mariage, c'est pour le faire complètement synallagmatique, comme vous dites, vous autres juristes. Ainsi, récapitulons : votre cher Armand entre, beau et gracieux comme il est ; vous vous laissez gravement serrer la main par lui à quelque table de whist où je vous aurai rivé. Puis, plus une parole de toute la soirée à ce fils parfait. Autre chose... celle-là je pourrais me dispenser de vous la prescrire, vous sachant délicat et fin comme vous l'êtes : ne regardez pas trop toutes ces jolies têtes blondes ou brunes qui oscilleront autour de vous ce soir. Cela vous étonne ?... J'ai donc bien fait de parler, puisque vous ne m'avez pas comprise malgré votre délicatesse... Non-seulement une fille à marier regarde son futur, mais elle regarde aussi le beau-père. On tient énormément à la figure du beau-père ; donc vous serez bien regardé. N'allez pas croiser vos yeux avec ces beaux yeux-là, qui m'accuseraient peut-être de vous avoir confié leur secret.

— Toutes vos volontés seront scrupuleusement obéies, dit le conseiller.

— Moi, fidèle à ma promesse, je laisserai notre jeune paon faire sa petite roue, je l'y exciterai; fiez-vous à moi. Je ne veux pas qu'il déplaise.

M. de Bierges se leva pour remercier chaleureusement son amie.

— Vous n'avez pas juré, dit-elle avec un affectueux sourire.

Il étendait la main, sérieux comme un tragique, quand le baron Chaudray entra bruyamment, non sans s'entortiller un peu dans l'épaisse portière de tapisserie à bandes de velours qui calfeutrait le boudoir de madame. Après les étonnemens et les poignées de main, on passa dans la salle à manger, et le dîner s'accomplit sans autre particularité remarquable qu'un redoublement d'appétit sous lequel M. de Bierges cachait peut-être ses paternelles préoccupations.

CHAPITRE II.

Le monde est pour le monde un attrait suffisant sans doute; mais la baronne Chaudray connaissait l'art d'ajouter à cet attrait des excitations nouvelles. Lectures, musique, apparitions d'étoiles, toujours quelque friandise intelligente lui servaient d'amorce et lui garantissaient d'avance un salon bien plein.

Je ne me souviens plus quelle était l'amorce ce soir-là, mais jamais la réunion n'avait été plus brillante. Par une gelée norwégienne qui diaprait les vitres de blancs panaches micacés, toute la belle société septentrionale s'était donné rendez-vous chez la baronne. Attirées, sans doute, comme des hermines, par ce beau froid tout national, les Suédoises aux fines épaules, les Russes enfouies sous la martre zibéline, les Polonaises éblouissantes de la fraîcheur d'un sang généreux arrivaient en foule, escortées d'un monde de ducs, de princes et de héros des légendes sarmates et scandinaves. Çà et là quelques noms français se risquaient, froides et timides syllabes, dans le cliquetis solennel des désinences étrangères, et, timides comme leurs noms, les Parisiennes envahies cherchaient à se grouper pour mieux soutenir le choc de ces vagues moirées, vagues de velours, de diamans et de beauté, qui faisaient à chaque minute leur entrée éblouissante.

Tranquille et souriante comme une autre Amphitrite, la baronne donnait à chaque visite quelque bienvenue de choix qui se reflétait aussitôt sur le visage des nouveaux arrivés. Puis Amphitrite passait à une autre vague.

M. de Bierges, le conseiller, perdu, comme il avait été convenu, à une table de whist, écoutait résonner chaque nom, et, malicieusement placé par son amie de façon à ne voir entrer aucun visage, il continuait ses conjectures, essayant de combiner l'attention qu'un joueur doit à chaque carte qui passe, avec l'attention qu'un père doit accorder à chaque héritière qui entre.

Mais il ne pouvait voir. Mal lui en prit. Il ne vit pas la baronne tressaillir légèrement quand l'huissier annonça mesdames et monsieur Dampmesnil; il ne la vit pas serrer les doigts d'une belle jeune fille aux yeux bleus, aux cheveux cendrés, qui entrait avec sa mère et son frère, et à laquelle, tandis que ce jeune homme cherchait des yeux la place où il allait conduire ses deux dames, Mme Chaudray trouva moyen de glisser à l'oreille :

— Il n'est pas encore arrivé, ma chère Lucienne. Le père est cette tête blanche qui joue au whist dans le salon bleu et qui tourne le dos à la porte.

Le regard brillant et noble de la jeune fille prit aussitôt la direction indiquée. Puis comme la route était plus commode et plus sûre par le salon bleu, ces trois personnes s'y aventurèrent. La jeune fille qu'on appelait Lucienne, sut trouver un coin plein d'ombre, du fond duquel, masquée par son frère et sa mère qui ne s'en doutaient pas, elle observa longtemps avec une profonde sagacité le visage du conseiller qu'illuminait pleinement le rayon de feu glissant sous l'abat-jour.

M. de Bierges perdait en ce moment, et sachant bien qu'il perdait à cause de ses distractions qui désolaient son partner, il souriait. Ce sourire du vieillard était doux et fin, il découvrait des dents encore fraîches. La jeune fille savait que le moment où la vieillesse rit est celui où la tabatière s'ouvre, elle regarda. Pas de tabatière. Le partner généreux offrit la sienne que M. de Bierges refusa courtoisement. Tout cet ensemble et chacun de ces détails plurent sans doute à Mlle Lucienne Dampmesnil, car son visage s'éclaira d'une lueur de satisfaction qui la rendit charmante. Elle regarda une dernière fois le vieillard qui soupçonnait bien peu cet examen formidable, il souriait toujours. Elle sourit aussi, poussa un petit soupir joyeux et passa dans le grand salon.

Là, perdue dans la foule, confondue avec vingt autres femmes aussi jeunes, aussi belles qu'elle, Mlle Dampmesnil, qui avait su se mieux placer que M. de Bierges pour voir au visage chaque arrivant, parut donner toute son attention aux conversations ou à l'excellente musique qui caressaient son oreille, et, de fait, elle n'écoutait rien, elle ne voyait rien, absorbée tout entière dans cette pensée qu'un nom allait d'une minute à l'autre retentir à cette porte, une tête, un corps s'encadrer dans cette porte, et qu'au premier aspect de certaine créature humaine encore inconnue, sa destinée à elle allait se trouver irrévocablement fixée. Ainsi rêvent les jeunes filles.

Ce supplice devait continuer encore. Dix heures, onze heures même passèrent sans que le nom attendu se fût fait entendre. Déjà Mme Chaudray fronçait le sourcil, déjà Lucienne, qui avait échangé avec elle plus d'un coup d'œil, s'efforçait de cacher une impatience voisine du dépit. Quant au conseiller, toute sa diplomatie allait échouer contre la mauvaise humeur que lui causait un retard si malencontreux, lorsque soudain retentirent à la porte ces deux noms :
— Mme la princesse Nevratzin !
— M. Armand de Bierges.

La baronne fit à Lucienne un clin-d'œil affectueux et s'avança cérémonieusement au-devant de la princesse, que présentait chez elle pour la première fois ce soir-là une noble Polonaise amie ancienne de Chaudray, la comtesse Sophia Gorthiany.

L'effet que le jeune homme eût pu produire s'il eût été annoncé seul, fut absorbé par l'admiration immense que souleva dans le salon cette princesse Novratzin.

L'enthousiasme se traduisit par de si éclatans témoignages, que Mlle Dampmesnil elle-même se laissa distraire à considérer l'étrangère. Superstitieuse, d'ailleurs, elle n'avait pu s'empêcher de remarquer l'étrange coïncidence qui avait lié ces deux noms l'un à l'autre la première fois qu'elle les entendait prononcer.

Quant au jeune homme qui était entré à la suite de ces dames, il était entré si pâle, si embarrassé, les yeux si confus, si visiblement attirés vers la princesse qui le précédait ; il avait si complaisamment disparu dans l'orbite de cet astre, que la première impression de Lucienne, celle sur laquelle elle comptait tant, ne fut, à proprement parler, qu'un désappointement et une souffrance.

Cependant son œil clair et perçant ne quitta pas M. Armand de Bierges ; elle le vit saluer, gauchement, faut-il le dire ? la baronne Chaudray, traverser comme s'il marchait sur des pieds de femme les deux salons pour aller saluer son père ; quelque temps il resta près de la table de jeu, cherchant un soutien, une contenance, toujours ses yeux revenaient au groupe de dames russes et polonaises parmi lesquelles trônait la princesse Novratzin ; il serait difficile d'exprimer la surprise et l'embarras de cette jeune fille, dont un pareil spectacle renversait de fond en comble toutes les idées.

A la fin, Armand se calma, il rencontra quelques jeunes gens de sa connaissance, on causa d'un air plus libre, on circula. L'homme peu à peu reprenait ses couleurs et sa grâce. Peu à peu, aussi, la tranquillité descendait dans les veines de Mlle Dampmesnil. Celle-ci, après avoir bien observé la princesse et détaillé son incomparable beauté, avait remarqué en elle ce calme, cette aisance d'un cœur absolument dégagé. Pas une fois la tête de Mme Novratzin ne s'était tournée vers le salon bleu, tandis que la comtesse Gorthiany, sa compagne, ne quittait pas ce salon du regard. Lucienne se rapprocha, comme par hasard, du fauteuil de la baronne. Celle-ci, par hasard aussi, fit signe quelques momens après à M. Armand de Bierges, qui accourut aussitôt. Lucienne se détourna bien vite, et, cachant son visage, ouvrit son cœur et ses oreilles. Le piège était tendu ; l'escarmouche commença.

CHAPITRE III.

— *Je l'exciterai à briller*, avait dit la baronne au père.

Celui-ci surveillait sans affectation le moment où brillerait son fils. Un whist ne dure pas éternellement. M. de Bierges se trouvant libre quelques minutes après qu'Armand se fut rapproché de la maîtresse de la maison, il s'en approcha aussi.

Il eut soin de rester au quatrième rang des hommes qui entouraient ce groupe, et, de là, son visage attentif à intercepter un signe de Mme Chaudray, semblait dire à la protectrice : Vous voyez que je tiens ma parole et que je ne puis adresser même un coup d'œil à Armand.

La baronne, voyant toutes choses disposées pour la réussite de son épreuve, attaqua franchement la situation. Mlle Dampmesnil, sur une causeuse adossée au fauteuil, ne pouvait être aperçue d'Armand qu'elle entendrait à merveille. Armand, accoudé sur l'angle de la cheminée, posait en pied sans qu'un seul de ses gestes, sans qu'une seule nuance de sa physionomie pût échapper à la jeune fille, dont l'éventail indien, en plumes semées de petits miroirs, réfléchissait le jeune homme soixante fois au lieu d'une.

— Comme vous êtes venu tard, dit la baronne, aux côtés de laquelle était venue s'asseoir la comtesse Gorthiany, splendide Polonaise aux yeux verts, aux cheveux ardens, aux formes antiques hardiment ciselées dans les plis d'un velours nacarat.

— Il faisait beau, madame, répliqua Armand, les rues sont sèches et le ciel étoilé; je suis venu à pied de mon boulevard de la Madeleine, et je compte m'en retourner de même.

La voix d'Armand était douce, légèrement voilée; le charme de la voix est aussi puissant que celui de la beauté, l'amour peut descendre dans un cœur par l'oreille aussi bien que par les yeux.

— Votre salon est brillant ce soir, ajouta le jeune homme.

— Éblouissant, dit la baronne, et les habits noirs doivent se trouver bien petits... S'ils étaient au moins en velours !

— Eh ! madame, répondit Armand, les hommes en seraient peut-être moins laids. Mais le lendemain les femmes auraient imaginé pour elles une étoffe près de laquelle notre velours serait piteux comme aujourd'hui notre drap.

— Vous avez donc bien peu d'imagination, messieurs, dit la comtesse Gorthiany. Cependant, paraître beau, c'est quelque chose.

— Nous ne serons jamais beaux comme vous, mesdames, dit un vieux général galant.

— Vous avez bien raison, mon général, interrompit Armand. Voyez donc là-bas, Mme la princesse Novratzin avec sa robe blanche et ses roses rouges. Habillez un homme de soie comme les colibris, d'or comme les faisans de la Chine, de lapis-lazuli, d'émeraudes et de diamans comme l'oiseau-mouche, et placez-moi ce gaillard-là auprès de cette femme simple comme un lys, vous verrez sa figure !

— Vous la trouvez donc bien belle ? demanda imprudemment la baronne, tandis que la comtesse Gorthiany, attentive et frémissante, attendait la réponse.

— C'est la beauté même, dit Armand. C'est plus que la beauté, c'est une femme. Il y a bientôt six mois qu'elle est à Paris, je crois, et je l'ai vue, quelques jours après son arrivée, au bal de l'ambassade. Ah ! mon Dieu, m'écriai-je en l'apercevant, voilà une femme ! et je dis cela comme si jamais encore je n'en eusse aperçu. Avouez, mesdames, que vous n'avez jamais, vous, entendu d'impertinence pareille; car vous êtes toutes bien belles, et plus belles peut-être que la princesse. Que voulez-vous, c'est une folie, une infirmité de mes yeux !

A l'énoncé de cette étrange déclaration, faite à demi-voix au centre du petit cercle, la baronne se sentit frémir. Elle lança au conseiller un regard de stupeur auquel celui-ci répondit par un geste désespéré. Etait-ce ainsi qu'Armand allait briller !

La tête de Lucienne s'abaissa sur l'éventail. La comtesse Gorthiany leva ses grands yeux sur Armand avec une expression intraduisible.

Quant à l'auteur de cet esclandre silencieux, il continuait de poser en cariatide sous la gerbe de fleurs de lys jaillissant d'une potiche du Japon. Rien ne l'avertissait des énormités qu'il venait de commettre. Son père le foudroyait en vain de coups d'œil fulgurans, la baronne toussait tout bas. Armand, pareil au juste d'Horace, n'eût pas senti le plafond crouler sur sa tête.

Mme Chaudray, en femme habile, en amie vraie, allait changer la conversation, et peut-être y eût-il eu encore quelque remède au mal. Mais, un fâcheux, M. Chaudray lui-même entra dans le groupe, il revenait de l'autre extrémité du salon, il quittait le quartier des belles Russes, et arrivait encore sous le charme.

— Je gage, dit-il, que vous parlez de la princesse Novratzin, cette merveille!

— Vous avez gagné, monsieur, répliqua Armand d'un ton enjoué.

— A-t-on jamais vu pareille enchanteresse ? ajouta le savant mythologique.

— C'est précisément ce que je disais à ces dames, interrompit le malheureux jeune homme à marier.

— Il est écrit qu'il y périra, pensa Mme Chaudray.

Et elle abandonna un sauvetage désormais impossible, après avoir en vain marché sur le pied du baron, qui lui baisa gracieusement la main au lieu de comprendre.

— J'ai, reprit-il, connu le prince Novratzin à Tobolsk, il n'était pas marié encore. Comme homme, il vaut presque sa femme.

— Oh ! s'écria quelqu'un.

— A une vingtaine d'années près, interrompit une autre personne, et cette personne c'était Armand!

La baronne, se levant par un dernier reste de charité, interrompit le malencontreux apologiste de la princesse. On voyait sous les boucles dorées de Mlle Lucienne vermillonner deux petites oreilles en feu.

Le groupe se dispersa, cherchant fortune ailleurs. Quelques chuchoteurs commentèrent l'enthousiasme d'Armand. La comtesse Gorthiany, longtemps rêveuse, finit par aller rejoindre son amie la belle princesse comme pour lui trouver quelque imperfection en la regardant de plus près.

Armand était retourné dans le salon bleu, excellent observatoire pour un contemplateur propagandiste. Il y fut suivi par quelques jeunes gens, ravis de sa profession de foi.

Quant au conseiller, pâle de dépit, éperdu de crainte, il manœuvrait dans le salon pour rencontrer par une sécante habile la grosse baronne rendue tout entière à ses devoirs de maîtresse de maison. La sécante aboutit ; les deux comploteurs se rencontrèrent dans un vide favorable.

— Eh bien ! madame ? balbutia le conseiller.

— Eh bien ! qu'en dites-vous ?

— J'en tremble encore.

— Il y a de quoi. On eût dit une gageure.

— Oh ! vous avez déployé tant de finesse, tant d'esprit pour le tirer de là, reprit le conseiller.

— Mon esprit et ma finesse ne l'en ont pas tiré du tout, dit la baronne. C'est perdu. La jeune personne en question était derrière moi, pour bien entendre ce que votre fils dirait de spirituel, et je vous réponds qu'elle a bien entendu.

Le conseiller laissa échapper un soupir.

— Je ne sais pas son impression, car je ne l'ai pas questionnée, continua la baronne, mais je la juge d'après moi-même, c'est une affaire manquée, mon cher ami.

Madame Chaudray était déjà loin que le père infortuné se lamentait encore à la même place. Enfin, il prit son parti et se dirigea vers Armand, qui, cette fois, entouré de gens désintéressés, tirait un véritable feu d'artifice aux dépens de la république, laquelle n'en pouvait mais.

— Oui, grommelait tout bas le conseiller furieux, aie de l'esprit ! brille, brille ! c'est bien le moment !

Armand finit par apercevoir sa tête allongée, boudeuse.

— Eh, mon cher père, dit-il avec sollicitude, comme te voilà triste ! souffres-tu ?

Le père, pour toute réponse, le tira du groupe.

— Ah ! je devine, continua Armand, tu as perdu au whist. On m'a conté tes distractions, ta défaite. Trente francs ! Père prodigue ! tu m'as coûté ce soir trente francs ! Voilà pourquoi tu ne parles plus.

— Je fais des économies de paroles, répondit le conseiller sèchement, aigrement. Et je voudrais pouvoir rattraper toutes celles qui ont été dites ce soir.

— Comment, murmura le jeune homme surpris de ce ton et de cette mine insolites.

— J'ai perdu trente francs, continua l'impitoyable vieillard, pour cinq distractions que j'ai eues ; mais je connais un spirituel jeune homme, qui n'a pas, ce soir prononcé une syllabe qui ne lui ait coûté vingt mille francs. Ce jeune homme était prolixe aujourd'hui, et j'évalue à quatre millions sa perte de la soirée.

— Que veux-tu dire, mon cher père ?

— Rien, que ce que j'ai dit. Viens-tu retrouver le boulevard de la Madeleine ?

Armand jeta un regard autour de lui. Cette atmosphère de parfums, d'esprit et de beauté, comment la quitter de si bonne heure ? Armand hésita.

— Ah ! s'écria le conseiller, qui avait surpris un vague regard décoché sur le quartier des dames russes, j'oubliais : tu veux rester encore un peu pour regarder Mme Novratzin? A ton aise, mon ami, à ton aise. Reste, tu en as bien le droit pour tes quatre millions.

Là-dessus il quitta son fils ; Armand, décontenancé par ce langage incompréhensible, ne songea pas même à le retenir. M. de Bierges soupira encore, et, fuyant l'œil vigilant de la baronne Chaudray, il gagna le vestibule, ensevelit son cœur gros dans sa chaude redingote et disparut.

Il était un peu plus de minuit. Déjà plusieurs fois, la princesse Novratzin avait consulté d'un clin-d'œil la pendule. Elle se leva enfin, fit quelques tours au bras de M. Chaudray ; la baronne essaya en vain de retenir son plus bel astre. A minuit vingt minutes, la princesse était partie.

Alors commença la déroute. Il y a presque toujours dans un salon, parmi tant d'essences diverses, un intérêt principal autour duquel gravitent, pendant toute la soirée, les élémens les plus rebelles, qu'entraîne dans son évolution le principe supérieur. Nul n'avoue et chacun sent cette supériorité et cet intérêt. Voilà pourquoi, un quart d'heure après le départ de Mme Novratzin, il s'était fait un vide considérable chez la baronne Chaudray.

Quelques dames protestant par leur ténacité contre ces fuites significatives, retinrent jusqu'à une heure des petits jeunes gens et des courtisans quinquagénaires, mais bientôt tout disparut, il ne resta dans le salon que M. Frédéric Dampmesnil, frère de Lucienne, accaparé par M. Chaudray, Mme Dampmesnil la mère, endormie dans son vaste fauteuil, et Lucienne qui vint s'asseoir près de la baronne après avoir vu du coin de l'œil M. Armand de Bierges franchir le seuil de l'antichambre.

La baronne prit la main de Lucienne, main froide et fine aux ongles fermes comme ceux d'un oiseau guerrier.

— Vous me pardonnez, dit la jeune fille, de vous retenir à une pareille heure. Mais j'ai voulu en finir, et vous remercier, vous si bonne pour moi.

— En finir surtout, répliqua la baronne avec enjouement, je comprends parfaitement cela.

Lucienne tenait ses yeux baissés, rêveuse plutôt que modeste.

— Pauvre garçon, reprit la baronne. A-t-il eu du malheur ! Enfin, vous avez voulu le voir naturel ; vous l'avez vu. J'espère que je ne vous l'ai pas fardé. Mais, avouez-le, quelle triste chance il a eue !

— Pourquoi? demanda Lucienne, est-ce à cause de ce qu'il a dit de Mme la princesse Novratzin?

— Mais je pense que oui, chère enfant ; l'éloge qu'il en a fait m'agaçait horriblement, quant à moi.

— Elle est en réalité fort belle, dit tranquillement Lucienne. Vous voudrez bien m'excuser, madame, si je vous questionne, si je vous fatigue ; mais vraiment, je mérite qu'on m'excuse. Me voilà bien seule au monde, avec cette pauvre mère, dont l'esprit décline tous les jours. Voyez.

Elle montrait la vieille dame souriant dans son profond sommeil.

— Avec mon frère, plus étourdi que jamais, malgré ses vingt-deux ans, et qui finira par lasser tous les protecteurs fidèles à la mémoire de mon père.

— Oh !... interrompit la baronne, ne craignez rien de ce côté. Le fils de l'amiral Dampmesnil ne lassera jamais l'intérêt public. S'il est un peu frivole, il a de l'honneur, et, vienne une occasion, il tiendra toujours dignement sa place sur un des vaisseaux qu'a commandés votre illustre père.

— Merci, pour lui, dit Lucienne émue, et Dieu vous entende ! Alors, ne parlons plus que de moi.

— Voyons, ma belle Lucienne,... vous vouliez me questionner?...

— Sur cette princesse Novratzin... Permettez-vous?

— Je vais vous dire tout ce que je sais, et un peu de ce que je ne sais pas. La princesse Caliste Novratzin, — elle s'appelle Caliste.

— Un joli nom, dit la jeune fille.

— Un nom du dix-septième siècle. N'importe, — Caliste était une des pupilles de l'Empereur Nicolas. Vous savez que l'empereur de Russie protège comme un père les jeunes filles orphelines de grande noblesse, ou dont les parens ont rendu d'éminens services. Il prit Caliste au nombre de ses pupilles, et la maria, voilà deux ans, je crois, au prince Novratzin, grand seigneur, grand et profond général-diplomate, un des riches parmi les riches du vieux parti russe. Toute belle qu'elle soit, tout accomplie qu'on la trouve, il paraît — ceci sous toute réserve, — que le prince, non-seulement ne fut pas charmé de l'alliance, mais qu'il y fit une opposition héroïque. L'empereur tint bon, sa pupille épousa le prince.

— Qui ne s'en est pas repenti, je suppose? demanda Lucienne.

— Ah !... si vous me demandez l'opinion du prince, je ne saurais vous répondre. Il y a là-dessous tout un mystère. Le général Novratzin voyage toujours ; on ne l'a pas vu encore deux mois de suite auprès de sa femme. Celle-ci, fière, calme, concentrée, ne laisse rien voir qui trahisse une mésintelligence entre elle et son mari. Lui, courtisan russe, c'est tout dire, n'a jamais proféré une syllabe qui décelât le ressentiment qu'on l'accuse d'avoir conservé contre la protégée de l'Empereur. J'espère que voilà du vague et du positif, choisissez. Pour les apparences, Mme Novratzin est parfaitement heureuse et maîtresse, beaux chevaux, bel hôtel, grande livrée, grandes manières, grand train...

— Excellente réputation, je crois?

— Irréprochable. Oh ! c'est une femme adorée. On se dispute ses regards comme des pauvres s'arracheraient des perles. L'Empereur l'a donnée au prince Novratzin, mais dix autres la mendiaient. On parle d'un duc de..... le nom m'échappe, un boyard, une altesse, qui se meurt d'amour ; jeune, beau, irrésistible, il n'a jamais pu obtenir quatre paroles de la princesse. C'est une femme très pure, à qui la froideur quelque peu hostile de son mari impose une circonspection de prude. Voilà mes renseignemens ; vous suffisent-ils ?

— Tout à fait. Et je vois que je raisonnais juste, dit la jeune fille avec son sang-froid habituel.

— Voyons votre raisonnement.

— Vous m'avez cru blessée des paroles enthousiastes qui sont échappées ce soir à M. de Bierges ?

Lucienne franchit ce nom sans la moindre hésitation, sans le plus léger trouble de ses grands yeux impassibles.

— Ma foi oui, je l'aurais cru, dit la baronne.

— Pourquoi, puisque Mme de Novratzin produit cet effet sur tout le monde, ne l'aurait-elle pas produit aussi sur ce jeune homme ?

— Ah ! vous êtes trop indulgente ; — car il s'exprime vraiment trop haut.

— Ce serait une raison pour moi d'être tranquille, répliqua Lucienne. Je suis peu au courant des habitudes d'une passion vive, mais il me semble que les passions sont des secrets, et ne s'exhalent pas complaisamment au milieu d'un salon. Tout ce que M. de Bierges a dit de la princesse était naturel, sincère, et, par conséquent, inoffensif. Je m'appellerais prince Novratzin, que pas un mot ne m'aurait choqué dans le panégyrique de sa femme.

— Très bien... dit la baronne stupéfiée par ce flegme allemand.

— Admirer une femme, poursuivit Lucienne, ce n'est pas l'aimer. Dire tout haut qu'on l'aime, ce ne serait pas encore un indice d'amour. Il la trouve la plus belle des femmes... la seule femme qu'il y ait au monde. C'est peut-être vrai ; je ne puis m'en offenser. Je ne prétends pas être la plus belle, moi, et quand je le prétendrais, à quoi bon m'irriter ?... il ne m'a pas vue, peut-être changerait-il d'avis en me voyant, acheva-t-elle avec un enjouement plein de noblesse, qui fit passer Mme Chaudray de la surprise à l'admiration.

— Je suis loin de vous contester cela, répliqua la baronne, qui mit toute sa science à prononcer ces mots sans ironie.

Mais Lucienne, esprit solide et persévérant, ne s'arrêtait pas à des nuances. Ironie ou sincère politesse, elle ne releva pas le compliment de Mme Chaudray, et poursuivit son syllogisme.

— Donc, dit-elle, rien ne me prouve que M. de Bierges aime cette dame. Savez-vous qu'il en soit amoureux ? demanda-t-elle brusquement à son interlocutrice, que cette franche attaque acheva de démonter. Non,

n'est-ce pas ? vous me le diriez, si vous le saviez, car vous voulez bien vous intéresser à moi, et j'en suis sûre. D'un autre côté, la princesse, avec les principes et les sentimens que vous lui connaissez, ne saurait être une rivalité dangereuse. Cependant j'avoue qu'un homme épris d'une autre femme, même sans espoir, ne serait pas mon fait. Ainsi, réduisons la question à sa valeur réelle. Ici votre appui m'est encore nécessaire, je l'implore, secondez-moi. Tâchez de découvrir, avec tout votre esprit, tout votre tact, cela vous sera aisé, si M. de Bierges aime la princesse. S'il l'aime, n'en parlons plus, et la réponse que je vous dois sur son compte est toute faite ; si, au contraire, il n'aime pas Mme Novratzin, eh bien...

— Eh bien ? demanda la baronne, intriguée au suprême degré.

— Eh bien, ce jeune homme me convient, dit Lucienne avec son regard calme et son visage nacré. Quant au père, il me plaît beaucoup, et je sens que je l'aimerais.

En disant ces mots elle se leva, tenant dans ses deux mains les deux mains potelées de la baronne, qui, muette et à demi-étourdie, ne trouvait ni un sourire banal, ni une interjection à lui fournir comme réponse.

La jeune fille alla réveiller doucement sa mère en la baisant au front. Celle-ci, sans étonnement, sans embarras, se prépara au départ. Lucienne arracha son frère Frédéric aux descriptions entraînantes, merveilleuses de Chaudray : il s'agissait des Taïtiennes.

— On s'amuse tant chez vous, dit Lucienne au savant, qu'on en oublie l'heure et la politesse.

— C'est vrai, murmura la mère, qui s'était suspendue au bras de son fils.

Ces deux personnes passèrent devant. Lucienne partit la dernière, après avoir serré la main de la baronne, qui la dévorait des yeux, comme eût fait le baron pour quelque phénomène.

— Qu'y a-t-il, ma femme ? demanda le savant, frappé, malgré sa distraction habituelle, de l'anéantissement bizarre où il voyait Mme Chaudray.

Et comme elle ne lui répondait rien, il rentra chez lui en papillonnant.

— Eh bien ! murmura la baronne, revenue près de la cheminée, tandis que les valets commençaient à éteindre feu et bougies, j'ai souvent entendu les hommes dire qu'il est impossible de comprendre quelque chose aux femmes. Cela ne m'étonnait pas, puisque les femmes font tout ce qu'elles peuvent pour n'être pas comprises des hommes. Mais, au moins, me disais-je, une femme sait toujours en comprendre une autre. Ma foi non, impossible, j'y renonce à partir d'aujourd'hui.

Elle fit quelques pas dans le salon sombre, puis tout à coup :

— Ce pauvre conseiller, dit-elle, moi qui l'avais noyé du premier coup ! mais il nage ! il nage ! il arrivera, en vérité ! Allumons-lui un phare !

Et l'intrépide maîtresse de maison entra dans son boudoir, ôta ses gants blancs, se mit à écrire un billet, le perla, le cacheta comme s'il n'était pas deux heures du matin, et montrant l'enveloppe satinée à son valet de chambre :

— Que demain matin de bonne heure, dit-elle, cette lettre soit portée chez M. de Bierges.

—Demain ! murmura le laquais de mauvaise humeur, c'est aujourd'hui !

CHAPITRE IV.

La nuit était transparente, froide. Le pas des rares promeneurs attardés dans le faubourg Saint-Germain sonnait haut et sec sur les trottoirs. En sortant de chez Mme Chaudray, Armand de Bierges, les deux mains dans son paletot dont le collet de velours relevé lui cachait la nuque et le menton, suivit tranquillement la rue de l'Université pour aller gagner le pont de la Concorde.

Il frappait du pied en marchant et aspirait avec délices l'air limpide que beaucoup trop de gens s'empressent de remplacer par la fumée d'un cigare. Mais Mme de Bierges, quand elle vivait, avait tant prié son fils de ne pas imiter les autres, qu'Armand, par respect d'abord, puis par conviction, avait renoncé pour jamais à l'ineffable plaisir d'empoisonner ses dents, sa barbe et ses cravates d'un parfum que les plus fanatiques reçoivent avec amour dans leur bouche et chassent avec horreur de leur antichambre.

Armand était assez occupé de ses pensées, et sa riche jeunesse lui fournissait assez de poésie sans qu'il en allât demander à la régie de France. Après la soirée que nous venons d'esquisser, stimulé par les vrais parfums de la sève et de la vie, le jeune homme bondissait plutôt qu'il ne marchait ; son esprit, son cœur et son âme avaient butiné une large provision. Rien n'est fécond et généreux comme ce foyer d'émulation, de progrès qu'on appelle le monde. Ne lui demandez pas le bonheur, mais il vous donne tout le reste.

Sans être homme du monde, Armand de Bierges aimait les salons, les parures; les femmes dans leur élément, les hommes sur leur théâtre. Il était de ceux qui préfèrent la nature vêtue quand elle est vêtue avec art. Ceux-là se disent qu'ils ont deux merveilles à admirer au lieu d'une. Peut-être ce jeune homme oisif, sous-préfet démissionnaire, flâneur en uniforme de bal, eût-il fait un grand peintre, un écrivain puissant ou un rude militaire ; au fond il était tout cela. Ses aquarelles lavées entre deux visites, ne le cédaient à pas un chef-d'œuvre de nos maîtres ; seulement, il les gardait au fond d'un carton. Ses vers, hélas ! qui n'en fait pas? étaient d'admirables vers, moisis sans avoir été recopiés. Poète et penseur, il n'avait jamais cédé au désir d'imprimer un volume ; plus que, jarret d'acier, poignet d'Hercule, œil d'aigle, tête à combinaisons, il n'avait paru le fleuret à la main dans un assaut public. Habitué dès l'enfance à briser chaque résistance du corps sous la moindre pression de l'esprit, il se portait comme un Titan, et souriait comme Antinoüs. C'était un homme prêt à tout, bon à tout, et destiné à ne rien faire, comme il y en a des milliers dans cette pépinière trop dédaignée du monde, qui donnerait autant de fruits qu'une autre, si l'arbre dont on a cueilli les fleurs pouvait après fournir les fruits.

Au demeurant, ce jeune homme était digne d'attention. Il ne le savait pas assez pour être fat. Je me trompe, il le savait, mais naturellement délicat et distingué, il n'eût pu jamais devenir prétentieux. Ces qualités le dominaient dans les plus intimes jouissances. Amoureux, il était timide, non de cette terreur bête qui saisit un adolescent en présence d'une femme remarquable, mais par crainte de devenir commun en s'avançant à l'aide de procédés connus. Ce qu'on perpètre dans les romans ou les comédies, ce que racontent les gazettes, ce qui est traditionnel dans les chansons, il ne l'eût jamais fait de peur d'éveiller un sourire sur les lèvres de la femme aimée qui eût lu ce roman ou ce journal, vu jouer ce vaudeville et entendu chanter ce refrain d'un Pont-Neuf. Sans une mère, modèle d'élégance et de douce familiarité, qui lui avait affirmé que toutes les choses neuves sont calquées sur des choses vieilles, et que toute jeune fille est la suite et le commencement d'une grand'mère, Armand eût fini par trouver, comme Werther, la vie une routine, l'esprit un plagiat, la passion un moyen dramatique usé; il en fût venu à ne plus respirer, à ne plus parler, à ne plus rire; il eût été stupide et insupportable comme la perfection.

Quelques chocs tant soit peu brutaux le réveillèrent du sein de ces quintessences, il s'humanisa vers vingt ans, il devint imparfait, il était sauvé.

Rattrapons-le dans la rue de l'Université, qui est longue et qu'il n'a pas encore quittée. Sa tête, un peu alourdie par le nombre et la diversité des pensées qui l'occupent, communique insensiblement aux jambes sa lourdeur et son embarras.

— Que voulait dire mon père avec ces gros yeux fâchés? se demandait Armand. Il était fâché tout de bon. Que lui ai-je fait? Quel sens renferment ces mots menaçans : *Quatre millions perdus!* Comment puis-je bien ce soir avoir perdu quatre millions? Et, enfin, quel rapport peut-il exister entre l'intempérance de langue que mon père me reproche, et Mme la princesse Novratzin, dont il m'a lancé le nom comme une pierre, et à qui je n'ai jamais, pas même ce soir, adressé une parole?...

Le fait est que le jeune homme n'avait jamais parlé à la princesse. Par suite de ses instincts de poésie, il choisissait bien lorsqu'il se choisissait un thème. Celui-là était le plus poétique de tous, et Armand le savait si bien qu'il n'avait jamais songé à le traiter en prose. Aimé, recherché partout et maître en dix occasions de se faire présenter à la princesse qu'il retrouvait dans plusieurs salons, qu'il y recherchait, faut-il le dire, car pour être délicat, il n'était pas insensible, il s'était contenté de la voir, de l'admirer, il n'avait pas une fois salué de façon à attirer son regard, pas une fois élevé la voix pour frapper son oreille.

Et pourtant, par une bizarre coïncidence, dix fois au moins, la comtesse Gorthiany, l'amie ou soi-disant telle de Mme Novratzin, s'était trouvée aux côtés d'Armand, l'avait vu, écouté, frôlé au passage dans une de ces traversées audacieuses au milieu d'un groupe de jeunes gens, comme s'en permettent les femmes de haute volonté, de vue basse, à qui la nature et trente-cinq ans ont donné de gros bras et des épaules insolentes.

Or, quoi de plus facile, si Armand l'eût bien voulu, que d'établir un va et vient?

Les yeux de la comtesse une fois arrêtés au passage — et ils ne semblaient pas éloignés de vouloir bien s'arrêter — la conversation une fois liée, le droit de saluer une fois acquis, Armand eût abordé l'amie polonaise, seule d'abord, puis au bras de l'amie russe. Il eût fini par placer un mot d'importance, puis deux, puis obtenu tout ce qu'on obtient lorsqu'on le demande : civilités, caquetage, droit de visite peut-être. N'est-ce pas là de quoi rendre un homme bien heureux? Ainsi débutent, dit-on, les plus sérieuses amours. Mais ce procédé de commis-voyageur amoureux, plaçant ses échantillons et engageant la pratique répugnait au jeune homme. Il aima mieux éviter les grands yeux verts de la comtesse Gorthiany que d'attirer les beaux yeux noirs de la princesse Novratzin, de bien beaux yeux, pourtant, dont la chaude prunelle émettait la lumière au lieu de la réfléter.

— Pourquoi mon père m'en voudrait-il, continua Armand dans son monologue, de la déclaration que j'ai faite au sujet de Mme Novratzin. Qui ai-je pu blesser, si ce n'est Mme Gorthiany? En sa qualité d'amie elle doit être jalouse, et mes éloges lui auront percé le cœur. Tant mieux, je n'aime pas les yeux verts.

Ainsi conclut Armand; et je conclus, moi, que le monologue est parfaitement dans la nature. Puissent se rassurer tous ceux qui se permettent d'en introduire sur le théâtre; et que leurs monologues leur soient pardonnés, s'ils sont utiles à l'action et courts.

Tant que le jeune homme commenta la mauvaise humeur et les aigres paroles de son père, tant qu'il chercha l'énigme des quatre millions perdus, il marcha lentement et le front penché comme Hippolyte. Mais bientôt, résolu à ne se point fatiguer le cerveau pour trouver l'explication qui l'attendait dans quelques minutes au domicile paternel, boulevard de la Madeleine, Armand releva la tête, et respira fortement pour bien se persuader à lui-même qu'il ne soupirait pas, et que ce soupir n'était pas la dernière pression magnétique du souvenir de Mme Novratzin.

Plusieurs pas retentirent derrière lui au moment où il allait quitter la rue de l'Université pour déboucher sur la place Bourbon. Quelques gros nuages venaient du Sud, un vent soufflait, une sorte de rafale assaillit l'homme et bouleversa le paletot. Il n'y avait plus une âme en bas ni une étoile en haut

Au même instant, Armand se sentit entouré par trois hommes, dont l'un, lui faisant obstacle par devant, tandis que les deux autres le flanquaient étroitement, lui dit d'un ton bref et pourtant poli :

— Etes-vous M. Armand de Bierges?

— Mais oui, répliqua-t-il surpris, et peu rassuré de se voir connu par de telles gens, à une telle heure.

— En ce cas, continua l'homme, je vous arrête au nom de la loi.

Armand avait bien remarqué qu'on l'arrêtait. Mais l'idée ne lui était pas venue que ce pût être au nom de la loi.

— Je ne suppose pas que vous cherchiez à résister, reprit celui qui avait parlé, et que l'immobilité d'Armand semblait contrarier.

— Non sans doute, dit le jeune homme; néanmoins je croyais avoir entendu dire que, pour arrêter quelqu'un, certaines formalités étaient indispensables, même en république.

— Monsieur, nous n'avons pas pour habitude de parlementer dans la rue, objecta l'obstacle. Vous avez sans doute des raisons à faire valoir, et de bonnes. Nous autres, nous avons un ordre en bonne forme. Suivez-nous.

— Où me conduit-on? demanda le jeune homme. Je voudrais le savoir afin de prévenir mon père qui sera bien affligé, bien inquiet, si je ne rentre pas.

Et Armand, moins stoïque qu'il ne l'eût cru, se sentit légèrement troublé par l'idée du chagrin qu'éprouverait cet ami sans pareil.

Pendant ce colloque, plus court que le plus court monologue, une voiture était sortie de l'ombre, où Armand ne soupçonnait pas qu'elle fût cachée. L'un des alguazils ouvrit la portière, un autre poussa doucement le prisonnier dans l'intérieur, le chef, expert et habitué, était déjà entré par l'autre portière. Un seul agent accompagna ce chef, le dernier resta dans la rue. La voiture partit rapidement.

Comme tous ces événemens s'étaient accomplis en une ou deux minutes, le prisonnier, abasourdi, n'avait pas même remarqué de quel côté on se dirigeait. Il fit un mouvement pour s'en rendre compte.

— Veuillez ne pas remuer, monsieur, lui dit l'agent principal assis à sa droite.

— Enfin, où me conduit-on et pourquoi m'arrête-t-on? Je ne suis pas un malfaiteur, s'écria le jeune homme.

— Ah! ne criez pas, interrompit le voisin.

— Mon père m'attend!

— On préviendra monsieur votre père, si vous êtes retenu; mais il est possible que vous ne le soyez pas. C'est même probable.

— Je serai toujours retenu au moins cette nuit, dit Armand.

— Un peu de silence, monsieur, dit le gardien laconique.

Armand se tut. Il cherchait à observer, à la dérobée, le visage, l'attitude de ses compagnons. Jamais examen ne fut contrarié par des ténèbres plus opaques. Les vitres étaient levées, et la buée des haleines les avait dépolies. Armand se résigna. Après tout, la république n'était pas celle de Venise. Un commissaire quelconque n'était pas inquisiteur ou membre du conseil des Dix, et la préfecture de police ne donnait pas sur le canal Orfano.

La voiture, après avoir roulé vingt minutes environ, s'arrêta brusquement, et Armand, secoué par le choc, tomba sur l'épaule de son compagnon de droite.

La même manœuvre eut lieu. Ouverture simultanée des deux portières; le prisonnier, attiré hors de l'une se trouva descendu et conduit par son gardien le long d'une allée dont la porte avait été ouverte sans qu'Armand s'en rendît compte. Il chercha bien à explorer les lieux, mais tout ce qu'il put saisir, ce fut qu'on pénétrait dans un vestibule noir dont il sentit sous ses pieds la dalle polie. On le menait par un bras, on lui prit la main pour la poser sur une rampe, on l'aida complaisamment à monter les marches d'un escalier étroit.

— Où diable suis-je? murmura-t-il à demi-voix.

— Chut! dit sévèrement l'acolyte.

On arriva enfin à un palier. Ce n'était plus de la dalle, mais du parquet que le jeune homme trouva sous ses pas. Une tiède atmosphère succédait à l'air piquant de l'allée, à l'air frais aussi du petit escalier.

Alors le gardien d'Armand, le poussant comme pour le guider dans un corridor, lui fit apercevoir une faible lumière dans l'éloignement.

— Allez toujours droit devant vous, dit-il d'un ton de voix si bas qu'Armand s'en étonna, lui qui s'attendait à tout. Allez jusqu'à la lumière que vous voyez.

— Et vous? demanda Armand, est-ce que vous n'y venez pas avec moi?

— Oh! moi, répliqua l'homme plus bas encore, je n'ai pas besoin là. Je reste ici, pour ne pas entendre ce que vous dira la personne chargée de vous parler.

Cette réponse satisfit le prisonnier. Évidemment, on venait de l'amener chez quelque chef supérieur de la police ou devant quelque directeur de maison de force, auprès duquel l'alguazil n'était qu'un atôme. Armand n'hésita pas, il se dirigea sur la lumière qu'il entrevoyait.

La nature du sol changea encore une fois : un bon tapis succéda au parquet. Armand avança, toujours guidé par le fil lumineux ; il entendit une porte se refermer derrière lui et, naturellement, il ne s'en inquiéta pas, après l'explication qui venait de lui être fournie.

Enfin, il arrive à cette lumière après avoir traversé deux chambres, que ce rayon brillant divisait en deux parties sombres.

Mais cette clarté sortait d'une armoire à glace qui ne faisait que la réfléchir. La lumière véritable, il fallait l'aller chercher encore plus loin : Armand la vit dans une pièce à gauche. Cette fois, c'était bien réellement une lumière, douce et pâle, tamisée par le cristal dépoli d'un globe revêtu d'un de ces abat-jours en papier de dentelle bleue qui retombent en quatre pans plissés et moelleux.

Armand constata, non sans étonnement, que la chambre était belle, meublée avec un goût exquis ; il vit un feu doux comme la lampe rougir le treillis de laiton d'une cheminée de marbre blanc ; le tapis était d'une riche moquette à larges palmes violacées, la tenture, de damas de soie jaune broché. Plusieurs fauteuils, capricieuses nouveautés de formes et d'étoffes diverses, nombre de fantaisies éparses sur une table de Boule accusaient chez M. l'administrateur, chez le haut fonctionnaire des goûts trop délicats pour ne pas rassurer un prisonnier homme du monde, et un prisonnier innocent.

Craignant de regarder autour de lui avec trop d'indiscrétion et charmé intérieurement d'être assez connu et assez apprécié pour qu'on l'abandonnât sans gardes dans le salon même du magistrat chargé de prononcer sur son sort, Armand se réduisit à une respectueuse immobilité. Il choisit un siége dans le coin de la cheminée le plus obscur, le plus éloigné de toute table et de tout objet. Puis, non sans avoir réfléchi sur la convenance de s'asseoir ou de rester debout, il décida que s'asseoir était une manière plus significative et plus courtoise de témoigner sa sécurité, sa tranquillité de conscience. Il s'assit, non sans plaisir. Le fauteuil était excellent et rendu bien meilleur encore par une longue soirée, passée debout chez Mme Chaudray et par l'émotion de cette arrestation imprévue.

Le corps une fois satisfait, l'esprit fonctionna plus à l'aise. Armand récapitula mentalement ses peccadilles. Avait-il conspiré? Non. Avait-il provoqué quelqu'une de ces plaintes maritales ou paternelles qui amènent un jeune homme chez le lieutenant de police comme chez un confesseur? Non. Il se rappela bien quelques misères, mais tellement éloignées en date que la république n'avait rien à y voir, sous peine de se mêler des affaires d'autrui. — La république... Ah! par exemple, Armand se reprocha d'en avoir souvent parlé avec irrévérence; ce soir même il l'avait encore passablement maltraitée ; mais comment oserait-elle s'appeler république si elle ne permettait à tout le monde les plus complètes privautés?

Ce raisonnement parut assez bon au jeune homme, à la condition toutefois que le fonctionnaire qui allait l'interroger ne réclamerait pas la réciproque en faveur de ladite république.

CHAPITRE V.

Comme il se retournait sur sa chaise, inquiété par l'éventualité de cette fâcheuse réciproque, il sentit sous sa main une étoffe que son mouvement un peu brusque avait probablement entraînée et arrachée à quelque meuble voisin. C'était un magnifique jupon brodé, un chef-d'œuvre à trois rangs d'entre-deux.

Armand prit bien précieusement cet objet, que, grâces à Dieu, nous pouvons nommer en français sans effaroucher personne, et que plus d'un poète, il y a quarante ans, n'eût osé appeler autrement que *tissu*, que pas un Anglais, aujourd'hui, n'oserait nommer d'une façon quelconque. Il prit, dis-je, avec un extrême soin ce merveilleux jupon, et se préparait à le déposer sur un canapé, lorsque la porte du boudoir s'ouvrit ; une femme parut, sa main, albâtre diaphane, entre une lumière qu'elle tenait et son visage, — une femme aux cheveux bruns, à demi déroulés sur ses épaules, une femme vêtue d'un long peignoir de batiste blanche dont la ceinture flottait, — une femme qui murmurait une phrase mélancolique de la *Reine de Chypre*, — une femme qui, découvrant le jeune homme à trois pas d'elle, poussa un cri auquel répondit un cri d'Armand, — une femme que celui-ci appelait naguère la seule femme qu'il y eût au monde, la princesse Caliste Novratzin.

Et tandis que pétrifiée, effarée à la vue du jeune homme, elle posait en tremblant sa bougie sur le piano et frappait l'une dans l'autre ses petites mains; tandis qu'Armand, un nuage sur les yeux, collait sa main au marbre pour se convaincre qu'il vivait bien et ne rêvait pas, soudain, à la porte par laquelle était entré Armand, et que ni lui ni la princesse ne regardaient, un homme de haute taille, d'une belle figure froide et blanche, vêtu d'une longue redingote de voyage, s'arrêta, croisa les bras, contemplant cette scène et dit d'une voix calme en pur français :

— Mes complimens, madame.

— Mon mari! balbutia la princesse effrayante de pâleur.

— Le prince Novratzin! articula Armand, qui sentit un frisson courir malgré lui sur ses épaules, où suis-je donc, et que signifie tout ce qui se passe!

CHAPITRE VI.

— Je regrette bien, dit le prince avec impassibilité, de causer tant d'embarras à tout le monde. Mais enfin, je tenais à voir et j'ai vu.

— Et quoi donc? s'écria la princesse. Ce que vous voyez, le comprenez-vous bien, monsieur? Quant à moi, je doute encore si je ne fais pas un affreux rêve.

— Comment, madame, reprit-il, vous doutez? Comment, vous n'êtes pas ici, dans votre boudoir, dans votre chambre, pour ainsi dire, car la porte en est à deux pas, et tout ouverte? Comment, vous n'êtes pas en peignoir de nuit, singulière tenue, par parenthèse, pour recevoir une visite de cérémonie? Je dis cérémonie, parce que monsieur est en toilette. Mais enfin, il est trois heures du matin, c'est un étrange moment pour rendre des visites.

La jeune femme considéra son mari et Armand avec une expression de curiosité avide qui touchait à l'égarement. Le jeune homme commençait à sortir du chaos, il sentait que c'était à son tour de parler.

— D'abord, monsieur, dit-il, je ne rends pas une visite à madame, puisque je n'ai pas l'honneur de la connaître.

— Ah! répliqua le mari, cette fois avec une ironie amère, ah! vous ne connaissez pas madame? C'est peu ingénieux et peu poli; mais enfin, dans la position où vous êtes, on n'est pas tenu d'avoir de l'imagination. Pourtant, si vous ne connaissez pas madame, pourquoi vous trouvé-je chez elle?

— C'est ce que j'allais vous demander, dit Armand.

— Sans doute, s'écria Mme Novratzin, pourquoi?

— Eh! monsieur, eh! madame, répondit le jeune homme, j'y suis parce qu'on m'y a conduit. Vous m'assurez que je suis chez madame, je veux bien vous croire; mais je croyais être ailleurs.

— Vraiment! où donc? dit le prince toujours ironique.

— Chez le magistrat qui m'a fait arrêter.

Cette réponse si simple — et, nous le savons — si sincère, arracha un rire mauvais au masque glacé du prince.

— Qu'est-ce encore que cela? murmura-t-il.

— Cela, c'est la vérité, dit Armand le sourcil froncé. Je revenais d'une soirée, je rentrais chez moi bien tranquille, on m'a arrêté au nom de la loi, jeté dans un carrosse et amené ici.

— Ici, comme cela, dans le boudoir de madame?

— Ici, comme cela, dans le boudoir de madame, répondit le jeune homme qui commençait à se fatiguer de jouer un rôle ridicule.

— Au nom de la loi? continua le prince.

— Je l'ai dit.

On comprend si Mme Novratzin ouvrait pendant cette scène les yeux et les oreilles.

— Eh bien, monsieur, reprit le mari, j'ai eu tort de vous reprocher tout à l'heure la stérilité de votre imagination, car la voilà qui fonctionne, et, courageusement. Mais la fantaisie même doit avoir un côté vraisemblable. Raisonnons : on vous a arrêté et amené ici?

— Oui.

— Qui cela? des hommes; où sont ces hommes?

— Là, dans votre antichambre.

— Je viens de traverser l'antichambre, et je n'ai vu personne.

— Cependant, je ne suis pas arrivé ici tout seul.

— Pourquoi non?

— Le moyen? dit Armand.

— Le moyen? vous l'aviez, monsieur, et le voici qui tombe de la poche de votre paletot; tenez.

En effet, Armand, par politesse, s'était

débarrassé de son paletot en entrant dans le boudoir. Il tenait ce vêtement plié en deux sur son bras, et quelque chose venait de s'échapper de la poche, ainsi que le disait Novratzin.

— Une clef ! murmura le jeune homme.

— Oui, monsieur, la clef de la petite grille.

— Quelle petite grille? dit Armand, saisi d'inquiétude et de stupeur.

— Allons, allons, interrompit le prince avec hauteur, c'en est assez. Madame, vous la connaissez bien, cette entrée dérobée, dont seul je croyais avoir une clef particulière. Quant à vous, monsieur, vous la connaissez aussi, puisque vous êtes entré par là. Je pense qu'après un éclaircissement aussi complet, nous n'allons plus jouer la comédie ni les uns ni les autres. C'est le moment des grandes franchises. Je commence.

Armand, les poings serrés, le visage contracté par une terreur qui n'excluait pas une violente colère, prit la résolution de ne plus prononcer un mot sans avoir compris tout-à-fait. La princesse avait lancé à son adresse quelques regards irrités, méprisans ; elle semblait, de l'indifférence de sa neutralité première, avoir passé à une offensive menaçante.

— Si ces gens-là, pensa Armand, n'étaient point princes et riches à millions, je dirais qu'ils m'ont tendu un guet-apens comme j'en lis quelquefois dans la *Gazette des Tribunaux*, et que le mari va me faire signer des billets à ordre.

— Madame, reprit Novratzin, je n'ai plus affaire qu'à vous. Si monsieur est ici, ce n'est certainement pas sans y avoir été appelé. Laissons-le d'abord, et à nous deux.

Sur cette apostrophe brutale et nette qui établissait à nouveau toute la situation, la princesse poussa un grand cri, et ses yeux noirs lancèrent un formidable éclair. Mais le mari sans s'émouvoir lui imposa silence du geste.

— Oui, dit-il, monsieur a défendu madame, et madame défendrait volontiers monsieur. Mais qu'elle se défende d'abord, ou plutôt, non. J'avais donné cours, cela se conçoit, à une indignation qui, je le sens, a été prolixe. J'ai descendu à des détails, à des interrogatoires ridicules, relevons la question. Que prétendez-vous dire pour vous justifier?

— Pour me justifier! s'écria la princesse en fureur.

— Pas de cris. Vous ne criiez pas tout à l'heure avec monsieur !

— Oh ! horreur ! s'écria Caliste en se cachant le visage.

— Votre figure cachée n'est pas une réponse.

— Je ne répondrai pas du tout, dit la jeune femme avec véhémence, en regardant son mari en face.

— Vous aurez tort, madame, car moi je vous accuse, et sans subtilités. J'arrive de cinq cents lieues pour vous trouver en faute, et vous êtes en faute... Ne m'interrompez pas, puisque vous ne voulez pas répondre. J'arrive, sachant que vous oubliez tous vos devoirs, sachant que vous êtes un sujet de scandale pour le monde à qui vous devez faire respecter mon nom. J'arrive parfaitement instruit, et de vos démarches et des démarches de votre amant.

— De... murmura-t-elle, suffoquée par un flot de sang généreux qui empourpra son noble visage.

— Ne rougissez donc pas du mot... Ce n'est pas le mot qui est le crime ! Oui, je sais tout ce que vous faites... je sais, idée par idée, tout ce que vous pensez, et vous voyez si j'interprète juste, puisque j'arrive ici en plein rendez-vous.

— Un rendez-vous ! s'écria Armand hors de lui à son tour ; car le bouleversement et la souffrance de la princesse avaient remué son cœur.

— Il est dit que nous ne nous parlons plus, interrompit le prince en le regardant avec arrogance, par-dessus l'épaule.

Armand pâlit et tressaillit.

— Et moi j'ordonne à monsieur de ne pas se défendre, dit Caliste les lèvres tremblantes. Je ne le connais pas, je ne l'ai jamais vu, je ne lui ai jamais parlé.

— Ah ! dit Novratzin avec son pâle sourire.

— Jamais ! reprit avec force la princesse; cette arrestation, ces prétextes, cette présence inexplicable, cette clef, je repousse, je démens, je nie tout ; je nie, et que Dieu me foudroie, si je comprends.

— Allons donc! dit Novratzin, voilà ce que j'attendais. Vous niez : c'est téméraire, c'est imprudent, madame. Vous niez que depuis votre arrivée à Paris, vous soyez allée à tous les bals, à toutes les réunions où vous saviez rencontrer monsieur? Vous niez ces innocens rendez-vous, comme vous niez celui-ci, qui l'est moins ! Mais en vérité, madame, avouez donc quelque petite chose pour qu'on vous croie un peu. Avouez donc au moins le commerce éthéré, spirituel de deux âmes ; avouez donc l'amitié, puisque vous êtes décidée à nier

2

l'amour, malgré la maladresse de cette entrevue en peignoir à trois heures du matin.

— Monsieur, je vous jure... s'écria Armand désespéré par l'état où ces insultes si peu méritées jetaient la malheureuse femme.

—Monsieur, remarquez bien que je vous oublie, riposta le prince, cette fois si insolemment et avec un tel accent de mépris, que le jeune homme perdit contenance et marcha sur lui les bras croisés.

— Prince, dit-il, je ne sais pas si vous m'oubliez ou non, mais je sais que ma patience est à bout. J'ai fait, pour rester calme, des efforts qui m'ont conduit à une invincible résolution. Vous parlez trop pour ne pas mentir, pas assez pour m'éclairer; il faut que cela finisse. Vous ne supposez pas que je vais passer en revue tous les griefs que vous avez ou que vous n'avez pas contre madame. Je suis las de ce rôle, qu'allez-vous faire de moi?

Le prince voulut parler.

— Je n'écouterai plus rien, dit Armand, qu'une réponse catégorique. Voulez-vous que je vous attende demain dans un endroit bien neutre, où nous trouverons moyen de nous expliquer? Non? ce n'est pas cela qui vous convient? Vous préférez le terrain où vous êtes, celui de votre domicile, du domicile conjugal dans lequel vous trouvez un amant; car vous persistez à m'appeler l'amant de madame. Très bien, en ce cas, je ne connais que deux issues à la situation. Envoyez chercher un commissaire de police, ou jetez-moi par une fenêtre. Sans vous donner cette peine, je sauterai. J'ai pour madame, que je ne connais pourtant pas, un tel respect, que l'enfer fût-il au bas de votre fenêtre avec toutes ses fournaises, je sauterais dedans pour éviter de la compromettre. Ah! ce n'est pas encore cela qui vous arrange, continua le jeune homme, en lisant sur le visage de Novratzin une sombre et farouche expression... Tout Russe que vous êtes, vous avez peut-être envie de profiter du bénéfice de la loi française, elle permet au mari de tuer l'amant: c'est une loi très agréable. Eh bien, monsieur, soyez tranquille, et ne vous gênez pas, je ne pousserai pas un soupir; s'il vous faut la mort d'un homme pour perdre madame, car vous voulez la perdre, je le sens, vite tirez le couteau du mougik ou le pistolet du boyard. Dépêchons-nous, je suis prêt, je vous attends!

Armand, l'homme distingué qui fuyait avec tant de soin le théâtre dans les choses de la vie, ne se doutait guère qu'en ce moment il représentait dans sa sublime beauté le plus splendide héros de drame qu'on eût jamais applaudi sur la scène. La princesse, électrisée par ce dévoûment, qu'elle sentit sincère, s'élança vers son mari comme pour lui arracher des mains l'arme qu'elle tremblait d'y voir briller. Mais Novratzin, frémissant et implacable, la repoussa, considéra Armand avec une sorte d'admiration, et lui dit :

— Monsieur, je ne suis venu que pour convaincre Madame. Elle est convaincue.

— Nullement! s'écria Armand.

— Je m'adresse à elle, poursuivit le mari avec calme. Madame, vous aimez M. Armand de Bierges, soit. Je ne vous dis pas cela seulement parce que je l'ai trouvé ici ; mais parce que sa pensée habite en vous, parce que vous la mêlez à toute votre vie. Allons, ne luttez plus; vous voyez que je ne veux point passionner le débat. Prouver est tout ce que je me propose. Vous n'y avez pas réussi, vous autres, en protestant de votre innocence, moi je prouve. J'objecte à Monsieur son admiration pour vous, dont il ne se cache à personne, sa clef de la grille et sa présence dans votre appartement. Je vous objecte, à vous, ceci : tenez!

Et il tira de son portefeuille une feuille d'ivoire enveloppée dans du papier de soie.

— Reconnaissez-vous ce crayon? dit-il en découvrant le dessin pour le faire voir.

Caliste pâlit; elle joignit les mains avec épouvante, puis les étendit comme pour saisir la plaque; mais le prince se recula et la garda.

— Qu'est-ce donc, demanda Armand, que cette preuve?

Il croyait se parler à lui-même, le pauvre garçon, mais, dans la surprise où le jetait la consternation de Mme Novratzin, il avait parlé tout haut.

— Eh, mon Dieu, répondit le prince, ce n'est pas un mystère: c'est tout bonnement votre portrait, dessiné par madame, et qui est trop ressemblant pour n'avoir pas été fait d'après nature et trop parfait pour n'avoir pas coûté au modèle et à l'artiste un grand nombre de séances.

— Oh!... s'écria Caliste en se tordant les bras avec désespoir, et elle tomba écrasée sur un sofa, cachant son visage dans les plis du coussin de soie.

Armand non moins saisi, et cette fois frappé d'une peur superstitieuse regarda en homme effaré la princesse qui ne niait plus et le mari qui enveloppait tranquillement la pièce de conviction et l'enfermait dans le portefeuille.

— Il y a magie, murmura-t-il.
— La magie de l'amour, interrompit Novratzin en grimaçant un sourire. C'est ce qu'il fallait démontrer, comme on dit en géométrie. J'ai fini. Monsieur, ni duel, ni commissaire, ni assassinat, vous êtes libre, et comme vous avez la clef de la grille, rien ne s'oppose à ce que vous partiez si bon vous semble. Quant à vous, Madame, je ne ferai ni procès, ni scandale. Vous êtes libre également, nul ne m'a vu entrer, nul ne me verra sortir, vous n'aurez à parler de ma visite à personne. Je rejoins deux de mes amis que j'avais amenés à tout hasard, et qui témoigneront au besoin de ma modération et de ma convenance dans toute cette affaire. Ah! madame, j'avais donc un pressentiment quand je refusais avec tant d'insistance votre main que notre auguste empereur m'a contraint à accepter. Que dirait-il, l'empereur, s'il savait la conduite de sa pupille? Mais, rassurez-vous, je la lui tairai. Je la tairai à tout le monde, si vous ne me forcez pas, par quelque tort nouveau, à rompre ce silence.

La princesse s'était relevée peu à peu; elle écoutait, béante, elle dévorait chaque parole.

— J'appellerais un tort, et un tort grave, reprit Novratzin d'un ton significatif, les tentatives que vous feriez, soit pour me suivre, soit pour venir me rejoindre. Et comme je vous promets de ne rien dire à l'empereur, j'appellerais tort aussi toute démarche que vous hasarderiez pour vous justifier près de lui, quand je ne vous aurais pas accusée. Vous m'avez compris; je répète cependant : vous êtes libre; nous le sommes tous deux; adieu, madame; adieu pour jamais!

En parlant ainsi, le prince salua sa femme, et traversant d'un pas rapide tout le chemin qu'avait parcouru Armand pour arriver dans ce malheureux boudoir, il disparut en un moment.

La princesse était restée debout, dans la même attitude suppliante et interrogative. Elle suivait de l'œil machinalement cet homme, qui s'effaçait peu à peu dans les ténèbres.

Dès qu'elle n'entendit et ne vit plus rien, elle sembla reprendre connaissance et comprendre pour la première fois sa situation. Elle fondit en larmes et apercevant Armand qui se faisait petit dans son angle,

— Est-il possible! s'écria-t-elle avec fureur; vous êtes encore ici, monsieur!

Armand eût donné sa vie, à la condition de disparaître dans une trappe.

— Je pars, madame, dit-il, je pars.
— Il est bien temps, quand je suis perdue, sanglota la malheureuse femme.
— Mais, madame, au moins, ne m'accusez pas, dit le jeune homme avec désespoir. Vous savez bien que je ne suis pas coupable.
— Eh, quoi, s'écria-t-elle, vous n'êtes pas ici, peut-être?
— Vous n'ignorez pas comment j'y suis.
— Oui, ce conte ridicule.
— Mais, madame, ce n'est pas un conte, c'est la simple vérité.
— Monsieur, dit-elle avec dignité, vous avez commis une abominable action, une trahison en vous introduisant chez moi. C'est là une audace bien criminelle et qui me perd, comme vous voyez, mais ne déshonorez pas votre crime par un plat mensonge. Je vous hais coupable, je vous mépriserais stupide.
— Quoi! vous ne me croyez pas, madame?

Elle haussa les épaules.

— Quoi, vous supposez que c'est moi qui me suis introduit chez vous?

Elle l'écrasa d'un vrai regard de princesse.

— Mais je ne savais pas seulement que votre hôtel eût deux portes, madame, dit Armand.
— Et cette clef?
— On l'a glissée dans ma poche. Qui? les hommes qui m'ont amené, sans doute. Voyons, madame, ne vous fatiguez pas à me regarder ainsi; je ne mérite peut-être pas votre pardon, mais je ne mérite pas non plus votre colère. Madame, je vous jure, sur la vie de mon père, c'est sérieux, comprenez-le bien; — que j'ai été arrêté, voituré à votre porte, introduit chez vous, sans avoir seulement soupçonné qu'on me menât ailleurs qu'en prison. Madame, j'ai pu vous admirer beaucoup, mais de l'admiration à l'escalade il y a très loin. Tout ce qui vous arrive est affreux; vous êtes victime d'un malentendu, d'un guet-apens, si vous voulez; mais ne m'accusez pas, je n'y suis pour rien, et je vous affirme que je voudrais au prix d'une bonne blessure, au prix de plus que cela encore, n'avoir pas servi de prétexte à l'esclandre qui a eu lieu tout à l'heure.
— Mais enfin, si je vous croyais, dit-elle, à quelles suppositions ne serais-je pas forcée de me livrer! Si en effet les gens qui vous ont arrêté, comme vous dites, vous ont amené ici, comme vous prétendez; s'ils vous ont glissé une clef de chez moi, ce

ne sont pas des agens de la police. Enfin, qui sont-ils, et que voulaient-ils? Voyons! du sens commun, de la lumière!

— Eh quoi! vous en êtes encore à hésiter, dit Armand, vous ne sentez pas que toute cette embûche était tendue pour vous perdre.

— Mais, par qui?

— Si vous l'ignorez, madame, comment voulez-vous que je le sache?

— Mais, monsieur, si l'on s'est servi de vous pour me perdre, on avait donc quelques raisons... Pourquoi vous, plutôt qu'un autre... Ah!... Vous vous taisez. Vous savez trop combien vos imprudens panégyriques, faits à haute voix, et débités sans délicatesse, vous savez trop combien votre affectation à venir partout où j'étais, ont pu me compromettre. Croyez-vous que sans cela on vous eût choisi plutôt que le premier venu?

— Mais, madame, répliqua Armand piqué du reproche, et cependant fort ému des paroles qu'il allait hasarder, mes louanges, mes assiduités, si expansives, si compromettantes qu'elles fussent, ne vous auraient jamais compromise autant que ce portrait, le principal argument de votre mari. Et ce portrait, vous ne me l'attribuerez pas, je pense!

Caliste frémit et se tut à son tour.

— Car enfin, continua-t-il, si vous persistez à dire que mon arrestation et la fameuse clef sont de mon invention, le portrait n'en est pas, et il n'a pu tomber dans les mains du prince Novratzin sans que vous sachiez pourquoi et comment.

Caliste réfléchit quelques momens — du moins Armand crut qu'elle réfléchissait — tant son front se pencha dans l'ombre, tant sa réponse mit de temps à franchir ses lèvres.

— Il ne faudrait pas, murmura-t-elle d'une voix altérée, que vous attachassiez à ce prétendu portrait plus d'importance qu'il ne mérite. Autant vaudrait que vous prissiez au sérieux les étranges accusations de mon mari... Nul mieux que vous n'en connaît l'inanité.

Armand s'inclina.

— Ce portrait, dit-il, aura été fait exprès pour les besoins de la cause, comme on dit, et glissé chez vous, madame, ainsi que la clef avait été mise dans mon paletot.

Elle le regarda fixement avec une noble candeur.

— Non, dit-elle, non, je ne sais pas mentir, je ne veux pas mentir : le dessin est de moi.

Armand tressaillit et osa la regarder à son tour.

— Mais peut-on appeler cela un dessin? interrompit vivement Caliste, un portrait! par exemple! quelques hachures tout au plus, brodant un trait à peine croqué, une pochade... insignifiante.

— Une charge, dit naïvement Armand; une charge comme tout le monde en fait, je comprends, madame, une charge n'est pas un portrait.

Ce troisième élan de grandeur d'âme frappa visiblement la princesse; elle ne put retenir un coup d'œil attendri qui, si Armand l'eût saisi au vol, l'eût indemnisé de bien des souffrances.

— Monsieur, dit Caliste, qui ne voulut pas être vaincue en générosité, charge ou portrait, ce dessin de moi, est, comme vous le dites, la cause principale de ce qui m'arrive: vous avez raison. Mais enfin le mal est fait. Je me demande comment je pourrais vous tirer de l'embarras où vous êtes, et dans mon trouble assez naturel, je ne le vois pas, je ne vois rien, qu'une perspective effrayante devant laquelle reculent mes regards.

— Et moi, madame, répondit Armand touché de la pâleur et du désordre de cette femme incomparable, moi qui suis bien troublé aussi, et incapable de vous donner le moindre renseignement, le moindre conseil, je vous jure cependant, que jamais, quand je serai maître de moi et de mes idées, vous ne m'appellerez en vain à votre aide... disposez de moi, et...

Caliste se leva brusquement. Ces paroles d'amitié réveillaient en elle la femme évanouie depuis la catastrophe de l'entretien.

— Monsieur, dit-elle d'une voix tremblante, mais empreinte d'autorité, je vous demande pardon d'avoir montré devant vous tant de faiblesse. Nous ne nous connaissons pas; nous ne devons jamais nous revoir; et voilà que nous causons encore, ici, chez moi, dans ce coupe-gorge où vous m'apparaissez maintenant comme une vision monstrueuse.

— Mais, madame, nous cherchions bien naturellement à nous éclairer l'un l'autre sur l'événement qui nous a réunis.

— Nous ne sommes pas à notre place, interrompit-elle se refroidissant par degré. Moi, à peine vêtue, je rougis; vous me gênez, vous dis-je. Veuillez vous retirer, monsieur. Un moment de plus, cette gêne sera une torture.

Armand obéit, il recula aussitôt, s'inclina plein de respect et voulut sortir; mais le trouble de la princesse l'avait gagné, il ne se reconnaissait plus dans la tenture et les portières de ce boudoir : pareil à Mathan, le traître d'*Athalie*, il se trompa de sortie et se dirigea tout simplement vers la porte de la chambre à coucher; il en franchit le seuil.

— Monsieur! s'écria Caliste avec un bond qui acheva de faire perdre au jeune homme le peu de sens qui lui restait.

— Pardon, pardon, dit-il, c'est que je ne sais plus où je suis; par où m'en aller? indiquez-le moi, madame.

Elle prit la lampe, et traversant le boudoir d'un pas rapide, marcha devant lui, éclairant le chemin.

Le vent de ce corridor dont la première porte avait été laissée ouverte, repoussait les larges manches du fin peignoir de Caliste; forcée de porter à deux mains la lampe trop lourde pour cinq de ses doigts frêles, la princesse ne pouvait croiser plus étroitement sur son sein la batiste légère qui flottait et parfois découvrait ses bras et ses épaules, et son cou poli caressé par des boucles d'ébène.

Cette lampe finit par jouer son rôle, comme il arrive presque toujours dans les mauvais momens de la vie, où le genre neutre prend parti malicieusement contre le masculin et le féminin. Elle s'éteignit à l'issue du corridor.

Caliste ne put retenir un cri de chagrin et de colère.

Elle venait de sentir la main d'Armand, perdu dans ces ténèbres.

— Hélas! madame, dit-il, nous jouons de malheur, je ne sais pas où je vais.

— L'escalier est devant vous, murmura-t-elle à voix basse.

Il s'y précipita, au risque de se briser la tête sur le mur ou de sauter par dessus la rampe.

— Une fois en bas, ajouta-t-elle, émue de l'entendre se heurter et trébucher ainsi, tournez à gauche jusqu'à la grille.

Il avançait courageusement dans la spirale maudite de cet égrugeoir que certains architectes appellent escalier de service. Tout à coup l'idée lui vint qu'il restait encore cette grille à ouvrir. Il s'arrêta et le dit.

— Mais, répliqua-t-elle du haut de l'escalier, n'avez-vous pas la clef? vous l'avez ramassée sur le tapis.

— C'est vrai, madame, mais je ne puis pas la garder, il faut bien que je vous la rende.

— Jetez-là en dedans quand vous serez dehors, répliqua la princesse avec impatience.

Armand piqué par cette intonation comme par un coup d'aiguille, s'élança dans l'ombre, franchit l'allée, trouva la petite grille, l'arracha plutôt qu'il ne l'ouvrit, lança la clef avec rage à travers les barreaux et prit sa course comme un fou sans regarder en arrière.

CHAPITRE VII.

Il courait ainsi dans le faubourg du Roule que son instinct de Parisien venait de reconnaître. Bientôt, il trouva, non sans délices, sa maison du boulevard, le portier, son large escalier, et l'appartement de l'entresol, où veillait, en l'attendant, le fidèle Joseph, son vieux valet de chambre. Celui-ci avec un sourire protecteur promit à Armand que M. de Bierges le père ignorerait l'heure de sa rentrée. Il l'installa dans sa chambre tiédie par un bon feu de braise; Armand congédia vite Joseph sous prétexte d'écrire quelques lettres pressées; il s'enferma et se mit au lit.

Oh! comme il eût voulu dormir! Mais la chaleur du sang développait en son cerveau les souvenirs et les idées. Toute l'histoire de la soirée, tout ce monde de figures et d'événemens traversait et défilait obstinément derrière ses paupières, qu'il essayait de tenir fermées. Armand, des souvenirs passa aux projets. Il ne laisserait pas sans éclaircissemens cette mystérieuse affaire; on n'arrête pas impunément un homme en plein Paris, se disait-il. Une voiture se retrouve; j'ai des amis à la préfecture de police, j'en ai au parquet. Je conterai l'aventure, on fera une enquête. Un ou deux des ravisseurs seront arrêtés. Ils décèleront les auteurs de la machination.

Quant à la princesse, elle ne conserve plus de doutes sur mon innocence, pensait le jeune homme. Quelle aventure! quelle radieuse beauté! Que va-t-elle devenir cette pauvre femme? Oh! sans doute, elle a des ressources, des amis puissans. Elle ne se laissera pas écraser ainsi sans résistance.

Ce mari, ajoutait-il, quelle bête féroce! quel œil! comme on sent sous ces formes d'emprunt, assez adroitement copiées dans l'Occident, la sauvage brutalité du barbare. Et cette sauvagerie même, comme elle est mêlée d'hypocrisie et d'astuce.

Armand se rappelait avec colère les différentes phases de la scène où cet homme avait joué le premier rôle, et le sang, au lieu de se calmer, s'allumait insensiblement dans son cœur.

— Bah! reprenait ensuite le jeune homme, des droits sont des droits, et ce n'est pas la faute de ce prince russe si je suis surpris chez lui à trois heures du matin, entre un jupon et un peignoir. La situation était équivoque; ce prince-là eût pu me régaler d'un coup de pistolet... Décidément, il y a de la civilisation plus qu'on ne pense chez ces gens du Nord.

Maintenant, d'où part le complot? Quel ennemi ai-je? Est-ce un ennemi de moi ou de la princesse? voilà le point essentiel à élucider. J'y arriverai par tous les moyens en mon pouvoir; l'intérêt de cette charmante femme, le mien y sont engagés. C'est qu'elle est perdue, si je ne lui viens en aide. Cette rupture avec un mari pareil, qui sait si ce n'est pas un bouleversement de position, de fortune? Que de reptiles inconnus à un habitant du boulevard de la Madeleine, peuvent s'agiter au fond de ce marais hyperboréen!

Soyez donc amoureux, pensait-il ensuite, et qu'il vous tombe de pareilles tuiles sur la tête. Si j'eusse été amoureux de cette femme-là! Quelle catastrophe! C'est à faire frémir.

Elle a dit: *Nous ne devons jamais nous revoir.* Je le crois, parbleu bien. Il ferait beau se revoir après un événement pareil. C'est tout à fait impossible. Que se dire? que faire? Voilà une femme qui ne me pardonnera jamais d'avoir été vue en peignoir de batiste. Elle a des bras délicieux. Et quelles épaules fines et jeunes! C'est une bien jolie femme.

Armand se rappelait les colères de la princesse, cette lampe éteinte, cette rencontre forcée dans les ténèbres. Il frissonnait et passait vite à un autre ordre d'idées. Il s'avouait naïvement qu'un abîme infranchissable venait de s'ouvrir entre lui et cette femme. Il prenait avec lui-même l'engagement solennel de ne point faire un pas pour s'en rapprocher.

On voit si ce jeune homme était loyal et honnête. Il avait à peu près pensé à tout, excepté au point principal, et dans ce pêle-mêle de noires phalènes qui l'assaillaient et qu'il combattait avec la résignation du désespoir, il n'apercevait pas le seul papillon blanc, symbole d'espérance, qu'un optimiste, qu'un homme content de soi, qu'un fat eût aperçu avant tout autre, eût aperçu tout seul. Armand ne songeait pas à ce portrait dessiné loin de lui, sans lui, dans l'ombre d'un cœur plein de mémoire, où chaque détail de son visage vivait, assez profondément empreint pour venir se décalquer sous le crayon au premier ordre de la pensée.

Épuisé de contradictions, de tressaillemens, de projets, d'angoisses, Armand finit par s'endormir aux premières lueurs de l'aube. Ce sommeil fut court, agité; mais, pareil au bon serviteur silencieux, nocturne, qui, pendant le repos du maître, range doucement la maison troublée après une orgie, et replace en son lieu chaque chose égarée, ce bienfaisant sommeil rafraîchit une tête dévastée, rendit au jugement sa lucidité ordinaire, et quand Armand s'éveilla, le logis spirituel était en ordre à ce point, que, au premier regard, le maître aperçut distinctement toute la situation.

Plus de ténèbres, plus d'équivoque. Comme s'ils eussent été trempés dans une lumière crue, les événemens de la nuit surgissaient un à un, en plein relief, revêtus de leur couleur naturelle et brillant de leur véritable signification.

Les projets fiévreux de l'insomnie tombaient devant cette raison blanche, froide. Rechercher les auteurs du complot, questionner la police, les magistrats, pourquoi? Raconter une aventure à peine croyable et donner des détails humilians pour tous les acteurs, pourquoi? Compromettre tout à fait une femme à moitié perdue, l'accabler du pavé de l'ours pour écraser une mouche qui peut-être était déjà envolée, pourquoi, pourquoi? Ce point d'interrogation, terrible conclusion de chaque phrase, ne faillit point de venir se poser devant chacune des idées qui, dans son noir cauchemar, avaient paru si lumineuses au pauvre jeune homme.

Ainsi, pas de recherches à faire, pas de démarches: oubli, silence surtout. La conspiration dirigée tout entière contre la femme ne pouvait atteindre en quoi que ce fût le prétendu amant.

Prétendu. Ici, par un étrange phénomène, le point de vue d'Armand se trouvait changé. Ce qu'il apercevait hier, il ne le voyait plus ce matin; mais ce qui, hier, lui avait échappé, rayonnait et ressortait éclatant. Amant de la princesse, avait dit le mari; eh bien! oui, le mari avait raison. Une femme qui dessine de souvenir le portrait d'un jeune homme, d'un jeune homme beau, séduisant, distingué; une femme qui cache ainsi ce portrait, et qui rougit, qui pâlit ainsi quand on le découvre, c'est une femme qui aime. Une femme qui aime a un amant. L'homme aimé est l'amant de cette femme. — Je suis l'amant de la princesse, se dit Armand avec stupeur, mais aussi avec orgueil et délices, et tout à coup il sentit battre un cœur qu'il était loin de soupçonner quelques heures auparavant.

Aussitôt le voile tombe, le passé s'éclaire. Ces soirées où elle arrivait radieuse, enchanteresse; ces rencontres fortuites que lui a reprochées son mari, cette affectation même de ne pas regarder Armand, de ne jamais lui adresser une parole, — elle qui dessinait son portrait de souvenir ! — bien plus, cette assiduité de la comtesse Gorthiany, amie intime, confidente sans doute et dont les avances étaient pourtant bien significatives : cette dernière preuve, la présentation si inutile de Mme Novratzin chez la baronne Chaudray, et tout le manége de l'amie, et l'avidité de celle-ci à écouter les louanges passionnées données à la beauté de la princesse, louanges qu'elle reportait certainement à leur adresse... Plus de doute, il est aimé, il a été aveugle, il serait ingrat.

Oui, il serait ingrat, si cette femme qui l'aime, et qui est perdue pour cela, s'il l'abandonnait sans secours et sans défense. Souvent un cœur chaste s'offense d'être poursuivi indiscrètement, mais un cœur tendre ne pardonne pas qu'on le délaisse; être délicat dans les soins qu'on lui rend, voilà le point essentiel. Armand, lancé à toute vapeur dans cette voie sans limites, fit en peu de secondes un incalculable chemin. Était-il toujours dans le vrai ? Il n'y songea pas un moment. Ce n'était plus sa tête rafraîchie qui le guidait : c'était un cœur palpitant et embrasé qui entraînait tout le système.

Il est rare que l'amour ne cherche pas immédiatement son équilibre, c'est la loi de toute force supérieure. L'équilibre de l'amour c'est la haine. Armand sentit aussitôt tomber la sienne en contrepoids. Le rôle du mari, suspect d'abord, devint odieux, infâme. Lui seul avait intérêt à torturer ainsi sa femme. D'abord il était coupable d'espionnage, c'est un bien grand crime aux yeux des amans. M. Novratzin avait découvert les assiduités d'Armand, il avait sondé le cœur de Caliste, il avait payé quelque femme de chambre pour intercepter des lettres, et cette créature n'avait pu intercepter que le portrait, elle l'avait volé et envoyé au mari. Armand se rappela toute la haine de Novratzin pour la femme que l'Empereur lui avait donnée, il se la rappela d'autant mieux qu'il l'avait lue, quelques heures avant, dans ses yeux, et l'expression de ce sentiment bien distinct de la colère, l'avait frappé pendant la scène du boudoir.

Cette antipathie pour une femme adorable devait conduire le prince à lui créer des torts, quand bien même elle n'en eût pas eu. Elle en avait. Armand le confessait volontiers ; mais ces torts légers, comment les prouver ? Le portrait suffisait-il ? évidemment, M. Novratzin méditait quelque coup décisif contre la princesse. Peut-être contre le principe même d'un mariage exécré. Comment s'y méprendre d'après les paroles qu'il avait prononcées si amères, si menaçantes sous une enveloppe de clémence et de dédain ? Comment ne pas deviner que, redoutant l'intervention de l'Empereur en faveur de la princessse, sa pupille, il se forgeait d'avance une arme pour combattre les réclamations et les plaintes que cette pupille adresserait au souverain protecteur ? De là le guet-apens, de là cette fausse arrestation, cette introduction dans la maison de la princesse. Plus de doute : pourquoi ces portes complaisamment ouvertes devant lui, ces valets écartés, tous les obstacles levés par miracle ? Pourquoi cette apparition du prince à point nommé ? Pourquoi enfin, comble de machiavélique perfidie, cette clef accusatrice que les agens du traître avaient jetée dans la poche d'Armand, tandis qu'ils le poussaient devant eux le long du corridor.

Oh ! mais, s'il en était ainsi, — et il en était ainsi, sans nul doute, — l'affaire ne pouvait en demeurer là. Quoi ! Armand, un galant homme, un homme ! laisserait s'accomplir paisiblement une pareille infamie ! il se laisserait, lui, mannequin lâche et bête, promener incessamment par la main de ce Tartare devant les yeux effarés d'une femme tremblante !

Et cette femme, après l'avoir aimé, le craindrait, et, après l'avoir craint, le mépriserait ! Allons donc !

Le démon qui chauffait en riant cette chaudière grondante qu'on appelle une tête d'amoureux, se dépêcha d'y glisser un grain d'orgueil. L'amour n'eût pas suffi peut-être à faire oublier la raison. Mais l'amour ménage au moins l'objet aimé ; l'orgueil, lui, n'aime rien et ne ménage rien.

— Ah ! se dit Armand sous cette infernale influence, voilà donc pourquoi ce colosse me regardait par-dessus l'épaule : il se moquait de moi. Petit pantin, je fonctionnais au bout de son fil. Ce jaloux d'un nouveau genre me savait trop niais pour faire la cour à sa femme, et il m'amenait chez sa femme ! Il me mettait la clef dans la poche ! Il roulait de gros yeux, pour me faire peur, apparemment, puisqu'il me connaissait pur de toute intention comme Caliste l'était de toute faute.

Armand appelait déjà la princesse : Caliste.

— Eh bien, reprit le jeune homme en bondissant hors de son lit, les choses ne se passeront pas tout à fait comme cela. Oui, homme de l'Ukraine, je suis amoureux de ta femme ; oui, tu es un imprudent de m'avoir appris le chemin de sa maison, et une brute de m'avoir révélé le secret de son cœur. Tu te moquais de moi, cette nuit, et moi, naïf, je m'emplissais d'une nourriture de bergeries, je broutais l'amour immatériel ; attends, attends, à mon tour de rire.

Il en était à ce point d'exaltation et s'habillait en tremblant de fièvre et de colère, quand M. de Bierges le père entra rayonnant dans sa chambre, une lettre azurée à chiffre d'argent d'une main, l'enveloppe parfumée de l'autre.

CHAPITRE VIII.

Le conseiller, sous l'empire de ce parfum et à travers cet azur, voyait en clair tout ce que son fils voyait en sombre. Il vint souriant au jeune homme, lui tendit la main et lui dit :

— Tu es frais ce matin comme une rose.

Le fait est qu'Armand n'était pas rose, mais rouge.

— On voit que tu as dormi comme il faut, ajouta le père avec la même perspicacité. Tu es bien heureux ; moi, je n'ai pas fermé l'œil.

— Ah ! tant pis, cher père, tant pis, dit Armand moitié tendre, moitié distrait.

— Oui, tu es heureux, reprit le conseiller, heureux en tout.

— Bah ! dit Armand, surpris de ces paroles accentuées avec une affectation singulière. En quoi donc suis-je si heureux que cela ?

— Tout ce qui devrait te perdre te réussit, Armand.

— Tu crois ?

— Sais-tu qu'hier, à minuit, tu avais perdu quatre millions ?

— Tiens, c'est vrai, je l'avais oublié, s'é- cria le jeune homme avec un sourire, tu me l'avais dit pourtant.

— Et tu ne voulais pas y croire, mon enfant, tu avais foi dans ton étoile ! Parbleu, tu avais bien raison, tes millions sont retrouvés.

— Ah bah ! par qui ?

— Par une femme charmante, douée de toutes les qualités physiques et morales, qui vaut un peu mieux, je suppose, que la madame Novratzin, dont tu faisais hier si imprudemment l'éloge.

Armand tressaillit comme si on l'eût touché avec un fer rouge.

— Mon Dieu oui, continua paisiblement le conseiller, une amie arrangeait hier cette affaire-là pour toi, et tout marchait à plaisir quand tu as bouleversé tout avec cette profession de foi en faveur de la princesse. Malheureux ! il paraît, dit à voix basse M. de Bierges, il paraît que la future t'entendait !

Et les yeux du conseiller exprimèrent une horreur qui ne laissait pas d'être comique ; mais Armand s'était arrêté au mot.

— La future, répéta-t-il surpris.

— Ta future, mon enfant, celle que te destine notre charmante amie la baronne.

— On me destine... dit Armand suffoqué.

— Oui, ton imprudence dont je tremblais, n'a rien changé à la situation. La jeune personne n'a heureusement rien entendu. J'en reçois l'avis à l'instant de Mme Chaudray. Excellente femme ! Déjeunons de bonne heure, veux-tu ? parce qu'il faut que j'aille la remercier en ton nom et au mien.

— La remercier de quoi ? dit Armand avec un regard oblique.

— Eh bien ! de ce mariage qui se présente.

— Mais...

— Quoi ?

— Je ne suis pas prêt du tout à me marier, répliqua Armand avec résolution.

Le conseiller, un moment étourdi, regarda le visage pâlissant de son fils, et fronçant le sourcil.

— Ah ? murmura-t-il froidement avec une variété d'intonations qui faisait de cette interjection un poëme en une quantité de syllabes.

Armand aimait tendrement son père ; il avait la plus entière confiance dans son jugement et son aptitude aux affaires ; il lui eût abandonné le maniement d'une liste civile de nabab. Mais selon l'habitude des jeunes gens — qui peut-être n'ont pas tout à fait tort — il croyait l'expérience moins nécessaire qu'on ne pense à la réussite des affaires de cœur. L'expérience donne des conseils et modère la passion. La passion, force aveugle, n'arriverait jamais au but si elle n'était sourde par dessus le marché. Et enfin, la passion a son rôle en ce monde comme la foudre.

Or, en cette circonstance, Armand ne voulait rien confier à M. de Bierges de l'aventure nocturne, d'abord parce que le conseiller lui eût prodigué les avis, ensuite parce qu'il eût été dévoré d'inquiétudes sur les suites. Des avis, Armand n'en voulait pas; les inquiétudes, il les eût épargnées à son père au prix des renoncemens les plus douloureux. Ce qui revenait tout droit à ce raisonnement fameux d'un contemporain :

« Je n'aime pas les conseils et j'en suis content, parce que si je les aimais, je les suivrais, et que je ne veux pas les suivre. »

Ainsi, devinant au sourcil tendu, aux soupirs étouffés de son père, que le refus de ce mariage lui serait infiniment sensible, et le conduirait à mille suppositions ; sachant que le nom de la princesse, prononcé un instant avant, servirait de texte à ces conjectures désobligeantes, Armand se hâta d'amortir par des protestations de tendresse, et une apparente confiance le coup porté aux chimères matrimoniales du conseiller.

— Cher père, lui dit-il, à quoi bon me marier comme cela sans dire gare ! Serait-ce que tu es las de moi, las d'être libre et heureux?

— Cesse-t-on d'être libre quand on se marie, répliqua le père encore effarouché, on est libre à deux, voilà tout, et c'est je crois plus moral que d'être esclave à trois, quatre ou cinq personnes. D'ailleurs, dût-on cesser d'être libre, je n'y vois pas d'inconvénient quand on l'a été trop.

— Trop? dit Armand d'un air câlin et enjoué qui lui réussissait toujours d'ordinaire. Ai-je donc abusé? me le reproches-tu aujourd'hui, après m'avoir si souvent donné mon *satisfecit*. A t'entendre, à te voir, on me prendrait pour le don Juan du festin de Pierre. Allons, cher père, tu es conseiller, tu n'es pas commandeur.

M. de Bierges ne se dérida pas.

— Je voudrais bien savoir, murmura-t-il, ce qu'il peut y avoir de si précieux au fond d'un esprit, je ne dis pas d'un cœur, qui refuse quatre millions.

— Là ! s'écria Armand, heureux de cette faute paternelle, voici M. de Bierges, le stoïque, le Curius de la cour des comptes, l'impitoyable censeur des hommes d'argent, qui croit parler mariage à son fils et ne lui parle que millions.

Il savait, le rusé, combien le père capitulerait vite, battu par son propre canon.

Le conseiller rougit légèrement.

— Il ne s'agit pas d'argent, dit-il embarrassé. Si j'énonce un chiffre, c'est faute de pouvoir prononcer un nom. Ce nom, il m'est interdit de le produire. Voilà pourquoi je le représente par une dot. Au fond, je n'y tiens pas, à la dot, tu le sais bien.

— Alors, si tu n'y tiens pas, interrompit Armand victorieux a peu de frais, n'en parlons plus.

— Mais je tiens aux qualités, aux mérites, je tiens à une femme accomplie, comme celle dont il était question.

L'imparfait rassura un peu Armand ; il embrassa son père.

— Quelle femme, dit-il, aura les mérites et les qualités de mon ami, de mon compagnon, du seul que je veuille avoir ? Quelle femme te remplacerait, acheva-t-il, ému sérieusement au milieu de sa comédie, parce qu'il savait bien qu'il disait la vérité.

— Alors, dit M. de Bierges complètement gagné, tu ne veux pas te marier ; tu ne te marieras jamais?

— Je ne dis pas jamais.

— Moi, je le dis. Jamais tu ne trouveras une occasion pareille, et d'ailleurs, ajouta-t-il superbement, quand tu le voudrai je ne le voudrai plus.

Armand se garda bien de discuter cette fanfaronnade.

— Cher père, dit-il, ce que tu décideras sera toujours ma volonté. Aujourd'hui, vois-tu, je suis mal disposé au mariage. Il y a dans l'air une foule de petites fantaisies de jeune homme... Oh!... fantaisies pures, sois tranquille. Il y a surtout une soif de liberté inextinguible pour le moment. Laisse-moi boire.

— C'est fort joli, répliqua le conseiller, mais nous allons avoir l'air de girouettes vis-à-vis de Mme Chaudray. Moi, d'abord, je ne m'engage pas à l'aller refuser ; fais-en ton affaire. Tu veux les bénéfices, prends les charges.

Armand croyait son procès gagné. Il s'applaudissait de la facilité du triomphe. Mais avec les vieux jouteurs, il y a toujours un coup secret, une botte savante à craindre. Dès l'apprit du vieil Entelle.

— Je te laisse maître de toi-même, lui

dit le père en le quittant, un homme de ton âge doit savoir se conduire. Mais souviens-toi que je ne veux pas entendre parler de scandale, souviens-toi que je n'admets pas les liaisons illicites, songe enfin que toute femme qui n'est pas libre, je veux dire toute femme mariée,— et il souligna ces mots — sera traitée par moi en ennemie mortelle si je la trouve dans le chemin que ma fantaisie à moi s'était tracée pour ta fortune et ton bonheur.

Armand frémit en entendant ces paroles. Le conseiller ne devait pas s'en tenir là.

— Va donc chez Mme Chaudray, continua-t-il pour te dégager et expliquer tes raisons. Trouves-en de passables, afin de ne pas choquer une personne aussi bonne que spirituelle, tâche surtout de ne paraître ni vicieux, ni inepte.

— Oui, cher père, dit Armand, compte sur moi.

— Et toi, ne compte pas sur les princesses, riposta le vieux Parthe en tournant le dos pour franchir le seuil.

CHAPITRE IX.

Il est rare que le premier mouvement, si terrible quand on le heurte, ne peut être détourné par une sage inertie. Armand fut bien embarrassé par cette sortie de son père. Il trembla que son secret naissant n'eût déjà été deviné par les yeux de ce prétendu myope. Mais comme la jeunesse est aussi prompte à se rassurer qu'à s'alarmer tant elle se fie à ses ressources ; comme elle poursuit énergiquement ses desseins, même insensés, parce qu'elle se connaît la force de les mettre à exécution, le fils oublia en dix secondes de rêverie et les recommandations et les menaces voilées de son mentor, et ne se souvint plus que d'un amour qui parlait déjà plus haut que toute prudence et d'un amour propre plus exigeant encore que l'amour.

Obéir à la princesse, c'est-à-dire garder l'immobilité, le silence et ne pas revenir sur le passé, impossible. Cette première barrière franchie, comment conduire jusqu'au plein succès les opérations d'un siége ? Armand ne manquait pas d'imagination, il avait de la stratégie. Ce n'était pas un homme à commettre des fautes sans profit. Il chercha.

En première ligne des auxiliaires, il trouvait la comtesse Gorthiany, cette même Polonaise aux yeux verts si dédaignés la veille encore. Mme Gorthiany, amie de la princesse et complice présumable de ses petits secrets, devait savoir le mot de l'énigme. Un entretien avec cette dame n'était pas une infraction aux tacites engagemens d'honneur qu'Armand avait contractés envers Mme Novratzin. Celle-ci avait dit : « Nous ne nous reverrons jamais. » Elle n'avait pas dit : « Vous ne verrez jamais Mme Gorthiany. » De ce côté, mille avantages, si l'on savait se faire écouter ; rien de perdu si l'on échouait ; l'entrée était facile. Des relations de monde à cultiver, une confidence toujours flatteuse faite par un homme jeune et adroit, auquel avaient été prodiguées les avances. Armand n'avait à redouter que le reproche d'indiscrétion. Il livrait le secret de Caliste. Mais la comtesse ne le saurait-elle pas de celle-ci, ce secret ? Rien à dire si on ne l'avait pas instruite : toute la science se réduisait à proportionner la confidence aux révélations que la princesse pourrait avoir faites à son amie. Armand se crut assez fort pour hasarder une attaque d'après ce plan.

Le malheureux ! Tel homme cuirassé n'est vulnérable qu'à un endroit, et le coup le frappe à cet endroit ; tel autre a cent issues à prendre pour sortir d'un mauvais pas, il prend justement le sentier où l'attend son ennemi. Armand se hâta de courir chez la seule personne qui pût le perdre bien sûrement.

Il avait préparé un arsenal et déployé le génie de Vauban pour pénétrer dans cette forteresse. Il y pénétra bien triomphant, sans voir qu'on lui en ouvrait la porte toute grande, comme aux renards la trappe de l'assommoir.

La comtesse demeurait aux Champs-Elysées ; Armand le savait pour l'avoir entendu répéter nombre de fois par la dame, aux jours heureux où elle semblait solliciter une visite dont ce vainqueur, à son tour, allait prendre sans permission l'initiative. Il se fit annoncer, il fut introduit.

Nous avons dit que la comtesse aux yeux verts était belle, et sans doute bien des gens admiraient sa beauté ; dans notre histoire, cette beauté, présentée sous un jour oblique, perd la plus grande partie de son charme. Certain faux air de traître l'empêchera toujours de réussir chez les collectionneurs de portraits de femmes. Et cette apparence première, le *frons prima*, était précisément ce qui avait sauté aux yeux d'Armand, ne fût-ce que par opposition avec la noble et délicate nature de Mme Novratzin.

Misérable assujétissement, honteuse fascination de l'amour! Armand foulant le tapis de la comtesse, s'était décidé à la trouver ravissante. Il s'était dit, qu'après tout, des yeux verts sont bleus le soir; que Junon, dans Homère, a les yeux glauques, et que cette couleur est bien plus distinguée que le noir, le bleu, et le châtain, puisqu'elle est plus rare.

Il s'était répété à satiété que si les yeux de Mme Gorthiany lui semblaient un peu durs, c'était parce qu'il ne les avait jamais forcés à s'adoucir; et oubliant, le misérable, que jamais une femme ne consent à être repoussée, même lorsqu'elle fait des avances pour le compte d'une amie; oubliant que toute rancune féminine se satisfait tôt ou tard, il arrivait, que dis-je? il accourait se jeter dans la gueule de l'hydre occupée depuis si longtemps à mâcher à vide son terrible ressentiment.

Il était trop ému, trop concentré dans son idée pour remarquer l'accueil qui lui fut fait, accueil dont un homme froid se fût épouvanté au point de regagner immédiatement le vestibule. C'était, avec un sourire d'ogresse, un clignement d'yeux et une bouche en cœur qui semblaient dire: Petit, petit... comme au poulet le cuisinier de la table.

Armand donna en plein dans le panneau. Il oublia même de chercher un prétexte à sa visite et d'excuser ses froideurs passées.

— Madame, dit-il après les premières civilités, vous ne serez point surprise de me voir aujourd'hui, si vous êtes, comme j'en suis sûr, une véritable amie de Mme la princesse Novratzin; certain événement dont peut-être vous avez connaissance, justifie la démarche que je me permets...

Toute la diplomatie d'Armand se réduisit à attendre une réponse. La comtesse qui voyait chaque manœuvre de ce pauvre ennemi, ne daigna pas ruser avec lui.

— Je ne sais savoir, dit-elle, l'événement auquel vous faites allusion. J'ai, ce matin, vu la princesse.

Voilà aussitôt Armand qui se lance. Elle sait tout, donc elle est pour la princesse une amie dévouée. Rien à craindre, on peut hasarder la confidence entière. Ville gagnée!

— Eh bien! madame, reprit-il en s'approchant de la comtesse, en cherchant à fasciner ses yeux glauques, que pensez-vous de cette étrange aventure?

Mme Gorthiany, qui déjà n'était pas trop engageante, sembla passer du tiède au glacial. Elle fit une sorte de moue compliquée d'un mouvement d'épaules, et se tut.

— Une perfidie, n'est-ce pas? continua le jeune homme.

— C'est selon, dit la comtesse, avec une circonspection de sibylle.

Armand ne devina rien encore cette fois.

— Ne pensez-vous pas comme moi, madame, reprit-il, que c'est une invention de... du... d...

Il s'arrêta devant un regard dur et tranchant.

— De qui? dit Mme Gorthiany.

— Je pense que nous nous comprenons, murmura Armand se rapprochant encore.

La comtesse se cambra en arrière.

— Je ne sais trop, dit-elle, je ne crois pas.

Armand, saisi de surprise, commença un peu tard à observer le jeu de ce masque à ressorts; il eût bien voulu s'arrêter en chemin, mais la trappe était retombée.

— Je ne saisis pas bien votre idée, monsieur, reprit la Polonaise attaquant à son tour; vous attribuez cette invention... vous l'appelez ainsi, à quelqu'un...

— A quelqu'un que je suppose intéressé à tendre des piéges, dit Armand courageusement; à quelqu'un que vous feignez de ne pas connaître, par discrétion sans doute, madame, car vous la connaissez parfaitement, surtout si vous avez causé ce matin avec votre amie.

La comtesse sourit d'un seul coin des lèvres, et répliqua :

— Peut-être bien.

Armand se figura que la glace allait se rompre; un dernier coup, tout devait céder.

— M. le prince Novratzin, n'est-ce pas? dit-il.

La comtesse aussitôt changea de visage. Ses yeux prirent une expression hautaine et menaçante. On eût dit une de ces batteries que démasque un pirate lorsqu'il se croit assuré de la prise.

— Monsieur, prononça-t-elle d'un ton mesuré, sec, dans lequel perçait toute sa joie de pouvoir assouvir une vieille haine, vous oubliez que M. Novratzin est mon ami, et vous lui prêtez gratuitement une bien vilaine action.

Armand bondit sous la commotion de cette terrible bordée.

— Eh quoi! s'écria-t-il, vous parlez sincèrement, madame?

— Qui vous donne le droit, monsieur, de supposer le contraire?

— Mais vous disiez que ce matin vous aviez vu la princesse.

— Assurément. Eh bien?

Cet : eh bien ! fit froncer le sourcil au jeune homme.

— Une amie véritable, dit-il, partage ordinairement les idées de son amie. Or, je crois pouvoir supposer que la princesse sait à quoi s'en tenir sur ce guet-apens nocturne.

— La princesse, reprit Mme Gorthiany de plus en plus hostile, n'est pas dupe de ce qui lui est arrivé. Elle trouve, comme moi, l'histoire du fiacre et l'histoire de la clef trop invraisemblables. Ce sont des hallucinations qu'on accepte bien un peu la nuit, mais qui s'évanouissent avec le jour.

— Ainsi, murmura le jeune homme stupéfait, les idées de votre amie sont changées ?

— En a-t-elle réellement conçu d'autres ?

— Cette nuit elle paraissait deviner l'auteur du complot.

— Elle le devine encore maintenant.

— Et c'est ?...

— Ce n'est pas son mari, voilà qui est certain, dit la comtesse avec un accent tellement dur, tellement provocant que le jeune homme en rougit de colère. Son mari l'aime ; s'il est jaloux, c'est par excès d'amour ; elle, l'aime aussi et fera tout pour rétablir la bonne harmonie dans son ménage. Vous auriez donc d'autant plus mauvaise grâce, monsieur, à persister dans vos accusations contre le prince, que vous êtes en face de sa meilleure amie, j'ai eu l'honneur de vous le dire, et que vous n'êtes pas irréprochable envers M. et Mme Novratzin.

— C'est-à-dire, s'écria Armand, que voilà les choses retournées encore une fois, et que l'on m'accuse, moi, de cette turpitude.

— Ménagez-vous, dit la comtesse en souriant tout à fait.

Armand se leva. Ses lèvres tremblaient, il faisait craquer ses gants sur ses mains crispées. Toute son antipathie pour cette femme se réveillait avec fureur, il la trouvait hideuse, il brûlait de le lui dire, il allait éclater.

Par bonheur, il s'arrêta, cédant à l'habitude d'une bonne éducation et au point d'honneur qui commande le respect envers toute femme assez lâche pour insulter un homme.

— Ah ! je comprends, dit-il, et je vois quelle part j'ai à vous faire dans tout ceci. Votre visite à Mme la princesse a porté ses fruits. Très bien, madame ; vous avez agi en véritable amie de M. le prince Novratzin, et vous vous dites l'amie de sa femme ! Soit. J'ai d'autres idées ; pour moi ces deux amitiés sont incompatibles. Eh bien ! madame, puisque l'on me croit l'auteur de cette infamie, de cette brutalité cosaque, c'est à moi de prouver qu'on a menti. Je désirais étouffer l'affaire, je prenais sur mon tempérament, sur ma conscience pour être agréable à Mme la princesse ; je m'étais contenu en présence de ce plat hypocrite votre ami. Les choses changent, puisqu'on retire les paroles obligeantes qui m'avaient été dites. Maintenant je déclare, moi, cette action honteuse, déshonorante ! Je suis soupçonné, je suis insulté ; prenez garde !

— Eh ! monsieur, répondit la comtesse avec un mauvais rire, que m'importe à moi ! C'est à la princesse qu'il faut conter vos douleurs. Vous venez me rendre visite et me demander mon opinion ; je vous la dis. Puis, vous criez comme si j'étais la cause de ce qui vous arrive.

— Ce n'est pas à Mme la princesse que je conterai ce que vous appelez mes douleurs, dit Armand, pâle de se contenir si longtemps. Une femme ne les guérirait point. D'ailleurs, je vois à votre visage rayonnant que votre amie me fermerait sa porte ; c'est convenu déjà, n'est-ce pas ? Non ! je m'en prendrai au véritable auteur, au véritable traître, au véritable lâche ; mon honneur est intéressé à prouver que je n'ai pas commis ce crime, je le prouverai.

— Vous ne prouverez rien du tout, interrompit, toujours en ricanant, la femme aux yeux verts.

— Oh ! je trouverai votre prince Novratzin ! s'écria Armand exaspéré.

— Vous iriez trop loin pour trop peu.

— Je le trouverai, vous dis-je, continua le jeune homme, quand je devrais l'aller chercher dans un gouffre aussi profond et aussi noir que votre âme... Madame, excusez-moi si je vous parle ainsi, sans qu'un homme soit là pour me répondre ; mais vous raconterez la scène à votre ami, et il vengera le tout ensemble.

— Monsieur ! murmura la comtesse enfin touchée, vous m'offensez, et vous parlez de votre honneur !

— Vous avez raison, madame, dit Armand les dents serrées et la poitrine haletante. Je n'ai plus le droit de parler de mon honneur tant que je ne l'aurai pas réhabilité. Mais vous pouvez dire à votre amie, à cette femme qui me calomnie, qu'avant huit jours ce sera fait. Oui, madame, je pars pour rattraper le prince. Dans huit jours au plus tard, demain, ce soir, si je puis, M. Novratzin m'aura signé la réparation la plus complète de son injure ou il m'aura tué, si je ne le tue moi-même. C'est là un dénouement qu'on n'avait pas prévu. Adieu, madame, et si vous vous intéressez à ce cher prince, si votre amie s'intéresse à son cher époux, ne vous trompez ni l'une ni l'autre dans vos prières, ne priez pas pour la bonne cause. Adieu!

Il partit sur ces mots, laissant la comtesse frappée d'un saisissement qui tourna bien vite en terreur. Elle s'était cru la griffe assez puissante contre ce petit adversaire ; mais l'hyène, en sa force, ne vaut jamais le lionceau.

CHAPITRE X.

En effet, la comtesse ne pouvait s'attendre à un pareil dénoûment de la scène. Humilier celui qui l'avait dédaignée, le renverser à jamais du haut d'espérances dans lesquelles elle n'était pour rien, voilà ce qu'elle avait comploté de faire. Comment deviner que ce petit bourgeois parisien, cet avocat frotté de fonctionnaire allait se jeter comme cela tout de suite sur la grande épée d'un officier ?

Un duel! un scandale ! était-ce bien dans le programme de la conspiration ? Que dirait le prince ? Approuverait-il qu'on eût poussé les choses aussi loin. Certainement le duel n'était pour lui qu'un résultat heureux, c'était un vainqueur infaillible. Mais Caliste ? heureux ou malheureux, le résultat ne l'accablait-il pas?

A cette pensée, le démon qui habitait chez la femme aux yeux verts, attisa son feu de joie qui vint empourprer les joues de la comtesse.

Caliste, accablée, déshonorée; Caliste cette amie si chère, cette beauté sans rivale, cette protégée de l'empereur, cette reine de perfection, qui, après l'avoir empêchée d'être princesse en épousant Novratzin, l'empêchait d'être aimée par Armand, cette Caliste à jamais perdue : quel succès ! quelle joie !

Et ce triomphe si doux, on l'obtiendrait sans effort. On n'aurait pas même besoin de remuer le doigt comme pour hériter du mandarin de la Chine. Armand, dans sa fougue passionnée, ferait la catastrophe à lui seul. Se taire, ne pas éveiller un soupçon chez Caliste, laisser Armand courir et le temps marcher, voilà tout ce qu'exigeait le démon de sa complaisante hôtesse.

Mais tel n'était pas le programme arrêté par le destin.

Au moment où Armand sortait de chez la comtesse, il pouvait être deux heures. Un grand coupé bleu, attelé de deux chevaux noirs, montait au pas l'avenue des Champs-Elysées. Armand, s'approchant du trottoir pour rentrer dans sa voiture de louage, plongea involontairement les yeux dans cette boîte doublée de soie orange. Il y aperçut la princesse, qui, brisée de fatigue, se faisait promener lentement au grand air, et en passant devant la maison de son amie, se penchait pour regarder les fenêtres par un mouvement bien naturel.

Armand, sous le coup de sa querelle avec la Polonaise et de son indignation contre Caliste, lança un furieux coup d'œil à celle-ci, accompagné d'un geste si expressif, si menaçant, si désespéré, qu'il fut pour la pauvre femme une révélation sinistre comme un éclair.

Puis il sauta dans sa voiture qui, en tournant, croisa celle de la princesse, et alors, se retrouvant avec elle, portière à portière, il ne put s'empêcher de lui jeter ces mots, exhalés d'un cœur au désespoir :

— Avant huit jours, madame, avant huit jours !

Et il disparut.

Caliste pâlit. Elle sentait qu'Armand venait de voir la comtesse. Cette colère, ce bouleversement d'une nature qu'elle savait douce, tendre, éminemment cultivée, lui firent craindre soit un malentendu, soit une perfidie. Caliste avait déjà souffert, elle connaissait le monde. Elle connaissait surtout sous son amie. Sa bonté n'était pas de la naïveté. Elle jugea prudent d'éclaircir sur-le-champ son soupçon. Saisissant le cordon du cocher, dont elle secoua le bras avec une vivacité insolite :

— Chez la comtesse, dit-elle au valet de pied, qui s'était précipité du siège.

Quelques instans après, Caliste pénétrait chez *son amie* et la surprenait dans la méditation décrite au début de ce chapitre.

Elle ne rusa point. Son cœur était gonflé, son œil brillant ; elle lisait je ne sais quelle joie féroce sur les traits de la Polonaise, et cette joie insultait à sa souffrance. Sans répondre aux complimens mêlés de surprise qui lui étaient adressés :

— M. de Bierges sort d'ici ? dit-elle.

La comtesse tressaillit.

— Je viens de le voir, continua Caliste, il m'a parlé.

Ces mots : « il m'a parlé, » échappés peut-être à la seule préoccupation, furent magiques. Mme Gorthiany perdit un moment contenance.

— En vérité ! dit-elle, avec la rage de se voir déçue.

Mais ce trouble achevait d'éveiller les défiances de la princesse, il lui commandait la circonspection. Elle savait trop peu de chose pour parler beaucoup, il s'agissait d'en apprendre davantage.

— Expliquez-moi, dit-elle, ce qui s'est passé entre vous.

Ici la Gorthiany fut bien embarrassée. Mentir était scabreux, si Armand avait raconté la scène, et la comtesse ne doutait pas qu'il ne l'eût racontée. Manquer de franchise en pareil cas, c'était se trahir ; tandis qu'en racontant les faits avec des commentaires, on pouvait sortir honorablement d'embarras. D'ailleurs, quel inconvénient y avait-il à dire à Caliste ce qu'elle saurait, si elle ne le savait déjà, ce qu'elle ne pouvait empêcher ? Sans doute, il eût mieux valu se taire et gagner vingt-quatre heures; puis, en cas de besoin, contrainte à une explication, s'excuser d'avoir gardé le silence sur la crainte d'inquiéter une amie ; mais, puisque l'éclaircissement devenait inévitable, pourquoi pas l'éclaircissement ? — sous toutes réserves !

La comtesse prit son air le plus indifférent, le plus tranquille, et raconta, en les atténuant de son mieux, les principales circonstances de l'entretien, c'est à dire les soupçons d'Armand sur le prince et la justification de celui-ci par l'interlocutrice.

Mais tout cela n'expliquait pas à Caliste l'étrange fureur du jeune homme, son regard menaçant, et surtout ces mots : avant huit jours !

— Il y a eu autre chose entre eux, se dit la princesse, qui déchiffrait avec son cœur tandis que l'autre traduisait faussement avec une langue de fourbe.

— Vous me cachez la vérité ! dit-elle soudain à la comtesse en la couvrant du feu de son grand œil noir. Oui, Zika, — c'était le petit nom de la dame que Caliste avait substitué à Sophia, — vous me cachez le principal, et ce n'est pas bien !

Zika vit pâlir ces belles joues déjà si pâles, elle vit passer un frisson blanc sur ces lèvres carminées, et trembla d'être prise en flagrant délit d'imposture.

— Je ne vous cache rien, répliqua-t-elle, chère Caliste, je voudrais seulement ne rien exagérer. Ce jeune homme a dit dans la colère, des choses qu'il ne fera certainement pas. Ne vous alarmez pas ainsi d'avance.

Caliste se sentit frémir à ces paroles rassurantes.

— Vous comprenez bien, continua la comtesse, qu'il ne va pas courir la poste comme cela sans y réfléchir.

— Courir la poste ! allait s'écrier Caliste ; mais elle comprit que si elle manifestait la moindre surprise, c'était fait de la révélation qu'elle attendait. Elle comprima d'une main énergique son cœur qui bondissait sous le satin et la fourrure ; ses petits doigts crispés se perdirent dans la martre épaisse.

— Avant huit jours!.. dit-elle tout haut.

— C'est cela, il vous l'a répété ; oui, c'est son mot : avant huit jours, il aura mis le monde à feu et à sang.

— Mais pourquoi? pourquoi ? s'écria Caliste hors d'elle-même.

— Chère belle, parce qu'il accuse votre mari de ce qui est arrivé, tandis que j'ai défendu votre mari ; n'était-ce pas convenu entre vous et moi, que si jamais je me rencontrais avec ce jeune homme...

— Vous ne le laisseriez pas accuser l'homme dont je porte le nom? Oui, je me rappelle que ce matin vous m'avez suggéré ce conseil, et je l'ai accepté. Mais ce n'est point à cause de cela, ce n'est point parce que vous avez défendu le prince, que ce jeune homme est sorti d'ici, tremblant, livide, éperdu de fureur.

La comtesse n'osa sourire, mais elle hésita.

— Zika ! s'écria la princesse en se levant, tremblante elle-même, vous ne voulez pas me tout dire ; vous avez tort. Vous savez que je suis patiente, faible, lâche, pour tout ce qui ne me touche pas au cœur; mais cette fois, le cœur se blesse. Vous, mon amie, vous me trompez, vous me trahissez.

La comtesse recula devant ces yeux brûlans d'un feu sombre ; on l'accusait de trahison, elle se connaissait, eut peur.

— Vous aurez fait à ce jeune homme quelque menace ou quelque offense, poursuivit Caliste, et il se vengera.

— Bah ! s'écria la Polonaise, emportée à son tour par ses mauvais instincts, laissez-le chercher sa vengeance, laissez-le rattraper votre mari.

— Rattraper mon mari ! murmura Caliste, passant de l'inquiétude à la folie; vous dites qu'il veut courir après le prince, le provoquer peut-être, se battre avec lui !

— Après? dit imprudemment la comtesse.

— Oh! interrompit Caliste, je comprends. Non seulement vous avez justifié M. Novratzin, mais vous aurez accusé ce jeune homme.
— Quand cela serait, dit Mme Gorthiany qui crut pouvoir lever impunément le masque, tant par politique que par goût.
— C'est infâme! je vous l'avais défendu.
— Défendu? dit insolemment la comtesse.
— Oui, défendu, répliqua non moins fièrement Caliste. Car vous n'avez pas le droit de faire ce que moi je me suis interdit.
— J'ai cru qu'une femme, quand elle se respecte, ménageait moins celui qui entame sa réputation.
— Ma réputation est intacte, madame, dit la princesse avec noblesse, et je ne reconnais à personne le droit de l'attaquer ou de la défendre.
— En ma qualité d'amie, reprit mielleusement la comtesse, je me suis cru des droits que n'ont pas les autres.
— Ne voyez-vous pas qu'un éclat me perdrait, et qu'un duel est un éclat terrible?
— Est-ce que les choses en viendront là, répondit la comtesse avec dédain, est-ce que ce petit monsieur risquera gratuitement sa vie?
Caliste se sentit blessée par ce doute injurieux pour Armand.
— Ce jeune homme, dit-elle, est loyal et brave.
— On ne fait rien pour rien, en ce monde, interrompit la comtesse, décidée à achever sa rivale.
— Comment?
— Oui, si je lui eusse laissé quelqu'espoir, peut-être se fût-il aventuré; mais rassurez-vous, il sait à quoi s'en tenir, et n'ayant rien à gagner, ne s'amusera pas à tout perdre.
— Quoi perdre? quoi gagner? de quel espoir parlez-vous? quel espoir lui avez-vous ôté? demanda la princesse avec épouvante.
— Il sait, reprit Mme Gorthiany, que vous êtes une femme inaccessible aux séductions, que vous aimez votre mari, que le prince vous adore.
— Oh! s'écria Caliste, torturée par ces louanges cruelles.
— Enfin, dit la Gorthiany souriante et les dents serrées, il pense à n'en plus douter, ce que vous-même vous devez désirer qu'il pense,—car une femme irréprochable telle que vous, ne sacrifie en aucune occasion le mari à l'amant,—il pense, dis-je, que vous n'êtes pas sa dupe dans la surprise de cette nuit, et voilà comment, n'ayant plus d'espoir, il ne fera pas de sacrifices.

A cette dernière révélation, la princesse poussa un cri de rage : elle venait de comprendre enfin la colère d'Armand, sa menace, et ce qu'il annonçait devoir accomplir avant huit jours.

Pendant quelques secondes, déchirée par cette morsure douloureuse, elle se promena vaguement, laissant son amie se repaître du spectacle délicieux de ses angoisses. Mais bientôt la scène changea.

— Si vous avez fait cela, dit la princesse revenue à elle-même, il faut que vous soyez ma plus mortelle ennemie ou mon amie la plus dévouée.
— Le choix n'est pas douteux, chère Caliste.
— Vous êtes une amie vraie, n'est-ce pas? Vous avez voulu me sauver du danger...
— Vous sauver de vous-même, dit la comtesse avec une componction hypocrite.
— Bien ; je vous remercie. Alors , je compte sur vous pour me sauver tout-à-fait. Vite, une pelisse, un chapeau, et venez.
— Où allons-nous?... Promener?
— Nous allons trouver ce jeune homme.
— Plaît-il?
— Nous allons lui faire à l'instant même la réparation qu'il mérite, et ne pas laisser subsister dans son esprit le doute le plus léger sur notre loyauté.
— Caliste!
— Vous ne connaissez pas M. de Bierges, poursuivit la princesse avec une véhémence irrésistible; mais je le connais, moi : c'est un homme d'honneur, incapable d'une mauvaise action, d'un sentiment bas; il m'entendra, il saura toute ma pensée. Il ne me verra jamais, oh! je le jure! mais il continuera de m'estimer.
— Vous ne supposez pas, ma chère, dit la comtesse avec un rire amer, que je vous accompagnerai, que je vous seconderai dans la plus extravagante, dans la plus dangereuse démarche que jamais ait faite une femme.
— C'est moi qui la fais; que vous importe!
— Mais non; je semblerais l'approuver... moi qui me suis prononcée tout à l'heure dans un sens tout opposé; moi qui, par zèle, par convenance, par sentiment de votre dignité, me suis montrée sévère, presque cruelle.

— Raison de plus, ma chère Zika ; vous aurez rempli deux fois le devoir d'une amie... Venez.

— N'y comptez pas, répliqua sèchement Mme Gorthiany ; je refuse nettement. Allez seule, si vous voulez.

Ce fut au tour de Caliste ; son sourire fut écrasant.

— Cette fois, dit-elle, le conseil n'est pas amical, il n'est pas sensé davantage. Vous savez bien que si j'allais seule trouver ce jeune homme, je ferais une chose inconvenante. Et vous devez penser que si vous ne venez pas avec moi, je trouverai bien une autre amie pour m'accompagner.

La comtesse frémit.

— Décidez-vous, reprit Caliste ; les momens sont précieux. Venez-vous, oui ou non ? Si c'est non, je cours chez la princesse Bareskoy, ma cousine ; elle ne me refusera pas.

— Par grâce, dit Mme Gorthiany que cet argument forçait à capituler, écrivez au lieu d'aller vous-même.

— Vous n'êtes plus en veine, interrompit Caliste avec ironie, vous avez épuisé toute votre provision d'esprit et d'amitié à la fois. Quoi ! écrire !... une femme dans ma situation ! Ecrire à un homme que vous avez offensé en mon nom ! En vérité, il faut que vous ayez de ce jeune homme une bien magnifique opinion pour me conseiller de lui écrire, c'est à dire de mettre mon honneur entre ses mains. Adieu, Zika, je vais chercher ma cousine.

Elle traversait le salon, la comtesse l'arrêta. Elle avait réfléchi qu'abdiquer en une occasion pareille c'était une double imprudence. D'abord Caliste eût pu arranger l'affaire, ensuite elle eût conservé un éternel ressentiment de l'abandon de sa prétendue amie. C'était une brouille.

— Il faut faire tout ce que vous voulez, dit-elle en serrant la main de la princesse, je consens.

Elle s'habilla le plus lentement possible, fut entraînée plutôt qu'emmenée par la princesse, et le valet de pied ayant demandé les ordres :

— Ah ! ah ! dit la comtesse qui vit hésiter son amie en face de son laquais, voilà les difficultés qui commencent. Il est bien aisé de s'écrier : allons trouver le jeune homme, mais il n'est pas précisément facile d'exécuter ce généreux dessein. On a des gens peu habitués à deviner les sentimens chevaleresques.

La comtesse s'exprimait ainsi en langue russe. La princesse demeurait pensive. Le valet de pied, superbe Bourguignon, était bien loin de comprendre la cause d'une hésitation si longue ; il crut qu'on ne lui répondait pas, parce que les ordres avaient été donnés avant que Caliste ne montât chez son amie.

— Au bois, peut-être, madame, dit-il.

— C'est cela, au bois, répliqua tout à coup Caliste.

— Changerait-elle d'idée ? se demanda Mme Gorthiany. Au fait, les plus courtes folies sont les meilleures, dit-elle tout haut, avec une joie qui n'était pas affectée.

CHAPITRE XI.

Le temps était superbe. Il y avait foule sur la vieille route si étroite et si mal pavée qui, en ce temps-là, conduisait de l'Étoile au bois de Boulogne.

En ce temps-là ! ne dirait-on pas que nous parlons d'un siècle.

Tout à coup, Caliste rompit le silence.

— Zika, dit-elle, voici mon plan ; j'ai eu beaucoup de peine à le faire, mais il est bon. Nous nous ferons descendre dans l'allée des fortifications, comme pour marcher. Nous perdrons Baptiste sous un prétexte quelconque ; nous monterons dans une voiture également quelconque, qui nous mènera où nous avons affaire.

— C'est fort joli, dit la Gorthiany, mais le savons-nous, seulement, où nous avons affaire ?

— Oui, répliqua tranquillement la princesse.

Pourquoi Mme Gorthiany ne savait-elle pas qu'une femme connaît toujours l'adresse d'un homme... d'un homme dont elle a dessiné le portrait de souvenir ?

Caliste ne pouvant faire cette réponse dans les termes dont nous nous sommes servi, se contenta de répondre :

— Je sais... Ce jeune homme a donné cette nuit sa carte au prince qui ne l'a pas prise ; j'ai vu l'adresse ce matin en brûlant cette carte qui me sautait aux yeux par hasard. Boulevard de la Madeleine.

Elle lui fit grâce du numéro.

La comtesse n'avait plus d'objections à faire. Le plan était excellent. Ne l'eût-il pas été, pourquoi l'attaquer, à moins d'y en substituer un autre ?

On arriva rapidement à la grande allée. On descendit ; on eut soin d'éviter beaucoup de salutations et de soupirs. Baptiste fut congédié avec le prétexte voulu. On l'envoyait à Madrid chercher un morceau de sucre.

La voiture nécessaire se rencontra au coin de l'allée d'Auteuil. On y monta sans avoir été remarquées. Le cocher comprit que ces grandes dames étaient fort pressées; il lança son cheval de deux cents francs d'un train que n'eussent jamais gardé dix minutes les jeunes Mecklembourg de la princesse et que le malheureux solitaire ne quitta pas pendant trois quarts d'heure.

Dans cette nouvelle voiture, Caliste, ivre d'imagination, développa un nouveau plan à sa compagne émerveillée.

Il s'agissait de trouver un commissionnaire à la Madeleine, de l'intéresser, de l'envoyer chez M. de Bierges, qu'il ramènerait à la voiture, où ces dames l'attendraient. C'était magnifique et simple. Le commissionnaire fut trouvé sans peine par le cocher. Tandis que le cheval mangeait son avoine sans se donner le temps de souffler, ce qui lui eût fait perdre un coup de dent, on donna au commissionnaire toute sorte d'instructions précieuses, et cet intelligent Savoyard se dirigea d'un air calme vers la maison indiquée. Ces diplomates en velours vert-bouteille n'ont pas leur pareil dans aucune chancellerie du monde. Ils portent avec la même force un fardeau et un secret.

Tandis qu'il accomplissait sa mission, que le cocher se frappait les bras sous les aisselles et que le cheval mangeait, les deux dames rencoignées dans la voiture se dévoraient, l'une de dépit, l'autre d'impatience. La comtesse regardait fréquemment à la vitre. Caliste palpitait; elle eût regardé en vain, elle ne voyait plus.

Enfin, par la portière opposée à celle que Mme Gorthiany surveillait d'un regard avide, reparut soudain le commissionnaire; il était seul.

— Ce monsieur n'y est pas, dit-il.

— On vous avait recommandé de rapporter une réponse, dit Mme Gorthiany, une réponse du domestique.

— J'ai ramené le domestique lui-même, dit le Savoyard de génie.

En effet, derrière lui se tenait, dans l'attitude de la consternation, le vieux Joseph, son bonnet grec à la main, depuis qu'il avait aperçu un manchon dans la voiture.

— Eh bien! M. de Bierges? demanda bravement Caliste; il est donc sorti?

— Hélas! madame, dit Joseph, non pas sorti, mais parti.

La princesse frissonna de la tête aux pieds.

— Comment, parti? dit sa compagne un peu émue.

— Parti avec sa malle, voilà un quart d'heure, par le chemin de fer du Nord.

Caliste serra convulsivement la main de la comtesse.

— Bien, dit-elle.

Joseph salua respectueusement et s'en retourna la tête baissée.

CHAPITRE XII.

Un profond silence, bien employé de part et d'autre, succéda, dans la voiture, à l'agitation causée par cette nouvelle.

Mme Gorthiany se remit la première. Après un regard passablement dédaigneux pour sa compagne, qui, la tête enfouie dans son voile, semblait avoir perdu tout sentiment, toute idée :

— En vérité, dit-elle, vous voilà dupe encore une fois. Le chemin de fer du Nord! qu'est-ce que cela signifie? Il y a trois heures au plus que ce monsieur m'a quittée... Quelle résolution peut-il avoir prise? quels renseignemens peut-il avoir eus en si peu de temps? Il supposerait donc que votre mari est parti par le chemin de fer du Nord? Et d'abord le prince s'est-il dirigé de ce côté? Vous ne le savez pas, vous, comment M. de Bierges le saurait-il? Il est sorcier, peut-être? Allons, Caliste, ne vous troublez donc pas pour si peu, ajouta la noble Polonaise, avec un malicieux sourire que la princesse ne voyait pas, mais qu'elle semblait sentir, car elle frissonna plus d'une fois comme sous une pernicieuse influence.

Voyant qu'elle ne répondait rien, qu'elle ne bougeait pas, la comtesse reprit :

— Convenez que nous sommes bien enfans, pour qu'un mot nous bouleverse ainsi : le Nord! faut-il que ce jeune homme nous croie stupides... le Nord!... Ainsi, s'est-il dit, au cas où mes fanfaronnades auraient produit quelque effet sur Mme Gorthiany, au cas où l'on ferait courir après moi pour prévenir quelque grand malheur, annonçons que je suis parti par le chemin de fer du Nord. Ce mot fera un effet magique sur des Russes— Nord!... colosse du Nord... ajouta-t-elle en variant ses intonations comme pour dire tarte à la crème. Qui sait, Caliste, si ce pourfendeur n'est pas bien tranquillement chez lui, les pieds sur les chenets à écouter, en se moquant de vous, le récit du vieux sapajou qui lui sert de valet de chambre. Qui sait s'il n'admire pas de loin, par un coin de rideau levé, la pittoresque silhouette de votre véhicule, et du cocher qui savoure son pain et son fromage. Réveillez-vous, Caliste, nous ne sommes pas si perdues que cela. Retournons chercher votre voiture au bois de Boulogne voulez-vous? car il se fait bien tard.

La princesse sortit effectivement de sa torpeur. Mais ce fut le corps seul qui remua. Les yeux gardèrent leur fixité pensive, les lèvres ne se desserrèrent pas.

— Eh bien, si vous ne pensez pas, si vous ne parlez pas! s'écria la comtesse avec un redoublement d'animation, je ferai toute la besogne; tout ce qui vous écrase me fait rebondir : voilà que je comprends le chemin de fer du Nord!

Caliste leva les yeux vers sa compagne et la regarda bien en face.

— Mon Dieu oui, poursuivit la Gorthiany, je me rappelle avoir entendu quelquefois M. Chaudray parler des superbes chevreuils que lui envoyait M. de Bierges, par le chemin de fer du Nord. Ce jeune belliqueux à quelque chasse par-là, et il est parti tout bonnement pour la chasse.

En achevant ces mots elle se mit à rire avec affectation pour entraîner les nerfs de la princesse, car on est désarmé, dit-on, quand on a ri; mais Caliste, au lieu de rire, répondit froidement :

— Ce qui vous rassure, confirme mes craintes. M. de Bierges a en effet une chasse du côté d'Abbeville, je le sais : il y va souvent. Mais pour sûr, il n'y est pas allé aujourd'hui, et ne s'est servi de cette chasse que comme prétexte pour couvrir son absence et rassurer son père.

Mme Gorthiany allait demander à son amie comment elle savait si bien chaque détail de la vie d'Armand, mais la princesse ne lui laissa pas le temps d'aiguiser sa question.

— Ainsi, continua-t-elle en maintenant la comtesse dans ce trouble de la curiosité, je ne crois pas du tout que M. de Bierges soit parti par le chemin de fer du Nord.

— Où est-il alors? demanda Mme Gorthiany.

— Ah! voilà! dit Caliste qui semblait se consulter encore.

— C'est que, si vous l'ignorez, ma chère, interrompit l'amie avec une hypocrite douceur, je ne vous aiderai guère, moi qui ne sais pas, comme vous, les habitudes de ce jeune homme.

— Evidemment, reprit Caliste sans daigner relever cette flèche, ce jeune homme ira là où il pourra rencontrer le prince.

— Il ne reste qu'à savoir où le prince est allé, riposta la Gorthiany d'un ton aigre.

Caliste après quelques secondes :

— Ne le savez-vous pas? dit-elle timidement.

— Moi! s'écria la comtesse troublée, e comment voudriez-vous?...

Caliste l'interrompit :

— Je vois que je ne pourrai pas éviter l'explication devant laquelle j'ai tant reculé, dit-elle avec une politesse pleine de fermeté qui fit frémir la comtesse.

— Une explication...

— Courte et claire. Vous voudrez bien me la donner comme je vous la demande, sans amertume ni réticences.

— Princesse...

— Gardez tout votre sangfroid, car vous allez en avoir besoin, dit Caliste. Fermez bien la portière... là. Nous avons beau causer en russe, je ne veux pas qu'on nous entende. Comtesse, lorsque j'ai dû épouser M. le général Novratzin, qui se débattait si vivement contre ma main que lui tendait l'empereur, cette résistance lui était suggérée, m'a-t-on dit, par une femme qu'il aimait et qu'il eût épousée à ma place.

La comtesse fit un mouvement brusque. Caliste lui prit le poignet, le serra, et continua :

— Après mon mariage, le prince non seulement me négligeait, mais il me haïssait. On m'a dit encore que c'était à l'instigation d'une femme, d'une femme sa maîtresse. Ecoutez-moi, comtesse Gorthiany! vous répondrez quand j'aurai terminé.

La comtesse devint livide.

— Des amis, qui se disaient bien informés, et que jamais je n'ai voulu croire, offraient de me nommer, de me démasquer cette femme. Mais à quoi bon, leur répondais-je, je n'aime pas le prince Novratzin, il a éteint chez moi jusqu'à l'estime : je ne lui demande que du repos et du silence. En effet, comtesse, que me manquait-il en ce monde? rien : je suis jeune, belle, riche et protégée par notre maître, j'ai près de moi une excellente amie, vous, qui suffisez à tous les besoins de mon cœur; vous êtes aussi l'amie du prince, et vous m'avez, j'en suis sûre, défendue plus d'une fois contre lui,

La comtesse voulut placer au moins une syllabe, elle n'y put réussir.

—Vous voyez, reprit Caliste, si je manque de force d'âme, puisque j'ai su vous taire si longtemps ce que je vous révèle aujourd'hui. Oui, croyez-le bien, je suis forte et vaillante quand il le faut. Mais je n'use pas ma provision de bravoure en petits complots et en caquetages. Si l'occasion d'agir se présentait, j'agirais avec un cœur d'autant plus énergique qu'il serait moins fatigué. Dieu merci, cette occasion ne s'offrira jamais, je l'espère. Cependant, une attaque bien perfide a été dirigée cette nuit contre moi, contre mon honneur. Vous en savez les détails; votre opinion doit être formée comme la mienne. Lorsque, ce matin, vous êtes venue me rendre visite, sur ma prière, et que, touchée de mon abattement, vous avez voulu me consoler en me prouvant l'innocence du prince; lorsque vous avez tout attribué à ce jeune homme, je ne vous ai rien dit, je vous ai laissée dire: je n'étais pas dans un de mes accès de vaillance. J'ai parfaitement compris alors votre rôle. Amie de mon mari, vous ne pouviez l'accuser avec moi, vous deviez même le défendre. Est-ce logique, tout ce que je viens de vous dire? est-ce vrai? Oui. Voilà pourquoi j'ai ménagé votre délicatesse, voilà pourquoi je vous ai raconté toute l'aventure de cette nuit, sans paraître me douter que vous la connussiez aussi bien que moi, mieux peut-être.

La comtesse se redressa soudain sous ce coup de fouet terrible.

— Que prétendez-vous, Caliste? murmura-t-elle décontenancée une deuxième fois, moi, savoir cette aventure! et pourquoi, et comment?

— Parce que c'est la vérité, répliqua la princesse avec calme en modérant même l'ardeur de ses yeux impatiens. Ne niez pas trop, se hâta-t-elle d'ajouter avec un sourire. Ce matin, ou pour mieux dire cette nuit, après le départ du jeune homme, j'ai réfléchi beaucoup. Je me suis dit que le prince ne s'en retournerait pas comme cela tout de suite à Saint-Pétersbourg. Je supposais qu'avant il s'adresserait à quelqu'un pour avoir un bon conseil: où le trouver meilleur que chez vous? Voyons, me suis-je demandé, s'il aura l'heureuse idée de s'adresser à mon amie, voyons s'il ira chez elle? J'ai envoyé quelqu'un de confiance faire le guet devant votre porte, et cela m'a parfaitement réussi, car à onze heures vingt minutes on a vu le prince sortir de votre maison.

La comtesse, malgré toutes les préparations qui lui avaient laissé le temps de se remettre, ne put s'empêcher de chanceler sous ce dernier choc. Sa langue s'embarrassa, ses yeux se troublèrent; elle rougit, pâlit, c'était à faire pitié.

— Je sais, s'empressa de dire Caliste, l'excuse que vous allez me donner. Le prince vous a recommandé de me taire sa visite; c'est tout naturel, j'en eusse fait autant. Aussi, chère comtesse, ne vous ai-je surprise dans vos petits secrets que pour obtenir de vous une capitulation de conscience...

— Le prince, murmura la Gorthiany, n'est pas si loin que vous pensez d'une réconciliation... Il faudra peu de chose pour l'y déterminer, si j'étais sûre que vous voulussiez consentir...

— Ne parlons pas de cela, dit fièrement Caliste. Réconciliation ou hostilités, je méprise également tout ce qui viendra de M. Novratzin. Je ne vous ai point parlé de sa visite pour savoir quels sont ses sentimens à mon égard, mais pour apprendre où il est, ce qu'il fait et quelle route il se propose de suivre. Voilà, ma chère comtesse, sur quoi je vous demande une réponse aussi nette que possible. En effet, puisqu'il prétend négocier par votre entremise, il est invraisemblable que le prince ne vous ait pas donné son adresse au cas où vous auriez à lui faire part du résultat des négociations.

La logique était si pressante, que Mᵐᵉ Gorthiany n'eût su reculer un moment de plus. Caliste la vit chercher sa réponse: la vérité refoulée si loin dans ce cœur plein d'abîmes ne pouvait remonter jusqu'aux lèvres sans de grands efforts.

— Avant que vous ne me répondiez, dit la princesse avec dignité, je veux vous ouvrir toute mon âme. Si M. le prince Novratzin prétend user de la surprise de cette nuit, je saurai me défendre; j'ai de bonnes armes contre lui, et contre d'autres, croyez-le bien. C'est un compte à régler plus tard entre mes ennemis et moi. Pour le moment, il ne s'agit que de sauver M. de Bierges du péril où le conduit sa générosité. J'ai pour ce jeune homme infiniment d'estime; il est offensé par mon mari, par mon amie, par moi; il veut se venger, et il a raison. Mais si je le laissais, tout brave qu'il est, croiser le fer avec M. Novratzin, je commettrais une lâcheté, un crime: femme du prince, en exposant la vie de mon mari; honnête femme, en exposant la vie d'un jeune homme plein d'honneur, de loyauté, seul appui, seul amour d'un vieillard. Jamais, comtesse, dussé-je m'y perdre!

Je sauverai d'abord M. Armand de Bierges; ensuite, je ne le connaîtrai plus. Où s'est retiré le prince en sortant de chez vous?

On peindrait difficilement l'effroi, la surprise, l'admiration de la comtesse pendant que son amie se relevait ainsi par une brusque transfiguration. Quoi ! cette nature passive, indolente, cachait un caractère ! Quoi ! tant de secrets couvaient sous cette surface unie ! La comtesse frissonnait à l'idée qu'un seul mot de Caliste ajouté à ses menaçantes confidences l'eût fait tomber déshonorée aux pieds de sa rivale; et ce mot, Caliste avait eu la générosité ou l'adresse de le retenir ! Que faire ? Lutter encore, c'était impossible. Il fallait capituler sur-le-champ, sans réserve; s'en remettre à la discrétion du vainqueur, en le remerciant d'être si modéré dans ses exigences.

Mᵐᵉ Gorthiany courba la tête, sauf, plus tard, à se redresser.

— Le prince, répliqua-t-elle, a dû passer chez l'ambassadeur; puis, comme il avait amené deux amis, Bamba et Tuffiatine, — vous le savez peut-être, — il a promis à ce dernier de passer deux jours à sa maison de Belle-Assise, près Corbeil.

— Près de Corbeil, répéta Caliste qui, sur-le-champ, improvisa un plan nouveau.

— A deux lieues. De là, il reprendra le chemin de fer de Lyon; car il se rend dans le Midi.

— A merveille, je vous remercie, bonne Zika.

— Ne me remerciez pas tant, princesse, dit la Polonaise, car je ne vous ai pas donné ce que vous voudriez avoir. A présent que vous savez où trouver le prince, vous ne retrouverez pas le jeune homme, c'est comme si nous n'avions rien fait.

Caliste allait pousser une exclamation qui eût livré à sa rivale une partie de sa pensée; mais elle se tut.

— Qui sait? dit-elle. Me voici sur la voie, c'est beaucoup. Faites-moi un plaisir, chère amie, retournez chez vous. Mes gens, lassés d'attendre au bois, viendront savoir de mes nouvelles à votre porte. Vous leur ferez dire que je dîne et passe la soirée avec vous.

— Mais, vous-même...

— Moi, je vais m'informer en divers endroits où je compte trouver des traces. Allez, dis-je, m'attendre chez vous. Est-ce convenu?

— Oui, chère.

— Gardez notre voiture, je n'en ai pas besoin, ajouta Caliste en s'élançant légère comme un oiseau sur le boulevard, où bientôt elle disparut, laissant la comtesse ébahie devant cette fermeté, cette audace et la vigueur de ces inspirations soudaines.

Une fois seule parmi la foule et bien perdue dans le brouillard du soir, Caliste se recueillit un peu.

— Il est certain, se dit-elle, que M. de Bierges n'est parti si vite de chez lui qu'avec une idée et un but bien arrêtés; si non il fût resté pour attendre les renseignemens. Il sait donc le chemin qu'a suivi le prince? Comment le sait-il? C'est ce que je ne veux pas chercher pour le moment; mais je jurerais qu'il le sait. Un hasard a suffi pour l'instruire. Or, chaque fois que l'honneur d'une femme ou la vie d'un homme est en jeu, le diable a toujours dans ses cartes quelque bon petit hasard pour gagner cette belle partie. Au surplus, je vais bien le savoir; car moi aussi j'ai mon idée, mon but, et à diable, diable et demi !

Elle doubla le pas pour arriver à la lanterne d'un marchand de journaux installé à l'entrée de la rue Caumartin, et elle fit emplète d'une feuille de chemins de fer qu'elle parcourut avidement à la lueur de ladite lanterne.

CHAPITRE XIII.

On a prétendu souvent que la passion ne raisonne pas. C'est un de ces paradoxes niais qui dérivent tout droit de la mythologie, alors que l'amour passait pour voler les yeux bandés. Les choses ont beaucoup changé depuis que Cupidon n'est plus un dieu.

Rien ne raisonne plus juste et plus fortement qu'un cerveau préoccupé d'amour. Il y a là tant de dangers à éviter, tant de joies à atteindre, qu'un esprit médiocre se décuplerait par les seuls instincts de la conservation et du bien-être.

Caliste n'était pas un esprit médiocre. Aussi, du premier coup avait-elle deviné la marche et les contremarches du fugitif Armand.

Celui-ci, à son retour de chez la Gorthiany, était tombé sous la griffe paternelle. En vain méditait-il dans sa colère toute sorte d'extravagances féroces. M. de Bierges, le conseiller, réduisit cette fureur à une simple écume, en menant son fils chez la baronne Chaudray, pour la remercier et la dégager à la fois de ce mariage aussitôt manqué que mis en train.

Etrange fatalité! Ces trois personnes causaient à peine depuis dix minutes, et Armand déjà songeait à la retraite, quand arriva bruyant et tourbillonnant, M. Chaudray bourré de journaux, d'images, de verroteries, et mâchant je ne sais quelle drogue importée d'Australie, qu'il prétendait faire bientôt substituer en France au tabac et aux bonbons pectoraux tout ensemble.

Nécessairement il brouilla le peu de conversation qui restait à dévider entre ces trois personnes, et jeta tout à travers plus de vingt nouvelles et autant de questions dont il n'attendait pas les réponses.

La baronne à son tour le voyant mâchonner, lui demanda ce qu'il mâchonnait.

— C'est, dit-il, une herbe sucrée, gommeuse, que m'a donnée l'amiral Bamba; goûtez-en donc, de Bierges.

On voulut savoir où il avait vu l'amiral Bamba, il répondit que c'était avec le comte Tuffiatine; puis, tout-à-coup éclatant comme une trompette :

— Et Tuffiatine, dit-il, avec qui croyez-vous que je l'ai trouvé chez l'ambassadeur? Devinez ?

C'était une des manies du savant de faire deviner tout ce qui lui passait par la tête. Quelquefois, par complaisance, la baronne essayait. Ce jour-là elle ne voulut pas.

— Avec Novratzin ! dit Chaudray, sans s'apercevoir du bond qu'Armand venait de faire.

La baronne et le conseiller, plus clairvoyants, regardèrent le jeune homme, qui résolut de s'enfoncer les ongles dans la chair, et d'avaler tout le paquet d'herbe gommeuse d'Australie plutôt que de laisser mouvoir un muscle de son visage.

— Novratzin ! dit alors la baronne, le prince Novratzin !

— Chut ! fit le baron.

— Il est à Paris? continua Mme Chaudray.

— Chut ! il passe !

— C'est donc bien mystérieux, interrompit la baronne, puisque la princesse, hier, le disait absent pour trois mois encore.

— Il est venu la surprendre cette nuit, comme un ramier, dit le savant, et il est reparti ce matin. Tuffiatine l'emmène chasser deux jours à Belle-Assise. Ils m'ont invité. Ensuite il part pour Marseille... Une mission secrète.

— Belle-Assise, demanda Armand, c'est...

— C'est près de Corbeil, de l'autre côté de l'eau, répliqua le baron. Un séjour enchanté.

Le conseiller leva le siége, son fils l'imita.

— Eh bien, monsieur, il était écrit que vous recevriez du gibier, dit Armand à M. Chaudray, car je vais partir aussi pour la chasse, et vous aurez après-demain une belle bourriche.

— Comment, tu pars... dit le père, tu ne m'en avais pas parlé ?

— Je l'avais oublié, cher père, est-ce que cela te contrarie?

— Ce n'est jamais cela qui me contrariera, répondit le conseiller avec un soupir à l'adresse de la baronne.

Celle-ci tendit sa main à Armand qui la serra et la baisa par reconnaissance pour tant de générosité.

Quelques instans après, le père et le fils étaient rentrés chez eux. Il était trois heures, Armand commandait sa malle et envoyait chercher une voiture.

Ce départ soudain n'étonna ni ne fâcha le conseiller. Joseph seul en fut inquiet, mais qu'y faire?

Armand voyant son père à cent lieues d'un soupçon, distribua en quelques minutes le plan du petit drame qu'il préparait pour le lendemain.

Prendre le chemin de Corbeil, y coucher, envoyer un billet à M. Novratzin au réveil de celui-ci, rédiger ce billet assez poliment pour obtenir une rétractation si l'adversaire était loyal, assez vigoureusement pour l'amener sur le terrain s'il était brave, prendre un officier de la garnison pour témoin, et revenir à Paris sauf ou entamé, après un combat dont le Russe garderait un éternel souvenir : tel était le canevas de l'acte ; fioritures, agrémens et broderies *ad libitum*.

Armand s'en alla tout d'abord chez Gauvain prendre une paire de bonnes épées, courtes et fines, qu'il fit empailler dans une bourriche longue en manière de lièvre ou de brochet. Puis, comme cinq heures sonnaient à la Salpétrière, il descendit de voiture dans la cour du chemin de fer de Corbeil.

La cloche du départ tintait; l'employé de garde lui cria de se hâter; il laissa la pièce de cinq francs au cocher, fit signe au facteur de saisir sa malle, et il commençait à prendre sa course vers le guichet, lorsqu'un obstacle l'arrêta sur la dernière marche du perron. C'était une petite main qui se ploya sur sa poitrine.

— Un moment, de grâce! lui dit une dame voilée.

— Ah ! mon Dieu ! répliqua-t-il, pâlissant au son de cette voix.

— Mais, madame, cria l'employé, vous allez faire manquer le départ à monsieur.

Bah ! la cloche tintait encore. Le guichet se ferma. Armand, sa bourriche à la main, n'avait pas bougé de place.

CHAPITRE XIV.

L'effet produit sur Armand par cette vision magique, révélait à la princesse toute l'audace de la démarche qu'elle venait de faire. Une sorte d'impatience naturelle en pareil cas s'empara d'elle et se trahit par un mouvement nerveux qu'elle ne songea pas même à réprimer.

— Monsieur, dit Caliste, on nous regarde ici comme des bêtes curieuses ; quittons un peu la gare, je vous prie.

Elle se mit à le précéder, marchant au hasard. Elle suivit le bout de rue qui conduit au boulevard de la Salpétrière. Armand, décontenancé, donna sa bourriche au facteur, pour qu'il la réunît à sa malle, et, doublant le pas, il rejoignit la princesse, dont les petits pieds, dans leurs bottines fourrées, battaient avec dépit la terre sèche et sonore.

Caliste, la tête baissée, arpentait le terrain ; on eût dit qu'elle fuyait après avoir tant désiré. On passa devant le Jardin-des-Plantes ; on arriva sur le quai près du pont d'Austerlitz.

A pareille heure, l'hiver, quand on quitte la trace battue qui de la ville aboutit au chemin de fer, tout le quartier est mort. Ce quai de la rive gauche ne mène à rien. L'Entrepôt, qui fait suite au Jardin-des-Plantes, est désert ; çà et là un gardien silencieux passe comme un fantôme derrière les grilles.

A droite, près du parapet dont le trottoir est large, et qui, en cette saison, descend à plomb dans la rivière gonflée, les passants sont bien rares, mais la vue est si magnifique, Paris se présente de ce côté sous un aspect tellement splendide, que la promenade sur ce quai offre un spectacle des plus émouvans : la nuit surtout, quand les premiers rayons de la lune viennent argenter l'abside de Notre-Dame et la poupe de l'île, quand, en se retournant vers le midi, on voit la Seine, immense nappe illuminée de feux sinistres, rejoindre l'horizon noyé de brumes.

Caliste ne songeait guère à admirer tout cela. Elle cherchait sa première parole, embarrassante après un tel silence. Armand, qui la suivait à la remorque et roulait mille conjectures plus ou moins raisonnables, ne songeait pas non plus à ouvrir la conversation. Enfin la princesse se décida, non sans un redoublement de dépit.

— Il faut bien, Monsieur, dit-elle, que je vous explique mon étrange présence. Vous me ferez grâce de toute question inutile, n'est-ce pas ? et vous me permettrez de m'exprimer librement. J'ai appris l'entretien que vous avez eu avec Mme la comtesse Gorthiany, les idées fausses qu'on a pu vous donner de mes sentimens à votre égard. Il m'a paru que votre mécontentement, assez violent d'ailleurs, et que vous avez manifesté par des menaces non moins violentes, prenait sa source dans une apparence de raison. Vous vous croyez offensé par mon doute et celui de la comtesse, je viens réparer cette offense. Je viens vous affirmer que je ne crois pas à votre culpabilité ; cette déclaration vous suffit-elle, monsieur, et n'emprunte-t-elle pas une certaine valeur à l'empressement plus qu'inconsidéré de ma démarche ?

Armand s'inclina. La princesse cheminait plus lentement, comme pour entendre mieux la réponse.

— En effet, madame, répliqua le jeune homme sur qui le ton glacé de ces paroles avait produit une impression contraire à celle qu'on attendait du sens des paroles mêmes, il n'y a rien dans votre courageuse initiative qui ne me pénètre d'une profonde reconnaissance.

— Eh bien ! monsieur, dit Caliste de plus en plus froide et hautaine, puisque vous voulez bien reconnaître l'importance de ce que j'ai fait, je n'ai pas besoin de vous expliquer à quel point votre projet compromettrait mon honneur et mon avenir. Vous comprendrez aussi que vos menaces d'une rencontre avec le prince ne me permettaient pas de rester neutre, inactive. Le prince est mon mari ; que n'eussé-je pas fait pour ménager sa vie ! Sans doute vous n'avez point réfléchi, en dressant ainsi le plan de vos vengeances, au résultat qu'elles auraient pour moi et pour vous-même. Pour moi, qu'elles exposent à la honte d'un scandale public, à la colère de l'Empereur ; pour vous, qui, sans motif sérieux, courez au-devant d'un danger immense... Mais j'en ai dit assez ; ma conduite a parlé plus haut que moi, vous avouez vous-même qu'elle a son mérite, et vous avez prononcé le mot reconnaissance. Voilà tout ce que j'attendais.

Caliste, après cette harangue dont l'effet ne lui semblait pas douteux, regarda obliquement son interlocuteur et fut surprise de l'attitude à la fois triste et hostile qu'il avait gardée. Elle s'était satisfaite elle-même, mais elle avait blessé l'âme qu'elle voulait fléchir. C'est précisément le contraire de ce que recommande Quintilien aux orateurs. Encore trop prévenue pour bien juger cette situation, la princesse ne quitta pas le ton acerbe, et dit à Armand qui ne répondait pas :

— Eh bien ! monsieur, n'êtes-vous pas convaincu. Votre réponse ?

Armand pensait, avec une douleur amère, que cette femme tant désirée, tant aimée, était là, seule, à son côté, le touchant, l'enveloppant de chaleur, de frissons magnétiques, et que ces minutes de leur réunion, qu'il eût payées d'autant d'années de sa vie, s'écoulaient dans un prosaïque antagonisme, et que cette occasion précieuse d'échanger quelques nobles pensées, quelques élans du cœur, ne se retrouverait jamais. Il étouffa un soupir qui eût trahi sa faiblesse, et rendu à lui-même par l'âpreté de la question, il répondit :

— Madame, le mot reconnaissance dont je me suis servi était, je le vois, un peu exagéré. Je ne me crois pas engagé envers vous à de la reconnaissance. Certes, votre démarche annonce un certain courage, et vous avez dû faire, pour me trouver ainsi, beaucoup d'efforts, que j'admirerais plus s'ils n'avaient pour seul but votre intérêt et celui de monsieur votre mari. Pour votre intérêt, passe. Vous m'obligez en le prenant. Celui du prince Novratzin me touche moins. Permettez, madame que je m'explique avec sincérité. M. le prince Novratzin m'a choisi pour acteur dans la mystification jouée à son bénéfice. Il a fait de moi un plastron. Ce n'est pas un rôle dans mes facultés. Je ne vois pas pourquoi, s'il s'en est bien trouvé, s'il s'en est bien diverti, M. votre mari ne recommencerait pas la plaisanterie dans une quinzaine, avec des agrémens nouveaux, avec des gendarmes ou une volée de bois vert pour dénoûment. J'aime mieux que tout cela finisse. Assurément, madame, l'affaire fera quelque bruit, et votre intérêt à vous en peut souffrir, mais veuillez permettre que je songe au mien, que je songe à mon honneur, puisque vous n'avez pas daigné en faire mention. Quant aux dangers qu'il vous a plu de me signaler, je n'ai pas l'esprit assez mal fait pour croire que vous ayez grande confiance en un pareil argument ; le danger m'attirerait au contraire vers la résolution que vous me déconseillez. Et puis, rassurez-vous, si M. le prince Novratzin est militaire, s'il est habile à manier les armes, je ne lui cède en rien de ce côté ; je tire l'épée aussi bien que personne ; je me défendrai, soyez tranquille.

Caliste devina bien à l'accent irrité du jeune homme, à la verdeur de ses répliques, tout ce qu'elle avait perdu de terrain par un début maladroit. Cette nature nerveuse et ferme d'Armand devait être ménagée, non pas heurtée. Elle se repentit, mais il était trop tard.

— Enfin, dit-elle, monsieur, vous voilà encore une fois en colère. Vraiment vous êtes bien irascible, et j'espérais mieux de mes procédés envers vous. Mais il n'est pas possible que votre ressentiment soit sincère, je vais vous le prouver. Ou le prince est l'auteur de la mystification, et alors il ne vous croit pas coupable, — ou il ne l'est pas, et peut vous accuser. Dans le premier cas, c'est à moi que l'injure est faite, à moins que vous ne vous trouviez offensé d'être regardé comme l'objet de mes préférences. Dans la seconde hypothèse, que ne devez-vous point pardonner à un mari qui trouve chez sa femme un jeune homme à trois heures du matin ? Voyons, de bonne foi, y a-t-il matière à un combat, dans de pareilles circonstances ?

— J'adopte cette double hypothèse, répliqua vivement M. de Bierges, et j'y réponds. Si M. votre mari, auteur de la mystification, me voit demeurer calme, et digérer cette injure atroce, nul doute qu'il ne me prenne pour un abominable lâche, ou pour votre amant, madame. S'il me croit coupable, s'il pense que c'est moi, qui, avec une clef, donnée par vous, peut-être, me suis glissé dans votre boudoir, mon devoir le plus impérieux est de l'aller trouver et de lui prouver mon innocence et la vôtre. C'est mon plan, c'est ma volonté inébranlable, autrement nous sommes déshonorés tous deux, vous et moi, tant que je n'aurai pas rapporté une rétractation en bonne forme, signée Novratzin, qui établisse la vérité. Cette rétractation, je compte avoir l'honneur de vous l'offrir, madame ; vous la serrerez bien précieusement dans votre écrin ; elle pourra vous servir si jamais votre mari, qui certainement vous a tendu ce piége, essayait quelque nouvelle perfidie, et, alors, princesse, au lieu de vous emporter contre moi, au lieu de me calomnier, comme peut-être vous le faites dans le fond du cœur, —Oh ! je ne suis pas dupe du mouvement qui vous amène à moi ! — au lieu, dis-je, de frissonner à mon souvenir comme au contact de quelque bête désagréable, vous vous vous direz : j'avais été injuste pour M. de Bierges ; il m'a rendu un service pour une offense, c'est un homme d'honneur. Voilà tout, madame, je n'en demande pas davantage, mais je l'aurai.

A mesure qu'il parlait, sa voix pénétrante allait fondre jusqu'au cœur de Caliste les glaces d'emprunt, pauvres remparts, qu'elle y avait péniblement amoncelées.

—Je ne vous calomnie pas, murmura-t-elle, et vous ne devriez pas m'en accuser. L'eussé-je fait, d'ailleurs, j'en aurais bien du regret maintenant que vous annoncez des sentiments si délicats et si dévoués.... Mais, monsieur, ces sentiments mêmes vous engagent : puisque vous travaillez pour moi, consultez-moi sur mon intérêt véritable. Je le connais mieux que personne. Une femme est bon juge quand il s'agit de sa réputation. Monsieur, je vous demande avec instance de me sacrifier vos projets. Renoncez à toute explication avec le prince, ou je suis perdue... et perdue par vous ! Est-ce votre intention ?

Elle s'était rapprochée de lui, c'est à dire qu'arrêtée au bord du parapet, elle laissait le vent de la rivière pousser vers Armand son voile qui lui caressait le visage, et son manteau, tiède encore de sa chaleur, qui entourait toute une épaule du jeune homme.

— A Dieu ne plaise, répondit-il, troublé jusqu'au fond de l'âme. Mais vous vous trompez, madame, et vous êtes mauvais juge de votre intérêt, et votre honneur même. Je crois que ce combat où je serai l'agresseur, prouvera clairement mon innocence, car vous l'eussiez empêché si vous eussiez eu le moindre droit sur moi. Après cette affaire, M. Novratzin, qui n'y succombera pas, j'espère — ni moi non plus — fera des réflexions salutaires et ne se servira plus de moi pour vous tourmenter comme il le médite. Que je m'abstienne, il vous menacera perpétuellement de moi. Est-ce une situation admissible ? N'ai-je déjà pas assez souffert, et ne me reste-t-il pas encore assez à souffrir ?

Caliste releva la tête ; son regard, éteint sous l'épaisseur de la dentelle, sembla interroger Armand sur la nature des souffrances qu'il prévoyait. Il y avait dans cette question muette quelque chose de doucement familier qui encouragea le jeune homme, il fit un effort et, détournant la tête, pour cacher son émotion :

—Oui, madame, dit-il d'une voix étouffée, je souffrirai cruellement : ce que m'a fait M. Novratzin aura des conséquences qui rejailliront sur toute ma vie. Qui me dit qu'un jour, moi qui vous rencontrais partout, qui vous cherchais et vous suivais comme le corps suit l'âme, qui me défend de croire, qu'à force de patience, de respects, de soins délicats, je ne fusse point arrivé à fixer vos yeux, votre pensée, à obtenir votre amitié, pour récompense d'un loyal et pur attachement ? Enfin, madame, c'était mon rêve. Qu'en a fait cette brutalité de votre mari ? me voilà ridicule, me voilà méprisé ! Vous n'avez plus le droit de me recevoir chez vous, depuis que la trahison m'y a fait entrer en cachette ; s'il m'y trouvait, ce prince, quel accueil m'y ferait-il ? Bien plus, dans le monde même, dans un salon neutre, s'il me voyait assis à vos côtés, s'il surprenait un de vos sourires... Oh ! mais , madame, cette pensée seule vous effraie ; moi, elle m'exaspère... Le terrible ennemi que cet homme, dont la ruse machiavélique me sépare pour toujours de vous , et m'interdit même de vous saluer si je vous rencontre ! N'est-ce pas une habile manœuvre, madame, et ne mérite-t-elle pas le prix que je lui destine ? Ah ! si je me la refusais, cette vengeance, seule compensation à tous les biens que je perds, à tous les maux qui m'attendent, si vous insistiez pour me retenir, je vous dirais plus cruelle que mon ennemi lui-même. A présent, madame, ce n'est plus l'homme d'orgueil, l'homme aux vulgaires susceptibilités qui vous parle. Je vous ai ouvert mon âme tout entière. Insulté, bafoué, menacé, j'oublierais tout s'il restait en ce misérable cœur un point que la douleur et le désespoir aient respecté. Mais à quoi bon ménager ceux qui m'écrasent ? Je vous perds, c'est fini. Laissez-moi parodier amèrement un mot célèbre : Après vous, madame, la fin du monde !

Caliste, en proie à un combat terrible, se détournait aussi, et ses angoisses éclataient dans sa pâleur et le tremblement de tout son corps. Rien n'empêchait Armand de penser qu'elle tremblât ainsi de colère.

Elle se redressa tout à coup, posa une main sur le bras du jeune homme, qui tressaillit, et assurant sa voix que brisaient mille soupirs :

— Enfin, dit-elle, je suis venue vous adresser une demande, vous faire une prière; est-il vrai que vous me refusiez? est-ce possible !

Armand, dont le cœur battait si violemment qu'une parole n'eût pu arriver jusqu'à ses lèvres, s'inclina bien bas pour toute réponse.

Alors Caliste, emportée par un élan irrésistible, retira sa main, qui brûlait ce malheureux.

— Monsieur, dit-elle, il paraît que je n'avais aucun droit pour forcer votre consentement; si vous m'en eussiez reconnu, vous ne vous battriez pas avec le prince. Vous venez de le dire. Eh bien ! tenez, ajouta-t-elle en détachant son bracelet qu'elle tendit au jeune homme, ce médaillon, c'est mon portrait que j'ai dessiné comme j'avais dessiné le vôtre, prenez-le, je vous le donne, et, ce portrait sur le cœur, allez tuer mon mari ou vous faire tuer de sa main. Adieu !

Elle s'enfuit à ces mots, laissant Armand ivre de tout ce qu'il venait d'entendre. Mais un éclair de raison le ranima ; il courut à elle, se jeta à genoux devant ses pas.

— J'obéirai, dit-il, comme votre esclave, mais reprenez ce médaillon, car vous ne m'aimez pas.

Il lui offrait le bracelet à son tour. Elle leva son voile pour découvrir ses yeux d'où tomba un rayon céleste sur Armand agenouillé. Puis, sans même repousser la main étendue vers elle, palpitante, étouffant un petit cri joyeux, elle reprit sa course et disparut.

Lorsque Armand se releva, il eût pu croire qu'il se réveillait après un beau rêve, sans le poids de ces chaînons d'or qui s'entrechoquaient dans ses doigts.

CHAPITRE XV.

Le soir même, Caliste apprit à la comtesse Gorthiany que ses démarches avaient été couronnées de succès. L'amie fidèle voyant qu'on supprimait tout détail se garda bien d'en demander aucun.

Il y avait dans le ton de voix, dans l'attitude de la princesse quelque chose de mesuré, de solennel qui en apprenait à Mme Gorthiany beaucoup plus qu'on n'eût pu lui en dire.

Lorsque la princesse sortit de table, où elle n'avait pu réussir à prendre autre chose qu'un peu de vin sucré, elle secoua fébrilement la rêverie que tous ses efforts n'avaient pu vaincre.

— Chère Zika, dit-elle, vous avez été fort bonne pour moi aujourd'hui, et je ne l'oublierai pas, soyez en sûre. Ce grand danger évité, grâce à vous, je n'ai plus désormais rien à craindre, et la vie s'offre toute nouvelle à mes regards.

En prononçant ces paroles, malgré elle, son visage resplendissait.

Il n'est pas une souffrance que des cœurs vaillans ne parviennent à dissimuler. Mais pas un cœur mortel n'est de force à cacher le reflet de cette flamme divine qu'on appelle l'amour heureux.

Au moment où Caliste prenait congé de son amie, celle-ci, qui lisait cette grande nouvelle sur son visage, murmura en souriant avec une intelligente haine :

— Le danger qu'elle croit évité commence. Et cette femme, qui ne voulait point être perdue par les autres, se perdra bien plus sûrement elle-même.

CHAPITRE XVI.

Ce soir-là encore, tandis qu'on croyait Armand de Bierges parti pour la chasse, Mme Chaudray monta en voiture pour aller rendre à Mlle Dampmesnil la réponse définitive que le conseiller, doublé d'Armand, lui était allé porter dans la journée.

La baronne, déroutée par les subterfuges plus ou moins adroits du jeune homme, n'eût pas su par elle-même se faire une conviction. Tout ce qui ressortait nettement de l'entretien, c'est qu'Armand ne voulait pas se marier. Mme Chaudray l'annonça sans préparation à Lucienne.

Celle-ci reçut la communication avec son impassibilité lacédémonienne.

— Aime-t-il cette princesse? demanda-t-elle à la baronne. Vous m'aviez promis de m'en informer.

— Chère enfant, c'est délicat. D'abord je ne le crois pas : voilà pour ce qui me concerne.

— Cela me suffit, répliqua vivement Lucienne. Ce jeune homme a bien le droit de donner quelques jours de plus à sa jeunesse, à sa liberté.

— Et puis, votre amour-propre n'aura pas à souffrir, ajouta la baronne, puisqu'on ne sait pas nos petits projets.

— Sans doute.

— Effaçons donc tout cela, reprit Mme Chaudray, et si lui veut user ainsi sa jeunesse, ne perdez pas toute la vôtre. Je m'en vais m'occuper de chercher ailleurs.

Lucienne l'arrêta par un geste et un sourire pleins de douceur.

— Inutile, dit-elle.
— Comment?
— Je ne veux pas non plus me marier, chère madame. J'ai aussi mes caprices.
— Ah çà, chère petite, dit Mme Chaudray qui regarda bien fixement Lucienne, sans que celle-ci perdît contenance ou changeât seulement de couleur, savez-vous bien que vous me feriez venir de singulières idées.
— Lesquelles, madame? dit Lucienne toujours souriant.
— Mais, votre obstination signifierait... faut-il que je vous le dise?
— Dites.
— Vous avez donc quelque chose... là... pour ce jeune homme?
— Oui, chère madame, je l'aime.

La baronne bouleversée allait se récrier.

— C'est l'unique pensée de ma vie, poursuivit Lucienne, la seule lueur de mon horizon. Il n'est pas marié, n'est-ce pas? eh bien! tant qu'il ne sera pas marié, je garderai mon secret avec mes espérances. Il ne m'a jamais vue; je chercherai une bonne occasion pour qu'il me voie. Après, s'il me refuse, eh bien! il sera temps de me chagriner. Jusque-là, conservez-moi votre amitié, permettez que je vous parle quelquefois de lui, et ne lui parlez jamais de moi.
— Chère Lucienne, dit la baronne touchée de cette noble et tendre patience, vous méritez bien d'être heureuse.
— Oh! je le serai, dit-elle. Eh quoi! je le suis, j'espère et j'attends.

CHAPITRE XVII.

L'amitié est le plus terrible écueil des femmes. Pas une n'a jamais su prévoir les dangers ni fixer les limites de ce sentiment que toutes opposent triomphalement à l'amour, et qu'elles finissent par si bien exagérer qu'il dépasse l'amour même.

Peut-être dira-t-on que cette prétendue amitié peut vivre quand elle n'est pas en réalité de l'amour, d'autant plus à redouter qu'il se cache sous un nom d'emprunt. C'est possible. Et pourtant, si l'amitié entre une femme et un homme voulait bien n'être pas exclusive, si elle se contentait de manifestations apparentes, si, en un mot, se défiant des entraînemens, fuyant la séduction sous toutes ses formes, elle ne se complaisait pas à prendre sinon les bénéfices du moins les jalousies de l'amour, bientôt cette amitié, toujours altérée, jamais assouvie, mourrait de consomption ou vivrait si maigre, si macérée, que ses cliens chercheraient fortune ailleurs, et se contenteraient du plus petit amour capable de nourrir son monde.

Mais non : la société a ses hypocrisies; chaque hypocrisie est le manteau d'un péché. Quand, pour un motif ou pour un autre — les motifs ne manquent jamais — des amis se cachent, fuient le monde, courent chercher les arbres d'une solitude, et dérobent avec un soin de conspirateurs, leurs serremens de mains, leur sourire, leurs rendez-vous, ces amis-là, fussent-ils innocens comme des lys, ne convaincront personne de leur innocence, par la raison fort simple qu'ils n'en sont pas convaincus eux-mêmes. Bien plus, ils cesseront avant peu d'être innocens.

Voilà ce qui devait arriver aux deux cœurs dont ces chapitres composent l'histoire. Voilà ce qu'avait prévu dans sa froide habitude la comtesse Gorthiany.

Comment, dans quels détails et par quelles transitions délicates arrivèrent-ils aux dénouemens vulgaires et y arrivèrent-ils, c'est ce que l'historien se garderait bien de raconter. Il n'est pas de ceux qui troublent l'oiseau dans sa mousse, le rêveur sous ses allées — l'amoureux dans son nid. Il respecte tout ce qui est mystère, bénit tout ce qui est bonheur; assez d'autres font la police du monde et punissent les gens heureux.

Tout à coup, au milieu de ce silence et dans ce paradis en fleurs, la foudre éclate et tombe. Une guerre comme nos pères seuls disaient en avoir vu et comme plus tard ils avouèrent que personne n'en avait pu voir, une guerre de géans s'allume. Bientôt s'enfuient avec des gémissemens les dames russes, les Polonaises rappelées dans leur patrie; de larges vides, pareils aux trouées des boulets, s'ouvrent dans les salons parisiens. Chaudray fait chaque jour des adieux nouveaux, et frémit à l'idée qu'il embrasse pour la dernière fois un de ses deux cents amis marin, soldat ou diplomate.

La comtesse Gorthiany partit une des premières, rappelée par son frère le comte de Würgen, colonel au service du czar. Ce comte de Würgen, plein d'esprit et d'ambition, ne voulait pas que sa famille manquât de zèle en une circonstance de cette gravité, l'empereur Nicolas s'en fût aperçu, la note eût été mauvaise pour l'avenir du colonel. Sophia Gorthiany, la Zika fidèle de Caliste s'envola donc vers le Nord en pleurant de rage. Elle abandonnait au meilleur moment sa vengeance et l'humiliation de sa rivale. En effet, si habiles que Caliste et Armand se fussent montrés à la dépister, ils n'avaient pu l'empêcher d'avoir des soupçons, des certitudes, et pour une pareille femme la preuve ne pouvait longtemps se faire attendre.

Cette guerre subite, sauva momentanément la princesse qui n'avait que deux ennemis sérieux à craindre. Sophia-Zika disparaissait, la distance désarme une pareille surveillance. Le prince Novratzin commandait une division russe avant le début des hostilités. Cette division, déjà voisine du théâtre de la guerre, entra immédiatement en campagne. Une fois occupé là, le mari de Caliste ne pouvait plus être dangereux pour elle.

Restait la question du départ de cette tendre amie. Ce furent entre Armand et elle, à ce sujet, de terribles dissertations politiques et morales. Quand on vit disparaître une à une les amies russes et polonaises, quand on apprit la présence de Novratzin à l'armée, Caliste s'aperçut qu'elle était regardée singulièrement à Paris par ceux-la même qui la chérissaient le plus et la priaient le plus instamment de rester encore. Un jour, même, que la baronne — et cependant elle ne savait rien — s'était aventurée à demander à la princesse le moment précis de son départ, celle-ci comprit bien qu'il n'y avait plus de remède, et aussitôt elle prit une grande résolution.

— Mon ami, dit-elle à Armand consterné de ce qu'il devinait depuis plusieurs semaines, voici ma situation en deux mots : l'empereur est refroidi pour moi, je ne saurais en douter; ce sont les mauvais offices de mon mari ou les rapports de quelque espion de cour qui me valent cette demi-disgrâce. Un plus long séjour ici achèverait de me perdre. Ne nous dissimulons pas qu'une fois retournée à St-Pétersbourg je n'obtiendrai peut-être plus la permission de revenir en France.

Armand frémit. Son *amitié* était devenue un délire. Rien de plus facile à concevoir : jamais femme n'a réuni la beauté, l'esprit, le charme du commerce de la vie au même degré que cette princesse Caliste. C'était, avec la merveilleuse instruction des Polonaises, instruction dont n'approchent point beaucoup d'hommes remarquables de notre pays, c'était une simplicité d'enfant, une naïve admiration pour la France, une ardeur de cœur, une fidélité d'âme, une solidité de relations qui faisaient d'elle une femme infiniment plus dangereuse à connaître qu'à voir. Ces admirables qualités n'avaient-elles pas leur ombre? Oui, assurément; mais en plein midi, quand le soleil inonde un cœur de sa chaleur et de sa flamme, l'ombre est imperceptible sous le rayon vertical. Armand et la princesse en étaient au midi de l'amour. Chacun d'eux voyait et adorait la lumière, rien que la lumière. L'ombre ne se dessine que plus tard.

Donc, Armand faillit devenir fou aux premiers mots que Caliste lui dit sérieusement de ce départ.

Ses raisons n'étaient pas mauvaises, d'un amoureux à une femme éprise; elles ne valaient pas le diable pour tout autre que pour un fou.

— Cette protection de l'empereur, disait-il, vous la perdrez tôt ou tard, car tôt ou tard vos ennemis l'instruiront de la préférence que vous donnez à ce pays. Et puis, n'est-elle pas bien stérile, cette protection, n'est-elle pas bien cruelle, puisqu'elle vous lie à ce mari abhorré, puisqu'elle ne saurait s'exercer en dehors de cette chaîne où l'on vous rive?

Caliste ne disconvenait pas que le jeune homme eût raison.

— Considérez, ajoutait Armand, qu'une fois retournée en Russie on vous éloignera de moi pour toujours. Vous le redoutez vous même. Eh bien, est-ce un avenir? Je ne dis pas que vous me fassiez la grâce de vous consacrer éternellement à moi ; ce sont là des ambitions au-dessus de mon mérite, et vous êtes une femme tellement divine que je m'étonne d'avoir pu fixer un moment vos regards. Mais si ce n'est pour moi, que ce soit pour vous-même. On va vous tenir prisonnière ; on va vous réconcilier avec votre mari. Si vous luttez, on vous brisera. L'appui que le valet trouvera dans son maître vous fera, vous, l'esclave du maître et du valet. Plus de relations entre nous, pas même de correspondance. Vous m'avez appris que là bas une lettre est au Czar comme la fortune, comme la vie de ceux à qui est adressée cette lettre. Le premier soin de vos geôliers sera d'intercepter ce que je vous écrirais, et ce que vous répondriez. Que dites-vous de cette perspective? A-t-elle bien de quoi satisfaire vos goûts, vos sentimens, vos besoins? Ne regretterez vous rien d'ici? Ne me regretterez-vous pas?

Ces discours, mêlés de soupirs et de brûlantes tendresses, n'eussent pas manqué leur but, avec moins d'éloquence. L'avocat peut être faible si la cause est gagnée dans le cœur du juge. Caliste laissait parler son ami, non pour être mieux persuadée, mais pour prolonger le charme des protestations d'amour.

Parfois elle objectait la reconnaissance envers son tuteur auguste, et le sentiment du devoir.

— Belle obligation que vous avez à ce despote, disait le jeune homme. En vous élevant, en vous dotant, il n'a fait que payer une dette sacrée. Vos pères n'ont-ils pas donné leur sang à ses pères? Votre famille ne s'est-elle pas ruinée à son service? Ici nous avons Saint-Denis et des dotations qui assurent l'existence d'une orpheline et n'enchaînent pas sa liberté. Au moins si le czar vous avait donné le bonheur, mais il a fait le malheur de votre vie. Qu'il vous rende libre, je lui aurai moi-même de la reconnaissance.

Armand extravaguait. Il manquait d'esprit et de générosité à la fois. Mais il ne manquait pas de chaleur, c'est l'essentiel, et toutes les choses ridicules qu'il débitait avaient pour but de faire à Caliste la violence qu'elle implorait au fond du cœur.

Cependant c'était une femme courageuse et capable de toutes les nobles résolutions. Elle sentait sa faute; un bon conseil l'eût remise dans le droit chemin. Les folies enthousiastes d'Armand la poussèrent à une faute plus grande.

Elle lui répondit que puisqu'il déclarait ne pouvoir vivre sans elle, toute autre considération s'effaçait. Elle fit l'abandon de ses biens, accepta sans les faire valoir, même par un mot, tous les sacrifices que lui imposerait une situation aussi difficile. Elle convint enfin avec Armand, que pour tout le monde la princesse Novratzin serait retournée en Russie, qu'il y aurait adieux, départ publics; que pour lui Armand, Caliste se retirerait dans quelque solitude aux environs de Paris, changerait de nom, et s'ensevelirait jusqu'à des temps meilleurs.

Pauvre femme! quels temps pouvaient être meilleurs que celui en faveur duquel on faisait avec joie de si terribles sacrifices? Armand, ivre de ce triomphe, se roula aux genoux de la noble amie; il l'aimait réellement; il la rendit tellement heureuse, qu'elle répéta plus d'une fois en remerciant Dieu, que jusque-là elle avait végété sans vivre.

CHAPITRE XVIII.

Il faut croire qu'ils avaient choisi leur ermitage sur la ligne du chemin de fer du Nord; car jamais Armand ne s'était montré aussi amoureux de la chasse. Il y passait sa vie; Paris retentissait du bruit lointain de ses exploits. Or, cette chasse d'Armand, située du côté d'Abbeville, on n'y arrivait point sans avoir passé devant le petit pays où Caliste s'était retirée. Quoi de plus simple que de descendre de wagon à une station quelconque; de revenir sur ses pas à travers bois et plaines, et de gagner ainsi certaine petite porte percée dans un mur de jardin tout hérissé de lierres? Le bruit que fait une pauvre petite porte en s'ouvrant peut-il s'entendre de six lieues dans ce Paris où volent tant de passions, où roulent tant de voitures?

Cet amour de la chasse ne surprit pas trop M. de Bierges et n'éveilla autour d'Armand aucun soupçon. Le père et les Chaudray, tous les amis de la famille, se doutaient bien un peu que le cœur du jeune homme eût été entamé par la belle princesse Novratzin. Mais, puisqu'elle était partie pour la Russie, bien partie, cette égratignure ne finirait-elle pas par se cicatriser? La charité ordonnait qu'on laissât le blessé tranquille. Il cherchait sa guérison dans les bois, pauvre garçon! soit. Libre à lui de courir les bois.

Bien des jours s'écoulèrent ainsi, jours heureux mêlés de douleurs. Les douleurs, Caliste les gardait le plus possible pour elle: c'étaient des remords, des terreurs, des jalousies dévorantes. Livrée seule, sans ressources, à une passion coupable qui vieillit vite et marque une femme, elle redoutait toute réflexion d'Armand, elle épiait sur son visage la moindre sensation qui n'était pas la joie, elle tremblait qu'il ne s'éveillât même une minute de sa léthargique ivresse. Comprenant bien que cette ivresse ne se prolongeait pas au-delà de leurs réunions, Caliste s'efforçait de rendre ces réunions plus fréquentes, elle les multipliait sous mille prétextes.

Armand, toujours empressé, toujours épris, bon d'ailleurs, et profondément reconnaissant, ne se fatiguait pas d'obéir. Il accourait, il repartait, il revenait, il s'en retournait encore; puis il était rappelé, arrivait de nouveau, et cela si bien, que sa vie, course perpétuelle, essoufflement incessant, eût tué cent chevaux et usé le fer des locomotives.

M. de Bierges le père commençait à s'étonner. Armand se sentait à bout de prétextes, quand un événement imprévu vint rendre quelque possibilité à la situation, devenue insupportable.

Un jour, — et ce jour datera longtemps dans son souvenir, — il avait quitté le chemin de fer à l'Ile-Adam, et revenait de là chez Caliste, — quatre lieues, — lorsqu'il la trouva tout à coup sur sa route, à l'angle d'un petit bois. Elle arrivait par les champs, suivie de son chien favori. Armand la reconnut à son ombrelle lilas et à sa robe blanche. Il courut au-devant d'elle, bien épanoui, les bras ouverts. Elle avait pleuré, elle pleurait encore.

Le ciel était d'un bleu tendre, rayé de grands fils d'argent, des senteurs fugitives passaient avec le vent sur leurs têtes, un doux soleil chauffait l'eau verte de la rivière. Sur les toits rouges des fermes s'abattaient des nuées de pigeons, les peupliers bruissaient, il faisait beau ce jour-là dans le beau pays de France.

Armand voulut savoir pourquoi Caliste avait pleuré. Ils se prirent par le bras et s'assirent à l'ombre.

Alors elle lui raconta que le rêve touchait à sa fin. Elle venait de recevoir des nouvelles de Russie par un de ses vieux intendans, homme dévoué qu'elle avait fait libre, et qui l'adorait comme une idole. Cet homme, depuis le commencement de la guerre, s'était donné pour tâche de faire croire au retour de la maîtresse. Il l'avait annoncé partout. A ceux qui venaient la voir il disait d'attendre, elle était sortie, elle allait rentrer, il leur distribuait ce qu'elle avait rapporté de France pour leur en faire présent. Tantôt, elle voyageait dans le nord, où étaient ses terres. Tantôt, elle s'était rapprochée du Midi, où la guerre retenait son mari. Bref, ce vieillard rusé comme tout vrai moujick, était parvenu à rendre notoire la présence de la princesse. Plus d'une personne là-bas prétendait l'avoir vue et lui avoir parlé.

Ce bonhomme, pour en venir au fait, ayant reçu des nouvelles de l'armée, adressées directement à Caliste, s'empressait de les lui faire parvenir. Des nouvelles de l'armée! Ici l'attention d'Armand s'éveilla plus que jamais.

Caliste avait pleuré. Caliste était un cœur généreux, était-ce un grand événement que lui annonçait la lettre, un grand bonheur : la liberté?

Mais Caliste était si ardemment éprise, elle aimait si exclusivement, qu'à travers ses larmes, si la nouvelle eût été bonne, Armand eût vu jaillir un sourire.

— Ami, lui dit-elle en serrant son bras avec une passion douloureuse, le général Novratzin vient d'être blessé dangereusement au siège de Silistrie ; il quitte l'armée ; on le rapporte chez lui, chez moi : ma place n'est plus en France.

Et en parlant ainsi, la princesse, qui s'était contenue avec noblesse, éclata soudain en sanglots, et pencha sa tête sur l'épaule d'Armand comme si elle allait perdre connaissance.

— Vous me quitteriez! s'écria le jeune homme, pour celui qui ne vous a jamais que haïe, méprisée, repoussée ; ce n'est pas votre devoir, princesse ; vous êtes dupe d'une fausse générosité.

Elle ne répondit rien ; mais tirant de son sac à ouvrage la lettre fatale, elle la mit dans les mains d'Armand. Elle était en gros caractères, péniblement tracés. Elle avait dû coûter bien des souffrances à celui qui l'avait écrite. Caliste désigna seulement du doigt la signature.

— Du prince! dit Armand, qui fronça le sourcil.

« Madame, lut-il ensuite, je viens d'avoir le bras gauche emporté devant la ville assiégée. Au moment où je pensais à vous, où je m'applaudissais de la supercherie qui depuis l'année dernière m'a valu ma liberté, à ce moment même que le boulet m'est venu frapper à l'épaule. Je suis superstitieux et je regarde ce malheur comme un châtiment de mes torts envers vous. Peut-être vais-je succomber à ma blessure? En ce cas, pardonnez-moi. Mais peut-être survivrai-je, alors je me ferai porter à Odessa dans votre maison, à moins que vous ne refusiez de m'y recevoir. Mais je connais quoiqu'un peu tard, votre belle âme, vous viendrez, vous me permettrez de prouver à tout le monde l'estime et le respect de votre repentant, de votre plus sincère ami.

— Eh bien! murmura Armand, dont un nuage voila les regards.

— Votre avis, mon Armand? le mien n'est pas douteux.

— Vous...

— Je pars! dit-elle avec un sublime courage en se hâtant de couper la parole moins généreuse qu'il eût certainement prononcée.

Il cacha son front dans ses mains.

— J'ai, poursuivit-elle, méprisé, chassé de mon cœur et renié à jamais l'homme heureux, fort, puissant qui me déclarait la guerre, mais ce pauvre mutilé, qui souffre et m'appelle, est-ce possible, Armand ?

m'estimeriez-vous si j'étais sourde à son cri de douleur, vous estimerais-je si vous me le conseilliez?

— C'est fini, dit-il, nous ne nous reverrons plus !

— Allons ! allons ! s'écria la princesse avec une joie poignante que lui causait cet abattement de son ami ; est-ce que rien dans ce misérable monde a le pouvoir de séparer les cœurs qui s'aiment? Armand, M. le prince Novratzin guérira, et...

— Et vous ne le quitterez plus, dit Armand d'une voix sombre. Croyez-vous qu'il cesse jamais de vous aimer à partir du jour où il vous connaîtra ? Croyez-vous qu'il consente à vous perdre du jour où il vous aura aimée ?

Elle l'entoura de ses bras, elle paya ces mots d'un baiser.

— Rien, ajouta-t-elle, ne m'a fait autant de mal depuis que j'existe, ni autant de bonheur, que cette lettre. Elle m'a appris combien je vous aime, elle m'a prouvé combien vous m'aimez, Armand. Je serai partie demain, mais notre séparation ne commencera pas demain même. Il y a loin d'ici à la frontière russe. Pourquoi ne m'accompagneriez-vous pas jusque-là ? Perdriez-vous une seule des minutes qui nous restent, vous qui prétendez que nous ne devons plus nous revoir ?

Armand n'avait rien à répondre. Désormais il ne vivait plus que suspendu au geste de cette femme. L'empire d'une maîtresse est immense dans le mal ; il est infini dans le bien.

Le lendemain il fallut quitter ce nid de verdure, ce paradis à jamais perdu. Caliste se leva au petit jour, elle alla dire adieu, seule, à chaque arbre, à chaque fleur, à chaque pierre qu'avait touché Armand lorsqu'elle se promenait à son bras. Il la vit de loin cueillir une de ses roses qu'elle enferma dans un sachet de soie et cacha dans son sein.

Aujourd'hui, un homme fait quatre cents lieues en cinq jours, sans avoir besoin d'avertir seulement son valet de chambre. Armand, toujours à la chasse, n'avait personne à prévenir. Les deux voyageurs, libres de tout bagage et de toute suite, montèrent en wagon pour se rendre à Bruxelles. Une fois là, plus que jamais inconnus, ils se dirigèrent, retenus par l'amour, pressés par le devoir, vers cette frontière fatale qui devait les séparer.

Absence, supplice cruel, — le seul supplice redoutable pour un cœur courageux — seule douleur dont on ne guérisse pas et qui de jour en jour creuse un sillon plus dévorant!

Ces deux amans avaient cru épuiser tout le calice le jour où ils avaient décidé de se quitter. Au moment de le faire, ils s'aperçurent que jusque-là ils n'avaient été qu'adorablement heureux.

Pendant la dernière heure, quand les chevaux volaient, quand le guide, âpre au gain, poussait le char vers le but redouté, sombres l'un et l'autre et la main dans la main, puis, sentant le cœur leur monter à la gorge, et se souriant pour ne pas fondre en larmes, ils voyaient avec rage s'approcher l'avenir. Ils rappelaient de toutes leurs âmes le passé enfui, ils revivaient la vie écoulée, ils étreignaient leurs doigts et confondaient mille fois le battement de leurs cœurs.

Enfin la voiture s'arrêta. L'heure du supplice était sonnée, l'heure de la mort. — Se quitter, c'est mourir.

Armand et Caliste se répétèrent en étouffant qu'ils s'écriraient sans cesse et s'aimeraient toujours. Un gendarme russe lut le passeport de la princesse et la salua jusqu'à terre. Tout l'avenir se révéla aux yeux troubles d'Armand. Caliste était chez elle, en Russie. Il l'avait perdue.

Un dernier baiser de sa main tremblante, un dernier sanglot qu'elle put encore entendre, puis elle entra dans sa chaise de poste, qui partit; elle se pencha longtemps à la portière ; la route fit un coude. Armand était seul.

FIN DU PREMIER VOLUME.

DETTES DE CŒUR.

DEUXIÈME VOLUME.

CHAPITRE XIX.

La guerre prenait de grandes proportions. Ce n'était plus une de ces promenades militaires, telles qu'aujourd'hui la science les organise en arrêtant du fond d'un cabinet leur parcours, leurs haltes et leur terme. Tout l'Occident se levait pour aller assiéger tout le Septentrion. Ce corps à corps de deux mondes pouvait durer longtemps.

Lorsqu'après les premières semaines de la séparation, Armand ne reçut aucune nouvelle de Russie, lorsqu'il eut écrit trois lettres demeurées sans réponse, un grand abattement s'empara de lui. Il sentit qu'un danger menaçait leur correspondance, il devina bien que Caliste avait dû lui écrire, ou lui eût écrit si quelque ordre ne l'en avait empêchée.

Il devenait donc périlleux, compromettant pour elle, d'avoir des lettres interceptées à la frontière. Ces lettres, d'ailleurs, n'étaient que trop compromettantes par elles-mêmes. Armand s'abstint d'écrire, comme d'espérer une réponse, et, pareil à ces navires qui vont la nuit, sur la foi d'un feu, et s'égarent si le feu s'éteint, il tomba soudain en des ténèbres épaisses, pendant lesquelles toute âme doute, tout cœur souffre et se perd.

L'homme qui doute, soupçonne bientôt. Puis, il accuse ; ensuite il punit ; toujours sans savoir.

Armand trouva Caliste injuste, peu industrieuse. Il l'accusa de timidité. Comment, malgré tous les obstacles, ne pas réussir à faire parvenir un billet à son adresse? Les soupçons ressemblent à ces figures fantasmagoriques qui prennent à distance des développemens infinis, et, parties de terre, atteignent tout à coup les nuages où elles vont se perdre.

Une nouvelle publiée dans ce fameux journal russe, si célèbre par la haute imagination de ses bulletins, acheva de tourner la tête au pauvre Armand. « Le prince Novratzin, disait le nouvelliste, cet officier général blessé devant Silistrie, est en pleine convalescence, grâce aux soins touchans de sa jeune épouse, qui l'est venue chercher à Odessa. »

— Fort bien, pensa le jeune homme à qui ces lignes furent bientôt communiquées. Voilà des soins touchans qui excluent toute pensée étrangère. Comment la jeune épouse qui les prodigue, ces soins touchans, trouverait-elle une occasion de s'intéresser à un absent qui se porte à merveille.

Non, il n'est pas un cœur loyal et de bonne trempe dont l'absence et le silence, cette double rouille, ne creusent peu à peu l'acier. Souvent la princesse avait, devant Armand, exalté les forces militaires et la bravoure des Russes, elle poussait loin son patriotisme et sa confiance dans les destinées de son pays ; jamais Armand, aux jours de leur intimité, n'avait songé à combattre chez elle un pareil sentiment, il le respectait, il l'encourageait comme une vertu. Mais loin de Caliste et dans l'enthousiasme de son patriotisme à lui, il se rappela tout à coup ces nuances, il se figura que les défaites successives des Russes avaient humilié, offensé la princesse ;— qu'en sa qualité de Français il était peut-être devenu moins agréable à une bonne pupille du czar et qu'elle attendait une revanche pour donner de ses nouvelles. Il réfléchit combien la présence du général Novratzin, blessé, martyr d'une belle cause, plaidait en faveur de ce mari contre un amant triomphant de trop de façons à la fois. Bref, l'imagination fausse vite un esprit isolé, qui toujours pose des questions que la partie adverse n'est jamais appelée à résoudre.

D'autres réflexions d'un ordre non moins funeste pour l'absente germèrent peu à peu dans le cerveau d'Armand. Cette femme si éminemment délicate ne faisait-elle pas, selon son habitude, œuvre de délicatesse en n'écrivant pas à son amant du chevet de son mari? Certes, il n'y avait dans cette supposition rien qui ne fût honorable pour Caliste; mais Armand l'aimait trop pour ne pas lui en vouloir de tant de générosité. Toute passion se compose d'une part notable d'égoïsme; l'égoïsme est un sentiment peu chevaleresque, et s'accommode infiniment mieux d'une préférence injuste à son profit que d'un partage équitable du bénéfice avec un tiers.

Ainsi Armand reprocha tout net à la princesse de soigner son mari avec dévouement, il lui reprocha d'être Russe, il lui reprocha d'être délicate, trois torts d'autant plus énormes qu'il était parfaitement inique de les lui imputer.

Faut-il dire que ces griefs le refroidirent pour Caliste? Non, car il espérait encore que d'un mot elle pourrait se justifier. Se justifier! de trois mérites! La situation était grave. Hélas! c'est la faute de l'absence: maîtresse absente, amant absent, finissent toujours par avoir tort quand ils ne prouvent pas qu'ils ont vingt fois raison.

L'ennui était pour beaucoup dans ces mauvaises inspirations du jeune homme. A la place de la turbulente tendresse qui meublait d'un plaisir ou d'une gêne, mais qui meublait chaque instant de sa vie, que voyait-il le matin au réveil, le soir devant son chevet? regrets, vide, torpeur. Certaines organisations aiment l'esclavage pour l'occupation qu'il leur impose; la liberté leur est odieuse, tant qu'ils n'en ont pas trouvé l'emploi. Ainsi Armand, qui souvent avait maudit ses courses forcées en chemins de fer, et les mystères des voyages nocturnes, et ses vagabondages à travers bois et labours, ce même Armand déplorait l'oisiveté, la monotonie de ses journées, et tout bas il répétait avec amertume qu'une femme est bien heureuse de se consoler de tant de biens perdus en versant une cuillerée de sirop dans une tasse, en piquant des points carrés dans une tapisserie ou en évoquant nuit et jour, avec des yeux rouges et des excitations fanfaronnes, cet épouvantail nommé le devoir, qui n'apparaîtrait jamais, si on ne le tourmentait pas pour venir.

C'est dans de telles conjonctures, que six mois après le départ de Caliste, lorsque déjà il était bien blasé sur son idée, et soupirait après une résurrection de sa jeunesse, c'est, dis-je, au milieu de ces dispositions défavorables à la pauvre femme, qu'Armand reçut tout à coup, comme s'il lui tombait du ciel, un petit paquet imprégné de cette senteur particulière à la Russie, qu'en France nous appelons presque un parfum, et que là-bas on regarde comme une assez mauvaise odeur inhérente à la peau du mougik.

Il ne pouvait savoir qui l'avait apporté. Joseph le lui remit avec ses autres lettres. Le paquet ne portait aucune trace de timbre; sans doute il était venu par une voie toute particulière. Armand ne reconnut pas l'écriture de l'adresse, mais quelque chose lui annonçait Caliste à travers cette épaisse enveloppe qu'il ouvrit d'une main tremblante, un papier plié en quatre s'échappa du milieu de deux sachets de soie; c'était une lettre de la princesse.

« Cher Armand, disait-elle, Dieu, dont les desseins sont au-dessus de notre portée, se déclare contre moi. Je suis retombée dans la servitude que vous m'aviez prédite, et, cette fois, à une telle profondeur, que l'abîme ne me rejettera jamais hors de son sein.

» Le malade que vous savez, guérira; il prend des forces de jour en jour. Plus touché de mes soins qu'il ne le serait s'il voyait le fond de mon cœur, il comble d'amitiés et de respects une femme dont il ignore les fautes. Quant à lui, l'intérêt public l'environne, et, soit par l'exigence de sa position, soit par l'empressement de nos compatriotes, je me trouve obsédée, traquée, sans ressources; je n'ai, ni le temps, ni le courage de tourner ma tête vers l'horizon que j'ai quitté; la nuit je ne dors pas, de peur d'en rêver et d'être entendue; en vérité, je ne suis pas heureuse.

» Mais, je vous le répète, Dieu veut qu'il en soit ainsi; je me courbe sous sa main intelligente.

» Je doute que vous ayez reçu les deux lettres que je vous avais écrites. Je n'ai rien reçu de vous, et j'ai compris qu'il me fallait cesser de vous écrire. La surveillance est sévère aux frontières et l'Empereur a donné les ordres les plus rigoureux pour l'examen de toute correspondance entre nous et les pays ennemis. Je ne vous accuse donc pas ; bien au contraire, je vous plains, si vous avez souffert autant que moi ; et je ne vous reprocherai pas même de n'avoir rien écrit, car ce serait un très grand bonheur pour moi. Vos lettres contiendraient peut-être ce que contenaient les miennes, des témoignages d'affection un peu chaleureux, un peu prolixes. Je tremble en songeant que de pareilles preuves sont peut-être dans les mains de l'Empereur.

» Cependant il ne m'en a rien témoigné. Une dépêche écrite par lui est arrivée au prince ; j'y ai lu des félicitations et des encouragemens à mon adresse. Mais rien ne me rassure moins, et vos malheureuses lettres et les miennes, si elles n'ont pas été remises à l'Empereur, sont peut-être plus mal placées encore.

» Je vous fais parvenir celle-ci, je l'espère, du moins, par un fugitif, qui brave la mort pour franchir la frontière. Voilà pourquoi vous n'y trouverez ni mon nom, ni rien de trop compromettant ; elle pourrait être prise sur son cadavre. Voulez-vous quelques détails sur ma vie ? Je souffre, je pleure. Zika est venue s'installer près de moi et accapare toute l'attention du malade, non-seulement, mais celle de quiconque est un peu assidu dans la maison. Mon amie n'est pas le moins dangereux de mes surveillans.

» Armand, voilà bien longtemps que cet exil dure ; eh bien ! ce temps ne compte pas. Il faut se répéter à chaque minute que la minute écoulée est tombée inutilement dans le gouffre éternel. Je n'ai plus d'espoir d'une réunion qui devient impossible. Oh ! que vous aviez raison ! Le prince ne me quittera plus ; infirme, souffrant, il se fera mon compagnon pour avoir mon soutien. Revoir ainsi la France ! moi ! qui l'ai habitée si libre ! jamais. Je ne compose ni avec le devoir ni avec les besoins de mon cœur. Tout ou rien. N'est-ce pas la devise que vous me reprochez souvent d'arborer, vous qui d'abord n'admettiez que celle-là au début de notre amitié.

» Armand, je ne veux pas que vous me revoyiez jamais au bras d'un autre. C'est vous dire qu'absente et perdue sans retour pour vous, je serais aussi exigeante. Comment éviter de tomber dans cette injustice, comment parvenir à vous rendre un peu de tranquillité, de liberté après vous avoir bouleversé toute votre jeunesse ?

» Le temps n'est plus des affections éternelles : la civilisation ajoute aux besoins de l'homme en état de nature d'autres besoins bien autrement impérieux qu'on nomme convenances et usages reçus. Moi qui me courbe en esclave sous leur joug, moi enfant d'un pays encore barbare, de quel droit imposerai-je à autrui la résistance que je n'ose faire ? Hélas ! si le moindre espoir me restait, je vous dirais d'attendre, je vous l'ordonnerais, je vous en supplierais. Voyez si je suis à plaindre, Armand, je ne vous dis rien !

» Outre le désespoir qui résulte pour moi de ma situation particulière, je sens d'épouvantables catastrophes suspendues sur ma nation et la vôtre. Vous vous acharnez au siège d'une ville que vous ne prendrez pas, ce qui vous rendra éternellement irréconciliables — et, la prissiez-vous, nous serions irréconciliables à notre tour — sans compter que tant d'efforts vous auraient épuisés et ne nous auraient fait perdre qu'une ville. Calculez, mon ami, les suites de ce duel gigantesque. Vaincus, vous élevez une barrière infranchissable entre votre pays et le nôtre ; vainqueurs, vous verrez se rallumer plus furieusement la guerre, c'est entre vous et nous une question d'orgueil national. Dites vous-même, si maintenant il nous reste une chance de réunion.

» Quoi, tout ce passé serait mort ! quoi de vous à moi rien ne battrait plus ? quoi, vous oublieriez Caliste ? Je sais que c'est impossible, et si je le pensais je serais déjà morte. Mais je ne vous ai pas écrit pour vous torturer. J'ai voulu vous prouver le plus tendre attachement. Cela ne se prouve que par des sacrifices. Je ne suis pas de celles qui prétendent à tous les triomphes de l'orgueil, à toutes les satisfactions du monde, à toutes les récompenses de l'opinion et veulent, par dessus le marché, garder leurs joies secrètes. Plus de joie pour moi ; mais pour Armand, sinon joie, du moins indépendance. Je souffrirais s'il m'en remerciait trop vivement ; je souffrirais plus encore s'il restait mon esclave par devoir et par reconnaissance. »

Le reste de la lettre contenait l'assurance d'une affection et d'un dévoûment impérissables. Si Armand y eût su lire, son amour pour Caliste fût devenu immodéré ; il eût deviné l'héroïsme du sacrifice que lui faisait cette femme. Mais le mauvais génie qui les avait séparés n'était pas fatigué de leur nuire. Il suggéra au jeune homme une interprétation vulgaire de cette lettre où respirait l'âme tout entière de la princesse, âme troublée, dévorée de terreurs, écrasée de remords, ivre d'aspirations coupables que sa plume dissimulait sous les formes les plus dégagées, les plus décentes de la civilité mondaine.

En un mot, Armand regarda cette missive comme l'expression d'une résignation absolue aux lois conjugales, aux devoirs sociaux. Entre ce qu'il avait déjà échafaudé de soupçons injurieux et le ton réservé de cette lettre, il n'y avait pas de transition assez brusque pour le faire hésiter à continuer ses commentaires. Caliste épousait de nouveau son mari, et, femme d'honneur, elle envoyait à son amant un billet de part.

Telle fut la traduction qui fut faite de ce morceau, froid assemblage de lignes correctes, dont Armand s'indigna, qu'il froissa dans un mouvement d'orgueil et de désappointement, et qui, s'il l'eût entendu lire par celle qui l'avait écrit, lui eût peut-être arraché avec toutes ses larmes tout le sang qui bouillonnait autour de son cœur!

CHAPITRE XX.

A mesure que les jours s'écoulaient, et que le printemps souriait plus amoureusement à la terre, Armand tombait dans une mélancolie plus profonde. Caliste vivait moins adorable mais peut-être aussi adorée au fond de son souvenir.

Il avait réussi sans peine à garder un masque impénétrable à son père et à ses amis. Nous l'avons dit, en ce livre même, les chagrins d'amour se cachent aisément. Armand, cœur solide, portait noblement son malheur. Une seule chose l'avait blessé dans les œuvres vives, c'était le silence gardé par Caliste sur les moyens d'envoyer une réponse à Odessa.

Que de sens il eût enfermés dans cette réponse ! Comme il la méditait ! Comme il l'aiguisait ! Avec quel art merveilleux il eût décoché cette flèche destinée à rendre le mal qu'on lui avait fait ! Se taire fut un douloureux sacrifice, et s'il l'accomplit, ce fut uniquement faute d'occasion pour envoyer un messager sûr.

Après les grandes colères, la grande torpeur. Un dernier élan jaillit encore du désespoir. Puis, s'il ne réussit pas, la retraite commence. C'est une opération familière à la nature, qui défend l'usage trop prolongé des forces qu'elle emploie. Huit jours après la lettre de Caliste, Armand furieux en vint à se calmer; il entra en mélancolie. Huit jours après, et sans trouver dans son âme fatiguée assez de ressorts pour bien aimer et pour bien haïr, il s'occupa uniquement de lui-même et résolut de se distraire pour ne pas succomber à la tentation qui, vingt fois, l'avait saisi de partir pour Odessa et d'y aller jouer le rôle de fantôme.

Habile à s'expliquer les causes de chaque impression, il s'avoua que Caliste avec cette lettre lui avait renvoyé une forte charge d'électricité; que la mélancolie a besoin de nourriture, et qu'un homme sage se garde bien de ne pas nourrir cet ennemi qui, trop affamé, dévore son hôte. Armand commença par lire et relire les lettres de Caliste, par contempler son portrait jusqu'à ce que ses yeux fussent noyés de larmes. Il donna toute une matinée à ce festin de sa mélancolie, et lorsqu'il l'eut rassasiée de soupirs, de souvenirs, de regrets passionnés, il sentit que la crise s'éteignait, il sentit qu'il se fatiguait lui-même; c'était le moment de redoubler la dose pour achever l'ennemi.

Jamais depuis sa séparation avec la princesse il n'avait osé revoir la maison où tant de jours heureux s'étaient écoulés près d'elle. Ce toit sacré, l'apercevait-il derrière les arbres quand il passait en chemin de fer, vite, il détournait les yeux pour ne pas tomber en quelque faiblesse. Revoir cette maison c'était la plus rude épreuve qu'il osât jamais affronter. Du jour, se disait-il, où je pourrai, sans perdre connaissance, fouler ce gazon, ces allées, monter ces marches de pierre de la petite maison, et respirer l'âpre odeur des sureaux et des lierres, ce jour-là je serai guéri.

Armand se sentit fort au point de tenter l'aventure. Il prit soudain tout son courage, courut au chemin de fer et partit pour la station de ·····

Nous avons dit qu'on était au printemps, en ce faux printemps de mai, qui existe seul en France depuis un quart de siècle. L'ancien, pourtant, nous rendit bien heureux, nous, privilégiés qui l'avons pu connaître. Ce vrai printemps avait encore les souffles tièdes dont il parfuma Virgile ; il caressait encore ses myriades de fleurs écloses sans semence. Aujourd'hui, trois à quatre fois dans le trimestre, son domaine, il fait une apparition furtive entre les grêlons et les bises. A Paris, quelques femmes vendent sur les boulevards des jacinthes qui puent, des giroflées noires qui jamais n'ouvriront; d'autres femmes qui ne vendent pas de fleurs, passent avec des robes de soie claire qui font frissonner les promeneurs, et le printemps est fini.

Armand, le jour où il prit sa grande résolution, fut favorisé par un printemps de l'ancien régime. La terre humide et palpitante de germinaisons ne résistait pas au pied qui la pressait, les chênes donnaient déjà un d'ombre; marronniers, ébéniers, sycomores montraient leurs grappes parfumées. Le sentier connu du jeune homme était bordé d'herbe nouvelle toute diaprée d'imperceptibles étoiles blanches. A droite et à gauche les blés vigoureux, les luzernes florissantes ondoyaient sous un vent de sud est.

Armand admira les haies de groseillers, cueillit des feuilles de cassis ; le chemin s'enfonçait sous des pruniers déjà dépouillés de leurs pétales ; une cépée de lilas succédait à ces vieux arbres, et tout à coup derrière un monticule ordinairement couvert de vignes, on apercevait la maison.

Cette maison louée par la princesse, à qui maintenant était-elle passée ? Un autre locataire y aurait peut-être installé ses meubles, mais il n'aurait pas apporté des arbres; des pierres, il n'aurait pas changé le sol, et Armand ne demandait qu'à entrer dans le jardin, qu'à passer devant les fenêtres ouvertes, qu'à jeter un coup d'œil dans la profondeur des chambres pour y trouver les invisibles souvenirs que le locataire nouveau n'aurait pas chassés, pas même soupçonnés entre ces murailles vides.

Il chercha d'abord le mur extérieur, autrefois garni de lierre. Ce mur n'existait plus. Plus de petite porte ; le champ voisin avec ses gros arbres à fruits, avec ses rosiers cent-feuilles si parfumées, cet héritage de paysan semblait avoir pris une mine arrogante pour dire :—Je suis devenu bourgeois, je ne produirai plus pour le marché. On me ceindra de murs neufs, sur lesquels ma bonne terre noire fera pousser de splendides pêchers conduits par un artiste élève du Jardin-des-Plantes. J'appartiens à la maison d'en face, je fais suite au jardin anglais, je m'appelle verger.

Armand fronça le sourcil. Comme il n'y avait plus de murs, il voyait à découvert tout le jardin, autrefois plein de mystères, et comme il voyait, on le vit.

Une jeune femme de chambre, qui cueillait de l'aubépine et des lilas au tournant d'une allée s'approcha tout à coup de l'air le plus avenant, et, des yeux, non des lèvres, demanda au jeune homme ce qu'il faisait là.

— Mademoiselle, répliqua Armand, je passais dans ce champ qu'autrefois traversait un sentier... Ce sentier n'y est donc plus ?

— Monsieur, dit la jeune fille, ce champ a été acheté par Madame, et fait partie, à présent, de la propriété. Le sentier sera reporté de l'autre côté du mur.

Armand n'écoutait plus, il regardait. Il avait compris, tout de suite, trop vite. Il fit un pas pour sortir de cet embarras.

— Excusez-moi, dit-il, mon enfant. Je croyais être sur le terrain de tout le monde.

— Oh ! ne vous gênez pas, monsieur, lui fut-il répondu. Vous n'allez pas pouvoir sortir par là, car on a creusé pour les fondations du mur.

— Je retournerai d'où j'étais venu, dit Armand avec un soupir. Mais ne me permettriez-vous point de faire quelques pas sous les arbres pour admirer ce beau jardin ?

— Entrez, entrez, monsieur.

— Je ne rencontrerai personne, je ne gênerai personne ?..... vos maîtres sont là peut-être ?

— Oui, monsieur, mais...

— Je pars ! s'écria Armand avec précipitation.

— Oh ! monsieur, ne faites pas cela, dit la femme de chambre ; si madame l'apprenait, elle me gronderait de n'avoir pas su faire une politesse si simple à un étranger.

Armand s'arrêta.

— Est-il indiscret de vous demander le nom du propriétaire de cette maison ?

— Madame l'amirale Dampmesnil, répliqua la jeune fille.

Armand connaissait ce nom, pour l'avoir entendu prononcer mille fois autour de lui dans les salons ; il eut peur de se trouver en pays de connaissance, il retourna sur ses pas en protestant du désir qu'il avait de ne point déranger cette dame par une curiosité inconvenante.

Comme il s'éloignait, souriant à la jeune fille, une autre figure de femme apparut devant lui, sous l'allée baignée de lumière.

— Voici Mademoiselle, dit la femme de chambre.

Armand s'arrêta, la retraite lui était coupée. Lucienne s'avançait grave et affable à sa rencontre.

CHAPITRE XXI.

A l'aspect de cette charmante figure aux reflets dorés, aux regards clairs, Armand trouva sa position déplorablement fausse et s'en excusa avec le plus de franchise possible.

— Madame, dit-il, j'ai été séduit par ce riant verger; pardonnez-moi d'être allé si loin. Je me retire.

Et déjà il saluait. Lucienne, l'arrêtant du geste :

— Monsieur, répondit-elle, le mal n'est pas grand ; cette maison est encore un peu à tout le monde, puisqu'elle n'est pas close de deux côtés; et puis, je ne sais, mais il me semble que votre figure ne m'est pas inconnue.

Elle le regardait, en parlant ainsi, avec une candeur et une grâce rassurantes.

— Je me dis la même chose, madame, et la raison en est assez facile à trouver : j'ai demandé tout à l'heure le nom du propriétaire de cette maison à votre femme de chambre. Ce nom, si connu en France, je l'ai entendu bien souvent répéter dans le monde, où probablement j'aurai eu l'honneur de me rencontrer avec vous — comme on se rencontre dans la foule — sans se voir.

Lucienne sourit si finement qu'Armand put remarquer tout au plus le pli de la fossette qu'un sourire entier dessinait sur la joue de la jeune fille.

— Monsieur ?... dit-elle.

— Armand de Bierges, répliqua-t-il en s'inclinant.

Elle rougit.

— J'ai bien souvent remarqué ce nom, monsieur. Il y a plus, vous avez un parent, un monsieur âgé qui le porte, ce nom; une belle tête vénérable, une tête blanche...

— Mon père, madame.

— Oh ! je le connais bien ; je l'ai vu jouer souvent chez une amie de ma mère, la baronne Chaudray.

— Une amie intime de mon père, dit Armand.

— Eh bien, monsieur, reprit Lucienne avec enjouement, vous voyez bien que vous êtes en pays de connaissance, et maintenant la politesse même vous oblige de pousser votre visite jusqu'au bout. Permettez que je vous présente à ma mère.

Elle passa légèrement devant lui. Il restait là tout stupéfait de cette chaste et gracieuse familiarité.

— C'est une jeune femme, pensait-il, et je vais apercevoir, au détour de l'allée, quelque mari moustachu, en veste blanche; il y aura, bien sûr, un ou deux marmots blonds comme leur mère, jouant aux pieds de la bonne maman.

Puis tout à coup se rappelant le : Voici, mademoiselle, — de la femme de chambre :

— Est-ce possible ! murmura-t-il.

En rêvant ainsi, il approchait. Mais chaque pas lui montrait, dans ce lieu si connu, quelque détail qu'il ne connaissait pas. Autrefois le jardin se composait d'un bois aboutissant au mur du fond, d'un vaste parterre avec deux terrasses, et d'un autre petit bois contigu à la maison. Armand eut beau chercher, se souvenir, interroger, jamais il ne lui fut possible de se reconnaître. Tout, dans le jardin, était changé, renversé, comme si quelque génie malicieux eût pris le contrepied des dispositions anciennes.

Dans un rond-point créé tout récemment, et entouré d'un talus de gazon semé de petunias et de verveines, se tenait au grand soleil, en son fauteuil, l'amirale Dampmesnil, aussi élégamment parée que pour un bal. Une de ses femmes lui tenait une ombrelle sur la tête. Une autre lui lisait des journaux. La vieille dame n'écoutait et n'entendait rien que le bruit d'un petit jet d'eau jaillissant à sa gauche d'un rocher, neuf comme tout ce que voyait Armand.

Lucienne s'approcha de sa mère, la baisa au front et lui annonça le visiteur. Mme Dampmesnil regarda, sourit poliment, continua de regarder et de sourire tant que Lucienne lui tint une main sur l'épaule. A peine cette main eut-elle disparu que disparurent le sourire et l'attention de la vieille dame. Vite elle se retourna vers son jet d'eau chéri, dont elle parut écouter le bruit avec délices.

Lucienne dit à Armand qu'une trop longue conversation fatiguait sa mère. Elle raconta en peu de mots très sentis, très délicatement accentués, que depuis la mort de l'amiral, l'âme de madame Dampmesnil semblait s'être retirée du monde. Et sans permettre qu'il s'appesantît sur cette réflexion, elle continua de lui montrer ce jardin, qu'il était venu voir, et dans lequel il se trouvait complètement étranger.

— Monsieur, dit-elle, nous avons dû faire ici beaucoup de changemens. Ma mère s'est tout à coup prise d'amour pour cette maison, chacun de ses désirs nous engage, mon frère et moi, nous avons donc acheté la propriété, mais, à peine s'y est-elle vue installée, que rien ne lui plaisait plus. Elle a beaucoup de caprices. Quoi de plus respectable et de plus aisé à contenter, puisqu'il ne s'agit que d'un peu d'argent ?

On était arrivé à la maison, où Armand

ne trouva plus trace de l'ancienne construction.

L'an dernier, c'était une de ces façades de pierre, à grandes fenêtres du dix-septième siècle, petites vitres, perron aux portes principales, rangs de pavés devant la maison, mansardes coupant un toit aigu. Maintenant la façade était jeune comme Lucienne, avec un soubassement de meulière, et de grands panneaux de treillage chargés de clématites, d'aristoloches et de rosiers grimpans. L'œil d'Armand pénétra dans ces chambres si connues. Aux vieilles boiseries grises sculptées, aux vieux tableaux, aux tentures de damas et de tapisseries de Beauvais, avaient succédé les panneaux dorés, les peintures modernes, les cheminées enveloppées de lambrequins d'étoffes. La chambre autrefois habitée par Caliste, et qu'elle avait meublée d'un style gothique assez sombre, était aujourd'hui tendue de mousseline blanche brodée sur un fond de soie rose. Toute la disposition de cette pièce avait été changée; on y arrivait par un salon jadis vestibule coupé d'armoires. Les glaces, les cristaux de Bohême, le meuble de bois de rose incrusté d'or, un grand tapis de moquette blanche à larges bouquets de roses donnaient à cette chambre le luxe insolent de la jeunesse, de la fraîcheur, de la gaîté; elle semblait défier le soleil, qui s'y plongeait par les fenêtres tout grandes ouvertes.

Des caisses immenses d'arbustes et de fleurs en gradins, faisaient à la maison régénérée une riante ceinture. Les entrées avaient été changées, un étage ajouté, les escaliers refaits, plus de mansardes; deux ailes rustiques, sortes de chalets reliés à la construction principale, achevaient de dérouter les habitudes d'Armand, qui, pour retrouver là un souvenir, fut forcé de fermer les yeux et de descendre en sa pensée.

— Voilà qui est étrange, se dit-il, en étouffant un douloureux soupir. Que les goûts et les caractères sont différens! Cette jeune fille a dix-neuf ans au plus, Caliste en a vingt-quatre à peine; toutes deux appartiennent à ce monde qui met en commun des idées ordinairement choisies qu'on appelle la mode. Caliste est brune, cette jeune fille est blonde, je le veux bien; mais enfin Caliste s'était contentée de cette maison. Elle est princesse de rang et d'âme; ce qu'elle fait, personne n'a le droit de ne pas l'approuver, car son goût est exquis. Comment arrive-t-il que l'une et l'autre elles ne se soient pas rencontrées sur un seul point, sur le plus mince détail, sur une vitre, dans toute l'étendue d'une maison pareille?

Comment se fait-il que pour changer ainsi toute cette maison, Mlle Dampmesnil ait dépensé trois fois la valeur de la propriété? Quand on achète un objet, c'est parce qu'il plaît. On a été séduit par des arbres, des eaux, par la forme et la distribution d'un bâtiment; on aime une grille, une collection de melons ou d'azalées; on aime quelque chose enfin. Ici ces gens qui ont vite acheté, parce qu'ils se mouraient d'amour pour la maison, ces gens n'en ont pas conservé une ardoise. C'est bizarre; on dirait une gageure.

Il suivait Lucienne, tout en rêvant ainsi. Elle plaçait à intervalles inégaux quelque phrase polie qu'il s'efforçait de payer le plus poliment possible. Mais comme elle se retournait souvent vers lui, il ne fut pas sans surprendre plus d'une fois l'expression affligée ou railleuse de sa physionomie.

— Vous n'aimez peut-être pas tous ces colifichets, lui dit-elle avec sa gravité douce.

— Il me semble, répliqua-t-il, se voyant ainsi surpris dans cette pensée intime, que voilà de bien grands changemens. Tout, du reste, est fait avec une richesse remarquable, mademoiselle.

— Monsieur, répondit Lucienne, le caractère de cette propriété n'est plus, en effet, celui qu'elle avait avant notre arrivée. C'était une maison un peu sombre, pleine de coins et de détours. — On bâtissait ainsi dans le dernier siècle. — J'en ai conservé les avantages autant que j'ai pu. Partout où s'est rencontrée une pièce grande et commode, je l'ai respectée.

— Non, non, pensa Armand, il y en avait de bien commodes que je ne retrouve plus.

Lucienne le regarda. Comme s'il eût dit tout haut ce qu'il venait seulement de penser, elle reprit :

— Il paraît qu'avant nous cette maison était habitée par une personne seule — vivant retirée, — cachée même; du moins tel est le bruit qui nous est parvenu. Cette dame, — c'était une dame, — était fort belle, dit-on toujours, car, en vérité, Monsieur, on jurerait que je raconte une légende; elle était aussi fort triste, et plusieurs gens du pays assurent l'avoir aperçue parfois pleurant dans la campagne.

Un frisson parcourut les membres d'Armand; il lui sembla que l'ombre de Caliste venait d'effleurer son épaule.

— Il n'est pas surprenant, continua Lucienne, que cette pauvre dame se soit plu dans une maison triste et sombre; qu'elle ait aimé ici tout ce qui s'harmonisait avec l'état de son âme : arbres noirs, allées encaissées, voûtes épaisses, de même que ces petites vitres vertes par lesquelles se tamise avarement une lumière blafarde; mais nous, au contraire, Monsieur, nous avons besoin de soleil et d'air. Je suis jeune, et mon frère, dont le vaisseau croise dans la mer Noire, sera bien aise, à son retour de Sébastopol, de reposer sa vue sur quelques perspectives réjouissantes.

Armand garda le silence, il s'inclina : sa blessure n'était pas encore cicatrisée. Parce qu'elle était belle, riche, irréprochable, cette jeune fille avait-elle le droit de blâmer ainsi, sans la connaître, la noble et poétique Caliste, dont un sourire eût illuminé la plus noire prison?

— Ordinairement, dit-il enfin, — car se taire toujours lui eût paru lâche, — ce n'est pas un indice défavorable du caractère des gens, que de se soin de mettre en harmonie l'habitation et la personne. L'essentiel est que le goût préside à un semblable assortiment.

Lucienne se retourna vivement. Cette phrase l'avait inquiétée; on eût dit qu'elle craignait d'avoir blessé son hôte.

— Je suis bien loin d'avoir du goût, murmura-t-elle avec timidité, je n'ai que mes goûts.

Armand lui sut gré de cette réparation spontanée.

— Ils vous ont parfaitement dirigée, mademoiselle, dit-il non sans un serrement de cœur.

Et aussitôt il pensa que lui, autrefois, avait bien admiré, bien aimé le goût de Caliste; qu'à son arrivée en cette maison découverte par elle, louée par elle, et dont elle lui avait fait la surprise, il songea, dis-je, que ce jour-là, jour de mémoire éternelle, il n'avait pas laissé sans éloges un seul détail de tous ceux que Lucienne avait effacés.

Il se rappela surtout, au bout du jardin, à gauche, une grande allée tournante d'ormes et de marronniers qui menait à un pavillon d'où l'on découvrait la campagne. C'était une retraite charmante, aussi chaste qu'un nid; les branches d'arbres venaient jusque dans ce pavillon jeter leurs fleurs et leurs bourres d'or pur ; par la fenêtre en ogive, on voyait au bas l'herbe profonde. Plus loin, le coteau doucement incliné vers la rivière. Celle-ci disparaissait sous le dôme arrondi des saules blanchissans et se montrait radieuse à mille pas, près d'un moulin toujours noyé d'écume.

Que de fois Caliste et Armand s'étaient-ils promenés la nuit sous cette allée ombreuse, regardant leurs yeux où tremblait un rayon de lune, que de fois étaient-ils montés par la pente moussue à ce pavillon que les chauves-souris venaient égratigner de leurs ailes, et de là, par cette fenêtre, ne voyant rien que nuages au ciel, masses noires dans la plaine, feux égarés à l'horizon, que de fois ils s'étaient répété que ce coin du monde était le paradis sur terre !

Armand tourna vers la droite croyant entraîner Lucienne de ce côté, sous prétexte d'aller admirer une serre neuve. Il ne voulait pas souffrir le supplice de ne plus trouver ses arbres chéris, son toit rustique, tout ce qu'il avait aimé. Car, sans aucun doute, cette jeune demoiselle recherchait trop les choses gaies pour n'avoir pas jeté en bas l'allée noire et le pavillon de bois vermoulu.

— Monsieur, lui dit Lucienne, permettez que je vous montre le seul endroit un peu poétique de cette vulgaire maison bourgeoise. C'est par ici, à gauche, s'il vous plaît.

— Quelque nouvelle cage en fer creux, pensa le jeune homme, où je verrai des oiseaux teints en rouge et en bleu s'écorcher les plumes.

Il suivit sa conductrice. Un moment après il entrait sous son allée bien-aimée. Là, rien n'avait été touché : même cordon d'iris derrière les arbres, même mousse sur le chemin du pavillon, même pavillon avec sa petite fenêtre ouverte. Armand s'oublia. Il marchait à grands pas sous ces arbres. Il arriva le premier au fond du pavillon ; les yeux fixés sur la prairie, puis sur les plans lointains du paysage, il soupira, il serra ses mains l'une contre l'autre.

— Charmante vue, n'est-ce pas? dit Lucienne avec une intonation musicale.

— Oui, murmura Armand qui étouffait. Elle se détourna comme pour mieux regarder. Ce mouvement la rapprochait de la fenêtre. Armand la vit, gracieusement encadrée dans l'ogive ; un fin rayon glissait sur ses admirables cheveux cendrés. Quoi! il était bien dans ce pavillon, lui, Armand, et une femme, qui n'était pas Caliste, s'y trouvait avec lui. Quoi! du dehors, on verrait cette forme blanche, on le verrait aussi, lui, comme peut-être on y avait vu Caliste, avec cette différence que la princesse s'éloignait rapidement si quelques paysans passaient, tandis que Lucienne demeurait tranquille et souriante, et libre à ses côtés.

Il s'arracha bien vite à ces dangereux rapprochemens; la jeune fille le suivit dans l'allée.

— Vous avez raison, mademoiselle, dit Armand, c'est là un poétique séjour.

— N'est-ce pas, monsieur? Oui, je l'ai conservé, malgré le jardinier, malgré l'architecte. Tout cela est moisi, disait l'un; toute cette ombre tuera nos fleurs, disait l'autre. J'aime encore mieux des idées que des fleurs, ai-je répondu. Et réellement, ajouta-t-elle avec sa splendide innocence, je ne me promène pas sous ces arbres au clair de lune sans me sentir pénétrée des idées les plus suaves, les plus douces, comme si elles habitaient là-haut bien cachées, comme si, de là, elles pleuvaient goutte à goutte sur mon front. Qui sait, monsieur, les idées sont peut-être des atômes invisibles qui descendent à leurs heures préférées sur les têtes qu'elles aiment.

— Oh! pensa le jeune homme avec un regard chargé de reconnaissance que Lucienne saisit au vol et qui caressa son cœur, bénie soit cette créature intelligente, d'avoir conservé ici mon souvenir le plus délicat et le plus pur! En vérité, elle semble l'avoir choisi chaste comme elle. Pour cette bonne pensée, je lui pardonne d'avoir usurpé la chère maison de mes amours!

La visite ne pouvait se prolonger longtemps. Armand se sentait plus ému qu'il n'eût voulu l'être. Lucienne, de sa gaîté si fière, descendait peu à peu vers la mélancolie d'Armand. Celui-ci s'empressa d'aller saluer respectueusement la vieille amirale toujours en extase devant le jet d'eau. Il s'inclina non moins respectueux devant Lucienne, et tandis que la jeune fille cherchait une dernière fois son regard, qu'elle ne rencontra plus, il traversa légèrement les plantations nouvelles, regagna le champ, limite ancienne de son jardin, et se dirigea le cœur agité vers la station du chemin de fer.

CHAPITRE XXII.

Il l'avait donc revue, cette maison tant redoutée. Il avait donc foulé ce sol terrible. Quel étrange hasard! tout ce que Caliste avait laissé de traces n'existait plus.

Une jeune fille, avec ses idées fraîches, ses goûts brillans, une belle jeune fille, s'agitait dans cet enclos, où naguères se cachait Caliste. Lucienne faisait son bruit, son mouvement, sa volonté tumultueuse, là, où cette pauvre recluse osait si peu soupirer, de peur d'être entendue, que pour pleurer librement, elle s'en allait hors de chez elle, dans la campagne.

Armand avait passé deux heures en cet endroit, et il rapportait de son excursion un trouble inexprimable. Ce n'était pas la beauté de Mlle Dampmesnil; ce n'était point le charme très réel de sa personne qui préoccupait ainsi Armand. Il devinait quelque chose de plus intéressant au fond de cette âme, il s'efforçait d'expliquer la rencontre singulière en cette maison, d'une personne près de laquelle il était passé vingt fois dans un salon sans l'apercevoir. Il se demandait, en suivant cet ordre d'idées, si la jeune fille, qui l'avait reconnu, lui, ne pouvait avoir aussi reconnu la princesse Novratzin au portrait que les bonnes gens du pays lui en auraient fait.

Dans tous les cas, cette rencontre fortuite avec Mlle Dampmesnil, dans l'ancienne habitation de Caliste, constituait pour Armand une situation équivoque. Tout en espérant que le séjour de la princesse en France serait resté ignoré, en espérant, par conséquent, que Mlle Dampmesnil ne se douterait jamais du motif qui l'avait pu conduire, lui Armand, à visiter ce jardin, le jeune homme sentit qu'il lui faudrait nettement expliquer cette visite au monde. Mme Chaudray, par exemple, ne manquerait point d'en apprendre quelque jour les circonstances par Mlle Dampmesnil. Par Mme Chaudray, le conseiller l'apprendrait à son tour. Tout cela aurait un faux air de mystère, et si l'on ne remontait pas à la véritable source, assurément on l'interpréterait plus fâcheusement encore: on l'attribuerait à quelques velléités de galanterie; on soupçonnerait Armand d'avoir cherché une occasion de rencontrer cette jeune fille si remarquable.

A cette pensée, Armand tressaillit. Un pareil état de choses ne pouvait se tolérer. Raconter l'aventure à son père... Non. M. de Bierges était de ces vieillards sagaces, trop sagaces même, qui n'admettent pas le hasard. Les suppositions du conseiller iraient trop loin et trop vite, sa raillerie pourrait blesser le cœur encore susceptible d'Armand; et puis, qui sait si, tout en raillant, il ne se forgerait pas tout de suite un avenir à propos de cette jeune fille. D'ailleurs, prévenir M. de Bierges n'était pas le point urgent. C'était Mme Chaudray que Mlle Lucienne Dampmesnil instruirait la première. Armand se rendit chez la baronne, non sans une vive curiosité, que lui inspiraient l'attitude et le caractère de cette singulière personne. Il comptait, avec un peu d'adresse, obtenir sur elle, de la baronne, quantité de renseignemens dont cette curiosité, si vite éclose, était en réalité fort avide.

Voilà, si l'auteur ne se trompe, une curiosité bien propre à secouer l'esprit le plus mélancolique. Voilà en peu de temps des occupations intéressantes, à jeter comme aliment dans une vie oisive. Enfin, avouons-le, cette jeune fille ainsi apparue, n'envahissait-elle pas du premier coup la pensée de ce jeune homme?

Armand, surpris de songer si souvent à ces bizarreries, ne s'avoua point sur le champ que l'idée de Lucienne chassait parfois Caliste de son souvenir comme Lucienne elle-même avait effacé le souvenir de la princesse jusque dans son ancienne demeure.

CHAPITRE XXIII.

Aux premiers mots qu'il dit à Mme Chaudray de cette rencontre surprenante, la baronne manifesta la plus bruyante gaîté.

Elle se fit raconter l'histoire avec tout ce qu'Armand voulut bien lui donner de détails. Qu'allait-il faire par là? Ne connaissait-il pas un peu cette demoiselle Dampmesnil? Comment l'avait-il trouvée? Enfin, elle n'omit aucune des questions qu'une femme sait si bien faire en peu de mots. On comprend qu'elle se trouvât piquée au jeu, elle autrefois si empressée à amener un rapprochement, elle qui avait tant conspiré pour ce résultat venu tout seul.

Armand avoua que l'aventure ne lui avait pas déplu. Il fit grand éloge des perfections de la jeune personne. A son tour il hasarda quelques questions. Sur ce terrain, la baronne préparée ainsi que nous le savons, l'attendait de pied ferme, et le laissait venir s'enferrer de lui-même. Armand n'alla point jusque là, mais il en dit assez, il en pensait assez pour donner prise. Ignorant tout ce qui s'était passé entre la baronne et son père, entre Lucienne et la baronne, tandis que son interlocutrice savait tout son jeu par cœur, il croyait ruser bien subtilement, et n'était que dupe.

— Ainsi, lui dit la baronne, vous êtes entré en relations comme cela tout de suite avec la plus charmante héritière de Paris? Vous avez eu de la chance, d'aller vous perdre dans les environs de cette maison.

— Ah! madame, répliqua-t-il un peu dépité, si j'eusse pu prévoir que cette jeune fille était ce que vous nommez une héritière, ce n'est point de son côté que je fusse allé me perdre.

— Bah! s'écria Mme Chaudray avec une hilarité toujours croissante, certaines maisons attirent, elles ont l'air d'avoir été faites d'aimant au lieu de pierre de taille.

— Que voulez-vous dire? demanda Armand très mécontent.

— Je dis que tôt ou tard vous deviez fatalement revenir à cette maison-là, continua la baronne bien éloignée de soupçonner le quiproquo terrible de ses paroles. Cette maison, mon cher Armand, vous aviez déjà failli vous y brûler les ailes; voici qu'enfin ces petites ailes-là viennent de s'entamer.

— Mon secret est-il donc connu? pensa le jeune homme avec angoisse; et, comme dans les comédies, il murmura:

— Je vous supplie, madame, de vous expliquer.

— Volontiers, mon cher Armand, car vous me regardez avec de gros yeux effarés qui me font peine. Je dis que vous tournez autour de la maison Dampmesnil, parce qu'une fois déjà, sans le savoir, vous y avez failli entrer.

— Moi, madame!

— Ce n'est pas de leur maison de campagne que je parle, elles ne l'avaient pas à l'époque dont il s'agit. Je dis maison pour dire logis, entendez-vous, et logis est un euphémisme que j'emploie pour exprimer famille.

— Moi, j'ai failli entrer dans la famille Dampmesnil! s'écria-t-il tout rouge et tout ébahi.

— Parfaitement,.. si vous l'eussiez voulu; mais vous ne l'avez pas voulu, reprit la baronne en riant. Je ne vous trahirais point ce petit secret si je ne le voyais, par une étrange fatalité, reparaître sur le tapis. Oui, mon cher Armand, il y a eu un moment où Mme Dampmesnil la mère étant tombée malade — du cerveau — je me suis intéressée à cette charmante fille qu'on appelle Lucienne.

— Lucienne! murmura Armand.

— Toutes les vertus, toutes les grâces du corps et de l'esprit, un grand nom et quatre millions de fortune, voilà ce qu'elle pouvait offrir à un mari.

— Quatre millions! pensa Armand, au souvenir des tentatives infructueuses faites dix-huit mois avant par son père.

—C'était un vrai cadeau, n'est-ce pas, mon

ami? Je cherchai autour de moi l'homme qui en pouvait être digne, l'homme qui me répondrait du bonheur de cette noble jeune fille, et je ne trouvai— Ah! dame, tant pis pour vous! je vais tirer un compliment à bout portant, gare! —je ne trouvai qu'un certain gentleman, orné de perfections correspondantes, un nommé Armand de Bierges.

Celui-ci baissa la tête.

— Vite, continua la baronne, je m'ingénie, je m'évertue. Ma souricière est tendue, je surveille la trappe. J'emploie à cette opération toutes les délicatesses dont je puis disposer. Pas un mot à la jeune fille, car elle est fière, et ne savait même l'existence dudit gentleman, pas même son nom, vous comprenez, Armand?

— Oui, madame, je comprends.

— J'espérais seulement qu'elle me saurait gré de la marier si je la mariais bien. J'installe, dis-je, toute ma petite mécanique, croyant que celui des deux qui gagnerait le plus serait mon protégé le gentleman. Bast! aux premiers mots d'un père que j'avais chargé de le pratiquer adroitement, refus, refus absolu, péremptoire, refus absurde.

— Madame, savais-je, alors... pouvais-je deviner...

— Il eût mieux valu!... s'écria la baronne... c'eût été galant à moi d'exposer cette jeune fille à un refus, — à vous de la refuser!...

— C'est vrai.

— Et vous n'eussiez pas manqué de lui faire cette offense, vous l'eussiez faite à la déesse Perfection, dans votre accès de fièvre.

— Mon accès...

— Sans doute... Nierez-vous que vous fussiez malade d'esprit?

— J'avais, madame, ce mal ridicule commun à tout homme de mon âge, — la soif de l'indépendance.

— Cela s'est rencontré à merveille, du reste, reprit Mme Chaudray, car ma belle petite amirale était malade de la même maladie. C'est ce qui l'a empêchée de se marier sur-le-champ. On la demandait de vingt départemens et des douze arrondissemens de Paris; mais son heure n'était pas venue.

— Voilà les projets, — dit Armand les dents serrées.

— Vous comprenez maintenant, interrompit la baronne, pourquoi j'ai tant ri tout à l'heure en moi-même quand je vous ai vu rôder autour d'une porte que j'avais un moment tenue toute grande ouverte pour vous.

— Je comprends, — mais je ne rôdais pas, je me perdais.

— Orgueilleux!

— Dieu me préserve de l'être, et de contester à cette aimable personne un seul de ses mérites; je leur rends au contraire un éclatant hommage. Seulement, Madame, croyez-le bien, les mêmes combinaisons ne se représentent pas deux fois dans la vie d'un homme. Un instant vous avez pu disposer de la main de cette jeune fille, et votre amitié pour moi vous faisait croire possible une alliance parfaitement irréalisable. Je ne suis pas riche, Madame; Mlle Dampmesnil est quatre fois millionnaire; tout se fût bien brouillé au moment de faire les comptes.

— C'est possible, murmura la baronne, dont l'esprit inventif roulait déjà cent combinaisons nouvelles, et qui, pour les mieux appuyer, venait de décider qu'elle fermerait à Armand la boîte des confidences. Oui, vous avez raison; deux chances absolument pareilles ne reviennent pas au même joueur. Il faudrait, pour opérer ce miracle, un grand magicien, l'Amour. Vous ne me faites pas l'effet, vous Armand, d'être un sujet bien soumis de ce tyran. Quant à Mlle Dampmesnil, vous l'avez vue, c'est une statue de marbre.

Armand ne put s'empêcher de sourire avec incrédulité. Cette prétendue image de marbre lui avait paru, au contraire, une femme pétrie de sentiment et de vie. S'il eut pris d'elle une autre idée, Lucienne ne se le fût pardonné jamais.

— Quoi qu'il en soit, statue ou non, dit l'intelligente hôtesse, vous avez passé bien près d'un grand bonheur; et, si charmante, si adorable que soit la femme que vous choisirez un de ces jours, car enfin un jour ou l'autre vous vous marierez, jamais, je vous le dis en soupirant, vous ne retrouverez une bonne fortune comme celle que vous avez laissé échapper sans le savoir.

Armand plia les épaules.

— J'en serai quitte pour ne pas me marier, dit-il; car je suis fait ainsi, moi. Le moins me dégoûte quand je soupçonne le plus.

— Allons donc! est-ce qu'un homme de votre monde peut ne pas se marier? interrompit la baronne avec dédain. Laissez cela aux gens incapables d'atteindre ce *plus* dont vous êtes jaloux. Ne pas vous marier! je voudrais bien que M. de Bierges vous entendît. Ne pas vous marier! ne pas donner à ce digne ami une fille qui baisera ses belles joues fraîches, et des petits enfans qui caresseront ses cheveux blancs! vous n'êtes pas mauvais fils, je suppose?

Armand se tut. Son front s'inclina. Il prit la main de la baronne, la porta en soupirant à ses lèvres, et sortit.

CHAPITRE XXIV.

Elle avait raison, cette sage amie : tôt ou tard, il lui faudrait se marier ; il devait une famille à son vieux père, il lui devait, pendant sa vie, toute une génération nouvelle d'amour, de respects ; après sa mort, les fleurs et les souvenirs de sa postérité.

De quel droit l'en eût-il privé ? au nom de quel intérêt, de quel amour ? Ce mariage, Caliste elle-même ne le lui avait-elle pas permis ? Oh ! ce qu'une femme autorise, en pareil cas, il faut que ce soit d'une nécessité bien reconnue ! Oui, Caliste avait réfléchi. Mariée elle-même, enchaînée pour la vie, honteuse de briser ces liens sacrés pour en reprendre d'autres illégitimes, la princesse conseillait nettement le mariage à son ami Armand.

Il sentait bien qu'une correspondance active, tendre avec Caliste lui eût fourni la force nécessaire pour vivre seul à six cents lieues d'elle. Mais isolé, sans un mot, sans un encouragement, sans un espoir, c'était impossible.

La vie est courte. Elle est semée d'une foule de malheurs inévitables. Y ajouter ceux qu'on eût évités, c'est de la démence; perdre sa jeunesse dans l'ennui et la solitude, quand une femme qu'on s'obstine à regretter court peut-être les bals et les fêtes et se drape dans sa gloire d'incomparable épouse, de Lucrèce et d'Eponine, c'est plus que de la démence, c'est de la stupidité.

— Je verrai, d'ailleurs, je réfléchirai, se dit Armand au sortir de l'entretien qu'il avait eu avec la baronne. Mlle Dampmesnil ne me connaissait pas, ne savait pas mon nom, et voilà qu'en m'apercevant elle m'a reconnu et presque nommé. Elle avait remarqué mon père. Tout cela est bizarre, on en conviendra.

Oui, cette jeune fille est tout le contraire d'une statue. Geste souple, regard profond, démarche ferme, — un sens exquis; elle est grande, ses bras sont beaux, j'ai vu sous les plis de sa robe un pied long et fin; ses dents sont presque aussi belles que les dents merveilleuses de Caliste. Elle a les cheveux peut-être plus beaux.

Qui pourrait nier certaines intentions du hasard dans ma rencontre avec cette jeune fille? Ne dirait-on pas que mon génie familier a préparé la chose ? N'est-il pas surprenant que du sein des ruines sur lesquelles j'allais m'attrister, jaillisse pour me consoler cette fleur découverte en plein printemps ? Un superstitieux ne soupçonnerait-il pas que mon protecteur invisible a mis cette jeune fille chez Caliste pour remplacer Caliste, ainsi que la nature met partout le remède à côté du mal, la vie auprès de la mort?

Telles furent les pensées qui, par une pente insensible, conduisirent Armand vers des affections nouvelles. Plus il cherchait à justifier ce penchant, plus il s'en rapprochait. Autour de lui bientôt chacun l'aida sans qu'il pût s'en apercevoir. On connaît l'activité de Lucienne, sa volonté infatigable, le zèle qu'elle savait allumer chez ses amis. La baronne revenue à ses premières idées, et croyant avoir démêlé cette fois chez Armand la lassitude d'une position fausse avec le désir d'un changement, la baronne lança plus intrépidement que jamais M. de Bierges, le père, en lui recommandant circonspection, énergie, jusqu'à la victoire.

Le résultat ne se fit pas attendre. Cent occasions de se rencontrer ayant été fournies à Lucienne et au jeune homme, Mme Chaudray ayant assuré que l'amirale était devenue amoureuse du conseiller.—Hélas! pauvre femme innocente ! comme on la calomniait, elle, l'amante irréprochable du jet d'eau !—Enfin, la saison permettant les promenades, les excursions en forêt, les dîners champêtres, on pense à Lucienne, habile et tendre comme elle l'était, sut mettre tous ces élémens à profit. Trois mois après la première entrevue, les Dampmesnil et les de Bierges étaient devenus inséparables. Cette jeune fille, dont l'amour honnête et opiniâtre achevait si cruellement, si férocement l'ancien amour agonisant au cœur du fiancé qu'elle s'était choisi, ce type d'ange exterminateur, est plus commun qu'on ne pense, et rien n'est barbare comme la vierge qui aime.

Lorsqu'Armand s'aperçut du long chemin que tous ces conspirateurs lui avaient fait faire, et qu'il avait fait sans trop se faire prier, une sorte de remords le prit. Mais il était bien tard. Les misérables petites résistances qu'il essaya furent brisées par des séductions nouvelles ; et comme il voulait lutter contre les séductions, comme il ne voulait pas se rendre ainsi, sans fournir le dernier combat, un jour que sa mine était froide, son front assombri, et son attitude celle d'une victime, un jour qu'il marchait côte à côte avec Lucienne, dans la campagne, aux environs de la maison réconciliée, Mlle Dampmesnil, qui observait avec tristesse les oscillations de ce cœur malade, arrêta brusquement son languissant compagnon, et le faisant asseoir à l'angle du petit bois, dans l'herbe, à la même place, peut-être, où Caliste autrefois avait tant pleuré pour annoncer son départ à Armand :

— Monsieur Armand, lui dit-elle, vous n'êtes déjà plus le même. Je lis avec peine sur votre visage ce qui se passe au fond de votre âme, et au moment où je devrais compter sur un peu de joie, vous semblez manifester seulement du regret.

Il voulut répondre.

— Du regret, dit-elle avec une douce insistance. Eh bien, je le comprends et vais vous mettre bien à l'aise. Pourquoi, après tout ce qui s'est dit entre nos parents, et un peu entre nous, pourquoi ne prendrais-je pas quelque liberté pour me faire bien comprendre. Monsieur Armand, j'ai beaucoup écouté dans le monde, et j'ai appris, pour l'avoir entendu répéter souvent, que les jeunes filles, en se mariant, n'ont pas d'ennemis plus cruels que les souvenirs de leur mari.

Armand releva la tête. Lucienne lui prit la main :

— Permettez, dit-elle, que j'achève. Si vous me répondiez, je brouillerais le peu d'idées que j'ai en ce moment, et je ne les retrouverais plus. Qui sait? mon cœur souffre, cela me rendra peut-être éloquente, ne m'enviez pas l'occasion de briller une pauvre fois à vos yeux.

Oui, nos ennemis mortels, ce sont vos souvenirs. Vous avez tous, à votre âge, rencontré des femmes plus belles ou meilleures que votre fiancée. Vos premières joies, vos premières ardeurs, d'autres les ont recueillies. Heureuses femmes! Toujours, pour ces privilégiées, vous conserverez, soit un peu de reconnaissance, soit même du respect, soit, hélas! de l'amour! Vous vous dites qu'elles étaient bien supérieures à nous, qu'elles avaient le courage, qu'elles faisaient des sacrifices, qu'elles savaient aimer et se rendre aimables. Réfléchissez! Comment une jeune fille pourrait-elle faire tout ce qu'ont fait ces femmes tant regrettées? L'accepteriez-vous pour épouse, si elle le faisait? Non. Cependant, vous arrivez à elle froidement, avec d'autres noms dans le cœur. Cependant vous ne l'aimez pas, et vous lui laissez voir que peut-être vous en aimez encore d'autres.

Armand, estimez-vous tant ce courage? Qui vous dit que je n'en ai pas? M'avez-vous éprouvée? Me connaissez-vous bien? Savez-vous, et saurez-vous jamais si cette jeune fille, gauche et embarrassée dans le harnois virginal, n'est pas une femme de la taille et de la trempe des héroïnes? Nous aimons aussi tendrement, aussi délicatement que les femmes; nous le cachons parce qu'il le faut, parce que nous n'avons pas de preuves à faire, parce que souvent nous rougissons d'être ainsi méconnues; mais ne vous y trompez pas; ce serait aussi injuste que de nous accuser de mauvais goût en toilette, parce qu'il nous est défendu de porter des diamans. Oh! non, Armand, ne vous y trompez pas, c'est auprès de nous, auprès de nous seules que réside le bonheur. Toutes vos liaisons du monde, les plus heureuses, les plus enivrantes, vous ont toujours coûté quelque brin de votre honneur ou quelque goutte de votre sang; elles passent et vous laissent un souvenir sans doute, — c'est encore trop pour nous qui le voyons. — Mais attendez-le, ce triste papillon, après les premières pluies d'automne, aux premières bises d'hiver. Où est l'azur, où est la pourpre? et que devenez-vous, pauvres vieillards pâlis, qui promenez votre ennui et vos inquiétudes devant tant de frais visages moqueurs? C'est, vous dis-je, à notre jeunesse, qu'il faut associer la vôtre, et au lieu de nous apporter le reste fané de votre cœur, dites-vous hardiment, qu'avant de nous connaître, vous n'aviez jamais rencontré d'amie, d'amante qui valut mieux que nous; et ce sera vrai, monsieur Armand, ce sera vrai, je le sens bien, je vous le jure; car nous sommes belles, car nous commençons à peine la vie et nous nous élançons pleines d'ardeur, de joie, d'enthousiasme dans les sentiers que vous avez battus; car nous sommes intelligentes, et nous vous égaierons en route, ne fût-ce que de nos naïvetés; car nous sommes fortes, et si vous êtes fatigués les premiers, nous vous soutiendrons au besoin; car enfin nous avons le nom, le rang, la puissance comme toutes ces femmes que vous regrettez, et nous tenons tout cela de Dieu, et nous vous l'apportons avec ivresse. Il ne nous manque que votre amour. Aimez-nous, vous nous épouserez. Une fois femmes, comparez-nous aux autres. —

Alors seulement, si vous êtes trompés, il sera temps de vous repentir. Jusque là du moins réfléchissez au lieu de nous faire mauvais visage.

Armand avait écouté sans répondre. Plus d'une fois l'accent véhément, le regard incisif et la généreuse audace de cette jeune fille, l'avaient ému, transporté. Il s'était contenu à peine.

Il se leva.

— Oui, mademoiselle, dit-il, vous avez raison, et quiconque passe auprès d'une perle sans la voir est à plaindre, sans la ramasser, s'il l'a vue, est fou.

On rejoignit le reste de la compagnie qui venait avec toute sorte de ménagemens troubler ce tête à tête. La journée s'acheva gaîment. Armand gardait un sérieux auquel tout le monde pouvait se méprendre, mais auquel assurément Lucienne ne se trompa point, car elle rayonnait d'enjouement et d'une sorte d'orgueil. Elle ne parla plus au jeune homme et caressa beaucoup son père.

Le soir, après un voyage encore rempli de rêveries et de consultations sévères avec sa conscience, Armand, au moment de souhaiter le bonsoir au conseiller, le prit par la main et le pria de vouloir bien demander pour lui Mlle Lucienne Dampmesnil..

Cet aveu, trop longtemps attendu fit éclater soudain sur le visage du vieillard une joie immodérée. Le cœur d'Armand l'en remercia tout bas. Comment eût-il pu ne pas accepter un mariage ainsi désiré par son père?

La démarche fut faite le lendemain, et l'amirale, que Lucienne tenait dans ses bras, répondit tout ce que lui demanda sa fille. On fixa un jour pour instruire la famille et annoncer la nouvelle aux nombreux amis.

Lucienne prit ensuite le bras d'Armand et le conduisit près d'une fenêtre : elle lui montra le ciel.

— Regardez cet azur, lui dit-elle : une place si nette, n'est-ce pas commode, n'est-ce pas beau?

— Oui, répliqua-t-il.

— C'est mon cœur, Armand, ajouta-t-elle; écrivez-y tout ce que vous voudrez.

Lorsqu'il partit d'auprès d'elle, il se demanda si au lieu d'être simplement content il n'était pas tout à fait amoureux.

Comme Mme Chaudray lui faisait compliment avec une certaine nuance railleuse qui les surprit lui et son père, le père le premier eut le courage de lui demander pourquoi elle souriait ainsi.

— Parce que, dit-elle, ce spirituel et profond diplomate est le plus grand niais que je connaisse.

— Venez, ajouta la baronne, il faut que je vous montre un cactus admirable, dont Lucienne est, je crois, l'inventeur, en collaboration avec son jardinier.

Elle emmena le père et le fils voir cette merveille, et, au lieu d'aller droit à la serre, elle prit une allée qui n'en finissait pas.

— Mais, dit le conseiller, vous nous perdez ; où allons-nous, baronne?

— Nous prenons un chemin qui nous conduit à la porte du jardin au lieu de nous conduire à la serre, ajouta en riant le jeune homme.

— Je fais, répliqua la baronne en s'arrêtant court, ce que vous avez fait depuis deux ans. Il y a deux ans que cette petite femme adorable vous aime et vous attend. Quel chemin avez-vous pris, hein? Dieu seul le sait!... Allons voir le cactus, maintenant que nous voilà remis sur la bonne voie.

Le conseiller se mit à rire, et partit devant avec la baronne.

— Deux ans qu'elle m'aime! murmura Armand seul, et illuminé soudain par un éclair qui lui révélait tant de choses jusque-là obscures, — deux ans qu'elle m'attend!

— Mais alors... est-ce bien le hasard qui lui a fait acheter cette maison de la pauvre Caliste. C'est une belle âme à coup sûr, que cette jeune fille. Qui sait! une grande âme, peut-être.

CHAPITRE XXV.

Au milieu de cette résurrection de son cœur, et dans les premiers transports d'un bonheur qu'il s'était habitué à regarder comme légitime, lorsque déjà on parlait de signer un contrat et de faire revenir le frère de Lucienne, en congé de convalescence à Kamiesch, alors qu'il n'avait plus ni le temps, ni le moindre désir de reculer devant son mariage avec une femme qu'il aimait, Armand reçut tout à coup une deuxième lettre de la princesse Novratzin.

Cette fois, le message était apporté par le moujick lui-même, ce fidèle serviteur de Caliste, venu en France par la voie de Constantinople.

En le recevant, le jeune homme, frappé d'un coup de foudre, ne douta plus que sa liaison avec cette femme naguère tant aimée ne fût un de ces piéges formidables comme sait les tendre la mauvaise fortune aux hommes prédestinés à certaines vicissitudes et à certaines catastrophes. Un sentiment secret l'avertit que ses rapports avec Caliste, avec ce malheur vivant, n'étaient pas encore terminés.

« Mon ami, disait Caliste, je vous écris le cœur navré. Hélas! faut-il que je vous réveille du calme peut-être bienfaisant où vous dormiez. Mais le cœur que je connais ne me reprochera point de l'appeler à mon aide. Un épouvantable danger me menace ou pour mieux dire je suis perdue.

» Vous savez que vous m'avez écrit : je n'ai reçu pas une de vos lettres. Vous êtes sûr que j'avais écrit de même et vous n'avez rien reçu de moi. J'attribuais ce malheur aux ordres rigoureux donnés à la frontière, nos lettres, me disais-je, ont été simplement confisquées et brûlées.

»Non, Armand, vos lettres et les miennes ont été ouvertes, saisies. Elles sont dans les mains du comte de Würgen qui remplissait à la douane un poste de confiance, et le comte de Würgen est le frère de la comtesse Gorthiany, de cette ennemie mortelle que vous soupçonniez déjà lorsque je la défendais encore contre vous, et qui aujourd'hui, lèverait le masque sans la peur qu'elle a du scandale que ferait ma défense. Tant que vivra le prince Novratzin, on me ménagera, j'en suis à peu près sûre. Mais le prince vivra-t-il et combien de temps vivra-t-il? voilà ce que je me demande avec terreur depuis la confidence que j'ai reçue de son chirurgien.

»Le déshonneur pour moi, je ne parle pas de la ruine ni de la chute, voilà ce qui m'attend sitôt que la comtesse fera usage de ces lettres. Vous connaissez les vôtres, Armand, moi je me rappelle celles que je vous écrivais, et je ne doute pas qu'après les avoir lues, le juge le plus prévenu en ma faveur ne puisse m'accabler de tout le poids du véhément et inextinguible amour qu'elles révèlent.

»M'abandonnerez-vous, me laisserez-vous crouler sous le mépris et l'opprobre? Je ne l'ai pas craint un instant. Vous allez en avoir la preuve. Il s'agit de reprendre ces lettres au comte de Würgen; on me croit seule, paralysée par mon nom et le respect que je dois au prince mon mari; on pense avoir bon marché d'une femme à demi-morte, mais la scène changera quand vous apparaîtrez. J'ai tout calculé, vous n'avez rien à perdre, vous ne courez qu'un danger physique, et votre âme ne compte pas avec ces considérations-là.

»Le comte, en ce moment, tient garnison à ***, petite ville de Pologne, sur la frontière. On craint par là des soulèvemens, et vous savez que notre empereur y entretient une armée formidable. Allez donc chercher le comte; il est Français de langage et de manières. Vous l'avez peut-être connu à Paris. Son opiniâtreté ne tiendra pas contre la vôtre; peut-être, et c'est probable, saurez-vous, par votre esprit et le charme de votre personne, l'amener à se dessaisir amiablement de nos lettres; il y en a deux de moi, vous savez le compte des vôtres.

»Ma vie, depuis que j'ai découvert cet horrible secret, est devenue un supplice sans nom. Ce blessé, qui s'éteint peu à peu, ne me regarde pas sans me faire frémir. Je tremble à l'idée que cette révélation le tuerait, et, songez-y, c'est moi qu'on accuserait de sa perte. Au moment, dirait-on, où l'art des médecins l'avait arraché des bras de la mort, l'indignité de sa femme l'a précipité dans la tombe.

» Je n'ajouterai pas un mot. Appréciez, décidez, agissez. » CALISTE.»

Armand eût moins souffert, si tous les coups mortels qui peuvent anéantir un homme fussent venus le frapper à la fois.

Que faire? Comment laisser Lucienne et sa famille? Que dire à son père? qu'imaginer?

D'un autre côté, comment ne pas répondre à Caliste par une noblesse égale? Une femme en péril criait à l'aide, et l'auteur de ses misères, la cause de son danger se cacherait au lieu de la secourir!

Armand se rappelait le feu des lettres qu'il avait écrites, et ces détails poétiques qui font frissonner quand l'esprit se les raconte, refroidi par le temps et la distance, ces misérables détails, perte inévitable, seule perte infaillible des amans, depuis que Cadmus a inventé l'art de parler aux yeux, comme dit certain poète classique, lorsqu'Armand se les reconstruisait un à un, ces détails à la Jean-Jacques, il devenait fou et sautait sur ses épées.

Rendons-lui justice. Il hésita seulement le temps d'écouter la raison, qui faisait en lui son algèbre. Mais quand la raison eut fini, le cœur reprit la parole et la garda jusqu'à la fin de la discussion.

Il fut donc arrêté qu'avant tout, avant la raison, avant le bon sens, avant la possibilité même, Armand obéirait à l'appel de Caliste en péril.

Les moyens seraient examinés ensuite.

On commencerait par chercher les plus concilians, ceux qui permettraient à Armand de ménager ses intérêts les plus chers; et cette logique de l'honneur est toujours sublime en ses conséquences : elle dégage l'homme de toute mesquine servitude. Quiconque a d'abord satisfait à l'honneur par quelque sacrifice suprême, a le droit ensuite d'être égoïste.

Ainsi, Armand partirait, mais il s'arrangerait de façon à ne rien compromettre du bonheur et du repos de Lucienne, de son propre bonheur. Il endormirait la défiance de la jeune fille par quelque beau mensonge, par quelque noble rouerie. Le voyage en Pologne avec ses résultats, quinze jours. C'est peu pour un indifférent, mais pour un homme quasi-marié c'est l'éternité. — N'importe... un prétexte.

Armand chercha, il trouva.

La fortune que devait lui apporter sa femme était considérable : elle offrait avec le patrimoine d'Armand une disproportion que celui-ci avait souvent déplorée. Plus d'une fois le jeune homme s'était dit que depuis le nouvel état de choses auquel il daignait accorder toutes ses sympathies, rien ne l'empêchait d'accepter une position distinguée que ses amis lui avaient offerte.

La recherche de cette position ne fournirait-elle pas le prétexte demandé pour une absence de quinze jours?

Oui, mais quelle position?

Le plus sûr était de ne pas donner de détail : c'était aussi le plus court. D'abord, s'il ne disait rien, s'il jouait le mystérieux, Armand aurait l'avantage de ne pas être obligé de savoir lui-même ce qu'il voulait cacher aux autres. Economie d'imagination et de temps. Et le mystère on pouvait l'expliquer par ce désir très plausible de faire une surprise à sa fiancée, en lui apportant le titre de la charge comme présent de noces.

Plus de difficultés. Rien qu'une.

Comment et pourquoi s'absenter quinze jours pour des démarches qui d'ordinaire se font dans la métropole en un périmètre d'une heure de cabriolet.

Armand faillit se briser la tête contre cet obstacle, le plus niais de tous. Un homme peut se décider à franchir mille lieues, il fait l'abandon de sa vie, il soulèvera un monde, mais il faut d'abord qu'il passe le seuil de sa chambre à coucher, voilà la difficulté. Le premier pas, comme dit la chanson.

Et puis, où irait-il, ne l'épierait-on pas? S'il manifestait la moindre émotion, le moindre embarras, ne ferait-on point sinon obstacle, du moins esclandre à son départ?

Armand avait pour ami un illustre ambassadeur. Ce grand diplomate devait lui donner l'apostille nécessaire au succès de sa nomination. Pour avoir l'apostille bien chaude, il fallait la demander de vive voix, sous le magnétisme de la présence physique. Or, l'ambassadeur était à trois cents lieues, dans une capitale abordable par les chemins de fer. Cette facilité de locomotion, de communication, rassurerait ceux qu'Armand tenait tant à ne pas troubler dans leur confiance. C'était vraisemblable, presque pas absurde. C'était conclu.

Armand commença aussitôt l'exécution par son père. Il lui fit part des scrupules honorables qui l'assaillaient en présence de la dot écrasante de Mlle Dampmesnil. Le conseiller fut très flatté de ces sentimens délicats. Il donna en plein dans le panneau. Jamais succès de son fils ne lui avait plus délicieusement chatouillé le cœur. Quoi! M. de Bierges serait... père d'un... d'un quoi?... Armand ne se tira pas mal de la réponse. Il ne pouvait encore le dire ; c'était son petit secret. Il réservait la surprise à son père. Au cas où la négociation échouerait, le mécompte serait trop douloureux, si d'avance on eût connu le but qu'il espérait atteindre.

Oui, mais pour se faire hisser jusque-là, Armand avait besoin du concours efficace d'un protecteur absent, l'illustre diplomate.

— Certainement, mais il est à Vienne, cher père.

— Oh! oh!

— C'est trop loin... impossible d'aller si loin, n'est-ce pas?

— C'est bien loin, mais on a le chemin de fer.

— Eh! c'est encore l'affaire de huit jours!
— Huit jours! bon Dieu!
— Voilà ce que je me dis... Bon Dieu!...
— Mlle Dampmesnil ne vivrait plus, si tu disparaissais huit jours.

— Je vois qu'il faut que je renonce à cette position magnifique ; c'est pourtant bien dur d'épouser ainsi sans argent, et sans le moindre mérite, une femme accomplie qui a des millions. Ne dira-t-on pas que tu as chassé pour moi à la dot?

Le conseiller se gratta le front. Une position magnifique! Armand sentait bien qu'il l'avait persuadé.

— Eh! dit le père comme illuminé soudainement. Quoi de plus avouable, quoi de plus honnête? Vois-tu, Armand, ne rusons jamais. Va trouver Lucienne, et raconte-lui l'affaire ; tu la convaincras tout de suite, ou je la connais mal.

— Et moi, pensa Armand, moi, je la

connais bien, et je sais ce qui m'arrivera si j'ai le malheur de la prévenir.

— Alors, reprit-il tout haut, ce n'est plus une surprise, et ma petite mise en scène est manquée. Non, j'avais une idée toute pareille à la tienne, cher père, ton idée même. Je vais partir, me disais-je, Lucienne ne me saura parti que demain. Mon père est si adroit, que je pourrai même gagner peut-être une demi-journée. Alors il verra Mme Dampmesnil, il se fera bien appuyer par Mme Chaudray, il prendra le petit air conspirateur qui lui va si bien, et qui ne manque jamais son effet; il embrassera une fois de plus Lucienne qui l'adore, et celle-ci croira tout ce qu'on voudra.

— Comment, tout ce qu'on voudra? dit M. de Bierges.

— Tout ce qu'il faut qu'elle croie, interrompit Armand, car je ne suppose pas que tu ailles lui dire tout puisque nous voulons lui faire une surprise.

— C'est juste.

Armand embrassa tendrement le conseiller, écrivit une lettre à Lucienne que celle-ci devait recevoir des mains de son futur beau-père. Il mit dans cette lettre toute l'adresse capable de bien rassurer une fille amoureuse, c'est à dire qu'il y mit infiniment de cœur, sans le moindre mot d'esprit.

Puis, il alla trouver son ami Desbarrolles, qui lui assura la main, et quand il eut en une heure d'efforts touché deux fois du fleuret le gilet de ce rude jouteur, il partit très rassuré sur les suites que pourrait avoir un malentendu avec le comte de Würgen.

Il quitta Paris dans la même matinée. Rendez-vous donné à Cologne au moujick de la princesse.

CHAPITRE XXVI.

Le comte Frédéric de Würgen, jeune homme, ou plutôt homme jeune de trente-cinq ans, était un cavalier plein de distinction et d'esprit. Il avait fait la guerre plusieurs années en Circassie dans cette école militaire des Russes ; il était brave et bon officier, ambitieux sans frein et sans pudeur, mêlant habilement au caractère moscovite l'ingrédient français qui peut rendre un courtisan plus charmant aux yeux du maître.

Digne jumeau de la douce Zika, que nous connaissons, il défendait sa sœur qui protégeait son frère. Leur vigueur, leur habitude des combinaisons, leur confiance réciproque les rassuraient sur leur mutuel avenir.

C'était à cet homme, dangereux adversaire sous tous les rapports, que Caliste, dans sa noble indignation, adressait Armand, le seul défenseur qu'elle pût charger de son salut ou de sa vengeance.

Armand traversa rapidement la distance qui le séparait de ***. Il y arriva cinq jours après son départ. La route, assez longue pour favoriser les méditations de tout genre, n'avait pas épuisé chez lui la résolution; elle avait aiguisé l'adresse, et, lorsqu'il arriva près de l'endroit où il savait trouver M. Würgen, ce dernier avait bien perdu de ses chances pour la lutte morale. Au physique, Armand se trouva inférieur : il était écrasé de fatigue.

En vue de la misérable petite ville où le comte tenait garnison, Armand s'arrêta, trouva, sur les indications du moujick, guide précieux depuis qu'on avait perdu de vue la civilisation et ses hôtels, un abri supportable dans lequel il commença par dormir douze heures de suite. Après quoi il s'habilla, se remit en exercice, fit un bon repas, et ayant relu la lettre de Caliste, sans l'accuser une seule fois, ayant donné à Lucienne ses plus fraîches pensées, il s'achemina, sûr de lui et de son droit, vers le palais — on nommait cela ainsi — de M. le commandant de place.

Une masure entourée de magnifiques jardins clos avec des claies, beaucoup de petits enjolivemens extérieurs d'un goût bizarre, la plus glaciale simplicité au dedans, voilà le palais qu'occupait le comte.

Armand s'était assuré par le rapport du moujick que son adversaire, après une longue promenade à cheval, venait de rentrer pour se reposer une partie du jour, selon l'habitude des militaires de tout pays après les manœuvres. Il se présenta chez le comte, auquel il fit passer sa carte—usage assurément nouveau pour le caporal qui servait de chambellan.

Armand s'était placé dans le second vestibule, à portée d'entendre, sinon de voir tout ce qui se passerait dans la salle où venait d'entrer le caporal instruit par le moujick. Il va sans dire qu'Armand avait habillé ce dernier comme un domestique de gentilhomme d'Occident. Détail auquel le caporal, peu observateur, n'avait pas fait attention, se figurant peut-être que toute l'Europe est une province de Russie où l'on ne parle que russe.

Armand écoutait, dis-je. Il entendit une exclamation partir de cette salle avec une épaisse nuée de fumée de tabac. Puis, à la suite de cette exclamation arrachée par une surprise bien naturelle, un homme vêtu d'une sorte de veste à brandebourgs, tout ouverte et doublée d'une fourrure quelque peu élimée, apparut au seuil de la salle, sans cravate et le jabot très chiffonné. Cet homme était le comte Frédéric lui-même, que ce nom de Bierges venait de saisir au point qu'il en oubliait jusqu'à l'instinct de la représentation, si puissant chez les hommes du Nord.

Il n'avait pas cru ce qu'il voyait. Il vit, et la rougeur lui monta aussitôt au visage.

— Monsieur... murmura-t-il après un mouvement involontaire pour rentrer changer de costume.

— Armand de Bierges, dit Armand avec une politesse affable.

— Boulevard de la Madeleine! s'écria le comte en relisant la carte. Et vous en venez?... Entrez donc, monsieur, entrez donc, je vous prie.

Il le prenait courtoisement par le bras et le faisait entrer dans cette salle où son regard inquiet eût voulu cacher, ranger ou orner bien des choses nuisibles à sa réputation d'homme élégant et riche.

Mais Armand était un Parisien bien élevé, c'est tout dire. Mettre à l'aise un Russe embarrassé de son pauvre petit ménage, c'était élémentaire.

— Monsieur, dit-il en souriant, je viens surprendre un soldat sous sa tente; me pardonnera-t-il mon bonheur ?

— Surprendre est le mot, dit le comte en riant aussi.

— Oui, commandant, vous voudriez bien passer quelque splendide uniforme pour écraser tout à fait ma misérable redingote, répliqua le Parisien; mais laissez-moi au moins l'égalité. J'en ai bien besoin dans la démarche qui m'amène près de vous.

Le comte s'assit et fit asseoir son hôte. Il lui offrit un cigare, en même temps qu'un moujick apportait une belle et immense pipe.

— Hélas ! je ne fume jamais, dit Armand. Vous voyez, je ne suis bon à rien. Veuillez me prendre comme je suis, monsieur le comte.

— Nous n'avons ici que des rafraîchissemens pitoyables, dit M. de Würgen, et je ne sais comment les proposer à un habitant du boulevart de la Madeleine, voisin de Durand et d'Imoda.

— J'accepterai tout ce qu'il vous plaira, monsieur, mais après que vous m'aurez accordé une demi-heure d'audience, répondit Armand, non sans une nuance de sérieux que le comte saisit à l'instant même, et aussitôt il congédia le moujick, posa sur un angle de table le cigare qu'il avait déjà allumé.

— Mon Dieu, dit-il, j'y pense, vous aimerez peut être autant vous promener dans mon jardin, c'est ce que j'ai de plus convenable à vous offrir, et vous respirerez nos fleurs polonaises, dont le parfum vous remettra de ces sales fumées que nous achetons trop cher en Flandres.

— Volontiers, répondit Armand ; nous causerons plus librement au grand air.

Il se leva. Le comte alors l'enveloppa d'un coup d'œil intelligent, d'un vrai regard militaire qui toise son homme. Et cet examen muet, Armand, qui le sentit, ne fut point fâché de le subir : il rendait au même moment la pareille à son adversaire.

CHAPITRE XXVI

Le comte de Würgen, après ce premier essai de l'ennemi, avait repris toute son amabilité causeuse, il conduisit Armand dans un jardin délicieux coupé de canaux d'une eau moirée, autour desquels ces mêmes clôtures de roseaux servaient de tuteurs à des roses, à des jasmins, à des chèvrefeuilles d'une végétation opulente. Il avait eu raison, le comte, de vanter au Français le parfum des fleurs de Pologne, car elles embaumaient l'air et pénétraient d'émotions dangereuses. Je veux dire généreuses et douces.

Armand se recueillait en marchant, il voulait aborder la question d'une façon à la fois habile et ferme, bien décidé, toutefois, à ne recourir aux moyens extrêmes qu'en cas d'impossibilité absolue. Là, consiste la véritable fermeté, la force. Il commença voyant que le comte l'attendait dans le silence de la circonspection.

— J'ai fait un long voyage, monsieur, dit-il enfin, pour venir à vous, et je vois que mon nom vous a révélé à lui seul le but de ce voyage. Il me semble avoir lu cette intelligence sur vos traits, dans votre premier étonnement.

Le comte le regarda d'un air naïvement surpris.

— Moi ! répliqua-t-il, mais je n'ai pas l'honneur de vous connaître, et je suis à mille lieues de savoir ce qui vous amène. Mon étonnement venait de votre apparition. Un Français, un Parisien de la Madeleine, à ·····, sur la frontière de Pologne et d'Autriche ! avouez que vous eussiez à ma place été saisi comme je l'ai été.

Armand, pendant cette réplique, s'a-

voulait que le comte ne pouvait répondre autre chose, et qu'il eût été absurde en se trahissant lui-même avant de savoir si on l'accusait.

— Monsieur le comte, dit-il, ce qui m'amène, c'est l'affaire à la fois la plus délicate et la plus simple. Des lettres que j'écrivais à une dame de ce pays sont tombées entre vos mains. Elles peuvent compromettre gravement cette dame : je voudrais que vous eussiez la bonté de me rassurer à cet égard.

Il regardait attentivement son adversaire en lui adressant ces paroles si nettes. Le comte ne se troubla point, il écoutait, paraissant s'attacher au sens de chaque mot plutôt qu'à l'idée générale, et, on le verra, telle était en effet sa tactique pendant le cours de l'entretien.

— Je comprends encore imparfaitement, répondit-il, et je vous prierai de vouloir bien préciser du mieux qu'il vous sera possible.

— Très volontiers. Il s'agit de Mme la princesse Novratzin, que vous connaissez fort bien, sans aucun doute, puisque madame votre sœur est son amie intime.

— Amie intime ? croyez-vous ? dit l'officier avec un étrange mouvement de doute. Je ne sais trop. Mais enfin, oui, je connais parfaitement Mme la princesse Novratzin.

— Eh bien, monsieur, vous étiez chargé de la surveillance des courriers à la frontière au moment où ont été interceptées les trois lettres que j'eus l'honneur d'écrire à Mme la princesse, comme aussi lorsque s'y présentèrent les deux lettres qu'elle m'a répondues. Or, elle n'a rien reçu de moi, moi rien d'elle. Ce fait est grave, et, vous sachant homme de goût, vous croyant sincèrement homme d'honneur, j'étais venu chercher près de vous une explication loyale, persuadé que je sortirais rassuré de notre entrevue.

— Rassuré sur quoi ? demanda le comte avec douceur et politesse.

— Sur le danger que la violation de ces lettres et leur transmission aux mains de certaines personnes pourraient faire courir à la princesse et à moi.

Le commandant réfléchit un moment, moins comme un homme embarrassé d'une réplique, que comme un fonctionnaire paralysé par le caractère de ses fonctions.

— Vous me demandez, en effet, une chose délicate, dit-il, et je dois me contenter de vous répondre que j'ignore absolument les faits auxquels vous faites allusion.

— Monsieur, riposta Armand plus vivement, mais avec la même aménité persuasive, j'ai tout lieu de croire que vous ne les ignorez pas, et je vous supplie de prendre en considération ma démarche et l'intérêt puissant qui me force à vous interroger. Il y va de l'honneur, du repos d'une femme digne à tous égards de mon appui et de mon respect ; d'une femme que vous connaissez, et dont vous ne sauriez être l'ennemi au point de la vouloir perdre.

— Assurément, assurément, dit le comte avec calme ; mais je ne sais rien de ces lettres, et je voudrais vous rassurer, que je ne le pourrais pas.

Armand fronça le sourcil.

— Serait-ce votre dernier mot ? demanda-t-il en évitant soigneusement l'intonation de la menace.

— Mon Dieu, oui, monsieur. A l'impossible nul n'est tenu, dit le proverbe.

Armand appuya doucement sa main sur le bras du comte, qui lui offrait une rose magnifique.

— Le malheur, dit-il, est que je ne puis me contenter de ce proverbe. N'y a-t-il point mieux que cela dans votre cœur de gentilhomme et d'officier ; dans votre conscience, dans votre habituelle sympathie pour les gens de ma nation ? Car, remarquez-le bien, je vous donne l'exemple, moi, un Français, en guerre aujourd'hui avec vous ; j'arrive, je me livre à votre merci, sur votre terrain même, pour obtenir une explication sincère. Et j'ai fait quatre cents lieues pour ce résultat, et vous me le refuseriez ! songez, je vous prie, que je suis venu avec une immense provision de patience, de bons sentimens, de conciliation affectueuse, mais aussi avec une résolution arrêtée de ne point revenir sans une satisfaction quelconque.

— Je vous arrête là, dit l'officier avec un sourire. N'ajoutez pas un mot, sans quoi vous m'empêcheriez de vous rendre service. Or, j'y suis disposé naturellement par sympathie pour vous-même. L'ombre d'une intimidation me ferait dévier de cette disposition toute bienveillante.

Armand s'inclina.

— Je désire d'ailleurs, ajouta Frédéric de Würgen, que votre peine et votre courageux voyage vous rapportent un résultat. Je ne garantis pas qu'il soit bon, mais ce sera un résultat. Eh bien ! au risque de trahir mes devoirs et ma consigne de soldat, je vais vous répondre. J'avais été placé à la frontière, avec ordre de l'empereur d'envoyer à Pétersbourg, directement à Sa Majesté, toute lettre venant de France ou allant en France. Et j'ai fidèlement exécuté

5

la consigne. Les lettres ont été envoyées à notre czar.

Armand frémit.

— Que voulez-vous ? dit le comte. Avant tout l'obéissance.

— Monsieur, reprit Armand honteux de conserver encore un doute après cette explication qu'accompagnait le plus sympathique regard, on m'avait assuré que ces lettres n'étaient pas sorties de vos mains.

Le comte se retournant :

— J'ai eu l'honneur de vous dire, interrompit-il, que je les avais envoyées à l'Empereur comme toutes les autres.

Armand se tut. Évidemment l'entretien ne pouvait franchir ces limites sans prendre un autre caractère. Après l'aveu consenti par le comte, toute supposition contraire devenait une injure personnelle. Armand comprit qu'il n'obtiendrait pas une syllabe de plus, et que son insistance eût amené une querelle stérile.

— Pourquoi, pensa-t-il, cet homme ne dirait-il pas la vérité? Sur quoi Caliste se fonde-t-elle ? Ne se trompe-t-elle pas dans sa terreur ? Garder les lettres, un fonctionnaire responsable ! ce serait fort ! Je sais bien que l'empereur Nicolas est mort et qu'avec lui bien des responsabilités ont disparu ; mais cependant, la plainte portée à l'empereur Alexandre perdrait le comte de Würgen. Et puis il a un bon sourire, cet homme-là. Il ne joue point les traîtres. Qui sait, la sœur peut être une implacable ennemie de la princesse, mais lui !

Comme il flottait ainsi, dans un optimisme bien funeste au succès de sa mission, il crut voir, au bout du jardin, son moujick qui le regardait et semblait lui faire un geste de télégraphe.

— Venez-vous prendre une tasse de café avec moi? dit le comte. C'est à peu près tout ce que nous avons de passable ici. Puis nous dînerons tantôt ensemble, n'est-ce pas? Je quitte demain cette mortelle garnison ; nous partons ce soir, après la chaleur, pour la Crimée. Enfin ! ai-je assez attendu !... Ah ! sans l'empereur nouveau, je n'irais pas encore; mais je crois qu'il me veut du bien. Oh ! c'est une faveur de premier ordre, la Crimée ! notre czar n'envoie là que des amis.

Armand ne put tenir contre cette gasconnade hyperboréenne : il éclata de rire.

— Peste ! répondit-il, que ferait-il donc pour ses ennemis? il me semble que là-bas, votre empereur consomme une terrible quantité de ses amis si chers. Prenez garde!

— Bah ! s'écria le commandant en se frottant les mains, j'ai toujours eu envie de voir Constantinople.

— Ce ne sera pas cette année, dit Armand sur le même ton de plaisanterie.

— Oh ! si fait, répliqua sérieusement le comte. Nous arrivons en renfort à Sébastopol avec cent mille hommes. Vous voilà forcés de lever le siège et de vous rembarquer... Vous n'aurez pas plus tôt perdu l'offensive que nous la reprendrons.

Armand se remit à rire.

— Vraiment, comte, dit-il, vous êtes le plus agréable fantaisiste que je connaisse. Quoi ! vous ne riez pas comme moi, vous qui avez habité en France? Quoi, vous croyez avoir des armées, parce que vous avez des hommes ? Mais nous, tandis que se fait cette guerre qui vous met déjà en désarroi, nous n'y pensons pas. Si vous passiez boulevard de la Madeleine, que de monde ! Derrière les cent mille soldats que nous avons en Crimée, il y a dix-huit cent mille hommes tout prêts, et chacun de ces hommes a dans son fusil une idée. Vrai, je vous admire avec votre sang-froid. Mais revenons un peu à notre affaire, ajouta-t-il quand il supposa que la conversation avait amené entre eux plus de familiarité. Vous partez donc demain pour Sébastopol. Voyons, avant de partir, ne laissez-vous pas quelque scrupule derrière, et ne me ferez-vous pas la grâce de vous en débarrasser à mon profit? Je vous parle comme à un compatriote, comme à un ami, ne m'aiderez-vous point à sauver une pauvre femme qui serait perdue par ma faute, et dont maintenant, quoi qu'il arrive, je ne saurais plus jamais réparer le malheur?

Le comte écouta bien attentivement, et comme ces derniers mots, prononcés avec intention, l'avaient frappé, il sembla vouloir se les faire expliquer tout à fait.

— Oui, continua Armand, je m'adresse au galant homme, et je lui dis : Vous avez déjà la moitié d'un secret à moi, c'est moi qui vous le révèle, puisque vous assuriez né pas le connaître, puisque vous affirmez avoir envoyé les lettres à l'empereur. Voici que je reviens à la charge : ajoutez à votre déclaration tout ce que vous aurez de propre à rassurer ma conscience et la vôtre,—la vôtre, parce qu'en trahissant le secret d'une femme vous auriez commis une action indigne de vous,—la mienne, parce que, sur le point de me séparer irrévocablement, par un mariage, de cette femme, qui n'est pas libre, je commettrais une abominable action en la laissant sous le coup d'un malheur que j'aurais causé. Voyons, monsieur le comte, un peu de confiance, traitez-moi en ami, comme un loyal ennemi vous le demande.

Frédéric de Würgen sembla un moment hésiter. Puis, prenant sa résolution et rassérénant son visage :

— J'ai dit tout ce que je savais, répondit-il, et vous m'interrogeriez mille fois encore sans avoir de moi une autre réponse. Excusez-moi, voici mon courrier qui arrive.

C'était fini. Armand vit s'approcher respectueusement des officiers qui attendaient l'ordre du chef. Le moujick, de son côté, cherchait toujours à se faire voir d'Armand, et répétait son geste expressif.

— Où logez-vous, monsieur de Bierges, en ville ? demanda le comte.

— Non, commandant, mon domestique a déterré pour moi un gîte passable hors la ville, sur la route.

Armand aperçut alors le moujick et ses signaux d'appel. Frédéric répondit :

— En ville vous seriez mieux. Voulez-vous que je m'occupe de cela ? Mais, à quoi bon, vous ne ferez pas un long séjour. Quant à moi, demain je serai parti.

Armand remercia.

— Vous dînez avec moi, je pense ?

Quelque chose avertit Armand qu'il ne devait pas accepter.

— Merci, répliqua-t-il, je n'ai pas dormi depuis six jours; je vais me mettre au lit. Sitôt réveillé, j'aurai l'honneur de vous rendre visite.

— C'est moi qui vous visiterai, dit Frédéric de Würgen avec cérémonie. A quelle heure serez-vous visible ?

— A votre heure. En voyage je me lève avec le soleil.

— Eh bien, je vous ramènerai ici. Vous montez à cheval ? oui, sans doute ? nous ferons un tour dans la campagne, qui est belle, et le déjeuner nous attendra.

Armand s'inclina de nouveau. Le comte lui tendit la main cordialement, Armand donna la sienne; ils se séparèrent.

— Il est impossible, pensa le Français, que cet homme-là ne soit pas un très galant homme; mais Caliste n'est pas moins inquiète pour cela. Seulement, je comprends tout. L'empereur Nicolas a eu les lettres ; il est mort, avec lui le secret de Caliste aura perdu beaucoup de sa gravité. Pourvu que les preuves n'aient point tombé aux mains de son mari, elle ne court aucun risque sérieux. Or, il est à peu près certain qu'elles n'y tomberont pas.

Me voilà donc tranquille. J'ai fait la démarche que me dictait l'honneur, et après ce dernier souvenir donné à une amie, je puis me livrer tout entier à mon amour. Vite, une lettre bien rassurante et bien inintelligible pour tout autre que pour Caliste. Le moujick la lui portera, moi je reprends la poste, mon cher chemin de fer, et c'en est fait de ce reliquat de jeunesse. J'écrirai au bas de ma vie de garçon : pour solde de tout compte !

Il arriva, en disant ces mots, auprès du moujick qui se penchant à son oreille lui dit :

— Maître, quelqu'un t'attend à la maison.

Armand lui fit observer qu'il ne connaissait personne en ce pays.

— Si, maître, si, tu connais quelqu'un en ce pays; viens et tu vas voir.

Armand alors remarqua, pour la première fois cette agitation fiévreuse du bonhomme, et l'expression irritante de son petit œil gris étincelant sous un sourcil épais comme une moustache.

CHAPITRE XXVII.

De loin, devant la porte du misérable bâtiment où il logeait, Armand vit une chaise de poste dételée. Sous l'appentis voisin quatre petits chevaux, noyés dans leur crinière, se roulaient fumans sur une litière épaisse de joncs et de bruyères sèches.

Le moujick courut devant et monta le premier. Je dis monta, parce que la maison composée de deux pièces était bâtie sur une sorte de cave et formait un rez-de-chaussée auquel on parvenait par un escalier de six marches, taillé en plein dans un tronc de bouleau, avec une rampe en corde d'écorces.

Quand il eut donné son coup d'œil à l'intérieur, cet homme reparut sur le perron, fit signe à Armand qui arrivait au même instant devant la masure, et Armand monta à son tour.

Il pénétra dans sa chambre, un grand feu y était allumé malgré la saison. Devant le feu était assise une figure sombre toute enveloppée d'un large manteau, cette figure se retourna au bruit des pas d'Armand, c'était Caliste.

La première impression du jeune homme fut mauvaise.

— Fort bien, pensa-t-il, tout cela était combiné d'avance. La lettre avait pour but de m'attirer ici, à ce rendez-vous. Caliste aura connu mes projets, mon mariage; elle veut me forcer à rompre par quelque esclandre. Et elle savait parfaitement que ma rencontre avec ce Würgen n'aboutirait à rien. Oh! mais s'il en est ainsi, je vais me défendre. Le temps des mystifications est passé.

Tandis qu'il pensait tout cela, il s'était arrêté. Il oubliait que cette femme le regardait, et de quels yeux! avec quelle âme! Le temps imperceptible de glaciale surprise qui changeait Armand en statue, lui seul ne sentit pas que c'était un siècle. Il s'approcha enfin et dit :

— Est-il possible!

Caliste lui tendit la main ; il saisit cette main amaigrie, et se courba dessus, honteux de n'avoir pas commencé par tomber à ses pieds.

C'est qu'il venait de regarder son visage et que toute pensée offensante s'évanouissait à l'aspect de cette pure et sincère expression de douleur, au sein d'une si auguste beauté.

Caliste était pâle, bien pâle. Elle lui dit que c'était de froid; oui, de froid au cœur. Il jeta une brassée de bois au feu, au lieu de la réchauffer d'un baiser ou d'un sourire.

— Vous êtes donc bien surpris de me voir, dit-elle de cette voix noble et grave, dont le timbre réveilla aussitôt mille échos endormis dans l'âme d'Armand.

— Je l'avoue, dit-il.

Elle écarta sans affectation le manteau qui tomba de ses épaules à ses pieds. Armand la vit tout entière vêtue d'habits de deuil. Il frissonna.

— Oui, dit-elle, M. le prince Novratzin est mort ; je suis veuve.

Armand joignit les mains comme devant une apparition. Veuve! Caliste était libre! Elle accourait près de lui; sa première pensée était pour lui, pour lui qui s'était tant hâté de jeter un nouvel obstacle entre leurs deux libertés!

Son silence, cette fois, ce ne fut plus du doute, ce ne fut plus du soupçon, mais de la honte et du remords.

— J'ai peu consulté les convenances, reprit Caliste qui suivait chaque nuance sur le visage d'Armand et s'en imprégnait le cœur comme un métal boit peu à peu l'acide mortel, je me suis hâtée d'accourir ici où je savais que vous viendriez; vous êtes un homme loyal et brave. J'arrive à temps, Dieu merci. J'ai eu bien des heures d'angoisses en route. Mais vous êtes sain et sauf. Vous ne demanderez plus rien au comte de Würgen; vous romprez toute explication avec lui; vous n'en ai plus besoin, ajouta-t-elle avec une expression de stoïque désespoir qui remua Armand jusque dans ses entrailles.

— Non, dit-il, vous n'en avez plus besoin, puisque votre veuvage vous affranchit, mais il est à craindre que vos lettres et les miennes n'aient été remises à l'Empereur; je viens d'avoir avec le comte un entretien des plus satisfaisans dans lequel il m'a avoué la vérité.

— La vérité, dit-elle, ah?

Armand observa l'ironie polie et froide de l'intonation.

— N'est-ce point la vérité? demanda-t-il. Savez-vous quelque chose de plus positif?

— Oui, dit Caliste du même ton ferme et solennel.

— Et vous voulez bien m'en faire part ?

— Assurément. Je suis venue pour deux raisons : d'abord pour ménager votre vie, ensuite pour vous dire tout.

Si forte qu'elle voulût être, Caliste se troubla; elle sentait le sang monter à sa gorge, elle l'excitait à brûler des larmes qu'elle tremblait de laisser paraître en ses yeux.

— Pardonnez, dit-elle en éloignant doucement Armand, qui se précipitait vers elle; je suis très fatiguée, un peu nerveuse, pardonnez.

Son effort fut sublime : elle ne pleura pas.

— J'écoute! s'écria-t-il. On dirait que vous allez m'annoncer quelque malheur.

— En effet, Armand, c'est un malheur très grand dont j'ai à vous faire part; mais ce qui me donne beaucoup de force, c'est qu'il ne vous atteint pas. Sans cela, vous me verriez fort abattue.

Il voulut lui reprocher cette parole, mais il n'osa. Elle avait trop raison.

— Voici ce qui est arrivé, dit la princesse avec une voix calme et une héroïque simplicité. Trois jours après le départ de mon messager pour Constantinople, j'avais déjà bien des inquiétudes sur la santé du prince; les chirurgiens désespéraient de lui, je vous l'ai mandé. Sur la fin, dis-je, du troisième jour, je lisais un peu dans ma chambre en regardant parfois la mer. Tout à coup, je vis entrer chez moi le prince ; lui! qui depuis quinze jours ne pouvait quitter le lit. Il était effrayant de pâleur et de faiblesse; je courus à sa rencontre, il me repoussa et tomba dans un fauteuil. Sa main me tendait une lettre ouverte, une lettre de vous, Armand, une de celles que je redoutais, et qui était fort tendre, comme alors nous nous en écrivions.

La voix de Caliste baissa malgré elle sur ces mots. Un cercle bleu se dessina autour de ses paupières; ses joues prirent le ton nacré de l'opale, dont le reflet frissonnant glissa jusque sur ses lèvres.

CHAPITRE XXVIII.

— Je sentis bien, reprit Caliste, ranimée par l'attention d'Armand, que les scélérats qui me faisaient porter ce coup par la main d'un moribond, comptaient à la fois me perdre et le tuer. Car il avait semblé depuis notre réunion me témoigner une affection très vive. Je compris donc leur perfidie, et, moitié pour les combattre, moitié pour adoucir la souffrance de ce malheureux, leur victime, je résolus, contre toutes mes habitudes, de me défendre ou du moins d'y essayer. Je pris votre lettre, j'y jetai les yeux, je m'efforçai de paraître indifférente, dégagée. L'état nerveux du prince m'épouvantait au point que je craignais de le voir tomber à mes pieds.

Si misérables que pussent être les argumens de ma défense, je les regardais comme loyaux et sacrés, puisqu'ils m'aidaient à sauver les jours de mon mari, et m'acharnant à cette idée, j'en vins à espérer que je réussirais, tant je brûlais de réussir. Qui sait, me disais-je ; ces lâches n'ont peut être saisi qu'une lettre d'Armand, ils n'ont peut être pas d'autre preuve. Idée stupide, idée de folle, mais dans le vertige on n'a pas le temps de la logique, et quand on roule dans l'abîme, on s'accroche où l'on peut. Défendons-nous, pensai-je ; ne laissons pas mourir cet homme, que mon silence ou mon aveu achèveraient de foudroyer.

Alors, je répondis je ne sais quoi, mais je répondis. C'étaient des raisonnemens de femme, que dis-je ? de fille entretenue qui veut se garder son protecteur. Pouvait-on m'imputer les folies de M. de Bierges ? Etait-ce ma faute s'il était amoureux de moi ? Ce qu'il écrivait, le savais-je ? Etait-il en mon pouvoir de l'empêcher ? Mille inepties triviales, débitées avec un sourire plus trivial encore. Hélas ! jamais en ma vie pareil effort, violence plus sublime n'avaient torturé ma raison et mon cœur.

Le prince, qui m'écoutait immobile et glacé, ne me fit pas même l'honneur de montrer sa colère. Mais il avait dans la main une autre lettre qu'il me fit voir, en riant avec mépris. Oh ! ce rire m'accabla. La lettre était de moi à vous. Quatre grandes pages. Si l'on m'eût lu tout haut une seule des lignes qu'elle contenait, c'est moi qui fusse tombée morte.

Le prince chancelait ; ses traits étaient décomposés ; j'y lisais de nouveau la haine implacable et la haine dans la mort ! Il se traîna vers son appartement. Je n'essayai pas même de lui offrir mon bras. Il rentra chez lui, s'appuyant de son unique main aux murailles et aux tentures. J'attendis refermer à double tour la serrure de sa chambre. Je restai seule, nul ne vint à moi jusqu'au milieu de la nuit.

Dans cette nuit terrible, un orage s'abattit sur la mer que j'entendais gronder. Je me souviens que par ma fenêtre ouverte la pluie entrait violente et lourde et m'inondait sur le tapis où j'étais restée agenouillée. Je suppliais Dieu à chaque éclair d'envoyer sur moi l'éclair qui devait suivre ; j'aspirais le feu des nuages ; il eût étouffé mon misérable cœur !

A ces bruits majestueux de l'ouragan, aux cris des matelots en détresse, aux courses sonores des cavaliers sur nos remparts, j'entendais, sans les comprendre, se mêler d'autres bruits sinistres dans ma maison. Les serviteurs du prince montaient et descendaient, je voyais sous ma porte luire et s'éteindre des feux. Un instant il me sembla distinguer un cri funèbre succédant à une psalmodie lugubre qui avait duré plusieurs minutes, et que, dans mon délire, j'avais prise pour la voix du prince dictant quelque chose d'un accent bas et monotone. Bientôt on heurta doucement à ma porte, mes femmes que j'avais renvoyées entrèrent, je me levai éblouie par le flambeau qu'une d'entre elles apportait. Leurs visages défaits trahissaient une émotion de terreur. Je parvins à parler, je questionnai, on m'apprit que le prince venait d'expirer entre les bras du commandant de place son ami, et de la comtesse Gorthiany la mienne. L'attitude de mes femmes s'expliquait par la surprise où les plongeaient mon isolement et mon ignorance, alors qu'un événement de cette importance s'accomplissait dans ma maison.

Ainsi le prince était mort sans avoir voulu me voir, sans m'accorder son pardon, sans se demander s'il n'avait pas aussi besoin du mien. On l'avait sequestré, on m'avait éloignée. Cette amie, ce monstre, jetant le masque au dernier moment, avait activé la rage dans l'âme du mourant, elle en avait recueilli les dernières étincelles pour allumer l'incendie qui me dévorerait tout entière. Au lieu de la voix chrétienne qui console l'agonisant et le réconcilie avec ses inimitiés terrestres, mon mari n'avait pu entendre que mes accusateurs acharnés à glisser une malédiction dans son dernier soupir !

J'appris tout par le notaire qui avait rédigé, d'après ses ordres, sa suprême volonté. Le commandant de place, vieux soldat, dont mon malheur changeait la première indignation en compassion tendre, vint aussi me trouver et me raconta la scène lugubre en me plaignant d'avoir été chargée par tous et défendue par personne. Assurément, me dit-il, la fureur du prince était violente; mais avec de bons conseils une voix amie l'eût peut-être adouci. Il paraît que ces fatales lettres lui avaient été remises le jour même avec une intelligence qui faisait honneur aux assassins; car le prince sortait d'une attaque après laquelle le chirurgien nous avait recommandé à tous les plus grands égards pour son repos moral. Lui donner ces lettres à un pareil moment, c'était le tuer; ne pas m'avertir lorsqu'il se mourait, c'était confirmer en lui l'idée que je n'aspirais qu'à sa fin; c'était répandre cette idée dans la maison; et, de fait, propagée par des âmes charitables, la nouvelle courut toute la ville que la princesse Novratzin avait déserté le lit de mort de son mari.

Le prince dicta son testament. Il m'ôtait de sa fortune, au profit de ses parens, des pauvres et de la comtesse Gorthiany, tout ce qu'il pouvait aliéner, c'est-à-dire tout. Il chargeait l'exécuteur testamentaire d'envoyer à l'empereur les lettres de mon amant et les miennes, afin qu'il sût la conduite de la pupille favorite du czar Nicolas. Il terminait en déclarant qu'il ne regrettait pas la vie depuis la découverte de ma trahison. Certes, il n'eût pas été possible de m'accuser plus directement de sa mort.

Je cherchai la comtesse Gorthiany. Dieu m'entend, il sait que mon âme est pure, et ne s'est jamais souillée d'une pensée nuisible à quelqu'une des créatures faites à son image; mais, n'est-ce pas? celle-là ne pouvait compter parmi les femmes mes semblables. Je vous avouerai humblement que je l'eusse poignardée avant mon départ. Qu'il me pardonne aujourd'hui, ce Dieu tout de miséricorde, l'indigne pensée éclose en moi sans doute sous l'influence du souffle de ce démon; qu'il soit béni de m'avoir épargné un crime; la Gorthiany avait quitté la maison : elle n'osait affronter ma vue. J'ai la joie de n'avoir pas, en la touchant, descendu à son niveau. J'ai l'espoir que Dieu la frappera aussi cruellement qu'elle le mérite.

— Dans quoi peut-on la frapper? murmura Armand serrant les poings avec une sombre fureur.

La princesse ne répondit pas à cette exclamation. Elle continua son récit comme on poursuit une pensée.

— Je devinai, dit-elle, qu'avant deux jours je serais l'exécration de la ville où j'avais été adorée comme une sainte. Je compris aussi, que, de la cour où la nouvelle de la mort du prince parviendrait vite, il m'arriverait quelque ordre terrible pour l'exil, pour la Sibérie, peut-être pis, le prince avait sans doute demandé qu'on me mît en jugement.

Armand frissonna de la tête aux pieds.

— Je pris la poste, acheva Caliste, à travers mille périls, avec mille ignominieuses précautions. J'étais encore assez maîtresse de ma raison pour me rappeler que vous recevriez ma lettre, que vous courriez où je vous priais de vous rendre. Je me souvins que vous aviez été assez bon avec moi pour conserver une amitié capable de ce sacrifice, et je ne voulais pas qu'il vous arrivât malheur. C'est déjà trop d'avoir à se reprocher la mort d'un homme, fût-ce un ennemi. Ma volonté surmonta ma faiblesse, je franchis rapidement les distances et me voici. Pardonnez-moi le mal que je vous fais et celui que je vous ai fait déjà, désormais vous ne souffrirez plus rien à cause de moi.

Après cette conclusion, qu'un homme encore épris eût accueillie par un transport d'amour et des protestations éloquentes, Caliste s'enveloppa de son manteau, et, baissant la tête, se détourna vers le foyer sans regarder Armand debout, les bras croisés, pâle comme un spectre.

— Abominable perfidie! murmura-t-il.

Elle se tut.

— Le mal est-il donc sans remède? ajouta le jeune homme se parlant à lui-même, car il commençait à sonder la profondeur du gouffre où cette femme avait roulé.

Du fond de l'ombre projetée par sa mante sur son visage, Caliste l'observait toujours et il ne voyait pas ce dévorant regard jaillir de ces ténèbres. Il cherchait, il combinait; il faisait d'incroyables efforts pour soulever et rejeter loin de lui l'avalanche qui venait d'écraser sa compagne et l'ensevelissait lui-même à moitié.

Les femmes sont toujours intelligentes dans l'amour ou dans la haine. Caliste, qui l'était même dans l'indifférence, devina bien que cet homme souffrait autant pour lui que pour elle. Son orgueil s'éveilla encore une fois.

— Ne me regardez pas comme désespérée, se hâta-t-elle de dire; je me crois sauvée, au contraire. Il ne s'agit pour moi que de franchir la frontière de ce pays. J'ai dans ma voiture les débris de ma fortune, fort suffisans pour me faire vivre selon mes goûts et les nécessités de ma position. Je veux m'enterrer dans une province de France—ou de Belgique! s'écria-t-elle vivement, après avoir intercepté la lueur du regard inquiet d'Armand. Oui, en Belgique, je serai mieux pour moi et pour tout le monde. Les idées religieuses me poursuivent, vous le comprenez, c'est l'antidote des remords; à Anvers, à Bruges, à Malines, j'aurai de belles églises. Prier, prier encore, voilà l'unique joie de ma vie. Seulement, dit-elle tout à coup avec un rire nerveux qui fit peur au jeune homme, il s'agit de passer la frontière; sinon, je pourrais être inquiétée, arrêtée, même.

— O mon Dieu! est-il possible! O mon Dieu! murmura Armand en brisant l'une dans l'autre ses mains, qui se rougirent.

— Il est certain, dit-elle avec un noble courage, que je suis dans une situation difficile, mais je crois que le plus fort est fait. Le misérable frère, le complice de Zika, ne me refusera point un sauf-conduit pour passer en Autriche. La frontière est à une lieue tout au plus, ne vous tourmentez pas pour moi, Armand, je me charge du reste. Allons, merci pour le service que vous avez voulu me rendre... Ma destinée a tourné, que voulez-vous?... Ne vous embarrassez point dans le piége où je me suis prise. Dites-moi adieu; je vais me procurer quelque mesure pareille à celle-ci pour la nuit, et demain, soyez reparti pour la France, c'est à dire pour la jeunesse, pour la vie et la liberté...

Au ton qu'elle prit pour prononcer ces paroles, Armand, malgré l'engourdissement du coup qu'il avait reçu, ne put s'empêcher de sentir qu'il marchait sur un cœur tout palpitant; il voulut parler, elle l'arrêta par un geste de tendresse maternelle.

— En voilà bien assez sur ce sujet, dit-elle. Vous avez voulu savoir, vous savez; pourquoi attacher à ces ennuis plus d'importance qu'ils n'en méritent? Séparons-nous; il ne faut pas qu'on dise que nous avons passé ici plus de quelques momens ensemble. Croyez-vous que je sois gênée de trouver un gîte? J'ai ma voiture, où je dormirai le temps d'avoir ce sauf-conduit, et des chevaux frais. Restez tranquille chez vous, Armand, et comptez sur moi pour faire les choses avec goût, et surtout pour ne pas vous compromettre.

Elle se leva en prononçant ces paroles. Armand, la voyant si tremblante, si faible, et pourtant prête à quitter le seul abri qu'elle eût au monde, fut pris d'une pitié douloureuse pour elle, et d'une honte plus poignante encore pour lui-même. Il lui sembla que leur destinée à l'un et à l'autre se révélait soudainement à ses yeux; il entrevit dans cet éclair rapide de raison et d'honneur, l'inexorable fantôme de l'abnégation et du devoir. La terreur le saisit après la honte. Alors flottant comme un atôme entre ces deux courans si opposés, il sentit sa faiblesse; un mot de plus, peut-être, il serait la cause d'un épouvantable malheur. Après tant de malheurs déjà accumulés, la mesure était comble.

Armand fut béni de Dieu. Son bon ange l'assista en ce moment d'épreuves. Ce que bien des gens appellent inspiration, c'est le bon ange. Saisissant la main de la princesse, il la serra tendrement entre les siennes. Son agitation, sa fièvre, l'élan saccadé de ses mouvemens surprirent Caliste elle-même, qui s'oublia jusqu'à lui serrer la main.

— Mon amie, dit-il, nous ne pouvons demeurer sous le même toit, voilà la vérité, mais vous ne pouvez quitter cette maison, vous qui souffrez et que la fatigue a brisée. Demeurez! je saurai trouver un gîte... Ne protestez pas, c'est inutile. Je vous défends de faire un pas, de prononcer une parole. Vous êtes chez vous; je vais m'occuper de vous.

A ces mots, accompagnés d'un bon regard qui traversa comme un rayon inespéré le cœur de la pauvre femme, il l'installa chez lui, donna ses ordres pour que rien ne la pût troubler, et pour trouver lui-même le repos d'esprit dont il avait besoin, pour se tremper dans un bain salutaire de pensées calmes, de résolutions prudentes, il chercha la solitude. Une forêt semée de grands lacs touchait à la ville; entre ces bois et sa maison s'étendait une vaste plaine de bruyères. Armand se laissa entraîner par la rêverie, il marcha, cherchant le vent pour rafraîchir son front. Il marcha jusqu'au soir, tournant autour de cette circonférence dont la maison était le centre. Et comme le moujick avait éclairé la chambre de Caliste, Armand vit de loin briller dans la nuit bleue cette lueur rougeâtre; il se tourna souvent de ce côté pour rappeler ses esprits en désordre, souvent ce feu paisible lui apparut comme l'étoile qui fixe les irrésolutions du naufragé dans la tempête.

Cruelle nuit! plus cruelle encore parce-qu'il sentait battre, c'est-à-dire souffrir deux cœurs dans sa poitrine. Elle était donc là, cette femme naguère adorée, celle dont il devinait l'approche au trouble de tous ses sens, celle à qui, agenouillé, les mains jointes, il répétait : « Que n'es-tu libre, Caliste ; pourquoi Dieu, qui t'avait faite pour moi, t'a-t-il à jamais séparée de moi ! » Elle était là... cette petite lumière la représentait, âme triste et agitée par le vent des misères humaines !

Pour lui, par lui, Caliste était malheureuse ; au milieu de toutes ses souffrances elle n'avait pensé qu'à lui, — elle s'était venue jeter dans ses bras, — et il la repoussait... Il lui faisait l'aumône, à cette princesse, à cette reine de son cœur... O la honteuse charité ! comment Caliste n'en était-elle pas déjà morte ?

Quoi ! proscrite, poursuivie, cette femme n'aurait pas même l'appui de l'homme à qui elle devait tous ses malheurs ! Quoi ! Dieu qui décide tout sur la terre, Dieu l'aurait faite libre, et Armand détournerait sa vue pour mépriser l'œuvre de Dieu ! Quoi ! Caliste était pauvre, pauvre à cause de l'amour d'Armand, Caliste vivrait génée, cachée, et Armand triompherait au bras d'une femme aimée, brillante ; il serait riche, il éblouirait, il croiserait son regard froid avec le regard effaré d'une femme à la royauté de qui rien ne manquait, sinon l'amour ! Armand, dans quelques semaines, jouirait de ses millions et l'estime publique l'acclamerait. Caliste mourrait déshonorée, maudite ; elle mourrait... elle rendrait ce dernier service au lâche qui tremblait devant son malheur.

Armand se révolta contre lui-même. Il se rappela Lucienne. Elle l'aimait. Pourquoi ? Parce qu'il était beau et honnête homme, parce qu'en son œil pur se reflétait une vie irréprochable. Lucienne l'épouserait, mais elle le mépriserait ; elle soupçonnerait sa pureté. Quant à lui, pourquoi épousait-il Lucienne ? pourquoi acceptait-il son immense fortune ? C'est qu'il sentait que cet or bien gagné, nul ne lui reprocherait ; c'est qu'il s'en trouvait digne par sa probité, par son désintéressement ; c'est enfin parce qu'il avait la conscience de ne pas chercher cette fortune et de la compenser d'ailleurs par une richesse d'âme égale à tous les trésors de la terre. Mais une fois Caliste abandonnée, perdue, ruinée ; une fois Caliste morte, que serait-ce qu'Armand de Bierges ? Un spoliateur, un adultère, un assassin !

La sueur de l'opprobre monta brûlante à son généreux front.

— Allons, se dit-il en relevant la tête, il est dans la vie des chemins tout frayés. A l'angle de ces chemins est écrit leur nom, et chacun de nous lit ce nom avec les yeux sa conscience. Hier encore j'entrais, en épousant Lucienne dans le chemin Amour, Bonheur. L'écriteau ne s'est pas retourné ; mais depuis que j'ai vu Caliste, je lis trois autres mots sur le poteau fatal : Ignominie ! Remords ! Crime !

Un homme véritablement digne de ce nom n'hésite pas lorsqu'il a lu. Je mourrai de douleur, de rage, mais je n'épouserai pas Lucienne.

Seulement, alors, j'aurai mal compris ma tâche, et je déchirerai un cœur sans avoir la consolation d'en guérir un autre. Caliste ne me saura aucun gré d'avoir détruit l'existence de ma fiancée, si je ne reconstruis pas sa vie à elle. Et de quel droit aurais-je préservé mon honneur, si je ne sauve celui de la princesse ? Mon honneur est inséparable du sien. Viennent ici tous les casuistes, pas un ne me prouvera le contraire. Caliste est la seule femme que je puisse épouser. Je dois épouser Caliste.

Le voilà ce chemin que je cherchais, — il s'appelle Honneur. C'est l'unique dans la vie qu'un homme n'ait pas le droit de préférer à tous les autres.

J'épouserai la princesse pauvre, désolée, abandonnée ; mon cœur n'est plus à elle, j'étoufferai mon cœur. Je souffre et j'en mourrai peut-être. Tant mieux, ma souffrance sera plus tôt terminée.

Oh ! j'entends les voix douloureuses qui montent autour de moi et m'étourdissent pour m'empêcher d'entrer dans la bonne route. J'entends Lucienne éplorée, elle que j'adore. — J'entends mon père, il me supplie. Allons, je cesserai d'estimer ceux qui ne m'approuveront pas, je cesserai de les aimer, comme n'étant pas dignes de moi. Caliste que je n'aime plus, je l'ai idolâtrée. Ce n'est pas sa faute si M. Novratzin est mort, si la Gorthiany est un monstre, si j'ai écrit des lettres qui sont tombées entre les mains de nos ennemis. D'ailleurs, une question : Si j'étais pauvre, humilié, perdu, Caliste riche, brillante et reine, m'épouserait-elle ? Oui ! Voilà qui est décidé, je suis à Caliste. Eh bien ! mourir de chagrin, c'est une noble mort !

Deux larmes roulèrent en ce moment des yeux d'Armand, elles emportèrent en tombant les dernières hésitations de son noble cœur, elles lavèrent la honte de cette hésitation même.

Mais quand son projet fut arrêté, alors que dans son âme vaillante la volonté se fut écrite en airain,

— Soit, dit-il, mais je puis bien me venger de ceux qui me font tant souffrir.

Oh ! certes je me vengerai. Il ne sera pas

dit que Zika rira de moi, que ce grand Russe fin et sournois, que ce colossal Cosaque se moquera du Parisien dont ses intrigues et ses turpitudes ont bouleversé la vie. Si je partais comme cela, moi qui lui ai déclaré que j'aimais une autre femme, et que j'étais près de me marier, si je quittais ainsi mon démon, mon traître, sur une poignée de main, ce Frédéric de Würgen qui sait d'ailleurs l'arrivée de Caliste, me prendrait pour un sot et un poltron. Il rirait avec sa sœur jumelle... Oh! voilà qui est impossible. Cela ne peut pas s'arranger.

Armand respira longuement, avidement, à l'idée d'une prompte vengeance.

— Il me tuera, pensa-t-il, eh! bien, tant mieux, c'est pour une belle cause ; mais si je le tue... Oh!... si je le tue, je n'ai plus rien à regretter.

Il combina tout son plan, s'étonna de se trouver si soulagé depuis que la décision avait remplacé l'incertitude. Le jour commençait à poindre, il se dirigea vers la maison.

CHAPITRE XXIX.

Armand trouva le moujick surveillant déjà les apprêts du départ de Caliste. Celle-ci, disait-il, dormait encore, et le serf affectait de marcher sans bruit et de parler bas pour ne pas la réveiller.

Dupe ou non de ce sommeil d'une femme qu'il savait bien vigilante, M. de Bierges recommanda au bonhomme de dire la même chose de lui à la princesse.

— Persuade-lui bien, dit-il, que tu m'as conduit à un logement dans la ville, et que je dois revenir ici de bon matin pour rendre ma visite.

— C'est ce que j'ai déjà dit, répliqua le moujick.

Armand regarda le sourire bon et l'œil fin de cet esclave ; il suivit derrière son masque impénétrable le travail si intelligent de ses pensées ; en même temps, il se demandait pourquoi ces hommes restent atrophiés dans la servitude et la barbarie, eux, véritablement hommes et auxquels les philanthropes s'intéressent médiocrement en comparaison des nègres.

Il partit sans lui avoir recommandé rien, puisqu'il devinait tout.

Le soleil bordait l'horizon d'une frange sanglante. Un long nuage violet, pareil à un serpent gigantesque, rampait sur les montagnes voisines. Le poisson sautait après la mouche de l'aube, au-dessus des marnières. L'oiseau joyeux pépitait sur les branches des chênes verts, une douce brise balsamique ridait l'eau, et rasait la corolle embaumée des fleurs.

C'était une de ces aurores qui attachent l'homme à la vie, et le consolent de tout ce qu'il y rencontre de misérable et de douloureux. Une de celles-là que l'homme vertueux aime toujours à voir se lever, comme dit le mélodrame. Phrase grotesque sous laquelle s'est travestie une belle pensée, une pensée vraie surtout.

Armand voyait s'éclairer les objets à mesure qu'il avançait vers la ville. Tout ses sacrifices étaient résolus même celui de sa vie. Il était content de lui, il aimait l'aurore, ce jour-là.

Le tambour roulant par les rues du quartier, la fanfare des clairons saluant le jour, des chevaux hennissans comme le cheval de Darius, l'air grave des soldats russes qui rient bien peu, et ne causent pas entre eux, même hors du service, cette bordure de pourpre au manteau du soleil, tout cela donnait aux yeux d'Armand une étrange solennité à ce jour, son dernier peut-être.

Il n'était plus qu'à une demi-portée de fusil de la maison du commandant lorsqu'il vit celui-ci sortir en uniforme et s'approcher d'un cheval qu'on lui amenait. Où allait-il ? Comment, s'il s'égarait une fois, le rattraper ? Comment perdre cette précieuse matinée dans laquelle se décideraient la destinée de Caliste et la sienne. Armand, subitement envahi par ces perplexités, se préparait à courir et à crier pour arrêter le commandant, lorsqu'il vit M. de Würgen tourner bride et se diriger de son côté.

Bientôt après le commandant arrêtait son cheval devant lui.

— Quoi! demanda-t-il, vous, monsieur de Bierges ?

— J'allais vous voir, monsieur le comte.

— Je vous avais promis ma visite, monsieur.

— Permettez-vous que je vous demande ici, ou chez vous, un moment d'audience ?

— Très volontiers. Cette allée de sycomores vous convient-elle ?

— Toute réflexion faite, je préfère aller chez vous.

Würgen mit pied à terre, passa la bride de son cheval à l'un de ses bras, et retourna côte à côte avec Armand.

— Monsieur le comte, dit celui-ci en s'efforçant de dompter au début de l'entretien l'ardeur de son sang qui ne l'entraînerait que trop tôt et trop loin, vous m'avez reçu si gracieusement hier que cela m'a encouragé à revenir aujourd'hui.

— A merveille, usez, usez, dit l'officier. Quel est donc cet homme là, qui marche sur nos talons.

Armand aperçut derrière lui le moujick ruisselant de sueur qui marchait d'un pas tranquille en admirant le paysage.

— C'est, dit-il, mon valet, mon interprète.

Et il se demanda pourquoi le moujick l'avait suivi. — Par l'ordre de Caliste, sans doute. — Il se préparait à le renvoyer.

— Mais non, pensa-t-il. Caliste et lui ont été tous deux plus prévoyans que moi. Il est certain que cet homme peut m'être fort utile tout à l'heure.

Le commandant n'avait plus rien ajouté. Il marchait vers sa maison, et inspectait, chemin faisant, les soldats qui, à sa vue, se cambraient comme des poteaux et rougissaient comme des filles.

Une fois dans la petite salle où ils s'étaient déjà vus la veille, Frédéric sembla dire à son hôte : Je vous attends.

— Voici mon exorde, répliqua Armand. Mme la princesse Novratzin est arrivée hier.

— Je le sais, dit M. de Würgen sans sourciller.

— Vous savez alors qu'elle a besoin d'un sauf-conduit pour franchir la frontière, ajouta Armand. Je viens vous le demander pour elle.

Soit qu'il mît dans sa parole un peu de véhémence, soit qu'une conscience troublée se montre toujours un peu pointilleuse, le comte leva soudain la tête pour examiner l'œil d'Armand. Il ne répondit point.

— Ne me faites pas attendre ce que je vous demande, poursuivit Armand, se méprenant au sens de cette immobilité, car alors.....

— Quoi ? demanda le comte.

— Alors, dit le jeune homme, je vous ferais sauter la cervelle.

Et il montra au comté un pistolet qu'il tenait dans sa poche droite.

— Vous n'êtes guère poli, pour un Parisien, articula lentement et avec ironie le commandant, dont le visage ne trahit aucune surprise.

— Je n'ai pas de raison de l'être, répondit Armand.

— Vous pourriez du moins être prudent, et ne pas compromettre le succès de votre démarche, riposta l'officier continuant de sourire ; car, en admettant que je vous refuse, vous n'aurez pas ce sauf-conduit, et Mme la princesse Novratzin ne passera pas en Autriche. Si vous me tuez, comme vous dites, je ne signerai pas non plus, et l'on vous étranglera. Vous serez bien avancé !

Armand rougit de honte.

— C'est, dit-il, que je me suis laissé entraîner par l'indignation. Vous ne vous retiendriez pas plus que moi, monsieur, si vous étiez à ma place.

— Vous vous trompez. Un homme doit toujours être maître de lui. Prenez exemple sur moi, et frémissez en songeant à la sottise que vous alliez faire. Tenez !

Il allongea la main et montra sur sa table au malheureux Armand une dépêche que celui-ci interrogea vainement du regard : elle était écrite en langue russe.

— Voici, dit Frédéric de Würgen, un ordre en bonne forme d'arrêter madame la princesse et de l'envoyer par la poste à Pétersbourg.

Armand tressaillit.

— Voici dans ma poche un sauf-conduit que je portais moi-même à la princesse quand vous m'avez rencontré, continua Frédéric en déboutonnant son frac d'ordonnance pour en tirer l'ordre ainsi conçu : « Laissez passer la femme porteur du présent. »

En achevant, l'officier donna le sauf-conduit à son adversaire, qui le dévorait des yeux.

— Vite, ajouta-t-il, qu'elle ne perde pas une minute.

Armand saisit le papier, le remit au moujick debout dans le vestibule, lui expliqua en deux mots le péril.

— Dans une heure, dit-il à voix basse, il faut que la princesse m'attende de l'autre côté de la frontière.

— Oui, maître.

Et le serf, illuminé par la joie de cette révélation, baisa les mains d'Armand et disparut, courant comme un chien fou qui part pour la chasse.

Frédéric de Würgen vit rentrer Armand sans lui adresser la parole.

— Je me demande, dit tout à coup le Français, comment, entre vos actes et vos sentiments je trouve une dissonnance si étrange ?

— C'est, répliqua M. de Würgen, comme si vous me demandiez pourquoi l'ordre salutaire que je viens de vous remettre est écrit dans une langue si rude. Vous ne comprenez pas, voilà tout.

— Je croyais comprendre votre conduite à l'égard de la princesse Novratzin.

— Pas le moins du monde.

— Vous l'avez trahie indignement, je sais tout, et hier, vous m'avez entassé mensonges sur mensonges.

Würgen haussa les épaules.

— Je ne serais pas digne de porter le nom d'homme, reprit Armand, si je me taisais. Sans doute, vous avez votre motif pour faire de la générosité aujourd'hui, comme vous l'avez eu pour commettre l'action la plus noire....

— Ne parlez donc jamais sans connaître le fond des choses, interrompit froidement Würgen. Je vous répète qu'il y a dans cette affaire mille complications que vous ne soupçonnez pas.

— Mais dont je suis victime, s'écria Armand.

— Que voulez-vous? dit l'officier avec flegme.

Cet apparent persiflage exaspéra Armand.

— Prenez garde, dit-il, monsieur le comte. En me remettant le passeport de Mme Novratzin, vous ne vous êtes pas acquitté envers elle.

— Qu'est-ce à dire?

— Je suis venu pour vous reprocher de sa part, l'infâme trahison sous laquelle cette malheureuse femme a succombé, — la trahison de votre sœur.

— Ne parlons pas de ma sœur, répliqua en s'animant un peu M. de Würgen.

— Ai-je donc trouvé votre endroit vulnérable, dit tout à coup Armand.

— Je l'avoue.

— Malheureusement, je ne saurais vous ménager à cet endroit-là.

— Vous auriez tort; vous n'y gagnerez rien, et vous pourrez y perdre.

— Madame la comtesse Gorthiany a commis un crime que ne châtieraient pas assez vos plus cruels bourreaux.

— Vous n'êtes pas un bourreau, je suppose, dit Würgen avec ironie.

— Au besoin, répondit Armand.

Le comte se tut. Il se recueillit. Il lisait sur le visage d'Armand toutes les souffrances, toute la résolution qu'y avait déposé chaque minute de cette nuit d'agonie.

— Vous venez donc me provoquer, dit-il enfin. Tant pis; j'avais auguré autrement de votre caractère. J'espérais que vous étiez mieux trempé. Mais ces Parisiens sont tous de même. Ils se montent la tête et deviennent fous à chaque sentiment qui les passionne. Voyons: que ma sœur ait réglé avec la princesse d'anciens comptes et terminé une affaire de famille, que vous importe au fond. Ce sont des démêlés de femme — bascule qui porte tantôt celle-ci, tantôt celle-là au sommet. — Ne vous mêlez point de ces misères.

— Mais, s'écria Armand, ces misères-là m'ont perdu ma vie. Elles me font rompre une alliance — ma joie — et m'en imposent une autre — mon désespoir. D'ailleurs, je vous le répète, votre conduite n'a pas été d'un honnête homme et rien au monde ne m'empêchera de vous le dire. De votre côté, le supporterez-vous après l'avoir entendu?

L'officier caressa une de ses moustaches.

— Oh! dit-il, je suis assez brave, et j'ai assez fait mes preuves pour ne pas répondre au besoin. Si vous n'étiez pas un Français, je vous tournerais le dos et vous laisserais vous accommoder avec quelque autre du superflu de sang qui vous gêne. Mais vous êtes Français, voilà l'inconvénient.

Armand s'arrêta saisi de stupeur à l'aspect de ce caractère que les poëtes de sa patrie ne lui avaient pas encore dessiné.

— Cependant, reprit le Russe, je pourrais me dire que si vous êtes Français, vous êtes en même temps avocat, tandis que je suis militaire, et que le point d'honneur ne m'oblige pas aussi impérieusement que si vous portiez une épée comme moi.

— Oh! quant à cela, dit Armand, rassurez-vous : si je ne la porte pas, je m'en sers.

— Vrai? s'écria Würgen. Mais qu'importe encore. La question n'est pas là. Tenez, il me passe une singulière idée par la cervelle. Je vous prendrais les deux poignets, je crierais à la garde. On viendrait, je vous ferais arrêter et conduire au fort, car enfin vous me mettez dans une position insupportable. Je pars aujourd'hui pour la Crimée, tout mon avenir dépend de ce départ. Je ne puis pas me battre avec vous. Ne pouvons-nous remettre l'affaire, hein?

Armand fit un geste de colère.

— Non réellement, je ne me battrai pas, continua l'officier, car pour éviter d'être blessé, de recevoir quelque coup maladroit qui m'empêcherait de partir, je serais forcé de vous blesser moi-même ; cela répugne à ma conscience, bien que vous m'accusiez de n'en pas avoir.

— Ah çà, répliqua M. de Bierges en fronçant le sourcil, est-ce que vous vous abuserez sur ma qualité de Parisien au point de me croire patient comme vos moujicks; tâchez donc de me comprendre, c'est extrêmement clair. Vous m'avez brisé une vie qui s'annonçait radieuse et douce. Je n'ai au cœur que fiel et rage contre votre sœur et contre vous. Votre générosité de tout à l'heure était le piége dans lequel vous espériez encore me prendre. Une fois la princesse libre, disiez-vous, ce Parisien ne pourra plus se fâcher envers moi son libérateur, il me saluera et me donnera quittance. Non ! je ne suis pas dupe. Votre sauf-conduit éloigne la princesse de St-Pétersbourg, où sans doute elle eût réussi à se justifier en perdant votre sœur, qui est une coquine, comme vous un fanfaron.

— Là ! assez, dit froidement Würgen en arrêtant Armand d'un geste poli. Est-ce à l'épée que vous vous battez ?

— Oui, ou au sabre; vous êtes officier, vous devez préférer le sabre.

Würgen détacha deux épées de la muraille.

— Attelle, cria-t-il à son soldat de planton.

Et comme Armand le regardait surpris :

— Oui, dit-il, si vous vous battiez ici, en Russie, on vous arrêterait, on vous enfermerait quelque part, on vous ferait mille tracasseries. Ce n'est pas comme chez vous, où la loi défend le duel, et où l'on se bat sous les réverbères...

— Au théâtre, dit Armand.

— Chez nous, la loi ne défend rien, mais les duels sont sérieusement punis. Voulez-vous, je vous prie, que nous montions en voiture ?

— Où allons-nous ?

— A la frontière. C'est à une grosse lieue. Nous aurons fini dans une heure, aller et retour.

Armand monta. L'officier s'assit près de lui, les épées roulées dans un manteau.

— Vous avez l'habitude des témoins, dit-il à Armand, en voulez-vous ?

— Mais...

— C'est qu'il faudrait que je m'adressasse à mes officiers, cela me gênerait beaucoup. Y tenez-vous absolument ?

— Nous aurons le cocher, dit Armand du même ton de courtoise indolence.

— Et les chevaux, alors, trois bêtes pareilles, ajouta le comte.

La voiture roula.

CHAPITRE XXX.

C'était bien à n'y plus revenir. Armand touchait au dénoûment tant souhaité.

Le comte adressa de sa place quelques mots russes au cocher, qui, sur cet ordre, tout cheval qu'il était, tourna la voiture vers la droite, et changea de chemin.

— Quelque trahison de ce drôle, pensa Armand. Et, comme il le pensait, il demanda au comte l'explication de ce changement d'itinéraire.

— Je demandais au cocher, dit Würgen, s'il ne trouvait pas la trace d'une voiture récemment passée. Il vient de trouver cette trace ; nous la suivons.

— De quelle voiture, monsieur?

— Mais de celle qui vous intéresse, de celle de Mme Novratzin. Tenez, voyez-vous le sillon de ses roues ?

— Comment supposez-vous...

— Qu'elle soit déjà partie ? Ce n'est pas difficile à deviner. Ce doit être la première recommandation que vous lui aurez fait faire par le moujick, en lui envoyant le passeport. Et vous avez agi en homme d'esprit. Soyez tranquille, elle est déjà en sûreté.

Les chevaux avançaient. La route devint tout à coup droite comme une flèche. Armand aperçut à cinq cents toises en avant une voiture ; celle de Caliste, apparemment. Le comte la lui montra silencieusement du doigt.

Cette voiture s'arrêta au poste d'observation de la limite. Elle y fit un séjour de quelques minutes, puis traversa de l'autre côté.

Würgen arrivé à ce poste se fit reconnaître. Il passa à son tour. Immédiatement après la frontière commençait un grand bois de sapins coupé par la route de ····La voiture de Caliste s'était arrêtée dans ce bois. Würgen fit arrêter la sienne et descendit avec Armand.

— J'ai voulu vous bien prouver, dit le comte que j'agis tout comme un autre, quand les occasions sont bonnes. Tenez, en face de vous, voilà votre amie la princesse, libre comme vous le désiriez. Nous pouvons encore nous entendre. De tout ce que vous m'avez dit, de dur, un seul mot m'a blessé, il s'appliquait à ma sœur, l'unique créature qui m'intéresse en ce monde, moi excepté. Otez le mot et quittons-nous.

— Impossible, dit Armand en saluant avec une sorte de respect pour cet homme étrange.

Würgen développa tranquillement les épées. Son cocher le voyait faire non moins tranquillement. L'esclave dont on ménage mal la peau ne prend pas grand souci de la peau de son maître.

— Nous sommes sur un terrain de sable, le pied sera mauvais, dit Armand.

— Bah ! rompez-vous ? demanda le Russe avec un sourire.

— Non, mais je me fends, répliqua Armand irrité.

— Allons ! allons ! êtes-vous susceptible ! dit M. de Würgen. Ça, un dernier mot.

Ils s'étaient placés à l'écart convenablement.

— Vous savez que je veux à tout prix partir ce soir pour la Crimée ; ma fortune, mes épaulettes de général en dépendent. Ne vous étonnez pas si je vous ménage moins que je n'aurais voulu.

— Merci monsieur, dit Armand, et ne vous avisez pas de me ménager du tout, sans quoi vous ne partirez pas en Crimée, je vous préviens d'avance. Mais, en vérité, nous avons l'air de Taille-bras et de Casse-poitrine épouvantés l'un de l'autre. Commençons.

— Oui, dit le comte, car je vois là-bas quelque chose de blanc qui vient sur la route. Et je jurerais que c'est Mme Novratzin qui envoie quelque femme de chambre s'informer de vous.

— Elle n'a point de femmes avec elle, dit Armand inquiet.

— Alors, c'est elle-même ! dépêchons-nous, s'écria le comte de Würgen.

Armand soudain engagea le fer.

CHAPITRE XXXI.

Aux premiers froissemens de l'épée, à cette nerveuse inquiétude de la main qui cherche sa ligne et tâte son ennemi, Würgen sentit qu'il avait devant lui un homme redoutable. Il voulut éprouver la vitesse d'Armand en lui faisant une attaque sur laquelle notre Parisien riposta si rudement que Würgen fut forcé de rompre pour parer.

— Oh ! dit-il, vous tirez bien.

— Très bien, répliqua Armand ; faites de votre mieux.

Une seconde attaque du comte n'eut pas plus de succès. Armand para en se jouant et riposta encore, sa pointe enleva un chiffon de la chemise du comte.

— J'ai peur de ne pas aller en Crimée, dit alors Würgen sans pâlir, mais en se ramassant, bien résolu à ne plus attaquer.

— Non, vous n'irez pas, dit M. de Bierges. Vous serez puni. Votre crime vient de l'ambition. C'est par elle que vous tomberez. Vous personnellement, je commence à vous plaindre, car vous n'êtes pas gangrené tout à fait. Mais votre sœur est indigne de miséricorde, il me faut la frapper cruellement. Allons, défendez-vous bien, car je vais tirer à fond sur vous, et vous ne pourrez point parer.

Würgen, en effet, sentait se loger l'épée de son ennemi ; il en avait apprécié la vitesse ; son infériorité, à lui, était constante : la première feinte d'Armand trouverait le chemin de son cœur.

Armand ne la fit pas attendre. Il choisit le moment où Frédéric se décidait à tirer pour inquiéter un ennemi trop menaçant, et, tirant lui-même à fond dans l'épée du comte, il le prévint, passa et le renversa d'un coup terrible dans les côtes.

Würgen lâcha son épée, pâlit affreusement, et ayant recommandé à Armand de partir sans perdre une minute :

— Faites-moi porter au poste autrichien, ajouta-t-il, si vous n'avez pas l'intention de m'achever.

Armand s'était précipité vers lui, l'avait relevé, le portait dans sa voiture, où il voulait prendre place à ses côtés.

— Diable ! diable ! pas de générosité, dit le comte en s'affaiblissant par degrés. Au poste, moi mort, on serait capable de vous retenir, ne fût-ce que pour faire un peu la cour à notre empereur. Et puis, voilà Mme Novratzin qui approche. Adieu... Epargnez-moi de mourir devant elle.

En disant ces mots il s'évanouit.

Armand regarda autour de lui. Ce que disait Würgen était trop vrai. Le cocher avait couru au poste où l'on voyait s'agiter les soldats. Sous ses pieds, du sang qui coulait ; derrière lui, les cris de la princesse qui, cherchant à distinguer les combattans sous les arbres, appelait Armand dans d'horribles angoisses, avec un râle de désespoir.

Il perdit la tête.

Caliste l'avait aperçu enfin et le saisissait avec la force d'une lionne. Elle l'entraîna, il se laissa faire. Leur voiture, rapprochée par l'intelligent moujick, était ouverte, Caliste y poussa son défenseur, s'y précipita elle-même ; les chevaux, fouettés avec rage, se plongèrent en hennissant dans la pente qui gagnait la vallée.

En peu de minutes le passé fut bien loin.

Lorsqu'Armand reprit sa raison, il vit Caliste immobile et pleurant à chaudes larmes, dans l'angle qu'elle occupait.

Il soupira.

— C'était moi qu'il fallait tuer, murmura-t-elle avec un accent profond, qui fut plus sensible et plus froid au cœur d'Armand que n'avait été son épée à la chair de M. de Würgen.

Il sentit qu'il était temps, bien temps de rendre la vie à cette femme. Les yeux abattus, le teint plombé par l'insomnie et marbré de sillons brûlans, la main ardente de Caliste, lui révélaient un état de fièvre à la suite duquel une crise mortelle pouvait terrasser ce corps, jusque-là soutenu par les ordres de l'âme.

C'était l'heure du sacrifice, enfin. Adieu aux rêves, adieu à l'amour, adieu au bonheur. Armand franchissait la première borne de son devoir. Sa pensée courut une fois encore au devant de Lucienne, dont l'image toujours présente l'avait animé dans le combat, lui avait donné la vigueur, la victoire. Il envoya le suprême baiser du souvenir à cette femme aimée, qu'il ne reverrait plus, et alors, frappé lui-même, alors déchiré par la douleur qu'il n'avait pas soupçonnée si poignante, il leva les yeux au ciel et joignit les mains avec désespoir.

— Oh! s'écria Caliste déchirée de regrets, folle, et se frappant la tête aux parois de la voiture, oh! sois généreux Armand, Armand, laisse-moi mourir !

Comme l'eau glacée jetée sur le front d'un blessé réveille tout à coup en lui la sensibilité, la mémoire, cette exclamation de la malheureuse Caliste rappela chez Armand le sentiment de l'honneur, le courage, et le rendit égal aux exigences de la situation.

Elle l'avait donc deviné encore cette fois. Elle lisait donc dans son âme. Elle mourrait donc s'il ne la persuadait pas qu'elle était aimée.

— Caliste, dit-il en lui prenant la main, voilà deux fois que vous parlez de mourir. Pourquoi ?

Elle cacha son visage dans ses mains et se tordit dans les étreintes d'une insupportable douleur.

— Vous ne m'aimez donc plus? ajouta-t-il avec sa voix douce et mélancolique.

Caliste l'enveloppa d'un ineffable coup d'œil de surprise et de tendresse.

— Sans doute, continua Armand, il n'y a de réels malheurs en cette vie que lorsqu'on n'aime plus. Depuis hier, vous m'avez poussé cent fois au désespoir en me montrant le fond de votre âme. Ce regret de votre mari, cette préoccupation de vos infortunes, ces froids projets de retraite, cette constante affectation de ne me pas rappeler le passé, d'éteindre pour moi votre avenir, tout cela m'a, comme je vous le dis, prouvé que vous ne m'aimez plus.

— Moi ! s'écria-t-elle en frappant furieusement son cœur.

— Si vous m'aimiez, Caliste, vous m'eussiez souri hier en remerciant Dieu qui nous rendait l'un à l'autre; vous m'eussiez tendu la main aujourd'hui en le remerciant de m'avoir conservé à vous.

— Armand !

— Vous ne m'aimez plus! reprit-il en baissant la tête.

— C'est toi qui ne m'aimes plus et qui m'as tuée en ne te jetant pas hier dans mes bras. Oh! ce baiser eût effacé toutes mes souffrances ! C'est toi qui ne m'aimes plus et qui n'as que de la pitié pour moi !

— Ainsi, répondit Armand, vous n'avez pas même compris ma délicatesse; vous ne me comprenez plus, Caliste. Parle-t-on d'amour à la femme qui vous montre son deuil? Témoigne-t-on de la tendresse à qui ne parle que mort, ruine, piété, retraite éternelle, à qui vous blesse continuellement par le reproche de ses remords?

— Je t'ai blessé!... s'écria-t-elle en joignant les mains. Oh! ton regard ne me l'a pas dit. Armand, s'il m'eût avertie, ce regard, je tombais à tes pieds.

Il lui tendit les bras.

— Je vous aime et vous aimerai toute ma vie, Caliste, dit-il d'une voix tremblante. Car toute ma vie est à vous. Encouragez-moi à vous l'offrir en expiation des maux que je vous ai causés.

— Tu m'offres... ta vie... murmura la princesse, devenue livide; car l'espoir, après une pareille tempête, peut être aussi funeste que l'extrême douleur.

— N'êtes-vous pas ma femme ? dit-il.

— Oh! Armand!... oh ! est-ce vrai ?... Sa femme... il dit que je serai sa femme!...

Et Caliste, se roidissant dans un suprême effort pour détendre ses bras et atteindre au cou d'Armand, s'affaissa soudain, pencha la tête, et tomba sans connaissance sur sa poitrine.

Il la serra tendrement, la fit revenir sous ses baisers, pria Dieu de lui continuer ce courage, et d'envoyer à la pauvre femme la conviction qu'elle était aimée. Caliste rouvrit les yeux, et lut ces bonnes pensées dans le regard de son ami.

— Eh bien! dit-elle, je vivrai puisque tu l'ordonnes, je vivrai puisque tu m'aimes. Sois tranquille, je ne t'eusse jamais embarrassé, et ne t'embarrasserai jamais. Mon parti était bien pris de mourir. Ce courage ne me manquera pas plus tard, si tu viens à ne plus m'aimer.

Ce fut ainsi que se dénoua le drame. Les explications plus calmes d'Armand achevèrent de rendre la paix au cœur soupçonneux de la princesse. Elle ne montra pas une inquiétude, une défiance, une ombre qu'il ne détruisît en elle avec adresse, avec chaleur. Il voulait savoir surtout si elle avait soupçonné son infidélité. Le retour si complet d'une femme si fière lui prouva qu'elle ne savait rien. Il souffrit sans doute beaucoup de mentir ainsi; mais avec Caliste, en présence d'une telle situation, le plus hardi mensonge devenait l'œuvre la plus loyale. Caliste, rendue à elle-même, reprenait peu à peu toute sa lucidité, elle interprétait, elle commentait, elle demandait mille comptes embarrassans; mais que de silences n'obtient-on pas en fermant des lèvres par un baiser!

La princesse voulait à toute force gagner la France : ce pays vaillant, disait-elle, ce pays adoré, le pays de son Armand, sa patrie à elle; car elle reniait la terre des Würgen, des Gorthiany. Armand l'admira dans son héroïque apostasie, mais il ne l'encouragea point dans ses projets de voyage à Paris. On ne mène pas promener en Grève le condamné miraculeusement sauvé sur l'échafaud.

— Non, dit Armand, n'allez pas en France; ce n'est point votre place. Laissez s'achever la guerre; laissez surtout s'éteindre les premiers bruits qui vont sourdre autour de votre veuvage. Vous n'êtes qu'une fugitive, ma chère Caliste, une contumace, et la société est impitoyable. Ne reparaissons à Paris que mariés.

— Me quitterez-vous donc! s'écria-t-elle. Car il est impossible que vous demeuriez dix mois encore loin de votre père.

— Mon père... murmura Armand.

— Je vous comprends. Il ne m'aime pas.

— Peut-être avait-il quelque idée dans laquelle vous ne figuriez pas; puisque vous n'étiez pas libre, n'est-ce pas naturel?

— Oui, oui, dit Caliste, mais croyez-vous qu'il revienne de cette prévention?

— Chère femme, interrompit Armand un peu troublé par les nuages que soulevait ce souvenir orageux de Paris, voulez-vous me permettre de diriger momentanément votre existence. J'agirai pour le mieux. Songez que l'affaire d'Odessa fera un bruit énorme, et que ce bruit arrivera chez Mme Chaudray à la première occasion. Songez que l'affaire de ce matin ne causera pas moins de scandale, et que ce pauvre comte de Würgen est peut-être mort. En conscience, si je ne suis pas là pour plaider notre double cause avec habileté, nous recevrons un échec qui nous ferait succomber dans l'avenir. Mon père lui-même aura du mal à me croire. Nos amis seront sévères comme tous les amis. Vous me direz que nous nous passerons du monde, que nous sommes indépendans et riches.

— Je t'ai dit que j'étais ruinée, dit Caliste, et tu te trouves riche, c'est bien, tu es délicat et bon.

Elle lui pressa la main, une larme tomba de ses yeux. Cette politesse gracieuse d'Armand lui fit croire qu'elle était encore un trésor pour lui.

— Ne t'effraie pas tout-à-fait, reprit-elle, et ne me crois pas absolument mendiante. Mes diamans valent plus de cent mille francs pour un juif, et j'ai trois cent mille francs dans vos chemins de fer.

— Je ne vous apporterai pas cela en mariage, dit Armand. Vous voyez bien que vous m'êtes supérieure sous tous les rapports. Oui, nous serons parfaitement heureux, si vous êtes de force à vous passer du monde jusqu'à ce qu'il vous rappelle. Laissez, dis-je, travailler nos amis.

— Mais, enfin, vous préviendrez bien votre père...

— Sur le champ? Non. Il faut que j'adopte dès à présent une fable vraisemblable, et comme la vérité peut se faire jour d'un instant à l'autre, il faut que je prépare l'apparition de cette vérité. Je me suis battu sur la frontière d'Autriche. On le saura. J'ai tué, ou peu s'en faut, M. de Würgen. On l'apprendra. Si je le taisais, on s'en étonnerait trop plus tard. Je vais donc écrire à mon père ceci :

« Cher père, je t'avais bien un peu trompé. Ce n'est pas précisément pour voir l'ambassadeur et pour obtenir son apostille que j'étais parti. Certaine vieille affaire avec un monsieur russe — certaine rancune que je te conterai en te nommant le masque, m'a forcé d'entreprendre ce petit voyage qui heureusement tourne en voyage d'agrément. J'ai blessé grièvement mon homme. Je suis sauf — sans une égratignure, comme tu peux t'en convaincre — au paraphe triomphant qui va se pavaner au bas de ma lettre. Laisse doucement nos amis répandre cette nouvelle qui leur arriverait peut-être gâtée par d'autres que par toi. Pour toi, cher père, envoie-moi un peu d'argent, à...—Je désignerai un banquier quelconque.— Envoie-moi surtout deux bonnes poignées de main, et attends-toi à me voir tomber boulevard de la Madeleine aussitôt que le terrain déblayé me permettra de passer d'Autriche en France. Entre nous, et bien bas, je me cache, car les duels ne sont pas encouragés ici. »

Voilà, bonne Caliste, tout ce que je veux dire d'abord. Approuvez-vous la rédaction? Nous sommes en communauté maintenant, et je dois obéissance à ma femme.

— Armand, dit la princesse, abaissant avec mélancolie ses longs cils noirs sur ses joues de nacre, n'est-ce pas là un ingénieux moyen de m'annoncer que votre père et nos amis vous défendraient de m'épouser? Vous savez qu'à Paris il y a des messieurs qui prétendent qu'un homme se déshonore en épousant sa maîtresse... J'ai vu jouer une pièce qui disait cela.

— Une bonne pièce n'eût pas jugé la question, et celle-là était trop mauvaise, Caliste, pour faire école.

— Alors, vous me conseillez d'espérer...
— D'espérer, quoi?
— Le pardon de votre père.
— Mon père n'a pas vu la pièce dont vous parlez; il ne va jamais qu'à l'Opéra-Comique, théâtre moral, où l'on s'épouse toujours.

— Ne riez pas. Parlez franchement.

— Ne fussiez-vous pas la plus respectable et la meilleure des femmes, princesse, mon père vous accepterait et vous aimerait encore à cause de moi. Mais il est ombrageux, comme tous les vieillards. Il ne vous a pas choisie; il en avait peut-être choisi une autre.

— Voilà deux fois qu'il me reproduit cette pensée, se dit Caliste.

— Et, partant de là, continua Armand sans remarquer l'inquiétude de sa compagne, il est possible que mon père fronce un peu le sourcil, sous prétexte que notre réunion ne se ferait pas sans quelque scandale.

— Ami!... oh!... si vous avez à souffrir, j'aimerais mieux...

— Quoi! dit-il avec un clair regard. Quelle est cette parole? pensez-vous qu'il soit nécessaire de me pousser à la résolution par l'artifice du refus?... Caliste, je joue franc jeu, faites de même. N'espérez pas que le public, devant qui nous sommes acteurs, pour le moment, n'espérez pas, dis-je, que la société, toujours hargneuse avec les gens blessés, va nous dresser des arcs-de-triomphe, à vous, pour m'avoir écrit des lettres qui ont fait mourir votre mari,— oh! pas d'illusion, voilà la vérité nue;— à moi, pour vous avoir enlevée sur le corps de M. de Würgen, car c'est ainsi que toute notre histoire va se raconter. Vous serez une dame très hardie dans ses goûts, je serai un don Juan très fort à l'épée, qui termine en héros de roman son aventure. Bah! Caliste, quand le monde vous verra belle, irréprochable, et vous saura libre et riche; quand le même monde saura que je tue les officiers de cavalerie, on nous évitera bien un peu d'abord, mais pour mieux nous considérer de loin. On nous trouvera bonne tournure. On verra dans notre voiture, dans notre logis, près de vos beaux cheveux, les cheveux blancs de mon père; on lira sur nos traits la douce satisfaction de notre mutuel bonheur. Peu à peu on se rapprochera; des amis très braves auront commencé à faire la chaîne autour de nous pour verser à seaux sur nos crimes le pardon et l'oubli: d'autres, très généreux aussi, se feront amener. Nous choisirons toujours les bons, les purs; nous chasserons impitoyablement les amis de deuxième qualité, les parasites. Petit à petit, notre escorte grossira. Qu'elle suffise à défrayer vos soirées de causerie, à vous montrer accompagnée aux yeux de vos domestiques, c'en est assez. Nous voyagerons beaucoup, et Dieu fera le reste.

Caliste poussa un profond soupir, dont profita Armand pour exhaler la bouffée amère qu'une improvisation si brillante, si bruyante surtout, n'avait pu dépenser tout entière.

— Si vous ne regrettez rien, dit-elle, que regretterais-je, moi, qui me considérais comme morte!

— Avec vous, quel regret possible? répondit-il.

L'entretien finit là. On arrivait à une ville où les voyageurs prirent un peu de repos et organisèrent la fin du voyage.

Il fut arrêté qu'on resterait dans les possessions de l'Autriche. On gagnerait par les chemins de fer, la Lombardie, où mille séjours adorables s'offriraient au choix. Le plus riant et le plus isolé serait le préféré.

Armand avait désigné l'un de ces délicieux endroits qui, d'Arona au lac de Côme, route peu fréquentée, dorment dans les vallons creusés autour des lacs de Quaddrigiate, de Lugano, de Varèse: oasis dépeuplées, sur lesquelles s'arrête avec délices l'œil du voyageur qui passe. Là, pas de curieux; c'est trop simple pour attirer la foule. De vieux arbres, des eaux bleues, des masures cachées sous les vignes, pas d'accidens, pas de convulsions volcaniques, peu d'horizons; c'est une perspective qui ne vaut pas l'or qu'on jette si volontiers aux lacs grands-seigneurs de Suisse ou d'Italie.

Mais Caliste répliqua qu'elle craignait les fièvres, et qu'elle ne voulait pas mourir à présent que son bonheur était assuré.

Il restait le Verbano,—le Majeur,—splendide océan bordé des plus beaux pics des Alpes. Mais Caliste prétendit qu'il était trop grand et trop mélancolique: elle voulait un peu de mouvement dans la solitude, elle voulait voir passer du monde, et ne haïssait pas dans un paysage les élégans uniformes du Croate ou de l'Autrichien pur ; elle dit à Armand que le lac Majeur avait deux rives : l'une autrichienne, l'autre piémontaise ; que ces deux rives-là se faisaient de trop grosses dents, comme Belgrade et Semlin des *Orientales*. Elle ne voulait voir ni les canons d'Arona et l'affreuse statue de Charles Borromée des uns, ni les canons et les casernes d'Angera des autres. Pallanza, Intra, mauvaises bourgades sans ressources, lui gâtaient l'Isola-Madre et l'Isola-Bella. Les cinq ou six Anglais qui habitent Belgirate lui gâtaient le plus charmant rivage du lac Majeur.

— Allons à Como, dit-elle. Le lac est étroit et gai comme le lac d'Enghien. Toujours des maisons sur la colline, toujours des gens qui rient, chantent, mangent ou boivent, et filent en bateau comme des amoureux du temps de Boccace. Et puis, ce Lario était adoré de Virgile. J'ai des idées sur le lac de Côme.

— Prenez garde, lui dit Armand; on prétend qu'il fait la passion de toutes les femmes veuves ou séparées de leur mari.

— On prétendra ce qu'on voudra, dit Caliste. Si c'est vrai pour les autres, en quoi me fâcherai-je que ce soit vrai pour moi ? J'étais une femme séparée de mon mari, je suis une veuve. Et puis, j'y pense, Armand, cher Armand, si c'est vrai aujourd'hui, ce sera faux dans dix mois, puisque dans dix mois je serai une femme mariée.

Il ne répondit qu'en baisant la main qu'elle lui offrait.

Peu de jours après, ils descendaient à Côme, hôtel de l'Ange.

CHAPITRE XXXII.

Une fois tranquille, c'est à dire débarrassé des premières difficultés d'une situation dangereuse, Armand mesura l'éloignement qui le séparait du beau rêve d'où Caliste l'avait réveillé. Par cela même qu'il avait pris un parti, donné sa parole, et que cette parole était sacrée, il se croyait le droit de rompre avec Lucienne en ménageant chez cette jeune fille ses délicatesses, en donnant l'essor à ses regrets ; il ne voulait pas que Mlle Dampmesnil pût concevoir pour lui du mépris ou de la haine. Une explication sincère, la révélation des circonstances impérieuses auxquelles il cédait, devaient, selon lui, plaider sa cause dans un cœur rempli de nobles sentimens.

Lucienne, pensait-il, pardonnerait à son fiancé d'agir en honnête homme ; elle le plaindrait ; elle lui conserverait une amitié tendre.

Parfois aussi, se disait Armand, le hasard nous rapprochera dans ce monde, où elle est appelée à briller. Elle me verra humble de fortune, triste de cœur. Sa grande âme continuera de planer sur ma vie. L'amour qu'elle m'a inspiré croîtra, je le sens, par la séparation même, et comme elle se mariera, comme je la perdrai tout à fait, j'aurai à subir de tels chocs, à dévorer de tels chagrins, que je n'y résisterai pas longtemps. Voilà le terme.

De son côté, Caliste, ignorant ces tempêtes, avait repris l'amour de la vie. Elle chassait de sa pensée tout ce qui pouvait la distraire de son bonheur. Vivre libre, serrer la main d'Armand, marcher fièrement à ses côtés, se faire adorer, l'adorer elle-même, employer toutes les ressources de son esprit, de son âme à le rendre heureux, telle était sa préoccupation incessante, elle y dépensait l'activité dévorante de son imagination splendide. Quand elle cherchait à deviner quels nuages pourraient éclore dans son ciel, rien ne parvenait à l'inquiéter. Armand m'aime-t-il ? se disait-elle. Oui, eh bien ! égale que je suis aux femmes les plus parfaites, je leur deviens supérieure par le fait seul de son amour.

Les deux fugitifs étaient donc arrivés à Côme, petite ville charmante, gaie, malgré les Autrichiens, et qui, à l'abri des vents froids, sous l'immense bouclier de ses coteaux granitiques, charme généralement les voyageurs par sa mine avenante et la courtoisie de ses habitans.

Mais la princesse trouva dès le premier jour les deux défauts de Côme :

Le premier, c'est que la ville a peu d'air, point de vue ; le second, c'est qu'on y vient pour voir le lac de Côme, et qu'on ne l'y trouve pas, quelque effort que l'on fasse.

Le lac, pour Côme, est une sorte d'abreuvoir enfermé entre deux murailles et encombré de bateaux, sous lesquels disparaît le peu d'eau qu'on eût pu désirer dans cet abreuvoir. Pour voir le lac, il faut s'embarquer, aller loin, et encore aperçoit-on bien peu de chose. Se promener au bord du lac est une fiction, il n'y a pas de chemin. La promenade se réduit, dans Côme, au parcours des rues : c'est monotone, Caliste en fut bientôt dégoûtée.

Elle se mit en quête d'une habitation sur

6

le lac même, c'est-à-dire le long de ces deux montagnes verdoyantes qui l'encaissent depuis Côme jusqu'à Bellaggio.

Là, comme des chinoiseries sur un gradin, s'étalent les villas superposées, groupées parmi les arbres. On peut les compter en passant sur le lac ; plusieurs étaient à louer ou à vendre à ce moment de la belle saison. Elles ne plurent point à Caliste, qui, malgré son amour des vues gaies, haïssait mortellement les contacts, les fréquentations, et ces servitudes de campagne qui nouent forcément des voisinages.

D'ailleurs, depuis qu'elle était heureuse, elle s'effarouchait moins d'une perspective sévère. Son esprit reprenait dans le calme les côtés distingués, virils, qui le caractérisaient au suprême degré. L'horreur du petit, du mesquin, la sainte admiration pour les chefs-d'œuvre de Dieu revenaient peu à peu dans son âme, hôtes effrayés qu'avait dispersés la grande catastrophe.

Caliste remonta le lac jusqu'à la pointe de Bellaggio. Là il s'élargit ; c'est une mer. Plus de coteaux coniques diaprés de maisons blanches, plus d'écho d'une rive à l'autre, plus de pianos qui vont agacer, comme dans une rue de Paris, les habitans d'en face. Le lac majestueux fuit vers la droite et vers la gauche, absorbant dans son immensité les proportions mignonnes des hameaux bâtis sur ses rivages. Les monticules, fièrement campés sur des plans inégaux ou dans des attitudes pittoresques, sont noyés de ciel et d'eau. A gauche, les montagnes resplendissant au soleil couchant, au fond encore, mais à perte de vue, les montagnes d'argent et de lapis lazuli zébrées de bandes brunes. C'est un splendide spectacle aux jours de tempête, alors que l'océan se courrouce, qu'une brume grise estompe les horizons, et qu'on voit par ses déchirures surgir les pics de montagnes, pareils à des gardiens réveillés pour empêcher les débordemens du lac.

Mais ces jours de colère sont assez rares. Le plus souvent, un radieux soleil échauffe le ciel bleu. Les masses d'arbres et de verdure s'inondent de lumière ; la nappe immense du Lario dort sans un pli sous cette coupole qui s'y réfléchit. C'est alors que le voyageur, bercé dans le petit bateau qui marche pareil à un cygne, aime et désire, aux bords du lac qu'il rase, chaque maison, chaque groupe de verdure, chaque campanile de village dont l'aiguille blanchissante ne dépasse jamais la colline au pied de laquelle il est bâti.

Caliste se décida pour Varenna, sur la rive orientale. Elle loua, pour l'année de son veuvage, une maison et un immense jardin. Cette maison, déjà garnie d'un de ces mobiliers italiens qui nous font rire d'abord, et auxquels on s'habitue si bien et si vite, la princesse acheva d'en faire un paradis, après deux visites au meilleur tapissier de Como.

Il était décidé qu'Armand partirait vers la fin du mois, dans une quinzaine, pour aller embrasser son père, et préparer ses amis de Paris à la grande nouvelle. Tel avait été le premier plan. Mais peu à peu les idées d'Armand changèrent, sa mélancolie redoubla d'intensité. L'amour très chaste, mais très vigilant de Caliste, une certaine surveillance bien dissimulée, mais devinée par Armand, firent craindre au jeune homme que son absence ne devînt le prétexte de quelqu'une de ces folies comme la princesse savait les faire. Lettres surprises, visite imprévue, indiscrétion de quelque ami bavard de bonne foi, il n'en fallait pas plus à la pénétrante Caliste pour découvrir la vérité, et Armand qui connaissait ce cœur jaloux, cette âme susceptible, ne voulait pas qu'elle apprît rien avant son mariage.

Bien plus, il s'était interrogé lui-même ; il avait sondé ses forces. L'homme que le premier mot de Caliste avait autrefois enlevé à Lucienne se croyait-il assez sûr de lui pour affronter Paris, c'est à dire Lucienne éprise, audacieuse, véhémente dans ses volontés? Ne lui ferait-on pas, dans une explication verbale, cent objections irréfutables, ne l'assiégerait-on pas dans ce fort trahi par l'assiégé lui-même, ne lui enverrait-on pas parens, amis, fiancée pour l'amener à capituler?

Une femme aimée devrait succomber sous de pareilles attaques, comment y résisterait celle qui ne l'était plus ! Armand frémit. Il connaissait les perfidies de l'absence, il redoutait quelque surprise, il savait que si Caliste ne pouvait se marier avant les dix mois voulus par la loi, Lucienne, elle, pouvait devenir Mme de Bierges en huit jours. Et alors où serait l'honneur? où serait le devoir? qui ressusciterait Caliste foudroyée par cette épouvantable nouvelle?

Non, le seul moyen de vivre honnête, c'était de rester à Varenna, de s'y cacher, de rompre sur-le-champ sans miséricorde, sans transaction possible, avec Lucienne, et de supplier Dieu qu'il fît passer ces dix mois comme dix jours, en éloignant les tentations et les incidens.

Armand eut un premier tort : avec Caliste, c'était imprudent. Il lui annonça qu'il n'irait point à Paris et resterait près d'elle. D'abord, la princesse s'en réjouit et le remercia. Mais comme il n'avait pu, si habile qu'il crut être, cacher tout à fait son trouble d'âme, elle se demanda pourquoi Armand reculait devant une démarche aussi naturelle, aussi obligatoire : ne pas aller rassurer son père? ne pas l'instruire, comme c'était convenu, comme il l'avait lui-même jugé indispensable? Pourquoi cette déviation d'idées, alors que la ligne droite était si logiquement bonne à suivre.

De la surprise au soupçon, une femme comme Caliste n'a qu'un pas à faire, un seul bond. Elle le fit. Quand elle sut qu'il n'irait pas à Paris, qu'il préférait écrire, elle se défia.

Quand elle vit qu'il se cachait pour écrire et qu'il évitait avec soin de lui communiquer la lettre — lettre si importante pour elle — qu'il voulait envoyer à son père, elle eut peur. Cependant tout cela se passait entre deux sourires. Caliste avait pris définitivement sa résolution.

Armand, confirmé dans la sienne par les agitations que soulevaient en lui le souvenir de Lucienne et la conscience de sa faiblesse, redoublait de dissimulation à mesure que Caliste redoublait de surveillance. Il la croyait dupe. Elle l'était réellement en ceci, que sa seule inquiétude était de savoir l'opinion d'Armand sur elle, et la façon dont il annoncerait son mariage à M. de Bierges.

Une femme qui aime et qui soupçonne tient toujours dans ses doigts sensibles chaque fil correspondant aux actions de son amant. Celui-ci se réfugie en vain dans sa pensée qu'il croit impénétrable : comme toute pensée suscite nécessairement un mouvement, le fil frémit, le doigt correspondant tressaille ; la jalousie est avertie, elle observe, elle apprend.

Armand devait aller déjeuner avec Caliste de l'autre côté du lac, à Menaggio. On mange là des coquillages particuliers, de la crème incomparable et certains *salcissonni* qui, arrosés d'un petit vin blanc qu'on mêle à de l'eau de seltz naturelle, composent un repas exquis.

Caliste avait fait tous ses préparatifs sans rien dire, selon son habitude, et sa toilette était prête, quand Armand, qui ne pensait déjà plus aux coquilles et aux feuilles roses du salcissone, lui annonça qu'il resterait dans sa chambre pour *en finir avec cette lettre filiale*, qui l'ennuyait fort à rédiger, dit-il en riant afin de bien tranquilliser Caliste.

Mais ce fut le contraire. Il l'épouvanta.

— Très bien, répliqua-t-elle en riant comme lui.

Et tout bas elle se promit de savoir ce qu'il écrirait.

Armand, dont le cœur et la tête bouillonnaient depuis deux jours sous la pression des idées qui le dévoraient, avait résolu d'en finir et d'envoyer tout son cœur à Lucienne dans un suprême et irrévocable adieu.

Pour être plus libre, plus seul avec elle dans cette dernière étreinte de leurs âmes, il s'enferma chez lui. Sa tête éclatait ; il se promena une heure les mains crispées sur son front, afin de concentrer sa force, sa raison, et de ne pas écrire une lettre d'amour au lieu d'une lettre de rupture.

Enfin, brisé comme il cherchait à l'être, il s'assit devant la fenêtre, ce lac immense sous les yeux, ce ciel infini sur la tête, deux océans aux gouffres moins profonds que sa douleur.

« Lucienne, écrivit-il, je vous aime et je vous quitte. Avant vous j'ai connu, j'ai aimé une femme pleine de grâce et de bonté qui n'était pas libre et l'est devenue tout-à-coup. Vous la connaîtrez plus tard, puisque je l'épouserai, moi, votre fiancé, votre mari de cœur et d'âme ; mais non, connaissez-la tout de suite, achevez de lire mon secret. Les circonstances au milieu desquelles j'ai retrouvé Mme la princesse Novratzin ne me permettent pas seulement d'hésiter. Elle est devenue pauvre de riche qu'elle était, obscure de brillante, blâmée d'irréprochable, malheureuse de privilégiée entre toutes les femmes. Mais comme toute cette infortune est mon ouvrage, oh ! Lucienne, l'ouvrage de ma misérable destinée, comme la princesse n'a plus que moi au monde pour ne pas désespérer, pour ne pas mourir, je me rends à elle, dussé-je, moi, tomber dans le désespoir et y trouver la mort.

» Je ne vous demande pas votre approbation. Je sais qu'en agissant autrement j'encourrais votre mépris. Mais je vous supplie de me plaindre, et j'espère que vous le ferez, vous, la seule qui puissiez comprendre l'étendue de la perte et du sacrifice, car vous m'aimez, Lucienne ; car vous m'aviez voulu attendre, car vous m'attendriez encore, si je ne me jettais à vos pieds pour vous conjurer de m'oublier à jamais.

» Me voilà bien perdu pour vous. Qui sait si nous nous reverrons en ce monde. Tout va vous entraîner dans un sens opposé. Etrange obstination du sort! Une fois j'avais effleuré votre main, un obstacle nous a séparés. L'amour nous saisit, il nous rassemble encore, et le même obstacle surgissant de nouveau nous éloigne cette fois sans ressources, sans espoir!

» Je vous le jure, Lucienne, j'en atteste Dieu, qui voit mon cœur. Je n'ai pas cédé à cette voix de l'honneur sans d'affreux combats; j'ai cherché la mort et ne l'ai pas trouvée; je la préférais au supplice de vous perdre et surtout de vous refuser! refuser Lucienne, cet ange! En vérité, j'en ris de fureur! Est-ce bien Dieu qui commande la vertu au prix de si stupides sacrifices. Et, lorsque l'homme se plaint, lorsqu'il pleure, Dieu ne détourne-t-il point la tête, en disant : Je t'ai offert le bonheur, pourquoi l'as-tu rejeté ?

» Oh! que ma souffrance est déchirante. Elle m'emporte à des injustices, à des cruautés. Cette pauvre femme! je finirais par la maudire; Lucienne, il ne le faut pas. Elle se croit préférée, elle me croit heureux. Oh! qu'elle le croie! que jamais cette confiance sacrée ne s'altère en son cœur; que seul je porte le poids de l'expiation; qu'elle vive dans le calme, après tant d'orages! Pour cela, Lucienne adorée, il ne faut pas que jamais votre image m'apparaisse; il ne faut pas qu'un souvenir de vous passe entre elle et moi, car si vous n'étiez pas généreuse, si vous me disiez que vous me regrettez, que vous ne consentez pas à me perdre, la torture de ma vie se trahirait et envahirait bientôt la vie de ma compagne. Il n'y a pas en moi de solide résolution contre votre amour. Voilà pourquoi je reste éloigné de vous, pourquoi je me cache; je tremble à l'idée que vous êtes vivante et que vous pourriez m'apparaître. Le bruit de vos pas me ferait mourir.

» Soyez l'âme intrépide, soyez la noble inspiration de ma vie; guidez-moi, malgré moi-même, dans ce rude sentier où mes pieds se rebutent dès le premier pas. De vous dépend mon honneur; à vous je confie l'existence d'une femme noble comme vous, bonne comme vous, d'une amie incomparable, que j'adorerais, faut-il le dire, si j'étais séparé d'elle à jamais. Oh! Lucienne, l'étrange pensée! comme elle est terrible et comme elle est vraie! oui, j'aimerais Caliste si elle n'était plus là, si elle ne m'avait pas séparé de vous. Que devenir, si vous n'avez pas de courage! Mais je vous vois, je vous devine. Il me semble apercevoir le trouble de vos yeux stoïques; j'entends votre premier soupir, je vois tomber cette lettre de vos mains.

» Rassurez-vous; assez d'autres bonheurs vous attendent. Moi, je me courbe sous cet ouragan. Soyez ingrate, oubliez-moi. Mon seul vœu c'est que vous détourniez dédaigneusement la tête, c'est que vous haussiez les épaules en m'appelant lâche et insensé.

» Rappelez-vous ce que je vous ai dit aux premiers jours de notre amour si doux : celui qui passe près de vous et ne recueille point cette perle, celui-là est un fou. Pensais-je alors que la destinée m'entraînerait si loin que, moi-même, je la dusse écraser du pied, cette perle incomparable qui était venue tomber dans ma main.

» Lucienne, plus tard, si je vous rencontre, n'ayez dans le regard aucune indignation, n'ayez non plus aucune indifférence. Votre amitié seule, amitié affable et sans détour, me prouvera que la générosité n'est pas un vain mot sur la terre. Mais, que dis-je ? vous allez vivre dans la sphère brillante où vous appellent votre beauté, votre immense fortune. Moi pauvre, cherchant l'obscurité favorable à ma misère, je ne pourrais vous rencontrer jamais. D'ailleurs, vous me fuiriez, vous auriez raison. Le malheur est contagieux. Et puis, je vous le dis sans brumes, sans mélancolie de vaudeville, Lucienne, c'est fait de moi, je succombe sous mon dévouement. Chaque heure qui fuit, a passé si lourde que je m'en trouve écrasé. Plus on me sourit, plus on me flatte, plus je sens l'importance du sacrifice que j'ai fait. C'est un sentiment vulgaire, mais je suis un homme des plus vulgaires, vivant des joies et souffrant des misères de la plus simple humanité.

» Donc, je vous le répète, je suis perdu. Le sombre rideau tiré entre vous et moi m'abrutit, m'aveugle. Mes idées ne le franchissent pas, et je vivais beaucoup par les idées. Il y a donc, je le sens pour la première fois, une limite bien dessinée à ma vie. Chaque jour elle se rapprochera d'une année. Je ne vivrai pas vieux, Lucienne, un serpent me ronge le cœur.

» Voilà pourquoi nous ne nous rencontrerons plus.

» Ainsi, adieu, adieu avec toutes les larmes de mon corps, avec tout le sang de mon cœur; adieu à tout ce que j'aime; adieu, je meurs de vous écrire ce mot; chaque trait de ma plume creuse en moi une blessure mortelle.

» J'épouserai Mme la princesse Novratzin dans huit mois, le 3 avril prochain. Jusque-là, je vous supplie de ne pas m'adresser une ligne ni une parole. Je compte sur votre courage et sur votre honneur. Mais, dans un an, jour pour jour, à la date de cette lettre, envoyez-moi, Lucienne, un souvenir que je puisse serrer dans ma main, sur mon cœur, au moment où je mourrai... Car je mourrai en vous aimant, chère adorée Lucienne, et, bien sûr de ne plus faillir à l'honneur, au devoir, bien sûr d'avoir loyalement payé ma dette à la princesse, j'expirerai en prononçant votre nom.»

Il enferma cette lettre dans celle qu'il écrivait à son père, et ce paquet volumineux étant cacheté à l'adresse de M. de Bierges, il sécha ses yeux, rafraîchit ses joues.

Mais le poëte de Mantoue l'a dit — on ne trompe pas les regards d'une amante.

Caliste, en dînant, lui demanda d'un air dégagé s'il avait enfin rédigé ce terrible billet de part. Il était encore trop ému pour répondre par une plaisanterie. Elle lui proposa de faire remettre la lettre au bateau par le jardinier qui partait pour Côme.

Armand, comme tous les hommes, n'avait pas réfléchi à la seule chose importante — le détail. D'ailleurs, il ne supposait pas que Caliste soupçonnât. Cependant, la voyant tendre la main pour prendre cette lettre, il eut peur tout à coup. Et il avait raison. Mais il était trop tard.

— Je l'ai fait porter à la poste, dit-il, par quelqu'un de la maison.

— Tiens, sans m'en lire ce qui me concerne, répondit Caliste en frémissant.

— Je disais du mal de vous, chère Caliste.

— Ah!... c'est différent.

Et elle effaça toute émotion de son visage.

Mais Armand avait la lettre dans sa poche et se trouvait fort empêché pour la faire porter à la poste; il prétexta une promenade, afin de la donner secrètement à quelque batelier qui partirait sur-le-champ pour Menaggio.

Sortir seul, au lieu d'emmener Caliste, c'était inévitable, mais maladroit.

Dix minutes après, elle savait qu'il n'avait rien remis à personne de la maison, et un quart d'heure après qu'il eut confié cette misérable lettre au batelier rencontré sur le rivage, Caliste la froissait dans ses mains et l'enfermait dans sa poitrine.

CHAPITRE XXXIII.

La maison avait son entrée principale par la rue de Varenna, sorte de chemin rustique qui conduit à Côme, et dessert, de ce côté du lac, toutes les habitations et tous les villages. Car, nous l'avons dit, le Lario n'a pas de rives, et cette voie de communication est l'unique pour les courriers, les voyageurs et les fournisseurs à cheval ou en voiture. Ce chemin ressemble un peu, pour l'usage, aux petites rues de derrière que possèdent la plupart des grandes maisons de Londres, lesquelles ont leur entrée de service sur cette ruelle, et gardent pour l'orgueil de la façade et la propreté des visiteurs, une maîtresse-entrée sur une rue principale quelconque.

Là-bas, la rue principale est le lac. De ce côté sont toutes les vues, toutes les recherches. Là est l'exposition choisie; on est bien ou mal partagé; on habite à l'est ou au couchant, on voit le soleil d'Italie monter dans le ciel ou se plonger dans la neige éternelle des géans alpestres; mais c'est toujours vivre sous le soleil; c'est toujours trouver Dieu sous sa paupière, soit qu'on le prie en sortant du lit le matin, soit qu'on s'agenouille le soir avant de s'endormir.

Cette maison avait trois pièces immenses au rez-de-chaussée; vestibule grand comme celui d'un palais où cent courtisans doivent prendre place; salle de réception convertie en chambre à coucher avec un lit monumental; autre chambre moins vaste donnant aussi sur le lac.

Tel était l'appartement de la princesse.

Armand logeait au premier étage, dans trois autres chambres plus modestes; il avait son escalier, son service; il était de plain-pied avec cette rue que nous venons de décrire. Au contraire, l'appartement du rez-de-chaussée plongeait dans le jardin, au niveau duquel n'arrivaient pas encore ses portes; car du côté du Lario, les terrains descendent par une pente d'une telle déclivité, qu'on a dû pratiquer quatre terrasses perpendiculaires les unes aux autres. La première règne sur la rue, elle est vaste, et forme à elle seule un jardin grand comme les trois autres. La deuxième tombe au niveau du premier étage. La troisième plonge au niveau du rez-de-chaussée. Enfin, la quatrième et dernière, qui descend à pic avec le roc, va s'enfoncer jusque dans l'eau du lac, où ses assises baignent à une profondeur que Dieu seul connaît, car seul il a fait la montagne.

Ces terrasses composent le plus splendide jardin que puisse rêver un poète. Non, rien ne donne à un indigène de Bagnolet ou de Pantin l'idée de jardins pareils. Chaque mur de terrasse est couvert d'un espalier d'orangers et de citrons doux. A cette exposition chaude et féconde, l'oranger porte toujours fruit et fleur à la fois. Les parfums que le soleil en dégage sont enivrans. Quand la brise occidentale vient, fraîche et susurrante, moissonner ces pétales brûlans, la décomposition des essences donne une senteur que l'alambic ne saurait recueillir ni reproduire. Les camelias, les magnolias, les aloës, les cactus y vivent en buissons, en forêts; toutes les fleurs de France s'y changent en géans, les roses valent celles de Pœstum ou de Rhodes. Çà et là, le cyprès s'élance gracieusement oblique et mêle les aromes de son bois brun, les fortes exhalaisons de ses feuillages à tout ce qui respire et embaume au-dessous de lui.

Il y a de grandes allées d'une pente douce, qui vont réunir chaque terrasse à sa voisine. Néanmoins, on n'a pu éviter les marches au bout de ces pentes; elles sont larges, taillées dans le granit, et chaque hiver humide et doux, exprime de ce bloc un suc frais qui nourrit les lichens et les mousses incrustées là sans épaisseur, comme des broderies, pour dissimuler cette roche nue.

Le promeneur qui descend ces quatre terrasses dans une atmosphère de vie et de lumière, jouit du plus sublime spectacle qu'un œil humain puisse embrasser. A ses pieds il a le lac, auquel on touche en ouvrant une charmante grille du dix-septième siècle, il voit se balancer son bateau sur les degrés du rocher qui plonge dans l'eau bleue. En face, il voit la nappe infinie courir à l'Occident, et la rive opposée, qui dort dans une ombre de cobalt, surmontée des bandes vertes de la campagne lombarde, et des dentelures d'or et d'argent des montagnes. Vers le Sud, la pointe de Bellaggio, promontoire fier et charmant qui divise les deux bras du Lario comme la proue du navire. Aux crêtes de ce cap se pendent les arcades et les jardins de la magnifique villa Sommariva. Enfin pour cet heureux spectateur, un coup d'œil peut durer une journée, puis la nuit, puis le spectacle recommence toujours nouveau; car avec une seule ombre de nuage qui passe, Dieu varie l'aspect de ses merveilles et les rend neuves soixante fois par seconde, cela pendant l'éternité.

Voilà le paradis qu'avait choisi Caliste. Paradis est le mot. La femme, l'homme en sont les habitans et les maîtres; rien n'y manque, pas même le serpent, car, ceci est le côté faible, hélas! ces larges touffes d'aloës, serres-chaudes de la végétation, sont des nids inviolables où les familles de reptiles vivent une vie patriarcale. Inoffensifs, dit-on — je n'y voudrais pas croire — ils sortent de ces antres creusés sous les palettes robustes du cactus ou de l'aloës, et vont se rafraîchir dans le lac; effrayans amphibies qu'on voit trop souvent s'agiter à peu de profondeur et dessiner leurs spirales et leurs vrilles autour des avirons qui les agacent. Parfois vous approchez de la roche pour embarquer; la roche est diaprée de feux et d'écailles prismatiques, vous admirez le granit, si riche au soleil, mais au premier mouvement toute la surface tremble et change à vue. Des milliers de frétillemens, de bonds et de fuites frémissent et troublent l'eau : le vrai granit apparaît terne et moussu. Il était couvert d'anguilles douteuses qui se chauffaient au soleil et viennent de plonger dans les flots.

Ce vice redhibitoire des lacs italiens, Armand l'avait deviné le second jour de son habitation, et, pour ne pas dégoûter Caliste, qui fût morte de peur, il avait soin de la précéder quand on descendait au bateau. Une baguette à la main, il avertissait de loin les reptiles flâneurs qui rentraient dans leur trou sans trop de commentaires, et Caliste admirait ce splendide jardin au lieu de le prendre en exécration. Pourquoi Armand n'avait-il pas réussi à lui cacher ainsi ce serpent mortel, son secret, caché sous ses sourires?

Après qu'il eut remis sa lettre au batelier dont la discrétion ne lui paraissait pas même douteuse, il rentra. Caliste, lui dit-on, s'était retirée chez elle un peu souffrante de la chaleur. Nerveuse comme l'était la princesse, rien n'était plus naturel après une journée brûlante. Caliste fit dire à son ami qu'elle voulait dormir, qu'elle le priait de ne pas l'attendre à souper. Il obéit et continua dans la solitude ses méditations et ses soupirs.

Le lendemain, de bonne heure, Caliste reparut. Le sommeil, sans doute, et la fraîcheur lui avaient rendu sa souplesse, son égalité d'âme. Une trace bleuâtre, un imperceptible gonflement de ses paupières, une pâleur plus mate, vestiges de la souffrance, doublaient le feu de son regard et ennoblissaient, s'il est possible, le charme de son sourire.

Elle entra chez Armand, éveillé depuis une heure à peine. Elle prit ses mains qu'elle baisa. Elle s'approcha et l'embrassa lui-même. Ces caresses qu'elle ne lui avait jamais faites depuis leur réunion, car elle affectait la plus scrupuleuse modestie dans sa tendresse et avait déclaré au jeune homme que c'était une femme non une maîtresse qu'elle voulait donner à son mari ; ces douceurs, dis-je, étonnèrent Armand qui l'observa aussitôt, comme pour lui en demander la cause.

Elle ne répondit que par un de ces sourires qui jadis firent déserter le ciel aux anges ; elle était vêtue de blanc, toute mouvante de fines dentelles, on sentait une certaine recherche dans le soin qu'elle avait pris de chasser son deuil de la vue et du cœur. Elle toucha donc la main d'Armand, lui appuya son bras nu sur l'épaule, et fit, ainsi pressée, ainsi penchée sur sa poitrine, monter le sang et la vie de l'amour, du cœur aux lèvres de son amant. Sa beauté jamais plus complète, jamais aussi palpitante, le soulèvement de son sein, le feu noyé de ses regards, ses douces paroles, son appel mélodieux à tant de souvenirs charmans, triomphèrent bien vite de ce cœur mal refroidi, au fond duquel vivait, et devait revivre éternellement la passion, au premier désir de l'objet parfait qui l'avait inspirée.

Lorsqu'après une journée si vite et si délicieusement écoulée, elle fut bien sûre d'avoir repris l'empire et le prestige, lorsqu'elle eut rassasié son âme par un incessant regard qui buvait l'âme d'Armand, lorsqu'elle ne put douter que, de toutes ces heures, pas une minute n'avait été dérobée à elle pour quelque autre souvenir, Caliste, sans quitter sa main, sans quitter ses yeux, ni pendant le repas, ni pendant la promenade, lui demanda de faire un tour sur le lac pour achever la soirée.

Il consentit avec joie ; il était sous le charme. Elle rentra chez elle un moment, tandis qu'il faisait préparer le bateau. Il ne pouvait la perdre de vue, car, allant et venant, elle se montrait aux fenêtres de sa chambre, l'appelant sans cesse et prononçant son nom pendant qu'il n'était pas là.

Elle accourut radieuse et adorable, mit la clef de son appartement dans la poche d'Armand, pour s'en débarrasser, disait-elle, et alors elle lui prit le bras. Elle portait sur son bras un long burnous de laine grise à glands de soie blanche. Il prit ce burnous et soutint doucement son amie, pour la faire entrer dans le bateau.

Ces bateaux destinés à la navigation du lac sont longs, plats et larges. Une tente de toile blanche, arrondie sur des cercles de châtaignier, sépare les maîtres du rameur, qui, le dos tourné, fait mouvoir sa rame à large spatule jusqu'à ce qu'il ait atteint le point sur lequel on lui a commandé de se diriger. Là, les promeneurs s'arrêtent, on boit l'air pur, on regarde briller les étoiles, on cherche Dieu sous son rempart d'azur, et le bateau, un moment négligé, va mollement à la dérive sous l'influence de quelque timide courant ou d'une brise complaisante qui accorde trêve au rameur. Ordinairement ce dernier, paresseux et dormeur comme tout bon Italien, se couche sur la levée de son bateau, met ses bras sur ses yeux et s'endort.

Caliste s'était assise sur la levée de poupe, Armand sous la toile blanche. Une langueur voluptueuse, une délicieuse fatigue les accablaient ; ils se regardaient sans parler. Caliste laissa tomber le long du bateau les plis de sa robe, et sous sa robe flottante ses pieds d'albâtre qu'elle se réjouissait de faire caresser par l'eau tiédie. Elle se mit à chanter, tandis que le bateau marchait. Elle chantait en regardant Armand, qui s'enivrait de la voir et de l'entendre. C'étaient toutes les chansons de son pays, mélodies naïves, amoureuses, d'un rhythme et d'une mélopée qui résonnaient bizarrement dans cette nuit, sur ces ondes. On eût dit qu'elle repassait chaque sentiment, chaque souvenir de sa vie, et que tous ces souvenirs elle les sacrifiait un à un à Armand. Il finit par se rapprocher d'elle. Vaincu par cette enchanteresse, il la supplia de ne point se refroidir, car l'eau devenait fraîche sous la brise ; il la supplia de ne plus chanter ; et pour la forcer d'obéir, il ferma ses lèvres d'un baiser. Ce baiser fit trembler Caliste, elle poussa un soupir mal étouffé, son cœur battit si fort qu'Armand lui demanda si elle n'éprouvait pas quelque souffrance.

Elle ne lui répondit qu'en lui prenant la tête à deux mains pour la poser sur ses genoux. Lui trouva ses mains glacées ; alors il se releva, l'enveloppa tout entière dans le grand burnous, et la ploya mollement sur la levée du bateau, comme un enfant qu'on veut bercer pour l'endormir.

La nuit était splendidement illuminée. Des millions d'étoiles constellaient le miroir de l'eau. On entendait au loin des murmures pleins d'harmonie. Cependant le bateau avançait insensiblement vers le milieu du lac.

Du fond de son manteau où elle était ensevelie, Caliste continua de chanter tout bas une complainte monotone de l'Ukraine. Armand s'étendit au-dessous d'elle et

chercha un appui pour sa tête, que par degrés le sommeil appesantissait. Elle lui donna les plis épais du burnous qui excédait ses pieds. Puis se soulevant sur un coude et l'observant avec d'étranges angoisses, elle sembla attendre qu'il fermât les yeux. Onze heures sonnèrent aux campaniles de Fiumelate et de Varenna. Armand murmura :
— Onze heures.
Et il s'endormit.
Aussitôt, la pâleur du tombeau envahit les joues de la princesse, l'éclair s'éteignit soudainement dans ses yeux, qui s'élevèrent pour implorer la miséricorde divine.
. . . .
Une voix réveilla Armand. C'était celle du batelier qui, soulevant le rideau de son côté, s'informait s'il devait continuer la promenade ou retourner à la maison.
— Quelle heure est-il donc? demanda Armand.
— Une heure et demie, monsieur.
— Parlez plus bas, madame dort.
Armand voyait le grand burnous étendu sur la levée; il croyait entendre s'en exhaler le léger souffle de son amie.
— Mais, pensa-t-il sur-le-champ, il est malsain de dormir ainsi sous ce ciel froid. Allons, réveillez-vous, Caliste; debout, dormeuse! vous devez être glacée.
Rien ne répondit. Il secoua les plis du manteau : l'étoffe céda sans résistance et vint se ranger sous sa main... Le manteau était vide!
Armand poussa un cri de surprise ; il chercha sous la tente, sous la levée, il chercha près du batelier; rien !
Une sueur d'horreur parcourut son corps. Il appela Caliste, il appela encore... Rien ne répondit.
La nappe d'eau était infinie, calme et sourde comme le ciel.
Les cris d'Armand et son angoisse déchirante, épouvantèrent le batelier, qui chercha, qui cria aussi. Armand se tut. On vit alors un navrant spectacle, celui d'un homme aux prises avec cet effrayant désespoir.
— Caliste!... répétait-il en s'arrachant les cheveux, Caliste! Caliste!...
Un écho gronda sourdement. Qui sait?... celui de l'éternité peut-être!

Quand le batelier vit Armand tomber à genoux, frapper l'eau du lac, et creuser à coups d'ongle les planches du bateau, il fut pris d'une immense pitié ; il entreprit de consoler son maître. Il lui suggéra l'idée que peut-être, pendant leur sommeil à tous deux, un autre bateau les avait accostés sans qu'ils s'en aperçussent, que la princesse était entrée dans ce bateau pour faire un peu chercher Armand, par plaisanterie.
Par plaisanterie, grand Dieu ! Cette énormité toucha pourtant le but; Armand s'y rattacha pourtant, à cette monstrueuse espérance.
— Vite! dit-il haletant, vite, ami Jeppo, à la maison! à la maison! oui, Caliste a monté dans un autre bateau! oui, elle a voulu éprouver ma tendresse ! Oh ! comme elle va voir que je l'aime! Oh ! comme je t'aime, Caliste ! Vite, Jeppo ! vite!
Et il se mit à sourire, et il tendit les bras au ciel. Est-ce qu'il brillerait d'étoiles ce firmament de Dieu s'il avait vu mourir Caliste! Et il bénit le lac en le priant de porter légèrement la barque. Est-ce qu'il dormirait ainsi ce lac, s'il avait englouti tant de génie, de douceur et d'amour ?
Jeppo, courbé sur sa rame, faisait voler la lourde embarcation. On arriva. Armand courut, monta. Personne. Sans doute Caliste s'était enfermée dans sa chambre, où l'on voyait briller une lumière. Il frappa. Mais, non... la clé de cette chambre, Caliste la lui avait donnée en partant. Il la prit avec terreur, elle glaçait ses doigts, il l'ouvrit. La chambre était déserte, une bougie achevait de brûler sur la table près d'une lettre décachetée.
Armand saisit ce papier, c'était sa lettre à Lucienne.
Il voulut la rapprocher de ses yeux pour la relire, pour y croire; mais il perdit connaissance et roula inanimé sur le parquet.
Caliste avait écrit au bas de cette lettre :

« Mademoiselle,

» Armand m'a payé sa dette. Je viens de lui payer la mienne. Il est libre. Donnez-lui tout le bonheur qu'il mérite. Maintenant je suis sûre qu'il m'aimera toujours.

» CALISTE, princesse Noyratzin. »

FIN DU DEUXIÈME ET DERNIER VOLUME.

LE CHEVALIER

DE MAILLY

MOLÉ-GENTILHOMME ET CONSTANT GUÉROULT.

LE
CHEVALIER DE MAILLY

PREMIÈRE PARTIE.

LAHORE.

CHAPITRE PREMIER.

Une ville des Mille et une Nuits.

Le soleil descendait à l'horizon et jetait encore sur les campagnes du Pandjab des lueurs ardentes, lorsqu'un jeune Européen entra dans la ville de Lahore, monté sur un éléphant conduit par un cornac nubien. Ce jeune homme portait le costume élégant de l'officier de marine sous Louis XV, et quoique la tristesse fût empreinte sur ses traits, tout dans sa personne trahissait la vivacité d'esprit et l'affabilité qui, alors surtout, formaient le trait distinctif du caractère français. Agé de vingt-cinq ans environ, il avait les yeux noirs et expressifs, la taille élégante, quoiqu'un peu au dessous de la moyenne, et ses traits déjà basanés par le climat, étaient remarquables par un mélange d'austérité et de résolution, qui lui donnaient quelque chose d'imposant. Du haut de sa gigantesque monture, il jetait des regards étonnés sur le panorama qu'offrait en ce moment cette étrange cité de Lahore, la plus fantastique des villes du Pandjab; c'était comme une vision. Les ruelles tortueuses à travers lesquelles il cheminait lentement, étaient si étroites, que son éléphant frôlait les maisons qui les bordaient de chaque côté, et dont les étages noirs, lézardés et disjoints semblaient fléchir sous le poids des balcons et des habitans qu'on y voyait groupés. Au bas de ces rues sombres, pleines d'égouts infects et de cloaques profonds, pullulaient et se traînaient hideusement le long des boutiques noires, des êtres à la fois misérables et farouches, les uns drapés dans des haillons comme des sorcières, les autres nus avec de longues barbes; c'étaient des eunuques aux traits difformes, des fakirs frottés de cendre, et le visage grotesquement peint; des hommes couverts de peaux de tigre ou de léopard; d'autres, complétement nus, hurlant comme des bêtes féroces, ou sonnant d'une trompe en cuivre d'une longueur démesurée; puis des fanatiques en costume étrange, tout noir, faisant mine de diriger sur le voyageur des arcs armés de flèches, de longs fusils rouillés, des piques interminables ou des sabres recourbés et damasquinés. De loin en loin, il voyait se détacher de ce fouillis infâme quelque figure d'ange avec un teint pâle, des yeux languissans et une maigreur excessive.

Tel était l'aspect de la rue; mais quand de cette cohue infecte et grouillante, les regards du Français s'élevaient au dessus du niveau où il planait, le coup d'œil changeait comme par enchantement. Alors c'étaient des balcons garnis de courtisanes, de danseuses brillantes d'or et de pierreries, les unes lui adressant de gracieux saluts, les autres riant à gorge déployée de son costume et de sa tournure. D'autres balcons étaient remplis de coqs et de poules, battant des ailes et remplissant l'air de leur gloussemens; et ce mélange de volatiles au plumage éclatant et de jolies femmes au gracieux sourires formait un tableau plein de grâce pittoresque.

Mais tout à coup le jeune Français sentit que sa monture cessait d'avancer. Il regarda d'où pouvait venir ce temps d'arrêt, car l'éléphant est un animal éminemment raisonnable, qui n'a pas de caprices comme le cheval ou le mulet, et i aperçut une cariole dorée, de forme antique, et attelée de deux bœufs, dont l'un était tombé en travers de la ruelle, et demeurait là aussi tranquillement que s'il avait été sur sa litière. Si ce n'eût été qu'un homme, le cornac eût fait passer son éléphant par dessus sans hésiter, mais dans l'Hindoustan le bœuf est sacré, et, loin de le frapper, crime pire que l'homicide, ses conducteurs, et avec eux tous les sectateurs de Vichnou qui passaient par là se prosternèrent devant lui et se mirent à l'adorer, en lui offrant du riz. La difficulté était donc insurmontable, et il fallut rebrousser jusqu'à un carrefour, où l'éléphant put enfin se tourner et prendre un autre chemin.

Arrêté bientôt par un nouvel obstacle, le Français se mit à contempler une bande de jeunes femmes en pantalon collant, avec des tournures cavalières, drapées de voiles à bordures d'or ou d'argent, qui le saluaient gracieusement du haut de leurs terrasses, faisant scintiller au soleil les nombreux bijoux qui ornaient leur nez et leurs oreilles. Absorbé par la grâce de ce charmant tableau, il attendait patiemment que la voie fût rendue libre, lorsqu'un bruit étourdissant vint frapper brusquement son oreille. Au même instant son cornac se mit à faire reculer l'éléphant d'un air effaré, et ne parut un peu rassuré que lorsqu'il l'eut fait entrer sous l'une des portes triomphales élevées sur la limite de chaque quartier. La rue fut aussitôt encombrée d'une foule de seigneurs parés de pierres précieuses et montés sur des éléphans à siége d'or massif ou d'argent, et à chabraques de drap d'or. Derrière eux venaient leurs palefreniers, les uns tout nus, les autres couverts d'une espèce de guenille drapée avec une grâce sauvage, tous montant des coursiers superbes, sur des selles splendides. Les jeunes seigneurs, ceux qui paraissaient donner le ton, étaient vêtus de drap d'or, voilés et enveloppés de gaze rose, lilas ou blanche, armés de poignards, de sabres et de pistolets, les moustaches relevées, la barbe séparée au milieu du menton et peignée vers les oreilles avec une coquetterie qui avait quelque chose de féroce et devait paraître d'un goût exquis, car ils se pavanaient avec orgueil et excitaient l'admiration sur leur passage.

Quand cette troupe brillante se fut écoulée, le cornac fit au Français un signe par lequel il semblait lui recommander la prudence, et aussitôt s'élancèrent dans la rue, comme une avalanche de démons, une vingtaine de cavaliers, accoutrés d'un costume étrange, la tête couverte de hauts turbans tout noirs, avec des poignards fixés dans ce turban, les moustaches et la barbe relevés vers les yeux. A l'aspect du costume européen, ils s'arrêtèrent brusquement devant le Français, l'accablèrent d'injures, hurlèrent comme des tigres et se mirent à brandir leurs sabres contre lui, quelques-uns même deux sabres à la fois, un dans chaque main.

Le jeune homme les regarda froidement et répondit à leurs menaces par un sourire dédaigneux, tandis que le malheureux cornac se réfugiait tout tremblant sous son éléphant. Furieux de rencontrer un pareil sang-froid au lieu de la terreur qu'ils étaient habitués à produire, ces cavaliers, qui appartenaient à la caste puissante et privilégiée des Akalis, comme le Français l'apprit plus tard, se serrèrent autour de l'étranger, et parurent très disposés à passer de la menace à l'exécution. Alors celui-ci tira rapidement son sabre et son poignard, qu'il posa devant lui; puis ses deux pistolets, qu'il tint tout armés de chaque main, et attendit avec une intrépidité calme l'attaque de ses ennemis. Les Akalis, accoutumés à se battre, l'injure et la menace à la bouche, avaient pris le calme du Français pour de la peur: aussi parurent-ils vivement surpris de le voir se mettre si résolûment sur la défensive. Après un moment d'hésitation, ils se consultèrent un instant, puis ils s'éloignèrent, et le jeune homme entendit l'un d'eux dire à ses compagnons, en le désignant du doigt : *Francis saheb*, seigneur français.

Un grand diable d'Indien, prosterné à quelques pas de là devant un singe, entre deux fakirs, l'un vêtu tout en jaune, l'autre tout en rouge, avait observé à la dérobée la scène que nous venons de décrire. A ces mots de *Francis saheb*, il se retira brusquement, quitta sans cérémonie l'objet de son adoration, et, s'approchant de l'étranger :

— Est-il vrai, Monseigneur, que vous soyez Français? lui demanda-t-il.

Ravi d'entendre quelqu'un parler la langue de son pays, quoique singulièrement altérée par un accent ou plutôt par le mélange de cinq à six accents étrangers, le jeune Français éprouva une violente tentation de presser cet homme dans ses bras;

mais un coup d'œil jeté sur sa personne comprima cette effusion et le rappela tout à coup au sentiment de sa dignité.

Ce personnage accoutré de haillons drapés sans art et sans goût, indice presque certain de son origine étrangère, était grand, maigre, pâle de visage, et possédait une de ces mines équivoques désignées communément sous le titre de patibulaires. Il portait, passé dans une mauvaise ceinture, un poignard long et effilé, qui, joint à ses grotesques guenilles et à sa face de mauvais augure, n'était pas fait pour lui gagner la confiance; aussi l'étranger hésita-t-il un instant à lui répondre, mais rougissant aussitôt de cet excès de prudence:

— Je me nomme le chevalier de Mailly et suis gentilhomme français, répondit-il.

Puis toisant l'Indien postiche avec un vague sourire:

— Mais vous, lui demanda-t-il, à quelle nation appartenez-vous donc? car je doute que vous fassiez partie du peuple dont vous portez le costume.

— Votre jugement n'est pas en défaut, monseigneur, en effet je ne suis pas ce que je m'efforce de paraître; quant à dire au juste quelle est ma patrie, ce serait fort difficile. On m'a assuré que j'étais né en Italie, mais mon enfance s'est passée sur la mer, ma jeunesse dans tous les royaumes du continent, je porte un nom anglais, Tom Jack; je parle tant bien que mal cinq à six langues, et me voilà vêtu à la mode indienne, adorant le singe Hanamna, portant au front la marque distinctive des sectateurs de Vichnou et vivant des offrandes faites par les dévots aux singes et aux serpens devant lesquels je me prosterne pour attraper les vivres qui leur sont présentés et dont je fais ma nourriture depuis un an. Décidez maintenant à quelle nation j'appartiens.

— C'est un point fort difficile à débrouiller, en effet, et que je laisserai à d'autres le soin de résoudre. Mais n'est-ce pas une grave imprudence de votre part de dévoiler ainsi tout haut et en pleine rue la comédie coupable que vous jouez vis-à-vis des dieux du pays?

— Je m'exposerais tout simplement à être lapidé sur place si l'on pouvait seulement soupçonner mon sacrilège; mais rassurez-vous, il n'y a pas quatre personnes à Lahore, je pourrais même dire dans tout le Pandjab, qui comprennent le français; je dis qu'il n'y en a pas quatre, mais je sais qu'il y en a trois, vous d'abord, monseigneur, moi ensuite, et enfin un personnage qui parle plusieurs langues, mais que je soupçonne d'être comme vous un gentilhomme français.

— Un gentilhomme français! s'écria le chevalier, et vous dites qu'il demeure dans la ville même?

— Il habite, avec une dizaine d'Européens, Anglais, Portugais, Espagnols, une espèce de caravansérail, un *bungalo*, comme on dit ici, où vous pouvez être admis vous-même, si vous n'avez déjà fait choix d'une habitation.

— J'en cherche une à l'heure qu'il est, mais je n'en veux plus d'autre que celle où je puis trouver un compatriote.

— Non-seulement je vais vous y conduire, dit vivement Tom Jack, mais pour peu que ma physionomie vous inspire quelque confiance, je vous offre mes services à titre d'interprète et de cicerone, comme on dit en Italie.

— Et comme votre figure respire l'honnêteté, répondit le gentilhomme avec une légère ironie, j'accepte votre offre de grand cœur.

— Dois-je marcher en avant avec le cornac, reprit Tom Jack, où Votre Seigneurie me permet-elle de prendre place sur l'éléphant?

Le jeune Français jeta un coup-d'œil sur les cavaliers qui se croisaient dans la ruelle et vit que les Pandjabiens les plus élégans avaient en croupe sur leurs éléphans, et même sur leurs chevaux, leurs palefreniers déguenillés. Convaincu alors qu'il pouvait céder au vœu de Tom Jack sans s'écarter de la coutume du pays, point essentiel à observer, il lui permit de s'asseoir derrière lui. Alors le Nubien, sur l'ordre de Tom Jack, détacha la petite échelle qui pend toujours aux flancs de l'éléphant, et un instant après celui-ci se trouvait commodément assis derrière le gentilhomme.

— Pardon, monseigneur, si je me permets une observation, dit Tom Jack, mais, comme les rares voyageurs qui ont obtenu la faveur de pénétrer dans Lahore, c'est sans doute la curiosité qui vous amène dans cet étrange pays.

— Oui, oui, répondit le jeune gentilhomme d'un ton qui démentait complétement ses paroles, je suis fort curieux et prends un plaisir extrême au spectacle étrange qui frappe ma vue à chaque pas.

Il tomba dans une rêverie profonde à ces mots, et son esprit parut transporté bien loin des objets auxquels il prétendait s'intéresser si vivement.

Cependant la multiplicité et la bizarrerie

des scènes qui se succédaient dans la rue l'arrachèrent bientôt à ses réflexions.

— Quelle est donc la cause de cet attroupement, demanda-t-il, en montrant du doigt une foule de peuple assemblée devant une maison, et tellement compacte que la ruelle en était complétement obstruée.

— Nous allons le savoir, répondit Tom Jack.

Il dit quelques mots au Nubien, qui courut au groupe, parla à quelques femmes et revint aussitôt rendre compte à Tom Jack de ce qui se passait.

— Eh bien? demanda le chevalier.

— C'est une femme dont le mari est mort hier de la morsure d'un serpent et qui vient de déclarer qu'elle était décidée à se faire brûler avec lui : c'est ce qui explique l'attroupement de toutes ces femmes autour de sa demeure. C'est à qui lui adressera la parole, obtiendra d'elle une marque d'attention ou touchera seulement ses vêtemens; car, tout cela porte bonheur, et l'empressement de ces bonnes Indiennes à profiter d'une telle occasion est d'autant plus vif, que ce genre de sacrifice, assez commun dans les hautes classes, est presque sans exemple dans les castes inférieures.

— Pauvre femme! murmura le jeune homme en jetant un regard plein de pitié sur la maison où se passait cette scène.

— Mon Dieu! monseigneur, il est fort désagréable d'être brûlé vif, sans aucun doute, surtout à petit feu, comme cela se pratique généralement, les brahmes étant fort avares de leur bois, mais telle est la destinée que fait aux veuves la stupidité des Indiens, qu'on ne sait en vérité qui des deux il faut plaindre, de celle qui meurt sur le bûcher de son mari ou de celle qui se résigne à lui survivre.

— Quel est donc le sort de ces malheureuses ?

— Abreuvées d'humiliations, privées de tout ce qui fait l'orgueil ou constitue le bien-être de l'Indien, elles ont la tête rasée, l'usage du bétel leur est interdit, elles ne peuvent plus porter de bijoux, ni se jaunir le visage avec de l'eau de safran, ni tracer sur leur front aucun des signes usités; enfin elles sont exclues de toutes les fêtes de famille, où leur présence ferait craindre un malheur; leur rencontre est considérée comme un présage funeste, on les fuit comme des lépreuses.

— Je commence à comprendre en effet qu'on puisse préférer la mort à une telle perspective.

— Votre Nubien m'a dit que cette femme était jeune et jolie, voulez-vous la voir? Il se passe là sans doute quelque cérémonie curieuse pour un Européen.

— Voyons cela, dit le chevalier.

Il descendit dans la rue aidé par son Nubien et suivi de Tom Jack, qui saisit cette occasion de commencer ses fonctions d'interprète, en traduisant au gentilhomme français la scène dont il fut témoin.

Après être arrivé, non sans peine, au seuil de la maison, il aperçut au milieu d'une salle basse et sombre, à peine éclairée par une espèce de lampe en noix de coco, d'abord le corps nu d'un jeune homme étendu sur le sol, puis près de ce corps une jeune femme demi-nue, dont la beauté sauvage conservait un charme étrange au milieu des gémissemens, des cris et des contorsions auxquels l'usage, plus encore que la douleur, lui faisait un devoir de se livrer, et autour de la salle, accroupis et immobiles comme des sphinx, les parens du mort et de la veuve, répétaient en chœur les cris et les sanglots de celle-ci.

Quand elle se fut suffisamment roulée à terre, arraché les cheveux et frappé la poitrine, la jeune veuve se leva, fixa sur son époux un regard ardent, et lui adressa ensuite la série des interpellations exigées par la tradition, et dont nous supprimerons celles qui pourraient choquer la délicatesse du lecteur.

« Quel tort t'avais-je donc fait pour me quitter à la fleur de l'âge? n'avais-je pas pour toi tous les soins et toutes les attentions d'une femme fidèle? n'ai-je pas toujours été vertueuse et incorruptible? n'ai-je pas mis au monde de beaux enfans? qui les élèvera? qui prendra soin d'eux à l'avenir? n'étais-je pas attentive à toutes les affaires du ménage? ne balayais-je pas bien tous les jours la maison? ne traçais-je pas à terre des bandes blanches? ne te préparais-je pas une bonne nourriture? trouvais-tu du gravier dans le riz que je t'apprêtais? ne te servais-je pas des mets selon ton goût, bien assaisonnés avec de l'ail, du poivre, de la cannelle et autres épices? ne mettais-je pas mon attention à aller au devant de tout ce qui pouvait te plaire? »

Après chacune de ces phrases, prononcées d'un ton plaintif et cadencé, la jeune femme faisait une pause pour sangloter et crier, toujours en cadence, et les femmes, rangées en cercle autour de la salle, répétaient ses lamentations en chœur et sur le même ton qu'elle.

Quoiqu'il y eût dans cette scène quelques détails de nature à faire sourire un Français, l'ensemble du tableau, avec ce cordon de femmes dont les draperies, le teint de bronze et les yeux noirs se dessinaient fantastiquement dans la pénombre produite par la pâle clarté de la noix de coco, avec ce corps inanimé, avec cette jeune femme éplorée, qui allait mourir dans quelques heures d'une mort horrible: tout cela était empreint d'une couleur si sombre et si funeste, que le chevalier sortit de cette maison tout ému, l'âme pénétrée de pitié et de terreur.

Il remonta sur son éléphant avec Tom Jack, et le cornac ayant réussi à se frayer un passage à travers les curieux groupés devant la maison du mort, ils continuèrent leur route par la merveilleuse cité, dont chaque rue offrait au jeune Français quelque spectacle étrange et imprévu, effrayant ou grotesque.

CHAPITRE II.

Histoire d'un ami de Tom Jack.

En reprenant sa course par les ruelles sombres et tortueuses, entre les hautes maisons lézardées dont son éléphant ébranlait les balcons en passant, le jeune gentilhomme fit à part lui la réflexion que la nuit approchait, que cette excursion se prolongeait singulièrement et que, ne connaissant pas la ville et ne sachant pas un mot d'indien, il se trouvait entièrement à la discrétion de l'équivoque compagnon dont il avait accepté assez légèrement les services et la société.

Quel était cet homme? il l'ignorait, et le peu qu'il savait de son histoire ne parlait pas en sa faveur. Qui l'empêchait de le conduire loin des habitations, au milieu de quelques bandes de pillards et d'assassins? Le chevalier était brave, mais seul dans un pays où il n'avait pas un ami, pas une connaissance, où il ne pouvait pas même échanger une parole avec le passant, il comprenait le besoin de se tenir sur ses gardes, et eût été honteux de donner maladroitement dans quelque piège.

Quand il eut bien pesé ainsi sa position, il tira ses deux pistolets de sa ceinture, les arma, les tint à portée de sa main; puis il se mit à passer en revue toutes les bizarreries qui se rencontraient sur sa route: des temples lilliputiens minutieusement sculp-
tés, où s'agitaient des brahmines et des fakirs peints de diverses couleurs, de petits taureaux blancs, bossus, ornés de fleurs et les cornes dorées, rencontre particulièrement désagréable à l'éléphant, qui, comme tous ses pareils, éprouve une antipathie profonde pour les animaux à bosses; puis des femmes demi-nues, chargées d'anneaux d'or, aspergeant d'eau une foule de pierres cylindriques, réputées divinités; des cavaliers étranges, l'arc passé sur l'épaule, des flèches attachées sur le dos sans carquois, montant de magnifiques chevaux teints de henné et d'indigo: tout cela formant un fouillis compacte, dominé par les éléphans, dont la lourde masse perçait lentement cette foule et emportait parfois dans sa marche les auvents en feuilles de cocotier soutenus par de frêles colonnes de bambou.

Vingt fois le Français avait tremblé de voir son éléphant écraser les femmes et les enfans qui se trouvaient sur son passage, mais il finit par s'apercevoir qu'il n'y avait nul danger; ni les femmes ni les enfans ne se dérangeaient, et le colosse évitait délicatement de les blesser.

— Monseigneur, dit tout à coup Tom Jack, voulez-vous me permettre une question?

— Parlez, maître Tom.

— Eh bien, monseigneur, j'aurai l'indiscrétion de vous demander en l'honneur de qui vous venez d'armer ces admirables pistolets?

— Je ne sais trop au juste, c'est une mesure de précaution qui rentre dans mes habitudes depuis que j'ai mis le pied dans l'Inde; mais cela pourrait bien servir à quelqu'un de ces horribles singes qui s'élancent par centaines d'un balcon à l'autre et se permettent de s'accrocher aux chabraques de mon éléphant en me faisant la grimace.

— Tuer un singe! s'écria Tom Jack avec terreur, un animal sacré! la divinité favorite des Vichnouvistes! voilà justement ce que je redoutais! Gardez-vous bien de leur donner seulement une chiquenaude si vous ne voulez nous faire assommer tous trois sur la place.

— Allons, je respecterai les singes, voilà qui est dit, et je réserverai mes deux balles pour mes semblables, si j'en trouve sur mon chemin qui ne se comportent pas à ma guise.

— Les hommes! à la bonne heure, c'est moins grave.

— Or çà, maître Tom, nous avons fait beaucoup de chemin, ce me semble, et je m'aperçois que les habitations deviennent de plus en plus rares à mesure que nous avançons. Êtes-vous bien sûr de ne pas vous égarer ?

— Vous pouvez vous en rapporter à moi, monseigneur, je connais Lahore comme si je l'eusse bâti moi-même; dans dix minutes nous serons arrivés.

— A la bonne heure. Je dois vous prévenir que je considérerais une erreur comme une trahison, et que je suis impitoyable pour qui me trahit.

Ces mots furent prononcés avec une résolution calme, qui frappa Tom Jack.

— Tenez, monseigneur, dit-il au chevalier, vous avez eu, en m'adressant cette menace, un ton et un accent qui m'ont rappelé tout à coup un souvenir, depuis longtemps oublié, le souvenir d'un compagnon qui m'a quitté il y a six ans et dont je n'ai plus entendu parler depuis.

— Ah ! j'ai eu l'honneur de vous rappeler un de vos amis, dit le chevalier avec ironie; eh ! mais voilà qui ne laisse pas que d'être flatteur pour moi.

— Non-seulement cet homme était mon égal, mon compagnon, comme je vous l'ai dit, reprit Tom Jack, mais il était dans une position plus infime encore que la mienne, car il avait pour mère une courtisane de Cachemyr, une jeune fille d'une rare beauté, qui fut tuée par un guerrier sike dans un accès de jalousie; et pourtant, monseigneur, malgré la bassesse de sa naissance, je vous jure que Cibal eût pu marcher de pair avec les plus hauts personnages, si l'on voulait ne considérer dans l'homme que la dose de courage et d'intelligence qu'il a reçue du ciel.

— Ah ! c'était un homme supérieur que votre ami Cibal?

— Deux exemples vous donneront une idée de sa valeur. Je vous ai dit que sa mère avait été tuée par un guerrier sike ; Cibal avait douze ans à peine quand cette catastrophe le laissa seul au monde, et déjà il était cité dans tout Cachemyr pour son adresse à tous les jeux et à toutes les armes. En apprenant la terrible nouvelle, il ne versa pas une larme, quoiqu'il adorât sa mère, et se contenta de demander, avec un sang-froid effrayant pour un enfant de cet âge, le nom du meurtrier. Quand on le lui eut fait connaître, il me dit : « Tu as vingt-cinq ans, tu es un homme, eh bien, suis-moi, et c'est d'un enfant que tu apprendras comment on se venge. » Je partis avec lui et nous nous rendîmes ensemble chez le Sike. C'était un homme de trente ans, de haute taille, avec une longue barbe noire très touffue, un teint cuivré, des yeux noirs et un regard farouche. Il était armé de toutes pièces et allait monter à cheval quand l'enfant l'aborda. Il se posa entre lui et son coursier, puis se croisant les bras et le regardant en face :

— Je suis Cibal dont tu as tué la mère, lui dit-il, as-tu le pouvoir de la rendre à la vie ?

— Ce pouvoir-là, répondit le Sike en toisant dédaigneusement Cibal dont la tête atteignait à peine à sa poitrine, Brahma lui-même ne l'a pas; mais j'ai celui de t'envoyer la rejoindre si tu souffres trop d'en être séparé.

Cibal se mit à sourire d'une façon étrange à cette menace grossière.

— Un seul mot, maintenant, dit-il, quelle est la main qui a tué ma mère?

Le Sike lui montra avec orgueil sa main droite, une main d'Hercule, large et nerveuse.

— Eh bien, reprit Cibal, écoute ce que je te vais dire, et tu verras si je sais tenir ma parole : dans trois jours cette main qui a tué ma mère sera tranchée.

Le Sike se mit à rire :

— Et le lendemain tu seras mort, ajouta l'enfant.

Puis il me fit un signe, et nous nous retirâmes.

A trois jours de là, Cibal me dit de me rendre en face du palais, où le roi devait passer la revue de ses cavaliers, ce que je fis. Depuis une heure déjà j'étais absorbé par la beauté du spectacle qui se déroulait devant mes yeux, celui de cinq à six mille cavaliers couverts de vêtemens splendides et montant des chevaux richement caparaçonnés, quand tout à coup un cri de rage et de douleur, terrible comme un rugissement de tigre, partit du sein même de cette troupe brillante, parmi laquelle circulaient quelques gens du peuple, et presque aussitôt je vis passer devant moi, pâle et les traits défigurés, le meurtrier de la mère de Cibal, le poignet enveloppé d'un linge sanglant.

La main était tranchée.

Le blessé se mit au lit, et le lendemain il y fut trouvé mort, frappé au cœur d'un coup de poignard.

— Voilà un trait d'une rare énergie! dit le chevalier, et j'avoue que celui-là me donne un vif désir de connaître l'autre.

— L'autre s'est passé environ quatre ans après, Cibal en avait seize alors, il avait la taille, la force et l'intelligence d'un homme.

Malheureusement il en avait aussi les passions, et il devint violemment épris de la fille d'un armurier, à laquelle il parvint à faire partager son amour. Mais un obstacle s'opposait à leur union: cet obstacle ce n'était pas la naissance de Cibal, car ici la honte de la mère ne rejaillit pas sur son enfant, — cette idée est un raffinement de la civilisation, — c'était son défaut de fortune.

L'armurier était un des plus riches personnages de Cachemyr, et Cibal n'avait pas dix roupies à lui. Il comprit qu'à défaut de fortune, il devait faire preuve d'intelligence; et comme la sienne était vraiment extraordinaire, il parvint à découvrir, après plusieurs mois d'études et d'expériences, un moyen de tremper les armes bien supérieur à la manière qui était alors en usage. Ce secret devait infailliblement faire la fortune de celui qui le possédait. Sûr de cela, Cibal va trouver le père de celle qu'il aime, et lui propose son secret contre la main de sa fille. Celui-ci, trop habile dans sa profession pour ne pas saisir tout de suite l'importance de ce qui lui est offert, accepte le marché, met en pratique l'invention de Cibal; puis, profitant du rapide accroissement de sa fortune, pour donner l'essor à son ambition, il marie sa fille au fils d'un radjah. Vous comprenez la douleur et l'indignation de Cibal à cette nouvelle. La veille du mariage, il s'en fut trouver le père :

— Ecoute-moi, lui dit-il, l'ambition t'égare et te fait commettre une action infâme; mais rien n'est fait, tu peux encore tout réparer, tu peux tenir la parole que tu m'as donnée et éviter de grands malheurs en écoutant la voix de ta conscience; réponds, que veux-tu faire?

L'armurier répondit que le mariage était résolu, que les deux familles et les amis étaient invités pour le lendemain, et que rien au monde ne saurait changer sa résolution.

— C'est ton dernier mot? lui dit Cibal.
— Oui, répondit le vieillard.
— Eh bien, moi aussi je m'invite, dit Cibal, moi et un autre convive que je vous amènerai, et dont la visite vous surprendra tous, je vous le jure.

Il partit alors et attendit le lendemain.

Le mariage eut lieu, malgré les larmes de la pauvre Nadjell, et un repas splendide réunit les deux familles chez l'armurier, qui, tout fier de voir un radjah à sa table, ne songeait ni à la douleur de sa fille, ni au désespoir de Cibal. Les convives, excités par les vins et les liqueurs spiritueuses, avaient atteint le plus haut diapason de la gaîté quand Cibal parut brusquement à l'entrée de la salle. Son visage était si sombre et si terrible que les éclats de la joie s'éteignirent tout à coup à son aspect, et que tout le monde demeura immobile, les regards fixés sur lui, dans un silence plein d'anxiété.

Après avoir contemplé tous les assistans, debout et enveloppé dans un vaste manteau, il dit à l'armurier.

— Je t'ai promis de venir à ta fête, et d'amener avec moi un autre convive; t'en souviens-tu ?

L'armurier ne répondit pas; il se sentait intimidé sous le regard de Cibal.

— Qu'il promette le bien ou le mal, Cibal tient toujours sa parole, reprit celui-ci. J'ai promis de venir, me voilà; quant au convive que je t'ai annoncé, il va paraître, mais il y a quelqu'un ici qui ne doit pas le voir.

Se tournant alors vers Nadjell, qui le regardait toute pâle et les yeux pleins de larmes :

— Nadjell, lui dit-il d'une voix tremblante d'émotion, car il l'aimait tant qu'il avait toujours été devant elle comme un enfant; Nadjell, quittez pour un instant cette salle, et retirez-vous dans votre chambre avec les femmes.

— Hélas! hélas! Cibal, qu'allez-vous faire? lui demanda la jeune fille tout émue.

— En effet, reprit le père, de pareilles précautions ne peuvent annoncer que de mauvais desseins.

— Je suis seul et vous êtes cinquante, lui dit Cibal avec un sourire méprisant, auriez-vous peur de moi?

— Non, sans doute, mais...
— Prouvez-le donc, en permettant aux femmes de se retirer.

Le jeune radjah, et après lui tous les autres convives, honteux qu'on pût les soupçonner de trembler devant un homme, engagèrent l'armurier à se rendre à la prière de Cibal, et celui-ci ayant consenti, toutes les femmes sortirent avec Nadjell.

— Maintenant, s'écria Cibal, je vais vous présenter mon convive, et je vous préviens qu'il arrive affamé, car il y a deux mois que je le prive de nourriture, pour qu'il fasse honneur à cette fête.

Alors, ouvrant tout à coup le manteau dans lequel il était resté soigneusement enveloppé jusque-là, il arracha de son corps, autour duquel il était enroulé, et éleva au bout de son bras un serpent noir de la plus dangereuse espèce, qui se mit à siffler en ouvrant une gueule énorme et en fixant devant lui des regards où étincelait la rage, puis il le lança au milieu de la table, en face de l'armurier, et sortit de la salle, dont il ferma la porte derrière lui.

Un concert de clameurs épouvantables se fit entendre aussitôt et retentit jusqu'à la chambre de Nadjell, qui accourut avec ses compagnes. Mais, sur son passage, elle rencontra Cibal, qui la supplia de ne pas aller plus loin.

— Pourquoi donc, Cibal ? lui demanda-t-elle ?

— Pourquoi? répondit le jeune homme, parce que la mort est là.

A ces mots la jeune fille voulut courir au secours de son père, mais Cibal l'enleva de force, l'emporta dans sa chambre, où il l'enferma, puis sortit de cette maison et quitta la ville une heure après, pour n'y revenir qu'au bout de quelques années.

Le serpent n'avait pu être tué qu'après avoir mordu trois personnes, parmi lesquelles l'armurier, qui en mourut en moins d'une heure.

— Voilà une belle vengeance indienne, dit le chevalier de Mailly après une pause, mais il s'y trouve une difficulté, je dirai même une impossibilité qui lui donnerait un grand air d'invraisemblance si elle n'était racontée par un homme tel que vous, maître Tom.

— Je devine votre objection, monseigneur, ce qui vous paraît impossible, c'est que ce serpent furieux et affamé n'ait pas commencé par assouvir sa rage sur Cibal lui-même quand il était enroulé autour de sa poitrine.

— Justement, voilà qui me paraît difficile à expliquer.

— Rien de plus facile, au contraire. Monseigneur ne peut ignorer que les nègres, grâce à un secret qui n'est connu que d'eux seuls, peuvent braver les serpens les plus dangereux, et que ceux-ci, loin de les mordre, s'en détournent au contraire avec terreur, si furieux qu'ils soient.

— J'ai été trop souvent témoin de ce phénomène pour le mettre en doute.

— Eh bien ! ce secret, un nègre le lui avait confié au moment de mourir, en reconnaissance de ce que Cibal l'avait arraché un jour, au péril de sa vie, des griffes d'une panthère.

— Allons, je conviens avec vous que ce Cibal n'était pas un homme ordinaire, et je vous plains sincèrement d'avoir perdu un pareil ami, car un homme de cette trempe a dû s'élever, sans nul doute, au-dessus du rang obscur où le sort l'avait fait naître.

— C'est ma conviction intime, monseigneur. Le jour où, après avoir accompli sa vengeance, il quitta Cachemyr, je partis avec lui ; quand nous fûmes assez loin de la ville pour n'avoir à redouter aucune poursuite, il me dit, en posant la main sur son cœur :

— Tom Jack, quelque chose vient de mourir là.

Puis se touchant le front :

— Mais, en même temps, reprit-il, quelque chose vient de grandir ici. Ce qui est fini, et qui s'est desséché en moi, Tom Jack, c'est la source de l'amour; ce qui s'est épanoui sur les ruines de l'amour éteint, c'est l'ambition, mais une ambition dont le but est si haut que tu me traiterais d'insensé si je te disais jusqu'où s'élèvent mes rêves, et pourtant j'y atteindrai.

Il ajouta après un moment de silence :

— Briller parmi des êtres aussi naïfs que les Indiens serait une tâche trop facile, et d'ailleurs, je veux connaître ces pays d'Europe où tous les usages diffèrent des nôtres, où les hommes possèdent des connaissances qui rendent les plus ignorans d'entre eux supérieurs à nos savans, où les femmes ont des grâces et des délicatesses dont nous ne pouvons même nous faire une idée ; voilà où m'appellent mes rêves désormais, voilà ceux parmi lesquels je veux tenir le premier rang.

Je m'efforçai de lui faire comprendre les immenses difficultés de la tâche qu'il osait entreprendre. Il se contenta de sourire.

— Tom Jack, me dit-il, j'avais une mère que j'adorais, et on me l'a tuée; j'avais une maîtresse que j'aimais à en devenir insensé, à pleurer de bonheur quand sa main effleurait mes cheveux, et on me l'a perfidement, lâchement ravie ; alors, n'ayant reçu des hommes que le mal, j'ai résolu d'agir vis-à-vis d'eux comme le tigre, qui les évite quand ils sont en nombre, et les déchire quand ils marchent isolés et que la faim le pousse. Et d'abord, tous les liens qui me tenaient attaché à la société étant rompus, me trouvant désormais isolé dans la vie comme un navire sur l'immensité des mers, j'ai fait ce que fait l'équipage en danger de périr, j'ai jeté à la mer ce qui gênait ma marche ; et ce qui gêne et entrave les pas de l'homme dans la vie, Tom Jack, c'est la conscience. Voilà pourquoi je suis sûr d'arriver, si haut que soit placé le but de mon ambition.

— Et vous dites, demanda le chevalier, que votre ami Cibal avait seize ans quand il vous tenait ce langage?

— Pas davantage, car il y a de cela huit ou neuf ans environ.

— Et vous pensez qu'il était homme à marcher résolument dans la voie étrange qu'il se traçait?

— Je voudrais pouvoir en douter.

— Auriez-vous eu à vous en plaindre?

— Mais oui, une petite indélicatesse à propos d'une certaine histoire de marchand d'esclaves...

— Contez-moi donc cela, maître Tom.

— Oh! monseigneur.

— Vous contez si bien!

— Votre approbation me flatte vivement, monseigneur; mais, en vérité, l'histoire est trop longue.

— Tant mieux; on voit toujours trop tôt la fin d'une histoire quand elle est intéressante.

— Celle-là n'a rien de curieux, je vous jure, riposta Tom Jack, qui paraissait tenir à garder le silence sur cette aventure, et d'ailleurs nous voici arrivés.

— C'est une raison, dit le chevalier.

En effet, ils étaient à deux cents pas à peine d'une maison à moitié cachée dans un groupe d'arbres dont les tiges élancées et les feuilles gigantesques se détachaient délicatement sur une atmosphère lilas, si limpide et si radieuse à l'œil, qu'on l'eût prise pour une lumière tamisée à travers les fleurs de cet arbuste.

Un instant après, le chevalier de Mailly mettait pied à terre au seuil du bungalo, dont le maître accourut aussitôt pour le recevoir.

C'était un Indien de haute taille, maigre, agile, les lèvres noircies par l'usage du bétel, les cheveux longs, épais et flottant au vent, la barbe peinte en rouge et séparée par le milieu. Il portait, marqué au front, le signe distinctif des adorateurs de Bassouva, le bœuf sacré, adoré de tous les Indiens, mais particulièrement en honneur dans la secte des lingamistes, adorateurs de Siva.

Tom Jack, lui transmettant les ordres du gentilhomme, lui demanda à souper, deux chambres: l'une pour lui, l'autre pour le chevalier; puis il le pria de conduire celui-ci près du gentilhomme français qui demeurait chez lui.

L'Indien répondit à Tom Jack que, pour ce dernier point, il lui était impossible de le satisfaire, le gentilhomme étant allé à la chasse, où il passerait peut-être la nuit, mais que pour le reste il était à ses ordres.

Alors le chevalier paya son *mahante*, c'est-à-dire son cornac, et entra dans le bungalo, suivi de Tom Jack.

CHAPITRE III.

Le cœur brisé.

Le lendemain, dès qu'il fut éveillé, le chevalier de Mailly se leva, ouvrit la moustiquière qui enveloppait son lit, et sa toilette faite, s'en fut s'accouder au vérandah qui entourait la maison comme une gracieuse ceinture, et d'où la vue embrassait à la fois la ville de Lahore et la campagne. Il admira d'abord le jardin qui entourait la maison; tout planté de roses, de jasmins et d'orangers, il était protégé contre les ardeurs du soleil par un petit bois de palmiers, de djagaras, de bambous et d'aréquiers, où se promenaient deux éléphans, foulant aux pieds des buissons d'ananas sauvages.

L'atmosphère était déjà lourde, des odeurs pénétrantes s'élevaient du sol, et le silence profond qui régnait sur la campagne était interrompu de loin en loin par le lugubre tam-tam des bonzes qui résonnait dans la forêt voisine et trahissait de ce côté la présence de quelque temple mystérieux où se pratiquait le culte du boudhisme antique.

Au centre d'une espèce de rond-point dessiné devant la maison s'élevaient, si près l'un de l'autre que leur feuillage se confondait à la cime, deux arbres que le chevalier se rappela avoir rencontrés fréquemment sur son passage, toujours ensemble, et dont la réunion devait avoir une signification symbolique. Il cherchait à deviner le sens de cette énigme, lorsque Tom Jack se présenta fort à propos pour la lui expliquer.

— Le plus beau et le plus touffu de ces deux arbres, lui dit-il, est l'arbre assouata, qui donne beaucoup d'ombre et dont les feuilles sont d'un tissu si léger qu'elles sont mises en mouvement par la plus faible brise et procurent une fraîcheur délicieuse. Ces qualités, si précieuses dans un pays comme l'Inde, ne sont pourtant pas celles qui lui attirent la considération dont il jouit près des natifs, qui l'adorent comme beaucoup d'autres objets inanimés; ce qui lui vaut cet honneur, c'est que le puissant Vichnou est né sous son ombrage.

L'arbre Vépou, qui s'élève toujours à côté, est une incarnation de l'épouse de Vichnou, et c'est pour cela qu'on plante, ou plutôt, dans l'esprit des Indiens, qu'on marie partout ces deux arbres ensemble.

— Je vois décidément, dit le chevalier, qu'il n'est guère possible de faire un pas dans ce pays sans se heurter à quelque divinité.

— Comment en pourrait-il être autrement quand les Brahmes comptent trois cent trente-trois millions de dieux dans leur mythologie.

— A peu près ce que la terre contient d'habitans ; c'est honnête.

— Aussi tout est divinité ici, et on ne peut faire un pas sans en rencontrer, ou plutôt sans en écraser une, puisque la pierre, l'herbe, la plante, sont l'objet d'un culte; la pierre Salamagra, regardée comme une métamorphose de Vichnou ; la plante Toulochy, femme de Vichnou; l'herbe Darba, partie de Vichnou.

— Dites-moi, maître Tom, quel est cet étrange monument qui s'élève là-bas, à l'entrée du djungle?

Le chevalier désignait du doigt une espèce de temple d'une architecture bizarre, et bâti tout en pierre d'un rouge antique, imitant le jaspe.

— C'est la pagode qui renferme la dent de Bouddha, monseigneur, dent sacrée, couverte de monceaux d'or, entourée de riches offrandes, gardée jour et nuit par des bonzes et de fanatiques bouddhistes, car elle fait la force de la secte qui la possède. Ces bonzes font souvent des processions qui offrent un coup d'œil fort curieux; pour peu que vous désiriez en voir une, j'irai leur en faire part, et ils s'empresseront d'étaler les splendeurs de leur culte aux yeux d'un radjah d'Europe.

— Soit, dit le chevalier, puisque je suis dans un pays de féerie, je veux en connaître toutes les singularités.

Les regards du gentilhomme français, tournés en ce moment vers le temple bouddhiste, se portèrent sur un groupe considérable qui sortait du djungle, et dans lequel il reconnut une vingtaine de cavaliers et quelques éléphans. Il s'aperçut bientôt qu'ils se dirigeaient vers le Bungalo et pensa que ce devaient être les chasseurs partis la veille, et parmi lesquels se trouvait son compatriote. La masse grise des éléphans, se dessinant sur le vert sombre des bananiers et des mangoliers, produisait un ensemble de tons d'un effet harmonieux. Au-dessus de leurs têtes, dans l'atmosphère étincelante de lumière, passait en criant une volée de perroquets verts et de paons sauvages, dont la longue queue brillait au soleil comme un fouillis de pierres précieuses.

Au bout d'un quart d'heure, la petite caravane était sous les yeux du chevalier, qui comprit la joie dont paraissaient animés les chasseurs en voyant deux sangliers et un tigre jetés en travers sur un éléphant. Aussitôt l'Indien lingamiste, à la barbe peinte en rouge, s'approcha d'un jeune homme et lui adressa la parole en langue hindoue, en lui montrant du doigt le chevalier de Mailly, accoudé au vérandah. Le chasseur laissa échapper un cri de surprise, s'élança à bas de son cheval, et gravit rapidement les vingt marches qui le séparaient du chevalier.

— Eh quoi! mon cher de Mailly, lui dit-il, arrivé près de lui et voyant que celui-ci le regardait d'un air impassible, vous ne me reconnaissez donc pas?

Le chevalier considérait attentivement ce jeune homme et lui trouvait fort bonne mine sous son élégant costume pandjabien, tout de soie, de cachemires, de gaze lilas, d'armes étincelantes, mais il cherchait vainement à se rappeler ses traits.

— Voyons, reprit le jeune homme en souriant, dépouillez-moi de ce costume théâtral et de cette magnifique barbe noire; représentez-vous ma personne avec le menton rasé, les cheveux poudrés, les manchettes, l'habit brodé, et vous direz : palsembleu! ce ne peut être que mon ami le comte de Simeuse !

— Simeuse ! s'écria le chevalier.

— Eh! mon Dieu! oui, Simeuse, qui, blasé un beau jour sur les duels, les amours et les dettes, et sentant déjà circuler dans ses veines le poison mortel de la satiété, est venu demander une nouvelle vie au soleil de l'Inde et se retremper au sein d'une nature primitive et puissante, où les petits chiens sont remplacés par les tigres, les bosquets de Versailles par les djungles sauvages, les chaises à porteurs par les éléphants, et les abbés galants par les bonzes fanatiques. Mais embrassons-nous donc, maintenant que je me suis fait reconnaître.

Les deux gentilshommes s'embrassèrent avec effusion, puis le comte de Simeuse dit au chevalier, en jetant un coup-d'œil du côté de Tom Jack:

— Qu'est-ce que c'est que cela ?

— Une espèce d'interprète que le hasard m'a fait rencontrer dans Lahore.

Tom Jack comprit qu'il était de trop, et il se retira discrètement.

—C'est peut-être un fort honnête homme, mais sa figure ne l'annonce pas, dit le comte en le regardant partir.

— Et j'ai quelques raisons de croire qu'on peut s'en rapporter à sa figure. Et pourtant, cher comte, c'est peut-être mon bon génie qui se cache sous cette forme peu flatteuse, car c'est à lui que je dois le bonheur de vous avoir trouvé dans cette ville fantastique, où j'étais loin de m'attendre à vous rencontrer.

— Alors, j'excuse sa figure en faveur du plaisir qu'il m'a procuré. Mais dites-moi, chevalier, n'est-il pas vrai que vous avez dû me croire mort, vous et tous nos amis?

— Personne n'en doute à Versailles, où l'on a déploré, pendant vingt-quatre heures, la fin épouvantable que vous aviez trouvée, disait-on, dans le Vésuve.

Le comte éclata de rire à ces paroles.

— Oui, dit-il, j'avais pris mes mesures pour cela: mon chapeau et mon épée laissés au bord du cratère, mon départ clandestin de la ville de Naples le jour même, devaient faire croire à tout le monde que j'avais été victime de mon imprudence et jeter particulièrement la désolation dans l'âme de mes créanciers, à l'intention desquels j'ai imaginé cette petite comédie.

— Réjouissez-vous donc, car elle a obtenu un plein succès, et je vous jure que vos fournisseurs ne songent guère à venir vous relancer à Lahore.

— Eh bien, sur mon âme! j'en suis presque fâché; j'aurais été ravi de leur faire faire connaissance avec certain serviteur que je me suis attaché, il y a un an environ, et que je tiens à vous présenter.

Le comte prit un petit sifflet d'argent dans sa poche, et en tira deux sons aigus.

Un instant après, le chevalier entendit secouer violemment un magnifique plan de lianes qui enveloppaient comme un filet les murs extérieurs de la maison, et presque aussitôt il vit apparaître, au bord du vérandah, la tête fauve et les yeux cuivrés d'un jeune tigre royal. L'animal regarda fixement les deux gentilshommes; puis, se ramassant sur lui-même, il fit un bond et retomba légèrement à deux pas du chevalier de Mailly. Celui-ci le regarda en souriant, car, dans cette apparition imprévue, il soupçonnait une épreuve du comte, qui l'examinait avec une expression quelque peu ironique. Le tigre, attiré sans doute par le calme et la sérénité du chevalier, s'approcha de lui, se frotta contre ses jambes à la façon des chats, et glissa sous sa main sa tête fauve, toute zébrée de lignes noires.

— Eh bien, dit le comte, quelle mine croyez-vous que feraient mon tailleur et mon tapissier en face de ce compagnon?

— Je crois, répondit le chevalier, qu'ils s'empresseraient de lui offrir leurs factures acquittées, trop heureux de s'en tirer à ce prix.

Le comte fit un signe au tigre, qui vint à lui, se leva sur ses pattes de derrière, lui posa sur les épaules ses deux pattes de devant, en ayant soin d'en rentrer les griffes, et frotta sa tête sur la poitrine de son maître avec de petits gémissemens de plaisir.

— Allons, Djell, à bas, lui dit le comte.

L'animal retomba sur ses quatre pattes, puis sur un nouveau signe de son maître, il s'élança dans l'escalier et disparut.

— Maintenant, dit le comte en se rapprochant de son ami, dites-moi donc quelle est l'aventure extraordinaire qui vous amène dans un pays tel que le Pandjab, un pays rempli de fleurs et de lumière, un pays où le Créateur a prodigué avec une étourdissante profusion les parfums les plus suaves, les fruits les plus savoureux, les animaux les plus superbes, les forêts les plus sombres, des oiseaux à la tête d'azur, à la gorge d'or et aux ailes de feu; des femmes avec la beauté des anges sur le visage, et le feu brûlant des démons dans le regard, des ruisseaux de pierres précieuses jusqu'aux harnais des éléphans, de l'or jusqu'aux pieds des esclaves, et de la soie, de la gaze, des cachemires en telle abondance, que j'ai vu vingt fois, dans les jardins suspendus du roi de Lahore, les chevaux bondir et piaffer sur les plus beaux hâles étendus pour eux dans les allées; le paradis terrestre enfin, et c'est pour cela que les Européens l'appellent un pays sauvage, et lui préfèrent les parcs monotones de Londres et les arbres alignés de Marly; c'est pour cela que je vous demande quelle catastrophe terrible vous a contraint d'y venir chercher un refuge.

— Vous raillez, comte, répliqua le chevalier avec un faible sourire, et en raillant vous êtes tombé juste: oui, c'est une catastrophe qui m'a déterminé à quitter la France et à m'en éloigner assez pour ne plus entendre parler des événemens qui s'y passent.

— En vérité, chevalier, vous m'affligez! reprit le comte en pressant avec effusion la main du jeune homme. Quel est donc le malheur qui vous a frappé?

— Quelque chose de si vulgaire que vous en rirez de pitié et me traiterez d'insensé, peut-être.

— Parlez, chevalier, je suis moins frivole que vous ne pensez, et je vous jure que cinq années passées dans ce pays ont effacé de mon caractère jusqu'au dernier vestige de l'homme de cour.

— Eh bien, comte, reprit le chevalier, il m'est arrivé d'abord que de trop grands honneurs, de trop augustes distinctions sont tombées sur ma famille ; vous savez sans doute l'histoire de Mme de Mailly, ma cousine ?

— Oui, chevalier, et je connais trop bien l'élévation de vos sentimens pour douter un instant que vous n'ayez ressenti une profonde humiliation de ce qui eût fait l'orgueil de tant d'autres.

— Oh ! mais vous ne connaissez encore qu'une faible partie de la triste gloire qui est échue à notre famille, s'écria le chevalier avec une emphase pleine d'amertume; les bontés du roi ne se sont pas arrêtées à Mme de Mailly, non, non, et tandis que tant d'autres noms en France méritaient de fixer son attention, c'est la seule maison de Nesle qui a eu l'honneur de fournir à ses royales amours. Ainsi, à Mme de Mailly, l'aînée des sœurs, a succédé Mme de Vintimille, et à Mme de Vintimille, Mme de Lauraguais, trois demoiselles de Nesle, mes trois cousines. Comprenez-vous maintenant, comte, le dégoût profond que je ressentis tout à coup pour la France, le désir ardent dont je fus saisi d'aller respirer un autre air que celui de cette cour, où j'étouffais ?

— Ainsi c'est pour fuir l'éclat honteux qui s'attachait à votre nom, que vous êtes venu vous enfouir au fond de l'Inde ?

— Pour cela et pour autre chose, répondit le chevalier après un moment d'hésitation.

— Je crois deviner, dit de Simeuse.

— Il y avait une quatrième sœur, reprit le chevalier, Marianne de Nesle, et...

— Vous l'avez aimée ?

— Ah ! c'est que celle-là, comte, elle était belle surtout de son innocence et de sa pureté ! c'est que loin de rechercher, comme ses sœurs, les dangers de la cour, elle appréhendait, comme un malheur, le jour où elle y serait appelée ; c'est que les plus beaux instincts se reflétaient dans ses yeux purs et limpides comme l'azur du ciel !

— C'est qu'enfin, dit le comte en souriant, elle avait toutes les perfections de la femme qu'on aime.

— Son père, homme absolu dans ses projets, voulait pour elle une riche alliance et je n'avais à lui offrir qu'un nom et une vie irréprochables, qualités dont mon cousin, le marquis de Nesle, faisait un cas médiocre. Ayant donc tenu conseil avec Marianne, qui malgré l'amour qu'elle me portait, approuvait ma résolution de n'accepter aucune faveur à la cour de France, il fut décidé entre nous que je partirais pour aller conquérir à l'étranger la fortune et les distinctions que je ne pouvais trouver dans mon pays. A quelques jours de là je lui faisais mes adieux, les yeux humides de larmes, le cœur brisé, mais plein de courage pourtant et puisant dans la perspective du bonheur qui m'était promis la certitude du succès. Deux années s'écoulèrent pendant lesquelles ses lettres soutinrent mon énergie, car toutes m'attestaient que son cœur était toujours resté le même, et que l'absence, loin d'affaiblir son amour, ne faisait au contraire que le grandir et l'élever. Mais bientôt ses lettres devinrent plus rares, et je crus y découvrir une contrainte qui me causa une vague inquiétude, puis elles cessèrent complètement, et, malgré mes supplications réitérées, je fus six mois entiers sans recevoir d'elle aucunes nouvelles. Six mois ! vous faites-vous une idée de ce supplice, comte ? six mois sans un mot de la femme qui est devenue l'âme de votre vie ! six mois ! quand toutes les facultés de votre esprit, toutes les aspirations de votre cœur sont constamment tendues vers cette pensée unique, une lettre d'elle ! On parle des souffrances du malheureux qui attend une goutte d'eau dans le désert, ah ! mon ami, celui-là ne peut pas souffrir un supplice égal à celui que j'ai enduré pendant ces six mois, six siècles de damné ! Enfin, elle arrive cette lettre si longtemps, si ardemment attendue ; je la porte à mes lèvres, je la couvre de mes larmes et de mes baisers, je l'ouvre avec une espèce de fièvre, puis au moment d'y jeter les yeux, je pâlis, un nuage passe sur mon esprit, il me semble que ma raison se perd, et cette lettre, que j'eusse payée de la moitié de ma vie, je n'ose plus la regarder. Enfin, après un long combat, je parviens à dominer mon émotion et je lis. Ah ! comte, je vous ai dit tout ce que ces six mois d'attente m'avaient fait souffrir, et pourtant cette souffrance-là, que n'aurais-je pas donné pour la subir encore ! car, enfin, l'attente, c'est l'espoir, et tout espoir était brisé par cette lettre ; Marianne m'apprenait qu'elle était mariée!

— Infamie! s'écria le comte.

— Ah! ne l'accusez pas, reprit le chevalier; j'ai bien pleuré sur cette lettre qui tuait mon âme et brisait ma vie; mais la trace de ses pleurs s'y trouvait aussi et nos larmes s'y sont confondues.

— Cependant, elle avait mis en oubli les sermens que vous aviez échangés.

— Un joug de fer pesait sur elle, mon ami, un joug plus fort que sa volonté; pauvre frêle créature! elle avait dû courber la tête devant la tyrannie d'un père inflexible.

— Et cet époux?

— Mlle Marianne de Nesle se nomme aujourd'hui Mme la marquise de la Tournelle.

— Pauvre chevalier! dit le comte d'un ton amical, quoique j'aie toujours été à l'abri de ces orages, je comprends tout votre désespoir et je vous jure que j'y prends une part bien vive.

— Merci, comte, merci pour cette sympathie et pardonnez-moi de vous avoir entretenu si longtemps de mes chagrins. La douleur était restée trop longtemps renfermée en moi, j'avais besoin de l'épancher, et cette confidence en a adouci l'amertume.

— Il y a donc peu de temps que vous avez reçu cette lettre, chevalier?

— Il y a trois ans, mais la plaie est aussi vive aujourd'hui que si elle datait d'hier.

— Cependant il ne vous reste plus qu'un parti à prendre, celui d'oublier la femme dont une barrière insurmontable vous sépare désormais.

— Oui, c'est ce que la sagesse me conseille, mais c'est ce que je ne veux même pas tenter, car toutes les voix de mon cœur s'élèvent pour me crier que le malheur même qui pèse sur nous et dont elle souffre autant et plus que moi peut-être, me la rend plus chère que jamais.

— Quoi! vous auriez la prétention de rester fidèle à une femme mariée à un autre?

— Oui, comte; et ce que vous traitez de folie en ce moment, vous allez le comprendre. Cette lettre, qui m'apportait tant de douleurs, contenait son portrait, et, dans la profonde tristesse empreinte sur ses traits, il me sembla lire une prière de rester fidèle au serment qu'elle avait été forcée de trahir. Ce serment, elle m'en dégageait par une phrase de sa lettre; mais c'est sur cette phrase surtout que ses larmes avaient roulé : aussi lui écrivis-je dès le lendemain pour lui renouveler la promesse de toujours rester fidèle au culte de notre amour; et après avoir envoyé cette consolation à la pauvre martyre, il me sembla sentir comme un flot de joie se mêler à mon désespoir.

Les deux jeunes gens causèrent quelque temps encore de la France et des amis qu'ils y avaient laissés, puis le comte de Simeuse engagea le chevalier à chercher quelques distractions et lui offrit, pour commencer, de descendre avec lui dans la salle où les hôtes du Bungalo, au nombre de huit ou dix, prenaient en commun le repas du matin. Le chevalier consentit, et quelques instans après ils entraient ensemble dans cette salle, où ils trouvèrent les convives déjà réunis autour d'une table chargée de mets des deux hémisphères, mais parmi lesquels dominaient les produits épicés de la cuisine indienne.

CHAPITRE IV.

Le radjah Djaïlar.

Cette salle, vaste et élevée, réunissait tout ce qui constitue le comfort indien. Elle était un peu sombre à cause du lacis de lianes qui l'enveloppait au dehors et émoussait déjà l'ardeur du soleil, et les meubles y étaient rares, parce qu'ils attirent un grand nombre d'insectes. On avait remplacé les portes par un léger tissu de bambou qui défendait l'entrée aux moustiques en plein jour et le soir aux chauves-souris, et des nattes de rotins, fines, luisantes et polies, étendues sur le plancher, procuraient aux pieds une fraîcheur agréable.

Des serviteurs au teint de bronze, à moitié vêtus d'une mousseline blanche, jetaient constamment de l'eau sur des nattes de vétiver tendues aux fenêtres, et à travers lesquelles l'air enflammé de la campagne arrivait à l'intérieur, transformé en brise humide et fraîche, avec un parfum de bois de sandal et de foin fauché. L'un d'eux, coiffé d'un riche turban, faisait mouvoir le punkah, gigantesque éventail suspendu au-dessus de la table et dont l'oscillation perpétuelle a pour but de renouveler l'atmosphère.

La société que le chevalier de Mailly trouva réunie dans cette salle offrait un bizarre mélange de tous les types européens; elle se composait de deux Anglais, de trois Espagnols, d'un Portugais, de deux Italiens et d'un Allemand, tous ayant conservé leurs costumes nationaux et trahissant à un œil observateur le caractère distinctif de leur nation. Le comte de Simeuse seul avait laissé la poudre et l'habit pailleté pour le riche et pittoresque costume du pandjabien, préférence qui lui avait valu la sympathie d'un grand nombre d'Indiens. Il avait bientôt achevé de conquérir tout à fait leurs bonnes grâces en adoptant, non-seulement la langue indienne, mais le dialecte particulier au Pandjab, car on parle dans l'Inde une dizaine de langues différentes : à Ceylan, le cingali ; à Madras, le tamoul ; dans les provinces méridionales, le canari ; sur la côte de Malabar, le malialem ; à Calcutta, le bengali et l'indoustani.

A la façon dont le comte fut accueilli par les hôtes du Bungalo, et, après lui, le chevalier, dès qu'il eut été présenté, ce dernier s'aperçut que son ami jouissait d'une haute considération près de la petite colonie, sur laquelle il semblait même exercer une espèce de domination.

Le repas se composa de quartiers de sanglier, d'un magnifique paon sauvage, puis de quelques herbes réputées très salutaires et de différentes pâtes sèches, que le chevalier eût été tenté de se mettre sur la tête au lieu de les manger, car on eût dit autant de pommades au jasmin, à l'œillet, à la rose, etc. Le comte, lui, paraissait savourer avec volupté ces mets étranges dont le seul aspect révoltait son ami et la plupart des convives européens. Cette facilité chez un Européen de s'assimiler leurs goûts et leurs coutumes, était un sujet perpétuel d'orgueil et de ravissement pour les Hindous qui admiraient naïvement le comte et établissaient une énorme différence entre lui et les autres étrangers.

Le déjeuner fini, et comme les convives commençaient à fumer le godauk, espèce de marmelade composée de feuilles de roses, de sucre candi, d'opium, de pommes sauvages desséchées et dans laquelle il n'entre pas une feuille de tabac, la porte de la salle s'ouvrit et l'hôte indien, à la barbe peinte, parut sur le seuil, accompagné d'un jeune Indien drapé avec une grâce et une élégance naturelles dans des vêtemens d'une extrême simplicité. Son costume était celui des Cingalis. Ce jeune homme était suivi lui-même du tigre du comte, qui dardait sur lui ses yeux fauves et faisait entendre un grondement rauque et profond comme le bruit du tonnerre dans le lointain.

— Que signifie cela ? dit le comte en se retournant vivement ; voilà la première fois que je vois Djell de mauvaise humeur.

— Cela signifie, monsieur, répondit le jeune Indien dans un français très intelligible et même assez pur, que votre tigre a le flair parfait et qu'il reconnaît en moi un ennemi de sa race.

— Djell ! cria le comte, appelant l'animal.

— Oh ! ne craignez rien pour moi, reprit le jeune Cingali avec un sourire superbe, votre tigre me hait, mais il me craint, car il devine que j'ai détruit bon nombre des siens et il n'oserait m'attaquer, fussé-je seul et endormi.

Il regarda fixement Djell, qui gronda un peu plus fort, mais en reculant. Alors le jeune homme entra dans la salle, salua tout le monde avec une politesse grave et fière et s'en fut s'asseoir à la place que lui désigna le lingamiste à barbe rouge.

La tête du nouvel hôte, modèle du type indien le plus pur et le plus caractérisé, était d'une finesse de lignes, d'une pureté de contours et en même temps d'une puissance d'expression qui dénotaient à la fois une grande distinction native et une indomptable énergie. Ses yeux, d'un jaune d'or, avaient cet éclat métallique et fauve qui rend le regard du lion si terrible ; ses épais cheveux noirs encadraient avec une grâce sauvage son front largement dessiné et faisaient valoir son teint, dont le bronze cuivré avait cette transparence éclatante que les peintres de l'école vénitienne donnent à l'un des trois mages inclinés devant l'enfant-Dieu. Sa taille peu élevée semblait posséder l'élasticité prodigieuse et la puissance musculaire qui distinguent les bêtes fauves, et ses membres, supérieurement proportionnés, devaient lui assurer une grande supériorité à toutes les armes et à tous les exercices.

Pendant qu'il mangeait quelques-unes de ces pâtes qui exhalaient des aromes de pommade, la conversation s'était engagée entre les Européens.

— Monsieur de Simeuse, disait au comte un des Espagnols, savez-vous le grand événement qui met en émoi toute la ville de Lahore à cette heure ?

— Je l'ignore complètement, senor.

— C'est l'arrivée du radjah Djaïlar, qui doit tantôt faire son entrée dans la ville avec une suite magnifique.

— Ah ! oui, cet indien qui, dit-on, parcourt l'Inde avec autant d'éléphans, de chameaux et de serviteurs que le roi de Lahore et qui répand l'or sur son passage comme un prince.

— Il mène avec lui sa femme, âgée de quinze ans, et qui passe pour la beauté la plus accomplie de Cachemyr. Or, vous savez que les plus belles femmes de l'Inde sont les Cachemiriennes. On assure qu'étant venue à Lahore, le roi la vit et en devint tellement épris qu'il offrit dix mille roupies pour l'avoir dans son harem. La famille de la jeune fille allait céder à son désir, dit-on, lorsque Djaïlar ayant entendu parler de cette aventure et du désespoir de la belle Cachemirienne, chercha l'occasion de la voir, s'en fit aimer et décida ses parens à la lui donner pour femme. Aussi est-ce une grande imprudence ou une audacieuse bravade de sa part d'oser traverser la ville de Lahore.

Tous les habitans sont dans les rues et aux balcons pour les voir passer tous deux.

— Sur quels hauts faits est donc basée la célébrité de ce personnage ? demanda le chevalier.

— Sur son luxe d'abord, répondit le comte ; dépensez beaucoup d'argent et vous devenez un héros pour la foule. Mais la pompe qu'il traîne après lui n'est pas la seule cause de sa popularité : il circule sur son compte mille aventures plus ou moins invraisemblables, et qui toutes dénotent chez cet homme une énergie et une intrépidité surhumaines. Ajoutez à cela qu'il est jeune et d'une grande beauté, et vous comprendrez le prestige qui l'entoure.

— J'ai entendu conter une de ces histoires, reprit l'Espagnol, une chasse aux éléphans, mais elle mettrait ce personnage tellement en dehors des proportions humaines, que je n'hésite pas à la déclarer fausse.

— Je ne sais si elle est vraie ou fausse, dit le Cingali, prenant la parole à son tour, mais je puis affirmer que je l'ai entendu raconter par une personne en qui j'avais toute confiance, et je déclare pour mon compte que je la crois entièrement vraie.

— Vous piquez singulièrement notre curiosité, lui dit le comte.

— Et je suis tout prêt à la satisfaire, répliqua le jeune homme.

— Nous vous en prions tous.

— D'abord, messieurs, dit le Cingali, permettez-moi de boire un verre d'un certain vin que j'ai coutume de prendre après mon repas du matin.

Il tira d'une espèce de petite carnassière un flacon à travers lequel étincelait une liqueur d'un vert ardent et lumineux comme l'émeraude, puis il le déboucha et après en avoir rempli un verre de petite dimension, il en proposa à tous les convives. Quelques uns parurent hésiter à accepter.

— Je comprends, dit le jeune homme, je vous suis inconnu à tous et suis seul Indien parmi vous, il est tout naturel que je vous inspire peu de confiance. Eh bien, messieurs, je veux vous faire savoir de quoi se compose cette liqueur, et comme vous pourriez douter de ma parole, je demande que celui de vous qui sait la langue hindoue, s'il en est un, lise lui-même ce qui est écrit sur cette étiquette.

— Donnez, dit le comte de Simeuse.

Il prit le flacon des mains du Gingali et lut sur l'étiquette : trois grains de rubis, six grains d'émeraudes, deux grains de perles, deux grains de diamans et six grains d'or, le tout pilé et jeté dans ce flacon, dont le prix est de trois cents roupies.

— C'est-à-dire, s'écria le comte, sept cent cinquante livres environ ! J'ai souvent entendu parler de cette liqueur, mais j'avoue que je l'avais reléguée parmi les contes de fées. Pardieu ! messieurs, si sa qualité est en raison du prix qu'elle coûte, ce doit être quelque chose de délicieux.

— Jugez-en donc, dit le Cingali ; quant à moi, qui sais comme tous les Indiens que cette précieuse liqueur entretient à la fois la force physique et l'énergie morale de l'homme, j'en bois chaque jour un verre.

Le comte présenta son verre, tous les autres l'imitèrent aussitôt, et le jeune homme versa à chacun quelques gouttes de la liqueur.

— Si je vous donne si peu de mon vin, messieurs, dit-il, ne croyez pas que j'en sois avare, non, mais c'est qu'il faut y être habitué, et peut-être ne boirez-vous pas tout ce que je vous ai versé.

Un des deux Anglais sourit de dédain à ces paroles et avala rapidement les quelques gouttes que contenait son verre ; mais il jeta aussitôt un cri, reposa son verre sur la table et devint tout pâle.

— Qu'avez-vous donc ? lui demanda froidement le Cingali.

— J'ai cru que j'avais la langue brûlée, dit l'Anglais.

— Je vous l'ai dit, reprit le jeune homme, il faut en avoir l'habitude.

Puis, prenant son verre qui contenait dix fois la mesure qu'avait bue l'Anglais, il l'avala avec une voluptueuse lenteur.

— C'est merveilleux, s'écria l'Anglais stupéfait.

— Et maintenant, reprit le Cingali en repoussant son houkah, je vais vous conter l'aventure du radjah Djaïlar. D'après la façon dont il voyage, vous savez déjà qu'il est d'humeur singulièrement prodigue ; c'est un homme étrange qui, du jour où il put penser, se sentant intelligent et fort, résolut qu'il boirait toutes les voluptés de la vie et que ses caprices, si exorbitans qu'ils fussent, seraient satisfaits comme ceux d'un roi. Or cette façon d'entendre l'existence amena un jour un résultat tout naturel, c'est à dire que le jeune radjah se trouva complétement ruiné, sans un éléphant pour le transporter à la pagode, sans un serviteur pour lui préparer son houkah, sans une femme pour lui tracer au front le signe de Vichnou, sans un ami pour lui tendre la main dans sa chute. Mais ne croyez pas qu'il fût homme à se désespérer pour une catastrophe qu'il avait prévue, ni qu'il eût jamais eu la simplicité de compter sur ses amis au jour de la ruine. Oh! non, Djaïlar avait l'âme trop bien trempée pour pleurer, comme un enfant, la fortune qu'il avait détruite lui-même; il connaissait trop bien l'espèce humaine pour voir autre chose qu'un mot dans l'amitié. Djaïlar avait vingt ans à peine à cette époque. Quand il se vit seul, réduit à ses propres forces, il se mit à sourire et dit : « Voilà le moment de montrer à tous ce que je suis et ce que je puis. » Alors, ayant réuni ses anciens amis dans une dernière fête, il leur dit, en leur montrant une carabine, des pistolets et des poignards : « Que penseriez-vous de moi si je vous disais: Avec ceci, des armes, et rien de plus, je veux refaire une fortune aussi brillante que celle dont le dernier vestige disparaît à cette heure, et je ferai cela, mais seul, sans l'appui, ni la protection de qui que ce soit au monde. » A ces mots, ses amis le regardèrent avec tristesse, convaincus que le désespoir avait égaré sa raison. « Vous me croyez fou, reprit Djaïlar, qui avait deviné leur pensée; que sera-ce donc quand je vous aurai dévoilé mon projet! Eh bien, mes amis, voilà ce que je veux faire : là bas, dans le Maïssour, il y a, entre Seringapatam et Haïdabrad, un pays sauvage, plein de djungles, de rochers et de précipices, où ne se hasarde aucun voyageur, parce qu'il est rempli de tigres et que les éléphans surtout y abondent: eh bien, c'est là que je vais me retirer avec mes armes, c'est là que je passerai mes jours et mes nuits, vivant des fruits de la forêt et couchant au sommet des arbres ou dans les antres abandonnés, moi, le radjah indolent qui ne trouvait pas de palanquin assez doux, ni d'éléphant à l'allure assez molle pour se promener au clair de la lune. Là je vais me trouver seul en face de deux ou trois mille éléphans auxquels je vais déclarer la guerre,

re, et je reviendrai riche de cette expédition ou j'y mourrai.

Le lendemain il partait pour le Maïssour et quinze jours après, malgré les conseils de tous les Indiens qui connaissaient le pays, il se jetait hardiment au sein même de l'affreuse contrée, seul contre une armée d'éléphans.

Deux ans s'écoulèrent pendant lesquels nul n'entendit parler de lui; tout le monde le croyait mort, lorsqu'au bout de ces deux années on le vit paraître à Madras où il venait vendre aux Européens, avec une vingtaine de peaux de tigres, les dents et les défenses de cinq cents éléphans tués de sa main.

— Cinq cents! dit le comte; êtes-vous bien sûr de ne pas vous tromper?

— J'en suis certain; songez d'ailleurs que les éléphans abondaient et que le radjah Djaïlar n'avait d'autre occupation que de les tuer. Or, tuant toujours et partout, quel que fût le danger, il peut paraître extraordinaire qu'il n'ait pas été dévoré, mais non qu'il ait atteint à ce chiffre de cinq cents.

— En effet, il a dû se refaire avec cela une fortune de prince.

— Et c'est cette fortune qu'il dépense à pleines mains depuis un an.

— Allons, je suis curieux de voir cet homme-là, dit le comte; et si vous le voulez, chevalier, nous irons ensemble à la porte de la ville par laquelle il doit entrer.

— Volontiers, répondit le chevalier, je ne serai pas fâché moi-même de connaître un personnage aussi extraordinaire. Mais par quelle porte entre-t-il ? Voilà ce qu'il faudrait savoir.

— Par la porte d'Orient, du moins on me l'a dit, répondit le Cingali.

Le comte de Simeuse le remercia de son récit et de son renseignement, puis il donna ordre qu'on préparât deux éléphans pour lui et son ami.

Le Cingali avait repris son houkah, et, tout en fumant, il examinait attentivement tous les Européens l'un après l'autre ; il se leva enfin et prit congé de la société, en disant que, lui aussi, il voulait assister à la fête.

Un instant après son départ, le comte vit les deux éléphans s'avancer lourdement devant le seuil de la maison, et il sortit avec le chevalier. Comme celui-ci s'approchait de son éléphant, le comte lui dit :

— Tenez, chevalier, voyez-vous là haut dans le bleu du ciel quelque chose qui palpite avec une rapidité étourdissante?

Le chevalier chercha quelques instans,

car ses yeux n'étaient pas encore habitués, comme ceux du comte, à l'éblouissante lumière du ciel indien.

— Oui, dit-il enfin, je vois un point noir qui miroite et scintille comme une étoile de jais.

— Eh bien! ceci, chevalier, c'est l'oiseau garouba, un aigle de la petite espèce, dont les Indiens ont fait une divinité parce qu'il détruit les serpens, ce qui ne les empêche pas d'avoir ces mêmes serpens en grande vénération et de leur ériger des temples. Là, ces dangereux reptiles vivent en famille, pullulent à foison et mordent impunément les naïfs Indiens, qui en meurent sans qu'aucun d'eux ait jamais l'audace ou éprouve même la tentation de les tuer, tous se prosternant sur leur passage, au contraire, et leur offrant dévotement du riz et du lait. Mais je connais un peu l'oiseau garouba que j'ai étudié dans ses habitudes, comme tous les oiseaux de l'Inde, car ici on étudie la nature sur le vif et non dans les livres; or, je parierais qu'il couve du regard quelque serpent que nous découvririons peut-être en cherchant bien autour de nous.

Les deux amis se mirent à scruter minutieusement le sol aussi loin que leurs regards pouvaient porter.

— Je ne vois rien, dit le chevalier.

— Et moi, j'ai découvert quelque chose, dit le comte.

— Un serpent?

— Le serpent capel, le plus dangereux de tous les reptiles, car sa morsure donne la mort avec la rapidité de la foudre, en moins de cinq minutes. Montons sur nos éléphans, il va être poursuivi tout à l'heure et pourrait bien venir se jeter dans nos jambes, ce qui ne laisserait pas que d'offrir quelque danger.

Quand les deux amis furent installés sur leurs montures, le comte montra du doigt au chevalier quelque chose de brun étendu immobile au milieu des fleurs, à cinquante pas de là, et qu'on eût pu prendre pour quelque branche d'arbre desséchée.

— Le voilà, dit-il, et maintenant attention!

Presqu'au même instant l'oiseau descendit comme une trombe du haut des airs et en ligne droite vers la place où le reptile s'endormait voluptueusement sous les rayons d'un soleil de feu. Réveillé brusquement par le bruit que firent les ailes de l'oiseau en approchant de la terre, le serpent voulut fuir, mais l'aigle tomba sur lui avec la rapidité de l'éclair et l'emporta aussitôt dans ses serres d'acier, où on le vit se tordre avec rage. L'oiseau monta, monta toujours, puis parvenu à une hauteur considérable, il laissa tomber sa proie, fondit de nouveau sur elle et se mit à la déchirer tranquillement, car le reptile était mort.

— Nous pouvons maintenant nous rendre à la porte d'Orient, dit le comte.

Il dit deux mots indiens aux deux cornacs, et les éléphans se mirent en marche.

Dix minutes s'écoulèrent sans que les deux gentilshommes échangeassent une parole.

— Vous pensez à la France? dit le comte à son ami.

— Non, répondit celui-ci, je songeais au jeune Indien qui nous a raconté l'aventure du radjah Djaïlar; je ne crois pas avoir jamais rencontré une tête plus belle, plus intelligente et plus déterminée.

— Je l'ai admirée comme vous, chevalier, et au risque de blesser votre modestie, je vous dirai que cette tête offre une ressemblance remarquable avec la vôtre.

— Et ce qu'il y a d'étrange, reprit le chevalier, qui tout absorbé dans ses pensées, n'avait pas entendu la remarque du comte, c'est que tout en admirant la beauté de cet homme, je me sentais pénétré d'une impression funeste, et mon cœur se serrait comme à l'approche d'un grand malheur.

— C'est que vous êtes sous l'empire des idées tristes, chevalier, et que tout ce qui ébranle votre esprit les éveille en vous.

— Peut-être, répliqua le chevalier tout rêveur, et pourtant l'impression a été si profonde qu'un esprit superstitieux verrait là quelque chose comme un mystérieux avertissement.

— Quelle probabilité que cet homme se rencontre désormais sur votre passage, et à plus forte raison qu'il puisse jamais exercer quelque influence sur votre destinée?

— J'ai beau me dire cela comme vous, comte, je ne puis arracher de mon cœur l'inexplicable sentiment de tristesse et de désolation qu'il y a laissé.

— Craindriez-vous le mauvais œil? dit le comte en riant; s'il en était ainsi, je vous donnerais les griffes du tigre que j'ai tué cette nuit, ce que l'on considère ici comme un talisman infaillible contre la jettatura. Pardon si je plaisante, chevalier, mais en vérité, pour qui craindriez-vous? Pour vous-même? votre bravoure ne permet pas même une pareille supposition; il n'y a qu'une personne au monde pour qui vous puissiez trembler, et jamais cet homme, à coup sûr, ne la connaîtra, même de nom... Vous voyez bien, chevalier, que rien ne justifie vos pressentimens, et que ce que vous avez de mieux à faire, c'est de rire de cet homme et de l'émotion qu'il vous a causée, car il ne reparaîtra plus à vos yeux et ne jouera, conséquemment, aucun rôle dans votre vie, je vous le jure.

— Vous avez raison, comte, cet inconnu a passé pour ne plus reparaître, et j'ai été fou vraiment de lui accorder quelque attention. N'y pensons plus.

Ils arrivaient en ce moment à la porte de la ville par laquelle devait entrer le jeune radjah, et qui se trouvait envahie par une foule de peuple de toutes classes.

CHAPITRE V.

Naoudah la Cachemirienne.

Après un quart d'heure d'attente environ, on vit s'élever au loin un nuage de poussière, à travers lequel se dessinait vaguement une masse grise qui fut reconnue bientôt pour une troupe d'éléphans. Comme tous les regards étaient fixés sur ce point, les Pandjabiens étant impatiens de voir le jeune radjah qui, à lui seul avait tué cinq cents éléphans, un grand bruit se fit entendre tout à coup du côté de la ville, d'où l'on vit sortir ventre à terre et se répandre au dehors, dans un éblouissant désordre, près de deux mille cavaliers sikes, montés sur des chevaux fringans et vêtus du costume splendide et pittoresque dont nous avons essayé de donner une idée au lecteur. A les voir ainsi lancés au galop, fiers et indomptés, couverts d'armes étincelantes, drapés d'une façon sauvage et pittoresque dans des costumes magnifiques, on eût dit une invasion de barbares. A leur suite venait une cinquantaine d'éléphans superbement caparaçonnés et portant, les uns de graves personnages qui devaient être de hauts dignitaires de Lahore, les autres de jeunes femmes ravissantes de grâce mutine, avec leurs habits en velours brodé et leurs pantalons de soie collans.

Cette brusque apparition surprit tout le monde d'abord, puis à la surprise succéda sur tous les visages un vif sentiment d'inquiétude, car on savait la passion qu'avait éprouvée jadis le roi pour Naoudah, la jeune femme de Djaïlar; et comme il paraissait inadmissible qu'un souverain envoyât un cortège, surtout un cortège aussi brillant et aussi nombreux, au-devant d'un simple radjah; il devint presque certain pour tous qu'il voulait s'emparer par la force de celle qu'il n'avait pu obtenir autrement. Une pareille violence de la part de leur roi, renommé jusqu'alors pour ses sentimens de justice et de douceur, étonnait beaucoup les Lahoriens, mais ils rejetèrent cet écart sur le compte de la passion, qui explique et justifie tant de choses. Alors le sentiment de curiosité qu'avait excité dans la foule l'attente d'un homme auquel on prêtait les plus étranges aventures, s'accrut de tout l'intérêt qu'inspira la catastrophe dont il était menacé, et l'on s'apitoya d'avance sur la terreur dont il allait être saisi à l'aspect de la petite armée qui l'attendait à la porte de la ville.

Les éléphans du radjah parurent enfin, ils étaient au nombre de douze, tous chargés des plus riches étoffes, avec chabraques de drap d'or, caparaçons ornés de pierreries, et montés par de jeunes femmes, dont le nez et les oreilles étaient chargés de bijoux, les pieds et les mains d'anneaux d'or, et qui s'étaient doré le front et le tour des yeux ; c'étaient des bayadères. A la suite venaient les serviteurs noirs avec une légère draperie de mousseline blanche, montant de magnifiques chevaux et jetant à droite et à gauche des poignées de petite monnaie d'argent, aussitôt ramassées par le peuple ; puis une troupe de musiciens exécutant des airs étranges avec toutes sortes d'instrumens, parmi lesquels dominaient le triangle et le tamtam. Mais en dépit de son goût pour la pompe et les brillantes cérémonies, la foule ne prêtai qu'une attention distraite à tout ce déploiement de luxe et de richesses ; son intérêt et sa pitié étant trop vivement excités en faveur de la belle Naoudah et du jeune et intrépide radjah. Enfin, on les vit s'avancer tous deux, Djaïlar sur un magnifique cheval blanc, dont les quatre jambes étaien teintes de henné ; Naoudah, sur un éléphant, en compagnie d'une jeune fille, moins richement vêtue qu'elle, mais presqu'aussi belle et qui devait être sa sœur, car il y avait entre elles une grande ressemblance.

— Vous dites que cet homme est le radjah Djaïlar ? demanda vivement le chevalier de Mailly à un Indien qui s'appuyait contre son éléphant.

Celui auquel il adressa cette question se trouva être précisément Tom Jack, son interprète d'occasion.

— Oui, oui, monseigneur, répondit celui-ci avec un sourire narquois qui renfermait bien des choses,c'est le radjah Djaïlar, et vous pouvez vous en rapporter à moi, je le connais trop bien pour m'y tromper.

Alors le chevalier se tournant vers le comte de Simeuse :

— Le reconnaissez-vous? lui dit-il.

— Eh parbleu! répondit le comte, c'est notre Cingali; je ne m'étonne plus qu'il ait affirmé tenir de bonne source l'aventure qu'il nous a racontée ce matin.

La foule admirait la magnifique prestance de Djaïlar, la grâce naturelle avec laquelle il faisait piaffer son cheval, et surtout la sérénité parfaite qu'il conservait en face des deux mille cavaliers sikes répandus sur son passage. On eût dit un roi au milieu de sa cour, bien plutôt qu'un simple particulier menacé de se voir ravir sa compagne et en danger de perdre la vie ou la liberté.

Quant à Naoudah, elle répondait parfaitement à l'idée qu'on s'était faite de sa beauté, vraiment merveilleuse, mais elle avait surtout dans le regard cette langueur profonde, cette mélancolie vague et touchante qui donnent tant de charme aux beautés indiennes, et qui, dans ses longs yeux noirs et veloutés, acquéraient un attrait irrésistible.

Mais la puissance de cet attrait était encore doublée en ce moment par quelque chose de douloureux et d'effaré qui jetait une poésie étrange sur ces traits purs, aux reflets de bronze doré. Ses yeux erraient dans la foule avec une expression d'inquiétude et d'égarement, comme si elle eût cherché un ami ou un protecteur au milieu de ce peuple qui lui était inconnu, puis elle les reportait devant elle, regardant fixement sans rien voir, et tombant dans un abattement profond.

Outre les cavaliers sikes, les femmes et les courtisans, des brahmes étaient venus aussi de la ville de Lahore au-devant du jeune radjah, dont la prodigalité leur promettait de riches offrandes. C'étaient des lingamistes; ils amenaient avec eux des bœufs sacrés, tout blancs, le corps couvert de fleurs et de rubans, les cornes dorées. Force fut donc au radjah et à son cortège de s'arrêter en face de ces divinités, qui avaient pris la peine de se déranger pour eux, et de leur accorder le culte auquel elles avaient droit. Djaïlar soutint sa réputation de libéralité, en faisant distribuer aux prêtres de Siva des bourses d'or et des étoffes précieuses, en échange de quoi ceux-ci lui promirent de longs jours chargés d'honneurs et de prospérité.

Pendant cette cérémonie, durant laquelle le peuple faisait retentir l'air du nom de Djaïlar, les regards de Naoudah continuaient de parcourir la foule avec tous les signes d'une vive anxiété, et ses lèvres, des lèvres de pourpres, que n'avait pas brûlées la feuille du bétel, se serraient avec force comme pour comprimer une douleur près d'éclater. Chose étrange! Son effroi redoublait tout à coup et semblait atteindre jusqu'au délire quand ses yeux rencontraient Djaïlar, comme si là eût été la cause mystérieuse du désespoir auquel elle semblait en proie.

Le chevalier de Mailly, comme tous les autres, admirait la belle Cachemirienne, et gagné peu à peu par l'expression de profonde tristesse qui donnait à son visage une grâce si touchante, il laissait éclater sur ses traits le sentiment de sympathique pitié dont il était pénétré pour elle. Les regards de la jeune Indienne s'arrêtèrent sur lui, au moment même où il s'abandonnait à cette impression, et elle parut vivement émue. Après avoir examiné elle-même le Français pendant quelques instans, comme si elle eût cherché à lire sur son visage les mouvemens de son âme, sa tristesse se dissipa presque subitement, et un rayon d'espoir, illuminant son front, transforma tout à coup le caractère de sa beauté. Les yeux toujours tournés vers lui, elle resta longtemps immobile et recueillie, paraissant se replier sur elle-même et tenir conseil avec sa pensée; puis elle se pencha vers sa sœur et lui dit vivement quelques mots à l'oreille. Alors celle-ci, à son tour, jeta un regard sur le Français, et répondit à Naoudah, dont les traits exprimèrent un extrême embarras d'abord, puis un profond chagrin.

Trois personnages avaient suivi cette scène avec curiosité, le chevalier de Mailly, le comte son ami, puis Tom Jack qui, monté en croupe sur l'éléphant du chevalier, n'en avait rien perdu et avait paru y prendre un intérêt extraordinaire.

— Ah! çà, chevalier, dit le comte, remarquez-vous que vous êtes devenu le point de mire de la charmante Naoudah? Est-ce que par hasard vous auriez déjà traversé le Pandjab? On dirait, sur mon âme, qu'elle vous reconnaît.

— Pour reconnaître les gens, il faut les avoir connus, et je vous jure, comte, que je vois aujourd'hui cette jeune femme pour la première fois.

— Alors elle vous a vu dans ses rêves, ce qui est beaucoup plus grave pour elle, la pauvre enfant, et beaucoup plus flatteur pour vous. Mais hélas ! c'est une satisfaction d'amour-propre et rien de plus, car l'adultère est un crime si difficile à commettre en ce pays, qu'on n'a pu y brûler qu'une seule épouse coupable depuis vingt ans.

— Vous avez beau porter le costume indien, comte, répondit le chevalier, vous avez toujours l'esprit tourné aux choses galantes et croyez retrouver partout les amours faciles de Marly et de Versailles. La belle Naoudah me regarde parce que je porte un costume qu'elle voit pour la première fois et dont l'étrangeté l'a frappée.

— Pardon, monseigneur, si je me permets de contredire votre opinion, dit à son tour Tom Jack, mais sans affirmer, comme M. le comte, que vous ayez touché le cœur de Naoudah, je parierais que ce n'est pas votre costume qui a fixé son attention, et qu'il y a là dessous quelque chose de grave.

— Et moi, je pense, maître Tom, que votre perspicacité est en défaut.

— Non-seulement je persiste dans mon idée, reprit celui-ci, mais en dépit de vos railleries, monseigneur, je crois avoir deviné le sujet du court entretien que viennent d'avoir les deux sœurs et la cause de la tristesse qui vient de reparaître sur les traits de Naoudah.

— Allons, avouez tout de suite que vous êtes sorcier.

— Dites plutôt divinité, reprit le comte en riant; vous allez voir que maître Tom va se dévoiler à nous comme une nouvelle incarnation de Vichnou ou de Brahma, et que nous allons être réduits à l'asperger d'huile de roses.

— Remarquez-vous, dit Tom Jack sans répondre à cette plaisanterie, que la sœur de Naoudah regarde à droite et à gauche comme si elle cherchait quelqu'un ?

— Et ce quelqu'un, maître Tom, vous l'avez deviné ?

— Non, mais j'ai compris pourquoi on le cherche et je vous le dirai bientôt, monseigneur.

Puis se glissant le long de l'éléphant en s'accrochant aux chabraques, il sauta lestement à terre et disparut rapidement dans la foule.

Les deux Français détournèrent un instant leurs regards de Naoudah et de sa sœur pour admirer les cavaliers sikes qui caracolaient à travers la foule. Ils virent aussi les farouches Akalis, dont quelques-uns reconnurent et montrèrent du doigt le Français qui la veille avait bravé leur fureur. Le chevalier remarqua qu'ils avaient à leurs turbans des cercles de fer tranchans, et, pendues à l'arçon de leur selle, des espèces de griffes de fer très aiguës et d'une forme étrange.

— Voilà de singuliers ornemens! dit-il au comte en lui montrant les objets qui avaient frappé son attention.

— Aussi ne sont-ce pas des ornemens, mais bien des armes, répondit le comte. Ces cercles tranchans, les Akalis les lancent de loin à leurs ennemis, dont ils fendent la tête ou l'estomac, et rarement ils manquent leur coup. Quant à cette griffe de fer, arme terrible inspirée aux Indiens par un de leurs animaux, et à laquelle ils ont donné le nom de *griffe de tigre*, on la tient à la main, adaptée à chaque doigt, et on en déchire les chairs de la victime. Vous voyez que ces naïfs Indiens ne manquent pas d'une certaine imagination.

Les cavaliers perçaient la foule pour s'approcher du cortége et voir de près ce fameux radjah, auquel sa formidable tuerie d'éléphans et beaucoup d'autres exploits avaient fait une immense célébrité. Parmi ces autres aventures, il en était, disait-on, qui dénotaient une violence de caractère et une élasticité de conscience extraordinaires dans un homme de cet âge, mais comme toutes attestaient un courage et une détermination remarquables, les plus coupables mêmes étaient enveloppées d'un certain prestige, et nul ne songeait à lui en faire un crime. L'attitude fière et hautaine de Djaïlar, l'expression à la fois intrépide, railleuse et cynique de son visage, répondaient parfaitement aux faits merveilleux et sombres qu'on lui prêtait, et, en matière de bravoure surtout, rendaient vraisemblable jusqu'à l'impossible.

La cérémonie religieuse étant terminée, le cortège put reprendre sa marche, ce qu'il fit aux acclamations de la foule.

Au moment de s'éloigner, Naoudah tourna de nouveau ses yeux noirs vers le chevalier, et cette fois ils avaient une éloquence à laquelle il était impossible de se méprendre; la prière la plus ardente, les supplications les plus touchantes se lisaient clairement dans son regard, à la fois plein de flamme et humide de larmes.

Puis son éléphant passa sous la porte de la ville et elle disparut, laissant le chevalier plein de surprise et d'émotion.

Comme il la cherchait encore du regard, il aperçut, s'engouffrant avec le peuple, dans la rue longue et étroite qui faisait suite à la porte, Tom Jack en personne qui se livrait à une gymnastique effrénée pour se faire jour dans la foule et dépasser ceux qui se trouvaient interposés entre lui et le cortége du radjah.

—En vérité! chevalier, dit alors le comte, ou je n'ai jamais connu la signification d'un regard de femme, ou celui-là exprime toute autre chose que la curiosité banale que peut inspirer un habit d'une forme inconnue. Allons, ôtez le masque à votre modestie, et avouez donc enfin que vous avez tourné la tête de l'une des plus jolies femmes de l'Inde, c'est à dire du monde.

— Je n'avouerai qu'une chose, comte, c'est que les apparences vous donnent raison; mais en dépit de tout ce que nous avons vu et de tout ce que vous pourrez dire, je déclare, moi, que vous avez tort. Il y avait quelque chose de grave et de significatif, en effet, dans le regard de cette jeune femme, mais l'amour y était complétement étranger, et j'avoue que je serais désolé qu'il en fût autrement.

— Et moi, chevalier, dussiez-vous me jeter l'anathême, je vous jure que j'en serais ravi, attendu que votre obstination à vous débattre dans une passion sans issue me paraît un acte de folie, et que d'ailleurs je condamne formellement une fidélité isolée. La femme que vous aimez est perdue pour vous sans retour, car elle est mariée, et vous l'aimez trop noblement pour vouloir être heureux au prix de son abaissement, c'est pourquoi je désire de toute mon âme que vous soyez aimé de Naoudah et que vous partagiez son amour. Djaïlar, je le sais, n'est pas un de ces maris dont nous avons vu à Marly de si élégans modèles; c'est un rival terrible qui paraît avoir retenu quelque chose du caractère sauvage et des instincts féroces des tigres, parmi lesquels il a passé deux années. Eh bien, tant mieux! il y a là de quoi vous éprouver et vous tenir en éveil, et la fin de cette intrigue, si vous n'en mourez pas, sera la fin de votre amour insensé.

— Merci de votre vœu, cher comte, j'y vois une nouvelle preuve de votre amitié; mais que peuvent les raisonnemens les plus solides contre la logique insensée, mais toute-puissante de la passion? Et puis, quand vous parviendriez à me convaincre que je dois aimer Naoudah, quel que soit l'hommage que je rende à sa beauté, un pareil effort serait au-dessus de mon courage.

— Alors je vous propose un autre moyen de guérison.

— Voyons.

— Nous nous engageons tous deux au milieu des djungles et des rochers les plus sauvages, là où abondent les bêtes féroces, et nous nous mettons à tirer sur toutes celles qui s'offrent à nous, sans distinction de race : lions, éléphans, tigres, nous attaquons tout et ne nous arrêtons que le jour où votre amour se sera usé dans la répétition perpétuelle des dangers auxquels nous serons exposés chaque jour. Or, croyez-moi, chevalier, si amoureux qu'on soit, et je range votre passion parmi les plus chevaleresques, on ne songe guère aux idylles quand on se trouve en face d'un lion qui hérisse sa crinière, bat les airs de sa queue, et darde sur vos yeux ses deux yeux de braise.

— A la bonne heure! répondit le chevalier, voilà une proposition raisonnable, et celle-là, je l'accepte. A quand notre première chasse?

— Pas avant que vous ne connaissiez la pensée secrète de Naoudah, et cela ne tardera guère, car j'ai vu votre Tom Jack qui jouait des poings et des coudes pour se rapprocher du cortége, et je parierais bien qu'au retour il nous apprendra quelque chose sur ce point.

Les deux Français passaient en ce moment à cent pas environ d'un petit bois de mimosas et d'aréquiers. Le comte fit remarquer à son ami un groupe d'individus accroupis à l'ombre de ces arbres, cinq à six hommes à demi-vêtus de riches étoffes fanées et déchiquetées, et une femme toute habillée de rouge, qui seule se tenait debout, et dont la silhouette éclatante se découpait fièrement sur le vert cru des aréquiers et des ananas sauvages.

— Approchons-nous de ces gens, dit le comte, je suis curieux de savoir ce qu'ils font là.

Protégés par un massif de rhododendrons, les deux gentilshommes purent arriver à dix pas de ces individus sans en être aperçus, et satisfaire tout à l'aise leur curiosité; les hommes tiraient d'une caisse une quantité d'objets étranges et dont le chevalier cherchait vainement à s'expliquer l'usage : des ornemens en pierreries fausses, des morceaux de verre de couleur formant des dessins sur des fonds de bois rouge ou doré, des masques, des bonnets grotesques, d'énormes épaulettes taillées en forme de dragons ou d'oiseaux fantastiques, des colliers, des bracelets, des pendans d'oreille monstrueux. Pendant ce temps, la femme dépouillait de leur enveloppe des noix d'aréquier pour les mâcher avec la feuille du bétel.

— C'est une bande de comédiens malabares et la femme est une bayadère, dit le comte de Simeuse au chevalier.

Puis, se montrant tout à coup aux Indiens, il échangea avec eux quelques paroles et continua ensuite sa route avec le chevalier, auquel il apprit qu'il venait de leur commander une représentation pour le soir même.

A peine les gentilshommes avaient-ils disparu, qu'une petite négresse, qui les suivait de loin depuis quelque temps, s'approcha vivement de la femme malabare et l'interrogea en lui montrant du doigt les deux jeunes gens. Celle-ci répondit aux questions qui lui étaient adressées, puis il y eut comme une convention entre ces deux femmes, et la négresse se retira après avoir laissé quelques pièces d'argent à la bayadère, qui lui dit :

— Je vous promets de ne pas commencer avant l'arrivée de votre jeune maîtresse.

Pendant ce temps, le comte et le chevalier approchaient du bungalo ; ils en étaient encore à une assez grande distance lorsqu'ils virent le jeune tigre du comte s'élancer par dessus la barrière qui servait de clôture au jardin, et accourir vers eux par bonds de dix pieds. L'animal était superbe à voir ainsi, le corps allongé, la tête levée, le muffle en avant et fendant l'air comme une flèche.

— Que dites-vous du flair de Djell, qui nous a sentis à plus de trois cents pas ? demanda le comte à son ami.

Djell arrivait en ce moment à quatre pas de l'éléphant monté par le chevalier ; lancé de toute la puissance de ses muscles d'acier, il rebondissait de nouveau sur lui-même pour s'élever à la hauteur de son maître, lorsque l'éléphant, se méprenant sans doute sur son intention, l'arrêta tout à coup dans son élan et l'envoya rouler à terre d'un coup de sa trompe ; puis, élevant cette trompe jusqu'au chevalier, il la promena délicatement sur sa personne comme pour s'assurer qu'il n'avait pas été blessé, après quoi il reprit tranquillement sa marche sans même jeter un regard sur le malheureux Djell, qui se mit à suivre clopin clopant et en poussant des hurlemens de douleur.

— Que signifie cette scène ? demanda le chevalier stupéfait.

— Cela signifie, chevalier, que Zorah vous a pris en affection et que vous avez désormais en lui un ami et un défenseur dont il sera bien difficile de mettre la vigilance en défaut. Il a cru que Djell avait de mauvais desseins contre vous, et vous voyez comme il l'a traité ; il en sera de même, à l'avenir de tout ennemi, homme ou bête féroce, qui voudra s'attaquer à vous, et telle est l'intelligence de ces animaux qu'ils devinent même les dangers et les piéges qui semblent ne pouvoir être compris que par l'intelligence de l'homme.

— Je suis enchanté d'avoir conquis un nouvel ami, mais je suis fâché que ce soit aux dépens du pauvre Djell.

On arrivait en ce moment à l'habitation ; les deux jeunes gens mirent pied à terre, et le comte, après s'être assuré que son tigre n'avait aucune blessure grave, se mit à le caresser, comme on fait aux enfans, pour lui faire oublier son mal et son humiliation.

CHAPITRE VI.

Cibal et Djaïlar.

Décidément l'entrée de Djaïlar dans Lahore était une marche triomphale, et les deux mille cavaliers sikes, dont l'apparition inattendue avait donné lieu aux soupçons les plus funestes, étaient un honneur rendu au jeune radjah. Une distinction aussi éclatante, aussi contraire à l'étiquette observée par le roi, même envers les princes les plus puissans, donna aux Lahoriens la plus haute idée de Djaïlar, qui se vit accompagné par le peuple jusqu'à sa demeure, et accueilli sur son passage par les acclamations des hommes et des femmes entassés sur les balcons et les terrasses.

Cette demeure, choisie dans le quartier le plus brillant de la ville, c'est-à-dire le plus rapproché du palais du roi, assez vaste pour contenir toute sa suite, avec ses chevaux et ses éléphans, était toute prête à le recevoir, et ce fut là pour la foule un nouveau sujet de surprise et d'admiration. On se demanda si c'était lui qui avait eu la précaution d'envoyer quelqu'un en avant pour tout préparer, ou s'il fallait voir là un nouveau témoignage de la haute estime que le roi paraissait éprouver pour sa personne. Quoi qu'il en fût, l'une ou l'autre supposition ne pouvait que le rehausser encore dans l'esprit de la foule, qui le salua de ses cris enthousiastes longtemps encore après qu'il fut entré.

Cette habitation était divisée en deux parties : l'une pour Djaïlar et ses serviteurs, l'autre destinée aux femmes, où se retira Naoudah avec sa sœur, mais dans un appartement à part, qu'elles devaient habiter ensemble.

Quand il fut seul dans une vaste pièce remplie des plus belles fleurs de l'Inde, Djaïlar se débarrassa des riches cachemires et des armes magnifiques dont il était couvert; puis, tirant de sa ceinture un petit style d'argent, dont se servent les Indiens pour écrire et qui ne les quitte jamais, il appela, en élevant à peine la voix, et un domestique parut avec une rapidité qui avait quelque chose de magique. Djaïlar alors lui ayant montré son style sans prononcer un mot, le serviteur se retira et reparut aussitôt, tenant à la main une douzaine de feuilles de palmier, d'une espèce particulière, qui se coupent par bandes égales, et sur lesquelles on écrit avec le style. Djaïlar en remplit trois de son écriture, les frotta d'une matière blanche pour en faire ressortir les caractères, et les remettant ensuite au domestique, dont l'ignorance lui garantissait sans doute la discrétion :

— Tiens, lui dit-il en lui donnant en outre une bague qu'il tira de son doigt, porte ces feuilles au roi, près duquel on t'introduira immédiatement dès que tu auras montré cet anneau ; et si tout autre que le roi lui-même jetait un regard sur ces caractères, tu sais ce que tu aurais à attendre de la colère de Djaïlar.

Et d'un geste dont l'éloquence n'avait pas besoin de commentaire, il lui montrait du doigt des armes éparses sur des coussins.

Le domestique s'inclina d'un air effaré.

— Va, lui dit Djaïlar, et en sortant, préviens mon houkadabar que je l'attends.

Le malheureux serviteur sortit à reculons et en s'inclinant jusqu'à terre.

Mais déjà Djaïlar lui avait tourné le dos et ne songeait plus à lui. Il s'était approché d'une fenêtre et regardait en souriant le peuple qui stationnait devant sa demeure, dans l'espoir de le voir paraître à l'un des balcons. Il y avait bien des choses dans ce sourire, mais surtout une violente expression de hauteur et de dédain, à laquelle se mêlait une arrière-pensée, un retour sombre et douloureux vers un mystérieux passé.

Il fut arraché à ces impressions par l'arrivée de son houkadabar, qui vint respectueusement poser devant lui son houkah, chargé de godauk et tout allumé.

Au lieu de se retirer humblement après avoir rempli son office, suivant l'étiquette imposée par Djaïlar à ses serviteurs et à laquelle nul n'eût osé manquer, le houkadabar se redressa de toute sa hauteur, croisa ses bras sur sa poitrine et fixa hardiment son regard sur le jeune radjah, attendant d'un air railleur l'explosion de colère à laquelle une telle insolence devait donner lieu. Mais complètement absorbé dans ses pensées, Djaïlar ne regarda même pas son serviteur, dont il semblait avoir oublié la présence, e celui-ci, après une longue attente, se vit obligé de provoquer plus directement son attention.

— Bonjour, Cibal, lui dit-il.

Djaïlar releva vivement la tête et reconnut Tom Jack dans le prétendu serviteur qui venait de lui apporter son houkah; mais après ce mouvement involontaire, il reprit un calme parfait et, continuant de fumer comme s'il eût été interrompu par un incident insignifiant :

— Que me veux-tu, Tom Jack, lui dit-il en fermant à demi les yeux comme pour mieux aspirer les aromes de son godauk, et en se servant de la langue française pour dérouter sans doute les oreilles indiscrètes qui pourraient être aux aguets.

— Je vais te le dire, Cibal, répondit Tom Jack dans la même langue.

Djaïlar releva lentement la tête et jetant à Tom Jack un regard empreint d'un dédain écrasant.

— Tom Jack, lui dit-il, on prétend que le tigre et le chacal appartiennent à la même race, cependant l'un est fort et brave, l'autre est faible et lâche : aussi le chacal, loin de considérer le tigre comme son égal, reconnaît sa force et s'humilie devant sa puissance, m'as-tu compris ?

Le jeune homme accompagna ces mots d'un regard qui paralysa Tom Jack.

— Parle librement, je t'accorde toute licence, reprit Djaïlar ; seulement, aie toujours présente à l'esprit la différence que la nature a mise entre nous, et conforme ton langage à ta condition.

Tom Jack parut hésiter un instant sur le parti qu'il allait prendre, mais un regard jeté sur le visage fier et déterminé du jeune radjah fixa tout à coup son irrésolution.

— J'ai compris *votre* désir, Cibal, lui dit-il, et je m'y conformerai.

— A la bonne heure, dit Djaïlar. Maintenant je t'écoute, voyons, qu'es-tu venu faire ici ?

— Vous conter une histoire, seigneur.

— Dans quel but?

— Mais dans le but qu'on se propose généralement quand on raconte une histoire, dans le but d'amuser Votre Grandeur.

— Et d'attraper quelques roupies, n'est-ce pas ?

— Quelques... c'est peu dire.

— Ah !

— J'avoue que j'espère mieux.

— Voyons l'histoire, dit Djaïlar en s'accoudant sur ses coussins et se recueillant dans les délices de son houkah.

— Un jour, reprit Tom Jack, c'était à Delhi, deux amis, car alors la plus touchante égalité régnait entre eux, deux amis donc, que l'on nommait Cibal et Tom Jack, reposaient voluptueusement à l'ombre de deux éléphans qui attendaient leurs maîtres au seuil d'une pagode, immobiles comme deux monumens de bronze. Tom Jack était un de ces pauvres diables qui se résignent patiemment à leur destinée et dont le caractère se modifie suivant les circonstances, inoffensifs quand la fortune les favorise, très capables d'une mauvaise action quand le besoin les pousse. Toute autre était la trempe de Cibal ; celui-là, doué d'une énergie, d'une audace et d'une ténacité indomptables, prétendait dominer le sort au lieu de le subir et s'était juré à lui-même de ne passer parmi les hommes que pour les écraser. Il s'était fait une âme de bronze et un cœur de granit pour n'être jamais arrêté dans sa marche par un scrupule ou par un sentiment : aussi eût-il vu crouler le monde sans tressaillir, fût-il demeuré impassible comme un sphynx devant les plus horribles catastrophes. Tom Jack fut donc étrangement surpris lorsque laissant tomber son regard des profondeurs du ciel bleu où il s'était perdu, sur les traits de son ami Cibal, il y découvrit la trace d'une émotion et crut même voir trembler une larme au bord de ses cils noirs. Cibal ému ! quelle scène navrante, quelle douleur surhumaine pouvaient donc opérer un tel miracle !

En suivant la direction du regard de son ami, Tom Jack aperçut en face de lui un fouillis bizarre et pittoresque de dromadaires, d'hommes et de femmes de toutes couleurs et de toutes races, des Cophtes au teint jaune et vêtus de noir, des Arabes de la Mecque, dont la coiffure rouge rappelait les momies de l'Egypte, des Nubiens aux traits noirs et réguliers, des Ethiopiens couleur de bronze ; puis de belles jeunes filles venues du Darfour, du Cordofan, du Sennaar, et dont le corps, d'une exquise pureté de forme, était à peine couvert d'un lambeau de mousseline. Parmi ces dernières, se trouvait une Géorgienne dont le regard profond et mélancolique était fixé sur Cibal, avec une expression de douceur et de souffrance qui eût arraché des larmes à un tigre ; et pourtant, Tom Jack, quoique profondément attendri, s'étonna que cette douleur sans bornes, unie à tant de jeunesse et de beauté, eût suffi pour éveiller quelque chose dans le cœur pétrifié de Cibal.

Ces hommes et ces femmes étaient des esclaves qu'on allait vendre sur quelque marché de l'Inde, et leur maître était un grand et vigoureux Berbère, au teint couleur de cendre, à l'œil hagard et farouche. Sa main était armée d'une lanière en peau de chameau qu'il laissait tomber de temps à autre sur le dos qui se trouvait le plus à sa portée, sans autre motif apparent qu'une fantaisie cruelle et brutale, et chaque coup était accompagné d'un rire muet qui montrait ses deux rangées de dents, blanches et aiguës comme celles d'une bête fauve.

Après avoir longtems contemplé la jeune Géorgienne, Cibal reporta ses regards sur le sinistre Berbère et suivit tous ses mouvemens avec un mélange d'inquiétude, de haine et de colère contenue qui transforma tout à coup l'expression de son visage. Pendant une heure, il le couva ainsi des yeux avec l'ardeur et la ténacité du lion guettant une proie. Enfin il arriva que le fouet aveugle et impitoyable tomba sur les belles épaules de la Géorgienne, qui frissonna de tous ses membres et laissa échapper un soupir. Alors quelque chose de rauque et de profond gronda dans la poitrine de Cibal, qui se leva d'un bond, se contint tout à coup, et m'adressant la parole sans quitter du regard le maître des esclaves :

— Tom Jack, me dit-il, cette jeune fille vient de faire jaillir de mon cœur la dernière étincelle de sensibilité qu'il recélât encore ; elle ressemble trait pour trait à Nadjell, la fille de l'armurier de Cachemyr, la seule femme que j'aie aimée ; il m'a semblé la revoir, et tous mes souvenirs éteints se sont ranimés et ont tressailli au fond de mon âme. C'est pourquoi j'ai résolu de l'arracher des mains de ce brutal, et malheur à lui s'il refuse ! je te jure que c'est un homme mort. C'est la dernière de mes pensées généreuses qui s'échappe peut-être à cette heure, il faut qu'elle s'accomplisse !

— Mais, dit Tom Jack à Cibal, le seul moyen de soustraire cette pauvre jeune fille aux brutalités de son maître, serait de la lui acheter, et nous ne possédons pas à nous deux le quart d'une roupie.

A cette objection, devant laquelle tout autre eût reculé, Cibal se contenta de sourire avec ce dédain superbe qui semblait défier l'univers, puis il marcha droit au farouche Berbère.

— Ecoute, lui dit-il avec l'assurance d'un nabab dont les caisses regorgent d'or, cette jeune fille m'inspire un vif intérêt, je te prie de lui rendre la liberté.

Le marchand d'esclaves toisa Cibal avec un calme plein d'insolence, car sa mise était fort mesquine, et après une longue pause :

— Cette esclave, lui dit-il avec un dédain grossier, vaut mille roupies, mais pour ceux qui y prennent un vif intérêt, comme toi, par exemple, elle en vaut douze cents.

— Eh bien, je t'achète sa liberté, non pas douze cents, mais quinze cents roupies; seulement, c'est dans un an que je te remettrai cette somme, car je ne l'ai pas en ce moment.

Le Berbère haussa les épaules, et répondit à la proposition de Cibal par ce rire muet et féroce qui mettait à découvert ses deux rangées de dents d'hyène; puis il leva de nouveau sa lanière et allait la laisser retomber sur les reins de la pauvre Géorgienne quand Cibal, par un mouvement plus prompt que la pensée, la lui arracha des mains et la jeta au loin.

Le marchand d'esclaves parut stupéfait d'une action qui, vu son immense supériorité physique sur Cibal, plus petit que lui de toute la tête, pouvait passer pour la plus dangereuse des imprudences; enfin, revenu de sa surprise, il ordonna à Cibal d'aller lui ramasser son fouet.

Cibal ramassa le fouet et le mit en morceaux avec une facilité qui donnait la plus haute idée de sa force.

Le Berbère jeta sur Cibal un regard de pitié méprisante.

— Si je t'ai ordonné de ramasser ma lanière, lui dit-il, c'était pour corriger ton insolence, et tu en aurais été quitte pour quelques coups solidement appliqués. Tu as donc été mal inspiré en la détruisant; car, à cette heure, je n'ai plus que mes deux mains pour te châtier, ne daignant pas faire usage de mes armes avec un si pauvre adversaire, et tu vas savoir ce que c'est que l'étreinte de ces mains-là.

Une lutte terrible s'engagea alors entre ces deux hommes qui, inconnus tout à l'heure l'un à l'autre, étaient devenus tout à coup ennemis mortels. Quoique supérieurement doué sous ce rapport, Cibal s'aperçut, dès le début, que son adversaire le surpassait de beaucoup en vigueur, et comprenant qu'il ne pouvait balancer cet avantage que par son extrême agilité, il se mit à attaquer le Berbère avec une rapidité d'évolutions dont celui-ci parut étourdi tout d'abord. Mais, au bout d'un instant, et après avoir reçu de Cibal cinq à six coups qui résonnaient sur sa large poitrine comme sur un buste de bronze, il riposta à son tour avec une telle force que Cibal roula à terre et rendit aussitôt le sang par la bouche. Il se releva avec rage et s'élança avec une ardeur aveugle sur son adversaire, qui, profitant de sa témérité, le jeta de nouveau sur le sol, et cette fois avec une telle violence que Cibal resta deux minutes immobile et comme mort. Le Berbère le regarda avec cet effroyable rire muet qui donnait à ses traits une expression si féroce. Mais déjà Cibal était sur ses pieds et se préparait à une troisième attaque. Le marchand d'esclaves haussa les épaules de dédain, mais s'il eût connu Cibal comme je le connaissais, alors, à l'éclair sanglant de son regard, au grincement de ses dents serrées l'une contre l'autre à se briser, il eût compris qu'il avait devant lui cette grande et terrible colère du lion, dont la puissance est centuplée alors même qu'on le croit frappé à mort. Après une pause de quelques instans, Cibal prit son élan, et l'on eût dit un projectile lancé par une machine de guerre; devant cette force irrésistible, les muscles de fer du Berbère plièrent comme ceux d'un enfant, et le géant tomba violemment en arrière, frappé au front d'un coup qui eût brisé un crâne moins solide.

Il s'écoula plus d'un quart d'heure avant qu'il reprît ses sens, et lorsqu'enfin il revint à lui, il ne put comprimer un sentiment de terreur à l'aspect de Cibal.

— Eh bien ! lui dit celui-ci, es-tu encore tenté de corriger mon insolence?

Le Berbère détourna la tête et ne répondit pas.

— Ecoute-moi bien, reprit l'ami de Tom Jack, il n'y a pas un homme au monde qui puisse dire : j'ai vaincu Cibal ou je l'ai fait trembler; tout ennemi qui voudra me barrer le passage ou entraver ma volonté, celui-là me tuera sur la place ou je le vaincrai, dussé-je recommencer cent fois la lutte, n'eussé-je plus qu'un souffle de vie dans la poitrine. Et maintenant, réponds, veux-tu m'accorder la liberté de cette jeune esclave, et je m'engage à te la payer quinze cents roupies, que je te porterai moi-même en tel lieu que tu habiteras à cette époque ?

— Non, répondit le marchand d'esclaves avec un sifflement de rage et en jetant sur la pauvre Géorgienne un regard brûlant de haine et tout envenimé de vengeance.

— Tu es bien décidé ?

— Oui.

— Alors je t'arracherai par la violence ce que tu refuses d'accorder à mes prières, et si, d'ici au jour où je viendrai te l'enlever, tu as frappé de nouveau cette jeune fille, je jure que tu mourras de ma main.

— Je serai sur mes gardes, répondit le Berbère en montrant du doigt sa ceinture toute garnie de poignards et de pistolets.

— Tes précautions seront vaines, je t'en préviens.

Puis, s'adressant à la jeune esclave, qui avait suivi avec des larmes sa lutte avec le farouche Berbère :

— Jeune fille, lui dit-il, je lis dans les yeux de cet homme, aussi lâche que féroce, qu'il se vengera sur toi de la honte que je viens de lui faire subir ; mais console-toi, avant trois jours tu seras libre, je t'en donne ma parole, et jamais je ne l'ai donnée en vain.

— Hélas ! répondit la Géorgienne, nous nous engageons demain dans un désert où nul ne pourra nous suivre sans être aperçu.

— Compte sur moi en quelque lieu que tu sois, lui dit Cibal.

Puis il fit un signe à Tom Jack, et ils s'éloignèrent tous deux.

Le soir même, dès que la nuit fut tombée, le Berbère quitta Delhi avec sa troupe d'esclaves et prit la route de l'Hymalaya. Cibal et Tom Jack le suivaient à une grande distance, mais sans jamais le perdre de vue.

Après huit heures de marche, ils se trouvaient dans une espèce de vallée sauvage, encadrée de roches aiguës et de djungles impénétrables. Tout annonçait l'approche d'un épouvantable orage ; les nuages s'amassaient au ciel, nombreux et sombres, s'entassant l'un sur l'autre comme des montagnes de marbre noir. Un silence funèbre, silence d'attente et d'anxiété, régnait dans le désert, où nul animal n'osait élever la voix, où le plus faible cri eût retenti à une distance prodigieuse. Tom Jack, voyant se préparer un de ces déchaînemens furieux qui bouleversent parfois tout un pays, broyant et lacérant tout sur son passage, hommes et animaux, et labourant jusqu'au sol même, Tom Jack tremblait de tous ses membres et eût donné volontiers la moitié des jours qui lui restaient à vivre pour voir l'autre en sûreté. Cibal, lui, ne semblait même pas se douter de la tempête qui se préparait, et le regard toujours porté dans la direction que suivaient les esclaves, il paraissait épier quelque chose comme un son dans l'air. Les deux amis marchaient depuis longtemps ainsi, absorbés l'un et l'autre, Tom Jack par la peur, Cibal par ce je ne sais quoi qu'il guettait au vol, quand tout-à-coup un cri aigu se fait entendre.

— C'est elle, dit Cibal d'une voix frémissante, le Berbère l'a frappée. Viens !

— Où donc ? demanda Tom Jack, prêtant l'oreille aux premiers grondemens du tonnerre, qui roulait sourdement dans le lointain.

— Là-bas, répondit Cibal, il faut que je tue le marchand d'esclaves.

Et voyant que Tom Jack hésitait à le suivre :

— Écoute, lui dit-il, j'ai appris que cet homme, outre le commerce des esclaves, faisait aussi celui des pierres précieuses, et je sais qu'il en emporte avec lui pour plus de cinquante mille roupies. Suis-moi, et nous partagerons. Mais rassure-toi, tu ne courras aucun risque dans cette affaire, car cette vengeance est mon bien, et je n'en céderais pas la moitié pour un trésor ; cet homme m'appartient, et je veux le frapper seul.

Alors Tom Jack, tenté par l'appât d'une telle fortune, suivit son ami Cibal.

Le tonnerre s'était rapproché avec une effrayante rapidité, et au moment où les deux amis arrivaient à cent pas environ de la troupe des esclaves, l'orage éclatait dans sa violence, secouant les djungles profonds comme un frêle panache, tandis que la foudre retentissait avec un épouvantable fracas, bondissant d'échos en échos, et que les éclairs se succédaient, éblouissans comme des soleils, inondant de lumière les accidens de la vallée sauvage, la crête aride des rochers et l'épaisseur des forêts. Alors, les deux amis virent sortir des profondeurs du djungle un lion et une lionne, qui se mirent à bondir dans la plaine en mêlant leurs rugissemens formidables à la voix éclatante de la tempête.

Puis, toujours à la clarté sinistre des éclairs, ils virent, au milieu de la vallée, tous les esclaves réunis autour de leur maître, tous, hors une femme qui, agenouillée à une grande distance du groupe, se tournait, les mains jointes, vers le Berbère, et semblait lui adresser une ardente prière, dont on devinait le sens en voyant ses regards se diriger de temps à autre du côté des lions qui rugissaient à deux cents pas.

— Marche droit à cet homme, dit Cibal à Tom Jack, et tandis que tu l'occuperas, toi qui n'as rien à redouter puisque tu ne lui inspires ni crainte ni défiance, je vais faire un détour pour arriver jusqu'à lui.

Cibal partit aussitôt, sans attendre le consentement de Tom Jack, auquel la perspective de passer à portée des lions rendait cette mission souverainement désagréable. Enfin, comme il ne courait pas moins de dangers à rester isolé dans le voisinage de ces terribles animaux, il prit son parti et marcha droit vers le groupe des esclaves. La jeune Géorgienne se trouvant sur son chemin, il se pencha vers elle en passant, et lui dit : « Rassurez-vous, votre défenseur est là, il va vous délivrer. » Puis il continua à marcher vers le marchand d'esclaves, tandis que la pauvre jeune fille appelait sur son sauveur la protection de Brahma. Comme l'avait prévu Cibal, toute l'attention du Berbère était absorbée par l'approche de Tom Jack, qu'il regardait venir tout stupéfait, se demandant comment un homme pouvait se trouver seul à pareille heure, et par cet épouvantable orage, au milieu d'un désert où abondaient les bêtes féroces. Il allait lui adresser la parole, quand il vit tout à coup Cibal surgir en face de lui.

— Je t'ai dit que je m'emparerais de cette enfant par la force, puisque tu refusais de me vendre sa liberté, lui dit Cibal en désignant du doigt la Géorgienne ; je viens tenir ma parole.

Bientôt remis du trouble où l'avait jeté l'apparition subite de Cibal, le Berbère, tandis que celui-ci parlait, glissait sournoisement la main le long de sa ceinture, y prit un pistolet et l'arma ; mais au moment où il relevait la main pour en faire usage, Cibal, d'un bond plus rapide que l'éclair, s'élança sur lui et lui planta son poignard dans la gorge. Quoique frappé mortellement, le Berbère eut encore la force de décharger son arme ; mais la balle, dirigée par un regard déjà éteint, siffla au dessus de la tête de son ennemi, qui se croisa les bras et le regarda tomber et se tordre dans son agonie.

Quand tout fut fini, Cibal dit aux esclaves qui le contemplaient avec une terreur respectueuse.

— Maintenant, vous êtes libres, partez, allez où il vous plaira et laissez-moi ici avec le corps de cet homme.

S'adressant ensuite à la Géorgienne.

— Quant à vous, jeune fille, lui dit-il, je veux vous conduire moi-même à Missouri, la ville la plus proche, et là vous serez pour toujours à l'abri du sort cruel auquel vous venez d'échapper.

CHAPITRE VII.
Le vampire malabare.

Les esclaves partirent, et trois personnes restèrent près du corps de leur maître, Cibal, Tom Jack et la belle Géorgienne.

L'intention de Cibal, en agissant ainsi, était tout simplement de s'emparer des diamans du Berbère, qu'il trouva en effet renfermés dans sa ceinture. Dès qu'il eut ce trésor en son pouvoir, il dit à la jeune fille de s'appuyer sur son bras, car elle était brisée par la fatigue et par la violence des émotions qu'elle avait éprouvées depuis quelques heures, et il partit suivi de Tom Jack, laissant le cadavre de son ennemi en pâture aux deux lions dont les rugissemens luttaient toujours avec les éclats de la foudre.

Aux premières lueurs du jour, tous trois entraient dans la ville de Missouri ; là, Cibal prit au hasard une poignée de diamans, c'est à dire le quart à peu près de ce qu'il possédait, et la remit à la jeune fille en lui disant qu'elle était libre. La pauvre enfant partit les larmes aux yeux et laissant deviner clairement qu'elle eût préféré l'esclavage près de son sauveur, à une liberté qui n'était à ses yeux qu'un douloureux abandon ; mais elle n'était pour Cibal que le souvenir d'une autre, pas autre chose, et il la laissa partir ; puis il remit au lendemain le partage avec son ami des diamans qui restaient. Mais le lendemain, ajouta Tom Jack en soupirant, savez-vous ce qui arriva, seigneur Djaïlar ?

— Je parierais, répondit Djaïlar en quittant nonchalamment son houka, que ce misérable Cibal était parti avec le trésor sans laisser le plus petit diamant à son ami Tom Jack.

— Justement.

— Eh bien, mon pauvre Tom, ton histoire ne m'a pas amusé du tout ; tu n'auras donc pas une seule roupie.

— Ah ! fit Tom Jack ; mais peut-être aurais-je plus de chance auprès du roi de Lahore, peut-être trouverait-il cette aventure fort curieuse, si je lui apprenais surtout que l'assassin du marchand d'esclaves, que ce Cibal n'est autre que le prétendu radjah Djaïlar auquel il vient de faire une si magnifique réception.

A ces mots, Djaïlar partit d'un éclat de rire si franc et si naturel, que Tom Jack en demeura tout déconcerté.

— Ce pauvre Tom !..... dit le jeune homme, il se croit toujours en pleine Europe, et ne comprendra jamais rien à nos mœurs.

— Cependant, répliqua Tom Jack stupéfait, la mort d'un homme...

— Un marchand d'esclaves ! reprit Djaïlar avec un accent dédaigneux, allons donc! j'ai vingt fois autant d'or qu'il en faut pour payer la vie d'un misérable de cette espèce, et la tienne même, s'il me plaisait de la prendre à cette heure.

Djaïlar, en parlant ainsi, arrêtait son regard sur Tom Jack et le reportait lentement sur ses armes, comme s'il agitait intérieurement la question de savoir s'il allait, oui ou non, se donner le plaisir de tuer sur place son ancien ami. Celui-ci, qui connaissait l'audace et la détermination implacable de Djaïlar, frissonna de tous ses membres et tourna la tête du côté de la porte avec une expression pleine d'anxiété.

— Décidément non, dit enfin Djaïlar en reprenant son houkah, au grand contentement de Tom Jack.

Puis le jeune homme reprit :

— Tom Jack, remercie Vichnou ou tout autre dieu qu'il te plaira, que cet entretien ait eu lieu dans une langue que ne comprend aucun de mes serviteurs, car, dans le cas contraire, je me serais vu forcé, à mon grand regret, de te faire sauter la cervelle.

Il poursuivit, après avoir aspiré une bouffée de godauk.

— Il est une chose, Tom Jack, que je ne puis m'expliquer, c'est que toi, vil et misérable insecte sans cœur, tu aies osé concevoir seulement la pensée de te mesurer avec moi, Djaïlar, dont la vie tout entière s'est passée à braver des dangers que n'oseraient affronter les hommes les plus intrépides. Dis-moi donc à quoi je dois attribuer un excès d'audace aussi opposé à ton caractère?

— A quelque chose de fort insignifiant, répondit Tom Jack.

— Enfin?

— Au souvenir d'un conte que j'ai entendu réciter étant enfant, par ma mère, je crois, et qui m'est revenu en mémoire, fort mal à propos, comme vous voyez, puisqu'il a failli me coûter la vie.

— Alors que cet exemple te mette en garde contre les souvenirs d'enfance. Et maintenant, maître Tom, tu peux franchir le seuil de cette porte que tu regardais tout à l'heure avec tant d'amour, je ne m'y oppose pas ; cependant reviens me voir dans quelques jours; tu es un misérable de la pire espèce, mais je te reconnais certaines qualités dont on peut tirer parti et qui pourront m'être utiles.

Tom Jack sortit avec force salutations, mais en murmurant tout bas:

— Tu es un lion, Djaïlar, je le sais, mais le conte de ma mère montrait le moucheron vainqueur du roi du désert, gare à toi!

Il était minuit environ lorsque le comte de Simeuse et le chevalier de Mailly quittèrent le bungalo pour se rendre à la forêt, où les attendait la représentation des mimes malabares, avec lesquels le comte avait fait marché à cet effet quelques heures auparavant. Djell les accompagnait, mais le jeune tigre, pacifique et circonspect comme un simple chien de basse-cour, marchait près de l'éléphant monté par son maître, et jetait de temps à autre des regards défians sur celui du chevalier de Mailly.

— Comte, dit le chevalier à son ami, remarquez donc la prudence de Djell, et voyez avec quel soin il se tient éloigné de mon éléphant ; savez-vous qu'il a fait preuve avec Zorah d'une résignation qui pourrait donner une assez pauvre idée de son courage?

— Il n'y a que le lion qui ose entrer en lutte avec l'éléphant, répliqua le comte; mais il est un ennemi que Djell attaque avec courage, c'est le serpent, contre lequel la religion du pays m'interdit de me défendre moi-même, et que mon tigre peut sans scrupule déchirer de ses ongles et broyer sous ses dents. Voilà pourquoi je l'emmène souvent dans mes promenades, surtout quand je vais le long de quelque djungle.

Les deux Français traversaient une plaine immense, semée de roches fantastiques et de fondrières arides comme des cratères, égayée de loin en loin par des bouquets de mimosas et de rhododendrons gigantesques, par des buissons de plantes grasses dont les tiges, d'un vert livide, s'épanouissaient, tranchantes et aiguës comme un faisceau de poignards. La lune jetait sur le sol une lumière vive et blanche, tachée çà et là d'ombres vigoureuses; un silence solennel planait sur la campagne et ajoutait encore à la grandeur du paysage, dont la vue était coupée sur la gauche par une ligne d'un noir profond. C'était vers ce point que se dirigeaient les deux jeunes gens, et cette ligne sombre n'était autre chose que le djungle sauvage sur la lisière duquel devait avoir lieu le spectacle des mimes malabares.

— Avouez, cher comte, dit le chevalier de Mailly, que ces gens-là ont de singuliers goûts et que le lieu et l'heure sont étrangement choisis pour nous donner la comédie.

— L'heure est parfaite, répliqua le comte, car dans le jour nous n'eussions pu songer qu'à nous garantir de la chaleur; quant au lieu, il serait bizarre en effet s'il s'agissait d'une comédie comme celle qu'on nous donnait jadis à Marly; mais je vous jure d'avance, sans la connaître, que celle de nos Malabares ne ressemblera en rien à ces fadeurs, et du reste vous pouvez vous en rapporter aux Indiens pour savoir choisir le cadre de leurs spectacles.

Un bruit léger et cadencé se fit entendre en ce moment dans la campagne.

— C'est le trot d'un animal, dit le comte de Simeuse, et à la légèreté du pas, ce doit être un dromadaire.

Il tourna la tête à droite et aperçut, sous la clarté limpide de la lune, un point noir qui ondulait vaguement dans le lointain. Le point se rapprocha rapidement, et en se rapprochant parut se dédoubler.

— Il y a deux dromadaires, dit le comte, et l'on dirait qu'ils sont montés par des femmes.

Au bout de cinq minutes les deux dromadaires passaient à trois pas des éléphans, qui reculèrent brusquement à leur aspect, dominés par la terreur qu'éprouve toute leur race pour les animaux à bosse. Les deux femmes qui les montaient, soit qu'elles fussent parties sans voile, soit qu'elles l'eussent perdu dans la rapidité de la course, avaient le visage découvert. La première était une belle Indienne dont les traits, aux lignes suaves et pures, étaient d'une pâleur pleine de charme et de poésie sous les rayons de la lune et dans l'encadrement d'une épaisse chevelure noire. L'autre était une jeune négresse qui semblait suivre celle-ci à titre d'esclave ou de servante.

— Avez-vous remarqué la première de ces deux femmes? dit le chevalier à son ami quand elles furent passées.

— Oui, dit celui-ci, et il m'a semblé reconnaître...

— La jeune épouse du radjah Djaïlar, n'est-ce pas?

— Je n'osais le dire, tant la chose me paraît incroyable.

— Je ne suis pas encore familiarisé avec les coutumes de l'Inde, reprit le chevalier, et peut-être cette course nocturne d'une jeune et jolie femme n'a-t-elle rien que de fort innocent, mais avouez qu'on en jugerait tout autrement à Versailles.

— On aurait raison à Versailles et on aurait tort dans le Pandjab, répliqua le comte; sur cent Françaises rencontrées la nuit, seules ou avec une suivante, on peut affirmer à coup sûr que quatre-vingt-quinze vont à un rendez-vous d'amour. Ici, c'est tout autre chose, et je parierais que cette jeune et belle Indienne va tout simplement remplir quelque acte de religion dans un de ces temples mystérieux dédiés à Bouddha et qui se cachent dans les lieux les plus sauvages.

— Peut-être avez-vous raison, comte, mais j'ai peine à croire, je l'avoue, qu'il se trouve de ce côté un temple et des prêtres pour y célébrer leur culte.

— Ce qui veut dire que l'excursion de la belle Naoudah vous cause cette sorte d'inquiétude qui peut être considérée comme la préface de la jalousie.

— L'amour et toutes les passions qui en découlent sont morts pour toujours dans mon cœur, comte, répondit le chevalier avec un accent grave et triste; Naoudah, ni aucune autre femme au monde, ne saurait donc m'inspirer le sentiment de la jalousie.

— Pauvre chevalier! il faut avouer que vous jouez de malheur: aimer une femme d'un amour dont la sincérité et la grandeur chevaleresque ne trouvent d'analogue que dans les temps les plus reculés, et rencontrer dans son idole une créature qui, soit frivolité ou faiblesse, se livre à un rival et vous rejette dans une éternité de désespoir! Le sort, il faut en convenir, vous a traité avec une étrange rigueur; mais avouez que vous êtes bien coupable de vous résigner à une pareille destinée, quand il ne tiendrait qu'à vous de vous y soustraire.

— Que voulez-vous, comte? le cœur de l'homme est un abîme insondable et je vous surprendrai bien en vous avouant que je trouve, à m'absorber dans le sentiment de mon désespoir, une volupté que je chercherais vainement dans les émotions d'un autre amour.

— C'est ce qu'on appelle de la folie, chevalier, mais un genre de folie que je plains et que j'admire en même temps, car il se distingue par la noblesse et la générosité.

— D'ailleurs, comte, quoiqu'elle soit mariée, je conserve toujours au fond du cœur un rayon d'espoir, un vague et délicieux pressentiment qui me parle d'avenir et me montre le bonheur à travers des vapeurs dorées.

— Je ne demanderais pas mieux que de vous encourager dans vos illusions, cher chevalier; mais d'abord une seule question : le mari est-il jeune ou vieux ?

— Jeune, répondit le chevalier en soupirant.

— Alors, espérons qu'il sera assez brave pour se faire tuer dans la prochaine guerre, c'est le vœu que je forme pour lui et pour vous.

L'entretien des deux amis fut brusquement interrompu par un bruit sinistre et discordant d'instrumens barbares sortant de la forêt.

— Que signifie cette épouvantable musique et d'où peut-elle donc sortir? demanda le chevalier.

— Regardez bien en face de vous, répondit le comte, et vous allez voir un spectacle curieux.

Le chevalier regarda, et il vit sortir des profondeurs du djungle, qui semblait ne pouvoir être accessible qu'aux tigres et aux serpens, une procession étrange d'éléphans caparaçonnés, portant sur leurs baldaquins des reliques grossières, le cou chargé d'énormes cloches, dont les tintemens sonores se mêlaient aux coups sourds et lugubres du tam-tam. A la lueur rougeâtre d'une quantité de torches, qui jetaient sur toute cette scène quelque chose de fantastique, des prêtres vêtus de longues robes jaunes accompagnaient les reliques sacrées, et étaient suivis d'une foule d'hommes demi-nus, effrayans à voir, avec leur visage d'un bronze vert, à travers les troncs pressés du djungle et à la clarté bitumineuse des torches.

La mystérieuse procession suivit la lisière de la forêt, faisant toujours retentir l'air du bruit assourdissant des cloches et du tam-tam, puis au bout de dix minutes, les éléphans obéissant à la main de leurs cornacs, tournèrent lourdement sur eux-mêmes et s'enfoncèrent de nouveau dans l'épaisseur du djungle, suivis des prêtres et de la foule. Puis la lumière et le bruit s'éteignirent peu à peu, et quelques instans après, le chevalier eût pris pour un rêve la scène qui venait de passer devant ses yeux, si l'air n'eût encore été imprégné de l'odeur des torches qui tout à l'heure éclairaient cette espèce d'apparition.

— Eh bien, qu'avez-vous donc ? demanda le comte de Simeuse au chevalier ; vous paraissez tout étourdi.

— Je me demande, répondit le chevalier, si les créatures que nous venons de voir sont des hommes ou des démons !

— Ce sont tout simplement de dévôts bouddhistes, et si nous les eussions suivis, vous les auriez vus pénétrer au sein de quelque pagode cachée dans le coin le plus sombre et le plus sauvage de la forêt, dont la principale décoration consiste en une gigantesque image de Bouddha grossièrement sculptée dans l'épaisseur même du mur et occupant toute la hauteur du temple. Aux pieds du dieu s'étend un autel de granit éclairé par deux lampes en noix de coco, et que gravit l'éléphant chargé des saintes reliques ; puis commencent alors les cérémonies les plus étranges, les plus fantastiques que puisse rêver l'imagination des fakirs et des brahmines, à la fois naïfs comme des enfans et exaltés comme des femmes.

— Et Naoudah ? l'avez-vous aperçue, dans cette foule ?

— Non, répondit le comte, et je vous avouerai que je l'y ai cherchée attentivement, car cette jeune femme m'inspire une véritable sympathie. Il y a dans l'expression de son visage, dans l'éclat fiévreux et inquiet de son regard quelque chose qui trahit une destinée funeste, une âme en proie à quelque mystérieuse torture, un je ne sais quoi enfin qui excite la pitié et l'attendrissement ; si bien que, ne l'ayant pas vue dans cette precession, je m'inquiète maintenant de ce qu'elle peut être devenue et me préoccupe, malgré moi, du but de cette promenade nocturne.

— Prenez garde, comte, de vous laisser prendre aux charmes de cette belle Indienne !

— Ne redoutez jamais pour moi les tempêtes de l'amour, chevalier ; mais j'y songe, voici l'heure à laquelle doit nous attendre notre troupe de mimes, hâtons-nous donc.

Les éléphans reprirent leur marche grave et pesante en longeant la lisière de la forêt, et, au bout de quelques instans, les deux Français aperçurent en face d'eux plusieurs points lumineux, brillant d'un éclat pâle, et paraissant suspendus à quelques pieds au dessus du sol. Ils n'en étaient plus qu'à une faible distance, lorsque Djell, jusque là calme et imperturbable, s'arrêta tout à coup, fit entendre un sourd rugissement, puis s'élança d'un bond furieux dans un fourré épais, où on l'entendit piétiner et bondir comme s'il soutenait une lutte.

— Entendez-vous, dit le comte au chevalier de Mailly, c'est mon tigre qui livre bataille à un serpent.

— Et vous n'êtes pas inquiet sur l'issue du combat ?

— Oh! Djell a fait ses preuves, il a déjà dévoré une vingtaine de reptiles et des plus dangereux. Mais tenez, voyez plutôt.

Les branches s'écartèrent violemment, et d'un bond Djell tomba à trois pas de son maître, qu'il regarda en léchant voluptueusement son muffle ensanglanté.

Enfin, on arriva à l'entrée d'une prairie où l'on vit campée la troupe des Malabares sur un petit tertre parfaitement uni et éclairé par des lampes en verre, d'un rose pâle et mat, et suspendues à des perches de bambou. Dès que les deux gentilshommes eurent mis pied à terre, la femme d'abord, et après elle les hommes, vinrent les saluer avec toutes les démonstrations de respect usitées dans l'Inde, et en leur donnant plusieurs fois l'épithète de *hazour*, c'est-à-dire majesté, puis une toile blanche fut tendue, et une effroyable musique, dans laquelle dominaient les cloches, les tambours et le tam-tam, fit trembler les échos de la forêt. Les deux Français furent invités à prendre place sur un tronc de cocotier, et de là, à la clarté de cinq à six torches qu'on avait jugé à propos de joindre aux lampes couleur de rose, ils virent se dresser un à un dans le djungle, comme des statues de bronze, une quantité d'hommes, de femmes et d'enfans, qui se mirent à ramper jusqu'au tertre qui servait de théâtre, et là se tinrent, les uns assis, les autres à genoux comme les dieux égyptiens.

Presque tous les hommes étaient restés dans le djungle, et à la lueur livide des torches on voyait briller d'un éclat étrange, à travers les arbres, leur teint verdâtre, leurs longs cheveux noirs et leurs grands yeux tristes et ternes. Au-delà, la forêt s'étendait toute noire, sombre et impénétrable, avec son monde effrayant de reptiles et de bêtes fauves. Il était impossible, en effet, de choisir un théâtre plus propre à disposer l'esprit au merveilleux.

La représentation commença enfin, toujours avec accompagnement de cloches et de tambours. Les acteurs, masqués et couverts de costumes barbares, représentèrent une histoire de vampire, ce qui prouva au chevalier que cette terrible légende n'avait pas pris naissance en Europe. Un être hideux, tout noir, avec des dents postiches et des défenses recourbées comme celles du sanglier, était couché sur un jeune homme et lui suçait le sang. Les vêtemens en lambeaux de la victime laissaient voir une monstrueuse imitation d'os, de sang et d'artères déchirés. Son horrible repas achevé, le monstre se coucha et s'endormit. Alors la bayadère et l'un des mimes vinrent se lamenter, puis exécuter en chantant, une danse lugubre autour du mort et de son meurtrier, après quoi la femme s'endormit à son tour. A peine avait-elle fermé les yeux que le vampire se réveilla et parut frappé de remords à l'aspect du cadavre, se jetant sur lui avec tous les signes du plus violent désespoir. Mais son goût pour le sang ne tarda pas à se rallumer, et il se mit à tourner autour de la femme endormie en faisant jouer ses mâchoires postiches, et en exprimant son effroyable appétit par des trépignemens et des éclats de rire sauvages.

Enfin, il se pencha sur la victime, posa ses griffes sur son cœur et en approcha sa gueule sanglante. Tous ces détails étaient rendus avec une vérité qui, tout en excitant l'horreur, tenaient la curiosité en éveil. Celle du chevalier de Mailly était portée au plus haut point; l'effroyable drame s'était emparé tout entier de son imagination, lorsqu'il sentit une main se poser doucement sur son épaule. Il se retourna et faillit laisser échapper un cri de surprise à l'aspect de Naoudah, agenouillée et levant sur lui ses beaux yeux noirs empreints d'une si touchante mélancolie ; elle était toute tremblante et ses regards inquiets semblaient chercher à lire dans ceux du chevalier l'accueil qu'il allait lui faire. Celui-ci devina le sentiment qu'exprimait si bien le visage ému de la jeune femme, et il lui pressa affectueusement la main pour lui faire comprendre l'intérêt qu'il lui portait. Alors les traits de Naoudah rayonnèrent de joie ; elle appuya sur son front la main du gentilhomme, puis elle prononça, avec une pantomime expressive, plusieurs phrases parmi lesquelles revenait à plusieurs reprises le mot de Francis Saheb, le seul qui eût un sens pour le chevalier. Quand elle eut fini, la pauvre Indienne s'aperçut avec désespoir que le Français n'avait rien compris à son récit, récit triste et lugubre, et qui devait être sa propre histoire, à en juger par les gestes et le jeu de physionomie dont elle accompagnait ses paroles ; alors sa tête se pencha sur sa poitrine et les larmes inondèrent son visage.

Pendant ce temps cinq cavaliers étaient arrivés ventre à terre à deux cents pas du lieu où se passait cette scène, et là, tous cinq s'arrêtant sur un signe de celui qui marchait en avant et semblait être le maître des quatre autres, avaient mis pied à terre ; puis, après s'être concertés quelques instans, ils étaient entrés dans le djungle et s'étaient glissés, à la faveur des arbres, jusque près du théâtre des mimes. Là, le chef de la troupe avait promené son regard sur la foule des spectateurs, et, après avoir longtemps cherché en vain, il avait tressailli tout à coup à l'aspect de Naoudah agenouillée près du chevalier de Mailly, et avait donné un ordre mystérieux à ses quatre serviteurs, qui s'étaient éloignés aussitôt, tandis que lui-même retournait vers l'endroit où les cinq chevaux avaient été attachés.

En ce moment le chevalier de Mailly, touché de la douleur de Naoudah, et se rappelant tout à coup que le comte de Simeuse connaissait la langue indienne, montrait du doigt à la jeune femme son ami assis à quelques pas de là, et lui proposait de se faire traduire par lui le récit qu'elle venait de lui faire, mais celle-ci refusa énergiquement, faisant entendre qu'elle ne voulait d'autre confident que le chevalier, puis elle pressa son front dans sa main comme pour en faire jaillir une idée. Au bout de quelques instans de silence, elle releva vivement la tête, tourna dans la direction de Lahore, des regards effrayés, fit comprendre qu'il y avait là pour elle un danger auquel elle voulait se soustraire avant tout et supplia en pleurant le gentilhomme de l'emmener et de la protéger contre son ennemi. Le chevalier ne se dissimula pas qu'un pareil rôle l'exposait à de grands dangers, mais cette considération même lui imposait l'obligation de se rendre à la prière de Naoudah, il se levait donc dans l'intention de s'éloigner avec elle, pendant que le comte de Simeuse était absorbé par la danse de la bayadère malabare, lorsqu'un homme rampant jusqu'à lui sans être aperçu, enleva l'Indienne comme une plume et l'emporta dans ses bras avec la rapidité de la foudre. D'abord frappé de surprise, le chevalier s'élança bientôt à la poursuite de cet homme, l'épée nue à la main, mais l'Indien était déjà loin, et le gentilhomme dut renoncer à la pensée de sauver Naoudah en entrevoyant ses vêtemens de mousseline dans un groupe de cinq chevaux noirs et de cinq hommes couleur de bronze, qui partirent et disparurent comme un tourbillon.

CHAPITRE VIII.
Une fortune perdue.

Naoudah était dans son appartement, seule avec la jeune négresse qui l'avait aidée et accompagnée dans sa fuite, et toutes deux attendaient la volonté de Djaïlar. Naoudah était calme et résignée, car, quelle que fût la colère de son époux, elle savait bien que sa destinée était invariablement fixée, et qu'il ne changerait rien au sort auquel elle avait tenté d'échapper. La négresse, au contraire, connaissant l'inflexible rigueur de Djaïlar, envisageait avec épouvante le châtiment qui lui était réservé, et le corps ployé en deux, le front dans les deux mains, elle attendait dans un morne désespoir l'arrivée de son maître.

— Relève la tête et reprends courage, ma pauvre Mona, dit Naoudah à la négresse, j'avouerai la vérité entière à mon époux ; je lui dirai que c'est moi qui, ayant rencontré dans la foule accourue sur son passage le visage du seigneur français, et me sentant attirée vers lui par un sentiment que je ne saurais expliquer moi-même, conçus la pensée de me mettre sous sa protection ; j'ajouterai que c'est à ma seule prière que tu le suivis, et que ce fut encore moi qui, ayant appris par ta bouche qu'il devait se rendre la nuit suivante à une comédie de mimes, te contraignis de m'accompagner jusqu'à la forêt où je devais te trouver.

— Hélas ! hélas ! soupira la pauvre négresse, je sais tout ce que pourra tenter votre bonté pour toucher le cœur de votre époux, mais je sais aussi ce qu'on peut attendre du seigneur Djaïlar, et je ne trouve pas un seul rayon d'espoir au fond de mon cœur.

Et Mona se mit à sangloter.

La porte s'ouvrit aussitôt et Djaïlar entra.

La négresse fit un bond et courut se réfugier dans un coin en tournant vers lui des regards épouvantés. Djaïlar affecta de ne pas même la regarder, et vint s'asseoir avec une impassibilité parfaite en face de Naoudah. Suivant la mode pandjabienne, il portait par-dessus un magnifique cachemire une gaze lilas, à travers laquelle brillaient les gaînes ciselées de ses poignards et les crosses d'argent de ses pistolets.

— Naoudah, dit-il à la jeune femme, je ne me parerai pas à vos yeux d'une générosité qui n'est pas dans mon cœur ; si je ne vous fais pas mourir du supplice des adultères, c'est que mon intérêt s'y oppose.

— Je le sais, répondit Naoudah avec un douloureux sourire.

— Ce que vous ne savez pas et ce que je veux vous apprendre pour que vous ayez le temps de vous préparer à votre nouvelle destinée, c'est que je me rends à cette heure chez le roi de Lahore, dont l'empressement à m'accorder l'audience que je lui ai fait demander trahit clairement les intentions.

Un profond soupir s'échappa du sein de la jeune femme et quelques larmes brillèrent au bord de ses paupières.

— Ne m'accusez pas, Naoudah, reprit le jeune homme, je vous fais reine, et qui sait le sort qui vous était réservé en restant attachée à ma destinée!

— Djaïlar, dit Naoudah en montrant du doigt la négresse, qui fixait toujours sur le jeune radjah des regards terrifiés, vous eussiez dû attendre au moins que nous fussions seuls pour dévoiler de pareils projets.

— Si vous ne l'aviez pas déjà deviné, répondit Djaïlar, sans daigner tourner la tête, la franchise avec laquelle je viens de parler devant cette femme devrait vous faire comprendre que sa mort est résolue.

Mona jeta un cri terrible et vint en rampant se traîner aux pieds du jeune homme; Naoudah elle-même tomba à ses genoux pour demander la grâce de la pauvre négresse, lui jurant que toute la faute de cette affaire retombait sur elle seule. Djaïlar l'écouta avec un calme profond, puis relevant Naoudah :

— Que Mona sorte! dit-il.

— Vous lui faites grâce! s'écria Naoudah.

— J'ai dit : qu'elle sorte, reprit Djaïlar avec un calme impassible.

Naoudah fit un signe à la négresse, qui se leva brusquement et s'élança dehors ; mais, au moment où elle franchissait le seuil de la porte, une détonation se fit entendre, et Mona roula à terre en poussant un gémissement.

Naoudah se retourna avec épouvante et vit Djaïlar glisser dans sa ceinture son pistolet encore fumant ; il eût été impossible de lire la plus légère émotion sur son visage.

— Dans deux heures, je serai de retour, dit-il à Naoudah.

Et il sortit, la laissant sous l'impression de cette terrible catastrophe.

Revenu de l'espèce de délire où l'avait jetée le meurtre de la pauvre Mona, la jeune femme tomba dans une réflexion profonde, puis tirant de ses vêtemens un petit sachet rouge :

— Mona m'a dit, murmura-t-elle, que l'homme qui lui a donné ce sachet était un ennemi de Djaïlar, dont il serait heureux de tirer vengeance en me procurant les moyens de me soustraire ainsi à la destinée infâme qu'il me prépare. Ce qu'elle m'a dit des effets de cette poudre, est-il bien vrai? Cet homme ne l'aurait-il point trompée?

Elle demeura quelques instans indécise.

— N'importe, dit-elle enfin avec résolution, je veux tout tenter, tout risquer plutôt que de me résigner à une telle honte.

Elle versa le contenu du sachet dans un verre d'eau et l'avala jusqu'à la dernière goutte.

Une heure après les scènes qui viennent de se passer, Djaïlar sortait du palais du roi de Lahore, monté sur son éléphant favori, l'œil radieux, l'air plus fier et plus dédaigneux que jamais. Il traversa ainsi la foule qui le regardait passer avec admiration et rappelait toutes les aventures merveilleuses et terribles qui avaient fait sa popularité. En approchant de sa demeure, il aperçut de loin Tom Jack qui paraissait l'attendre et dont la vue lui arracha un sourire ironique, car cet homme lui rappelait à la fois le point misérable d'où il était parti, et la haute fortune à laquelle il venait d'atteindre.

Au même instant le même sourire se dessinait sur les lèvres blêmes de Tom Jack et semblait porter un défi à la fortune et à la grandeur de Djaïlar. Quel mystère cachait donc cette joie perfide ? C'est ce que nous saurons bientôt.

Dès que le jeune radjah eut mis pied à terre, il fit un signe à Tom Jack, qui s'approcha de lui de l'air le plus humble et le plus respectueux.

— Suis-moi, lui dit Djaïlar, j'ai une confidence à te faire et un projet à te proposer.

Ils se rendirent tous deux dans la pièce où nous les avons déjà vus ensemble.

— Tom Jack, dit alors Djaïlar à son ancien ami, tu sais, n'est-ce pas, que j'ai déjà conquis et dévoré cinq fortunes de prince?

— Oui, seigneur Djaïlar, je sais cela, répondit Tom Jack en s'inclinant, et vu le noble usage que vous en faites, je vous en souhaite une sixième.

— Eh bien, maître Tom Jack, le ciel a entendu vos vœux et les a déjà exaucés, car cette sixième fortune, je la possède.

— Je vous en fais mon sincère compliment.

— Et admire jusqu'où s'étend pour moi la protection de Vichnou, dont je suis un des plus zélés sectateurs, il permet que je fasse en même temps ma fortune et le bonheur de Naoudah, qui va être quelque chose comme reine de Lahore.

— Vichnou est un grand dieu.

— Dans quelques heures, reprit Djaïlar, Naoudah régnera sur le harem du roi, et moi je quitterai Lahore, riche de cinquante mille roupies.

— Avec une telle fortune et cette audace sans égale qui vous a toujours si bien réussi, seigneur, le monde est à vous, si vous voulez le prendre.

— Oui! répondit le jeune homme en souriant, mais je ne le veux pas, ce serait trop embarrassant, je me contenterai de moins que cela. Voilà mon projet: je suis le premier dans l'Inde, après les quelques rois qui la gouvernent; eh bien! je veux passer dans l'une des contrées de l'Europe et y jouer le premier rôle comme ici.

— C'est un beau projet, seigneur Djaïlar, amplement hérissé de difficultés et par cela même, ayant tout ce qu'il faut pour tenter un génie comme le vôtre.

— Par Bassouva! je crois que vous vous permettez de railler, maître Tom, j'ai pourtant entrepris et accompli, vous ne l'ignorez pas, des choses que tout autre à ma place eût déclarées impossibles.

— Je le sais fort bien et ne mets nullement en doute votre puissance, seigneur Djaïlar.

— D'où vient donc l'ironie que j'ai remarquée tout à l'heure dans ton accent?

— D'une petite réflexion, seigneur. Je faisais à part moi la remarque que vous bâtissiez toujours vos projets, sans jamais compter avec une puissance qui domine non seulement la vôtre, mais encore celle des plus grands rois.

— Et cette puissance, maître Tom?

— On l'appelle la Fortune, seigneur.

— La Fortune, Tom Jack, se range toujours du côté des forts et des habiles, et se tourne invariablement contre les niais et les faibles.

— Tant mieux, alors, car s'il en est ainsi, le succès est assuré pour vous.

— Viens avec moi chercher Naoudah, dit Djaïlar en se levant, et dès que j'aurai reçu les 50,000 roupies du roi de Lahore, je pars pour l'Europe et t'emmène avec moi.

— C'est là la proposition dont vous me parliez?

— Te déplairait-elle?

— Au contraire; mais je n'ai pas comme vous confiance dans mon étoile et redoute toujours qu'un obstacle imprévu vienne faire échouer mes projets.

— Viens et ne crains rien, ma fortune protégera la tienne.

Et Djaïlar se dirigea vers l'appartement de Naoudah, suivi de Tom Jack, qui redoublait ses démonstrations respectueuses et se félicitait tout haut de se voir attaché désormais à la destinée du jeune radjah.

Arrivés à la chambre où il avait laissé la jeune femme, Djaïlar entra le premier. Il aperçut Naoudah étendue sur des coussins, les yeux fermés et les traits couverts d'une pâleur livide.

— Elle dort, dit-il à Tom Jack.

— En effet, répondit celui-ci, mais son sommeil est bien profond et elle a dû s'endormir sous une impression bien pénible, car elle est d'une pâleur mortelle.

Djaïlar regarda la jeune femme plus attentivement, puis il tressaillit, s'approcha d'elle, posa sa main sur sa poitrine, et se tournant vers Tom Jack après une pause:

— Tom Jack, lui dit-il froidement, ma fortune vient de s'évanouir; mes cinquante mille roupies ne sont plus qu'une fumée.

— Que voulez-vous dire, seigneur Djaïlar? demanda Tom Jack feignant de ne pas comprendre.

— Tu ne vois donc pas que la belle Naoudah n'est plus qu'un cadavre?

— Est-il possible!

Djaïlar aperçut le sachet rouge qui était tombé à terre; il le ramassa, et le retournant en tous sens ;

— Voilà ce qui lui a donné la mort, dit-il.

Et il ajouta avec un grincement de dents :

— Oh! si je connaissais celui qui lui a vendu cela!...

Si Djaïlar eût vu le sourire de Tom Jack en ce moment, il eût deviné sans peine d'où était parti le coup qui brisait si brusquement tout l'échafaudage de sa fortune.

— Allons, dit le jeune radjah en relevant la tête, supposons que c'était un rêve et n'y pensons plus.

Puis s'asseyant et faisant signe à Tom Jack de l'imiter :

— Tu me connais assez, lui dit-il, pour être convaincu que je n'en demeure pas moins inébranlable dans mon projet de passer en Europe et d'y tenir un rang digne de moi.

— Oui, oui, je connais toute l'énergie de votre volonté, répondit Tom Jack, mais ce qu'il faut pour mener un train de prince en Europe, vous ne l'avez plus.

— Une fortune à retrouver ! qu'est-ce que cela ?

Il posa son front dans sa main et demeura quelques instans enseveli dans ses réflexions.

— Tom Jack, dit-il en relevant la tête, quel est le pays de l'Europe qui offre le plus d'attraits à un étranger ?

— La France, répondit Tom Jack ; c'est là que vous trouverez réunis toutes les distinctions de l'esprit, toutes les jouissances du luxe, tous les raffinemens de la civilisation.

— A la bonne heure ! dit Djaïlar, voilà un pays où il y a quelque mérite à se distinguer de la foule, c'est la France que je choisis.

Il reprit après une pause :

— Combien y a-t-il de Français au bungalo des étrangers ?

— Deux, le comte de Simeuse et le chevalier de Mailly.

— Le comte de Simeuse est celui qui possède un jeune tigre, n'est-ce pas ?

— Précisément.

— Et le chevalier de Mailly est le jeune homme dont les traits ont quelque ressemblance avec les miens ?

— C'est bien cela ; vous les connaissez donc ?

— Je les ai vus l'un et l'autre, ainsi que tous les hôtes du bungalo, quelques heures avant mon entrée dans Lahore.

— Quel hasard vous avait donc amené là ?

— Le désir de voir cette habitation que l'on m'avait vantée, et de la louer pour moi et ma suite si elle m'eût convenue.

— N'en aviez-vous pas une dans Lahore toute disposée pour vous recevoir ?

— Sans doute, mais une seule maison pour le radjah Djaïlar, c'était trop peu.

— Je comprends cela ; mais vous ignoriez donc que le bungalo était habité ?

— Nullement.

— Alors...

— Alors mon intention était de prier les étrangers qui l'occupaient de vouloir bien me céder la place.

— Ils eussent refusé.

— Je m'y attendais bien un peu, et en ce cas mon intention était de trancher le différend par un duel suivant la coutume de leur pays.

— Un duel avec tous ?

— Successivement.

— Mais ils étaient trop nombreux et vous avez renoncé à cette folie ?

— Non, le bungalo ne se trouva pas de mon goût.

— Permettez-moi de vous en féliciter, seigneur Djaïlar, car je vous jure que vous eussiez trouvé là, dans ces deux Français surtout, des adversaires qui ne le cèdent à personne en adresse et en courage. La réputation du comte de Simeuse, sous ce rapport, est faite depuis longtemps, et j'ai vu moi-même le chevalier de Mailly à l'œuvre contre une bande d'akalis.

— Tant mieux, j'aurais trouvé en eux des adversaires dignes de moi. Mais, dis-moi, Tom Jack, ces titres de comte et de chevalier ne sont-ils pas en France des marques de distinction ?

— Oui, seigneur Djaïlar, ces titres sont l'apanage exclusif de certaines castes privilégiées auxquelles appartiennent de grands avantages, et entr'autres celui d'approcher le roi et d'occuper les plus hautes dignités du royaume.

Djaïlar tomba de nouveau dans ses réflexions, puis se levant brusquement :

— Tom Jack, dit-il à celui-ci, allons au bungalo ; j'ai le pressentiment que la fortune m'attend de ce côté.

Il sortit aussitôt, suivi de Tom Jack et sans même jeter un regard sur le cadavre de Naoudah.

CHAPITRE IX.

La plante Toulochy.

Quelques instans après, nous retrouvons Djaïlar et Tom Jack sur le chemin qui conduisait au bungalo des étrangers : le premier monté sur son éléphant, l'autre sur un beau cheval, dont les jambes teintes de henné témoignaient du luxe et du rang élevé de celui auquel il appartenait.

— Tom Jack, dit Djaïlar, après un long silence, connais-tu le motif qui a pu décider ces deux Français à s'exiler si loin de leur pays ?

— Pour le comte de Simeuse, c'est tout simplement l'ennui de retrouver chaque jour la même vie, les mêmes scènes et les mêmes émotions. Quant au chevalier de Mailly, c'est autre chose : une conversation que j'entendis entre lui et le comte, un jour qu'ils me croyaient loin de là, m'a appris la raison qui l'avait décidé à quitter la France, et cette raison est précisément celle qui eût attaché tout autre gentilhomme à la cour. Bref, il s'est expatrié parce qu'une de ses parentes, une cousine, je crois, est la maîtresse favorite du roi de France, position qui lui permettait d'arriver à la plus haute fortune et dans laquelle son humeur bizarre n'a vu que honte et déshonneur.

Djaïlar devint tout rêveur, et un instant après quelques mots trahirent la pensée qui l'absorbait.

— Maîtresse du roi de France ! murmura-t-il.

Et il retomba dans une profonde préoccupation.

— Tom Jack, reprit-il, comme poursuivant tout haut le cours de ses réflexions, la ressemblance que tu as remarquée entre moi et le chevalier de Mailly est-elle frappante ?

— A ce point que si votre teint était un peu moins bronzé et vos habits taillés à la française, ses amis mêmes pourraient s'y tromper.

Déjà ils voyaient se dessiner de loin, à travers le sombre feuillage des mangoliers et des palmaïras, le verandah du bungalo, lorsque Djaïlar remarqua un vieil indien qui était assis sur le chemin dans l'attitude d'un violent désespoir. A leur approche, le vieillard se leva, puis, suivant la coutume des Indiens quand ils rencontrent sur leur passage quelque personne de distinction, il se rangea de côté, ôta ses chaussures et porta respectueusement la main à son front en disant : « Ramram, » mot qui répond exactement au sélam des musulmans.

Djaïlar allait passer tout droit, quand le vieil Indien, relevant la tête, s'écria tout à coup en joignant les mains :

— Ah ! seigneur ! seigneur ! c'est Brahma lui-même qui vous envoie !

— Que veux-tu de moi, vieillard ? lui demanda le jeune radjah en arrêtant son éléphant.

— Pardon, seigneur, reprit l'Indien en redoublant ses démonstrations de respect, pardon si j'ose vous adresser une question, moi, pauvre vermisseau indigne de baiser seulement la poussière de vos pieds ; mais n'êtes-vous pas l'illustre radjah Djaïlar, le terrible exterminateur des tigres et des éléphans ?

— Je suis Djaïlar en effet, mais que t'importe, et pourquoi remercier Brahma de cette rencontre, comme si elle devait être pour toi la source de quelque haute fortune ?

— Si je rends grâces à Brahma de m'avoir mis sur votre chemin, seigneur Djaïlar, c'est que vous seul pouvez me venger d'un grand malheur et me sauver de la misère.

— Voyons, parle, quel service réclames-tu de moi ?

— Seigneur, ma fortune se compose d'un troupeau de brebis qui paissent autour de la maison que j'habite là-bas, loin de la ville, à l'entrée du désert. Or, depuis quinze jours la moitié de mon troupeau a été dévorée par un lion qui désole le pays et bientôt il ne me restera plus une brebis si vous ne consentez à me défaire de ce redoutable ennemi.

Djaïlar réfléchit quelques instans à cette proposition, puis un éclair brilla dans ses yeux comme s'il venait de concevoir quelque hardi projet, et se tournant vers le vieil Indien qui attendait sa réponse avec anxiété :

— Ton ennemi vient la nuit, n'est-ce pas ? lui dit-il.

— Oui, seigneur.

— Eh bien, cette nuit même, tu en seras délivré.

— Est-il possible ! s'écria le vieillard transporté de joie.

— C'est Djaïlar qui t'en donne sa parole, et tu sais s'il est homme à reculer devant une pareille lutte.

— Du moment que j'ai votre promesse, dit l'Indien, le lion est mort.

— Sais-tu où est son repaire ?

— Non, mais je sais par quel côté du djungle il se retire chaque nuit.

— C'est bien ; où est ta demeure ?

— A cinq cents pas au delà de la grande pagode de Bouddha, dans la direction d'Omrislar.

— Je m'y rendrai ce soir, attends-moi.

Et Djaïlar poursuivit son chemin, emportant les bénédictions du vieillard, dont le front rayonnait de joie, comme s'il eût déjà vu le lion étendu mort à ses pieds.

— Tom Jack, dit alors le jeune radjah à son compagnon, je suis parti tout à l'heure pour le bungalo des étrangers dans le seul but de me lier avec ces Européens, et dans le vague espoir de tirer un jour parti de cette liaison ; mais maintenant tout est changé, je viens de concevoir un projet, et pour peu que la fortune me vienne en aide, le succès me paraît certain.

— Et peut-on vous demander, dit Tom Jack...

— Non, pas en ce moment, répondit Djaïlar. Et d'abord, il faut que tu retournes à l'instant même prendre mes armes à feu que j'ai laissées chez moi et qui me sont indispensables dans une rencontre avec un lion.

— J'y cours, seigneur, s'écria Tom Jack avec un empressement qui pouvait laisser croire que lui aussi avait quelque mystérieux projet.

— Va donc et reviens vite.

Tom Jack tourna bride et reprit au galop la route de Lahore.

Quelques instans après, Djaïlar entrait dans l'enceinte du bungalo ; le premier personnage qu'il y aperçut fut Djell, se roulant comme un jeune chat entre les jambes de Zorah, avec lequel il s'était réconcilié. Le tigre se releva à son aspect et gronda sourdement en fixant sur lui ses yeux cuivrés, mais sans quitter le voisinage de l'éléphant, qui, mis sans doute en défiance par les façons de Djell, tourna à son tour vers Djaïlar des regards soupçonneux et menaçans.

— Ah ! ah ! murmura le jeune Indien, si je ne me trompe, voilà un nouvel ennemi, et celui-là vaut la peine qu'on se tienne en garde contre sa haine, car il a trois avantages qui le rendent redoutable, la circonspection, la rancune et la patience ; mais je connais son caractère et saurai lutter de ruse avec lui jusqu'au jour où il osera m'attaquer de front.

Djaïlar se laissa glisser lestement à terre, abandonna son éléphant dans l'enclos et se rendit à la grande salle du bungalo, dont tous les hôtes étaient réunis et fumaient le houkah après le repas du soir.

— Messieurs, disait en ce moment le comte de Simeuse aux convives, je vous demande votre concours à tous pour une bonne œuvre.

— Vous ne pouvez douter qu'il ne vous soit accordé d'avance, monsieur le comte, répondit un Italien.

— Merci, signor ; mais je dois vous faire savoir d'abord en quoi consiste cette bonne œuvre. Vous saurez donc que mon ami le chevalier a au cœur une passion sans espoir et que, suivant la coutume des amans malheureux, il tient à son martyre, tandis que j'ai résolu, moi, de l'en délivrer. Pour cela, j'ai imaginé de le mettre en lutte avec les tigres et les éléphans qui peuplent les environs de Lahore, et je serais heureux d'avoir l'agrément de votre société pour notre première chasse.

— Bravo ! parfait ! cria-t-on de toutes parts, nous sommes à vous, et partirons dès qu'il vous plaira.

— Merci mille fois de vos sympathies, messieurs, dit le chevalier de Mailly ; mais, d'abord, l'amour que vient de vous dévoiler l'indiscrétion de mon ami de Simeuse, et dont je m'enorgueillis, loin de m'en défendre, cet amour est de ceux qui résistent à tous les efforts qu'on peut tenter pour les étouffer, c'est donc par pure condescendance, et pour n'être pas accusé d'entêtement, que je consens à passer par l'épreuve à laquelle veut me soumettre le comte, et c'est pour cela que je vous engage à ne consulter que votre plaisir dans cette affaire, sans vous inquiéter de mon intérêt, qui est tout-à-fait en dehors de la question.

— Quel que soit le résultat de ces luttes pour M. le chevalier de Mailly, dit un Espagnol, je tiens expressément à y prendre part ; mais je vous préviens, messieurs, que nous allons être arrêtés, avant même de commencer, par un obstacle contre lequel va échouer tout votre courage.

— Qu'est-ce donc ? s'écria le comte de Simeuse.

— J'ai appris, il y a quelques heures seulement, que les éléphans, ennuyés de la guerre que nous leur faisons depuis quelque temps, s'étaient réunis en grand conseil, où, après mûre délibération, ils avaient pris le parti d'émigrer, si bien qu'à l'heure qu'il est il ne reste plus un seul éléphant dans la contrée.

— Vous avez raison, senor, voilà un obstacle contre lequel le courage et la ruse demeurent impuissans. Que faire alors, si les éléphans nous abandonnent ?

— Je vais vous le dire, messieurs, dit une voix qui partait du seuil de la salle.

Tout le monde se retourna et l'on reconnut avec surprise, dans le nouveau venu, le radjah Djaïlar.

— Toujours cet homme sur mon passage ! Que dites-vous de cette singularité, comte ? dit le chevalier à son ami.

— Hasard tout naturel, dont votre imagination exaltée se fait un monstre, répondit le comte.

Puis, s'adressant au jeune Indien :

— Seigneur Djaïlar, lui dit-il, faites-nous l'honneur de fumer avec nous le houkah, et veuillez nous dire comment vous comptez nous tirer d'embarras.

— C'est ce que je vais faire, monsieur le comte, répondit le jeune homme en prenant place entre le comte et le chevalier, avec l'air libre et dégagé d'un homme qui se sent parmi ses pairs.

Le houkadabar lui apporta son houkah ; mais, avant de s'en servir, Djaïlar tira de sa poche deux petites boules noires qu'il mêla au godauk et qui répandirent aussitôt un parfum plein de suavité ; puis il se mit à fumer.

— Il n'y a plus d'éléphans, messieurs, c'est vrai, dit-il alors, et vous avez été parfaitement renseignés, mais si c'est le péril même qui vous attire, et non tel ou tel animal, consolez-vous, je viens vous annoncer un gibier bien autrement attrayant que le tigre et l'éléphant, car outre qu'il est beaucoup plus terrible, il a le charme de la nouveauté, ne s'étant jamais montré jusqu'à ce jour aux environs de Lahore.

— Le nom de ce gibier? demandèrent plusieurs voix à la fois.

— Cela s'appelle un lion, messieurs, répondit Djaïlar.

— Un lion !

A ce mot il n'y eut qu'un cri de joie, et tout le monde félicita Djaïlar de la bonne nouvelle qu'il apportait. Quelques-uns cependant refusèrent d'y croire, car jamais le lion en effet n'avait été vu sur le territoire de Lahore.

— La nuit est tombée, reprit Djaïlar, le lion sortira dans quelques heures du djungle où il se tient dans le jour, et je vous jure, messieurs, que vous le verrez face à face. Au reste, je me propose de vous accompagner et de vous aider de mon expérience dans une chasse qui exige, outre le courage que vous possédez, un sangfroid et surtout une pratique, qui vous manquent peut-être, et sans lesquels on est à peu près sûr d'échouer. M'acceptez-vous pour compagnon?

Il va sans dire que l'offre du jeune radjah, le merveilleux chasseur, fut acceptée avec transport.

— Messieurs, reprit Djaïlar, j'ai donné ordre qu'on m'apportât mes armes ici, mais si vous voulez m'en croire, vous prendrez les devants pour tout disposer à l'avance et je vous rejoindrai au rendez-vous dont nous allons convenir.

— Nous vous nommons chef et directeur de la chasse, arrangez donc les choses à votre convenance, lui dit le comte.

— En ce cas, veuillez partir immédiatement et vous rendre à une petite maison que vous trouverez un peu au-delà de la grande pagode de Bouddha. Là vous verrez un vieil Indien auquel vous vous annoncerez comme les compagnons du radjah Djaïlar et qui vous donnera tous les renseignemens possibles sur les allures du lion. Vous prendrez quelques dispositions en conséquence, et j'arriverai à temps pour préparer l'embuscade dans laquelle notre ennemi succombera, je l'espère.

L'avis de Djaïlar fut adopté sans discussion, et chacun courut faire ses préparatifs.

Une heure après, tous les hôtes du bungalo, formant une petite caravane de quinze cavaliers, partaient dans la direction indiquée par Djaïlar, qu'ils eurent bientôt perdu de vue.

Déjà la pagode de Bouddha, avec ses murailles de jaspe rouge, leur apparaissait au loin, lorsqu'ils virent venir à eux un cavalier qui galopait ventre à terre à travers la campagne, toute hérissée de roches et de plantes sauvages.

— Je ne sais si je me trompe, dit le chevalier de Mailly en fixant ses regards sur cet homme, mais il me semble reconnaître le long corps et l'ardente chevelure de mon interprète Tom Jack.

— C'est bien lui, dit le comte de Simeuse, et au train dont il va, il a sans doute quelque message pressé pour l'un de nous; faisons donc halte pour l'attendre.

On s'arrêta sur un mot du comte et un instant après Tom Jack, car c'était bien lui, avait rejoint la petite troupe. Alors il demanda à parler à part au chevalier de Mailly, et celui-ci ayant prié ses compagnons de continuer leur route au pas, resta un peu en arrière avec Tom Jack.

— Monseigneur, dit alors Tom, la belle Naoudah vous a-t-elle inspiré quelque intérêt, et êtes-vous curieux de connaître son histoire, qu'elle a essayé vainement de vous faire comprendre la nuit dernière?

— Pauvre jeune femme ! dit le chevalier, je n'ai deviné qu'une chose dans ses paroles, ou plutôt dans sa pantomime, c'est qu'elle était très malheureuse et voulait se mettre sous ma protection. Si elle vous envoie vers moi, dites-lui qu'elle peut compter sur mon appui.

— Monseigneur, les malheurs de Naoudah sont finis, et elle n'a plus besoin de protection ici-bas.

— Que voulez-vous dire, Tom Jack? demanda vivement le chevalier.

— Je veux dire, seigneur, que Naoudah n'est plus.

— Morte ! s'écria le chevalier, morte si jeune, si brusquement !

— Mais avant de mourir, elle m'a chargé de ses dernières volontés, et je viens les exécuter.

Puis tirant deux objets de sa ceinture :

— Tenez, dit-il, voici d'abord une feuille de palmier sur laquelle vous verrez écrite l'aventure qu'elle n'a pu vous faire comprendre, et qui l'a décidée à se donner la mort.

— Quoi ! c'est volontairement...
— Oui, et vous l'approuverez, m'a-t-elle dit, quand vous aurez lu ces lignes.

Le chevalier prit la feuille de palmier et la glissa dans la poche de son habit, en se promettant de s'en faire traduire le contenu par le comte de Simeuse.

— Et maintenant, reprit Tom Jack, en offrant au chevalier une plante verte qui répandait dans l'air une odeur suave et pénétrante, voici ce que Naoudah m'a recommandé très particulièrement de vous remettre : c'est la plante toulochy, qui, dans la croyance des Indiens, a la vertu de garantir contre tout danger celui qui l'a en son pouvoir. Or, l'occasion est on ne peut plus propice pour vous offrir ce talisman, puisque vous partez pour une chasse où vous attendent mille périls.

— Merci, Tom Jack, répondit le gentilhomme, j'accepte avec reconnaissance le don de Naoudah, non à cause du pouvoir que lui attribuait la pauvre Indienne, mais pour l'intention qui lui a dicté cette pensée. Mais dites-moi, puisqu'elle vous a confié tant de choses, pourriez-vous m'apprendre le motif qui l'a déterminée à me choisir pour protecteur de préférence à tout autre, moi, étranger, dont elle voyait les traits pour la première fois ?

— Tout le monde était étranger pour elle à Lahore, monseigneur, et réduite à chercher un appui dans cette foule d'inconnus, elle dut s'en rapporter à l'expression du visage et fixer son choix sur celui qui annonçait le plus de noblesse et promettait le plus de dévouement : voilà le secret de sa préférence. Mais je suis attendu en ce moment par le radjah Djaïlar, qui m'a chargé d'aller prendre ses armes pour cette chasse au lion, je ne puis demeurer davantage, adieu, monseigneur.

— Adieu ! dit le chevalier ; mais acceptez ceci pour la fidélité avec laquelle vous avez rempli les dernières intentions de la pauvre Naoudah.

Il tira de sa poche plusieurs pièces d'or et les remit à Tom Jack.

— Merci, monseigneur ; surtout pas un mot de tout cela à Djaïlar ; s'il avait le moindre soupçon de cette affaire et du rôle que j'y ai joué, je ne vous cache pas que je pourrais me considérer comme un homme mort.

— Allez, maître Tom, comptez sur ma discrétion.

Alors Tom Jack glissa l'or du chevalier dans un coin secret de sa ceinture, tourna bride et partit ventre à terre comme il était venu.

Dix minutes après, il arrivait au bungalo.

CHAPITRE X.
Un ami désintéressé.

Debout et appuyé contre la porte qui, la nuit, fermait l'enceinte du bungalo, porte formée d'un épais treillage de lianes et de bambous, et plus solide qu'une clôture de chêne, Djaïlar portait souvent ses regards du côté de Lahore et murmurait avec un accent d'impatience le nom de Tom Jack. De temps à autre son attention était attirée du côté du petit bois d'aréquiers et de palmaïras, par le bruit sourd, monotone et régulier que produisait dans les bambous et dans les ananas sauvages le pas pesant de Zorah, parcourant invariablement le même espace et tournant toujours vers le jeune radjah son œil triste et penseur.

Un peu plus loin Kanaur, l'éléphant de Djaïlar, dormait profondément, immobile sur ses quatre pieds comme un monument sur ses quatre colonnes.

— Décidément, pensa Djaïlar en regardant Zorah, cet animal m'a pris en haine, mais pourquoi ? Par sympathie pour son maître ? ce n'est guère vraisemblable ; quel que soit l'instinct de ces animaux, il ne va pas jusqu'à la divination, et j'ignore moi-même si je vais devenir l'ami ou l'ennemi de ce Français, si je lui sauverai la vie dans cette chasse, ou si... mon intérêt en décidera, l'inspiration me viendra du hasard.

Un bruit de galop se fit entendre en ce moment dans la campagne silencieuse, et Djaïlar reconnut bientôt Tom Jack à la blanche clarté de la lune. Le cheval s'arrêta enfin à la porte de l'enclos, tout couvert d'écume.

— Tu as mes armes ? demanda Djaïlar à Tom Jack.

— Les voilà, seigneur.

— Il ne s'est passé rien de nouveau chez moi en mon absence ?

— Au contraire, répondit Tom Jack, il s'est passé quelque chose de nouveau, quelque chose d'étrange et d'inexplicable.

— Qu'est-ce donc ? demanda le jeune homme avec le plus grand calme.

— Le corps de Naoudah a disparu et vos serviteurs n'ont pu me donner aucun renseignement sur un fait aussi extraordinaire.

Djaïlar réfléchit quelques instants.

— Voilà qui est inexplicable, en effet, dit-il après une pause, mais le grand malheur, c'est la mort de Naoudah et non la disparition de son cadavre; je m'occuperai de cela plus tard; tu n'as rien de plus à m'apprendre?

— Rien, sinon que j'ai rencontré dans la campagne la troupe des Européens.

— Oui, ils ont pris les devants, de sorte que me voilà seul maître ici, reprit Djaïlar, car le propriétaire du bungalo, voulant profiter de la fraîcheur de la nuit, vient de partir avec ses serviteurs pour faire la récolte de ses cafiers, à quelque distance de là.

— Puisque nous sommes seuls, seigneur, dit Tom Jack, puis-je vous demander si c'est pour l'unique plaisir de tuer une bête qui peut vous déchirer à belles dents, que vous avez organisé cette chasse au lion, ou si vous avez quelque but plus sérieux?

— Vous pensez bien, maître Tom, répondit Djaïlar, qu'aucune chasse, quelle qu'elle soit, ne saurait m'offrir désormais ni un attrait, ni une émotion.

— Alors vous avez un projet?

— Oui, celui de rendre quelque signalé service à celui de ces deux Français que sa témérité ou son inexpérience exposera cette nuit à quelque grand danger, et de mettre à profit son amitié pour pénétrer à la cour de France; une fois là je saurai bien me faire une fortune et une position dignes de moi.

Djaïlar s'interrompit tout à coup, et son oreille délicate parut avoir saisi un bruit dans le lointain.

— Qu'y a-t-il donc? demanda Tom Jack.

— J'avais cru entendre le trot éloigné d'un dromadaire, mais je me trompais, c'est le pas d'un Indien qui court pieds nus et se rapproche rapidement.

Quelques instans après l'apparition subite d'un indien venait attester la finesse d'ouïe du radjah. Cet homme vint droit à Djaïlar et demanda à parler au maître du bungalo.

— Il est sorti avec ses serviteurs, répondit Djaïlar, entrez et attendez-le ici.

— Je ne puis, répondit l'Indien, j'apporte une lettre d'Europe pour un des hôtes du bungalo, et j'en ai d'autres à remettre cette nuit même dans la campagne de Lahore.

— De quelle contrée de l'Europe vient cette lettre?

— De la France.

— De la France! s'écria Djaïlar; et à qui est-elle adressée?

— Au chevalier de Mailly. Je le cherche depuis deux jours, et j'ai espéré le trouver au bungalo des étrangers.

— Vous avez deviné juste, c'est bien ici qu'il habite, dit Djaïlar, mais il vient de partir pour une chasse.

— Que faire, alors? demanda l'Indien d'un air très embarrassé.

— Donnez, dit le jeune homme, le chevalier est de mes amis et je l'aurai rejoint dans une heure; je consens à me charger de sa lettre.

Il donna quelques roupies à l'Indien, qui lui remit la lettre et reprit sa course à travers la campagne.

Dès qu'il eut disparu, Djaïlar rompit le cachet de la lettre et se mit à la lire avec le même sangfroid que si elle eût été à son adresse.

Tom Jack le regardait faire avec stupéfaction.

Dès les premières lignes, Djaïlar parut vivement impressionné, et ce fut avec une ardeur fiévreuse qu'il dévora toute la lettre. Quand il eut achevé de la lire, il mit sa tête dans ses deux mains et resta longtemps plongé dans ses réflexions. Tom Jack le contemplait en silence avec une surprise à laquelle se mêlait un sentiment d'admiration.

— Tom Jack, murmura tout à coup Djaïlar à voix basse, d'un ton bref et agité, sais-tu ce que je viens d'apprendre par cette lettre?

— Je ne m'en doute même pas, seigneur.

— Tu sais déjà, n'est-ce pas? que le roi de France a pour maîtresse favorite une parente du chevalier de Mailly?

— Oui, après?

— Eh bien, l'une des sœurs de cette maîtresse aime le chevalier et en est aimée.

— A merveille!

— Ce n'est pas tout, une barrière séparait les deux amans, un mariage imposé à la jeune fille; or, celle-ci apprend au chevalier qu'elle est veuve, que son père est mort, et que rien ne s'oppose plus à leur union.

— Diable! voilà une lettre qui va combler de joie ce pauvre chevalier?

— Imbécile! s'écria Djaïlar dans un français très intelligible.

Tom Jack le regarda d'un air hébété, cherchant vainement à comprendre le sens caché de cette exclamation.

— Je t'expliquerai mes projets plus tard, reprit vivement Djaïlar en glissant dans sa ceinture la lettre du chevalier; quant à pré-

sent contente-toi de m'aider sans chercher à comprendre.
— Je ne demande pas mieux, dit Tom Jack, que faut-il faire ?
— Tu dois savoir où est la chambre du chevalier ?
— Je la connais parfaitement.
— Indique-la moi.

Tom Jack conduisit Djaïlar en face d'une fenêtre et lui dit : — C'est là.
— Le maître du bungalo peut rentrer d'un moment à l'autre, dit Djaïlar à Tom, veille bien, et si tu l'aperçois préviens-moi par un signe.

Puis s'approchant d'un mimosa qui s'élevait à six pas de la chambre du chevalier, il se mit à grimper à cet arbre avec la facilité et la lenteur circonspecte d'un reptile ; puis il s'avança avec les plus grandes précautions vers l'extrémité de la branche la plus élevée du mimosa qui, fléchissant sous son poids, se courba lentement et descendit jusqu'au vérandah. Une fois là, Djaïlar fit un bond qui l'envoya juste au milieu de la chambre. Alors il força tous les tiroirs, visita rapidement tous les meubles, s'empara d'un portrait de femme, prit au hasard toutes les lettres qui lui tombèrent sous la main, puis s'élança vers le vérandah en s'écriant : — Maintenant courons rejoindre le chevalier.

Mais comme il se disposait à redescendre le long des lianes, il aperçut, juste au-dessous de lui, l'éléphant Zorah, qui, à sa vue, éleva sa trompe et fit entendre un son rauque, dans lequel l'oreille expérimentée du jeune homme reconnut tous les signes d'une violente colère.

— Je ne m'étais pas trompé, murmura Djaïlar, ce maudit éléphant est mon ennemi, et le voilà qui veut me broyer entre sa trompe et ses défenses pour avoir pénétré dans la chambre de son maître. Comment sortir de cette position ? D'abord, mes armes à feu sont restées en bas, et je connais trop bien la force de l'éléphant pour commettre la folie de l'attaquer à l'arme blanche ; et puis, eussé-je là mes pistolets, la prudence me défendrait d'en faire usage ; quel parti prendre ?

Il appela à voix basse Tom Jack, qui accourut aussitôt. Djaïlar lui fit part de son embarras et le pria de détourner pour un instant l'attention de Zorah, pendant qu'il allait regagner le sol. Tom Jack voulut obéir, mais à peine fit-il mine d'approcher l'éléphant, que celui-ci agita sa trompe en faisant entendre deux ou trois grondemens qui paralysèrent le malheureux Tom.

— Impossible ! cria-t-il à Djaïlar, mes jambes fléchissent, je ne puis faire un pas en avant.

Le jeune homme lança une malédiction à Tom Jack, puis il se décida à faire une tentative pour voir comment elle serait accueillie ; il se pencha en avant comme s'il voulait se laisser glisser à terre. Alors l'animal redoubla ses sinistres grondemens et agita sa trompe avec une nouvelle furie. Il ne restait plus de doute à Djaïlar, la retraite lui était coupée, et il se voyait menacé de rester bloqué là jusqu'au retour du chevalier et de ses compagnons. C'était sa perte et la ruine du projet gigantesque qu'il venait de concevoir.

Dans cette extrémité, une pensée jaillit tout à coup de son cerveau ; il prit dans sa ceinture un petit sifflet d'argent et en tira deux sons aigus, puis il prêta attentivement l'oreille. Après deux minutes d'attente, un craquement de branches, accompagné d'un pas lourd et régulier, se fit entendre dans le petit bois, et bientôt parut l'éléphant de Djaïlar.

— Holà, Kanour, à moi ! cria le jeune homme.

L'éléphant se dirigea vers son maître, mais arrivé à quelques pas du vérandah, il s'arrêta brusquement en face de Zorah, qui l'attendait la trompe levée.

Kanour demeura quelques instans immobile, le regard fixé sur son ennemi, comme s'il eût médité son plan d'attaque, puis faisant entendre à son tour deux grondemens rauques et profonds, il recula lentement de quelques pas, éleva sa trompe et s'élança sur Zorah avec furie. Les deux têtes se choquèrent et rendirent un son sourd et mat, mais aucun des deux combattans n'était blessé. Ils se reculèrent de nouveau et s'élancèrent l'un sur l'autre avec un redoublement de colère ; mais cette fois l'un des deux était gravement atteint, Djaïlar le reconnut à un cri particulier. Il se pencha avec anxiété pour reconnaître quel était le vainqueur, et à la clarté de la lune il vit Zorah s'éloigner en laissant derrière lui une trace de sang ; une des défenses de Kanour lui avait crevé un œil.

Maître du champ de bataille, Kanour s'approcha du vérandah, et Djaïlar se laissa couler sur son dos.

— Allons, dit-il à Tom Jack qui, voyant le combat fini, s'était décidé à se montrer, donne-moi la main, monte derrière moi et courons sans tarder au rendez-vous où m'attendent les Européens.

Tom Jack se hâta d'obéir, et Kanour,

stimulé par son maître, partit au trot.

— Or çà, seigneur, dit alors Tom Jack, quand le chevalier de Mailly va savoir qu'une lettre a été apportée pour lui et décachetée par vous, quand il va voir sa chambre dévalisée, ses lettres, ses papiers les plus précieux enlevés, croyez-vous qu'il prenne tout cela très patiemment?

Djaïlar haussa les épaules.

— Mon pauvre Tom, dit-il, oh! que tu appartiens bien à la tourbe imbécile qui naît pour s'agiter et mourir sur son tas de fumier, sans jamais pouvoir s'en éloigner d'un pas.

— J'avoue que je ne pénètre pas le moins du monde votre pensée.

— Je l'espère bien, si tu me comprenais, il y aurait donc quelque point de contact entre ton âme et la mienne.

— Le ciel me préserve d'une telle présomption! Je renonce donc à comprendre, mais alors ne pourriez-vous me dire...

— Tu sauras tout, mais une fois le résultat accompli.

— Comme il vous plaira.

— Silence! les voilà, dit Djaïlar.

Les Européens étaient groupés dans un champ, autour du vieil Indien, qui les suppliait de le délivrer de son terrible ennemi, en leur prodiguant les épithètes de hazour et de khondaven, c'est-à-dire majesté et divinité.

L'arrivée du célèbre radjah combla de joie le vieillard, qui courut à lui et voulut absolument l'aider à mettre pied à terre. Les Européens lui firent également bon accueil, comprenant bien tous les services que pouvait leur rendre son expérience dans la chasse dangereuse et toute nouvelle pour eux qu'ils allaient entre prendre.

— Voyons, dit Djaïlar à l'Indien après avoir répondu aux politesses des étrangers, il est bientôt minuit, c'est à peu près l'heure à laquelle le lion quitte son repaire, nous n'avons donc pas un instant à perdre, montre-nous la voie qu'il a coutume de prendre, et à l'empreinte de ses pattes je jugerai de l'âge et de la force de notre ennemi.

Le vieil Indien se mit à marcher en avant et Djaïlar le suivit à pied, tandis que les Européens venaient à cheval derrière lui. Pendant quelques instans le jeune radjah parut s'acquitter avec une inexplicable insouciance de la tâche qu'il avait acceptée, et dont il avait lui-même proclamé l'importance, causant indifféremment avec ses compagnons de chasse et jetant à peine un regard sur le sol qui devait trahir la trace du lion.

— Ce terrain est sec, dit-il enfin au vieillard, et ne peut avoir conservé que très imparfaitement l'empreinte qui seule peut nous guider; n'y a-t-il point par ici quelque marais, quelque coin où le sol soit resté humide?

— Oui, oui, s'écria le vieillard, venez de ce côté.

Il changea de direction et conduisit la troupe vers une espèce de marais dont les abords s'annonçaient par une terre molle et élastique sous le pied.

— Arrêtons-nous, dit Djaïlar; si le lion a passé par là, nous allons connaître son signalement.

La troupe avait fait halte; le jeune homme se pencha sur le sol et le scruta du regard avec une attention minutieuse; il chercha longtemps avec une patience et une ténacité qui excitaient l'admiration des Européens et dont ils finirent par se lasser les premiers. L'un des Espagnols exprimait même le désir de renoncer à une recherche qui lui paraissait puérile et de marcher en avant, lorsque Djaïlar s'écria : — Voilà l'empreinte! le lion a passé par là.

Tout le monde s'approcha alors pour voir la trace du terrible animal, et l'on contempla avec une muette admiration la marque d'une large patte armée de griffes terribles, admirablement moulée dans la terre molle. Une fois celle-ci trouvée, on en découvrit vingt autres à la suite, et toutes exactement semblables, comme le fit remarquer Djaïlar, ce qui prouvait qu'il n'y avait qu'un seul lion, et que c'était un mâle, la lionne ne marchant jamais seule.

— Nous avons donc affaire à un mâle, voilà un point éclairci; il s'agit maintenant de savoir s'il est tout jeune ou adulte, car, dans ce dernier cas, messieurs, je vous jure que la lutte sera terrible, et j'affirmerais même qu'elle ne se terminera pas sans qu'il y ait mort d'homme.

Cherchant alors l'empreinte la mieux dessinée, il posa dessus sa main toute large ouverte; or, ses doigts écartés ne purent couvrir la trace de l'énorme patte.

Djaïlar se releva, et se tournant froidement vers les chasseurs, dont la plupart avaient suivi ses moindres mouvemens avec une vive émotion,

— Messieurs, dit-il, c'est un lion adulte.

Puis, s'élançant sur son cheval, que l'un des cavaliers tenait par la bride,

— Maintenant, dit-il, vous voyez par la position des pattes la route qu'a suivie le lion, son repaire doit être dans le djungle qui se dessine là bas comme une immense tache noire sous les rayons de la lune. Allons à sa recherche, messieurs, mais rappelez-vous que le lion voit son ennemi à une distance considérable, qu'il est doué d'une finesse d'odorat sans égale, qu'il a des muscles d'une telle puissance que d'un coup de patte il arrête un cheval lancé au galop et le tue roide, et qu'enfin il bondit et tombe sur le chasseur avant même que celui-ci n'ait eu le temps de lâcher son coup ; c'est vous dire que nous ne saurions trop nous tenir sur nos gardes et qu'il est important surtout que nul de nous ne se hasarde à marcher isolé.

En ce moment un soupir formidable se fit entendre du côté de la forêt et fut bientôt suivi de plusieurs rugissemens qui allèrent toujours croissant, puis diminuèrent peu à peu et finirent par un bruyant soupir comme ils avaient commencé.

— Voilà l'ennemi en campagne, dit le chevalier de Mailly à Djaïlar.

— Au contraire, monsieur le chevalier, répondit le jeune homme; j'ai fait une étude approfondie des rugissemens du lion et ceux-ci m'apprennent qu'il rentre dans son repaire pour y digérer tranquillement la proie qu'il vient de dévorer quelque part. Or, je dois dire que cette circonstance aggrave singulièrement les périls et les difficultés de notre chasse, car il est bien difficile de trouver le repaire du lion et plus difficile encore de l'en faire sortir. Serrons-nous donc, messieurs, et allons vers notre ennemi avec cette conviction que la fortune le favorise merveilleusement à cette heure, et que toutes les chances sont pour lui et contre nous.

Tous les cavaliers se resserrèrent de manière à former un groupe compacte et se mirent en marche vers le djungle, ayant à leur tête Djaïlar et le chevalier de Mailly, auquel celui-ci avait proposé la place la plus honorable, c'est-à-dire la plus dangereuse.

CHAPITRE XI.

Les cavaliers venaient d'entrer dans un de ces vastes paysages, solitudes grandioses et terribles qu'on ne rencontre que dans ces merveilleuses contrées. L'œil embrassait une étendue de terrain immense, toute semée de monticules stériles, d'énormes fragmens de roches granitiques et d'abîmes sans fond. A tous les points de l'horizon s'élevaient de hautes montagnes, dont les pics bleuâtres et dénudés faisaient un admirable encadrement à cette gigantesque arène. Hors le point noir que formait le djungle à l'une des extrémités du paysage, pas un arbre, pas une plante ne venait rompre l'effrayante uniformité de ces roches aux reflets fauves et aux formes anguleuses.

A mesure qu'on approchait du djungle, deux personnages donnaient des signes non équivoques d'une terreur qui bientôt ne connut plus de bornes : c'étaient le vieil Indien qui servait de guide, et Tom Jack qui marchait immédiatement derrière Djaïlar et se trouvait conséquemment fort exposé.

— Seigneur Djaïlar, dit enfin ce dernier au jeune radjah, je vous déclare franchement que je ne me sens aucun goût pour les griffes du lion, pas plus que ce pauvre vieillard dont les dents claquent comme des osselets ; nous allons donc prendre la liberté de vous quitter, si vous le voulez bien.

— Je n'ai garde de m'y opposer, maître Tom, répondit Djaïlar, je vous engage même à nous quitter au plus vite, bien loin de vous retenir, car dans une expédition pareille, tout homme qui n'est pas décidé à faire au besoin le sacrifice de sa vie pour le salut de tous, ne peut être pour ses compagnons qu'une source de troubles et de périls. Partez donc et emmenez avec vous ce pauvre vieillard auquel vous vous intéressez si vivement.

— Grand merci, dit Tom Jack en faisant un signe au vieil Indien ; ma conduite en cette occasion n'est pas des plus chevaleresques, j'en conviens; mais, que voulez-vous? chacun ici-bas a sa vocation, et la mienne est de fuir le péril comme la vôtre est de l'affronter.

— Allez, allez, maître Tom, reprit Djaïlar, seulement écoutez un avis avant de partir.

— Je vous écoute, seigneur, répondit Tom Jack avec une impatience qui attestait son vif désir de s'éloigner.

— Vous avez dû remarquer, maître Tom, que chaque fois que nous approchons de quelque roche, si étroite qu'elle soit, je ralentis le pas et tiens à la main mon arme, l'œil fixé devant moi et tout prêt à faire feu.

— Oui, j'ai fait cette observation, répondit Tom Jack, mais sans pouvoir me rendre compte de ces précautions, puisque le lion est dans le djungle, c'est vous-même qui l'avez dit.

— Oui, mais je n'ai pas dit qu'il n'y eût qu'un lion dans cette immense plaine, nous sommes exposés à en rencontrer derrière ces quartiers de granit, et l'avis que j'ai à vous donner, maître Tom, c'est de vous tenir toujours prêt à la lutte quand vous cotoierez une de ces roches, car l'animal qui a pu laisser quinze cavaliers bien armés n'hésitera pas à en attaquer deux.

— Ah ! balbutia Tom Jack, qui ne paraissait plus se soucier de quitter la troupe dont le nombre le protégeait ; ah ! vous croyez que d'autres lions...

— Ecoutez, dit Djaïlar, interrompant vivement Tom Jack, et arrêtez vos chevaux, que nous puissions saisir le moindre bruit.

On fit halte, et après une pause pendant laquelle toutes les respirations semblèrent suspendues, Djaïlar, montrant une petite chaîne de roches qui coupait la plaine dans une longueur de cinq à six cents pas, dit en baissant la voix :

— Il y a des animaux qui marchent par-là ; quels sont-ils et combien sont-ils ? Je l'ignore ; mais tenons-nous prêts à les recevoir, car ils viennent à nous et vont bientôt déboucher de ce côté.

On se rangea aussitôt en bataille et on attendit, le fusil à l'épaule, l'apparition des animaux, dont le pas commençait à se faire entendre distinctement. Le comte de Simeuse et le chevalier de Mailly s'étaient placés à droite et à gauche de Djaïlar, qui avait donné ordre à Tom Jack et au vieil Indien d'aller se réfugier derrière la troupe et d'y demeurer immobiles.

Enfin on vit paraître trois bêtes fauves, une lionne et deux lionceaux, qui suivaient leur mère à dix pas. A l'aspect des cavaliers, tous trois s'arrêtèrent, la lionne parcourut d'abord, d'un regard calme, toute la troupe, puis se retournant brusquement, elle fit un bond, tomba entre ses deux lionceaux, et de là, les oreilles couchées, le corps effacé sur le sol, elle dardait sur ses ennemis des regards enflammés.

— Feu sur la lionne en visant au front ! criait Djaïlar.

Quinze balles partirent à la fois.

La lionne se leva et fit entendre un rugissement terrible ; le sang ruisselait de son corps. Cependant elle secoua violemment ses membres, tomba en deux bonds à quatre pas du chevalier de Mailly et allait prendre un troisième élan qui eût été fatal au gentilhomme, malgré le long poignard qu'il tenait à la main, quand Djaïlar, l'ajustant à son tour, lui envoya une balle au défaut de l'épaule. La lionne alors tomba en arrière et se mit à pousser des rugissemens effroyables en agitant en l'air ses énormes pattes.

— Encore un coup et tout sera fini, dit Djaïlar.

— Si nous l'achevions à coups de poignard ? demandèrent plusieurs voix.

— Gardez-vous en, messieurs, répondit Djaïlar, le lion n'est jamais si terrible qu'au moment de rendre le dernier soupir.

Puis, mettant pied à terre, il s'approcha de l'animal, un pistolet à la main, et le lui déchargea dans l'oreille presqu'à bout portant, en ayant soin de se mettre hors de portée de ses griffes, dont un seul coup, à ce moment suprême, lui eût mis la poitrine en lambeaux.

La lionne cessa aussitôt de rugir et de s'agiter.

Quant aux lionceaux, ils avaient disparu après la première décharge.

— Messieurs, dit Djaïlar en montant à cheval, nous avons eu assez facilement raison de cet ennemi, mais maintenant la partie sérieuse reste à jouer.

Et on se remit en route vers le djungle.

— Savez-vous, seigneur Djaïlar, dit le chevalier au radjah, que celle-ci allait devenir fort grave pour moi sans le secours que vous m'avez apporté si miraculeusement ; car je croyais votre arme déchargée comme les nôtres.

— Je sais à quel point le lion a la vie dure, répondit Djaïlar, et j'ai jugé prudent de lui réserver deux balles dans le cas, très probable pour moi, où il survivrait à la décharge de toute la troupe. Vous voyez, messieurs, que cette chasse est par-dessus toute chose, comme je vous l'ai dit, une affaire de prudence et de sang-froid.

— Eh bien, maître Tom, cria-t-il, commencez-vous à vous familiariser avec la vue du lion ?

— Au contraire, seigneur, répondit Tom Jack d'une voix tremblante, j'en suis plus dégoûté que jamais. Je crois encore voir les deux yeux de feu de cette maudite bête, ils m'ont donné la fièvre pour plus de quinze jours.

Quelques instans après, on arrivait en face du djungle, qui s'offrit aux chasseurs, épais, noir et impénétrable à décourager les plus intrépides,

— Voilà où commence le vrai danger, dit Djaïlar, il s'agit de nous glisser tous dans ce bois inextricable et d'y trouver le repaire du lion, en prenant les plus grandes précautions pour ne pas troubler son repos, car alors il pourrait bien être tenté de quitter sa demeure pour venir au devant de nous, et vous comprenez combien il lui serait facile de nous surprendre et de nous écharper dans ce chaos de broussailles.

Avant de s'engager dans le djungle, Djaïlar chercha le long de la lisière les empreintes du lion adulte et finit par les trouver. Il parvint même à en suivre la trace à plus de cent pas dans la forêt, de manière à pouvoir se guider en continuant la ligne qui faisait suite à ces empreintes. Les chasseurs le suivaient lentement et en prenant mille précautions pour ne pas froisser les branches qui entravaient leur marche à chaque pas.

La troupe avança péniblement, ne proférant pas une parole et s'arrêtant parfois sur un mot prononcé à voix basse par Djaïlar, qui écoutait de toute la finesse de son oreille s'il n'entendait pas dans les arbres quelque bruit équivoque.

On parvint ainsi sans danger à une espèce de clairière, à l'extrémité de laquelle s'élevait une roche noire, couverte de broussailles à sa base.

— Enfin nous allons pouvoir marcher au lieu de ramper, dit le comte à voix basse.

Djaïlar lui recommanda le silence en posant le doigt sur sa bouche; puis, sur un nouveau signe de lui, tout le monde recula lentement et se replongea dans l'épaisseur du djungle.

— Qu'y a-t-il donc? demanda le chevalier.

— Regardez bien à travers les broussailles qui garnissent le pied de ce rocher noir, dit Djaïlar, vous entreverrez quelque chose comme une cavité sombre, et aux abords de cette cavité quelques masses informes et blanchâtres. Eh bien, si je ne me trompe, ces masses sont les squelettes des animaux dévorés par le lion, et son repaire est là, dans ce rocher.

Il ajouta après un moment de réflexion :

— Il faut absolument, avant toute chose, que nous nous assurions si c'est bien là son gîte et s'il y est en ce moment, et il est indispensable pour cela que deux d'entre nous se glissent jusqu'à ces broussailles, c'est à dire à quatre pas du lion, s'il est là. L'un des deux hommes qui vont risquer leur vie dans cette entreprise, ce sera moi ; si vous voulez être l'autre, M. le chevalier, je serai heureux de vous avoir pour compagnon.

— J'accepte de grand cœur, seigneur Djaïlar, et vous remercie de m'avoir choisi entre tous ces messieurs, répondit le chevalier.

Djaïlar alors s'approcha des autres chasseurs, dont toutes les têtes se groupèrent près de la sienne, et leur parlant à voix basse :

— Messieurs, leur dit-il, M. le chevalier et moi allons nous glisser jusqu'au rocher. Si le lion dort, nous pouvons vous tirer de là sans danger ; s'il est éveillé, il nous guettera et prendra son temps pour tomber sur nous comme la foudre. Dans cette prévision, vous allez tous vous serrer l'un contre l'autre, le fusil à l'épaule, les regards fixés sur l'entrée du repaire, prêts à faire feu sur l'animal, que vous viserez tous entre les deux yeux. Et maintenant, ajouta-t-il, en se retournant vers le chevalier, partons! Mais vous comprenez qu'il faut oublier pour un instant votre dignité de gentilhomme, dans l'intérêt de notre salut à tous : on ne va pas au lion comme à une bataille rangée ; ici, M. le chevalier, il faut ramper et non marcher. Je vais vous donner l'exemple, imitez-moi.

Et se couchant la face contre terre, Djaïlar se mit à glisser sur le sol comme un reptile ; le chevalier en fit autant, et tous deux avancèrent lentement, cherchant les pierres, les arbustes, tous les accidens de terrain qui pouvaient dissimuler leur marche, et tenant obstinément leurs regards fixés sur le point d'où ils pouvaient voir bondir tout-à-coup, la gueule ouverte et les griffes en avant, le redoutable adversaire qu'ils étaient venus chercher jusque-là.

Enfin ils arrivèrent aux broussailles. Une fois-là, Djaïlar se leva lentement et regarda dans l'antre. Après une longue pause, il fit un signe au chevalier, qui se leva avec la même prudence et porta ses regards dans la même direction. Le gentilhomme ne put comprimer un léger tressaillement à l'aspect d'un lion couché à l'entrée d'une sombre tannière, la face tournée vers lui, et dont la tête énorme, entourée d'une crinière noire et touffue, reposait sur ses deux larges pattes. Il dormait paisiblement et un souffle puissant sortait de ses naseaux.

Djaïlar fit un nouveau signe au chevalier et tous deux retournèrent comme ils étaient venus.

Alors on tint conseil sur le mode d'attaque à adopter contre un animal que Djaïlar déclara être d'une force supérieure à tout ce qu'il avait vu jusque-là. Après plusieurs avis proposés et rejetés tour à tour, tous les chasseurs finirent par déclarer d'une voix unanime vouloir s'en remettre entièrement à l'expérience du radjah.

— Puisque vous voulez bien vous en rapporter à moi, messieurs, dit Djaïlar, voilà ce que je propose : Nous allons nous diviser en deux bandes qui vont se poster à dix pas du repaire, l'une à droite et l'autre à gauche. Une fois là nous tirerons tous en même temps, en prenant pour point de mire les deux épaules, et aussitôt nos fusils déchargés, nous nous élançons tous à la fois vers le lion, dangereusement blessé au moins, s'il n'est frappé mortellement, et lui tirons à quatre pas quinze coups de pistolet.

Ce plan ayant eu l'approbation générale, on forma les deux camps, dont l'un eut pour chef Djaïlar et l'autre le chevalier de Mailly.

Avant de commencer l'attaque, Djaïlar appela Tom Jack, qu'il avait chargé de ses armes.

— Ecoute-moi, lui dit-il en le prenant à part, le plan que je viens d'organiser ne saurait aboutir à la mort du lion; il sera seulement criblé de blessures, c'est à dire dix fois plus dangereux que s'il n'était pas touché.

— Mais alors, balbutia Tom Jack, dont les dents claquaient l'une contre l'autre, pourquoi ne pas choisir un moyen plus efficace ?

— Parce qu'il faut, pour l'exécution de mes projets, que le lion vive et tue.

— Mais, reprit le malheureux Tom, qui tremblait comme s'il eût eu la fièvre, nous sommes tous exposés, vous et moi comme les autres !

— Moi, dit Djaïlar, je compte sur mon courage et ma destinée; quant à toi, monte sur un arbre, cache-toi dans les branches et tu seras aussi en sûreté qu'au sein même de Lahore.

Puis il s'en fut à la tête de la bande qui devait agir sous ses ordres.

Cinq minutes après, les deux troupes étaient groupées de chaque côté du repaire, contemplant avec un mélange de terreur et d'admiration le redoutable animal, dont la puissante encolure, la tête énorme et les membres musculeux dénotaient une force irrésistible.

Ce fut un moment suprême que celui où chacun, tenant son fusil à l'épaule, attendit le signal de faire feu sur un pareil ennemi. Enfin l'ordre fut donné, et quinze balles tombèrent à la fois sur le lion endormi.

L'animal se leva d'un bond et se mit à tourner sur lui-même en poussant des rugissemens si effroyables que la plupart des chasseurs en demeurèrent paralysés, et, perdant pour un moment le sang-froid qui leur avait été si vivement recommandé, oublièrent de s'élancer vers le lion avec leurs compagnons, le pistolet au poing. Grâce à ce désordre l'animal n'eut à essuyer cette fois que sept à huit coups de feu, dont la moitié à peine l'atteignit, ce qui ne fit que redoubler sa colère et le rendre encore plus terrible.

Un de ceux qui n'avaient pas déchargé leur arme, un jeune Espagnol, remarquant que le lion avait une patte cassée, et espérant en avoir facilement raison, s'avança vers lui en l'ajustant à la tête; mais avant que son doigt eût touché la détente, il était renversé sous le terrible animal, qui, lui enfonçant ses griffes dans la poitrine, darda sur ses yeux ses deux yeux de flamme, et se mit à lui lécher la figure sans quitter du regard la troupe des chasseurs qui le contemplaient tout effarés. Après un moment de silence, un cri d'horreur partit de toutes les bouches à la fois, et tous les pistolets rechargés se dirigèrent vers le lion

— Arrêtez, s'écria Djaïlar, que personne ne tire, songez que les deux têtes se touchent et que vous avez mille chances de tuer votre ami. Laissez-moi faire, j'ai tout mon sang-froid, et mon coup-d'œil ne m'a jamais trompé, je prends sur moi la responsabilité de ce coup.

Et il se mit à ajuster le lion avec autant de calme que s'il eût eu pour but un objet inanimé. Alors l'animal, comme s'il eût compris la supériorité de son ennemi et deviné le seul moyen de paralyser son bras près de lui donner la mort, engloutit tout à coup dans son énorme gueule la tête entière de l'Espagnol ; puis il demeura immobile, la gueule béante, le regard fixé sur Djaïlar, et paraissant le défier de lui envoyer une balle qui pouvait pénétrer jusqu'à la tête de celui qu'on voulait sauver. En effet, Djaïlar laissa retomber la main qui tenait le pistolet et reconnut qu'il n'y avait rien à faire.

— Alors, abordons-le le poignard à la main, s'écria le chevalier.

— C'est le moyen de nous faire écharper tous, dit Djaïlar, quinze coups de poignard sur un lion, c'est quinze coups d'épingle.

— Dussions-nous mourir, reprit le chevalier, nous ne pouvons sans lâcheté laisser dévorer ainsi sous nos yeux notre compagnon.

Et sans attendre davantage, il s'élança

vers le lion, suivi aussitôt de tous les autres chasseurs. Mais avant qu'ils ne fussent arrivés jusqu'à lui, un cri de douleur, un cri d'agonie se fit entendre, et le lion, laissant retomber sur le rocher la tête broyée de sa victime, fondit sur les ennemis qui osaient l'affronter, en jeta cinq ou six à terre en leur laissant sur le corps la trace sanglante de ses griffes, et disparut comme une trombe dans l'épaisseur du djungle.

Il laissait derrière lui cinq blessés, parmi lesquels le comte de Simeuse, dont un coup de griffe avait dépouillé tout l'avant-bras gauche.

Quant au malheureux Espagnol, les dents du lion lui avaient brisé le crâne. Un mort et cinq blessés, tel était le résultat de la lutte; aussi ne fut-il plus question que de chercher le plan de retraite le plus sûr.

— Messieurs, dit Djaïlar, quand il vit tout le monde d'accord sur ce point, je ne puis qu'approuver votre idée, mais en ce qui me concerne personnellement, j'ai une tout autre manière de voir. Pour moi, le lion est un adversaire aussi noble, aussi intelligent, aussi honorable que l'homme, et je rougirais de me reconnaître vaincu par lui comme si j'avais affaire à l'un de mes semblables. Je vais donc me remettre à sa poursuite et je vous jure que la partie ne finira pas qu'il n'y ait un cadavre sur le sol, celui du lion ou le mien, mais je ne crois pas que ce soit le mien.

Puis s'adressant au chevalier de Mailly :
— M. le chevalier, lui dit-il, est-ce que vous n'éprouvez pas le désir de rendre à notre ennemi la blessure qu'il a faite à M. de Simeuse ?

— De grâce, chevalier, revenez avec nous, dit vivement le comte ; cette chasse a déjà causé de grands malheurs et j'ai le pressentiment que cette dernière tentative aurait pour vous une issue funeste.

— Mes pressentimens, à moi, sont tout contraires, répondit le chevalier, et je m'associe trop bien aux idées de vengeance du seigneur Djaïlar pour ne pas me rendre à son invitation.

On sortit bientôt du djungle, et malgré tout ce qu'on put dire pour les détourner de leur projet, Djaïlar et le chevalier de Mailly se séparèrent de leurs compagnons et s'avancèrent tous deux dans l'immense solitude que nous avons déjà décrite, tandis que les autres partaient dans la direction de Lahore.

Il va sans dire que parmi ces derniers se trouvaient Tom Jack et le vieil Indien.

Après une heure de marche et de fatigues, Djaïlar finit par trouver une traînée de sang et des empreintes de griffes qui lui permirent de suivre le lion à la piste.

— Tenons-nous prêts, dit-il au chevalier, il perd son sang en abondance; il n'a donc pu aller bien loin et nous ne pouvons tarder à le rencontrer.

Au bout de cent pas, l'empreinte des griffes cessa tout à coup de se montrer sur le sol, mais Djaïlar fit observer à voix basse au chevalier de nombreuses taches de sang sur le versant d'une roche granitique qui s'élevait en pente douce à une hauteur de cent pieds environ.

— Il est là-haut, dit le jeune radjah.
— Allons ! dit le chevalier.
— Arrêtons-nous un instant, dit l'Indien quand ils furent à mi-chemin du versant ; nous sommes essoufflés, et nous allons avoir besoin de toutes nos forces, et puis notre haleine bruyante pourrait arriver jusqu'à l'oreille délicate de l'ennemi, qui aurait en ce moment tous les avantages de la position.

Ils firent halte, les yeux toujours fixés sur la cime du rocher pour éviter une surprise qui leur eût coûté la vie. Au bout de quelques minutes cependant, Djaïlar tourna lentement la tête et scruta successivement du regard tous les points de la vaste plaine.

— Personne ! murmura-t-il à voix basse.

Et ses yeux s'arrêtèrent avec une expression sinistre sur le chevalier, qui pendant ce temps examinait toujours la crête du rocher.

Après une légère pause, Djaïlar glissait doucement la main sur le manche de son poignard, lorsqu'un bruit léger, presqu'imperceptible, lui fit tourner la tête. Il regarda dans la campagne, et grâce à l'extrême pénétration de sa vue, il aperçut comme un nuage gris dans lequel il reconnut bientôt un éléphant. L'animal accourait vers le rocher en levant la tête comme s'il était attiré par quelqu'émanation.

— Bien, murmura Djaïlar, c'est quelque éléphant sauvage qui a senti un ennemi ; il ne pouvait venir plus à propos.

Alors, la lame du poignard brilla aux rayons de la lune et disparut presque aussitôt dans la poitrine du chevalier. Le gentilhomme jeta un cri, voulut porter la main à sa ceinture ; puis s'affaissa tout à coup sur lui-même et roula jusqu'au bas du rocher.

— Allons, dit Djaïlar, la fortune me favorise.

Et rengaînant son poignard tout ruisselant de sang, il descendit rapidement le

4

rocher, fit deux cents pas dans la plaine, et là, les yeux fixés sur la cime du rocher, déchargea en l'air un de ses pistolets. Un instant après, ainsi que l'avait prévu l'Indien, le lion parut avec sa patte cassée, mais la queue au vent, la gueule entr'ouverte, la crinière hérissée, plus terrible et plus redoutable que jamais. Après être demeuré là immobile quelques minutes, l'animal baissa la tête et parut fixer un regard perçant vers le bas du rocher, puis il prit son élan et se trouva en trois bonds près du corps du gentilhomme. Mais l'éléphant y arrivait en même temps que lui et bientôt sous la lumière étincelante de la lune, Djaïlar distingua vaguement une épouvantable lutte, où l'on entendait craquer les os, d'où jaillissaient des cris de douleur et de colère.

— Allons, dit-il en s'éloignant, peu m'importe l'issue de ce combat; le chevalier est mort. En route pour la France !

Et piquant son cheval de l'éperon, il disparut rapidement.

FIN DE LA PREMIÈRE PARTIE.

LE CHEVALIER DE MAILLY

DEUXIÈME PARTIE.

LA FAVORITE.

CHAPITRE Ier.

Marthe la voyante.

Les rayons du soleil couchant éclairaient une belle campagne située au centre de la Beauce ; c'était une vaste prairie traversée par une rivière étroite, dont une longue file d'osiers au pâle feuillage marquait les sinuosités capricieuses. Trois barrières naturelles s'élevaient aux trois points extrêmes de ce paysage et lui formaient une ceinture pittoresque ; d'un côté, un château monumental dont on entrevoyait, à travers les grands arbres qui l'enveloppaient, les combles élevés et la façade de brique ; de l'autre, une forêt épaisse, et enfin quelques groupes de roches anguleuses au-delà desquelles s'étendait une plaine de bruyères dont les teintes d'un fauve sombre faisaient surgir dans l'esprit le cortége des pensées mélancoliques.

A cinquante pas du château, dont elle sortait sans doute, car elle lui tournait le dos, une jeune femme marchait dans la prairie, les yeux tantôt fixés sur l'herbe tantôt errans à l'horizon, mais toujours empreints d'une ardente préoccupation. Elle semblait complétement étrangère aux beautés imprévues que jetaient sur la campagne les reflets empourprés du soleil, dont les rayons allaient darder tour à tour sur les ardoises bleuâtres du vieux château, la cime des grands chênes de la forêt et les anfractuosités bizarres des roches qui formaient un des angles de l'immense plaine.

Cette jeune femme, qui paraissait âgée de vingt ans à peine, avait dans sa taille élancée et flexible, dans sa démarche légèrement cadencée, dans son port et dans ses attitudes, quelque chose de doux, de chaste et de gracieux à la fois, qui attirait à elle l'attention et la sympathie. Cette impression s'accroissait encore à l'aspect de sa physionomie admirablement belle de lignes, et à laquelle un air de douloureuse mélancolie donnait un charme tout particulier. De temps à autre, elle s'absorbait un peu plus avant dans sa rêverie, et alors quelque chose comme un pressentiment sinistre passait sur son front et assombrissait l'éclat de ses beaux yeux noirs. Elle était touchante à voir, surtout quand cette impression d'angoisses pesait sur elle, et sans même en soupçonner la nature, il eût été impossible de ne pas se sentir touché de cette douleur dont elle semblait accablée.

Soit hasard, soit qu'un secret instinct la conduisît naturellement vers un site en rapport avec les pensées qui l'absorbaient, elle arriva bientôt vers un point de la forêt tout planté de sapins, dont le vert sombre jetai dans l'âme une impression morne et funeste. Elle allait y entrer, lorsqu'elle aperçut quelques vaches qui paissaient sur la lisière de la forêt, et à vingt pas des vaches une vieille femme assise sur la terre et dont les regards semblaient la suivre avec un certain intérêt.

La jeune femme examina avec attention la vieille paysanne, comme si elle cherchait à se rappeler ses traits ; puis son visage s'éclaircit, et un faible sourire vint éclairer un moment sa tristesse.

La vieille continua de la regarder, toujours calme et impassible, et il y avait dans ce sangfroid je ne sais quoi d'imposant qui parut agir sur l'esprit de la jeune femme, car sa figure reprit tout à coup son expression sérieuse, et après un instant d'hésitation, elle alla droit à la paysanne.

— N'est-ce pas vous, bonne femme, lui demanda-t-elle, qu'on appelle Marthe la Voyante?

— C'est moi, madame, répondit la vieille.

— Ne m'a-t-on pas dit que vous aviez la prétention de dire aux gens le sort qui leur est réservé dans l'avenir?

— Ceux qui vous ont dit cela, répondit Marthe, en auront ri tout haut, comme c'est la coutume, et peut-être seront-ils venus me consulter ensuite.

— Ainsi, reprit la jeune femme, il est bien vrai que vous croyez pouvoir pénétrer les secrets de l'avenir?...

— Tenez, madame, répliqua la vieille, avouez tout de suite que vous avez envie d'en faire l'épreuve...

— Qui vous dit cela?

— Oh! je n'ai que faire d'être sorcière pour le deviner. Vous êtes jeune, vous êtes riche, vous êtes belle, et avec tout cela vous n'êtes pas heureuse. Vous devez avoir hâte de connaître l'avenir.

La jeune femme demeura un instant rêveuse, puis elle reprit :

— Me connaissez-vous?

— Non, madame, je vous vois aujourd'hui pour la première fois, et ne soupçonne pas même qui vous pouvez être.

— Vous devinez bien, au moins, à quelle classe de la société j'appartiens.

Marthe l'examina avec attention.

— Je ne saurais trop dire, répondit-elle, car vous avez la mise d'une simple bourgeoise, et en même temps, je vois dans vos manières, dans votre ton, dans toute votre personne, quelque chose qui trahit une plus haute origine.

— Mais vous-même, dit la jeune femme, vous avez des façons de parler qui ne sont pas ordinaires chez les gens de votre condition.

— J'ai été souvent à la ville, j'ai vu des gens de toute classe, c'est pour cela que je parle un peu mieux qu'on ne fait au village.

— Cependant je présume que vous avez eu rarement affaire aux seigneurs ou aux grandes dames, et qu'une petite bourgeoise comme moi vous gênera moins qu'une duchesse ou une marquise.

— Vous vous trompez, madame, le rang de ceux qui ont recours à ma science ne m'impose jamais... des femmes de la plus haute naissance sont venues à moi, j'ai lu aussi clairement dans leurs destins que si elles fussent nées dans une chaumière.

— Ah! quelques-unes de vos prédictions se sont réalisées? demanda la jeune femme avec un air de vif intérêt.

— Oui, madame, et il en est une entr'autres...

La vieille Marthe s'arrêta comme accablée par un souvenir funeste.

— Eh bien? demanda la jeune femme.

— Il y a longtemps de cela, reprit Marthe, mais ce souvenir est aussi vivant dans mon esprit que s'il datait d'hier.

— Dites donc!

— Un jour, je vis entrer dans ma chaumière un jeune seigneur et une jeune dame ; tous deux beaux et brillans, tous deux se regardant sans cesse avec des yeux remplis d'amour,

Le jeune gentilhomme me dit en riant qu'en traversant le village, il avait entendu parler de ma science et qu'il n'avait pas voulu laisser échapper une si belle occasion de connaître son avenir et celui de sa compagne.

J'étudiai les lignes de sa main, et savez-vous ce que je lui prédis, à ce jeune gentilhomme si rieur, si frivole et si fou? Je lui prédis que sa carrière de plaisirs touchait à sa fin, que dans peu de temps il entrerait dans un cloître et que ses jours s'achèveraient dans les plus dures austérités... Vous pensez avec quels éclats de rire furent accueillies mes paroles et avec quel empressement la jeune dame me présenta sa main à son tour, dans l'espoir d'une prédiction pareille.

— Et que vous apprirent les lignes de cette main?

— Quelque chose de si effroyable que je demeurai un moment anéantie, atterrée d'une telle découverte et n'osant la révéler. Enfin, ils me pressèrent tellement tous deux, et la jeune dame surtout paraissait si bien s'amuser de ma terreur que je ne me fis aucun scrupule de tout dire. Je lui appris donc, à cette jeune femme éblouissante de jeunesse et de beauté, que sa vie ne tenait plus qu'à un fil, et qu'avant peu elle mourrait de mort violente. Ce fut un nouvel accès de gaîté; le jeune gentilhomme s'extasia sur la fraîcheur de sa compagne, jurant ses grands dieux que, pour une mourante, elle avait encore très bonne mine, et ils partirent en me laissant une pièce d'or et en me remerciant du plaisir que je leur avais procuré.

— Et, enfin, qu'advint-il de ces jeunes gens? demanda la jeune femme avec une espèce d'anxiété.

— Madame, dit Marthe, le jeune seigneur était M. de Rancé, qui devint bientôt directeur et réformateur de la Trappe.

— Ah!... Et la jeune femme?

— C'était Mme de Montbazon, que M. de Rancé, son amant, trouva morte en son château, un jour qu'il allait lui rendre visite, morte de mort violente, et c'est cette catastrophe qui opéra la conversion subite que ni lui, ni qui que ce soit, n'eût prévue une heure auparavant.

La jeune femme devint toute pensive à ce récit.

— Je vous ai dit la vérité pure, madame, reprit Marthe, et maintenant voyez si vous voulez me consulter.

La jeune femme paraissait en proie à une vive agitation. Elle resta quelque temps indécise, combattue évidemment entre la crainte et le désir.

— Marthe, dit-elle enfin, répondez-moi sincèrement ; pouvez-vous dire ce que deviennent les personnes qui demeurent loin, très loin d'ici, ce qu'elles font, à quoi elles songent?

— Oui, répondit Marthe, je le puis, mais seulement pour la partie de leur existence qui se trouve liée à la personne qui me consulte et dont la main est sous mes yeux.

— Eh bien! tenez, voici ma main, voyez le sort qui m'attend!

Marthe se leva, prit la main qui lui était tendue, et se mit à suivre avec une attention scrupuleuse les lignes qui se croisaient dans la paume rosée de cette belle main.

La jeune femme, elle, avait les regards fixés sur la voyante et cherchait à saisir sa pensée par l'expression de son visage ; mais autant eût valu chercher une émotion sur un buste de bronze.

Après un silence de quelques instans, Marthe releva la tête et regardant fixement la jeune femme.

— Madame, lui dit-elle, je ne puis vous dire qu'une chose en ce moment, c'est que ce n'est pas une destinée ordinaire que la vôtre. J'y vois se développer des événemens si graves, si étranges ; j'y vois se mêler des personnages que je m'attendais si peu à trouver dans la vie d'une bourgeoise, que je me reconnais incapable, dans l'étonnement où m'ont jetée les choses que je viens

d'entrevoir, de distinguer la vérité en ce moment. Il me faut pour vous une autre heure et d'autres préparations.

Marthe était sérieuse et presque solennelle en parlant ainsi.

— Vous m'effrayez, dit la jeune femme, en se troublant légèrement, qu'avez-vous donc vu de si extraordinaire dans ces lignes?

— Je vous le répète, madame, je ne puis vous le dire, car moi-même je ne saurais m'en rendre un compte exact en ce moment, mais si vous tenez à le savoir...

— Oui, oh! oui, je le veux.

— Eh bien! madame, voyez-vous là-bas ces champs de bruyère, ces roches brunes?

— Oui.

— Distinguez-vous au pied de cette roche qui domine toutes les autres, et qu'on nomme dans le pays la *Roche-Aiguë*, quelque chose de gris qu'on prendrait d'ici pour quelque nid gigantesque?

— Oui, je le vois.

— C'est ma demeure, madame ; vous sentez-vous le courage d'y venir cette nuit?

— Cette nuit? répéta la jeune femme en frissonnant.

— Oh! ne craignez rien, les plaines sont aussi sûres à minuit qu'en plein jour.

La jeune femme jeta un regard sur les roches qui se dessinaient vaguement au loin et affectaient les formes les plus bizarres à travers la lueur trompeuse du crépuscule ; puis, ses yeux embrassèrent l'immense plaine de bruyères qui s'étendait au-delà, noire et unie comme un drap mortuaire, et elle sentit un frisson rapide parcourir tout son corps. Tout cela lui apparut en ce moment sous un aspect funeste.

— Eh bien! madame? lui demanda Marthe.

— J'irai, répondit la jeune femme d'un ton résolu.

Il y eut une longue pause, pendant laquelle la jeune femme, la tête penchée sur la poitrine, paraissait en proie aux plus sombres réflexions, tandis que la vieille paysanne regardait son troupeau avec un sourire qui semblait recéler bien des mystères.

— Ah! si je l'eusse voulu, dit celle-ci en se parlant haut à elle-même, il ne tenait qu'à moi d'avoir une autre destinée, d'habiter à Paris une riche demeure et de me faire servir par des valets au lieu de passer ma vie à faire paître des vaches et à manger du pain noir dans une chaumière. Mais je n'ai pas voulu, car si ma vie est obscure, elle est tranquille, et j'aime mieux le regard d'amitié et de reconnaissance que me jettent mes pauvres vaches le matin quand je les conduis aux champs, et le soir quand je les ramène à l'étable; j'aime mieux cela que les fausses amitiés que j'aurais trouvées à Paris.

La jeune femme regarda la voyante avec surprise.

— Qu'avez-vous donc? lui dit Marthe, qui s'aperçut de son étonnement.

— Je me demande, répondit la jeune femme, si vous rêvez toute éveillée ou si...

Elle hésita à achever sa phrase.

— Ou si j'ai perdu l'esprit? dit Marthe. Non, non, je ne suis pas folle, allez!

— Comment se fait-il que vous ayez été à même d'occuper une telle position?

— Quand M. de Rancé et Mme de Montbazon retournèrent à la cour, ils y racontèrent ma prédiction, avec mille plaisanteries qui excitèrent la gaîté des courtisans; mais lorsqu'on vit, à quelques jours de là, ma prophétie s'accomplir d'une façon si imprévue et si terrible, alors la vieille Marthe cessa d'être un objet de risée, et je vis accourir ici, à trente lieues de Versailles, de grandes dames et de fiers gentilshommes, qui venaient supplier la pauvre paysanne, raillée et méprisée la veille, de leur apprendre le sort que leur réservait l'avenir. Je refusai, sachant bien que ma science était considérée par beaucoup de gens comme l'œuvre du démon, et préférant la paix et la pauvreté à la richesse et aux persécutions. Ils insistèrent et m'engagèrent à venir habiter Paris, me promettant que j'y trouverais une belle maison et que j'y gagnerais une brillante fortune, mais je connaissais l'histoire de la Voisin et de tant d'autres, et je savais que ces fortunes-là finissent souvent sur la place de Grève.

— Vous n'avez donc aucun désir, aucune ambition?

— J'ai le désir de conserver jusqu'à la fin de mes jours ces pauvres bêtes sur lesquelles j'ai concentré toutes mes affections, j'ai l'ambition d'avoir dans le cimetière du village une tombe à moi avec une pierre portant mon nom, voilà tout.

— De pareils vœux sont faciles à satisfaire, dit la jeune femme avec un faible sourire.

— Vous parlez de cela en grande dame qui ignore les misères du pauvre, répliqua Marthe; vous ne savez pas tout ce qu'il faut d'efforts et de privations au malheureux pour acquérir le coin de terre où il doit reposer et la pierre qui doit conserver le souvenir de ce qu'il a été ici-bas.

— Enfin, le peu qu'il vous faut pour cela, le possédez-vous? Si vous ne l'avez pas, voulez-vous l'accepter de moi?

— Mon coin de terre et la pierre de mon tombeau sont achetés depuis longtemps, répondit Marthe..... Je n'ai donc plus de vœux à former ici-bas jusqu'à l'heure où mes yeux se fermeront pour toujours. Merci donc, madame, merci de votre bonté, de votre humanité, quoiqu'à vrai dire vous soyez peut-être poussée par un tout autre sentiment, sans le soupçonner vous-même.

— Que voulez-vous dire, brave femme?

— Ne dois-je pas bientôt jeter la lumière dans les ténèbres de l'avenir et vous révéler les secrets de votre destinée?

— Eh bien?

— Eh bien, vous voulez, à votre insu, m'intéresser à vous, sans réfléchir que votre destin est marqué là haut, que nulle puissance au monde ne pourrait en changer le cours, et que je ne puis que lire ce qui est écrit, sans y rien ajouter, sans en rien retrancher.

La jeune femme réfléchit quelques instans.

— Peut-être avez-vous raison, dit-elle enfin, car mon cœur est agité de mille pensées sinistres; mille craintes superstitieuses me traversent l'esprit et je cherche partout quelque branche où me retenir.

— Oh! dit la voyante, à force d'étudier la paume de la main, j'ai fini aussi par lire dans les cœurs, et tous, sans exception, renfermaient le même vice, l'égoïsme. Aussi cherchez toujours dans l'action d'un homme, si désintéressée qu'elle soit en apparence, l'intérêt personnel qui a pu la lui dicter, et vous le trouverez inévitablement.

— Je ne puis partager une semblable opinion, s'écria la jeune femme, ce serait à prendre en haine l'espèce humaine.

— Oui, oui, dit la vieille paysanne en hochant la tête, il est un âge où ces vérités vous révoltent et sont traitées comme d'odieux mensonges; mais cet âge heureux passe rapidement, chaque année emporte une illusion, et la vieillesse décrépite et tremblante se trouve un jour face à face avec la hideuse réalité. Aujourd'hui vous avez des roses aux joues, des fleurs dans l'imagination, mais le temps viendra tout dévaster, tout flétrir à la fois, et alors vous vous rappellerez les paroles de la vieille Marthe.

— Je veux croire votre expérience, reprit la jeune femme, et consens à reconnaître que la vertu, ici-bas, n'est qu'un masque sous lequel se cachent tous les vices; mais l'espèce humaine n'est pas jetée tout entière dans le même moule, et vous admettez sans doute que, dans cette foule de cœurs corrompus, il s'en rencontre un parfois plein de noblesse et de désintéressement.

— Oui, dit Marthe avec un sourire ironique, le cœur de celui qui vous a dit : Tu es belle et je t'aime! Oh! vous m'accorderez volontiers que tous les hommes sont de misérables comédiens sans cœur et sans âme, pourvu que je reconnaisse une exception, une seule.

Et sa voix grêle fit entendre un petit ricanement qui semblait faire un appel ironique aux souvenirs du passé.

— N'est-ce pas, madame, que j'ai lu dans votre pensée? dit-elle en se levant.

Puis elle ajouta :

— Adieu, madame, à minuit, je vous attends.

— A minuit.

Et Marthe suivit ses vaches qui, voyant la nuit venue, s'étaient réunies en troupeau et regagnaient lentement l'étable.

La jeune femme s'éloigna du bois à son tour et se mit à marcher dans la direction du château.

CHAPITRE II.

Au château de la Coudraie.

La nuit était tout-à-fait noire lorsque la jeune femme arriva au château de la Coudraie, vieux et massif bâtiment du temps de Henri IV, dont les murs de brique avaient revêtu, avec le temps, une riche teinte brune du plus bel effet. Elle se dirigea vers le principal corps de logis, et entra bientôt dans un vaste salon où se trouvaient déjà deux personnes, une jeune femme aux cheveux bruns, à l'œil noir, admirablement belle, et une vieille dame à la mine respectable, mais sèche et hautaine. La première était Mme de Merville, cousine de Mmes de Mailly et de Vintimille, auxquelles elle eût pu succéder dans la faveur du roi, car Louis XV en avait été vivement épris; mais l'énergie de son mari et sa propre vertu l'avaient sauvée de cet abîme. L'autre était la duchesse de Mazarin, tante des demoiselles de Nesle.

— Ah! vous voilà enfin, ma nièce, dit sèchement la vieille duchesse à la jeune femme qui entrait.

— Bonjour, ma chère Marianne, lui dit à son tour Mme de Merville en courant à elle les bras ouverts.

Marianne de Nesle, la plus jeune des quatre sœurs, avait vingt ans à peine, et était déjà veuve du comte de la Tournelle, qui l'avait épousée par amour et était mort quelques mois après son mariage. Epouvantée du sort qui avait frappé ses deux sœurs, dont l'une, Mme de Mailly, expiait dans un cloître les fautes de sa vie passée, tandis que l'autre, Mme de Vintimille, venait de disparaître d'une façon terrible et restée mystérieuse pour presque tous, frappée surtout de cette mort si rapide et si imprévue, Marianne était demeurée depuis ce temps sous l'empire d'une vague terreur, et c'était ce sentiment, autant que le désir de ne pas donner prise à la calomnie, qui l'avait décidée à venir chercher un refuge près de sa tante, la duchesse de Mazarin.

— Je vous ai fait demander partout, dit la duchesse du ton sérieux et solennel dont elle se départait rarement, et personne n'a pu me dire où vous étiez.

— En effet, chère cousine, dit Mme de Merville en jouant avec les beaux cheveux blonds de Marianne, nous commencions à être fort inquiètes; où étais-tu donc à pareille heure?

— Le temps était si doux et le ciel si pur aujourd'hui, répondit Marianne, que je n'ai pu résister au désir de parcourir la campagne, et j'avais fini par m'y oublier.

— Oui, dit Mme de Merville, toujours cherchant la solitude et la rêverie; quand donc te décideras-tu à vivre de la vie de tous, ma chère Marianne?

— Quand je pourrai chasser de mon esprit la pensée de cette horrible mort que j'ai toujours présente devant les yeux, répondit Marianne. Pauvre sœur! si jeune et si vite enlevée !

— En effet, dit la vieille duchesse, Pauline a été sévèrement punie de ses erreurs, et malgré la honte que sa faute faisait rejaillir sur toute notre famille, j'ai déploré comme vous une fin si précoce et si inattendue. Mais dans les châtimens qu'il inflige, Dieu a ses vues cachées, et il vous a donné à toutes deux un exemple terrible, exemple dont ma nièce Louise de Merville a noblement profité, et qui, je l'espère, servira également de leçon à Marianne dans la voie toute semée d'écueils et de tentations qui s'offre à elle aujourd'hui. Croyez-moi, ma chère nièce, ayez toujours présentes à la pensée ces deux coupables qui ont jeté sur notre famille une célébrité si honteuse, Mme de Vintimille et Mme de Mailly !

— Oh ! pardonnez à celle-ci, chère tante, les égaremens où l'a entraînée son cœur bien plus que l'ambition ; ne sont-ils pas suffisamment expiés par la vie exemplaire qu'elle mène aujourd'hui et qui lui attire l'estime de ceux même qui la condamnaient jadis avec le plus de violence ?

— Cette indulgence, répondit la duchesse en se tournant vers Mme de Merville, vous est permise, mon enfant; car vous avez eu à soutenir les mêmes combats, et vous avez glorieusement triomphé là où les autres ont succombé. Quant à vous, Marianne, je ne doute pas que vous n'imitiez à l'occasion cette noble conduite, et vous trouverez toujours en moi les conseils et l'appui dont vous aurez besoin pour marcher dans la voie qui peut seule donner à l'âme la paix et le bonheur.

— Vous me verrez toujours prête à suivre vos avis, madame, dit Marianne, mais éloignez toute crainte de votre esprit ; c'est à la cour que se rencontrent les dangers où tant d'autres ont trouvé leur perte comme mes sœurs, et je suis bien décidée à ne jamais mettre les pieds à la cour.

— C'est déjà quelque chose qu'une telle résolution, reprit la duchesse, et je ne saurais trop la louer, mais cela ne suffit pas.

— Que voulez-vous dire, madame?

— Je veux dire, mon enfant, répondit la duchesse sur un ton plus doux, qu'une femme jeune, belle, riche et entièrement libre de ses actions, est exposée, sinon à mal faire, ce qui dépend de sa seule volonté, du moins à donner prise à la calomnie, ce qu'elle ne saurait empêcher, si pure et si irréprochable qu'elle puisse être.

— Mais enfin, madame, demanda Marianne avec hésitation, que puis-je faire ?

— Pour rester inattaquable et toujours honorée de tous, il faut vous marier, ma nièce.

— Jamais ! s'écria vivement Marianne.

— Jamais !... C'est donc ainsi que vous accueillez ces conseils auxquels tout à l'heure vous paraissiez toute disposée à vous conformer ?

— Pardon, madame, dit Marianne avec embarras, mais c'est qu'un nouveau lien, un lien qui prend toute la vie est quelque chose de si grave !... Et puis, que peut-on dire tant que je demeure près de vous ? Votre âge et vos hautes vertus ne sont-ils pas l'égide la plus puissante, la garantie la plus sûre que je puisse opposer aux mauvais propos ?

— Cet âge même, répliqua la duchesse, doit vous faire penser que je puis vous manquer d'un moment à l'autre, et alors...

— Dieu nous fera la grâce, je l'espère, madame, de vous conserver longtemps encore à notre affection, mais ce malheur arrivât-il, n'ai-je pas ma cousine, mon amie?

Et en parlant ainsi, elle laissa tomber sa main dans celle de Mme de Merville, qui la pressa avec tendresse.

— Tenez, ma nièce, dit la duchesse après un moment de silence, avouez franchement le vrai motif qui vous fait repousser l'idée d'une nouvelle union. Avouez que vous pensez toujours à votre cousin Albert de Mailly !

Marianne rougit et garda le silence.

— Voyons, reprit la duchesse, raisonnons un peu et vous serez forcée de convenir avec moi que cette passion est tout à fait insensée. Quand le chevalier quitta la France pour passer en Amérique, vous étiez encore enfans tous deux, et vous ne pouviez éprouver l'un pour l'autre qu'une affection toute fraternelle. Depuis cette séparation, c'est à dire depuis huit ans, votre cousin ne vous a pas écrit... J'aime à croire du moins que vous m'en eussiez fait part, et les seules nouvelles qu'il ait reçues de vous lui ont appris votre mariage avec M. de la Tournelle, événement qui a dû le guérir de son amour, s'il est vrai qu'il ait pris, comme vous, au sérieux les sermens enfantins par lesquels vous vous croyez liée... Vous voyez donc bien, mon enfant, que ce serait folie de votre part, de songer plus longtemps à un homme qui se rappelle tout au plus vos traits aujourd'hui et dont vous vous faites sans doute une très fausse idée.

— Peut-être avez-vous raison, madame, mais je ne suis pas disposée en ce moment à songer au mariage, répondit la jeune femme.

Neuf heures sonnèrent; c'était l'heure à laquelle la duchesse de Mazarin avait coutume de se retirer dans son oratoire, car c'était une femme d'une piété austère et qui suivait avec une rigoureuse exactitude les pratiques de la religion. Elle se leva et sortit en recommandant à Marianne de songer sérieusement au conseil qu'elle venait de lui donner.

Dès qu'elle eut disparu, Mme de Merville se rapprocha vivement de Marianne, et la baisant tendrement au front :

— Tu l'aimes donc toujours, lui dit-elle ?

— Te rappelles-tu, dit Marianne, ce jour

où, à quelque distance du château de Nesle, je faillis être foulée aux pieds par un cheval qui venait de renverser son cavalier et fondait sur moi au galop? Saisie de terreur, je restais immobile, incapable de fuir; Albert s'élança, me prit dans ses bras et me déposa sur l'un des côtés de la route, pendant que l'animal poursuivait sa course. J'étais enfant et il n'était guère plus âgé que moi, mais il me sembla dès ce moment que Dieu l'avait placé près de moi pour me préserver du mal et je le priai d'accepter une petite bague d'or émaillé qu'il me promit de conserver toujours comme le signe de notre éternelle amitié. Eh bien, ma sœur, ce souvenir est aussi jeune dans mon cœur que s'il datait d'hier, et mon amour, comme ce souvenir, a résisté au temps et à l'absence.

— Ainsi, tu ne l'oublieras jamais ?

— L'oublier! Oh! non, répondit Marianne avec exaltation, je mourrais plutôt que de trahir une seconde fois mon serment. N'est-ce pas assez d'un parjure, mon Dieu !

— Je ne voudrais pas t'affliger, ma chère Marianne, reprit la comtesse, mais notre tante vient de te dire une parole sensée et à laquelle je t'engage à réfléchir.

— Quelle parole ?

— Elle t'a dit que tu te faisais peut-être une bien fausse idée du chevalier et, en effet, Marianne, huit années de plus sur la tête d'un homme, à l'âge où il t'a quittée, huit années et la vie d'aventures qu'il mène depuis ce temps dans un pays où les mœurs et les coutumes diffèrent tellement des nôtres et permettent, dit-on, tant de licences, tout cela doit avoir transformé son caractère de manière à le rendre méconnaissable; et dans quel sens s'est opérée cette transformation ? Voilà ce qui me fait trembler pour toi et devrait te donner à réfléchir.

Marianne sourit doucement à sa cousine et lui jeta un regard rempli d'un calme et d'une sérénité inaltérables.

— Oh! non, dit-elle, non, je ne tremble pas, car je ne l'ai pas quitté d'un instant, car j'ai suivi pas à pas les changemens qu'ont amenés dans son caractère, l'âge et l'expérience, la lutte et le malheur.

— Que veux-tu dire ?

— Je veux dire, chère Louise, que depuis son départ, il n'a cessé de m'écrire.

— Ah! voilà ce que tu n'as pas dit à notre tante.

— Je n'ai pas cru devoir dire non plus, reprit Marianne d'un ton confidentiel, que je lui ai envoyé mon portrait la veille de mon mariage, de sorte qu'il me voit de là-bas telle que je suis aujourd'hui, et m'aime en toute connaissance de cause.

— Et tu as une grande foi dans cet amour?

— Si tu lisais ses lettres! son âme s'y reflète tout entière, si bien qu'à deux mille lieues de distance, je le connais mieux peut-être que s'il était là, tous les jours à mes côtés.... Oh! si tu savais, chère Louise, tout ce qu'il y a en lui de grandeur, de noblesse et de dévouement ! Si tu savais quelle a été sa douleur en apprenant mon mariage avec M. de Tournelle! avec quelle générosité il m'a pardonné cette union qui brisait sa vie, mais dont il savait bien que je souffrais autant que lui, car je ne lui laissai pas ignorer que mon cœur se révoltait contre ce mariage, et que j'avais plié, pauvre fille, sous l'inflexible volonté de mon père ! Et non-seulement il me pardonna, mais il me renouvela le serment qu'il m'avait fait, au départ, de ne jamais se marier, quoique je fusse perdue pour lui.

— Oui, sans doute, ce sont là de nobles sentimens, dit Mme de Merville, mais il est si facile à un homme de dissimuler sa pensée et de se peindre sous un jour avantageux !

— Lui, répliqua Marianne, s'abaisser à feindre les sentimens qu'il n'aurait pas au fond du cœur ! Mais rappelle-toi donc, chère Louise, les motifs qui l'ont déterminé à quitter la France et lui ont donné l'énergie de s'éloigner de moi pour aller chercher fortune au-delà des mers, à travers les fatigues et les périls de toute nature. Pourquoi feindrait-il un amour qu'il n'éprouverait pas ? Par ambition ? mais il ne tenait qu'à lui d'arriver à la fortune et aux honneurs en demeurant ici; toutes les voies lui étaient ouvertes, et pour atteindre aux plus hautes dignités, il n'avait même pas besoin d'exprimer le désir, il n'avait qu'à laisser venir les honneurs. Mais il a préféré noblement la lutte, les privations, les souffrances de l'exil, la douleur de vivre de longues années loin de celle qui était tout pour lui; il a préféré tout cela à la haute fortune qui lui était offerte, mais dont la source révoltait son honneur de gentilhomme, et voilà celui qu'il faudrait soupçonner de calcul et de mauvaise foi quand il me parle de son amour! Tu vois bien, chère Louise, que cela est impossible, que ce serait calomnier l'âme la plus noble, le cœur le plus pur et le plus délicat.

— Nul plus que moi ne rend justice à la

noble conduite de notre cousin Albert de Mailly, répondit la comtesse ; mais seul, sans fortune, sans protection en pays étranger, il a dû beaucoup souffrir, son caractère a dû s'aigrir dans le malheur, et peut-être a-t-il bien changé depuis le jour où il t'a quittée; peut-être a-t-il perdu peu à peu toutes les généreuses qualités qui le distinguaient alors, car le malheur, ma chère Marianne, dégrade souvent les plus beaux caractères, et c'est pour cela qu'il faut te tenir en garde contre cet amour.

— Me défier de cet amour ! dit Marianne, mais tu ne comprends donc pas, Louise, que c'est mon unique refuge contre les malheurs dont le pressentiment qui m'assiége sans relâche depuis quelque temps; tu ne sais donc pas que depuis l'heure si cruelle de notre séparation, c'est le seul bonheur que je connaisse, la seule pensée qui occupe mon âme, pensée dans laquelle je me plonge avec délices et est devenue la source de tous mes rêves d'avenir. Oh ! non, je ne puis me mettre en garde contre un sentiment qui est désormais toute ma vie, je veux m'y jeter en aveugle au contraire, et ne jamais douter de celui qui me l'a inspiré.

— Eh bien, soit, conserve cet amour au fond de ton cœur puisqu'il est devenu toute ta force et toute ta consolation, mais ne ferme pas imprudemment les yeux à la lumière: sans flétrir celui que tu aimes par des soupçons outrageans, dis-toi bien que son caractère a dû inévitablement s'altérer dans les mille épreuves qu'il a eu à subir, au contact des aventuriers de toutes nations parmi lesquels il a vécu, au milieu des mœurs, des idées, des licences extraordinaires qu'il a traversées et dont il est impossible que sa nature n'ait pas subi l'influence; dis-toi cela et sans le condamner d'avance, tiens-toi prête au moins à l'observer et à le juger avec calme lorsqu'il reviendra près de nous, s'il y revient un jour.

— S'il revient ! s'écria Marianne, mais tu ne sais donc pas...

— Quoi donc? demanda la comtesse, voyant que Marianne hésitait à achever.

— Tu ne sais donc pas, reprit celle-ci en rougissant légèrement, qu'à cette heure il doit être en route pour la France.

— Il a donc été instruit de ton veuvage ?

— Mais je le crois, répondit Marianne avec un sourire dont l'expression révéla la vérité à Mme de Merville.

— Et moi qui ne devinais pas ! dit-elle. Ainsi tu lui as écrit que...

— Que j'étais libre, que je n'avais cessé de l'aimer un seul jour et que notre bonheur dépendait désormais de lui seul. Voilà tout.

— C'est assez, en effet, pour qu'il soit parti à l'instant même, et selon les calculs que tu as dû faire au moins vingt fois par jour depuis l'envoi de ta lettre, à quelle époque à peu près doit-il être ici ?

— Dans deux mois au plus.

— Eh bien, fais-moi une promesse, Marianne.

— Laquelle, ma chère Louise.

— Celle d'apporter tous tes efforts à te dominer assez pour ne voir en lui qu'un inconnu le jour où il se présentera à toi, et à le juger avec autant de calme et de sévérité que si tu ne l'avais jamais aimé.

— J'en prends l'engagement, répondit Marianne, mais d'ici là je veux te faire lire ses lettres et alors tu ne douteras plus de lui.

— Je ne demande pas mieux que de partager ta confiance, Marianne, mais je ne sais pourquoi, je crains que cet amour auquel tu te livres si aveuglément ne soit pour toi une source de chagrins.

— Hélas ! répliqua Marianne, dont le front s'attrista tout à coup, je n'ose repousser tes pressentimens, car il semble que depuis quelque temps le malheur se soit installé comme un hôte dans notre famille. Depuis cette horrible mort de la comtesse de Vintimille, mon esprit, sans cesse frappé des pensées les plus funèbres, n'enfante plus que de sombres images, et à chaque pas je m'attends à rencontrer une catastrophe ou à tomber dans un abîme... Pauline ! Pauline ! Je la vois toujours étendue là, sous mes yeux, froide, inanimée, le visage tout marbré de ces taches hideuses qui révélaient les traces du poison... Le poison !... oh ! épouvantable spectacle !

Elle pâlit en rappelant cet affreux souvenir et plongea sa tête dans ses deux mains, comme pour échapper à l'horrible vision qu'elle venait d'évoquer.

La comtesse elle-même s'était laissé gagner par cette émotion, et tout son corps frissonnait d'horreur à ce souvenir.

— Il est tard, Marianne, dit enfin Mme de Merville, secouant la première cette impression pénible, voici onze heures, allons nous reposer.

— Onze heures! dit vivement Marianne; oui, tu as raison, rentrons chez nous.

Elle sonna; deux femmes vinrent avec des bougies et les éclairèrent toutes deux jusqu'à leur appartement.

— Julie, dit Marianne à la chambrière, n'est-ce pas vous qui êtes chargée de fermer tous les soirs la petite porte du parc ?
— Oui, madame, répondit Julie.
— Vous ne l'avez pas oublié aujourd'hui ?
— Oh ! madame peut être tranquille.
— C'est qu'il pourrait entrer quelque vagabond... Vous êtes sûre d'avoir ôté la clef ?
— La voici accrochée à ce clou, madame.
— A la bonne heure ! Maintenant allez vous coucher ; je me déshabillerai seule ce soir.

Julie s'éloigna et Marianne s'enferma dans sa chambre.

Une fois seule elle repassa dans son esprit tous les doutes que venait d'évoquer la comtesse de Merville au sujet du chevalier, et après y avoir réfléchi quelques instans, elle se laissa peu à peu envahir par les craintes qui agitaient sa cousine.

— Oh ! non, s'écria-t-elle enfin, une pareille transformation est impossible et chacune de ses phrases est là pour m'attester qu'il ne faillira jamais aux nobles sentimens qui le mettent si haut au-dessus de ses semblables. C'est son âme tout entière qui respire dans ses lettres, cette âme haute et fière, inaccessible aux hontes et aux bassesses qui dégradent la noblesse d'aujourd'hui, c'est elle qui va répondre à ces doutes cruels qui me brisent le cœur, c'est elle qui va les dissiper.

Elle courut ouvrir une armoire et en tira un petit coffret d'ébène, dans lequel elle prit un paquet de lettres. Elle en lut plusieurs, c'étaient les dernières, celles qui devaient trahir les changemens survenus dans le caractère du chevalier, si ces changemens existaient ; mais après les avoir parcourues avec une avidité fiévreuse, elle les porta à ses lèvres avec transport, en s'écriant :

— C'est moi, mon Dieu ! c'est moi seule qui suis coupable d'avoir pu douter de lui un seul instant.

Cinq minutes après, elle sortait sans bruit, s'emparait de la clef que lui avait montrée la chambrière, et les épaules couvertes d'une mante de soie, traversait le parc et gagnait bientôt la campagne.

CHAPITRE III.

La sorcière de la Roche-Aiguë.

Quand elle eut fait cinquante pas environ, Marianne s'arrêta et jeta un regard en arrière ; elle aperçut le château qui se dressait à travers les arbres, gigantesque et noir comme un fantôme... Pas une lumière n'apparaissait aux fenêtres ; tout dormait. Cette solitude complète, ce silence solennel, cette nuit profonde, car quelques étoiles seulement se montraient çà et là entre les nuages, firent une telle impression sur son esprit, qu'elle hésita un instant à avancer plus loin. Cependant, la pensée que la vieille Marthe l'attendait et allait lui révéler tout ce qu'elle désirait si vivement savoir, l'emporta sur la peur et elle reprit sa marche. Mais plus elle avançait dans la plaine, plus elle voyait l'espace s'agrandir autour d'elle ; alors elle s'épouvanta de se voir seule dans cette immensité, le bruit de ses propres pas la fit frissonner, sa respiration, les battemens de son cœur, tout fut pour elle un sujet d'effroi... Dans sa terreur, elle hâta le pas à en perdre haleine, mais son émotion allait toujours croissant, et devint bientôt du vertige ; tous les objets qu'elle rencontrait sur son passage prenaient, à ses yeux, des formes gigantesques et fantastiques ; les crevasses qui gerçaient la terre, lui semblaient de hideux reptiles qui rampaient et s'entrelaçaient sous ses pieds, les longues files de peupliers glissaient sur le sol comme une procession d'ombres, et leur feuillage agité par le vent jetait dans l'air comme un sinistre concert de plaintes et de lamentations. Les nuages eux-mêmes représentaient des images effrayantes ; on eût dit une troupe de démons courant à travers le ciel et laissant pendre dans l'espace leurs grandes ailes de chauves-souris, noires et déchiquetées.

Brisée par l'émotion, Marianne s'arrêta une seconde fois et passa la main sur son front ; il était inondé d'une sueur froide. Saisie de vertige et n'écoutant plus que sa frayeur, elle voulut retourner au château, mais elle s'aperçut qu'elle n'était plus dans le sentier qu'elle avait pris d'abord ; elle l'avait quitté dans son égarement et se trouvait dans l'herbe jusqu'aux genoux, incapable de s'orienter.

Enfin, en portant ses regards sur tous les points, elle aperçut au loin comme une pâle lumière qui tremblait à travers un vitrage, et se dirigea rapidement de ce côté, car elle n'avait plus qu'un désir, c'était de voir une créature humaine, c'était d'entendre une voix résonner à son oreille.

Dix minutes après, elle arrivait à la demeure d'où partait cette lumière ; c'était une espèce de cabane creusée au pied d'une roche, que Marianne reconnut, par sa forme et son élévation, pour celle que Marthe lui avait désignée sous le nom de la *Roche-Aiguë*.

La jeune femme frappa vivement à la porte. Au bout d'un instant, elle entendit un bruit de pas qui approchait lentement de son côté, et bientôt on lui ouvrit. Elle jeta un cri de surprise, à l'aspect de Marthe; car c'était chez elle qu'elle entrait.

La voyante n'était plus reconnaissable : ce n'était plus la paysanne vulgaire au regard éteint, à la voix faible et cassée, que Marianne avait rencontrée quelques heures auparavant gardant ses vaches, et dont la mine commune et banale justifiait si peu les prétentions à la science divinatrice. C'était une vraie sorcière, à l'œil fixe et ardent, au front sillonné de rides, aux cheveux gris tombant épars sur ses épaules, à la mise étrange, au geste impératif, à l'aspect sombre et vraiment effrayant.

— Enfin, tu es venue! dit-elle à Marianne d'un ton sec en harmonie avec toute sa personne.

Marianne la regarda sans répondre; elle se sentit intimidée et presque effrayée à l'aspect de cette figure toute traversée de rides et aussi pâle, aussi impassible qu'une tête de mort.

— Pourquoi as-tu tant tardé? lui demanda Marthe en fixant sur elle ses deux petits yeux noirs et perçans.

— Je me suis effrayée de me voir seule dans la campagne à cette heure de nuit, répondit la jeune femme, et, la tête perdue par la peur, je m'étais égarée.

— N'avais-je pas prévu cela? dit Marthe; n'est-ce pas pour t'indiquer ton chemin que j'avais allumé cette lampe?

Elle prit un manteau de laine rouge et noir, le jeta sur ses épaules et ramassa à terre divers objets tout en murmurant :

— Les ténèbres.... Ils craignent tous les ténèbres et marchent en riant le long des abîmes sans nombre qui se rencontrent sous leurs pas en plein jour.

Elle prit dans un coin un petit vase de terre d'une forme bizarre, puis, saisissant sa lanterne :

— Es-tu toujours disposée à entendre la vérité? dit-elle à Marianne.

— Toujours, répondit celle-ci, mais que signifie?..

— Alors, suis-moi !

— Vous suivre ! où donc?

— A quoi bon perdre un temps précieux en vaines questions? l'heure est encore favorable, hâtons-nous d'en profiter, viens!

Elle ouvrit la porte et sortit suivie de Marianne. Une fois dehors, elle tourna tout à coup à gauche, se mit à gravir un sentier presque à pic, pratiqué dans le roc, et au bout de cinq minutes elle se trouvait à l'entrée d'un champ de bruyères, qui s'étendait à l'infini au delà des roches. Elles marchèrent quelque temps en silence, la vieille éclairant le chemin avec sa lanterne et marmottant tout bas des paroles inintelligibles, tandis que Marianne suivait scrupuleusement sa trace, toute pâle et toute émue.

— C'est ici, dit enfin Marthe, en s'arrêtant brusquement.

Le lieu de la halte était un petit tertre inégal, où se trouvaient dispersées pêle mêle, brisées et ébréchées par le temps, quelques pierres tumulaires à moitié recouvertes par un manteau de mousse, de lierre et de lichen.

C'était un ancien cimetière dont les limites avaient disparu, qui avait une circonférence de cinq cents pas environ, et dont la situation au milieu de ces bruyères qui s'étendaient au loin comme une mer au flot sombre et immobile, avait quelque chose d'effrayant.

Marthe posa la lanterne entre deux pierres renversées, s'assit sur l'une, et montrant l'autre à la jeune femme :

— Mets-toi là, dit-elle.

Marianne hésita et regarda la pierre en frissonnant.

— Il n'y a pas d'autre siége ici que la demeure des morts, reprit Marthe, assieds-toi donc sur cette pierre. D'ailleurs, que crains-tu? Penses-tu donc que l'ombre de ceux qui dorment sous cette terre s'inquiète de ce qui se passe au dessus d'eux? Tout ce qui se cache à l'infirmité de nos organes, les morts le connaissent; ils contemplent des merveilles qui ne leur permettent plus de tourner leurs regards vers la terre : assieds-toi donc sans crainte.

Marianne s'assit en tremblant.

— Si tu pouvais lire l'inscription de cette pierre sous la mousse qui la dévore, reprit la vieille, tu verrais qu'elle recouvrait jadis la dépouille d'une jeune fille morte à l'âge où tu es à peine parvenue aujourd'hui; morte comme frappée de la foudre au moment où elle sortait de sa demeure pour se rendre à l'église, parée de blanc et le front ceint de la couronne virginale... ce jour qu'elle avait si longtemps appelé de tous ses vœux, ce jour devait l'unir pour jamais à un terrible fiancé, la mort !

Un affreux sourire se dessina sur les lèvres minces et pâles de la sorcière.

— Pauvres humains, dit-elle, qui ne savent rien de l'avenir et qui l'appellent toujours.

Marianne se sentit de plus en plus épouvantée; elle eût donné beaucoup pour se trouver en ce moment au seuil du château de la Coudraie.

Marthe resta longtemps immobile, le regard fixé à terre et comme absorbée en elle-même, puis se levant tout à coup, elle se tourna vers tous les points de l'horizon, la main tendue, les yeux flamboyans, et prononçant dans une langue bizarre une conjuration qu'elle renouvela trois fois. Puis elle s'éloigna de plusieurs pas, chercha quelque temps parmi les bruyères, et revint bientôt avec trois branches de genièvre entièrement pareilles en grosseur et en longueur.

Elle les étendit à terre l'une sur l'autre, les disposa en croix, et y mit le feu avec la lumière de sa lampe. Les branches flambèrent et se mirent à pétiller; alors la vieille s'agenouilla et activa la flamme, en soufflant avec une espèce de frénésie. Ses yeux brillaient, à l'éclat de cette flamme, comme des yeux de chat sauvage, toutes les rides de son visage s'enchevêtraient d'une façon bizarre et fantastique, et ses cheveux gris s'agitaient sur le sol comme un nid de reptiles.

Elle s'arrêta un instant, regarda les trois branches se tordre sous la flamme qui les dévorait, puis tirant de sa robe une petite boîte en corne qu'elle ouvrit avec précaution :

— Jeune femme, dit-elle à Marianne, prends une pincée de la poudre contenue dans cette boîte.

Marianne plongea deux doigts dans la boîte et les retira avec une pincée de poudre d'une couleur jaunâtre.

— Étends la main vers l'Orient, reprit Marthe, en lui désignant un point de l'horizon et laisse tomber la poudre dans cette flamme !

Marianne étendit la main et laissa tomber la poudre.

Aussitôt la flamme jaillit à une hauteur extrême et devint toute bleue, de rouge qu'elle était. Puis, elle s'affaissa subitement et s'éteignit bientôt, ne laissant plus qu'un petit monceau de cendres rouges.

Alors la vieille se baissa vers ces cendres et se mit à suivre avec une attention profonde toutes les formes bizarres qui couraient à leur surface avec une merveilleuse rapidité, laissant échapper de temps à autre une exclamation qui marquait la surprise, la joie ou la douleur, suivant ce qu'elle croyait découvrir.

— Maintenant, dit-elle à Marianne, donne-moi ta main.

— La voilà, dit la jeune femme; tâchez de me dire ce que devient à cette heure une personne qui est loin, bien loin d'ici, et à laquelle je m'intéresse.

— Espères-tu me tromper? dit la vieille avec un étrange sourire; crois-tu donc qu'après avoir consulté ces cendres mystérieuses je puisse ignorer maintenant une seule des circonstances qui t'intéressent?... Cette personne, dont tu me parles sans vouloir me la nommer, c'est un jeune homme.

— Ah ! dit vivement Marianne.

— Ce jeune homme, d'une naissance égale à la tienne, puisqu'il est de ta famille, tu l'aimes.

— Et lui, demanda Marianne, songe-t-il à moi ?

— Oui, pour son malheur, répondit Marthe d'une voix lugubre.

— Pour son malheur ! Que voulez-vous dire ?

— Je veux dire que l'un de vous deux trahira l'amour qui vous unit en ce moment, et que ce sera toi.

— C'est faux ! s'écria Marianne avec force, c'est faux !

— Oui, cela te paraît impossible aujourd'hui, et pourtant ce sera ainsi; mais laissons cela, il y a des choses autrement graves dans ta destinée.

— Vous me faites frémir, dit Marianne effrayée des regards que la vieille fixait sur elle en parlant de la sorte.

— Sais-tu ce que j'ai découvert dans ces cendres et ce que les lignes de ta main viennent de me confirmer ? reprit Marthe ; j'y vois qu'une personne à laquelle tu es étroitement liée par les liens du sang a porté son ambition aussi haut que puisse atteindre l'orgueil d'une femme, et que le but qu'elle s'était proposé, elle l'a atteint.

Marianne tressaillit.

— Réponds et dis si je suis dans la vérité ou dans l'erreur ?

— C'est vrai, répondit la jeune femme. Après?

— Après, reprit Marthe, tu veux le savoir ?...

— Oui !... dites !..

— Oh ! après !... c'est un spectacle terrible que je vois se dérouler devant mes yeux. Dans un appartement splendide, entourée de grandes dames et de courtisans agenouillés autour de son lit, au chevet duquel se tient, pleurant et penché, le plus auguste personnage du royaume, j'aperçois une jeune femme immobile, glacée et les traits marqués de taches livides, comme si un poison mortel...

— Assez!... assez!... c'est elle, c'est ma sœur! s'écria Marianne, violemment émue.

— Ce personnage, dont l'amour a causé la mort de ta sœur, tu le connais? demanda Marthe.

— Je sais qui il est, mais je ne l'ai jamais vu, je ne le verrai jamais!

— Jamais! répéta la sorcière avec ce sourire glacial qui effrayait Marianne, tu crois donc, comme le reste des humains, que c'est ta volonté qui dirige tes actions et tes sentimens? Tu n'as donc pas encore compris que tu n'es et ne peux jamais être que le jouet du destin qui dispose à son gré et à ton insu des événemens de ta vie? Tu dis : *Jamais*! et moi, je t'annonce que cet homme, dont la seule pensée t'inspire tant d'effroi aujourd'hui, tu le verras.

— Non, non, vous dis-je, s'écria Marianne, je ne le veux pas.

— Tu le verras bientôt, reprit la vieille avec quelque chose d'inexorable dans l'accent, et il t'aimera comme autrefois il a aimé ta sœur.

— Oh! ne me dites pas cela!

— Il t'aimera, te dis-je, il vaincra ta répulsion, il t'entraînera dans ces palais où a brillé ta sœur, t'élèvera à la même place où elle reçut les adulations de toute une cour.

— Jamais, s'écria Marianne hors d'elle-même, car cette sœur infortunée, ce fut l'ambition...

— Je ne sais quel sentiment causera ta perte, interrompit Marthe, mais ton sort sera en tout pareil au sien.

— Pareil?... balbutia Marianne.

— Jusqu'à la mort qui t'arrivera aussi par une main ennemie, et à l'heure où tu l'attendras le moins.

Il y eut un moment de silence. Marianne, le regard fixé à terre, était pâle et tremblante, tandis que Marthe attachait sur elle ses petits yeux noirs, ardens et inflexibles.

Marianne releva tout à coup la tête, et prenant la main de la vieille :

— Marthe! Marthe! lui dit-elle, dites-moi que tout ce qui vient de se passer n'est qu'une comédie... dites-moi cela pour que je parte le cœur tranquille, pour que je n'aie pas sans cesse devant les yeux les horribles images que vous venez d'évoquer dans votre délire!

— Mon délire! répéta Marthe avec ironie. Oh! tu sais bien que je ne suis pas en délire ; tu sais bien que c'est l'arrêt même du destin que je viens de te prononcer et que rien ne saurait t'y soustraire... C'est en vain que tu cherches à te débattre contre la vérité ; la conviction est dans ton âme et bientôt elle y sera entrée plus avant que jamais, quand tu verras l'homme que tu as résolu de ne jamais voir et qui se présentera à tes regards avant que huit jours se soient écoulés.

Elle se tut, se baissa et se mit à ramasser avec un soin minutieux les cendres éteintes des trois branches de genièvre, qu'elle renferma dans le petit vase de terre... Quand elle eut fini, elle prit sa lanterne, marcha dans la direction des roches, redescendit le sentier escarpé qui aboutissait à sa demeure, et montrant à Marianne qui l'avait suivie, un petit sentier tracé dans l'herbe,

— Suis ce chemin, lui dit-elle, il te mènera au château de la Coudraie.

Marianne mit dans la main de la vieille une bourse que celle-ci accepta avec indifférence, et la tête à moitié perdue par tout ce qu'elle venait de voir et d'entendre, elle suivit machinalement le sentier que lui avait indiqué la sorcière.

Une heure après elle rentrait au château.

CHAPITRE IV.

Le lendemain, lorsque Marianne s'éveilla, la matinée était déjà très avancée. Julie, sa femme de chambre, lui apprit que sa tante avait envoyé trois fois savoir de ses nouvelles, en ordonnant qu'on respectât son sommeil si elle dormait toujours, et qu'après l'avoir attendue en vain, elle avait pris son chocolat à dix heures et un quart, c'est-à-dire un quart d'heure plus tard que de coutume, grave et singulière infraction à des habitudes aussi régulières que le cours du soleil. La jeune femme achevait à peine de s'habiller lorsqu'elle entendit gratter à sa porte; elle donna ordre à la femme de chambre d'aller ouvrir, et la comtesse de Merville entra.

— Eh! miséricorde! chère Marianne, s'écria celle-ci après avoir embrassé sa cousine, où as-tu donc trouvé le secret de ce merveilleux sommeil? Sais-tu que je commençais à craindre que tu ne fusses tombée en léthargie.

— Il n'en était rien, grâce au ciel! comme tu le vois, répondit Marianne.

— Tu n'es pas malade, au moins? reprit la comtesse d'un ton plus sérieux.
— Pas davantage, chère Louise.
Puis, s'adressant à sa femme de chambre:
— Laissez-nous.
— Maintenant, dit-elle, en se rapprochant de sa cousine, je vais t'apprendre pourquoi je me suis éveillée si tard. J'ai vu cette nuit une femme qui m'a prédit des événemens terribles, des choses dont le seul souvenir me fait encore frissonner d'épouvante. Je crois la voir encore; ses rides nombreuses et profondes, ses petits yeux noirs étincelans et fascinateurs comme ceux du reptile, son ricanement sec et grêle : tout cela s'est gravé pour toujours dans ma mémoire, et je vois son horrible tête comme je vois le portrait de ma mère suspendu à ce mur ; je vois encore ses cheveux gris traîner en longues mèches dans la bruyère, son petit corps sec et cassé se percher dans l'attitude d'un hibou sur la pierre brisée des tombeaux entr'ouverts sous ses pieds, ses lèvres livides et crispées sourire affreusement à mesure que les trois branches de genièvre craquaient et se consumaient, puis toute sa face de sorcière possédée s'illuminer d'une lueur sinistre devant la cendre rouge, toute sillonnée de lignes étranges. Voilà ce que j'ai vu tandis que tu dormais, ma chère Louise, et voilà pourquoi je me suis éveillée si tard.

La comtesse écoutait Marianne de toutes ses oreilles et la regardait avec des yeux dans lesquels se peignaient la surprise et l'effroi.

— Marianne, ma chère Marianne, lui dit-elle enfin d'un ton plein d'anxiété et lui pressant la main avec effusion, ton esprit est en délire, reviens à toi, je t'en prie.

— Rassure-toi, ma bonne Louise, j'ai toute ma raison, je t'assure, et il n'y a pas un mot, dans tout ce que tu viens d'entendre, qui ne soit la pure vérité.

— Ah! oui, oui, je comprends, dit vivement la comtesse, c'est un rêve, n'est-ce pas?... Voilà ce que tu veux dire?

— Non, non, ce n'est pas un rêve, mais une effrayante réalité qui s'est passée sous mes yeux, là-bas, au-delà de la Roche-Aiguë, dont tu peux voir d'ici la pointe fine et dentelée s'élever là-bas, à l'extrémité de la plaine. Je veux t'y conduire pour te convaincre et pour revoir moi-même à la clarté du jour le cimetière abandonné près duquel ont été brûlées les trois branches de bruyère. Tu verras la trace du feu sur le sol, tu verras même la sorcière, tu lui parleras, et alors tu ne douteras plus des choses étranges que je viens de te dire.

— Quoi? s'écria Mme de Merville, tu aurais osé sortir la nuit, t'en aller à travers champs!

— Je l'ai osé et j'y suis allée seule.

— En vérité, je ne pourrai croire à une telle imprudence qu'après avoir vu de mes propres yeux les preuves dont tu me parles.

— Tu les verras aujourd'hui même. Mais tu as parlé de rêves, et tu me rappelles... oui, j'en ai fait un affreux. Je parcourais un palais éblouissant de lumières, plein de fleurs et de dorures, encombré de gentilshommes et de nobles dames, inondé des plus doux parfums et des plus suaves mélodies. Je contemplais ce spectacle avec surprise; mes yeux, mes oreilles, tous mes sens étaient ravis à la fois, et je souriais à tous les personnages qui se croisaient autour de moi, comme si j'eusse reconnu en eux des frères et des amis. L'un d'eux fixa bientôt tout particulièrement mon attention; il portait des vêtemens de couleur sombre et d'une coupe étrange, et ses traits étaient couverts d'un masque. Il marchait gravement au milieu de la foule enjouée, et sa tournure avait quelque chose de solennel et de mystérieux qui me serrait douloureusement le cœur sans qu'il me fût possible d'en détourner mes regards. Enfin il vint à moi, me parla dans une langue étrangère que je comprenais parfaitement, quoique je l'entendisse alors pour la première fois, et me montra du doigt une couronne qui étincelait dans le vide comme une étoile dans l'éther du firmament. Je détournai la tête et voulus fuir, mais le bras de l'inconnu s'allongea démesurément, sa main s'empara de la couronne et la posa sur mon front. Je voulus l'en arracher, mais tous mes efforts furent inutiles, on eût dit qu'elle y avait été scellée. A l'éclat qu'elle jetait autour de moi, je vis tout le monde, seigneurs et nobles dames, se grouper autour de ma personne et m'adorer comme une divinité. Je me laissais aller à la joie orgueilleuse de dominer ce monde de courtisans dorés, lorsque l'un d'eux glissa jusqu'à moi comme une ombre impalpable, souffla sur ma couronne qui tomba à terre et se brisa. Alors il se fit dans le palais une obscurité presque complète; l'immense salle et tous ceux qui la peuplaient étaient vaguement éclairés par une lumière bleuâtre que jetait une lampe de bronze remplie d'une liqueur sinistre. L'homme qui avait soufflé sur ma couronne, et dont le visage était entouré d'une espèce de brouillard qui m'empêchait d'en distinguer les lignes, me montra du doigt cette coupe et me fit signe d'en boire le contenu. Je détournai la tête avec horreur, mais alors la coupe fatale prit la forme d'un serpent dont la tête était creuse et renfermait la funeste liqueur, puis elle se mit à ramper en sillons lumineux, se rapprochant de moi insensiblement, jusqu'à ce qu'enfin elle s'enlaça autour de moi comme au tronc d'un arbre, et me força de boire tout ce que contenait sa tête de serpent. Je jetai un cri, c'était une flamme ardente qui tombait dans ma poitrine. Je tombai, mais avant de fermer les yeux je vis se dissiper le brouillard qui enveloppait la tête de mon bourreau, et je lus ces mots sur un front de squelette : « Je suis ton destin. »

— L'horrible songe, murmura la comtesse avec terreur.

— D'autant plus horrible, reprit Marianne, qu'il reproduit exactement la prédiction que m'a faite cette nuit la sorcière de la Roche-Aiguë.

— Pourquoi, chère Marianne, te créer de pareilles chimères, et comment peux-tu ajouter foi aux paroles d'une créature qui, si elle n'est pas folle, n'a eu d'autre but que de chercher à exploiter ta crédulité ?

— Ne crois pas cela, Louise, cette femme m'a dit des choses capables d'ébranler l'esprit le plus énergique ; mais je te conterai cela plus tard ; qu'il te suffise de savoir que je ne voudrais pas, pour tout au monde, paraître à la cour, ne fût-ce que cinq minutes.

— J'approuve ton désir d'en rester éloignée, Marianne, mais un tel sentiment d'horreur me paraît exagéré.

— Je t'en ferai connaître la cause et tu me comprendras ; mais dis-moi, notre tante est-elle bien fâchée contre moi ?

— Elle le feint pour cacher son inquiétude, car elle a un cœur affectueux sous cette apparente froideur, et tu sais que tu es son enfant gâtée, quoiqu'elle affecte envers toi une extrême sévérité. Viens avec moi, nous la trouverons sans doute dans le grand salon rouge, où la vieille Jeannette doit lui faire la lecture depuis cinq minutes, car onze heures viennent de sonner.

Les deux jeunes femmes se rendirent donc ensemble au grand salon, qui était situé au rez-de-chaussée, presqu'au niveau du jardin, auquel on descendait par un perron de cinq marches. La vieille duchesse y était déjà, comme l'avait annoncé Mme de Merville, gravement assise dans son grand fauteuil en tapisserie ; mais, au lieu de Jeannette, ce fut Jolibois, son intendant, qu'elles trouvèrent auprès d'elle.

Jolibois était, comme Jeannette, un vieux serviteur blanchi au service de la famille; il avait les épaules voûtées, les joues creuses et la tête légèrement inclinée ; tout en lui respirait un air d'honnêteté et de dévouement. Rompu dès son jeune âge à l'inflexible étiquette imposée par la duchesse à toute sa maison, Jolibois, revenu depuis une heure d'un long voyage et ayant à entretenir sa maîtresse des résultats d'un procès fort grave, n'avait eu garde de paraître devant elle avant d'avoir changé d'habits et de s'être convenablement poudré et accommodé. Il venait de remettre des papiers à la duchesse, qui les parcourait avec une minutieuse attention, tandis qu'il se tenait respectueusement découvert devant elle. L'entrée des deux jeunes femmes ne la détourna point de la lecture qu'elle avait commencée, et qu'elle continua jusqu'au bout. Quand elle eut fini, elle plia le papier lentement, le posa sur une table devant elle ; puis, s'adressant à son intendant :

— Vous dites donc, Jolibois, que mon procureur n'a pas très bonne opinion de l'affaire ?

— Au contraire, Mme la duchesse, répondit Jolibois, ce n'est pas de l'affaire qu'il a mauvaise opinion, mais du résultat.

— C'est à dire qu'à son sens nous aurions le bon droit pour nous et la justice contre nous ?

— Voilà précisément ce qu'il m'a donné à entendre, madame la duchesse.

— Mais sans doute, en vous signalant le mal il vous a indiqué le remède, car je le connais, c'est un homme de ressources.

— Mme la duchesse l'a parfaitement jugé, et voici le conseil qu'il m'a donné pour paralyser l'influence de votre adversaire, M. le baron de Rennecy, qui est fort bien en cour. M. le ministre des sceaux, gagné par M. le baron, vous refuserait probablement une audience ; mais il donne dans huit jours une grande fête où toute la noblesse est admise. Votre procureur vous engage à vous rendre à cette fête, et une fois là, à exiger du ministre qu'il entende vos raisons. S'il est gagné, toute votre éloquence échouera contre une résolution arrêtée ; mais s'il est trompé, et telle est l'opinion de votre procureur, alors vous faites luire la vérité à ses yeux et plus il s'est montré jusque là hostile à votre cause, plus il mettra d'empressement à réparer ses torts.

La duchesse jeta encore un regard sur les papiers et réfléchit quelques instans.

— C'est bien, dit-elle enfin à l'intendant, je suis contente du zèle que vous avez déployé dans cette circonstance, Jolibois, et je ne l'oublierai pas; allez vous reposer et retenez bien que je vous défends de rien faire de toute la journée.

Le vieil intendant salua et sortit après s'être incliné également devant les deux jeunes femmes.

— Eh bien! ma nièce, dit alors la vieille duchesse en jetant sur Marianne un regard où perçait une vive sollicitude, vous n'avez donc pas voulu nous accorder ce matin l'agrément de votre société?

— Hélas! madame, répondit Marianne, vous savez qu'on n'a pas de volonté quand on dort; j'ai été bien désolée, croyez-moi, d'apprendre que mon sommeil s'était prolongé si tard, et que pour la première fois j'avais manqué de me trouver à votre déjeuner.

— Vous me trouvez peut-être un peu despote, Marianne, reprit la duchesse avec douceur, mais, que voulez-vous, j'ai pris l'habitude de déjeuner entre vous deux, et mon chocolat me paraît moins bon quand vous me manquez; vous saurez un jour ce que c'est que l'habitude chez les vieillards, et vous serez indulgente alors pour les manies dont vous riez aujourd'hui.

— Oh! madame, s'écrièrent en même temps les deux jeunes femmes.

— Je n'ai pas perdu la mémoire, répliqua la duchesse, et je me rappelle fort bien ce que je pensais à votre âge. Mais assez sur ce sujet et causons un peu de vous, Marianne; je vous trouve la figure pâle et l'air abattu ce matin.

— Ne vous inquiétez pas, madame; j'ai passé une nuit agitée par de mauvais rêves, ce n'est rien qu'un peu de fatigue.

— Avez-vous pris quelque chose ce matin, au moins ?

— J'ai voulu avant tout vous présenter mes devoirs, répondit Marianne.

La duchesse s'approcha d'elle, la baisa tendrement au front, puis ayant sonné, donna ordre qu'on lui apportât immédiatement son chocolat.

— Ici ? demanda Jeannette étonnée.

— Ici même, répondit la vieille dame; je veux qu'elle le prenne sous mes yeux.

Jeannette se retira en proie à une stupéfaction profonde en face des perturbations qui se manifestaient au château depuis quelques heures. 1º Elle n'avait pas fait la lecture à la duchesse de onze heures à midi. 2º Mme de la Tournelle n'était pas descendue à l'heure du déjeûner. 3º Enfin on lui servait son chocolat dans le grand salon rouge où jamais, depuis cinquante ans que Jeannette était au service de la famille, il n'avait été pris autre chose que des verres d'eau sucrée. Aussi la vieille femme de chambre s'éloigna-t-elle en hochant gravement la tête, se demandant si ce n'étaient pas là les symptômes de quelque prochaine catastrophe.

Quand elle fut seule avec ses deux nièces, la duchesse de Mazarin s'en fut s'asseoir dans son grand fauteuil, et reprenant sa froideur et sa solennité habituelles,

— Maintenant, ma nièce, dit-elle à Marianne, nous avons à causer de choses sérieuses.

— Je vous écoute, madame, répondit la jeune femme d'un air résigné.

— Vous venez d'entendre le rapport de Jolibois au sujet de votre procès avec M. le baron de Rennecy, procès qui, entre nous, vous a bien peu préoccupée.

— Ne devais-je pas être en pleine sécurité au sujet de mes intérêts, du moment qu'ils étaient remis entre vos mains, répliqua Marianne.

Cette adroite flatterie parut toucher singulièrement la vieille dame, qui tirait vanité de son entente des affaires, et savait gré à Mme de La Tournelle de se reposer entièrement sur elle du soin de conduire les siennes, tout en lui reprochant de les négliger.

— Tant que j'ai pu prendre sur moi seule les tracas et les soucis de ce procès, reprit la duchesse en redoublant de gravité, je l'ai fait avec joie, mais aujourd'hui il me faut absolument votre concours.

— Quoi ! s'écria Marianne avec un mouvement d'effroi, vous voudriez me contraindre à déchiffrer ces horribles paperasses !

— Non, non, rassurez-vous, dit la duchesse en souriant de cette terreur, je me réserve tous ces ennuis et votre tâche sera plus facile, plus en rapport surtout avec vos goûts. Vous venez d'apprendre par Jolibois que, suivant le conseil de mon procureur, dans lequel j'ai toute confiance, nous n'avons d'espoir que le ministre des sceaux pour faire triompher la justice de notre cause, et que pour arriver jusqu'à lui nous n'avons d'autre moyen que de nous rendre à la fête qu'il va donner dans huit jours.

5

— Oui, j'ai entendu cela, dit Marianne.

— Or, reprit la duchesse avec une froideur pleine de dignité, comme il ne saurait entrer dans nos principes de nous appuyer sur la protection de Sa Majesté, il faut suivre le conseil de mon procureur, et comme cette affaire est la vôtre, Marianne, il est de toute convenance et de toute nécessité que vous m'accompagniez dans cette démarche.

— Et cette fête, demanda Marianne avec une expression inquiète, est-ce à Paris ou à Versailles qu'elle se donne ?

— C'est à Paris.

Cette réponse parut soulager d'un grand poids l'esprit de la jeune femme.

— Je vous accompagnerai puisque vous le jugez à propos, madame, dit-elle à sa tante, mais si vous vouliez m'en croire, vous renonceriez à un procès dont la perte me serait tout à fait indifférente et qui ne vaut pas tous les ennuis et toutes les fatigues auxquels il vous condamne.

— Renoncer à mon droit ! s'écria la vieille duchesse avec fierté, à quoi songez-vous donc, ma nièce ? Je m'inquiète aussi peu que vous du résultat pécuniaire de ce procès, mais ce dont je m'inquiète beaucoup, pour vous comme pour moi, c'est de ne pas me courber devant l'injustice, c'est de soutenir mon droit jusqu'au bout, envers tous et quelque dommage qu'il puisse m'en arriver. Un procès ! c'est un duel, le seul où nous puissions faire notre partie, nous autres femmes ; je suis entrée dans la lice avec M. de Rennecy et je ne reculerai pas plus que n'eût reculé un de mes ancêtres dans un champ-clos.

Le ton dont la duchesse avait prononcé ces paroles avait vivement frappé les deux jeunes femmes, qui la regardèrent avec un sentiment d'admiration.

— Ma nièce, — reprit la duchesse, revenant tout à coup à sa froideur accoutumée, — il y a quarante lieues d'ici à Paris, il nous faut donc quatre jours pour y arriver ; faites vos préparatifs aujourd'hui, nous partirons demain.

Puis s'adressant à la comtesse de Merville :

— C'est à vous, Louise, que je remets le gouvernement de la maison pendant mon absence, maintenez tout dans le même ordre où je le laisse, et si vous voulez que chacun fasse son devoir, montrez-vous toujours vigilante et juste. Trop de douceur entraîne la familiarité et le défaut de vigilance excite à la paresse. Au surplus, je vous laisse, dans Jolibois, un intendant qui vous rendra la tâche aisée, car il s'est formé sous mes yeux, et il sera difficile de mettre sa surveillance en défaut. Quant à Jeannette, son service nous sera indispensable : je l'emmène.

Jeannette entra en ce moment apportant le chocolat de Marianne, ce qui mit fin à l'entretien.

CHAPITRE V.

Transportons le lecteur des campagnes de la Beauce au milieu de Paris, du château si tranquille et si patriarcal de la Coudraie au sein de l'hôtel du ministre des sceaux, rempli de courtisans et éblouissant de lumières. Là nous trouvons réunis ce que la cour comptait alors de noms illustres et de jolies femmes, et parmi ces dernières Mme de la Tournelle, dont la grâce naïve et sans afféterie éclipsait tout ce qui l'entourait.

La duchesse de Mazarin accompagnait sa nièce et tenait à distance les galans gentilshommes qui eussent voulu lui faire leur cour. Ceux qui la connaissaient se contentaient de venir lui présenter leurs hommages et se retiraient aussitôt, glacés par la mine froide et hautaine de la vieille duchesse.

L'apparition d'une demoiselle de Nesle demeurée jusque-là éloignée du monde et qui semblait s'être condamnée à une éternelle obscurité depuis la double catastrophe qui avait frappé sa famille ; cette apparition donna lieu à des commentaires de toute nature, et l'on se demanda dans quel but cette jeune et belle veuve avait quitté sa retraite. Les hommes ne voyaient là, de sa part, que le désir très naturel à son âge de retrouver les plaisirs et les distractions auxquels elle avait dû renoncer pour un temps ; mais une supposition si innocente ne pouvait convenir aux femmes; Mme de la Tournelle était trop belle pour compter sur leur indulgence: aussi se vengèrent-elles par mille petites calomnies du triomphe de cette rivale.

Privée depuis longtemps des plaisirs du monde, Marianne se laissait aller avec une joie orgueilleuse au bonheur d'exciter l'admiration sur son passage et d'entendre les plus brillans gentilshommes faire l'éloge de sa grâce et de sa beauté. C'est qu'à chaque voix qui s'élevait pour constater cette beauté, elle se disait tout bas : « Lui aussi me trouvera jolie, et il m'aimera plus encore peut-être qu'au moment de notre séparation. » Et cette pensée donnait à ses traits quelque chose d'éclatant et de radieux qui les revêtait d'un charme tout-puissant.

— Ne trouvez-vous pas, madame, dit-elle à sa tante, que tous les gentilshommes que nous rencontrons ici sont d'une galanterie et d'une urbanité exquises?

— Je ne sais si je suis dupe de l'illusion qu'on reproche généralement aux vieillards, répondit la duchesse, mais je trouve que la galanterie des gentilshommes d'aujourd'hui se ressent de leurs mœurs, et je ne vois pas dans leurs manières la grandeur et la dignité qui distinguaient la noblesse de mon temps. Le bon ton, maintenant, consiste à débiter aux femmes des fadeurs qui devraient n'exciter que leur pitié, tandis qu'autrefois les hommes nous traitaient comme des créatures raisonnables, et nous trouvaient dignes de nous entretenir des choses les plus sérieuses; bref, les femmes sont adorées aujourd'hui, elles étaient aimées et honorées jadis. Mais le caractère des rois forme celui des courtisans, et la noblesse de Louis XV ne peut ressembler à celle de Louis XIV.

— Ne parlez pas si haut, de grâce, madame, dit Marianne à la duchesse.

Et elle jetait autour d'elle des regards effrayés.

— Je ne chercherai pas à justifier les mœurs du grand roi, reprit la duchesse, sans remarquer l'effroi de sa nièce, mais il faut reconnaître qu'il apportait une certaine mesure, une certaine dignité même jusque dans ses écarts; en peut-on dire autant de son petit-fils? On dit qu'il a quelques uns des traits de son aïeul, je l'ignore et compte bien l'ignorer toujours, mais il serait désirable qu'il eût aussi quelque chose de son caractère.

— Je suis convaincue comme vous, madame, répondit Marianne, que la noblesse d'autrefois était bien supérieure à celle de ce temps-ci, et quant au roi Louis XV, ce n'est pas moi, vous le savez, qui prendrai sa défense. Mais tenez, les manières de ce gentilhomme qui vient d'entrer, et sur lequel se portent les regards de toutes les femmes, vous rappellent elles pas les modèles que vous regrettez?

Le gentilhomme que Mme de la Tournelle désignait à sa tante était remarquable par une tournure pleine d'aisance et de distinction et que faisait encore valoir un costume fort riche, mais d'une couleur sévère. A peine avait-il fait vingt pas dans le salon que ses regards rencontrèrent ceux de Marianne fixés sur lui. Il s'arrêta tout à coup et parut éprouver à son aspect une vive émotion; puis se penchant vers un jeune seigneur qui se trouvait près de lui en ce moment, il lui adressa plusieurs questions auxquelles celui-ci répondit par des signes négatifs. Alors, après un moment d'hésitation, il se décida et vint droit à la duchesse de Mazarin.

— Si je ne me trompe, madame, lui dit-il avec une exquise politesse, vous êtes étrangère ici, car je ne vous ai jamais vue à la cour, et je n'aurais pu manquer, à coup sûr, d'y remarquer une personne de votre air, si elle y eût paru.

Avant de répondre à ce compliment, la duchesse se demanda si elle devait le prendre au sérieux ou n'y voir qu'une offensante raillerie. Mais l'air parfaitement digne et poli du gentilhomme attestait trop clairement sa bonne foi pour qu'elle lui attribuât une si grossière inconvenance.

— En effet, monsieur, lui dit-elle, nous sommes étrangères, et, s'il faut vous l'avouer, c'est l'intérêt seul de nos affaires, et non notre plaisir, qui nous amène chez M. le ministre des sceaux.

— Une affaire! dit vivement le gentilhomme, voilà qui se rencontre à merveille, je suis assez bien vu du ministre et si quelques paroles de recommandations...

— J'accepte votre appui, monsieur, et vous serai tout à fait reconnaissante si vous pouvez le résoudre à accorder ce soir même un quart d'heure d'audience à deux dames qui ont fait quarante lieues pour lui parler.

— Je ne crois pas trop présumer de mon pouvoir sur son esprit, répondit le gentilhomme, en vous déclarant d'avance que vous pouvez considérer votre demande comme accordée.

Il ajouta après une pause:

— Pour qui dois-je lui demander cette audience?

— Pour la duchesse de Mazarin, répondit la vieille dame en relevant la tête, et pour sa nièce, Mme de la Tournelle.

— Mlle Marianne de Nesle! s'écria vivement le gentilhomme en fixant ses regards sur Marianne, qui baissa la tête.

— Le nom de Nesle est effacé désormais sous celui de la Tournelle, il est inutile de le rappeler, répondit gravement la duchesse.

— L'affaire pour laquelle vous voulez parler au ministre, madame la duchesse, est-ce vous ou Mme de la Tournelle qu'elle concerne? Pardonnez mon indiscrétion, mais elle est presque justifiée par la confiance que vous avez déjà mise en moi.

— Il s'agit d'un procès intenté par M. le

baron de Rennecy à Mme de la Tournelle et dans lequel tous les droits sont de notre côté, comme je prétends le prouver au ministre après dix minutes d'entretien.

— Voulez-vous me permettre de vous faire une proposition, madame la duchesse, reprit le gentilhomme en fixant sur la vieille dame un regard qui glissa adroitement jusqu'à Marianne.

— Parlez, monsieur.

— Comme il ne me paraît pas convenable que deux femmes, et surtout deux femmes de votre rang, jouent le rôle de sollicíteuses auprès d'un ministre, je me chargerai moi-même de plaider votre cause et de faire valoir vos raisons si vous voulez bien m'accepter pour avocat ; et je vous affirme de nouveau que j'ai assez de crédit pour vous garantir que le ministre vous donnera gain de cause avant huit jours puisque le bon droit est de votre côté.

Comme la duchesse de Mazarin paraissait hésiter, le gentilhomme reprit :

— Remarquez qu'à cet arrangement vous trouvez deux avantages : d'abord, celui de conclure rapidement une affaire qui autrement court grand risque de ne jamais finir, et celui d'éviter les désagrémens de toute nature attachés aux démarches et aux sollicitations indispensables même pour une bonne cause.

— Vous insistez avec tant de grâce, monsieur, répondit la duchesse, que je me laisse convaincre et vous abandonne toute la partie ennuyeuse et fatigante de cette affaire, mais je ne serais pas fâchée de savoir à qui je suis redevable de ce bon office.

— Si vous le permettez, madame la duchesse, comme je tiens à ce que mon nom soit bien accueilli, je ne vous le ferai connaître qu'en vous annonçant le gain de votre procès.

— Il faut bien en passer par là puisque vous le voulez ; nous attendrons donc.

— Et maintenant que nous voilà d'accord et que je suis décidément accepté comme avocat, il ne vous reste plus qu'à me mettre au courant de votre procès.

— Très volontiers.

— Veuillez donc me faire l'honneur d'accepter mon bras, et promenons-nous tout en causant.

La vieille dame appuya son bras sur celui du gentilhomme et tous trois parcoururent la foule, la duchesse expliquant la cause, et tous les incidens du procès, et le gentilhomme paraissant l'écouter de toutes ses oreilles et regardant beaucoup Mme de la Tournelle.

Celle-ci, demeurant complétement étrangère à la conversation, observait le manége de ce protecteur improvisé et faisait tout bas la réflexion que s'il avait cherché le moyen de se mettre en relation avec elle, celui-ci était habilement imaginé, puisqu'il lui permettait de passer près d'elle une partie de la soirée et lui ménageait même plusieurs visites pour les jours suivans. Puis, en l'examinant à la dérobée, elle remarqua qu'il avait de beaux traits, des yeux pleins de feu, de grandes manières, et s'avoua à elle-même qu'il avait tout pour plaire à une femme dont le cœur n'eût pas appartenu tout entier à un autre.

Puis, en reportant son attention du mystérieux gentilhomme sur la foule qu'ils traversaient, elle s'aperçut que tous les regards étaient fixés sur eux et remarqua que les femmes s'occupaient d'elle particulièrement et suivaient tous ses gestes avec une expression de dépit et d'envie. Elle conclut de cette observation que le gentilhomme capable de causer une émotion si vive et si générale ne pouvait être qu'un seigneur réputé pour ses bonnes fortunes.

Au bout d'une heure, le gentilhomme connaissait tout le procès et n'avait plus de prétexte pour rester davantage près de ses deux clientes, sans s'exposer à éveiller la défiance de la duchesse. Il les quitta donc après s'être fait répéter tous les torts du baron de Rennecy, et se dirigea vers un salon où, disait-il, il était assuré de trouver le ministre.

— Je ne sais si je m'abuse sur son compte, dit la duchesse en le regardant s'éloigner, mais ce seigneur me fait tout l'effet d'un honnête homme, entièrement digne de la confiance que j'ai mise en lui, et mon jugement ne m'a rarement trompée. Que pensez-vous de lui, ma nièce?

— Il m'a plu comme à vous, madame, mais j'avoue que mon opinion ne lui est pas tout à fait aussi favorable que la vôtre.

— Le croiriez-vous indigne de ma confiance?

— En ce qui concerne le procès, non, répondit Marianne.

— Que voulez-vous dire par là, ma nièce?

Marianne chercha vainement une tournure de phrase qui pût exprimer sa pensée sans froisser l'amour-propre de la duchesse, à laquelle il fallait faire comprendre que ce modèle des gentilshommes s'était servi de la tante comme d'un instrument pour se rapprocher de la nièce. Elle commençait à balbutier une réponse, lorsqu'elle vit venir à elle un gentilhomme mis avec un goût, un luxe et une recherche qui l'eussent déjà fait distinguer entre tous, s'il n'eût possédé en outre des avantages physiques qui le classaient tout d'abord en dehors de la foule.

— C'est bien vrai ! s'écria celui-ci en saluant les deux dames avec un mélange d'urbanité et de sans-façon qui lui seyait à merveille, ce sont elles, en effet, Mme la duchesse de Mazarin et Mme de la Tournelle, deux vieilles amies, dont l'une, ajouta-t-il en se tournant vers Marianne, avait deux ans et un bourrelet quand j'eus l'honneur de lui être présenté pour la première fois.

Et il pressa affectueusement les deux mains qui lui furent offertes.

— Puisque vous parlez de bourrelet, M. de Richelieu, répondit la duchesse en souriant, je vous dirai franchement que vous feriez bien d'y revenir, car, en vérité, vous êtes encore et ne serez jamais qu'un grand enfant.

— Merci du conseil, chère duchesse, répliqua Richelieu; mais je me réserve de le peser mûrement avant de le mettre en pratique. Or çà, belles dames, savez-vous que j'ai pris pour un mystificateur le premier qui est venu m'apprendre que vous étiez ici, et que je songeais déjà à lui renfoncer sa plaisanterie dans la gorge avec la pointe de mon épée, quand je vous ai aperçues de loin ?

— Décidément vous n'êtes pas changé, cher duc, dit la vieille dame.

— Le ciel m'en préserve ! trop de gens s'en plaindraient. Mais, reprit-il en se tournant de nouveau vers Mme de la Tournelle, vous vous décidez donc à rendre au monde ce joyau sans égal, cette perle fine qu'il était vraiment affreux de voir enfouir dans le fond d'une province et qui avait besoin de Paris pour y être appréciée, comme certains diamans ne peuvent être enchâssés que dans une couronne. Vous aviez trop de sens pour ne pas comprendre cela, chère duchesse, et je veux être le premier à vous féliciter d'une détermination...

— Qui n'a jamais existé que dans votre folle cervelle, cher duc, interrompit vivement la vieille duchesse.

Richelieu resta un moment déconcerté, mais se remettant aussitôt:

— Alors, dit-il, tant pis pour vous si vous n'êtes pas digne des éloges que je viens de prodiguer à votre sagesse et que je me hâte de reprendre. Mais si ce n'est pas pour le lui rendre, pourquoi donc montrer au monde un pareil trésor et que venez-vous faire ici toutes deux?

— Si vous eussiez débuté par cette question, cher duc, vous vous fussiez épargné tous les frais d'imagination dans lesquels vous vous jetez si étourdiment depuis dix minutes. Je vous dirai donc que nous sommes venues à Paris pour y terminer un procès dans lequel nous sommes engagées depuis des années avec M. le baron de Rennecy, et que notre présence à la fête du ministre n'a d'autre but que d'en hâter le dénoûment.

— Et vous ne m'avez pas chargé de cette affaire, moi, votre ami à toutes deux ! j'aime à croire du moins que vous n'en doutez pas.

— Jamais nous n'en avons eu la pensée, cher duc, et croyez bien que s'il s'agissait d'une fête, d'un plaisir ou de toute autre frivolité, nous n'eussions pris conseil que de vous seul.

— Croyez, de votre côté, chère duchesse, que j'eusse fait tous mes efforts pour m'élever à la hauteur d'une telle mission. Mais puis-je vous demander si vous avez à Paris quelqu'un qui se charge des démarches qui vous ont paru incompatibles avec ma légèreté ?

— Oui, cher duc.

— Et quel est le personnage dont la réputation de gravité est assez solidement établie, pour avoir mérité de vous une telle marque de confiance?

— Un gentilhomme aussi élégant que vous, monsieur de Richelieu, aussi bien vu des femmes, ce qui n'est pas peu dire, mais aussi sensé, aussi raisonnable, d'un jugement aussi solide que...

— Je devine le reste de la phrase, interrompit Richelieu en souriant ; mais, de grâce, faites-moi connaître ce phénix, car j'ai beau chercher, je ne vois pas un gentilhomme qui réponde à un portrait si flatteur.

— Ah ! voilà le difficile à dire, et c'est là qu'à votre tour vous allez me renvoyer au bourrelet.

— Vous vous repentez donc de votre choix ?

— Nullement, car je crois avoir affaire au plus honnête homme de la cour.

— Alors qui vous empêche de le nommer?

— La meilleure de toutes les raisons, c'est que je ne sais pas son nom.

— Ah ! pour le coup, duchesse, je vous rends les armes, et en matière de frivolité, c'est à moi désormais à vous céder le pas.

— Je le reconnaîtrai volontiers, s'il m'est prouvé que j'ai eu tort de me confier à ce gentilhomme, dans lequel je persiste toujours à voir un ami aussi probe qu'intelligent.

— Décidément, duchesse, il a fait votre conquête, et je n'en suis que plus curieux de le connaître.

En ce moment, une certaine agitation se manifesta vers l'extrémité de la salle, et l'on vit surtout beaucoup de femmes se porter de ce côté avec empressement.

— Qu'y a-t-il donc par là, monsieur le duc? demanda Mme de la Tournelle.

— Je ne sais, répondit Richelieu, c'est sans doute le roi qui passe.

— Le roi! s'écria vivement Marianne.

Elle pâlit légèrement et s'appuya sur le bras de la duchesse.

— Vous croyez que le roi va venir à cette fête? demanda la duchesse.

— Il y est déjà, répondit Richelieu.

— C'est impossible, un roi ne passe pas inaperçu dans la foule comme un simple gentilhomme; nous l'eussions remarqué.

— Peut-être l'avez-vous vu passer sans savoir que c'était lui, car il est venu incognito, sans aucun desinsignes de son rang, et en pareil cas, vous le savez, l'étiquette veut que chacun se conforme à son désir et le laisse passer sans lui accorder aucune marque de respect.

— Partons, madame, je vous en supplie, partons vite, dit Marianne à sa tante d'une voix émue.

— Vous ne voulez donc pas voir le roi?

— Non, non, je ne le veux.

— Ah! voici mon gentilhomme, s'écria tout à coup la duchesse.

— Celui qui s'est chargé de votre affaire, demanda Richelieu?

— Précisément.

— Je vais donc le connaître enfin, où est-il?

— Là-bas, le voilà qui parle à cette dame vêtue en rose.

Richelieu regarda le personnage que lui désignait la vieille duchesse, puis il partit d'un éclat de rire.

— Qu'avez-vous donc? lui demanda celle-ci.

— C'est là l'homme qui a gagné subitement votre confiance et dans lequel vous avez deviné le plus honnête homme de la cour?...

— En effet.

— Eh bien! duchesse, je déclare votre jugement infaillible et vous affirme que vous ne trouverez ici, ni à la cour, une personne assez osée pour combattre votre opinion, car ce gentilhomme...

— Eh bien? demanda Mme de la Tournelle, en proie à une anxiété inexplicable.

— Eh bien! belle Marianne, répondit Richelieu, c'est le roi.

Les deux femmes demeurèrent un instant comme atterrées à cette révélation, puis Marianne tirant à elle la duchesse, lui dit d'une voix brève et tremblante:

— Venez, venez, madame.

Elles traversèrent rapidement la foule, et, cinq minutes après, elles étaient dehors.

CHAPITRE VI.
Causeries de cour.

Il y avait cercle à Versailles chez M. d'Argenson, et l'on voyait là les noms le plus en faveur à la cour: MM. de Coigny, de Richelieu, de Villemur, de Cossé, de Senneterre; Mmes de Chevreuse, de la Trémouille, de Ruffec, etc.

C'était la réunion des intimes, qui causaient familièrement entre eux, en attendant la foule des indifférens qui ne devait venir que beaucoup plus tard, car il était à peine huit heures. Il y avait à cette époque trois sujets sur lesquels roulaient presque exclusivement toutes les conversations: les philosophes, le roi et la galanterie.

En ce moment, le roi était sur le tapis; mais il était difficile de parler du roi sans y mêler la galanterie. On disait qu'il avait un nouvel amour dans le cœur. On nommait tout haut l'objet de cette passion, qui, assurait-on, menaçait d'être sérieuse, et chacun donnait son sentiment sur cet événement capital.

— Et vous, duc, demanda M. de Coigny à Richelieu qui avait tout écouté, sans souffler mot, vous qui connaissez la dame, quel est votre avis sur la conclusion de ce petit roman?

— Le cœur des femmes est quelque chose de si bizarre, répondit Richelieu, qu'on peut tout en attendre, même un acte de vertu.

— Alors, vous croyez que le roi trouvera de la résistance?

— Quelle est la femme qui ne résiste pas toujours un peu?

— Vous pensez donc que Mme de la Tournelle...

— Je pense, dit Richelieu avec un sourire, que Mme de la Tournelle est de la famille de Nesle, et par conséquent née sous l'étoile de Vénus.

— Dites donc tout de suite, s'écria Mme de Ruffec, d'un ton un peu bref, que vous ne doutez pas que nous ne l'ayons bientôt pour sultane favorite.

— C'est, au contraire, une chose dont je doute toujours, répliqua Richelieu, depuis que j'ai vu tant de femmes charmantes occuper cette haute position quelques heures à peine, et retomber aussitôt au rang des plus simples mortelles.

M@@ de Ruffec se mordit les lèvres, car personne n'ignorait que, dans l'espoir de supplanter M@@ de Vintimille, elle avait été fort prodigue de ses faveurs envers Louis XV, qui l'avait délaissée très promptement.

— Au surplus, reprit Richelieu en jetant un regard du côté de d'Argenson, il y a à la cour un homme qui pourrait vous renseigner beaucoup mieux que moi à cet égard, car c'est lui qui s'est chargé de conclure cette affaire au gré du roi et je sais de bonne source qu'il a déjà fait quelques tentatives près de la belle marquise ; il pourrait nous dire comment elles ont été accueillies.

Tous les regards se tournèrent du côté de d'Argenson, qui se mit à contempler le bout de son soulier avec un air de profonde rêverie.

— Si je sais bien compter, dit alors M@@ de Chevreuse, qui se trouvait exactement dans les mêmes conditions que M@@ de Ruffec, voilà trois demoiselles de Nesle qui jouent tour à tour le rôle de quasi reines de France : M@@@ de Mailly, de Vintimille et de Lauraguais...

— Oh ! celle-ci compte pour si peu ! murmura Richelieu entre ses dents.

— Avouez, messieurs, que c'est assez de scandale comme cela et qu'il serait intolérable d'en voir un quatrième prendre la succession de ses trois aînées.

— Je dirai plus, s'écria Cossé, ce serait une injustice criante, car enfin, nous avons tous les mêmes droits à la faveur insigne dont Sa Majesté persiste à honorer la famille de Nesle à l'exclusion de toutes les autres !

— Mon cher Cossé, dit M@@ de Chevreuse d'un ton piqué, je vous engage à renoncer au rôle de plaisant; il faut de l'esprit pour y réussir.

— Comme il faut de la beauté pour captiver le cœur d'un roi, riposta Cossé en s'inclinant profondément.

— M. d'Argenson, demanda M@@ de Ruffec au ministre, si vous savez par hasard quelque chose de cette affaire, tirez-nous donc de la cruelle incertitude où vous nous voyez tous plongés.

M. d'Argenson releva lentement sa tête, dont la laideur avait quelque chose à la fois de répulsif et de terrible, et dardant sur la comtesse ses petits yeux noirs, qui semblaient toujours distiller comme un venin de haine et de méchanceté :

— Mais, dit-il, je ne sais absolument rien, et voilà la première fois que j'entends faire ces conjectures sur le roi et M@@ de la Tournelle.

— Eh bien, pour un ministre, c'est jouer de malheur, dit Richelieu, car vous ignorez ce que tout le monde sait depuis huit jours.

— Je comprends, monsieur le duc, répondit d'Argenson, que ce soit là une importante affaire et une bonne fortune pour tous les oisifs de la cour, mais...

— Mais, ajouta Richelieu, quand on a sur les bras les affaires de l'Etat, quand on joint à ces hautes préoccupations un caractère essentiellement grave et moral, on ne peut guère se mêler à des intrigues de cette nature.

— M. de Richelieu vient de répondre pour moi, dit d'Argenson en feignant de prendre au sérieux ce que le duc venait de dire avec une ironie trop évidente pour qu'il fût permis de s'y tromper.

— Eh bien, mesdames, dit Richelieu, c'est moi qui aurai pitié de vous, car je veux bien vous avouer que j'en sais un peu plus sur ce point que notre austère d'Argenson.

— Parlez ! mais parlez donc, cher duc ! s'écrièrent à la fois toutes les dames.

— Vous êtes toutes bonnes, reprit Richelieu en regardant les femmes avec ce sourire fin et railleur qui donnait à sa physionomie une expression si spirituelle ; vous vous intéressez donc toutes à M@@ de la Tournelle et seriez ravies, j'en suis sûr, de voir sa vertu sortir triomphante de cette épreuve.

— Comment donc ! certainement !... Cette chère marquise !... Pauvre petite femme ! s'écrièrent dix voix sur dix tons différens.

— Vous surtout, dit le duc à M@@@ de Chevreuse et de Ruffec, vous seriez heureuses de la voir échapper au piège où le roi voudrait prendre son innocence.

— Je le désire sincèrement et sans arrière pensée, je vous jure, répondit M@@ de Ruffec.

— Eh bien, mesdames, s'écria Richelieu, d'un air triomphant, réjouissez-vous donc, car il ne serait pas impossible que vos vœux fussent exaucés.

— En vérité !
— Comment cela ?
— C'est ce que je vais vous dire. Quelques unes de vous, mesdames, se rappel-

lent sans doute avoir vu quelquefois dans les galeries de Versailles, il y a huit ans de cela, vous étiez encore enfans, cela va sans dire, un petit jeune homme de quinze ans environ, qui déjà annonçait devoir être un jour un fort joli garçon, ma foi, et qu'on nomma le chevalier de Mailly.

— Le cousin des demoiselles de Nesle ?
— Oui, sans doute.
— Je l'ai connu.
— Il m'en souvient fort bien.
— Eh bien, mesdames, il advint que ce petit chevalier, qui avait quinze ans et Mlle Marianne de Nesle, qui en comptait bien treize alors, s'éprirent sérieusement l'un de l'autre et se jurèrent une foi mutuelle.
— Voilà qui est merveilleux ! s'écria Mme de Chevreuse.
— Le plus merveilleux, reprit Richelieu, c'est qu'ils restèrent tous deux fidèles à leur serment : car personne n'ignore ici que Marianne épousa M. de la Tournelle contre son gré, et, séparés l'un de lautre par un espace de deux mille lieues, ils s'adorent, au bout de huit années, comme aux premiers jours de cette belle passion.
— Comment, monsieur de Richelieu, s'écria Mme de Ruffec, c'est vous qui avez la simplicité de voir dans un adolescent qui soupire à deux mille lieues d'ici, un obstacle aux projets du roi !
— Moi ! s'écria Richelieu, le ciel me préserve de tomber dans une telle erreur et de méconnaître à ce point le cœur des femmes ! Non, je ne la crois pas plus capable qu'aucune autre de son sexe d'un pareil trait d'héroïsme.
— Alors, que voulez-vous dire ?
— C'est ce que vous sauriez déjà, belle dame, si vous m'eussiez laissé achever au lieu de m'interrompre. J'ai su depuis peu, par quelqu'un qui le tient de bonne source, que Mme de la Tournelle, effrayée des dangers auxquels l'expose son état de veuve jeune et belle, se rappelant plus vivement que jamais cette passion dont une union n'a fait qu'accroître la puissance, avait écrit à de Mailly, pour lui apprendre qu'elle était libre et l'engager à venir près d'elle, s'il était vrai que ses sentimens eussent résisté à l'absence. Or, maintenant, toute la question est là : le chevalier viendra-t-il, ou ne viendra-t-il pas ?... S'il revient amoureux de sa cousine, il y a mille à parier contre un qu'il fera échouer les projets du roi, si habiles que soient les gens qui s'emploient à cette délicate négociation, car c'est, dit-on, un jeune homme d'un grand caractère, sérieux, énergique et inflexible sur l'honneur.

— Tout cela est fort rassurant, en effet, pour la marquise, si ce précieux renfort lui arrive, dit la duchesse de Chevreuse; mais que de chances pour qu'il ne vienne pas !.. D'abord, c'est un miracle que Mme de la Tournelle soit demeurée huit ans fidèle au même amour ; mais est-il probable que le même miracle se soit produit du côté du chevalier qui est dans toute la fougue de la jeunesse, vivant, seul, dans un pays où les mœurs sont plus faciles que chez nous, et avec la conviction que celle qu'il aimait était à jamais perdue pour lui ? Qui sait s'il n'est pas marié et déjà père, ou tout au moins s'il n'a pas laissé prendre son cœur à un autre amour ? Avouez que cette supposition est beaucoup plus raisonnable que celle d'une fidélité dont il pouvait se croire dégagé en toute conscience.

L'opinion de Mme de Ruffec fut généralement adoptée et l'on décida tout d'une voix que si le roi n'avait d'autre obstacle à redouter que le retour de ce cousin, il était assuré du succès.

Richelieu allait répliquer pour soutenir son opinion quand un valet ouvrit la porte et annonça :

— M. le chevalier de Mailly !

A ce nom, tous les regards se dirigèrent avec une expression de vive curiosité, vers le personnage qui arrivait là à la façon d'un héros de conte de fée.

Mais il se mêlait à cette curiosité une sympathie anticipée pour celui dans lequel on s'attendait à retrouver cette figure pâle, un peu basanée, à la fois fière et sérieuse, qui le faisait déjà remarquer à un âge où généralement le jeune homme commence à peine.

Le chevalier entra, et alors un autre effet de surprise éclata sur tous les visages, quand on vit un jeune homme qui paraissait embarrassé dans ses vêtemens comme s'il n'y était pas accoutumé, et dont les traits bronzés avaient une beauté étrange et une énergie sauvage qui devaient choquer le goût délicat et la politesse raffinée des courtisans de Louis XV.

A ce portrait, nos lecteurs ont déjà reconnu l'aventurier Djaïlar.

— Messieurs, mesdames, — dit celui-ci en s'inclinant avec une gaucherie plus naïve que ridicule, — j'ai l'honneur de vous saluer. Lequel de vous, je vous prie, est M. d'Argenson ?

Le ministre qui lui avait jeté un regard à la dérobée, se leva et vint à sa rencontre.

— Il a d'étranges façons, dit tout bas Mme de Ruffec à Richelieu.

— C'est peut-être du meilleur goût dans un pays de sauvages, répondit le duc, mais du diable si je l'aurais reconnu !

Djaïlar, croyant soutenir dignement son rôle de gentilhomme, s'inclina encore une fois devant d'Argenson, qui répondit par un léger salut ; puis tirant une lettre de sa poche :

— Mille pardons, monsieur, lui dit-il, si j'ai pris la liberté de me présenter devant vous avant de vous écrire ; mais j'avais à vous remettre une lettre de la part de M. le gouverneur de Madras, et je n'ai pas voulu retarder d'une heure le plaisir de voir de près un homme dont la réputation a franchi les mers et est venue jusqu'à nous.

— Comment donc, dit Mme de Ruffec, mais il entend fort bien la flatterie, ce prétendu sauvage.

— Je le reconnais de moins en moins, dit Richelieu.

Quant au ministre, il répondit au compliment du chevalier par un sourire qui signifiait évidemment :

— C'est donc là cet homme qu'on nous peignait comme une barre d'acier !

Il prit la lettre et la déposant sur un meuble :

— Si vous daignez le permettre, M. le chevalier, dit-il à Djaïlar, nous remettrons à demain les affaires sérieuses, et si vous voulez nous être agréable à tous, vous ne refuserez pas de passer cette soirée avec nous.

Djaïlar protesta qu'il se trouvait fort honoré d'une offre pareille, mais que, malheureusement, un devoir impérieux l'appelait ailleurs.

— Eh quoi ! monsieur le chevalier, vous nous quittez ainsi après huit années de séparation ! lui dit Richelieu. Vous êtes entouré d'amis ici ; voici MM. de Cossé, d'Epernon, de Senneterre, Mmes de Ruffec, de la Tremouille, de Chevreuse, qui vous ont connu tout jeune homme, et qui seront enchantés, ainsi que moi, duc de Richelieu, de renouer connaissance avec vous.

— Je me rappelle fort bien les noms que vous venez de prononcer, et le vôtre particulièrement, monsieur le duc, répondit Djaïlar après une légère pause ; mais j'étais si jeune quand j'ai quitté la France, et j'ai vu tant de choses, tant d'événemens ont traversé ma vie pendant les huit années que j'ai passées loin de mon pays, que vous me pardonnerez tous de n'avoir conservé de vos traits qu'un vague souvenir.

— Ah çà, dit d'Epernon avec un étonnement naïf, on vit donc loin de Paris ? il se passe donc des événemens loin de Marly et de la cour ?

Djaïlar se tourna vers d'Epernon, et après l'avoir toisé quelques instans en silence,

— On m'a assuré, monsieur, lui dit-il, et je crois me souvenir qu'à Versailles et à Marly, la question de savoir qui porterait le bougeoir du roi ou s'acquitterait de tout autre office de même nature est considérée comme une grande affaire et met en jeu toutes les ambitions ; ceci est admirable, du plus haut intérêt, et je ne prétends pas dire qu'il se passe jamais rien de pareil dans les Indes ; mais enfin nous avons là aussi des événemens qui, sans avoir cette importance, suffisent pour occuper des esprits naïfs comme les nôtres.

— Ce doit être curieux, reprit d'Epernon, et vous devriez bien, chevalier, nous régaler de quelque aventure indienne, ne fût-ce que pour la comparer à ces petites intrigues de cour que vous raillez si bien.

— Volontiers, monsieur, répondit Djaïlar, mais je doute que mon récit vous plaise, car vous n'y trouverez ni intrigue amoureuse, ni duel au premier sang, ni assaut de rubans et de dentelles.

— Ne sais-je pas que les Indiens sont des sauvages, dit d'Epernon, allez toujours.

Djaïlar s'assit, sur l'invitation du duc de Richelieu, et commença aussitôt :

— Messieurs, demanda-t-il d'abord, avez-vous jamais vu des éléphans ?

— Pardieu ! dit Cossé, ce n'est pas une grande merveille ; il y en a deux au Jardin du Roi.

— Si vous n'avez vu que ceux-là, répliqua Djaïlar d'un ton ironique, vous ne savez pas ce que c'est que l'éléphant. Pour le connaître dans sa force et dans sa beauté, car, comme toute chose en ce monde, il est beau, vu dans le milieu qui lui convient ; pour cela, il faut le rencontrer en liberté, il faut avoir été à même de contempler le spectacle de ses colères dans les luttes formidables qu'ils se livrent entre eux ou qu'ils soutiennent contre le lion, leur ennemi naturel.

— Un pareil coup d'œil est fort séduisant sans doute, dit M. de Cossé, mais qui donc peut se flatter de l'avoir jamais vu ?

— Moi, monsieur, répondit Djaïlar.

— Vous ! ah ! çà, vous avez donc vécu au milieu d'eux ?

— Une année entière.

— Vous étiez une troupe nombreuse alors ?

— J'étais seul.

Tout le monde regarda Djaïlar avec admiration, et il y avait tant d'audace et d'intrépidité sur son visage, que nul ne songea à douter du fait, si extraordinaire qu'il parût.

— C'est vers le déclin du jour, reprit Djaïlar, que j'arrivai, seul, au centre de la vaste et sauvage solitude où vivait tout un peuple d'éléphans et que n'osaient traverser les caravanes les plus nombreuses et les mieux armées. L'horizon, d'un rouge sanglant, teignait de reflets sinistres la vallée de granit que je dominais du haut de l'une des montagnes arides et dentelées qui l'entouraient comme des fantômes. Après avoir embrassé d'un coup d'œil l'ensemble de ce paysage grandiose et terrible, où jamais peut-être un pied humain ne s'était posé avant le mien, mes regards furent attirés vers l'extrémité opposée à celle que j'occupais par une centaine d'éléphans dont les masses grises se dessinaient vigoureusement sur les parois rougeâtres de la montagne, et qui couraient en tous sens en agitant leurs trompes comme s'ils eussent été atteints de folie. Frappé d'un fait aussi extraordinaire, aussi opposé au caractère essentiellement grave et réfléchi de l'éléphant, je marchai vers eux après avoir pris la précaution d'étudier la direction du vent, car ces animaux ont le flair d'une exquise délicatesse, et dix minutes après j'arrivai à cent pas de la troupe. Je vis alors, vers l'endroit où ils s'agitaient si étrangement, une vingtaine d'arbres dont les fruits, quand ils ont fermenté quelques jours sur le sol, ont la propriété d'enivrer les éléphans, qui sont très friands de ce régal. Je compris tout, alors, et préparai mes armes, dans le but de mettre à profit cette circonstance providentielle. Grâce à leur état d'ivresse, je pus encore me rapprocher d'eux sans danger, et, caché derrière un angle de roche, j'attendis tout à mon aise le moment où je pourrais tirer à coup sûr. L'occasion ne tarda pas à se présenter : quatre éléphans vinrent bientôt se reposer à trente pas de ma retraite, en me présentant le flanc, de sorte que je pouvais les viser à l'oreille, seul point vulnérable chez ces animaux, dont les boulets seuls peuvent entamer la carapace de bronze.

Après m'être assuré, par un dernier coup d'œil, que les pentes du rocher où je me tenais blotti étaient assez escarpées pour me mettre à l'abri de l'ennemi, j'abaissais mon arme et allais lâcher mon coup, lorsque j'entendis un léger bruit, bientôt suivi d'une respiration bruyante. Je me retourne et demeure pétrifié à l'aspect de trois lions qui passaient à dix pas de moi, trois lions énormes, à la crinière noire et touffue. Je disposai aussitôt mes armes autour de moi, quoique bien assuré d'avance de laisser ma vie dans une lutte aussi inégale ; mais à ma grande surprise, les lions passèrent sans me voir, le muffle en avant et aspirant avec force les émanations qui venaient d'en bas. Cinq minutes après, ils arrivaient en face des quatre éléphans qui s'étaient isolés de la troupe, et je fus témoin de la plus effroyable mêlée que j'aie jamais vue. Un éléphant eut sa trompe arrachée par les griffes et les dents d'un lion, et les deux autres lions furent éventrés par les défenses de leurs terribles ennemis. Cependant trois éléphans restèrent morts sur la place, mais tués par trois balles parties de mon fusil, qui avait joué son rôle dans la bataille. Je voyais donc pour résultat de cette affaire six défenses d'ivoire et deux peaux de lion, et je me hâtai de descendre pour m'en emparer. J'étais en train de dépecer la tête d'un éléphant, quand j'en vis un autre arriver sur moi avec un grondement de mauvais augure. Avec un pareil adversaire il fallait tuer ou être tué. Cette pensée me rendit tout mon sang-froid, et m'élançant sur lui avant qu'il n'eût relevé la tête, je lui enfonçai mon poignard dans l'œil. Le monstrueux animal bondit de douleur et se mit à tourner sur lui-même en faisant retentir la vallée de ses cris. Alors le voyant incapable de se défendre, je revins à la charge et lui logeai dans l'oreille la balle de mon pistolet, puis je me mis à gravir rapidement la montagne qui m'avait servi de retraite, afin d'échapper à toute la troupe qui accourait aux cris du blessé. Voilà l'histoire de mon premier duel avec les éléphans, messieurs, dit Djaïlar en achevant son récit, et je crois que ces sortes d'événemens ont bien autant d'attrait que toutes les questions d'étiquette et de préséance qui composent la vie d'un courtisan.

— Et ces luttes se renouvelaient fréquemment ? demanda Richelieu.

— Tous les jours, M. le duc, car il me fallait une certaine quantité d'ivoire pour faire ma fortune. Enfin, au bout d'une année, j'avais atteint le chiffre que je m'étais proposé, et je quittai le désert après avoir tué cinq cents éléphans.

— Allons, messieurs, s'écria Richelieu, il faut avouer qu'il y a dans une pareille vie des émotions que nous ne soupçonnons même pas ici, et je reconnais maintenant au chevalier le droit de rire des petits riens dont nous faisons de grandes affaires.

— Maintenant, messieurs, dit alors Djaïlar en se levant, permettez-moi de prendre congé de vous, car je vous l'ai dit, je ne puis demeurer davantage.

— Déjà quelque aventure galante, je le parierais, dit d'Epernon.

— Vous perdriez, monsieur, répondit Djaïlar, car c'est chez ma cousine, Mme de la Tournelle, que je me rends en sortant d'ici.

— Ah ! dit vivement d'Argenson.

— Vous comprenez, monsieur le ministre, que la plus simple bienséance exige que j'aille sans retard lui présenter mes hommages, ainsi qu'à Mme la duchesse de Mazarin, ma tante.

— Je comprends cela et ne vous retiens plus, dit d'Argenson ; quant au contenu de cette lettre, nous en parlerons demain, si vous voulez bien venir me voir, je serai à vous à telle heure qu'il vous plaira.

Djaïlar le remercia, puis salua et sortit.

Dès qu'il fut dehors, il respira à pleine poitrine.

— Que le ciel les confonde avec tout leur cérémonial ! s'écria-t-il en marchant au hasard devant lui, et dans le seul but de jouir de la liberté qu'il venait de reconquérir. Ces gens-là ont une façon de respirer et de sourire, de parler et de se taire qui leur est toute particulière et dont il faut faire une étude approfondie avant de se risquer dans leurs salons. Par la dent de Bouddha, je me sentais là aussi mal à l'aise que si j'eusse eu une montagne sur les épaules !

Il s'arrêta tout court dans sa marche, et jetant des regards de côté et d'autre :

— Ah ! çà, dit-il, ce n'est pas en marchant toujours ainsi devant moi que j'arriverai au cabaret de la *Pomme-d'Eve*, où m'attend mon ami Tom Jack.

Il accosta un passant et le pria de lui dire s'il était loin de la rue des Prouvaires.

— Vous êtes ici rue Saint-Denis, c'est à dire tout près de celle des Prouvaires, lui répondit le passant.

Et il lui indiqua le chemin qu'il devait suivre pour se rendre à sa destination.

Quelques instans après, Djaïlar entrait dans la grande salle du cabaret de la *Pomme-d'Eve*.

CHAPITRE VII.
Le Cabaret de la Pomme-d'Eve.

Cette salle était une pièce assez vaste, mais basse, sombre, enfumée, dont le plafond était soutenu par d'énormes piliers mal équarris et enduits d'une couche de graisse noire et luisante qu'ils devaient au frottement des habitués de cette maison. Des chandelles étaient collées çà et là, à ces ignobles piliers et jetaient sur les buveurs une clarté douteuse, une lueur jaune et maladive, qui donnait à tous ces profils quelque chose d'étrange et de sinistre.

Djaïlar descendit trois marches, car le sol de cette pièce était de deux pieds au-dessous du niveau de la rue ; puis il s'arrêta, étendit la main au-dessus de ses yeux et tâcha de distinguer quelque chose dans l'espèce de brouillard épais et terne à travers lequel il voyait vaguement se dessiner quelques silhouettes fantastiques. Heureusement, Tom Jack l'avait vu entrer. Il vint aussitôt à lui.

— Eh bien ? dit-il en l'abordant.
— Eh bien... rien ! répondit Djaïlar.
— Comment, le ministre a refusé ?
— Pas du tout.
— Mais alors.....
— Je n'ai pu lui parler du but de ma visite, attendu qu'il était entouré de seigneurs et de grandes dames.
— Comment vous a-t-il reçu ?
— Admirablement.
— Et votre titre de chevalier de Mailly ?
— A passé sans la moindre difficulté comme je l'avais prévu ; on a bien trouvé le chevalier quelque peu changé de mine et de manières, mais on a attribué cela tout naturellement au climat brûlant des Indes et aux nouvelles habitudes qu'il avait dû prendre dans un pays barbare.
— Quand reverrez-vous le ministre ?
— Demain.

Tom Jack garda le silence quelques instans.

— Diable ! fit-il enfin, voilà qui complique désagréablement la situation ; il faut faire figure, et vous n'avez pas dix écus. Comment nous tirer de là ? Le problème serait difficile à résoudre, seigneur Djaïlar, si vous n'aviez à votre service l'expérience de votre ami Tom et sa grande connaissance des ressources qu'offre Paris. Ma modestie souffre d'un pareil aveu ; mais ce n'est qu'en dessinant nettement les positions qu'on peut se tirer d'affaire. Je connais mon Europe comme vous connaissez votre Pandjab, et vous reconnaîtrez bientôt qu'il est heureux pour vous que je me sois entêté à vous suivre.

— J'en suis déjà convaincu, mon cher Tom.

— C'est possible, mais, en tout cas, il n'y a pas longtemps, car, si vous voulez me permettre d'aider votre mémoire, vous m'avez fait un accueil peu cordial quand je m'offris brusquement à votre vue, il y a trois jours.

— Bah! une distraction.

— Oui, dit Tom Jack avec ironie, vous vouliez me presser dans vos bras et c'est par distraction que vous vous êtes emparé d'un pistolet et m'avez visé à la tête; toujours ces diables de pistolets !

— Que veux-tu? la force de l'habitude.

— Bref, j'eus beaucoup de peine à obtenir de Votre Grandeur qu'il lui plût de vouloir bien ne me casser la tête qu'après m'avoir accordé cinq minutes d'entretien.

— Tu vois que je ne suis pas aussi féroce que tu le prétends.

— J'ai admiré cet acte de clémence, même après vous avoir prouvé que vous ne pouviez qu'y gagner. C'est une justice que je me plais à rendre à votre intelligence, seigneur Djaïlar, vous avez tout de suite compris l'énorme différence qu'il y avait entre la législation pandjabienne et la législation française, ainsi que le désagrément qui pouvait résulter pour vous d'une balle logée dans la tête d'un chrétien. Et quel chrétien ! Un ami tout dévoué qui vous dit: Seigneur Djaïlar, j'ai traversé les mers tout exprès pour venir vous aider dans vos projets, que j'ai parfaitement devinés, quoique vous m'ayez fait l'injure de vous cacher de moi. Vous vous êtes emparé des papiers du chevalier de Mailly, vous l'avez entraîné ensuite dans une chasse dangereuse, d'où vous êtes revenu seul ; puis vous êtes parti le même jour, sans même vous informer de ce qu'était devenu le corps de cette pauvre Naoudah, si mystérieusement enlevé de votre demeure. Donc vous êtes venu en France dans le but de vous faire passer pour le chevalier de Mailly, d'épouser sa cousine, qui est noble, riche, et dont les trois sœurs ont été maîtresses du roi, et de vous faire de tout cela un marche-pied pour arriver à une fortune au niveau de votre ambition. Voilà vos vues, seigneur Djaïlar, et si je viens vous dire que je les ai pénétrées, c'est pour vous offrir mon concours que votre étrange position et votre ignorance des mœurs et des coutumes françaises vous rendent indispensable. Mais comme vous pourriez vous défier de mes intentions et vous croire intéressé à m'envoyer rejoindre mes ancêtres un peu plus tôt que je n'en éprouve le désir, je crois devoir vous prévenir que ma mort serait votre perte et que quelques heures après Mme de la Tournelle et sa famille connaîtraient à fond toute l'histoire du prétendu chevalier de Mailly, y compris la chasse au lion et ses résultats.

Si je ne fais erreur, seigneur Djaïlar, voilà à peu près en quels termes j'eus l'honneur de vous offrir mes services et de vous exposer l'intérêt que vous aviez à les accepter, au lieu de me traiter en ennemi. C'est ce que vous avez parfaitement compris, et j'aime à penser que, depuis, vous n'avez pas eu à vous repentir de cette alliance, dont vous avez reconnu plus d'une fois l'utilité. Vous avez le courage, la fierté et l'audace qui vous sont nécessaires dans le rôle du haut personnage dont vous usurpez le nom et le titre ; moi, je possède toutes les qualités, c'est-à-dire tous les vices désirables chez un complice destiné aux opérations secondaires, souterraines et équivoques, dans lesquelles vous ne pouvez compromettre votre caractère de gentilhomme. Vous voyez que si vous m'êtes indispensable, je vous suis fort utile, et que nous ne pouvons guère arriver à la fortune qu'appuyés l'un sur l'autre, car vous m'avez solennellement promis de me remorquer à votre suite dans le brillant essor que vous allez prendre, et de me faire, bien au-dessous de vous, cela va sans dire, une position convenable, en rapport avec mes goûts simples et modestes.

— Vous vous exprimez avec une clarté et une élégance dont je vous fais mon compliment, maître Tom, et je ne puis qu'approuver tout ce que vous venez de dire, en vous renouvelant la promesse de vous attacher à ma fortune. Mais il me semble que le moment de jouer votre rôle est arrivé et que vous ne sauriez trouver une meilleure occasion de déployer vos facultés de complice subalterne. J'ai besoin de faire figure, comme vous dites, mais l'argent manque, il s'agit d'en trouver et cette tâche rentre dans vos attributions.

— Oui, oui, dit Tom Jack, l'argent c'est là le plus pressé. Vous voyez le ministre demain, dites-vous ?

— Oui, demain.

— Si bien disposé qu'il soit, il n'est pas probable que nous en tirions une obole d'ici à quelque temps, et d'autre part votre arrivée à Paris étant connue, vous ne pouvez retarder d'un seul jour votre visite à une cousine dont il est si important d'entretenir les illusions amoureuses; il faut donc trouver un autre moyen.

— J'avoue que la chose me paraît plus difficile ici que dans les Indes.

— Là bas, il fallait de l'audace, c'était votre affaire ; ici, il faut de l'habileté, cela me regarde. Venez.

Il entraîna Djaïlar dans un des coins les plus tristes et les plus mal éclairés de l'ignoble salle ; et s'adressant à une manière de paysan, auquel une ceinture de cuir, gonflée d'écus, donnait la mine d'un riche marchand de bœufs,

— Bonjour, maître Dubourg, lui dit-il, permettez-moi de vous présenter le meilleur de mes amis, un jeune gentilhomme, porteur d'un des plus beaux noms de la noblesse française et ruiné par une succession de malheurs inouïs jusqu'alors.

Djaïlar et le marchand de bœufs se saluèrent, puis Tom-Jack ajouta:

— Je vous dirai, maître Dubourg, qu'il m'a toujours répugné de jouer dans des lieux équivoques et avec des gens qui me sont inconnus, mais je n'ai pas eu besoin d'échanger quatre mots avec vous, pour reconnaître que vous étiez, ainsi que moi, fourvoyé par hasard dans ce cabaret d'assez mauvaise apparence, et je n'hésiterais pas à faire avec vous une partie de dés, si cette distraction vous était agréable.

Le marchand de bœufs regarda Tom Jack avec de grands yeux bleus qui donnaient à sa grosse face rouge et rebondie une vague ressemblance avec les naïfs quadrupèdes dont il faisait l'objet de son commerce. Puis frappant un coup de poing sur la table,

— Eh bien! ça va, dit-il, vous me faites l'effet d'un brave et honnête garçon, et j'accepte avec plaisir; d'autant plus que je vous avouerai tout franchement que j'aime beaucoup à jouer; mais à des jeux où le hasard seul décide et qui ne demandent ni esprit, ni finesse, comme le jeu de dés, par exemple.

— Comme cela se trouve! s'écria Tom Jack, je n'aime pas d'autre jeu que celui-là.

— J'en raffole tellement, s'écria maître Dubourg, que j'en porte toujours un jeu sur moi.

Et il tira d'un air triomphant un cornet et trois dés de sa poche.

— Pardieu! s'écria à son tour Tom Jack, il serait difficile de pousser plus loin la sympathie.

Il mit la main à la poche et déposa également sur la table un cornet et trois dés.

— Voyons, qu'est-ce que nous jouons ? dit Dubourg.

— Ce que vous voudrez, répondit superbement Tom Jack.

— Un écu, ça va-t-il ?

— Ça va.

— Commencez!

— Je n'en ferai rien. A vous, monsieur Dubourg!

— Comme vous voudrez.

Dubourg jeta ses dés et amena un brelan d'as.

— Peste! le coup est heureux, s'écria Tom Jack, et mon écu est bien aventuré.

Il jeta les dés à son tour.

— Brelan de deux, s'écria-t-il d'un air tout stupéfait,

Il empocha l'écu du marchand de bœufs.

— La chance commence bien pour vous, dit M. Dubourg, mais c'est égal, si vous voulez jouer un louis, je suis votre homme.

— Va pour un louis!

Dubourg joua.

— Dix-sept, dit-il.

— Pour le coup, je suis perdu, s'écria Tom Jack, agitant son cornet.

Et il lança les dés.

— Seize !

— A moi le louis ! dit Dubourg.

Il s'empara de son butin et recommença à jouer; cette fois il amena brelan de trois.

Tom Jack eut l'air effrayé, mais il gagna avec un brelan de quatre, et reprit le louis qu'il venait de perdre.

— Ce qu'il y a d'étonnant! s'écria Dubourg d'un air naïf, c'est que nous amenons toujours les plus beaux coups du jeu.

— C'est une chance assez bizarre, en effet, répliqua Tom Jack en jetant un regard défiant au marchand de bœufs.

Le jeu reprit de plus belle, et les brelans se succédèrent des deux côtés avec une persistance inouïe, si bien qu'après plus de quarante coups les deux joueurs se trouvaient comme au début, n'ayant ni perdu, ni gagné. Alors Tom Jack mit brusquement son cornet et ses dés dans sa poche, et regardant le marchand de bœufs d'un air narquois :

— Tenez, monsieur Dubourg, lui dit-il, restons-en là ; je ne suis pas l'homme que vous cherchez et vous n'êtes pas celui qu'il me faut.

— Eh bien ! franchement, riposta Dubourg en rempochant aussi ses dés, vous avez raison, et je commence à croire que nous jouerions bien vingt-quatre heures comme cela sans nous trouver plus riches qu'en commençant.

— Je vous avais mal jugé, M. Dubourg; je vous en demande mille pardons!

— Et moi, répliqua Dubourg en s'inclinant, je vous ai pris pour ce que vous n'êtes pas, et vous prie d'en recevoir mes excuses.

— Décidément, s'écria Tom Jack avec un profond sentiment de dégoût, le cabaret de la *Pomme-d'Eve* est un mauvais lieu, un repaire infâme, on n'y trouve pas un seul honnête homme, il n'y a rien à faire par là.

— Par ma foi! maître Tom, dit Djaïlar qui avait suivi tous les incidens de cette scène sans proférer une parole, il faut avouer que vous venez de me donner là un triste échantillon de ces rares talens dont vous m'avez fait un si bel éloge.

— Que voulez-vous? répliqua Tom en jetant un regard d'indignation du côté de Dubourg, on ne sait plus à qui se fier.

— Et maintenant quelles sont tes ressources?

— Sortons d'ici, peut-être serai-je plus heureux ailleurs; à moins que le diable ne s'en mêle, nous ne trouverons pas partout des chenapans comme ce Dubourg, un homme que je couvais depuis trois jours et avec tant de confiance! le misérable m'a indignement trompé.

— Bah! dit Djaïlar, d'un ton ironique, il n'est pas digne de ta colère, abandonne-le à ses remords et allons chercher fortune ailleurs.

Ils allaient sortir, quand Dubourg, tirant Tom Jack par le pan de son habit:

— M. Tom! lui dit-il.

— Qu'est-ce? répondit celui-ci avec humeur.

— Je veux vous dédommager du désappointement que je viens de vous faire éprouver.

— Comment cela?

— Tenez, voyez-vous cet homme qui entre et se place là bas, à cette petite table?

Tom Jack regarda et il aperçut un homme d'une cinquantaine d'années, aux cheveux gris, courts et drus comme une brosse, aux joues creuses, aux yeux noirs et vifs, à moitié recouverts par d'épais sourcils noirs, et dont les moustaches grises et rudes semblaient tout d'un morceau. Il s'assit dans un coin d'un air sombre et bourru, s'accouda brusquement sur la table et jeta autour de lui des regards qui n'avaient rien de rassurant.

— Qu'est-ce que c'est que ça? demanda Tom Jack à Dubourg.

— C'est une espèce de capitaine espagnol, dont la femme, jeune et jolie, fatiguée un beau jour de son humeur farouche, le planta là pour courir le monde avec un Français. Depuis ce jour, ce vieil enragé a pris en haine toute la nation française, et recherche avec ardeur les occasions de duel. Il en a déjà eu huit, dans lesquels il a attrapé trois blessures et tué six adversaires, car c'est un terrible spadassin que le capitaine Santa-Cruz. Proposez-lui une partie de dés, il acceptera avec joie dans l'intention d'en faire surgir quelque motif de duel, que vos habitudes ne tarderont pas à lui fournir, et la partie s'achèvera sur le terrain. Si vous en sortez triomphant, le gain vous reste, et vous avez en outre la satisfaction d'avoir délivré la société d'un dangereux personnage.

— C'est fort bien; mais pourquoi ne pas vous donner vous-même cette satisfaction?

— Oh! moi, dit Dubourg, je suis d'un naturel pacifique.

— Et moi, répliqua Tom Jack, mes principes me défendent de verser le sang.

— Maître Tom, dit Djaïlar à celui-ci, faites ce que vous conseille M. Dubourg.

— Mais... balbutia Tom.

— Jouez votre rôle, maître Tom; le mien, à moi, mon rôle de gentilhomme, est de me battre à l'occasion, et je m'en souviendrai.

— Nous pourrions trouver ailleurs...

— Du tout, je me sens au cœur une haine violente contre cet homme; il a tué six adversaires; je serai le septième ou je le tuerai à mon tour.

— C'est une folie, mais vous le voulez...

Et Tom Jack s'approcha du capitaine espagnol, qui lui jeta un regard sinistre à travers les touffes épaisses de ses sourcils noirs.

— Seigneur Santa-Cruz, lui dit Tom en le saluant humblement, voudriez-vous me faire l'honneur d'accepter une partie de dés?

L'Espagnol toisa insolemment Tom Jack d'abord, puis Djaïlar qui l'avait accompagné, et après un moment de silence:

— Etes-vous Français? lui demanda-t-il?

Tom Jack hésitait, quand Djaïlar, comprenant le but de cette question, répondit vivement:

— Oui, seigneur Santa-Cruz, il est Français, et moi aussi.

— Vous êtes son ami? demanda le capitaine à Djaïlar.

— Son ami dévoué: sympathies et antipathies, tout est commun entre nous.

— A merveille ! reprit l'Espagnol.

Et s'adressant à Tom Jack :

— J'accepte votre offre, lui dit-il, jouons.

Il demanda un cornet et des dés, qu'un garçon du cabaret lui apporta aussitôt.

— Chacun a ses petites habitudes, lui dit Tom Jack, en tirant de sa poche son cornet et ses dés, j'ai coutume de me servir de ceux-ci, vous permettez donc...

— Oui, certes, répondit l'Espagnol.

La partie commença, et sauf deux ou trois coups à l'avantage du capitaine Santa-Cruz, la fortune fut constamment favorable à Tom Jack, qui se trouva bientôt possesseur d'une somme de vingt-cinq louis.

L'Espagnol perdait avec un flegme et une résignation si admirables que Tom Jack commençait à croire qu'il n'y avait pas un mot de vrai dans l'histoire de Dubourg, quand, posant tout à coup son cornet sur la table :

— Monsieur, dit-il à Tom Jack, veuillez excuser mon indiscrétion, mais je serais curieux d'examiner de près les dés qui vous procurent une chance si soutenue.

— Mais, monsieur, répondit Tom en pâlissant, une telle demande semblerait indiquer de votre part...

— Une curiosité... puérile, si vous voulez, je ne m'en défends pas, mais j'y tiens beaucoup. Soyez donc assez bon pour me les confier.

Et il avança la main pour les prendre, quand Djaïlar, s'en emparant tout à coup :

— Ces dés sont à moi, dit-il, et je défends qu'on y touche.

— Ah ! fit l'Espagnol en fixant sur lui des yeux noirs, étincelans de haine et de colère, et si je vous disais que ces dés sont ceux d'un filou !

— Je me chargerais de vous répondre avec ceci, répliqua Djaïlar en frappant sur le fourreau de son épée.

— Par San-José ! mon patron, s'écria l'Espagnol avec une joie sauvage, je vous jure que vous ne languirez pas longtemps !

Il s'élança au milieu de la salle, tira de son fourreau une longue et lourde épée, et la brandissant aux yeux de Tom Jack, qui en frissonna d'épouvante :

— Patience, lui dit-il, vous en goûterez après votre ami.

— Vous êtes vraiment trop aimable, seigneur Santa-Cruz, lui répliqua Djaïlar, nous n'accepterons pas, et c'est moi qui prétends vous régaler de celle-ci.

Il tira son épée à son tour, et le combat commença aussitôt.

L'Espagnol méritait les éloges que Dubourg avait fait de son habileté ; aussi s'écoula-t-il près de cinq minutes sans qu'aucun des deux adversaires fût atteint. Le premier blessé fut Djaïlar, qui eut le poignet déchiré, mais il n'en continua pas moins la lutte avec la même énergie, ce qui exaspéra son ennemi et lui fit oublier toute prudence, tandis que Djaïlar conservait tout sons ang-froid. Enfin, après être resté longtemps sur la défensive, l'Indien prit l'offensive à son tour, pressa vigoureusement le capitaine, l'accula dans un angle et lui traversa la gorge d'un coup d'épée.

Celui-ci jeta un juron espagnol, lâcha son arme, et se laissa glisser à terre, où il fut bientôt inondé d'une mare de sang.

Djaïlar alors appela le garçon, lui demanda une serviette blanche, essuya soigneusement son épée, et la remettant au fourreau,

— Maître Tom, dit-il à celui-ci, avez-vous les vingt-cinq louis en poche ?

— Oui, monseigneur, répondit Tom Jack tout blême d'émotion.

— Alors, rien ne nous retient plus ici. Partons donc.

Et ils quittèrent tous deux le cabaret de la *Pomme-d'Ève*.

CHAPITRE VIII.

Souvenirs.

Il était deux heures environ. Mᵐᵉ de la Tournelle était seule avec Mᵐᵉ de Merville, sa cousine, dans le vaste salon où nous les avons déjà vues, et qui ouvrait d'un côté sur le parc, et de l'autre sur un beau jardin dessiné à la française, suivant la mode d'alors.

— Marianne, dit tout à coup la comtesse à sa cousine dont les regards erraient au loin avec une expression de profonde mélancolie, tu parais bien triste aujourd'hui... qu'as-tu donc ?

— Je suis triste en effet, ma chère Louise, répondit Marianne, et j'ai pour cela deux raisons : la première, c'est cette offre qui m'a été faite par M. d'Argenson d'assister aux fêtes de Marly, dont il m'a fait entendre qu'il ne tenait qu'à moi de devenir la reine.

— Eh bien ! tu as refusé, de quoi t'inquiètes-tu ?

— J'ai refusé, il est vrai, mais je me dis avec épouvante que cet incident est un pas de plus vers l'accomplissement de cette prédiction fatale que j'ai toujours présente à la pensée.

— Quoi ! tu penses encore aux folies de cette vieille paysanne ?

— J'ai beau faire, je ne puis oublier ses paroles.

— Et l'autre motif de ta tristesse ?

— C'est le silence du chevalier.

— A peine sa réponse pourrait-elle être arrivée, en supposant une mer toujours favorable.

— Je me suis dit cela comme toi, et cependant...

— Cependant, dit en souriant Mme de Merville, avoue que ce n'est pas une lettre que tu attends et que tu lui en voudrais beaucoup s'il ne venait pas lui-même au lieu de t'écrire.

Marianne rougit et ne répondit pas.

— J'ai deviné juste, n'est-ce pas ? Eh bien, ma chère Marianne, reprends courage ; je crois, comme toi, qu'il n'a pas cessé de t'aimer, et je parierais bien que vingt-quatre heures après avoir appris que tu étais libre, il était en route pour la France.

— Ah ! puisses-tu dire vrai ! s'écria Marianne en levant les yeux au ciel, car je le sens bien, lui seul peut m'arrêter sur la pente de l'abîme que je vois s'ouvrir sous mes pas et vers lequel me pousse une force irrésistible.

— Mais, reprit la comtesse, reviendra-t-il tel que tu te le figures ? Ne t'exposes-tu pas à quelque cruelle déception en te faisant de lui un portrait de héros de roman ?

— Non, non, dit Marianne, il ne restera pas au-dessous de l'idée que je me suis faite de sa personne. Je t'ai fait lire ses lettres, son âme ne s'y dépeint-elle pas tout entière ? Va, je réponds de son cœur comme du mien.

— Fort bien ! mais réponds-tu aussi qu'il te reviendra avec cette taille élégante, cet air intrépide et fier, cette brune et mâle pâleur que nous admirions tant et qui le rendaient si séduisant ?

Les deux cousines en étaient là de leur entretien, lorsque Julie, la femme de chambre de Marianne, entra précipitamment et les traits tout effarés.

— Eh bien ! Julie, qu'avez-vous, et pourquoi entrer ainsi, sans frapper et sans être appelée ?

— Mille pardons, madame la comtesse, dit la chambrière toute troublée ; mais c'est que...

— Et bien ! quoi ? lui demanda Marianne.

— Dame ! madame la marquise, je ne sais pas si je dois vous dire comme ça tout de suite.....

— Mais parlez donc, vous me faites mourir...

— Eh bien ! madame la marquise, il y a là quelqu'un qui demande à vous parler.

— Quelle est cette personne ?

— Un jeune homme, madame la marquise.

— Son nom ?

— C'est que... je ne sais trop comment dire à madame la marquise...

— Mais finissez-en donc, de grâce !

— Eh bien ! madame la marquise, c'est votre cousin.

— Mon cousin, dit Marianne, dont les traits se troublèrent tout à coup, M. le chevalier de Mailly ?

Marianne se leva d'un bond à ce mot, puis elle pâlit, chancela, et serait tombée à terre si sa cousine ne fût accourue à temps pour la soutenir.

— Marianne, remets-toi, lui dit Mme de Merville en la pressant tendrement dans ses bras.

— Ce n'est rien, dit Marianne en portant la main à sa poitrine, la surprise... je n'ai pas été maîtresse de mon émotion, mais c'est passé.

— Alors, on peut le faire entrer ?

— Oui !

— Faites entrer M. le chevalier, dit Mme de Merville à Julie.

La chambrière sortit et revint aussitôt annoncer le chevalier, qui entra.

Les deux cousines s'étaient élancées spontanément au-devant de lui. Elles s'arrêtèrent tout à coup à l'aspect de Djaïlar, qu'elles regardèrent toutes deux en silence avec un air de stupéfaction profonde... L'aventurier comprit fort bien la surprise que causait sa vue, mais il n'en fut nullement déconcerté, et il s'élança sans la moindre hésitation vers Marianne, que lui désignaient à la fois son extrême pâleur et sa parfaite ressemblance avec le portrait qu'il avait trouvé chez le chevalier de Mailly.

— Marianne ! ma chère Marianne ! s'écria-t-il en la pressant dans ses bras.

Marianne le regarda sans répondre, reconnaissant, sauf quelques changemens qu'elle attribua aux années et au climat des Indes, les traits qui étaient restés gravés au fond de son cœur, mais cherchant vainement l'expression qui en faisait le plus grand charme.

— Et moi, Albert, vous ne me dites rien, s'écria Mme de Merville.

Djaïlar balbutia quelques mots sans suite :

— Comment! s'écria la comtesse, vous ne reconnaissez pas votre cousine Louise de Merville?

— Chère Louise! oh! oui, je vous reconnais bien, dit Djaïlar avec effusion, vous ne pouvez en douter; mais c'est que...

— Le mariage m'a changée peut-être?

— Non, mais l'émotion bien naturelle que j'ai ressentie en revoyant ma belle Marianne....

— Je la comprends, mon cousin, et je ne crois pas vous désobliger tous deux en allant moi-même prévenir notre tante de votre arrivée.

— Notre tante! répéta machinalement Djaïlar.

— Eh oui! notre tante, la duchesse de Mazarin! En vérité, l'amour vous fait perdre la tête... Allons, causez vite, je reviens tout à l'heure.

Marianne et son prétendu cousin de Mailly demeurèrent seuls ensemble.

Il serait difficile d'exprimer ce qui se passa dans le cœur de cette jeune femme lorsqu'elle se trouva tout à coup en face de celui qu'elle avait appelé de tous ses vœux comme un sauveur. Il s'établit une lutte mystérieuse entre son cœur, qui voulait voir à toute force la réalisation d'une espérance si longtemps nourrie, et sa raison, qui se refusait à voir dans l'homme qui était là, en face d'elle, celui auquel devait échoir une mission à la fois si difficile et si belle.

Djaïlar sembla deviner ce combat intérieur, et il fit tous ses efforts pour ne pas rester au-dessous du personnage qu'il avait à représenter.

Son éducation, ses instincts, toutes les habitudes de sa vie, enfin, lui rendaient cette tâche très difficile, mais il fut servi à son insu par l'immense besoin qu'éprouvait Marianne de se fier à quelqu'un pour échapper aux périls qui la menaçaient. Elle avait hâte de sentir battre près d'elle un cœur ami, de s'appuyer sur un bras capable de la défendre, et l'homme qui venait aujourd'hui à elle, lui offrait tout cela.

Elle l'accepta.

Une fois ce parti pris, elle ne voulut lui laisser rien ignorer... La lettre qu'elle avait écrite au chevalier lui expliquait déjà les terreurs que lui causait l'amour naissant du roi. Elle acheva sa confidence, parla des nouvelles craintes qui s'étaient emparées d'elle depuis cette époque, et exprima son désir de couper court à ce tourment continuel par une résolution prompte et irrévocable...

Djaïlar écouta tous ces détails avec un recueillement qu'interrompaient çà et là des exclamations arrachées par l'indignation et la colère.

— Ainsi, lui dit-il, vous êtes sûre que le roi vous a remarquée?

— La terreur qui s'empare de moi à cette seule pensée suffirait pour prouver que je n'ai pas été dupe d'une illusion, si cette certitude n'avait pour garans d'autres témoignages plus évidens, plus positifs encore...

— Ah! vous avez des preuves...

— Le duc de Richelieu ne m'a rien laissé ignorer à cet égard. Le roi lui a fait ses confidences et il a cru de son devoir de me les rapporter dans le plus grand détail, pour me mettre en garde contre les pièges qui pourraient m'être tendus. Oh! cette passion royale m'a causé bien des transes, bien des terreurs, s'écria Marianne, mais vous voilà, Albert, je n'ai plus peur, vous saurez me protéger contre lui et contre tous.

— Je suis trop fier de cette mission pour y faillir, s'écria Djaïlar en pressant la main de celle qui se considérait désormais comme sa fiancée, et je saurai vous prouver que je n'en suis pas indigne.

Marianne retira vivement sa main.

On eût dit que cet attouchement l'avait glacée.

Djaïlar comprit que dans la circonstance une scène de sentiment était devenue indispensable, mais si l'amour est partout le même, pour ce qui est de l'impression, il diffère complétement suivant les pays, quant à la façon de l'exprimer. L'Indien jugea donc prudent de se renfermer dans un ordre d'idées banal et ayant cours sous toutes les latitudes.

— Vous ne sauriez croire, chère Marianne, dit-il, l'étonnante conformité qui existe dans nos goûts, et je ne puis que vous féliciter de vouloir vous arranger une vie en dehors des habitudes de la cour actuelle.

— Vous m'y aiderez, n'est-ce pas, mon cousin? s'écria Marianne, car c'est pour cela que je vous ai fait venir; c'est pour cela que j'ai compté sur vous.

— Et vous avez eu raison, répliqua Djaïlar d'un ton profondément pénétré; oui, vous avez eu raison de compter sur l'amitié, sur le dévoûment, sur l'amour d'Albert de Mailly. Quand le prêtre aura uni nos deux destinées, Marianne, je jure par ce Dieu même qui aura reçu nos sermens, que nul au monde, fût-ce un roi, ne viendra vous arracher de mes bras!

6

— Merci! merci, Albert! s'écria Marianne.

Mais tout à coup examinant la main de Djaïlar :

— Oh! dit-elle, je vous en veux, mon cousin.

— De quoi donc, belle cousine?

— Cette bague que je vous avais donnée et que vous deviez garder toute la vie, je ne la vois pas...

— Ne m'en parlez pas, répondit Djaïlar qui se rappela immédiatement qu'en effet le chevalier possédait une bague qui avait souvent donné lieu à des suppositions galantes ; ne m'en parlez pas, c'est un des grands désespoirs de ma vie : elle m'a été volée.

La duchesse de Mazarin entra sur ces entrefaites.

Bien que l'impression produite sur elle par le prétendu chevalier de Mailly ne fût pas très favorable à celui-ci, elle ne crut pas devoir apporter d'obstacles à un projet qui tenait tant au cœur de sa nièce, et jour fut pris, séance tenante, pour la célébration du mariage.

A la suite de cette entrevue, Djaïlar se rendit à l'hôtel d'Argenson. Il en sortit au bout d'une heure, après être resté tout ce temps en tête à tête avec le ministre.

CHAPITRE IX.
Djaïlar a une vision.

Le lendemain, Djaïlar, vêtu avec une suprême élégance, grâce aux vingt-cinq louis si honnêtement gagnés au capitaine Santa-Cruz, se rendait à cheval chez la marquise de Candeil, jeune veuve alliée à la famille de Nesle, et qui, pour ce motif, avait invité son petit cousin de Mailly à un déjeuner qu'elle donnait ce jour-là.

Tout en cheminant à travers la populace parisienne, l'Indien s'amusait à comparer les merveilles de la grande capitale française aux magnificences de la cité pandjabienne ; puis, ce sujet de réflexions une fois épuisé, il se mit à songer à son associé Tom Jack, et chercha à résoudre le problème de son existence à Paris. Tom, voulant, disait-il, dans l'intérêt commun, que son illustre complice menât un train digne du grand nom de Mailly, n'avait prélevé qu'un louis sur le gain de la fameuse partie de dés du cabaret de la *Pomme-d'Eve*, et depuis ce moment, c'est-à-dire depuis trois jours, il n'avait plus reparu.

— Je voudrais bien savoir, se demandait Djaïlar, comment il aura pu se loger, se nourrir, et surtout s'habiller pour un louis, car il n'aura pas conservé l'horrible défroque dont il était couvert. Bah! pensa-t-il en mettant pied à terre dans la cour de l'hôtel Candeil, Tom Jack est poltron, mais il a des ressources dans l'esprit, et peut-être, tandis que je m'inquiète de lui, nage-t-il à cette heure dans la joie et dans l'abondance.

Djaïlar se vit accueilli chez sa belle parente avec toute la considération due à un Mailly, et dans la manière d'être des grandes dames et des gentilshommes qu'il trouva là réunis, il crut même voir quelque chose de plus que les simples égards dus à un gentilhomme. C'est que la petite scène qui avait marqué son apparition si imprévue chez M. d'Argenson, et le récit qui l'avait suivie s'étaient promptement répandus et l'avaient mis tout à coup à la mode, sans qu'il s'en doutât. Aussi était-ce autant comme curiosité qu'à titre de parent que la jeune marquise l'avait invité à son déjeûner, où elle s'attendait bien à l'entendre raconter quelque merveilleuse aventure dans le genre de celle qu'avait colportée partout M. de Cossé.

On se mit à table, et une fois l'appétit des convives à peu près assouvi, on chercha, par des provocations indirectes, à arracher à Djaïlar le récit de quelque épisode de sa vie. Il feignit quelque temps de ne pas comprendre, pour redoubler une curiosité qu'il était bien résolu à ne pas satisfaire, puis quand les invitations devinrent plus positives :

— Messieurs, dit-il, vous appartenez à un peuple trop renommé par sa bravoure pour que je tire vanité devant vous de quelques aventures où vous eussiez joué votre rôle tout aussi bien que moi.

— Par la mordieu ! je n'en sais rien, s'écria le comte d'Esparville, je me suis battu assez souvent, tant à la guerre que sur le pré, pour que personne ne doute de mon courage, mais j'avoue qu'un duel avec les lions et les éléphans ne me tenterait nullement.

— Vous seriez étonné la première fois, monsieur le comte, répondit Djaïlar, et la seconde vous seriez aussi calme que devant une armée d'Allemands ou d'Espagnols. Il faut s'habituer à regarder ces animaux en face et les attaquer avec la conviction intime et inébranlable que l'homme est leur maître à tous ; une fois qu'on s'est bien pénétré de cette pensée, l'éléphant n'est pas plus dangereux que l'homme.

— Eh, mon Dieu! oui, le tout est de s'y faire, le chevalier a raison, dit à son tour le vicomte de Candeil, beau-frère de la marquise, et un duel avec certains hommes est souvent plus dangereux qu'une lutte avec des animaux féroces.

— A propos de cela, messieurs, reprit le comte de Cossé, j'ai à vous apprendre la mort de ce féroce et terrible spadassin qui nous a tué quatre gentilshommes en moins d'un mois, le fameux capitaine Santa-Cruz.

— Je l'ai vu à l'œuvre! s'écria le vicomte; c'était une terrible lame; il ne portait jamais qu'un coup, mais c'était un coup mortel, toujours en plein cœur. Sait-on qui est venu à bout de ce damné Espagnol?

— Je n'ai pu le savoir, et j'avoue que je serais curieux de l'apprendre.

— Je puis satisfaire votre curiosité, monsieur le comte, dit Djaïlar.

— Vous connaissez celui qui a tué l'Espagnol?

— Parfaitement.

— Eh bien! s'écrièrent plusieurs voix à la fois.

— Eh bien, messieurs, répondit Djaïlar du ton le plus naturel, c'est moi.

— Lui! s'écria-t-on de toutes parts.

Et une surprise inexprimable se peignit sur tous les visages.

— Ce capitaine Santa-Cruz était une espèce de bête féroce, reprit Djaïlar, il me revenait donc de droit.

— Oui, répliqua le vicomte, mais c'était une bête féroce très forte sur l'escrime, et c'est un art que vous avez dû singulièrement négliger dans un pays où le duel est inconnu.

— Il est vrai, mais je n'avais pas oublié qu'il était fort en vogue en France, et je consacrai presque tous les loisirs de ma longue traversée à faire des armes avec un homme du métier, que j'eus la chance de rencontrer à bord. J'étais assez habile dans une salle d'armes; mais j'avais hâte de voir comment je me tirerais d'affaire sur le terrain, en face d'un adversaire sérieux, et le hasard m'ayant mis face à face avec un homme réputé à la fois pour son adresse et sa férocité, je n'eus garde de laisser échapper une si précieuse occasion.

— Peste! chevalier, c'est à faire à vous.

On demanda à Djaïlar la cause de son duel; il en imagina une, ne pouvant avouer la véritable, puis de ricochets en ricochets, la conversation roula successivement sur l'amour, sur les femmes, et enfin sur les différens types de beauté qui distinguent les diverses nations de l'Europe, lesquelles furent toutes passées en revue, jusqu'à ce que, en fin de compte, la palme fût d'une voix unanime décernée à la Française.

— La conclusion était facile à prévoir, dit la marquise de Candeil; mais, n'en déplaise à votre galanterie, messieurs, je décline pour ma part la supériorité que vous prétendez reconnaître en nous, et déclare hautement que les plus beaux types de beauté humaine, les plus purs de lignes, les plus nobles d'expression et les plus touchans à la fois, ne se trouvent ni en France, ni en aucune autre contrée de l'Europe, mais en Orient, et particulièrement dans certaines parties de la Turquie.

Il va sans dire que tous les hommes se récrièrent contre cette opinion et brisèrent de nouvelles lances en faveur des Françaises.

— Je n'ai pas la prétention de vous convertir par le seul pouvoir de mes paroles, et surtout en présence de ces dames, reprit la marquise, mais peut-être vous rendrez-vous à l'évidence.

Elle sonna; un domestique parut.

— Faites servir le café par Miadzine, lui dit la marquise.

— Miadzine! qu'est-ce que c'est que cela? demanda une dame.

— Une admirable petite muette, née dans les montagnes de la Circassie et amenée en France par la femme de notre ambassadeur, qui a bien voulu lui permettre de passer à mon service. C'est une fille d'esclave, et vous allez convenir avec moi tout à l'heure qu'il n'y a pas à la cour une beauté qui puisse lui être comparée.

La porte s'ouvrit et une jeune fille, vêtue à la turque, entra portant le café sur un plateau. Un cri d'admiration s'échappa de toutes les bouches à son aspect, tant il y avait de pureté dans ses traits, de grâce touchante dans toute sa personne, de langueur mélancolique dans ses longs yeux noirs et veloutés.

Un seul personnage était resté étranger au concert d'éloges qui avait accueilli la jeune Circassienne: c'était Djaïlar; silencieux et immobile à sa vue, il semblait pétrifié et la regardait aller et venir, avec des yeux aussi effarés que s'il eût vu se mouvoir tout à coup quelque objet inanimé.

C'est que dans cette jeune fille il reconnaissait tous les traits de Naoudah! de Naoudah morte, mais dont le corps avait si étrangement disparu de sa demeure, circonstance qu'il se rappelait en ce moment avec une terreur superstitieuse.

— Madame, dit-il à voix basse à la marquise, êtes-vous bien sûre que cette jeune fille vienne de la Circassie, et qu'elle soit sourde et muette ?

— Je vous atteste que c'est la pure vérité; auriez-vous quelque raison d'en douter ?

— Peut-être; voulez-vous me laisser tenter une épreuve ?

— Faites ce qu'il vous plaira.

Djaïlar s'approcha de la jeune Circassienne, qui lui tournait le dos en ce moment, et dont il croyait bien n'avoir pas encore été aperçu, et au moment où elle versa le café dans la tasse du vicomte de Candeil, il se pencha tout à fait vers elle et prononça à haute voix : « Naoudah! » Mais, à sa grande surprise, Miadzine acheva de verser avec tant de calme et de grâce, qu'il était évident qu'aucun son n'avait frappé son oreille. Puis le tour de Djaïlar venu, elle le servit comme les autres, avec le même charme doux et naïf, et elle sortit, laissant celui-ci anéanti et toute la société dans le ravissement.

— Eh bien, messieurs, qu'en dites-vous? demanda le marquis à ses convives.

L'impression avait été tellement vive que personne ne se sentit la force de jouer la comédie, et l'on reconnut tout d'une voix que Miadzine était une beauté incomparable. Puis on demanda à Djaïlar le secret du mot qu'il avait prononcé à son oreille.

— J'avais soupçonné, à quelques observations, qu'elle n'était pas sourde-muette, répondit Djaïlar, et j'ai voulu m'en assurer en lui jetant à l'oreille le premier mot oriental qui m'est venu à l'esprit.

On se mit à causer de Miadzine, et Djaïlar se mêla à la conversation, rassuré désormais par l'épreuve qu'il venait de tenter, et convaincu que celle qu'il avait prise un instant pour l'ombre de Naoudah était bien Miadzine, la Circassienne.

CHAPITRE X.

Le Mariage.

Quelques jours après ces événemens, Djaïlar apportait au château de la Coudraie le consentement de Louis XV au mariage de Mme de La Tournelle avec le chevalier de Mailly. Cette nouvelle causa une joie extrême à la duchesse de Mazarin et à Mme de Merville, qui voyaient dans cette union le salut de Marianne, et celle-ci en éprouva, par la même cause, sinon une joie bien vive, au moins une grande tranquillité d'esprit.

Le roi, en donnant cette approbation, avait exprimé le désir de signer au contrat et proposé le château de Choisy pour la célébration du mariage. La duchesse de Mazarin se fût passée volontiers de cette faveur; mais elle ne pouvait la refuser sans s'exposer à blesser la susceptibilité du roi. Elle accepta donc, mais en témoignant le désir que la cérémonie eût lieu le plus tôt possible, et elle fut fixée à huit jours.

Ce temps fut employé par Djaïlar à faire tous les achats qui sont d'usage en pareille circonstance. Il s'acquitta de cette tâche avec une munificence qui étonna ses deux cousines et dont son ami Tom Jack surtout demeura stupéfait. Aux questions que lui adressa celui-ci sur la source où il puisait l'or avec tant de facilité, il répondit qu'il avait trouvé un crédit illimité chez un juif qui comptait sur la fortune de sa future pour lui arracher des intérêts exorbitans. Mais Tom Jack, qui épiait toutes ses actions, s'aperçut qu'il faisait de fréquentes visites à l'hôtel d'Argenson et soupçonna fort que c'était de là que venait l'argent du prétendu juif; ce qui le fit réfléchir.

Le délai convenu passa rapidement, et le huitième jour, à midi, tous les membres de la famille de Nesle étaient réunis dans une des grandes salles du château de Choisy, attendant le roi pour la signature du contrat. Tous regardaient le prétendu chevalier de Mailly avec une curiosité extrême et ne cessaient de s'extasier sur le changement qui s'était opéré dans toute sa personne. Un autre individu partageait avec lui l'attention générale et était l'objet des égards et des prévenances de l'illustre société. C'était son noble ami Aboul Salem, le nabab de Seringapatam, dont le magnifique costume indien excitait l'admiration. Quelques personnes l'entouraient et l'accablaient de questions sur l'Inde, sur les mœurs et sur les coutumes des grands, et l'on s'étonnait de le voir répondre à tous dans un français fort intelligible, sinon très pur. Du reste, il conservait au milieu des manières frivoles et étourdies des jeunes seigneurs français, un sérieux et une gravité qui tranchaient d'une façon fort digne avec l'attitude de tous ceux qui l'entouraient.

Enfin la porte du salon s'ouvrit à deux battans, et un huissier annonça à haute voix :

Le roi !

Louis XV entra, noble et gracieux comme toujours, adressa un charmant sourire aux dames, s'inclina d'un air plus grave et plus pénétré devant Mme de la Tournelle, et prenant la plume des mains du notaire qui la lui tendait respectueusement, il mit sa signature au dessous de celles des deux époux, qui avaient déjà signé; puis il adressa quelques paroles aux dames, félicita le chevalier de son bonheur, et se retira suivi de quelques gentilshommes, parmi lesquels se trouvait d'Argenson.

Le roi sortit, l'étiquette et le silence cessèrent en même temps, on se rapprocha, et tout le monde quitta le salon pour se rendre à la chapelle.

Le mariage fut célébré au milieu d'un recueillement profond. On remarqua que le chevalier jetait de temps à autre sur sa cousine des regards qui exprimaient l'amour le plus profond, tandis que Marianne était fort pâle, et semblait plus embarrassée qu'heureuse de cette passion.

Un incident de peu d'importance interrompit un instant la cérémonie; au moment où l'époux passait au doigt de l'épouse l'anneau d'or, symbole de leur alliance, un cri de femme se fit entendre vers le bas de la chapelle, où se trouvaient réunis un grand nombre de domestiques; puis le silence se rétablit aussitôt, et la messe se termina sans autre interruption.

Au sortir de la chapelle, on se répandit dans le parc. Les convenances s'opposant à ce que les nouveaux mariés fussent ensemble, Marianne prit le bras de sa cousine et s'enfonça avec elle dans la partie la plus retirée du parc, tandis que Djaïlar se dirigeait du côté opposé, appuyé sur le bras de son noble ami, le nabab Aboul-Salem.

— Eh bien, dit Mme de Merville à sa cousine, quand elle se vit seule avec elle, commences-tu à comprendre que la prédiction de la sorcière n'était autre chose que l'hallucination d'un esprit borné, et que tu n'as rien à redouter des choses sinistres qu'elle t'a pronostiquées dans sa folie ?

— Oui, répondit Marianne, tout se réunit pour me prouver que cette femme s'est trompée, ou a voulu me tromper, et pourtant, quoique sauvée par cette union des périls que j'avais si vivement redoutés, je me sens toujours dans l'âme la même tristesse et le même découragement.

— En vérité, Marianne, tu es ingrate envers le sort. Quoi! tu épouses celui que tu aimes, tu deviens sa femme au moment même où tu désespérais de jamais le revoir, et tu ne te trouves pas heureuse!

— Louise, répondit Marianne à sa sœur, rappelle-toi ce que tu me disais, il y a quelques jours à peine, sur les désillusions qui viennent parfois briser vos plus beaux rêves. Compare le chevalier, tel qu'il nous revient des Indes, à ce qu'il était avant son départ, et tu comprendras que si j'ai consenti avec empressement à cette union, c'était dans le seul but d'échapper à la fatalité dont je me sentais poursuivie, à un malheur cent fois pire qu'un mariage sans amour.

Les deux cousines se disposaient à rejoindre un groupe de dames qui se promenaient dans une allée voisine, et parmi lesquelles se faisait distinguer la belle marquise de Candeil, lorsqu'elles se virent abordées par une jeune fille bizarrement vêtue, et dans laquelle la comtesse reconnut la petite Circassienne de Mme de Candeil. Madzine les retint par les plis de leur robe, puis se livra devant elles à une pantomime très animée et dans laquelle deux signes revenaient fréquemment, les mains jointes et l'anneau passé au doigt.

— Comprends-tu ce que veut dire cette jeune fille? demanda Marianne à sa cousine.

— Je ne devine qu'une seule chose, répondit la comtesse, c'est qu'elle paraît désapprouver énergiquement ton mariage et t'annoncer quelques malheurs.

— Elle aussi! s'écria Marianne d'une voix brisée.

— Que veux-tu dire ?

— Ne vois-tu pas dans la réprobation mystérieuse et inexplicable dont cette jeune fille vient frapper mon union à peine accomplie, une nouvelle preuve du malheur inévitable qui me poursuit dans l'ombre, et la suite des effrayantes prédictions de Marthe la voyante?

— Ton esprit s'égare, ma chère Marianne, et tu ne vois plus les choses les plus simples qu'à travers je ne sais quelles ténèbres qui finiront par envahir ta raison, si tu ne t'efforces de résister au vertige qui t'entraîne.

— C'est donc un événement naturel que celui-ci? répondit Marianne. Il est donc tout simple qu'une jeune fille, une étrangère, qui ne connaît ni moi ni le chevalier, me montre cette union comme un abîme ouvert sous mes pas?

Et en effet, c'était cette image qu'en ce moment même exprimait l'ardente pantomime de Miadzine.

La comtesse employant alors le langage de la jeune fille, lui demanda par gestes de quel malheur la nouvelle épouse était menacée.

Miadzine répondit qu'elle l'ignorait.

La comtesse l'interrogea ensuite sur

l'homme contre lequel Marianne devait se tenir en garde.

A cette question l'œil noir de Miadzine étincela et elle parut réfléchir un instant, puis elle se mit à imiter avec une admirable perfection la démarche, la pose, les gestes, et jusqu'à l'expression de physionomie de Djaïlar.

— Albert! s'écria Marianne en se frappant le front avec désespoir, lui, mon époux, mon seul espoir, mon unique refuge ici bas, c'est de lui qu'il faut que je me défie! Mon Dieu! mon Dieu! je suis condamnée sans retour.

Vivement émue d'une terreur qu'elle traitait de folie, quoique frappée elle-même des mille circonstances surnaturelles qui semblaient se réunir pour la justifier, la comtesse craignit d'adresser de nouvelles questions à Miadzine et entraîna Marianne vers l'allée où elle entendait rire la marquise de Candeil, résistant aux efforts et aux supplications de la jeune Circassienne qui joignait les mains et s'agenouillait même devant les deux jeunes femmes pour les résoudre à rester et à l'entendre.

Quand elles eurent disparu, Miadzine croisa les mains sur son front et s'élança dans une direction opposée, comme en proie à un violent délire.

Tandis que cette scène se passait dans un coin du parc, Djaïlar, de son côté, s'épanchait dans le sein de son ami le nabab.

— Tu le vois, disait-il à Tom Jack, avec une volonté ferme, une forte dose de résolution et une âme honnête, on est toujours sûr d'arriver à la fortune.

— Toujours! c'est une question, répondit Tom Jack, car enfin, moi aussi, j'ai comme vous de la volonté, de la résolution et une âme d'honnête homme, et cependant le sort s'obstine à me contrarier.

La conversation fut interrompue par deux hommes qui traversaient l'avenue.

L'un de ces deux hommes était M. d'Argenson, qui, en passant, fit un signe à Djaïlar. Celui-ci quitta aussitôt Tom Jack; le ministre se détacha également de son compagnon, personnage au teint bronzé et à la mine sinistre, et tous deux, le gentilhomme et l'aventurier, s'enfoncèrent dans les massifs. Là, M. d'Argenson remit à Djaïlar une petite fiole, lui dit quelques mots à l'oreille et s'éloigna, tandis que celui-ci rejoignait son ami.

Quelques heures après, tous les convives étaient réunis pour le dîner, puis pour le bal, qui furent l'un et l'autre des plus brillans et témoignèrent de l'extrême considération que Louis XV voulait marquer aux nouveaux époux, ou plutôt à la nouvelle épouse, car il fit peu d'attention au chevalier et accabla la jeune femme de prévenances et de galanteries. La fête se prolongea jusqu'à deux heures du matin, pleine de gaîté et d'animation, malgré la présence du roi qui se montra, ce soir-là, d'un laisser-aller et d'un abandon tout à fait charmants. Il se retira à deux heures, chacun l'imita, et quelques minutes plus tard, Djaïlar entrait dans la chambre de sa femme.

Il la trouva assise dans un fauteuil, les yeux fixés à terre, les traits pâles et l'air profondément absorbé. Il s'approcha d'elle et lui toucha doucement le bras. Elle leva vivement la tête, le reconnut, et cacha son visage dans ses deux mains.

Alors Djaïlar prit son mouchoir, qu'elle avait jeté sur un meuble à quelques pas, y répandit quelques gouttes du liquide contenu dans la fiole que lui avait donnée d'Argenson, et se penchant vers elle:

— Ma chère Marianne, lui dit-il, vous paraissez souffrir; les émotions de cette journée ont mis vos nerfs dans un état d'irritation que je comprends, respirez donc cette odeur et vous vous trouverez immédiatement soulagée.

Marianne prit le mouchoir et le posa machinalement sur sa bouche en remerciant Djaïlar, mais sans même le regarder.

Quelques minutes s'écoulèrent à peine, et la jeune femme s'aperçut que le sommeil engourdissait rapidement ses sens; mais un sommeil étrange qui tombait sur ses paupières sans les clore entièrement, qui enveloppait son âme sans lui ôter l'intelligence de ce qui se passait autour d'elle.

Dans cet état bizarre où toutes ses facultés n'avaient plus qu'une perception vague et obscure des choses, il lui sembla voir le chevalier se pencher vers elle, écouter le bruit de sa respiration, murmurer tout bas: « Elle dort! » et se diriger vers la porte; puis, au moment où il sortait, un autre homme entrait à sa place dans cette chambre, en fermait la porte à double tour et venait s'agenouiller devant elle…

Et dans cet homme, elle croyait reconnaître le roi Louis XV.

FIN DE LA DEUXIÈME PARTIE.

LE
CHEVALIER DE MAILLY

TROISIÈME PARTIE.

LE SACRIFICE.

CHAPITRE Ier.

Faveur et Disgrâce.

A cette époque, le roi de France trouvait partout des serviteurs et des valets agenouillés devant son pouvoir, mais il eût vainement cherché un ami jaloux de la gloire et de l'honneur de sa couronne. Au milieu de l'abaissement général, le clergé seul osa parler. La voix de l'évêque de Soissons s'éleva, mâle et courageuse, pour le supplier de retourner en arrière et lui faire comprendre que celui à qui Dieu avait remis la garde des lois de son pays, encourait une responsabilité terrible en osant les enfreindre publiquement et en donnant à des scandales, dont eût rougi un simple particulier, la sanction d'une autorité jusque-là respectée. Il n'était plus temps. Louis XV était trop avancé pour pouvoir revenir sur ses pas. Nous avons vu comment son humeur capricieuse l'avait successivement conduit de Mme de Mailly à Mme de Vintimille, et de Mme de Vintimille à la belle marquise la Tournelle. Il était alors arrivé au point culminant de cette route funeste, semée de pièges et d'abîmes, qui devait le précipiter de chute en chute jusque dans les bras de la Du Barry.

Trois mois après les événemens que nous avons racontés plus haut, la cour s'inclinait devant un nouvel astre, et cet astre avait nom : la duchesse de Châteauroux.

Le roi, en effet, avait donné ce titre à Marianne de Nesle, du nom d'une terre seigneuriale restée en déchéance.

Mme de Mailly avait cédé au roi par faiblesse; l'ambition, l'orgueil, l'esprit de domination et d'intrigue avaient poussé Mme de Vintimille à briguer le rang de favorite; Marianne, elle, était parvenue au même degré de gloire ou de honte, malgré ses efforts pour y échapper, contre sa volonté arrêtée et comme entraînée au mal par une implacable fatalité. Nous saurons tout à l'heure comment elle avait été sur le point de trouver son salut dans la tendresse même qu'elle avait inspirée à Louis XV et comment la générosité de celui-ci n'avait pu la soustraire à cette fatalité qui semblait l'avoir condamnée d'avance.

Longtemps la pauvre femme crut rêver. Il lui sembla qu'elle était en proie à un de ces vertiges insensés que la nuit enfante, que le matin dissipe, et qui cependant laissent dans le corps et dans l'âme une trace douloureuse d'épuisement et de terreur.

La lumière ne se fit que peu à peu autour d'elle, et, tant qu'elle le put, elle ferma les yeux pour ne pas voir la profondeur de l'abîme où elle était tombée. Mais comment douter de son malheur? Excepté le diadème royal qui manquait à son front, tout ne se réunissait-il pas pour lui prouver qu'elle était devenue la reine véritable de cette cour perdue? reine d'un jour, il est vrai, reine chantée le matin par les mêmes poëtes qui, le soir peut-être, devaient la livrer à toutes les humiliations de l'épigramme et de la satire; reine usurpatrice, sans doute, mais enfin reine absolue, exerçant son pouvoir sans contrôle, sans autre règle que sa volonté, et n'ayant à rendre compte de ses fantaisies les plus étranges, de ses caprices les plus bizarres qu'à un homme épris jusqu'à l'abnégation, amoureux jusqu'à la folie, et prêt à acheter son pardon par tous les sacrifices qu'il plairait à sa maîtresse de lui imposer.

Cette pensée préserva Marianne du désespoir et la releva à ses propres yeux. Ce qui n'eût été pour une femme vulgaire qu'une simple satisfaction d'orgueil, fut pour elle un moyen de salut, et elle se prépara résolûment à marcher vers le rayon sauveur qui pouvait l'éclairer dans sa dégradation et la tirer de l'abîme. Elle comprit qu'elle avait un autre rôle à jouer que celui de sultane capricieuse et indolente, et l'idée d'ennoblir sa faute en la faisant tourner au profit de tous, lui rendit le courage de vivre et de supporter cette croix de scandale et d'ignominie que la destinée lui avait faite.

Nous passerons rapidement sur l'époque qu'on pourrait appeler justement le règne de Mme de Châteauroux. Nous dirons seulement qu'à dater de ce moment, Marianne employa toute la délicatesse de son âme, toute l'énergie de son caractère à l'accomplissement d'une mission glorieuse et presque sans exemple jusque-là.

Les favorites qui l'avaient précédée s'étaient appliquées à faire de Louis XV l'esclave de leur tendresse ou de leur ambition.

Elle résolut d'en faire un roi !...

Signaler le changement qui se manifesta alors dans les affaires de France, c'est écrire l'éloge de la duchesse de Châteauroux. L'influence anglaise, qui avait pris des proportions chaque jour plus inquiétantes depuis la mort du grand roi, ne tarda pas à décroître. On parla de guerre. La vieille bravoure française recommença de vibrer dans le cœur de cette génération, malgré le germe d'impuissance qu'y avait semé l'énervante administration du Régent et la nation tressaillit d'aise, comme aux plus beaux jours de son histoire, en apprenant que son Roi, digne enfant de sa race, allait marcher en personne à la tête de ses armées.

Louis XV prit donc la section de toutes les opérations de la guerre, et les victoires se succédèrent avec une fréquence et un éclat qui rappelaient les plus beaux jours de Louis XIV. Courtray, Ypres, Menin furent pris successivement. Bientôt après, apprenant que les ennemis avaient passé le Rhin, le jeune roi se porta sur Metz, bien décidé à frapper un coup décisif.

C'est là, on le sait, qu'il fut atteint d'une fièvre des plus dangereuses, qui le mit en peu de jours à toute extrémité. Le mal était si terrible qu'on lui administra les derniers sacremens, et que, profitant de sa faiblesse, le duc de Chartres, secondé par l'évêque de Soissons, obtint de lui qu'il éloignerait la duchesse de Châteauroux, dont la présence à son chevet était considérée comme un scandale et commençait à mécontenter le peuple.

Le comte d'Argenson, peu attaché à la favorite, dont il n'avait jusque-là brigué les bonnes grâces que par pure politique, fut chargé de lui annoncer sa disgrace.

Marianne reçut ce coup avec courage.

Elle monta sur-le-champ en carrosse et partit. Elle était à peine sortie de Metz que les paysans, instruits de son renvoi, se ruèrent à sa poursuite et l'accablèrent de huées et d'injures.

La voiture qui l'emportait roula toute cette nuit et le jour suivant jusqu'au soir.

Arrivée à la petite route qui conduit au château de La Coudraie, elle donna ordre au cocher de s'arrêter, et, à la grande stupéfaction de cet homme, descendit précipitamment de carrosse et s'enfonça seul dans un taillis, après lui avoir donné l'ordre d'aller chercher un gîte pour lui et ses chevaux à l'auberge la plus voisine.

Il était environ huit heures du soir. Le jour baissait, et déjà la lune se montrait à travers le feuillage des arbres. Marianne, dont les forces étaient doublées par la fièvre, marcha près d'une heure d'un pas précipité, sans se détourner de son chemin, sans regarder derrière elle, comme si elle eût été poursuivie par quelque ennemi redouté.

Elle parvint ainsi jusqu'à la lisière d'un bois de frênes qui couronnait une petite colline d'où l'on apercevait les murs de la Coudraie et le château lui-même. A vingt pas de l'endroit où se trouvait Marianne, s'élevait une terrasse couverte de fleurs et entourée d'une balustrade en fer, où souvent autrefois elle était venue avec Mme de Mazarin respirer l'air frais du soir. Elle regarda d'un œil fixe et morne ce lieu si fécond pour elle en souvenirs. Il lui sembla que c'était toute sa vie passée, sa vie d'illusions et d'espérances, qui surgissait tout à coup devant ses yeux, comme pour lui montrer, par un jeu plein d'une raillerie cruelle, tout ce qu'elle avait possédé et tout ce qu'elle avait perdu. Elle voulut revenir sur ses pas, retourner en arrière..., mais au premier mouvement qu'elle fit pour rentrer dans le bois, une terreur soudaine s'empara de tout son être, et elle poussa un cri.

Elle avait cru voir, elle avait vu une masse grisâtre se mouvoir à quelques pas d'elle, sur l'un des côtés du sentier où elle était prête à s'engager de nouveau.

Glacée d'effroi, Marianne ne savait plus que résoudre et demeurait immobile. Mais son cri avait été entendu dans le parc et une voix se fit entendre sur la terrasse.

Alors, elle dirigea ses regards de ce côté, et ayant aperçu une femme qui s'appuyait sur la balustrade et dont le visage était complètement éclairé par la lune, elle s'écria :

— Louise !

Mme de Merville, car c'était bien elle, fut d'abord surprise de s'entendre appeler par son nom, mais la voix de Marianne était allée à son cœur, et bien qu'elle ne pût expliquer sa présence en cet endroit et à cet heure, elle ne douta pas un seul instant. Elle descendit précipitamment à la terrasse, ouvrit une petite porte qui donnait sur la lisière du bois, courut droit à Marianne, et la recevant pâle et brisée dans ses bras :

— Toi ! toi ! dit-elle, ici, et dans un pareil état ? Toi, ma pauvre Marianne..... mais qu'as-tu donc ? cette émotion... ce cri que je t'ai entendu pousser...

— Rien, ce n'est rien, répondit Marianne ; tout à l'heure, là, dans l'ombre, je m'étais imaginé... mais il n'y a personne, je le reconnais maintenant... Ah ! j'ai tant souffert, vois-tu, que je suis comme folle et que j'ai peur de tout. Mais te voilà, tu es près de moi, toi ma meilleure, ma seule amie, je me sens plus forte... Oh ! je serais presque heureuse, si tu voulais m'embrasser comme autrefois.

— Si je le veux !

Et la comtesse la baisa à plusieurs reprises sur les joues, sur le front, sur les cheveux.

— Oh ! que cela fait de bien, reprit Marianne, de se sentir encore aimée quand on craignait de ne plus inspirer que l'horreur et le mépris.

— Tais-toi, tais-toi, dit Louise en lui mettant la main sur la bouche pour lui imposer silence.

— Es-tu seule au château ? demanda Marianne au bout d'un instant.

— Non.

— Le marquis de Merville est ici ?

— Mon mari est allé recueillir un héritage en Guyenne.

— Alors, c'est notre tante...

— Oui... La duchesse de Mazarin n'a pas voulu cette année se montrer dans les salons de Paris, ni de Versailles, et voilà trois mois qu'elle n'a point quitté ce séjour.

— Ah ! je comprends... trois mois !... oui... la duchesse est une austère et noble femme... Elle a craint que l'opprobre qui avait atteint sa nièce ne rejaillît sur elle-même, et elle s'est tenue éloignée du théâtre de ses triomphes... O mon Dieu ! mon Dieu ! Qu'a-t-elle dû penser après tout ce que je lui avais dit ici, après mes protestations si formelles, après l'engagement solennel que j'avais pris de rompre cette chaîne d'infamie sous laquelle s'étaient courbées mes sœurs, et que semblaient repousser si fort mon indignation et ma fierté !

Tout en parlant, Marianne se laissa glisser sur un petit tertre de gazon qui s'élevait près d'elle. Mme de Merville prit place à son côté, et la pressant contre son sein avec les marques de l'affection la plus tendre :

— En effet, dit-elle, ce cri du cœur qui s'échappe en ce moment, ma bonne Marianne, a été aussi le nôtre quand nous avons appris, avec tout le monde, ta nouvelle position à la cour... Moi surtout, moi qui avais été si longtemps la confidente de tes sentiments, de tes pensées, je ne pouvais me figurer que tout ce qu'on disait alors de toi ne fût pas un mensonge, une calomnie, un mauvais rêve ! et pourtant, tout cela était arrivé, tout cela était vrai ! Sais-tu que c'est là un mystère impénétrable et que j'en suis encore à me demander, quand j'y songe, si c'est bien toi qui portes le nom de duchesse de Châteauroux.

— Ce mystère, répondit Marianne après un mouvement de silence, nul au monde ne le connaîtra jamais, et je me résigne d'avance à être jugée selon le caprice et la prévention de chacun. Mais toi, toi mon amie de cœur, je veux que tu saches comment j'ai pu devenir coupable avec la résolution bien arrêtée de demeurer dans le droit chemin. A toi, Louise, je veux tout te dire. Ecoute-moi.

La comtesse se rapprocha de sa cousine en lui serrant tendrement la main, et Marianne continua ainsi :

— Tu te souviens de la dernière journée que nous passâmes ensemble ; c'était à Choisy. La signature de mon contrat de mariage eut lieu à midi, et le soir il y eut un souper et une fête auxquels assista toute la cour. A la suite de cette fête, on me conduisit dans un appartement que j'allais occuper avec mon nouvel époux jusqu'au lendemain, c'est à dire jusqu'à notre départ pour la terre de Bizy, où devaient se passer les premiers mois de notre mariage. Plusieurs femmes attachées au service du château m'accompagnèren dans ma chambre, me comblèrent d'attentions et de soins, puis enfin me laissèrent seule. Alors, je me mis à songer à ma destinée, aux souhaits que j'avais formés dans mon cœur, aux illusions dont je m'étais bercée et je comparai mon sort présent à celui dont le rêve avait si longtemps occupé mon imagination. Cette comparaison, tu le devines, ne put frapper mon esprit sans y laisser une trace profonde de découragement et de tristesse. Mes yeux se remplirent de larmes et je m'absorbai dans de mornes réflexions. Alors celui sur lequel j'avais compté pour protéger ma vie, celui que j'avais appelé du fond de l'Inde pour me servir de recours et d'appui, le chevalier de Mailly, en un mot, entra. Tu ne saurais croire l'effet que sa vue produisit sur moi. Jusqu'à ce moment, j'avais surmonté mes répugnances, je m'étais efforcée de le voir autre qu'il n'était réellement, j'avais lutté contre cette voix instinctive du souvenir qui me criait: « Ce n'est plus là l'homme que tu as aimé, ou si c'est lui, ce n'est plus son cœur, ce n'est plus son âme; ce qu'il t'apporte, c'est tout au plus l'ombre d'un bonheur évanoui pour toujours... Mais à cette heure suprême, mes forces m'abandonnèrent, je contemplai, dans toute sa réalité effrayante, l'avenir qui surgissait devant moi. Je compris enfin, et j'osai m'avouer à moi-même que cet homme dans les bras duquel j'allais chercher un refuge contre des dangers peut-être imaginaires, cet homme auquel j'avais accordé le titre d'époux, ne m'inspirait qu'une aversion insurmontable et qu'il me serait impossible de jamais l'aimer. Mon trouble à son aspect fut tel que je me trouvai mal. Il se précipita vers moi pour me secourir, et je me rappelle qu'il prit mon mouchoir, y versa quelques gouttes d'un flacon qu'il avait sur lui et mes les fit respirer. Je revins à moi un instant... mais bientôt je fus prise d'un engourdissement dont je ne saurais encore me rendre compte aujourd'hui ; j'eus pendant quelques minutes des visions étranges, et je m'endormis.

Marianne eut comme un frisson d'effroi en prononçant ces paroles; puis, ayant détourné la tête comme si elle eût regretté d'avoir commencé ce récit, elle garda un moment le silence.

— Que crains-tu, lui dit la comtesse avec l'accent du plus tendre intérêt, ne suis-je pas seule avec toi et ne sais-tu pas que tu trouveras toujours en moi indulgence et pitié.

Marianne regarda sa cousine avec un sourire où se peignait une double expression de mélancolie et d'attendrissement, puis elle reprit :

— Lorsque je m'éveillai, l'homme qui m'avait causé cette terreur profonde n'était plus devant moi. Je n'étais pas seule pourtant. Il y avait quelqu'un à mes côtés, et à travers les sombres vapeurs qui obscurcissaient encore mon esprit, je m'apercevais, je comprenais que j'étais l'objet des soins les plus empressés. Je m'efforçai d'ouvrir les yeux, je regardai bien en face celui qui me prodiguait ces marques de sollicitude et de tendresse, et je reconnus un visage que j'avais bien souvent vu dans mes rêves et dont les traits s'étaient gravés dans ma mémoire comme ces images terribles qui frappent l'imagination de l'enfance et qu'on se rappelle toute sa vie en frémissant. C'était le roi. Il était là, près de moi, presque agenouillé, et paraissant attendre avec une anxiété inexprimable le premier mot qui allait sortir de ma bouche. Mais tout à coup, il s'éloigna de quelques pas, comme si l'expression de ma physionomie l'eût en même temps rempli de surprise et d'effroi. Il dut comprendre, en effet, que j'avais horreur de ma situation et que j'étais tombée dans un piège dont la seule idée me faisait endurer des tortures pires que la mort. Il revint à moi, et me dit:

— « Marianne de Nesle, qu'avez-vous ? On dirait que vous tremblez... Pourquoi cela, dites-le moi, Marianne ?

Je lui répondis en le regardant en face :

— Je suis la sœur de la comtesse de Mailly et de la comtesse de Vintimille, vous êtes le roi Louis XV, et vous me demandez pourquoi je tremble !

J'étais à bout de force, je chancelai, il voulut me soutenir :

— Laissez-moi, lui dis-je, laissez-moi.

L'indignation qui agitait mon cœur se lut probablement sur mon visage, car le roi, après m'avoir longtemps regardée en silence, me supplia de m'asseoir, prit lui-même un siége, qu'il plaça de manière à laisser entre lui et moi une assez grande distance, et d'un ton pénétré, il me pria de l'écouter avec attention.

CHAPITRE II.

Deux cœurs brisés.

— Ecoutez-moi, Marianne, me dit le roi après un long silence, il y a dans le roi Louis XV deux hommes, dont le double caractère est une énigme pour ceux-là même qui l'approchent le plus près. L'un dépravé par les flatteries de ses courtisans, est prêt à sacrifier, pour la satisfaction d'un caprice, les principes les plus sacrés ; l'autre, chrétien dans le fond du cœur, est sincère, profondément attaché à la vertu et aux belles actions qu'elle inspire. L'âme de ce dernier est capable d'indignation et de remords, autant que son cœur est capable d'amour.

Je voulus l'arrêter.

— Laissez-moi poursuivre, reprit-il avec une gravité pleine de douceur. J'ai compris tout à l'heure, à l'expression de votre figure, au pur éclat qui brillait dans vos yeux, au véritable effroi dont vous avez été saisie en me voyant à vos côtés ; j'ai compris, dis-je, que vous êtes victime d'une odieuse machination, que vous avez été entraînée à votre insu et malgré vous dans un piége infâme. Dès ce moment, vous n'avez plus rien à craindre de moi.

Je ne savais ce que le roi voulait dire, mais je n'osais le prier de s'expliquer plus clairement. Il devina sans doute ma pensée, car il continua ainsi :

— Ce que je vous dis là vous étonne. Eh ! mon Dieu, Marianne, ignorez-vous donc qu'à force de s'entendre dire que rien ne leur est interdit et que tout leur est facile, les rois finissent par devenir crédules à l'excès. Faut-il m'expliquer plus clairement ? eh bien, Marianne, ceux qui vous ont attirée dans ce piége dont je parlais tout à l'heure, ceux-là étaient parvenus à me persuader que vous n'aviez pu voir votre roi avec indifférence et que vous-même étiez disposée à vous prêter à cette comédie d'un mariage avec un homme peu scrupuleux sur l'honneur, pour vous rapprocher de moi, pour l'emporter, en un mot, sur toutes les femmes de ma cour qui vous faisaient l'injure, Marianne, de vous regarder comme une rivale.

Je ne pus m'empêcher d'être attendrie par ces paroles. Des larmes remplirent mes yeux, et je cachai mon front dans mes deux mains.

— Ainsi, lui dis-je après un silence, vous m'avez crue leur complice ! Le croyez-vous encore ?

— Vous allez en juger, Marianne, et d'après le sacrifice que je vais accomplir, vous verrez en même temps si je vous aime... et comment je vous aime.

Mon regard l'interrogea sans doute, car il me répondit comme s'il eût deviné le fond de ma pensée :

— Que je puisse imaginer un moyen de vous prouver mon amour, en faisant éclater tout le respect que vous m'inspirez, cela vous semble difficile, n'est-ce pas ? Et cependant ce moyen, je crois l'avoir trouvé. Ce qui s'est passé cette nuit à Choisy est encore un mystère pour tous. Que ce mystère ne soit jamais révélé. Choisissez vous-même le lieu de votre retraite, partez dès ce matin, dans quelques minutes, à l'instant même, si vous le voulez, et tout le monde croira que vous avez quitté ce château, pendant la nuit, pour vous rendre à la terre de Bizy, accompagnée du chevalier de Mailly, votre époux.

— O Sire ! que me dites-vous là ! vous consentiriez à m'ouvrir vous-même les portes de cette prison dorée où je me croyais condamnée à laisser mon honneur et ma vie ! vous me rendriez ma liberté ?

— J'ai prononcé le mot sacrifice, me répondit gravement le roi, trouvez-vous que j'aie dit vrai ?

Je ne saurais me rappeler les termes que j'employai pour le remercier ; je n'avais plus la tête à moi, j'étais ivre, j'étais folle de joie. Je me voyais sauvée par l'homme même à qui on avait voulu me livrer, et il ne me vint pas à l'idée qu'aucun obstacle pût s'opposer à la réalisation d'une volonté souveraine aussi formellement exprimée. Hélas, ma bonne cousine, je comptais sans cette fatalité terrible qui poursuit les filles de la maison de Nesle, et semble les avoir d'avance marquées au front d'un signe de honte et d'infamie !

— Achève donc, dit Mme de Merville, je ne te comprends pas.

— Il était quatre heures du matin, il faisait grand jour ; le roi me conduisit vers la fenêtre, l'ouvrit et me montrant une petite route éclairée par le soleil levant :

— Vous sentez-vous le courage, me dit-il, de fuir seule, à pied, par ce chemin désert ? Lorsque vous serez au bout, c'est à dire, dans cinq minutes, vous entrerez dans une maison dont vous voyez d'ici la toiture de tuiles reluire au soleil. C'est la maison de Béjin, le maître de poste. Il vous donnera de bons chevaux, une berline et vous conduira où vous voudrez.

— Le château de Nesle n'est habité, depuis la mort de mon père, par aucun des membres de ma famille. C'est là que j'irai.

— C'est bien, dit le roi... Voici le costume de voyage qui justement avait été préparé pour votre départ avec le chevalier... Hâtez-vous de le mettre et partez.

La voix de Louis XV faiblissait; on voyait qu'il avait rassemblé toutes ses forces pour ce sacrifice, et qu'elles étaient sur le point de le trahir.

— Maintenant, reprit-il en me tendant la main, un seul mot avant de vous quitter à jamais, Marianne... pardon !

J'avoue qu'en ce moment, Louise, je ne vis plus dans cet homme que mon maître et mon roi; j'avoue que toutes les frayeurs que son nom m'avait si longtemps inspirées se dissipèrent pour faire place à une admiration douce et pleine de sympathie... Cette main qu'il me tendait, je la baisai en le bénissant.

— Venez alors, me dit-il. Pour atteindre cette route, il faut que nous traversions la galerie. Profitons de ce qu'elle est encore déserte.

Il passa devant moi. Je le suivis avec empressement.

Encore quelques minutes et j'étais sauvée de lui, sauvée de moi-même, sauvée de tout.

Tout à coup un bruit se fait entendre dans les cours et les avenues qui aboutissent au château. Au dehors, je distingue le bruit d'une cavalcade; à l'intérieur, dans les jardins, sous les vestibules, retentissent des voix nombreuses. Louis XV pâlit.

— Qu'est-ce donc? lui dis-je.

— Trop tard ! répond-il avec une angoisse visible, il est trop tard.

Il court à la croisée, regarde et s'écrie :

— Ah! cette maudite partie de chasse, je l'avais oubliée! Il y a maintenant du monde à toutes les issues.

A peine le roi cessait-il de parler que la porte principale s'ouvrait toute grande et que M. d'Argenson, à la tête des personnages les plus marquans de la cour, pénétrait dans la galerie. Tous les regards se portèrent sur moi et ces regards furent autant de coups de stylet qui vinrent me frapper au cœur. Le roi murmura :

— Allons ! tout est fini.

Tout était fini, en effet, pour moi, car en voyant ces gentilshommes m'entourer avec tous les signes d'un respect affecté, en les voyant se courber autour de moi avec cette humilité rampante qui touche de si près à la bassesse, je compris que j'étais bien véritablement et irrévocablement perdue.

M. d'Argenson vint à moi et prononça, en s'inclinant, quelques paroles dont je n'ai pas conservé le souvenir, mais qui me firent monter le rouge au visage. Alors, je me sentis mourir, je tombai sans connaissance et j'entendis, à travers mon évanouissement, que c'était à qui me porterait secours. Quand je revins à moi, j'étais encore à Choisy et je trouvai le roi à mes genoux... Que te dirai-je maintenant, Louise? je n'avais plus un seul cœur où me réfugier. Le chevalier ne m'inspirait plus qu'épouvante et mépris !... Mes forces étaient épuisées... Je fermai les yeux pour ne plus voir l'abîme et j'y tombai. Alors, tu le sais, ce furent des acclamations, des fleurs à mon front et sous mes pas, tous les triomphes, en un mot, qui peuvent enivrer l'orgueil humain. On vit en moi l'ange libérateur de Louis XV, on m'appela la nouvelle Agnès Sorel. Ah ! ce fut splendide, et bien des rivales me portèrent envie, jusqu'au jour où le peuple, voyant son roi malade, en danger de mort, m'attribua dans sa colère tous les maux dont il souffrait, et me chassa d'auprès de lui avec des malédictions et des huées. Oh ! comment donc suis-je tombée si bas, mon Dieu ! et qui donc m'aurait pu prédire une pareille destinée ?

Un rire saccadé traversa l'espace et vint retentir à l'oreille de la duchesse, comme la moquerie de quelque démon tapi dans les ténèbres.

— Nous n'étions pas seules ! s'écria Mme de Merville.

Une forme humaine se dessina, en effet, dans l'ombre, à peu de distance des deux jeunes femmes, et la lumière de la lune, passant entre les arbres, éclaira un visage sec et ridé, avec deux yeux qui dardaient comme des éclairs du fond de leur orbite, et une bouche où l'on eût dit que le doigt de Satan lui-même avait creusé un éternel et atroce sourire.

— Marthe ! murmura Marianne d'une voix éteinte.

— Oui, Marthe la voyante, Marthe la sorcière de la Roche-Aiguë, comme ils m'appellent dans le pays ! Croyez-vous que je sois bien nommée? et doutez-vous maintenant que mon esprit puisse pénétrer dans les profondeurs de l'avenir?

Elle fit entendre de nouveau son rire sec et cadencé, assez semblable à celui qu'un mécanisme ingénieux fait jaillir de quelques jouets d'enfans; puis jetant à terre un fagot de bois sec, sur lequel elle s'assit en face des deux cousines :

— Vous accusez le sort, dit-elle à Marianne, vous maudissez votre destinée, et sans doute vous vous croyez une exception rare parmi les humains! Vous vous trompez étrangement, mais que voulez-vous? c'est la folie générale, folie qui prend sa source dans l'orgueil, l'homme mettant son amour-propre à être le premier entre tous, dans le malheur comme dans la fortune. J'ai connu des catastrophes qui, pour être moins éclatantes, n'étaient pas moins terribles que la vôtre, et il en est une surtout... que je veux vous raconter, pour vous convaincre que la souffrance est notre lot à tous ici-bas, et que nous devons l'accepter comme nous acceptons l'air et la lumière.

Il y avait dans l'accent de la vieille paysanne quelque chose de profond et de mordant, qui commandait si fortement l'attention que les deux cousines, oubliant l'heure avancée et le lieu où elles se trouvaient, demeurèrent immobiles à l'écouter.

— L'aventure dont je vous parle, reprit Marthe, s'est passée dans un petit village de la Franche-Comté. Le curé de ce village avait pour nièce une jeune fille d'une grande beauté, du moins on le lui répétait sans cesse, et comme elle joignait à cet avantage une éducation qui la mettait au-dessus de ses compagnes, elle prit une si haute opinion d'elle-même que tous les jeunes gens qui vinrent demander sa main se virent repoussés impitoyablement. Hélas! cet orgueil ne devait pas tarder à recevoir son châtiment, elle aima à son tour, et celui qui trouva enfin le secret de toucher son cœur était d'un rang trop élevé pour devenir son époux. Or, il arriva qu'un jour la pauvre Agnès n'eut pas la force de résister à la passion de son amant, et qu'au bout de quelque temps elle portait dans son sein le témoignage éclatant de sa faute. A dater de cette époque, le sort s'acharna après elle avec une incroyable rigueur, et sa vie ne fut plus qu'une longue suite de malheurs. D'abord elle dut quitter la maison de son oncle, qui se sépara d'elle en pleurant et sans lui adresser aucun reproche, tant il la voyait malheureuse ; puis elle se vit repoussée et accablée d'humiliations par tous ceux qu'avait blessés son orgueil, et enfin, au moment où elle allait devenir mère, elle apprit que l'homme qui avait abusé de sa crédulité, devait épouser une autre femme, et que tout espoir de réhabilitation était désormais perdu pour elle. Aussi, de quelles larmes amères fut baignée la pauvre créature le jour où elle vint au monde! Il eût été difficile de voir plus de malheurs tomber à la fois et si rapidement sur une

même tête, n'est-ce pas? Mais la mesure n'était pas comblée, et une épreuve plus terrible que toutes celles qu'elle avait traversées jusque-là était réservée à la pauvre Agnès. Une année s'écoula, pendant laquelle elle fut, sinon heureuse, du moins tranquille, vivant péniblement du produit de son travail, mais trouvant de puissantes consolations dans les caresses de son enfant, qui était pour elle l'objet d'une véritable adoration. Oh! comme elle se sentait forte contre le dédain et l'insulte lorsqu'elle pressait dans ses bras la charmante créature, lorsqu'elle voyait ses beaux yeux bleus la chercher avec inquiétude et sa petite bouche sourire à son aspect! Comme elle se trouvait heureuse, et comme elle prenait en pitié toutes les petites misères dont on l'abreuvait dans le village! Un jour qu'elle rentrait chez elle tenant son enfant dans ses bras, et lui chantant, pour l'égayer, un de ces refrains sans aucun sens, comme en chantent les mères, en traversant la grande route, au-delà de laquelle s'élevait sa chaumière, elle rencontra un homme à cheval, qui la pria d'abord de lui indiquer son chemin, puis se mit à examiner l'enfant et à s'extasier sur sa jolie figure. Parler à une mère de la beauté de son enfant, c'est un moyen infaillible de lui gagner le cœur; aussi Agnès causa-t-elle longtemps avec l'étranger, qui enfin, voyant venir la nuit, renonça à aller plus loin et se décida à aller passer la nuit à l'auberge du village, que lui indiqua Agnès.

Le lendemain, avant de partir, il vint faire ses adieux à la jeune mère ; c'était un homme dont la mine sombre et sérieuse prévenait peu en sa faveur; mais il avait tant admiré sa petite fille, comment lui eût-il inspiré quelque défiance? Enfin il s'éloigna en lui souhaitant toutes sortes de félicités.

Le soir de ce même jour, Agnès ayant laissé son enfant endormie dans son berceau, s'en fut chercher de l'ouvrage chez une voisine qui demeurait à cent pas de là, et revint aussitôt, car jamais elle n'avait laissé son enfant seule plus de cinq minutes. Elle tirait la clef de sa poche pour ouvrir la porte de sa chaumière, lorsqu'elle s'aperçut avec effroi qu'elle était ouverte. A cet aspect, Agnès resta anéantie et sentit ses jambes se dérober sous elle; puis surmontant son émotion, elle s'élance, arrive au berceau de son enfant et jette un cri terrible; le berceau était vide! Folle de désespoir, la pauvre mère se mit à courir vers le village, et là, pénétrant dans toutes les demeures, arrêtant tous ceux qu'elle rencontre, elle demande à tous où est sa fille. Touchés de ses larmes, de son désespoir, dont la violence semblait devoir la conduire promptement à la folie, tous les habitans du village sortent avec des flambeaux et se dispersent dans les champs et dans les bois des environs. Tous rentrèrent sans avoir trouvé aucune trace de l'enfant; alors, par un retour trop commun chez les hommes, après avoir pris en pitié le désespoir de la pauvre mère, il se trouva des gens qui osèrent l'accuser d'avoir perdu elle-même l'enfant dans laquelle elle souffrait de voir un éternel témoignage de sa honte, et les propos les plus odieux étant ceux qui s'accréditent le plus facilement, il arriva qu'un jour Agnès se vit arrêtée et accusée du crime d'infanticide. Traduite devant un tribunal, elle refusa de se défendre, indifférente au sort qui l'attendait, et se vit condamner à une prison perpétuelle. Oh! ils sont bien hardis les hommes qui osent juger leurs semblables et qui se flattent de pouvoir lire au fond des cœurs! Ceux qui avaient condamné Agnès apprirent un jour la vérité, c'est à dire que sa fille lui avait été ravie par l'étranger qu'elle avait rencontré sur le grand chemin et auquel il fallait un enfant pour hériter d'une grande fortune. Alors on rendit la liberté à Agnès, on lui ouvrit les portes de la prison dans laquelle elle avait passé vingt années! Elle y était entrée jeune, elle en sortit vieille, avec des cheveux blancs, avec une âme aigrie par le malheur et un cœur ulcéré par l'injustice, avec la haine et le mépris des hommes. Voilà son histoire, croyez-vous qu'elle soit moins douloureuse que la vôtre, madame?

— Pauvre femme! soupira Marianne; mais son enfant lui fut rendue?

—Si elle eût retrouvé son enfant, elle eût tout oublié, tout pardonné; mais son enfant était morte, madame.

— Et elle, l'infortunée, que devint-elle?

— Elle quitta le pays où le malheur l'avait si cruellement éprouvée et vint s'établir dans celui-ci sous le nom de Marthe.

—Quoi! ce serait...

— On l'appelle aujourd'hui Marthe la Voyante, et vous savez maintenant pourquoi elle aime à prédire les destinées funestes.

Puis, sans ajouter un seul mot, Marthe ramassa son fagot et s'éloigna en marmottant entre ses dents des paroles que les deux jeunes cousines ne purent entendre.

— Marthe? Marthe! répéta Marianne quand la vieille fut hors de sa vue : oh! la prédiction! la prédiction!

Une heure après cette scène, Mme de Merville rentrait au château de la Coudraie, pendant que Marianne continuait sa route vers Paris. L'intention de la duchesse de Châteauroux était de s'y arrêter un moment afin de mettre ordre à ses affaires, et de partir ensuite pour quelque retraite isolée, où il lui fût permis de cacher sa honte et ses regrets.

CHAPITRE III.

Un Billet.

Des historiens fort épris de progrès, des romanciers et des femmes soi-disant sensibles, ont beaucoup attaqué le peuple à cause de sa haine contre Mme de Châteauroux; ils ont vu là une cruauté irréfléchie, une fureur brutale, une violence injuste, et il va sans dire que, pour ces écrivains clairvoyans, la main des prêtres se trouvait au fond de toute cette affaire, soufflant le feu et poussant à l'émeute, dans l'intérêt de la domination de l'Eglise. Nous ne voulons pas chercher jusqu'à quel point ces affirmations sont vraies; mais, ce qu'on ne saurait contester, c'est que le peuple et les prêtres avaient grandement raison de se plaindre que la maîtresse tînt le sceptre, tandis que l'épouse était reléguée dans un coin du palais; ce qu'il y a de certain, c'est que le scandale gagnait de proche en proche, que la débauche descendait graduellement du trône à la noblesse, de la noblesse à la bourgeoisie, de la bourgeoisie aux classes inférieures, et que les parties intéressées avaient bien le droit de trembler pour elles-mêmes; ce qui, en un mot, ne nous paraît pas aussi abominable que ces tolérans philanthropes veulent bien le dire, c'est que le cri public ait éclaté à l'aspect d'un scandale qui dépréciait et rabaissait la monarchie, autrement dit la France, car, dans le vieux langage de ce glorieux pays, France et monarchie ne faisaient qu'un.

C'est ce que la duchesse de Châteauroux comprenait parfaitement elle-même. Esprit juste et cœur droit, elle n'était pas de ceux qui excusent chez eux ce qu'ils condamnent chez les autres.

Emportée un instant par le tourbillon de la cour, environnée de plaisirs dont elle ne prenait pas sa part, mais où elle cherchait à étourdir ses remords, elle s'était surtout appliquée à relever le roi dans l'opinion de son peuple, à lui inspirer de grandes idées, à raffermir dans ses mains le sceptre que tant d'autres voulaient lui arracher. Après avoir éprouvé pour cet homme un sentiment de répulsion, nous devrions dire d'horreur, facile à concevoir après l'affreuse nuit de Choisy, elle avait senti sa haine s'émousser peu à peu; sa colère, à la vue des transports d'un amour, dont Louis XV effectivement ne se retrouva pas capable depuis, avait fini par faire place à une triste et généreuse pitié. Semblable à ces esclaves que saisit d'abord une profonde mélancolie, mais qui s'accoutument peu à peu à leur sort, elle s'était habituée par degrés à ces hommages qu'elle avait tant redoutés, lorsque ses sœurs en étaient l'objet, à cette puissance dont elle pouvait user à son gré, même pour le bien, à la vue de ce roi dont, après tout, le repentir et la passion étaient sincères. Elle ne jouissait pas de son triomphe, elle le subissait; elle le subissait avec ce cortége d'obligations publiques, de plaisirs forcés, de sourires de commande, qui lui faisaient répondre à un compliment du duc de Richelieu sur les splendeurs dont elle était environnée:

— Hélas! monsieur le duc, je porte ma croix.

Aussi, une fois revenue à Paris, après l'expédition de Metz et son court passage à la Coudraie, Marianne vécut solitaire et retirée. Malgré les observations de quelques amis restés fidèles dans la disgrâce, et qui lui apportaient chaque jour de nouveaux plans de campagne pour reconquérir le pouvoir, elle semblait ne plus aspirer qu'à l'obscurité et au repos. Sa vanité, son orgueil de femme avaient sans doute été cruellement froissés, mais, au fond de son âme, elle reconnaissait que cette chute était méritée, et qu'il y avait là un châtiment providentiel dont elle devait subir jusqu'au bout les lentes et inexorables angoisses. Elle n'avait point désiré ce trône d'infamie où une destinée cruelle l'avait fait monter pour ainsi dire à son insu... elle s'en voyait déchue avec joie.

Ce fut seulement alors que Mme de Châteauroux put se recueillir en elle-même et jeter un regard calme et froid sur cette période de sa vie où étaient venues s'engloutir, comme dans une mer agitée, toutes ses résolutions de jeune fille, toutes ses espérances d'avenir. Ce fut alors aussi qu'elle souffrit le plus, car cet isolement de toutes choses, où elle vivait maintenant, la livrait sans défense à un souvenir qui, à vrai dire, n'avait jamais cessé de la poursuivre, mais que le bruit, le mouvement, le tumulte de la vie de cour lui permettaient au moins de repousser loin d'elle, lorsqu'elle se sentait trop faible pour en supporter l'amertume.

Ce souvenir se résumait tout entier dans un nom, Albert de Mailly, et jamais il ne passait sur son cœur sans en faire jaillir un sanglot, car en pleurant Albert elle pleurait ses illusions détruites, toute son existence brisée, cette foi en l'honneur où elle s'était plu dès son enfance et dont la perte lui avait été si cruelle.

Et, en effet, toute sa jeunesse avait été employée à parer ce nom de mille perfections pures et saintes; tous ses trésors d'innocence et de noblesse, tout ce qu'elle avait en elle de naïf et de bon, elle l'avait conservé pour Albert, et plus tard, lorsqu'elle s'était vue forcée d'épouser M. de la Tournelle, elle avait porté dans son cœur le deuil de toutes ces rêveries charmantes. Ce mari, qu'elle connaissait à peine, ne pouvait réclamer d'elle que la stricte observation de ses devoirs, et, bien décidée à les remplir loyalement, elle ne se croyait pas obligée à donner ce qu'on ne lui demandait pas. Sa pensée avait donc toujours été à Albert. Qui sait même si elle ne l'attendait pas, sans se rendre compte d'une espérance qu'elle ne s'avouait pas hautement, mais qui la berçait à son insu comme une vague et lointaine harmonie?..... Et quand elle s'était vue libre, quand elle avait regardé autour d'elle pour chercher une main amie, pour implorer un conseil, le nom d'Albert était monté de son cœur à ses lèvres.

Elle l'avait appelé et il était venu.

Alors que de joies et que de déceptions! Comme son cœur s'était exalté pour retomber ensuite dans le découragement et le désespoir! Quoi! cet homme en qui elle avait mis toute sa confiance, qui était son espoir et son orgueil, cet homme qu'elle avait aimé absent, comme il l'avait aimée lui-même, qui était accouru à son appel, et qu'elle avait reçu comme un ange libérateur, cet homme l'avait odieusement trahie, il s'était fait le complice de ceux qui semblaient avoir pris à tâche de jeter le déshonneur sur la maison de Nesle! Lui-même l'avait attachée de sa main à ce fatal pilori de la faveur, qui, d'avance et de loin, l'épouvantait dans ses rêves... Lui-même l'avait livrée au roi!

Cette pensée, depuis que la duchesse était éloignée de la cour, s'identifiait en quelque sorte avec sa vie. C'était le mauvais rêve qui l'éveillait le matin en sursaut, c'était la fièvre incessante qui la brisait de fatigue pendant le jour et lui faisait désirer une nuit de sommeil calme qui ne venait jamais.

Nous la revoyons dans son hôtel de la rue de Beaune, immobile, le teint pâle, le regard presque éteint, et comme absorbée dans une contemplation intérieure.

Toujours admirablement belle, elle portait sur son visage comme des traces de larmes effacées qui donnaient à l'expression si intéressante de sa physionomie un charme tout nouveau.

Il était environ trois heures de l'après dînée et la toilette négligée de Marianne indiquait suffisamment combien elle était devenue étrangère à la vie mondaine et aux préoccupations de la vanité féminine.

Un léger bruit la rendit à elle-même. Elle tourna la tête, et vit Mlle Hébert, sa femme de chambre. C'était une femme qui servait sa famille depuis de longues années et qui lui était toute dévouée.

— Que me voulez-vous? lui dit-elle.

— Les lettres de Mme la duchesse, que l'on vient de me remettre à l'instant même.

Et du plat d'or qu'elle tenait à la main, Mlle Hébert laissa tomber sur la table plusieurs lettres à l'adresse de la duchesse de Châteauroux.

Marianne les prit avec indifférence, regarda la suscription de chacune, et ne put s'empêcher de dire, avec un sourire où il y avait autant de tristesse que d'amertume :

— Ah! ils m'appellent encore ainsi!

— Madame la duchesse veut-elle s'habiller? demanda la suivante.

— Non, je ne sortirai pas.

— Mais, sans sortir, madame la duchesse ne pourrait-elle?...

— Laissez-moi, interrompit Marianne, je veux être seule.

Mlle Hébert se retira.

Marianne ouvrit au hasard une des lettres.

La première était de Mme de Coislin :

« Chère belle, disait la marquise, la
» cour porte le deuil de votre beauté depuis les inconcevables folies de Metz.
» Votre retour seul peut dissiper la tristesse qui commence à y régner en souveraine, et l'ennui qui menace de nous dévorer. Reparaissez bien vite, ou nous mourrons à petit feu. Au reste, vous savez que c'est la grande question du jour,
» que tout ce qui a de l'esprit ici vous regrette et vous rappelle, que les sots seuls s'y opposent, et que, fort heureusement pour nous, la cour de Louis XV est la plus spirituelle du monde. »

— La marquise de Coislin! dit la duchesse en repliant sa lettre ; elle aussi, dit-on, a brigué la place que j'ai un instant occupée. Elle voudrait me savoir morte, et se prosterne à mes pieds! C'est un reste d'habitude... Passons.

Elle en lut une autre.

Celle-là était de M. de Cossé, un des familiers de Maurepas. Il lui demandait une place de contrôleur général pour un de ses neveux.

Pour le coup, elle n'y put tenir; et s'écria en riant :

— Allons! il faut que ce pauvre M. de Cossé ait perdu la tête ou qu'il arrive de l'autre monde. Il paraît qu'il ne sait rien de ce qui s'est passé depuis un mois. Ne lui répondons pas. Quand il sera mieux renseigné, il ne s'étonnera point de mon silence.

Elle tint la troisième lettre un instant dans ses doigts, l'œil fixé sur l'écriture et comme redoutant d'en savoir le contenu.

— C'est du duc de Richelieu, pensa-t-elle.

Bien qu'elle n'eût jamais eu qu'à se louer du duc, bien qu'elle eût dit un jour en plaisantant qu'il avait un cœur assez grand pour y tout loger, même la vertu; bien qu'il lui eût donné plusieurs fois des marques d'un dévoûment chevaleresque et d'une amitié réelle, elle se défiait de ce qu'il pouvait avoir à lui dire. Elle se rappelait que c'était lui qui à l'hôtel du ministre des sceaux lui avait fait connaître Louis XV, de sorte que son souvenir, son nom étaient mêlés à tous ses regrets, à tous ses malheurs.

Que lui voulait-il, lui, dans tout l'éclat de la faveur, à elle renvoyée publiquement de la cour, et probablement déjà oubliée?... Pourquoi, s'il était son ami, comme il le lui avait assuré tant de fois, ne pas avoir pitié de son repos, et venir réveiller dans son âme des douleurs à peine assoupies?

La duchesse commença par ces réflexions; elles firent bientôt place à d'autres pensées.

— Après tout, se dit-elle, le duc a été le confident de mes chagrins; seul, dans toute cette cour, il sait combien j'ai pleuré, combien j'ai souffert... Il m'écrit, n'est-ce pas tout naturel?... et est-il bien raisonnable à moi de m'effrayer d'une lettre!.. Lisons...

Elle brisa le cachet.

Le message se composait de deux lignes

« Je soupe demain chez vous avec quel-
» ques amis. J'ai à vous parler d'affaires
» graves. »

La duchesse froissa le papier dans ses mains, se leva, parcourut la chambre avec agitation, et comme cédant à une idée subite, alla tirer vivement un cordon de sonnette.

Mlle Hébert accourut.

— Vite, dit-elle... je sors.

— En ce cas, je vais avertir les femmes de madame pour sa toilette.

— Je n'ai besoin que d'une mante... Hâte-toi.

— Il faut dire alors qu'on attelle?

— J'irai à pied.

— Mais, madame la duchesse, je ne comprends pas...

— Tu ne comprends pas que j'ai besoin d'air, de mouvement, que j'étouffe dans cette chambre, et que je n'y veux point rester. Qu'y a-t-il là de si surprenant?

— Rien, oh! rien absolument, madame la duchesse. Seulement, je dois vous avertir que le moment n'est peut-être pas très bien choisi pour sortir à pied. Depuis une heure, les rues sont pleines de monde.

— Est-ce que les rues ne sont pas toujours pleines de monde, à Paris?

— Oh! c'est plus que du monde, c'est de la foule... et une foule qui grossit à chaque instant.

— Il y a donc quelque fête?

— Dame... oui, répondit Mlle Hébert, avec un peu d'hésitation, et il est étonnant que madame la duchesse semble ignorer...

— Quoi donc?

— Le retour du roi. C'est aujourd'hui que Sa Majesté revient de Metz.

— Ah! fit Marianne avec un mouvement de surprise.

Elle prit une de ses lettres qu'elle fit machinalement tourner dans ses doigts et parut réfléchir. De son côté, Mlle Hébert n'osait plus ouvrir la bouche. La conversation resta ainsi interrompue pendant plusieurs minutes.

— Et c'est pour recevoir le roi que tout ce peuple se presse dans les rues? demanda Marianne toujours très occupée à tourner sa lettre.

— Oui, madame.

— Il y a foule?

— Oh! tout Paris y sera.

Il se fit encore un silence, pendant lequel Mlle Hébert semblait attendre avec impatience le résultat définitif de toutes ces questions et de toutes ces réponses.

Tout à coup, Marianne serra sa correspondance dans un tiroir, et se retournant brusquement :

— Eh bien, dit-elle, cette mante que je vous ai demandée, où est-elle?

— La voici, madame la duchesse, la voici.

Puis balbutiant et baissant la voix, comme si elle eût eu peur de sa hardiesse, Mlle Hébert ajouta :

— Madame la duchesse veut donc toujours sortir?

— Pourquoi pas?

— Seule?

— Non, tu viendras avec moi. Ne dis-tu pas que tout Paris est dans les rues?...

— Oui, madame.

— Eh bien! nous ferons comme tout Paris.

— Quoi! nous allons?...

— Voir la rentrée du roi. Ce sera un spectacle très curieux. Est-ce que tu ne m'entends pas? Est-ce que cela te contrarie de m'accompagner?

— Moi, par exemple! s'écria la suivante.

— Allons, mets-moi ma mante.

— Oui, madame la duchesse.

Tout en obéissant, Mlle Hébert considérait sa maîtresse d'un air ébahi.

— Maintenant, ma bonne Hébert, donne-moi vite mon capuchon, reprit celle-ci, et prends en un toi-même, car il n'est pas nécessaire qu'on nous reconnaisse... Es-tu prête?

— C'est fait, madame la duchesse.

— Eh bien, partons.

Elles partirent effectivement toutes deux, et ne tardèrent pas à se perdre dans un flot de peuple qui se portait tumultueusement du côté des Tuileries.

CHAPITRE IV.

Le Déguisement.

Le matin même du jour où Louis XV devait entrer dans la capitale, M. d'Argenson l'y précéda de quelques heures, grâce au soin qu'il avait pris de se faire donner les meilleurs chevaux de poste de la route et de les payer largement.

Ce voyage, accompli presque incognito, et cette arrivée en quelque sorte inattendue avaient-ils pour objet le service de Sa Majesté ou l'intérêt personnel de l'ambitieux ministre? C'est une question que nul n'eût pu résoudre, et qui donna lieu à mille conjectures contradictoires. Ceux-ci pensèrent qu'il était venu ménager une surprise galante à son maître, et qu'on entendrait parler le lendemain de quelque arc-de-triomphe avec inscriptions guerrières, ou de quelque illumination figurant un épisode de la dernière campagne; ceux-là ne craignirent pas d'affirmer que le roi, mécontent de ses services, le renvoyait tout simplement dans ses terres et qu'il ne faisait que toucher Paris en passant; d'autres enfin prétendaient que Sa Majesté, bien résolue à revenir à une conduite plus régulière et à se montrer désormais très scrupuleuse en matière de fidélité conjugale, l'avait dépêché en ambassadeur près de Marie Leczinska, pour lui annoncer l'heureuse nouvelle et négocier un rapprochement définitif.

Autant de suppositions, autant d'erreurs: le roi lui-même ignorait les causes qui avaient déterminé son ministre à prendre au triple galop le chemin de Paris. M. de Villemur, qu'il interrogea à ce sujet, ne put lui faire que cette réponse :

— Sire, il était trois heures du matin lorsque M. d'Argenson, qui couchait près de moi, s'est réveillé en sursaut, se souvenant tout-à-coup d'une affaire importante qui exigeait sa présence à Paris. Vous dormiez trop bien, sans doute, pour qu'il se permît de vous faire ses adieux. Il a donc sauté en bas de son lit comme un fou, a pris à peine le temps de passer ses chausses et court encore.

La vérité est que M. d'Argenson était arrivé à Paris vers midi, qu'un domestique était sorti de chez lui, un billet cacheté à la main, et qu'un instant après le faux chevalier de Mailly, accompagné de son noble ami, l'ex-nabab de Seringapatam, autrement dit Tom Jack, s'était présenté à son hôtel, où tous deux avaient été introduits sur-le-champ.

La conférence entre ces trois personnages dura environ une heure; après quoi, le ministre congédia les deux amis en leur disant :

— Vous m'avez compris?...
— Oui, monseigneur.
— Un déguisement qui vous change assez pour que personne ne puisse se souvenir de vous avoir vus jusqu'ici dans Paris, ou vous reconnaître plus tard en vous rencontrant.

— Ceci est la chose la plus aisée du monde, monseigneur, et je puis vous garantir que, sous ce rapport, Votre Excellence sera ponctuellement obéie.

M. d'Argenson réfléchit encore un instant, et reprit :

— Voilà donc qui est bien entendu. Vous êtes indignés de ce qui se passe en haut lieu, et, habitués que vous êtes à exprimer votre pensée avec une noble hardiesse, vous prenez haut et ferme le parti de la morale outragée; le scandale qui offusque vos yeux comme ceux de tous les honnêtes gens, la dignité des mœurs à sauvegarder, la France entière intéressée à ce que l'exemple de l'inconduite ne soit pas poussé plus loin, voilà toutes les idées sur lesquelles nous sommes parfaitement d'accord, n'est-il pas vrai?

— Oh! parfaitement, monseigneur.
— A merveille. Quelle heure est-il?
— Deux heures environ.
— Vous n'avez que le temps tout juste, car le roi arrivera, je crois, dans la journée, et il vous faut vêtir convenablement.

En parlant ainsi, le ministre plongea sa main dans la poche de son gilet et en tira une poignée de pièces d'or, que Djaïlar accepta de la meilleure grâce du monde.

— Allez maintenant, maître Djaïlar, reprit d'Argenson, et souvenez-vous que ceci n'est qu'un avant-goût des largesses dont j'ai l'intention de vous gratifier, si je suis content de vos services. Tous les matins, avant dix heures, vous pourrez vous présenter ici, mes valets ont l'ordre de vous laisser entrer.

Djaïlar s'inclina d'un air d'intelligence qui ne pouvait laisser aucun doute sur la façon dont il exécuterait les instructions qu'on venait de lui donner. Tom Jack imita ce mouvement, mais on eût facilement deviné, à l'expression de son visage, qu'il ne répondait que pour la forme et que les hautes questions qui avaient été traitées en sa présence lui étaient restées à peu près étrangères.

Aussi, une fois dehors, Tom Jack demanda-t-il à Djaïlar :

— Que diable a-t-il voulu dire?
— Comment, tu n'as pas compris?
— Ma foi, non! Des scandales à réprimer, les bonnes mœurs à rétablir, l'exemple des vertus à donner à l'univers! en quoi cela peut-il nous regarder et que signifie ce galimatias?

— Halte-là, maître Tom! Ne traitez pas avec cette légèreté des questions à la hauteur desquelles l'infériorité de votre entendement vous défend d'atteindre. Contentez-vous d'obéir sans vous mêler de raisonner.

— Tu as donc compris, toi?
Pour toute réponse Djaïlar lança à Tom Jack un coup-d'œil dédaigneux.

— Tom Jack, lui dit-il, depuis les quelques mois que je suis en France, j'ai compris toutes les grandeurs et toutes les infamies, toutes les magnificences et toutes les petitesses de la civilisation européenne. Mais je veux faire une étude complète de votre société à la fois stupide et corrompue, et c'est pour cela que tu me vois accepter les rôles les plus équivoques et consentir à jouer des comédies qui ne conviennent qu'à un aventurier de bas étage. En agissant comme je le fais, en me mettant en contradiction apparente avec les projets magnifiques que j'ai formés en venant en France, je prépare mes armes pour ma fortune à venir, et un jour arrivera, souviens-toi de mes paroles, où ce ministre, qui se croit grand, et qui n'est qu'un scélérat sans portée, apprendra à ses dépens quel est l'homme dans lequel il ne voit aujourd'hui qu'un instrument subalterne facile à briser dès qu'il le gênera. Mais il est des instrumens dangereux, qui blessent ceux qui s'en servent, et les blessent parfois mortellement.

Au bout de quelques instans, il dit à Tom Jack en lui montrant du doigt l'enseigne d'une boutique plus que modeste :
— Sais-tu lire ?
— Je m'en flatte.
— Qu'y a-t-il d'écrit là ?
— *A la Bonne foi, Berthaut, marchand fripier.*
— Eh bien !
— Eh bien ?
— Eh bien !... Tu ne te souviens donc pas ?
— Ah ! si fait, s'écria Tom... le déguisement que monseigneur d'Argenson nous a ordonné de prendre...
— Silence ! murmura Djaïlar en regardant à droite et à gauche pour s'assurer si quelqu'un ne les avait pas entendus; si monseigneur a le défaut de s'exprimer en termes un peu obscurs, tu as un beaucoup plus dangereux, celui de parler trop clairement. Allons, vite, entrons chez Berthaut.

Berthaut était un industriel dont l'immense réputation s'étendait de la rue de la Ferronnerie, où il demeurait, aux quatre points cardinaux de Paris. C'était un homme fort entendu, à qui il fallait tout au plus dix minutes pour transformer un valet d'antichambre en financier, et faire d'un pied-plat un grand seigneur.

Au bout d'un quart-d'heure environ, Tom Jack et Djaïlar sortirent de la boutique de Berthaut, admirablement déguisés. Le fripier leur avait fourni à chacun un de ces costumes dépenaillés que le crayon de Callot a immortalisés : chapeau graisseux et défoncé, habit trop large et veuf de la moitié de ses boutons, haut-de-chausses déchiré, chaussure équivoque, rien n'avait été négligé pour leur donner la tournure de ces affreux chenapans qui se rengorgent fièrement dans leurs guenilles, et font parade de leur gueuserie.

Djaïlar dit alors à Tom Jack :
— Plonge ton menton dans ta cravate, suis moi et veille sur ta langue.
— Pardieu, répliqua Tom Jack avec humeur, maintenant que je sais ce qu'il faut dire...
— N'importe, laisse-moi parler et indique seulement par une pantomime intelligente, que tu partages ma manière de voir.
— C'est bon, vous serez content de moi, seigneur.

Quelques heures après, la foule affluait dans toutes les rues où devait passer Louis XV. Des groupes se formaient, où l'on discutait à voix basse, car malgré l'état de trouble où étaient les esprits, on craignait fort les espions de M. le lieutenant de police, et la prudence ne perdait pas ses droits. Dans un de ces groupes pourtant, on eût pu remarquer un homme qui parlait haut et dont chaque parole trouvait une invariable approbation dans un interlocuteur qui se tenait à ses côtés et semblait remplir à son égard le rôle de l'antique nymphe Echo. Cet orateur et son compère n'étaient autres, on le devine, que Djaïlar et son ami Tom.

— Mes amis, disait Djaïlar, en s'adressant à ceux qui l'entouraient, vous êtes, comme tous les bons Français, ravis du retour du roi Louis XV, qui certes, celui-là, n'a pas volé son surnom de Bien-Aimé. Vous vous apprêtez, comme tout le monde, à lui faire l'accueil qui lui est dû après la belle campagne où il s'est admirablement signalé ; mais comprend-on que les envieux de sa gloire, et il en a beaucoup, se flattent d'en ternir l'éclat, en lui faisant accomplir un acte qui ne saurait manquer de lui aliéner tous les cœurs. Je viens d'en apprendre la nouvelle à l'instant même.

Plusieurs auditeurs semblaient ébahis de la hardiesse de l'orateur, et effrayés en même temps de cette grande nouvelle dont ils ne soupçonnaient pas encore la nature.

— Nous venons d'en apprendre le détail à l'instant même, répéta Tom Jack en se dandinant d'un air d'importance.

Djaïlar l'approuva du regard.

— Mais quelle est cette nouvelle ? se hasarda à demander un des assistans, plus audacieux que les autres.

— Pardieu, dit Djaïlar, la nouvelle de la prochaine rentrée en grâce de la Châteauroux.

A ce nom, le courage revint à tous ces braves gens qui aimaient infiniment le roi, mais qui ne méprisaient pas moins sa maîtresse.

— La Châteauroux ! pas possible !

Des femmes du peuple s'approchèrent.

— Dieu nous rend notre bon roi, dit l'une, Dieu nous le garde ! Mais plus de *Madame Anroux*, elle lui a fait trop de mal et à nous aussi. Le bel exemple pour nos maris qu'une coquine dans le lit du roi ! Est-ce qu'elle revient aussi, elle ?

— Si elle n'accompagne pas Sa Majesté, répondit Djaïlar, il ne serait pas impossible qu'elle reparût demain à la cour, ce soir peut-être ! du moins c'est le bruit qui court.

— Eh bien, vrai comme j'existe, reprit une autre femme qui avait la mise d'une dame de la halle, j'en serais fâchée pour notre Bien-Aimé, et si je pouvais arriver jusqu'à lui, je lui dirais : « Sire, je ne suis qu'une simple marchande, moi, et pourtant, tout roi que vous êtes, je ne voudrais pas de vous, à moins d'être votre femme ! »

— Bah ! la mère, vous parlez comme l'évêque de Soissons, cria une voix dans la foule. Et croyez-vous pas que le roi s'amuserait à entendre votre sermon ?

— Ça vaudrait mieux, riposta la dame de la halle, que d'écouter les sornettes de ceux qui le flattent.

Cette idée du rappel de la Châteauroux avait échauffé toutes les têtes. Le propos lancé par Djaïlar gagna de proche en proche, et, en moins de quelques minutes, ce fut le sujet de toutes les conversations. Chacun habillait la nouvelle à sa manière, mais l'opinion était si fortement prononcée en faveur du roi, que nul ne l'accusait d'une faiblesse coupable envers son ancienne maîtresse. En revanche, il n'était personne qui ne crût fermement que la rentrée en grâce de la duchesse, si elle avait lieu, ne fût le résultat de ses intrigues et de ses cabales. Aussi, était-ce sur elle seule que tombaient tous les quolibets, toutes les malédictions.

Comme le retour du roi n'avait pas été attendu aussi tôt, les préparatifs de sa réception ne s'étaient faits qu'au dernier moment. La tête du cortége touchait déjà la Porte Saint-Antoine, que des milliers d'ouvriers travaillaient encore à suspendre au milieu des rues les drapeaux et les devises de circonstance, à élever des arcs-de-triomphe en branches de chêne, à accrocher des guirlandes et à disposer les lampions qui devaient former le soir une des illuminations les plus splendides qu'on eût vues depuis longtemps.

A chaque instant, la foule augmentait, et le bruit des voix devenait de plus en plus formidable. Toutefois, au milieu de la confusion générale, un sentiment dominait tous les autres, l'amour qu'on portait à Louis XV et la joie qu'on éprouvait à le voir rentrer dans Paris.

Des détachemens de cavaliers du guet passaient et repassaient dans les rues où allait se montrer le roi, et la bonne volonté du peuple était telle que les deux haies, au milieu desquelles devait s'encadrer le cortége, se formaient sans difficulté et en quelque sorte d'elles-mêmes.

Tout à coup, aux abords des rues Saint-Honoré et Saint-Nicaise, il se manifesta un mouvement qui ressemblait fort à un commencement d'émeute. On se bousculait, on gesticulait, on criait; le nom de la duchesse de Châteauroux volait de bouche en bouche ; on prétendait qu'on venait de l'apercevoir. On la voyait, on la montrait du doigt.

— Ce n'est pas possible, disait une commère à son amie. Est-ce que ces belles dames daigneraient salir leurs fines chaussures, et faire le pied de grue pour voir Sa Majesté ! Si la Châteauroux va au-devant du roi, ça sera en beaux atours et en carrosse doré. Voilà mon opinion.

— Et votre opinion est la plus sotte du monde, riposta Djaïlar en élevant fortement la voix, car c'est elle-même qui file le long de cette muraille et qui cache si bien son visage !

— Et moi, je vous soutiens que non, riposta la femme.

— Bah ! nous le saurons bien, dit un homme du peuple qui se trouvait tout près d'elle. A bas le voile, la belle ! ajouta-t-il.

Le voile tomba, et vingt personnes qui avaient eu occasion d'admirer la duchesse, lorsqu'elle était en faveur, la reconnurent parfaitement.

— C'est elle !... c'est elle !... c'est la Châteauroux !...

Ce cri étouffa tous les autres. Tom Jack hurlait à s'enrouer. La multitude, alors comme toujours, aveugle et sourde quand la passion l'emporte, se rua sur les pas de la pauvre femme, en la poursuivant de vociférations et de huées. Marianne, séparée violemment de sa suivante, n'avait plus de voix pour crier. Elle fuyait sans regarder derrière elle, pâle d'épouvante, suppliant Dieu de l'enlever de ce tourbillon terrible qui l'enveloppait comme la flamme d'un incendie, interceptant l'air et lui donnant le vertige.

La foule avançait toujours.

Enfin elle sentit ses jambes trembler; sa vue se troubla, et elle s'appuya contre la devanture d'une boutique, fermant les yeux pour ne plus voir le danger.

Alors le cercle se resserra subitement autour d'elle. Des injures, on passa à la menace. Un instant encore, et on allait agir. La plus hardie de la bande, une mégère aux traits masculins, au geste trivial, lui mit la main sur l'épaule en regardant triomphalement ceux qui l'entouraient.

— Oh! grâce! grâce! murmura Marianne.

— Ah! ah! tu trembles, dit la mégère en la secouant avec violence. Ah! dame, nous ne sommes plus ici à Versailles, avec de beaux tapis sous les pieds et des grands seigneurs faisant des courbettes, le chapeau à la main comme des valets! Tu as peur, la belle madame Anroux! j'en suis fâchée, mais il faudra bien que tu la danses!

L'imminence du péril et la brutalité de cette femme rendirent à Marianne un reste d'énergie calme et noble, qui imposa un instant à ses persécuteurs.

— Voulez-vous me tuer? dit-elle. Vous le pouvez, car je ne suis qu'une femme, je ne me défendrai pas.

— A mort, à mort la Châteauroux! s'écrièrent vingt furieux en se ruant les uns sur les autres.

En ce moment un coup de canon retentit au loin.

— Qu'est-ce que c'est que ça? demanda une voix dans la foule.

— Ça, répondit un autre, c'est le signal de l'entrée du roi dans sa bonne ville de Paris.

— Vive le roi! s'écria la foule, comme touchée par un courant électrique.

En ce moment, un homme vint glisser un mot à l'oreille de Tom Jack. Alors celui-ci, étendant le bras vers la duchesse, cria à son tour de façon que sa voix couvrit toutes les autres:

— Oui, mes amis, oui, je dis comme vous: Vive le roi! Mais la meilleure façon de lui prouver notre dévouement, à ce bon roi, c'est de veiller à ce que son entrée se fasse sans obstacle et sans trouble... et pour cela, je prétends qu'il ne faut pas que cette femme se rencontre sur son passage!

— C'est vrai! c'est vrai! cria la multitude.

L'homme qui avait parlé bas à Tom et qui n'était autre que Djaïlar, lui jeta un regard qui voulait dire: Très bien!

Cette fois, le mouvement de la foule fut terrible. Dix mains brutales s'étendirent vers la duchesse; elle était perdue.

Mais alors surgit près d'elle un jeune homme qui s'était frayé un passage, malgré toutes les résistances. Arrivé auprès de la pauvre femme, au moment où elle allait se trouver broyée par ce choc formidable, il se posa devant elle, et tirant son épée du fourreau:

— Arrière! lâches, qui attaquez une femme, ou malheur à vous!

Le ton du nouveau venu, et surtout l'argument qu'il faisait briller aux yeux des mutins, opérèrent un moment d'arrêt qui donna à la duchesse le temps de respirer et de jeter autour d'elle un regard effaré.

— Savez-vous qui vous défendez-là? s'écria la voix de Tom Jack qui domina toutes les autres. C'est la Châteauroux, c'est une femme perdue, une femme qui a fait le malheur du peuple et dont le peuple veut avoir vengeance.

— Que ce peuple vienne donc l'arracher de mes mains! s'écria le jeune officier avec énergie, car je ne la lui livrerai pas.

Et la soulevant dans ses bras, il l'emporta au milieu de toute cette multitude, si stupéfaite et si interdite de son audace, qu'elle ne songea pas tout d'abord à lui couper la retraite. Tom Jack, qui voulait remplir sa mission en conscience, se remit à hurler de plus belle, et les plus furieux recommencèrent à le suivre. Mais on avait perdu dans cette hésitation une minute ou deux, et ce peu de temps avait suffi aux fugitifs pour tourner l'angle de la rue prochaine et disparaître à tous les yeux.

Tom Jack voyant la duchesse sauvée, en éprouvait un véritable remords, lorsque Djaïlar, qui s'était éloigné un instant, revint à lui, le tira par la manche et le mena sous l'auvent d'une boutique voisine.

CHAPITRE V.

Marianne et son sauveur.

Le libérateur de Marianne l'avait conduite à l'*Hôtel-du-Cygne*, maison de bonne apparence, située rue Croix-des-Petits-Champs, et particulièrement fréquentée par les officiers de l'armée royale, lorsqu'ils venaient en congé à Paris.

Nous les retrouvons tous deux dans une des chambres de cet hôtel, au moment où l'officier l'ayant déposée évanouie sur un fauteuil, sonnait vivement l'hôtesse et lui demandait des sels.

L'hôtesse descendit l'escalier quatre à quatre, et le jeune homme, regardant Marianne avec attention, murmura :

— Cette ressemblance... c'est singulier !

Il se rapprocha d'elle, l'examina avec une émotion croissante, puis portant la main à son front comme pour en chasser une pensée importune, il reprit :

— Allons, c'est impossible... je suis fou.

L'hôtesse rentra, lui remit un flacon et lui demanda s'il avait besoin de ses services. Marianne rouvrait les yeux.

— Merci, dit-il à l'hôtesse, si j'ai besoin de vous, je vous appellerai.

L'hôtesse sortit.

Grâce aux soins de son défenseur, Marianne eut bientôt repris ses sens.

— Mon Dieu ! dit-elle, où suis-je ?...

Il lui prit la main.

Alors elle leva sur lui un regard tout empreint de reconnaissance et d'émotion.

— Ah ! oui, je me souviens, reprit-elle d'une voix tremblante. Cette foule horrible, ces imprécations... j'allais périr, lorsqu'une main généreuse...

— Madame !...

— Oh ! laissez-moi vous remercier, vous qui avez eu pitié de moi, vous qui avez osé me tendre la main, quand tous me jetaient l'insulte au visage et l'effroi au cœur.

— Il n'y a point là de quoi me remercier, madame. J'ai vu une femme qu'on poursuivait et je me suis mis entre elle et ses agresseurs. Tout homme de cœur en eût fait autant à ma place.

— Sans doute, dit la duchesse. Mais, ajouta-t-elle avec hésitation, saviez-vous qui j'étais ?

— Pourquoi cette question, madame ?

— Dans les cris de cette foule, mon nom n'a-t-il pas frappé votre oreille ?

— Ces cris étaient si confus que je ne pouvais rien distinguer, mais une femme du peuple qui paraissait fort exaspérée, m'a dit qu'on vous nommait la duchesse de Châteauroux et que vous aviez abusé de l'influence que vous exerciez sur le roi Louis XV pour le conduire à deux doigts du tombeau et entraîner le royaume à sa ruine. Elle ajoutait que vous étiez le fléau de la France et que de votre perte dépendait le salut de l'État. En ce moment, mes yeux tombèrent sur vous, madame, et j'avoue que ces accusations si terribles, rapprochées de votre charmant visage, me parurent à la fois ridicules et odieuses.

— Et vous eûtes la générosité...?

— On n'est point généreux pour remplir un devoir, madame, et je n'ai pas fai autre chose.

— Je comprends... c'est la pitié...

— Oh ! madame, dit le jeune homme d'un ton de reproche.

— Pardonnez-moi, monsieur, oh ! pardonnez-moi le mot qui vient de m'échapper. C'est que mon cœur est plein d'amertume et que cette amertume déborde malgré moi. Depuis quelque temps, voyez-vous, depuis une heure surtout, je suis tombée si bas dans ma propre estime que je m'étonne de voir encore quelqu'un au monde s'intéresser à moi.

— Mon Dieu ! madame, dit le jeune officier, je veux vous confesser la vérité tout entière. Sans doute, ainsi que je vous le disais tout à l'heure, j'ai été vivement frappé du danger que courait une jeune femme poursuivie par une foule en furie, et en butte à des invectives trop brutales pour n'être pas injustes. Mais si j'ai mis tant d'empressement à m'élancer vers vous, je dois vous avouer aussi que j'y ai été poussé par votre ressemblance avec une personne que j'ai quittée il y a bien des années, et dont le souvenir domine toute ma vie. Or, jugez, madame, si j'ai dû être profondément ému par cette vision, qui a traversé tout à coup mon esprit, en y rappelant l'image qui l'occupe depuis si longtemps ; jugez si j'aurais pu hésiter à vous défendre, vous qui représentiez à mes yeux la seule femme que j'aie jamais aimée, celle enfin que je viens rejoindre à Paris et que je n'ai pas vue encore, puisque je suis arrivé ici il y a quelques minutes à peine.

— Ah ! dit la duchesse en respirant les sels que le jeune homme lui avait donnés et reprenant peu à peu ses forces ; ah ! je ressemble à une femme... que vous aimez ?...

Elle essaya de distinguer les traits de son sauveur, mais, outre qu'elle était encore bien faible, les rideaux de la fenêtre avaient été tirés par l'hôtesse et jetaient dans la chambre une demi-obscurité.

— La ressemblance est plus complète encore que vous ne sauriez le croire, madame, reprit le jeune homme, car elle aussi a été au moment d'être distinguée par le roi Louis XV, dangereux honneur qui pouvait l'amener, comme vous, à devenir l'objet de la haine populaire. En vous voyant si malheureuse, je n'ai pu m'empêcher d'envisager le péril auquel elle avait échappé, et, faut-il vous le dire, la sympathie que m'inspirait votre malheur s'en est encore augmentée.

— C'est étrange, murmura la duchesse en regardant le jeune officier avec plus d'attention. La femme que vous venez retrouver à Paris a, dites-vous, quelques-uns de mes traits, et, de plus, sa vie n'aurait pas été sans quelque rapport avec la mienne ? Je le répète... oui, c'est étrange. Elle a donc résisté, elle, aux séductions dont sans doute on l'avait entourée ?

Le jeune homme garda le silence.

— Ah ! oui, je comprends... elle avait un soutien, un appui...

— Un seul, madame, son amour pour moi. Mais cet amour lui a suffi pour triompher de tous les périls. Elle m'a tout confié dans une lettre... Oh ! je serais arrivé plus tôt si une blessure ne m'eût retenu trois mois encore loin d'elle, c'est-à-dire trois mois en proie aux angoisses les plus affreuses, trois mois sans vivre... mais enfin, me voici, je vais la revoir aujourd'hui même, et je suis bien sûr que son premier mouvement sera de se jeter dans mes bras avec un cri de joie !

Marianne fit involontairement un mouvement en arrière, fixant sur le jeune homme un regard plein de stupeur et d'épouvante.

En même temps, elle devint toute pâle.

— Qu'avez-vous donc ?

— Oh ! rien, poursuivez, poursuivez !

— C'est cette conviction, madame, qui m'a donné la patience et qui m'a soutenu au milieu de toutes mes épreuves, car si j'eusse pu soupçonner seulement que son cœur eût changé, cette pensée m'eût tué et je serais mort loin d'elle, triste et désespéré !

— Vous l'aimez donc beaucoup ? demanda la duchesse en le regardant en face, comme pour deviner son cœur dans ses yeux.

— Si je l'aime ! répondit-il avec une expression de bonheur qui fit frissonner la pauvre femme, si je l'aime ! Oh ! cette parole même est au-dessous de ce que j'éprouve pour elle. C'est de l'adoration, c'est un culte, madame ! Avec elle je crois à l'avenir, à la gloire, à je ne sais quelle félicité sans bornes, dont la seule idée suffit déjà pour me faire vivre. Sans elle, je vous le répète, tout serait fini pour moi.

Le jeune homme porta la main à son cœur, comme s'il lui eût fallu contenir les flots de joie immense qui bouillonnaient dans sa poitrine.

La duchesse jeta alors un rapide coup d'œil sur cette main où brillait une petite bague d'or émaillé.

— Cette bague, dit-elle vivement, il y a longtemps que vous l'avez ?

— Cette bague me vient d'elle et ne m'a jamais quitté.

— Plus de doute, murmura-t-elle, c'est lui...

Un nuage obscurcit tout à coup son front et elle ajouta tout bas, en se parlant à elle-même :

— Mais alors cet homme qui est venu sous le nom de Mailly...

Elle s'arrêta, fit un effort surhumain pour rappeler son courage et voulut parler; la faiblesse et l'émotion l'emportèrent. Elle resta sans voix.

— Il se passe en vous quelque chose d'extraordinaire, madame, reprit alors le jeune homme en la regardant avec une douce sympathie ; un trouble soudain s'est emparé de vous, et ce trouble n'a rien de commun avec celui que vous causaient tout à l'heure les cris de ce peuple furieux. Expliquez-vous, de grâce, si quelque nouvelle inquiétude vous tourmente, ne m'en faites point mystère. Est-ce un conseil dont vous avez besoin ? oh ! parlez, car je voudrais mériter d'être appelé votre ami. Est-ce le secours de mon épée ? parlez encore ! je vous ai déjà prouvé que vous aviez en moi un défenseur... Ah ! je ne me sentirais pas digne de celle que j'aime si, vous voyant malheureuse et accablée comme vous l'êtes, j'étais capable de vous abandonner.

— Merci du dévouement que vous m'offrez, monsieur, dit la duchesse. Mais je n'ai qu'une question à vous adresser.

— Une question ?...

— Vous allez peut-être me trouver curieuse, indiscrète même... mais pour vous interroger comme je vais le faire, j'ai un motif grave, dont je vous demande seulement de ne point chercher à découvrir le secret.

— Parlez.

— Cette femme que vous espérez retrouver ici pure et digne de vous, cette femme pour laquelle vous ressentez une passion si profonde, si vraie, vous seriez donc impitoyable pour elle, si elle avait failli ?...

A cette question, le jeune homme parut tout interdit.

— Il est parfois, reprit-elle, des circonstances funestes qui semblent se réunir pour accabler une pauvre créature, l'environner d'un cercle infranchissable et lui fermer tout moyen de fuite, toute issue... Tenez, monsieur, si vous voulez l'entendre, je vais vous raconter l'histoire d'une malheureuse femme, peut-être coupable aux yeux des hommes, mais pardonnable, sans doute, aux yeux de Dieu. Elle aussi aimait sincèrement et fut séparée de celui qu'elle aimait. Un grand danger la menaça, un danger semblable à celui dont vous parliez tout à l'heure... elle écrivit à l'homme qui avait toutes ses pensées, pour le supplier d'accourir à son aide...

— Et il ne vint pas?...

— Elle l'attendait avec impatience, lorsqu'un homme se présenta à elle et lui dit : « J'ai été le frère, l'ami de votre enfance, je suis celui dont la destinée a dû de tout temps s'unir à la vôtre ; je viens pour vous protéger, pour vous défendre, et plus tard, si vous me jugez digne du titre de votre époux, vous aurez fait du plus dévoué de vos serviteurs, le plus heureux de tous les hommes. » Elle était isolée, pleine de frayeurs qu'elle ne pouvait s'expliquer à elle-même ; elle fut confiante, elle s'abandonna à lui. Il devint donc l'arbitre de sa destinée. Un jour, il la conduisit dans un château où, disait-il, tout était préparé pour son mariage avec elle, et là...

— Eh bien? demanda l'officier.

— Eh bien, ce prétendu protecteur était un infâme aux ordres d'un ministre aussi infâme que lui... Cet homme avait promis à M. d'Argenson d'endormir la pauvre femme à l'aide d'un narcotique, et de la livrer ainsi sans défense au roi Louis XV... Et il avait tenu parole.

— Le misérable !

— Oh ! oui, bien misérable en effet ; si misérable ! qu'aujourd'hui chacun le montre au doigt et le méprise ; si misérable et si connu publiquement pour tel, que vous allez frémir, monsieur, quand je vais vous dire le nom qu'il porte.

— Quel nom porte-t-il donc?

— Il s'appelle le chevalier de Mailly !

— Mensonge! s'écria le jeune homme en pâlissant à son tour de surprise et d'indignation.

— Mensonge, dites-vous? s'écria la duchesse ; oh ! oui, exécrable mensonge ! je le sais seulement depuis quelques minutes... trop tard, mon Dieu, trop tard !

— Trop tard! répéta l'officier d'une voix sombre. Ainsi, un homme aurait eu l'audace de s'emparer de mon nom, de venir... oh ! j'ai peur de comprendre... Madame, votre regard se détourne de moi, votre front s'incline en rougissant !

— Pardon, Albert, pardon !

Et la duchesse tomba à genoux.

Le chevalier de Mailly la contempla un instant en silence, sembla vouloir savourer dans ce long regard tout ce que cette révélation contenait pour lui d'amères souffrances et de tortures inouïes ; puis, s'éloignant de quelques pas, il alla s'accouder sur l'angle de la cheminée, la tête appuyée sur sa main.

Il y eut un long silence.

— Albert, dit enfin la duchesse en relevant le front ; Albert, je comprends que vous repoussiez la femme qu'une tache odieuse a irréparablement souillée ; mais celle qui souffre, celle qui se repent, celle qui se traîne à vos genoux, Dieu ne lui fera-t-il pas au moins la grâce d'exciter votre pitié ?

A ce mot, le cœur d'Albert s'émut.

— Pauvre femme ! s'écria-t-il en se précipitant vers elle, tu implores ma pitié... ma pitié ! Moi qui, dans mes rêves, t'adorais comme une sainte ! Moi qui, pour entendre un seul mot d'amour tomber de ta bouche, aurais donné vingt fois ma vie !... Ah ! relève-toi, pauvre victime, et viens verser tes douleurs dans ce sein où bat le cœur qui devait t'appartenir... et qui t'appartient peut-être encore...

— Que dites-vous?

— Parlez, Marianne, expliquez-moi par quelle horrible fatalité cette barrière de malheur et de honte s'est dressée tout à coup entre nous deux. Ah ! après le bonheur de vous aimer, bonheur qui m'échappe aujourd'hui, j'ose en rêver un autre, Marianne... celui de vous pardonner,

— Oh ! vous le pouvez, Albert ; je le jure sur tout ce qu'il y a de sacré au monde, vous le pouvez ! car je ne suis pas une femme perdue; je ne suis pas allée au devant du déshonneur... C'est à l'homme qui s'est emparé de votre nom, c'est à ce misérable que je dois l'opprobre où je suis tombée... Mais je veux résister à ce courant qui m'entraîne malgré moi, Albert ! Je veux quitter la cour, m'ensevelir dans une retraite profonde, et là racheter ma faute par une vie exemplaire, toute de recueillement et de résignation... Et quand j'aurai ainsi sanctifié ma vie, quand je me serai réconciliée avec Dieu, dites-moi, Albert, que la femme coupable trouvera grâce devant vous, dites-moi qu'elle pourra encore vous appeler son ami !

— Je vous le jure, je vous le jure ! s'écria Albert en l'enveloppant de son regard, comme s'il eût oublié tout ce qu'il venait d'entendre, pour ne plus se souvenir que de son bonheur.

Il se fit alors un long silence, ou plutôt il y eut un entretien secret entre ces deux âmes si douloureusement émues; Marianne priait le ciel de rendre Albert indulgent et miséricordieux, Albert contemplait avec admiration la beauté de Marianne, cette beauté qui avait régné sans partage sur la cour la plus brillante de l'Europe, et qu'il n'avait jamais rêvée si parfaite aux heures de ses illusions les plus douces. Puis il ne pouvait se défendre d'un attendrissement profond en voyant les traces que le remords imprimait sur les lignes altérées de ce charmant visage ; il frémissait surtout de je ne sais quel sentiment de pitié et de sympathie en songeant au moyen infâme dont on s'était servi pour précipiter cet ange dans l'abîme, et le pardon s'élevait dans son cœur en même temps que l'amour y rentrait soudainement avec toute sa puissance et tout son délire.

— Marianne! Marianne! reprit-il d'une voix pleine de joie et de larmes, je lutte en vain contre un pouvoir envahissant, mystérieux, invincible! Écoute-moi, et que mes paroles, si tu es vraiment digne de les entendre, te relèvent de l'avilissement où la fatalité t'a plongée! Je t'aime! entends-tu, je t'aime avec ivresse! et cet amour, qui a commencé avec ma vie, ne sera brisé que par la mort...

— Que dit-il? murmura Marianne.

— Jusque-là, si tu le veux, nous fuirons dans un désert, nous nous ferons mutuellement un monde, et nous demanderons à l'oubli la guérison des tristesses passées; à notre tendresse, la joie et le bonheur d'un nouvel avenir!...

Un sourire ineffable passa sur les lèvres de Marianne. Elle tendit la main à Albert, et puisant dans ce contact une foi dont les rayons illuminèrent subitement son front :

— Ah! dit-elle, je n'avais pas tant espéré! Oui, Albert, oui, fuyons ce monde où j'étouffe, où je meurs.... Il me tarde de rompre avec ce passé dont la seule idée m'épouvante, je ne serai tranquille que loin de la cour, loin de la France... Partons, partons! Mais d'abord, il faut que je regagne mon hôtel : Dieu veuille que je puisse sortir d'ici sans être vue!

— Impossible, dit Albert en jetant un coup d'œil sur la rue, la foule est toujours là, attentive, menaçante... Que faire, mon Dieu, que faire!

Le chevalier de Mailly achevait de parler quand on entendit deux coups frappés à la porte.

Marianne frissonna.

— Qui peut venir en ce moment? Nous sommes découverts... Je suis perdue!

— Rassurez-vous, dit Albert, je ne puis me dispenser d'ouvrir, mais soyez tranquille, celui qui serait assez hardi pour porter la main sur vous paierait cher son insolence.

— Allez donc, dit Marianne.

— Un dernier mot, reprit Albert. Jusqu'à ce que je vous aie vengée, Marianne, jusqu'à ce que l'infâme qui m'a volé mon bonheur ait payé son crime de sa vie, que tout le monde ignore qui je suis!

Le chevalier posa la main sur la garde de son épée et alla ouvrir.

L'homme qui avait frappé était un élégant seigneur au costume éblouissant de richesse, à la tournure parfaite, l'air calme et presque souriant.

— Vous ici! s'écria Marianne.

— Moi-même, madame la duchesse, répondit le nouveau venu en s'inclinant, moi-même qui ai été assez heureux pour découvrir votre retraite et qui viens vous offrir mon carrosse pour vous reconduire jusque chez vous. Oh! soyez sans crainte, la populace au milieu de laquelle nous allons avoir à nous frayer un passage est une assez vilaine compagnie, j'en conviens, mais j'ai amené avec moi une douzaine de mes valets les plus vigoureux, et chacun de ces valets porte un bâton qui rendra cette vile canaille la plus douce et la plus polie du monde. Ils crieront peut-être un peu, mais ce sera tout. Venez, madame la duchesse, venez.

La duchesse répondit, après avoir réfléchi un instant :

— Je vous suis, monsieur le duc.

— Mais quel est ce jeune officier? demanda le gentilhomme en montrant le chevalier.

— C'est mon sauveur, dit Marianne. Sans lui j'étais broyée par cette foule impitoyable ; sans lui, j'étais perdue.

— Mes complimens, monsieur ; se dévouer aux gens en disgrâce, cela est rare et beau. Si vous avez jamais besoin d'un appui, faites-moi la grâce, je vous prie, de ne pas oublier mon nom : je suis le duc de Richelieu.

Et, saluant Albert avec courtoisie, il offrit son bras à la duchesse et disparut avec elle.

Albert guetta la sortie de Marianne avec anxiété, avec épouvante.

Tout se passa mieux qu'il ne l'espérait. Ainsi que l'avait annoncé le duc de Richelieu, la meute populaire aboya, mais ce fut tout.

Alors, frappant vigoureusement de la main la poignée de son épée, Albert s'écria :

— A nous deux maintenant, M. le chevalier de Mailly !

CHAPITRE VI.
Entre amis.

Tom Jack était seul, attendant avec impatience le retour de Djaïlar, qui était allé chez le secrétaire intime de M. d'Argenson pour traiter avec lui d'une affaire de la plus haute importance.

Tom Jack cherchait à tromper l'ennui de l'attente en se lançant dans le champ des illusions.

Il rêvait à certaine vieille fille dont il avait tourné la tête, et qui venait d'acheter en son nom une terre seigneuriale dans les environs de Meaux. Cette possession allait lui permettre d'échanger son titre de nabab indien contre le nom beaucoup plus convenable de seigneur de la Truanderie.

Enfin Djaïlar rentra.

Il avait la figure rayonnante.

— Vous êtes content? lui demanda Tom.

— Si je suis content! juges-en toi-même, répondit Djaïlar. On m'a chargé d'un coup superbe.

— Dangereux ?

— Non.

— Mais d'un bon rapport, à ce que je vois ?

— Cinquante mille livres.

— Cinquante mille livres, s'écria Tom, dont les yeux s'écarquillèrent démesurément.

— Et comme nous sommes engagés à tout partager en vrais amis, en bons frères, c'est vingt-cinq mille livres qui te reviennent. On m'a payé moitié d'avance ; l'autre moitié me sera remise une fois l'affaire faite.

— Diable, diable... tout cela est bien beau, dit Tom.

Puis il ajouta d'un air tant soit peu méfiant :

— Et tu dis que ma part s'élèverait à...?

— La voilà !

Et Djaïlar jeta sur la table une bourse pleine d'or.

— Compte : il y a douze mille cinq cents livres, pas une de plus, pas une de moins.

Tom Jack admira l'éclat de ces magnifiques pièces d'or, dont la vue le convainquit de l'entière bonne foi de son digne ami. Quand il eut bien touché et fait sonner son trésor :

— Ah ! çà, dit-il, quel diable de coup peut-on payer si cher ?

— Ecoute et instruis-toi. Apprends qu'il existe entre M. d'Argenson, premier ministre de S. M. Louis XV, et Mme la duchesse de Châteauroux, favorite en pied dudit monarque, une incompatibilité d'humeur qui ne pouvait manquer d'avoir de mauvaises suites. Il y a quelques jours, la favorite avait été disgraciée et le ministre était au comble de la faveur. Mais aujourd'hui l'amour a repris ses droits, le roi veut absolument revoir la duchesse, se faire pardonner, lui rendre son rang près de lui. Et je te crois assez intelligent pour comprendre que, si cela arrivait ainsi, le ministre serait à son tour humilié, chassé, perdu ! Voilà justement ce qui ne sourit pas à ce bon M. d'Argenson, et voilà pourquoi il a daigné jeter les yeux sur moi. Je lui ai promis d'agir sans retard, et dès ce soir tout sera fini.

— Je ne comprends pas bien.

— Allons, j'avais trop présumé de ton esprit. Pauvre tête! On ne peut rien lui faire entendre à demi-mot !

— Je n'aime pas à deviner.

— Il faut donc te dire que ce soir même j'irai sans façon demander à souper à ma belle cousine, Mme la duchesse de Châteauroux, qu'elle m'estime trop pour ne pas me recevoir, et que je trouverai bien le moyen de la faire boire à la santé de nos cinquante mille livres...

— Bon ! bon ! je comprends.

— C'est heureux. Ah çà ! puisque tu as tant d'esprit, tu comprendras aussi que j'ai besoin de bien prendre mes précautions. En cas de danger, je serais obligé de partir, et pour cela je vais faire mes préparatifs.

— C'est de la prudence, dit Tom, et je vais vous aider.

— Excellent Tom ! soupira Djaïlar en le regardant d'un air affectueux, toujours aux petits soins pour moi !

— Il me semble que je vous dois bien cela... un ami si dévoué !

— Tiens, dit Djaïlar, tu n'es qu'un misérable coquin ; mais je suis fait à toi, je t'aime jusque dans tes turpitudes, et si tu venais à me manquer, je ne m'en consolerais pas.

— Cher Djaïlar ! s'écria Tom Jack.

Les deux amis se serrèrent la main.

— Parbleu, reprit Djaïlar, j'ai tant jasé à l'hôtel d'Argenson, que j'en ai le palais tout sec; j'ai une soif d'enfer. Nous allons boire au succès de l'entreprise et à notre vieille amitié !

— Ça va, dit Tom.

Djaïlar approcha deux chaises de la table, pendant que Tom Jack y déposait une bouteille et des verres qu'il était allé chercher dans l'armoire.

Au moment où il venait de les remplir et où les deux amis s'apprêtaient à trinquer, Djaïlar posa brusquement son verre sur la table, et prêta l'oreille en disant :

— Est-ce qu'on n'a pas frappé ?

— Je n'ai rien entendu, dit Tom en déposant également son verre avant d'avoir eu le temps d'y tremper ses lèvres.

— Il faut donc que j'aie rêvé. C'est égal, vas voir s'il n'y a pas quelqu'un sur l'escalier, nous avons parlé un peu haut, et il serait fâcheux que quelque oreille indiscrète...

— Attends ! attends ! dit Tom en courant vers la porte, je vais m'en assurer, et le premier que je rencontre...

Il disparut sur le palier et revint au bout de deux minutes.

— Personne ! dit-il, l'escalier est désert du haut en bas.

— Je me suis trompé, dit Djaïlar.

— Le mal n'est pas grand.

— Pardieu ! ce vin est parfait, s'écria Djaïlar, et je plains sincèrement nos pauvres Pandjabiens de ne pas connaître cette excellente liqueur.

— En effet, dit Tom Jack, votre verre est déjà vide. Allons, à mon tour.

Et il vida le sien d'un seul trait.

— Continue, dit Djaïlar. Tout à l'heure je reviendrai te tenir tête ; mais quant à présent, il faut que je me hâte.

— Qu'as-tu donc à faire de si pressé ?

— Parbleu ! ma toilette. Crois-tu que je puisse me présenter ainsi à l'hôtel de mon illustre épouse.

— Une si grande dame ! c'est juste.

— Entre parens, on peut toujours se permettre un certain laisser-aller ; mais tu comprends que dans le grand monde où je suis lancé, le simple négligé comporte encore une certaine élégance.

— Je sais, dit Tom en continuant de boire.

— Oh ! ce sera bientôt fait.

Et, se posant devant la glace, Djaïlar accommoda sa chevelure et fit ses ongles.

— Ah ! çà, reprit-il en secouant son jabot, es-tu content de ton côté ? tes affaires marchent-elles comme tu le veux ? Où en sont tes amours avec cette vieille fille dont tu as tourné la tête.

— Elles vont un train de poste, répondit Jack en savourant un quatrième verre de vin. Jamais, depuis que le monde est monde, on n'a vu femme éprise à ce point-là ! Tout est prêt, nous nous marions la semaine prochaine. Elle m'a acheté un château dont je vais être le seigneur suzerain... Dis-donc, je vais m'appeler le comte ou le baron (je ne sais plus lequel) de la Truanderie.

— Allons, dit Djaïlar en donnant à son jabot le tour le plus coquet possible, je te fais mon compliment. Tu as bien mené ta barque ; mais il faut avouer aussi que ton étoile t'a bien servi.

— Le fait est que je lui dois quelque chose, dit Tom Jack.

— Heureux mortel ! s'écria Djaïlar. Et quand je pense que tout cela tient à l'inspiration que tu as eue de me suivre en Europe, et surtout de te mettre à l'abri de ma vengeance en prenant certaines précautions...

— M'en voudriez-vous encore ? Ah ! seigneur Djaïlar, la rancune devrait être inconnue à une grande âme comme la vôtre.

— Aussi n'en ai-je aucune contre toi, et ce que j'en dis n'est que pour rendre hommage à la vérité ; je me plais à reconnaître que tu es un habile coquin et qu'il est impossible de lutter avec toi.

— Le fait est, dit Tom en se complaisant dans ce souvenir, que je n'ai pas été trop maladroit, et je suis heureux que tu le déclares toi-même. L'approbation d'un connaisseur est pour le talent la plus douce des récompenses.

— Mon Dieu ! dit Djaïlar, j'aime à rendre justice au mérite partout où je le rencontre.

Tom Jack s'absorba un instant dans les jouissances de l'orgueil satisfait, puis il reprit :

— Vingt-cinq mille livres comptant, sais-tu que c'est déjà fort joli !

— Sans doute, dit Djaïlar qui mettait la dernière main à sa toilette.

— Mais les vingt-cinq autres mille livres tiennent à la réussite du coup, et voilà ce qui doit surtout nous préoccuper maintenant.

— Aussi m'en suis-je fortement préoccupé.

— Es-tu bien sûr de l'effet de ton poison ?

— Parfaitement sûr ; d'ailleurs, je ne l'emploierai pas sans en avoir fait l'essai sur un animal quelconque.

— C'est prudent, il y a parfois des drogues si trompeuses !

— C'est pourquoi j'ai voulu savoir l'effet de la mienne, quoique j'y aie grande confiance.

— A la bonne heure, car si l'affaire manquait...

Tom Jack s'arrêta tout à coup, et portant la main à son estomac :

— Qu'est-ce que j'ai donc ? dit-il.

— Hein ? fit Djaïlar avec indifférence.

— C'est drôle... j'ai comme une difficulté d'avaler...

— Oh ! ne fais pas attention, je sais ce que c'est ?

— Vous êtes sujet à cette indisposition ?

— Non, mais je la connais.

— Mais je sens que ça redouble.

— En effet, dit Djaïlar lui jetant un coup-d'œil, tu pâlis.

— Je pâlis !...

— Horriblement ; mais tu n'es pas encore livide.

— Qu'est-ce que c'est que cela ?

— Une crise qui ne sera pas très longue, je te le garantis.

— En effet, voilà que ça se calme.

— Quand je te le disais !

— Oui, oui, ça va mieux.

— Ça ira tout à fait bien dans quelques minutes. Ah ! dis donc, Tom.

— Quoi ?

— J'ai fait un singulier rêve la nuit dernière.

— Ah !

— Oh ! un rêve bizarre, merveilleux d'invraisemblance et fort compliqué ; mais nous avons encore quelques minutes à nous, je veux te le raconter.

— Je suis tout oreilles.

— Tu te rappelles Naoudah, mon ami Tom ?

Tom Jack regarda Djaïlar d'un air inquiet, mais la parfaite indifférence avec laquelle celui-ci s'occupait de sa toilette parut le rassurer complétement.

— Pauvre jeune femme ! morte à la fleur de l'âge ! soupira-t-il.

— C'est un cruel souvenir, dit Djaïlar ; enfin c'est d'elle que j'ai rêvé ; mon songe me reportait à cette heure fatale où, en rentrant du palais du roi de Lahore, je la trouvai inanimée, morte par le poison, comme l'attestait un petit sachet que nous trouvâmes près d'elle, car tu étais avec moi en ce moment critique, toi, mon fidèle Tom Jack.

— J'en suis encore tout ému, rien que d'y songer, dit Tom en portant la main à ses yeux parfaitement secs.

— Eh bien, dans mon rêve, absurde et insensé comme tous les rêves, je la voyais renaître à la vie, attendre la nuit et alors quitter ma demeure avec un homme dans lequel — c'est là que tu vas rire — dans lequel je reconnaissais mon ami Tom.

Djaïlar fit une pause, mais Tom Jack n'en profita pas pour rire et ne parut pas en éprouver la moindre tentation. Il regardait son ami comme s'il eût cherché à déchiffrer quelque énigme sur son visage.

— Vous n'êtes pas en gaîté aujourd'hui, maître Tom, dit Djaïlar ; enfin je poursuis. J'écoutais ta conversation avec Naoudah, et j'apprenais alors que cette mort était feinte, et qu'au lieu d'un poison, elle avait pris un narcotique acheté par toi à une danseuse malabare. Hein ! que dis-tu de cela ? As-tu jamais vu, même dans un songe, une pareille accumulation d'idées biscornues et incohérentes ? Mais ce n'est rien encore, c'est tout à l'heure que tu vas rire.

Cependant le visage de Tom Jack, loin de se dérider, s'assombrissait de plus en plus.

— Noble et chevaleresque jusqu'au bout, reprit Djaïlar, tu ne quittais Naoudah qu'après l'avoir remise entre les mains d'un Européen, qui se chargeait de la conduire en Turquie d'abord, et de la faire passer de cette contrée en France ; mais pour que mon rêve eût jusqu'au bout l'allure d'un roman tu lui recommandais de changer de nom, de se donner comme appartenant à la nation turque et de se faire passer pour sourde-muette, précaution indispensable, disais-tu, pour se soustraire à mes poursuites dans le cas où je viendrais à la rencontrer en France. Tu parais stupéfait de tant d'invraisemblance, mais tu n'es pas encore au bout. Grâce à la merveilleuse faculté que possède l'imagination de dévorer le temps et l'espace, nous nous transportons subitement et sans transition du Pandjab à Paris, et là je te retrouve encore de connivence avec Naoudah, à laquelle tu confies mon changement de nom et de personnage, ainsi que mon projet d'épouser Mme de la Tournelle à l'aide de cette substitution et de la ressemblance frappante qui existe entre moi et le chevalier. Naoudah s'émeut, non pour elle-même, car elle a cessé de m'aimer, et ne désire plus que le calme et le repos loin de moi, mais pour celle qui est menacée de voir son sort uni au mien; elle te supplie de sauver cette jeune femme, et tu le lui promets en lui disant que tu risques la vie dans une pareille entreprise, et lui recommandant, si tu restais plus de deux jours sans la voir, d'aller confier aussitôt au lieutenant de police la révélation que tu lui fais; puis tu viens me trouver avec assurance, et grâce à cette précaution, tu contiens dans mon pistolet la balle qui devait te trouer le crâne.

Djaïlar s'arrêta un instant et se tournant vers le malheureux Tom, qui paraissait en proie à un trouble extrême :

— Tu dois remarquer, lui dit-il, que dans mon rêve, le vrai et le faux, le réel et l'impossible se marient de la façon la plus heureuse, et forment en définitive un ensemble assez raisonnable.

— Oui, oui, c'est fort curieux, balbutia Tom Jack, sans savoir ce qu'il disait.

— Le plus curieux et le plus inouï dans cette fantastique histoire, c'est qu'un beau jour je me trouve face à face avec la morte, dont la prétendue infirmité, admirablement jouée, et le faux nom de Miadzine me donnent en effet le change pour quelque temps; mais venant à réfléchir ensuite à la mystérieuse disparition du corps de Naoudah, je soupçonne une partie de la vérité, fais en sorte de me trouver seule avec la prétendue Circassienne et parviens à lui arracher par la terreur le secret que son complice et elle étaient parvenus à me cacher jusque là. Puis en la quittant, avec la promesse de ne plus jamais troubler son repos, je vais faire quelque part une petite emplette, et me rends aussitôt chez mon ami Tom Jack, avec lequel j'ai la joie de vider une bouteille d'excellent vin. Voilà mon rêve, mon cher Tom : n'est-il pas vrai qu'il est étrange et tout à fait risible ?

Mais le malheureux Tom était plus glacé que jamais, il regardait Djaïlar avec des yeux effarés, et sa bouche crispée eût été impuissante à grimacer le moindre sourire.

— Dans mon sommeil, reprit Djaïlar en dardant sur Tom l'éclat métallique de ses yeux fauves, les choses m'apparaissaient si vives, si palpitantes de vie et de réalité, que je doutai un instant et crus que c'était la vérité même qui passait devant mes yeux; mais je me dis aussitôt : C'est impossible, car Tom Jack connaît Djaïlar, il l'a vu à l'œuvre en maintes circonstances; il sait fort bien qu'on ne saurait faire de lui une dupe et qu'on tenterait vainement d'échapper à sa vengeance, il n'oserait donc tenter une lutte qui finirait infailliblement par sa mort.

Tom Jack regardait Djaïlar d'un air hébété; il voulut parler, mais sa langue était collée à son palais, il se sentait perdu.

Tom Jack allait répondre quand tout à coup un cri rauque s'échappa des profondeurs de sa poitrine.

— Décidément, tu ne veux pas rire, lui dit Djaïlar, qu'as-tu donc, mon ami Tom?

— Ah! fit-il en se tordant sur sa chaise, je crois deviner...

Djaïlar alla tranquillement prendre son habit dans l'armoire, l'endossa avec toutes les précautions qu'exigeaient sa coupe élégante et sa fraîcheur, puis arrangeant délicatement ses manchettes :

— Cela ne fait pas trop de bien, n'est-ce pas?

— Que veux-tu dire?

— Eh bien! celui que je destine à la Châteauroux est exactement pareil; tu vois donc bien que tes craintes n'étaient pas fondées et que, sous le rapport de la qualité, c'est un poison irréprochable.

Jack voulut courir à la porte, mais il tomba épuisé à mi-chemin.

— Mon cher ami, reprit Djaïlar, tu n'as pas besoin, pour le voyage que tu vas entreprendre, des douze mille cinq cents livres que je te redois. Je me fais ton légataire universel.

— Oh! l'exécrable scélérat! murmura Jack, en se tordant avec rage et en lançant à son compagnon un de ces regards auxquels il ne manque qu'une pointe aiguë pour donner la mort.

— Je regrette de ne point demeurer pour avoir le bonheur de te fermer les yeux; mais tu le sais, mon bon Tom, je suis attendu. Bon voyage!

Le moribond voulut se lever; mais il retomba lourdement en poussant un rugissement terrible.

— Quant à ta dépouille mortelle, reprit Djaïlar, en posant coquettement son chapeau sur l'oreille, sois sans la moindre inquiétude. Elle n'aura peut-être pas une sépulture chrétienne, mais je lui promets un tombeau grandiose : la Seine, où j'irai te jeter cette nuit même.

A ces mots, Djaïlar sortit, ferma la porte de la chambre à double tour et descendit l'escalier en fredonnant un mélodie indienne.

———

CHAPITRE VII.

La vengeance in extremis.

Tom Jack n'était pas mort, mais il n'en valait guère mieux.

Sa respiration devenait de plus en plus saccadée et il était facile de voir qu'il n'avait guère plus d'une heure à vivre.

Du fond de cet abîme de la mort où il se débattait comme un damné, il crut entendre du bruit à sa porte.

Il prêta attentivement l'oreille. Ce bruit se renouvela. Evidemment quelqu'un était là qui frappait.

Tom Jack espéra quelque chose, sans savoir quoi.

Mais cette illusion fut de courte durée.

En effet, que pouvait-il faire?

Non-seulement la force lui manquait pour se traîner jusqu'à la porte, mais, en supposant même qu'il y réussît, à quoi cet effort suprême lui servirait-il, puisque Djaïlar, en partant, avait eu la précaution de donner un double tour de clef?

Il ne tenta même pas cette chance de salut.

Mais l'homme qui frappait y mit plus de persévérance.

Voyant qu'on ne répondait pas, il donna un vigoureux coup de pied dans la porte et là fit tomber.

— Par Satan! grommela Tom entre ses dents, il a fait pour entrer ce que je n'aurais pas eu la force de faire pour lui ouvrir un passage. Mais que peut nous vouloir ce hardi compagnon?

Tout en parlant ainsi, ses yeux rencontrèrent le visage du nouveau venu, qui, lui-même, le regardait avec surprise.

— Le chevalier de Mailly! s'écria-t-il avec un éclat de voix fort singulier chez un homme qui n'avait plus que quelques minutes à vivre.

Albert allait parler, quand Tom Jack l'arrêta d'un geste en lui disant:

— Monsieur, tout ce que vous pourriez dire serait autant de peine et de temps perdus, tandis que vous paieriez au poids de l'or, j'en suis sûr, chacune des paroles qui vont sortir de ma bouche. Ecoutez-moi donc, car mes minutes sont comptées à la grande horloge de l'éternité, et ces paroles que je pourrais vous vendre au prix du salut de votre âme, je suis tout disposé à vous les céder gratis.

— Mais, dit Albert...

— Je devine pourquoi vous venez ici.

— Vous devinez?...

— Vous venez chercher mon ami Djaïlar, le même qui vient de m'assassiner et qui vous a volé votre nom, sous lequel il a accompli dans ce pays mainte infamie dont vous avez l'intention de le châtier.

— Oh! certes. Mais d'abord ne puis-je vous secourir, vous qui paraissez souffrir horriblement, vous sa victime?

— Voilà un mouvement qui vous sera compté là-haut, quoique je sois un mauvais diable qui n'ai, à tout prendre, que ce que j'ai mérité. Merci, monsieur le chevalier; mais tout secours serait superflu, je le sens; le poison a fait des ravages trop rapides pour que je puisse maintenant sauver ma peau. Non... je n'ai plus désormais qu'un désir, qu'un espoir, me venger de lui, de ce traître abominable! et lorsque je vous aurai tout dit, je suis bien sûr que vous saurez le retrouver pour le tuer comme un chien, fût-il caché dans les entrailles de la terre.

— C'est pour cela que je venais le chercher, dit Albert, et je jure devant Dieu qu'il recevra le châtiment de son infamie. Mais où est-il?

— Je vais vous le dire, et vous allez voir que vous avez été bien inspiré en ne tardant pas davantage, car il va ce soir commettre un crime près duquel tous ceux qu'il a déjà sur la conscience ne valent pas la peine qu'on en parle.

— Un nouveau crime! que voulez-vous dire?

— Ce soir, répondit Tom, dont les dents s'entrechoquaient avec force, ce soir il ira souper avec sa prétendue femme, la duchesse de Châteauroux. Elle l'attend... il est parti, et savez-vous ce qu'il va faire?

— Achevez donc!

— Il va jeter dans son verre une poudre mortelle dont il a fait l'essai sur moi.

— Du poison!

— Dans une heure, peut-être, elle n'existera plus.

— Oh! je cours...

— Allez, allez vite, sauvez l'infortunée, mais promettez-moi surtout de ne pas lui faire grâce, à lui!

— Sur le sang du Christ, je te le jure!

— Merci, monsieur le chevalier, merci. En voyant que vous savez tout, ce brave Djaïlar saura au moins que je ne l'ai pas oublié à mon heure suprême, et que ma dernière pensée a été pour lui.

Tom Jack retrouva en ce moment assez d'énergie pour se lever et marcher comme un fantôme jusqu'à un lit de repos qui se trouvait au fond de la pièce. Il y tomba comme une masse inerte et parut s'endormir. Son cœur n'avait pas encore cessé de battre, mais ses yeux s'étaient fermés pour ne plus se rouvrir.

Alors Albert se précipita vers la porte. Cette porte s'ouvrit brusquement, et quatre exempts parurent au seuil.

— C'est vous, monsieur, dit celui de ces hommes qui portait les insignes de sergent, et dont le ton solennel avait quelque chose de grotesque, c'est vous qui êtes le chevalier de Mailly ?

— Oui, monsieur.

— En êtes-vous bien sûr ?

— Pourquoi cette question ?

— Pour être bien sûrs nous-mêmes que nous ne nous trompons pas dans la mission qui nous est confiée.

— Quelle mission ?

— Allons, vous autres, prenez l'attitude convenable à la circonstance et veillez avec sollicitude à l'exécution de la loi.

— Mais que signifie ?

— Au nom du roi, je vous arrête.

— Moi ! s'écria Albert stupéfait.

— Vous-même. C'est avec regret sans doute, car vous avez la tournure d'un galant homme, poursuivit le sergent en frisant sa moustache ; mais ceci prouve bien que tout ce qui reluit n'est pas or, car à vous voir, je serais le premier, moi qui m'y connais, à vous prendre pour un vrai gentilhomme, tandis que vous n'êtes — excusez la liberté — qu'un chevalier de contrebande.

— Qu'osez-vous dire !

— Ne nous emportons pas... sinon, les camarades seraient obligés de sortir des bornes de la douceur et de la modération. Allons, il faut nous suivre.

— Où cela ?

— En prison.

— Mais c'est impossible !

— Vous vous expliquerez plus tard.

— Oh ! mais si vous saviez...

— Nous savons que vous vous faites passer faussement pour le chevalier de Mailly, et cela nous suffit.

— Messieurs, dit Albert après un moment de réflexion, mon intention n'est pas de m'opposer à l'exécution de votre mandat.

— Et vous faites sagement.

— Mais avant de vous suivre, il faut absolument que je me rende dans un lieu où ma présence peut empêcher le plus épouvantable malheur. Je ne vous demande pas de m'y laisser aller seul. Faites-moi accompagner par l'un de vos hommes, par qui vous voudrez, cela m'est égal, pourvu que je puisse détourner le coup terrible qui, dans une heure, dans quelques minutes peut-être, va frapper une créature faible et sans défense.

— Ce que vous dites là, reprit le sergent en prenant une pose à la fois digne et coquette, serait peut-être susceptible d'imposer à quelque novice peu exercé dans la matière. Je veux bien reconnaître même que la chose est conçue dans un style dont le vulgaire aurait pu jadis se trouver ébloui. Mais autre temps, autres coutumes. Chacun de nous est sensible dans le particulier et il s'en vante ; dans l'exercice de nos fonctions, c'est différent. Vous auriez l'éloquence d'une sirène que nous dirions, comme Mentor à Télémaque, un aimable jeune homme dont je viens de lire l'histoire avec intérêt : Suffit, la poire est mûre, partons !

— Partir ! partir ! murmura Albert d'une voix étouffée... et la laisser mourir, elle, Marianne ! Oh ! mon Dieu ! mon Dieu !

— Les pleurs sont incohérens chez un homme digne de faire partie de ce sexe, ajouta le sergent d'un air noble et impérieux ; si vous ne nous suivez de bon gré à l'instant même, nous aurons le chagrin de vous y contraindre par la force.

— Sergent, dit tout à coup le chevalier, vos devoirs s'opposent-ils à ce que vous et vos camarades gagniez dix louis d'une façon honnête et loyale ?

— Qu'en pensez-vous ? demanda le sergent en se tournant vers ses hommes, qui écarquillèrent les yeux sans répondre. Pour ce qui me concerne, je ne crois pas qu'il y ait inconvénient.

— Eh bien, dit Albert, il s'agit de porter sur-le-champ à son adresse une lettre que je vais écrire. Et, en attendant, voici les dix louis.

Le sergent les accepta et les fit sonner dans le creux de sa main.

Albert écrivit ces mots à la hâte.

« Au nom du ciel, Marianne, au nom de
» mon bonheur et de notre avenir que Dieu
» peut bénir encore, ne recevez pas ce soir
» l'infâme qui vous a perdue. Il se rend
» chez vous pour vous empoisonner, j'en
» ai la preuve. »

— Pour l'honneur de la discipline et en qualité de votre supérieur, disait pendant ce temps le sergent à ses trois hommes, je m'attribue quatre louis et vous en remets deux à chacun. Ce partage me semble équitable et basé sur les strictes convenances. Qu'en pensez-vous ?

Les exempts firent une grimace qui pouvait signifier tout ce qu'on voulait, mais que le sergent accepta sans difficulté comme un signe d'assentiment.

— Godard, dit-il à l'un d'eux en glissant les quatre louis dans sa poche, tu es digne de la confiance du prisonnier qui, nonobstant sa faute, a droit, dans son malheur, aux égards des cœurs bien placés. C'est toi qui porteras l'épître.

Albert signa, cacheta sa lettre, et voulut la remettre au sergent, mais celui-ci lui indiquant Godard :

— Voilà l'homme que j'ai investi, dit-il avec dignité; vous pouvez vous fier à lui.

— Oh ! courez, courez, dit Albert.

L'exempt regarda la suscription et parut tout interdit.

— Tenez, sergent, voyez donc !

— Hâtez-vous ! s'écria Albert.

— Eh bien ! quoi ? dit le sergent en lisant à son tour la suscription : « *A Mme la duchesse de Châteauroux.* » qu'y a-t-il là qui puisse t'interloquer ?

— Dame ! dit Godard en se grattant l'oreille et en baissant la voix, c'est que si le prisonnier a de si belles connaissances que ça, songez donc, la duchesse de Châteauroux, il pourrait bien être quelque chose de mieux que ce que nous croyons.

— Ce raisonnement a du brillant, mais il pèche par la base, dit le sergent.

— Cependant.

— Godard, est-ce que tu ne connais pas le roi Louis XV ?

— Si fait, sergent.

— Cela t'empêche-t-il d'être un imbécile du nom de Godard, et rien de plus ?

— Au fait, c'est juste.

— Tu vois donc bien ce que risque un esprit faible à vouloir juger par introduction, comme disent les philosophes. Sur ce, demi-tour à gauche, et file.

Godard s'éloigna, la lettre à la main ; et comme Albert donnait tous les signes de l'impatience la plus vive :

— Soyez tranquille, lui dit le sergent ; si la nature n'a point départi à Godard le coup d'œil du génie, elle s'est plus à le dédommager du côté des jambes, et dans dix minutes sa commission sera faite. Et maintenant, venez.

— Encore un mot, sergent.

— Ah çà ! mais nous ne pouvons pourtant pas rester ici à parlementer jusqu'au lever de l'aurore... mes instructions s'y opposent.

— Ce que j'ai à vous demander est bien simple.

— J'optempère à y prêter l'oreille: allez !

— Au lieu de me conduire en prison, commencez par me mettre en présence de M. Berryer.

— Du lieutenant de police ! interrompit le sergent en portant vivement la main à son chapeau en forme de salut militaire.

— Oui, du lieutenant de police, à qui je ferai des révélations telles, qu'il s'empressera de dissiper l'erreur dont je suis victime et de reconnaître mon identité.

— Le lieutenant de police est le fonctionnaire dont je relève instantanément, je ne vois pas d'empêchement à la chose; marchons.

CHAPITRE VIII.

Les Courtisans.

Depuis vingt-quatre heures, les symptômes les plus évidens annonçaient le prochain triomphe de la duchesse de Châteauroux. Les nuages qui avaient un instant obscurci son astre s'étaient entièrement dissipés, et on voyait de nouveau briller l'étoile de la maison de Nesle sur ce ciel de la faveur royale dont elle semblait avoir fait son apanage exclusif.

L'autorité du roi, grandie de toutes les sympathies qu'avait fait éclater l'effroi de sa mort, ne trouvait plus de contrôle. Les voix austères qui avaient parlé au nom de la morale outragée, se taisaient; tout était rentré dans le silence, tout jusqu'aux épigrammes dont le ministre faisait, quelque temps auparavant, harceler la favorite et qu'on n'osait plus lire en public, tant était grande la crainte de déplaire au maître.

Mme de Châteauroux ne s'était pas encore rendue près du roi, mais on savait qu'elle devait avoir ce soir-là le duc de Richelieu à souper et qu'elle avait dit à un impatient qui la pressait de lui dévoiler ses intentions,

— Le duc est mon ami. Je lui dirai ce soir ce que j'ai résolu.

Ce mot avait été colporté, commenté, expliqué de mille façons diverses. Les grands politiques du jour, après mûr examen, en avaient conclu qu'elle s'apprêtait à ressaisir le sceptre que la cabale lui avait si outrageusement arraché, et qu'à son tour elle allait traiter sans pitié ses ennemis.

Le soir était venu.

Nous retrouvons Marianne dans sa chambre à coucher, achevant sa toilette en compagnie de Mlle Hébert.

Celle-ci, tout en accommodant la coiffure

de Marianne, l'examinait d'un air très attentif.

La jeune femme ne disait rien, et ses yeux fixes révélaient une grande préoccupation.

— Comme vous avez l'air triste! dit Mlle Hébert, bien décidée à avoir l'explication d'une inquiétude qu'elle ne pouvait comprendre.

— Tu trouves! répondit la duchesse avec un singulier sourire.

— Tout le monde s'en apercevrait comme moi. Ce n'est pas pour vous faire un reproche, ma bonne maîtresse, mais depuis deux heures que nous sommes là ensemble, vous n'avez pas ouvert une seule fois la bouche.

— Que veux-tu, ma pauvre Hébert, c'est que je pense.

— Aux triomphes qui vous attendent alors?

— A cela... ou à autre chose.

— Le fait est que si vous songiez à quelque chose d'agréable, vous n'auriez pas ce front soucieux, ce regard où l'on devine presque des larmes.

— Allons, tu es folle.

— Je ne sais pas si je suis folle, mais ce dont je suis bien certaine, c'est que vous n'êtes pas heureuse...

— C'est ce qui te trompe, dit Marianne d'une voix grave. Si j'ai jamais été heureuse, c'est bien aujourd'hui.

— Bien vrai?

— Oui, bien vrai... je te le jure.

— Vous me rassurez.

— Ma toilette est finie, n'est-ce pas?

— Attendez... encore cette fleur dans vos cheveux.

— C'est bien, vas. Si j'ai besoin de toi, je t'appellerai.

Mlle Hébert sortit, très satisfaite de l'assurance que venait de lui donner sa maîtresse.

Quand elle fut seule, Marianne poussa un profond soupir et murmura :

— Heureuse! oh! oui, je le serais, si ce rêve, qui a un instant effleuré mon âme comme un parfum du ciel, pouvait jamais se réaliser!... La vie avec Albert, la vie à deux... là-bas, loin de cette France où le malheur m'a si constamment poursuivie!.. mais non... c'est impossible!... il y a entre nous une barrière qui nous sépare pour toujours... La honte!... la honte que je dois subir, moi, puisque je n'ai pas su l'éviter, mais qu'il ne m'est pas permis de lui laisser partager, car ce serait détruire sa carrière, briser son avenir, ce serait le perdre avec moi! Non, non! il me faut l'obscurité, l'isolement... le cloître... Ma résolution est prise, rien ne me la fera abandonner désormais.

Une heure se passa pendant laquelle Marianne parut se complaire dans ses pensées. Elle songeait au pardon que lui avait déjà accordé Albert, à celui que Dieu lui accorderait bientôt lui-même; une sorte de bonheur rayonnait déjà dans son regard, tant était grande et douce la force qu'elle puisait dans la résignation.

Mlle Hébert reparut.

— Madame, lui dit-elle, vos salons s'emplissent, on n'a jamais vu tant de monde ici. Ne viendrez-vous pas faire les honneurs?

— J'y vais, dit la duchesse.

Quand elle entra, il se fit de tous côtés un murmure des plus flatteurs.

Jamais aux plus beaux jours de sa puissance, la favorite n'avait brillé d'un plus vif éclat. On eût dit que le malheur avait ajouté de nouvelles grâces à sa beauté.

La foule fit immédiatement cercle autour de la duchesse. C'était à qui la saluerait, à qui serait le premier remarqué par elle. Décidément sa faveur était complète, car tous ces courtisans, qui connaissaient la pensée intime du maître, savaient, à n'en pas douter, où était l'idole aux pieds de laquelle il fallait désormais brûler l'encens.

La duchesse fit une révérence dont chacun put prendre sa part, puis, allant droit à Richelieu et lui tendant la main,

— J'étais sûre que vous seriez exact.

— Cela ne vous surprend pas, j'imagine.

— Non... et cependant je m'en félicite. Cela fait tant de bien de voir qu'on a eu raison de compter sur ses amis!

— Eh bien, vous m'avez promis une confidence.

— Je vous la ferai tout entière.

— Avez-vous pris une résolution?

— Je l'ai prise, oui, et elle est irrévocable.

— Il me tarde de la connaître.

— Ecoutez-moi.

Elle prenait Richelieu à part et se disposait à parler quand Mlle Hébert, se glissant à travers les groupes, vint lui dire :

— Madame la duchesse, un billet qu'on dit très pressé.

— Un billet? Vous permettez, duc?

— Comment donc!

Elle décacheta la lettre, la lut rapidement et resta un moment immobile.

Elle semblait à la fois stupéfaite et touchée.

Cette préoccupation devint si visible, que plusieurs personnes s'approchèrent d'elle et lui en demandèrent la cause. On n'obtint pas de réponse.

Cependant, Richelieu ayant insisté :

— Ce n'est rien, dit-elle, ou du moins ce n'est rien d'inquiétant.

Et un sourire calme et triste passa sur ses lèvres.

— Mais enfin, cette décision ?

— Je vous demande un nouveau délai, duc.

— Un délai... encore ! Et, sera-t-il bien long ?

— Dans deux heures vous saurez tout, je vous le promets.

La patience n'était pas la vertu de M. de Richelieu : aussi n'eût-il pas subi sans débat le nouveau retard que lui infligeait la duchesse, sans une interruption causée par l'arrivée de nouveaux personnages qu'attirait à l'hôtel de Nesle le désir de rendre hommage à la divinité du moment.

Ce fut un concert de louanges, une suite non interrompue d'hymnes et d'exclamations en l'honneur de la beauté qui n'avait plus de rivales. Les noms les plus illustres se pressaient à l'envi autour d'elle, et on devinait, à l'encombrement des salons de l'hôtel de Nesle, que ceux de Versailles devaient être déserts.

On annonça successivement le comte de Lautrec, le marquis de Villemur, MM. de Chabannes et de Senneterre.

Ce dernier ayant salué la duchesse, se plaça au milieu du salon, et interpella la foule de façon à faire comprendre qu'il apportait une grande nouvelle.

On se pressa, on fit silence.

— Eh bien ! Senneterre, dit Richelieu, qu'as-tu donc à nous apprendre ?

— Une chose qui aura du moins le mérite de la nouveauté, car il s'agit d'un ordre signé par le roi ce soir même, et que j'ai été chargé de notifier à celui qu'il concernait.

— Ah ! qu'est-ce donc ?

— L'évêque de Soissons est renvoyé dans son diocèse.

En prononçant ces mots, Senneterre jeta un coup d'œil oblique sur Mme de Châteauroux pour juger de l'effet qu'allait produire sur elle la nouvelle de cette disgrâce.

A sa grande surprise, il ne remarqua rien, pas un signe, pas un frémissement ; elle avait conservé tout son sangfroid.

Il n'en fut pas de même du reste de l'auditoire.

Le renvoi de l'évêque de Soissons fut considéré comme la preuve la plus éclatante de la victoire remportée par la favorite sur tous ses ennemis.

L'émotion causée par cet incident n'était pas encore calmée, lorsqu'un nouveau personnage se présenta à la porte du salon.

Il jeta son nom au valet, qui annonça à haute voix :

— M. le chevalier de Mailly !

A la vue de Djaïlar, le duc de Richelieu parut fort étonné.

— Eh ! par quel hasard le chevalier vient-il ici ce soir, dit-il à la duchesse, il vous avait un peu déshabituée de ses visites ?

La duchesse n'entendit pas ce que lui disait Richelieu. Ses yeux ne quittaient plus l'homme qu'on venait d'annoncer sous le nom de chevalier de Mailly. Une vive émotion se peignait en même temps sur son visage.

Tout à coup, elle devint pâle comme la mort.

Mais comme si elle eût voulu dissimuler les tourmens intérieurs auxquels elle était en proie, elle alla droit à lui, en s'efforçant de sourire, et lui dit d'un ton gracieux :

— Bonjour, Albert, bonjour, vous êtes le bien venu.

CHAPITRE IX.

Le Souper.

Djaïlar rendit à Marianne son gracieux salut. Mais il fut frappé de l'agitation qui se trahissait sur ses traits, malgré le sourire dont elle avait accompagné ses paroles.

— Qu'a-t-elle donc ? se dit-il en l'examinant au moment où elle répondait à un compliment de Richelieu.

Une voix cria :

— Le souper est servi.

Toutes les portes s'ouvrirent et la foule s'écoula lentement.

Quand on fut dans la salle à manger, la duchesse, au grand déplaisir de plusieurs courtisans qui espéraient obtenir cette faveur, indiqua au chevalier la place qui était à sa droite, pendant que Richelieu s'installait sans façon à sa gauche.

Djaïlar parut à la fois surpris et orgueilleux de l'honneur que daignait lui faire Marianne, et l'en remercia avec effusion.

— Que trouvez-vous d'étonnant à cela ? lui dit-elle ; n'êtes-vous pas mon époux ?

Djaïlar témoigna sa reconnaissance à la duchesse, en lui baisant la main avec toute la courtoisie d'un vrai gentilhomme. Elle se prêta de bonne grâce à cette galanterie et s'assit immédiatement, ainsi que toute la compagnie.

— Messieurs, dit Senneterre, savez-vous que nous serions des ingrats de nous plaindre et qu'il est difficile d'être plus favorisés du sort que nous ne le sommes aujourd'hui? Un nouveau soleil se lèvera demain sur Versailles et l'univers, toute la cour sera inondée de ses rayons, c'est vrai, mais nous sommes plus heureux encore, messieurs; car à nous seuls il a été donné de ne pas attendre jusqu'à demain et d'admirer l'aurore en pleine nuit.

— C'est bien, Senneterre, c'est fort bien, dit Richelieu, tu pourrais même ajouter que cette aurore à laquelle nous assistons est la plus belle et la plus pure de toutes, car ici il n'y a pas un nuage, pas un souffle de vent, pas une menace d'orage, tandis que demain, à Versailles, il y aura, je te le jure, pas mal de fronts soucieux et de visages allongés.

— Le tableau n'en sera que plus piquant, reprit Chabannes, et si je regrette une chose, c'est que monseigneur de Soissons ait été prié de se retirer dans ses terres. Je n'aurais pas été fâché de voir de près comment il aurait pris la chose.

— Ce bon évêque ! ajouta Villemur, que de chaleur il y avait dans ses prédications, et que de zèle apostolique il a dépensé en pure perte ! Si j'étais à la place de Sa Grandeur, je déposerais les insignes de ma dignité si sérieusement compromise et j'irais me réfugier à la Trappe pour me punir d'avoir si mal conduit mes affaires !

— De grâce, dit la duchesse, que le ton léger de Chabannes et de Villemur semblait contrarier vivement, de grâce, laissons ce sujet, et ne parlons plus de Mgr de Soissons. Il a fait ce que sa conscience lui commandait de faire...

— Il vous a persécutée autant qu'il l'a pu, interrompit Chabannes, et je m'étonne...

— Il était votre ennemi le plus acharné! ajouta Villemur, et, pour ma part, je ne le lui pardonnerai de ma vie.

— Alors, monsieur de Villemur, dit Marianne, vous prenez mes intérêts plus chaudement que je ne les prends moi-même, car je lui ai déjà pardonné, moi.

Il y eut un léger mouvement de surprise.

— Cela vous surprend, dit Richelieu, eh bien, moi, cela me transporte d'estime et d'admiration pour notre charmante duchesse. Merveille de beauté, elle offrait en outre l'assemblage de toutes les qualités du cœur et de l'esprit ; il ne lui manquait plus que d'être une parfaite chrétienne et elle vient de conquérir ce titre en oubliant tout le mal que lui a fait M. de Soissons.

La duchesse pâlit légèrement et posa une main sur le bras du duc.

— Prenez garde, lui dit-elle, que votre panégyrique ne vienne un peu trop tôt, et que je ne lui donne avant une heure un éclatant démenti.

Le duc de Richelieu fut frappé de l'accent de Marianne, et la regarda entre les deux yeux. Alors elle sourit, et, reprenant son ton léger :

— Je vous parais bien grave, n'est-ce pas? et vous êtes d'avis que le moment est mal choisi pour parler sérieusement. Vous avez raison ; une figure de victime ne sied pas à l'héroïne d'un si grand triomphe... Car je triomphe, n'est-il pas vrai ?... C'est là ce que veulent dire toutes ces voix qui chantent mes perfections, tous ces regards qui me contemplent avec envie.

— Décidément, dit Richelieu, vous avez quelque chose.

— Moi !... Et qui peut vous faire supposer cela ?

— Je ne sais; mais vous n'avez pas l'air satisfait.

— Il faudrait donc que je fusse bien difficile, car une véritable reine ne compterait pas, je le parie, de plus nombreux et de plus dévoués sujets.

Richelieu recommença à regarder la duchesse de cet œil fin et pénétrant pour lequel il y avait peu de secrets à la cour. Cependant, quelqu'habitué qu'il fût à lire dans les âmes, la pensée secrète de la favorite demeura pour lui lettre-close. Il ne comprit pas ce qu'il y avait au fond du cœur de cette femme, dont le visage, au milieu des satisfactions les plus complètes de l'orgueil, conservait une étrange expression d'insouciance et de raillerie.

— Vous cherchez à me deviner? lui dit la duchesse après un silence.

— C'est vrai.

— Et vous n'y réussissez pas ?...

— C'est encore vrai.

— Eh bien, ne prenez pas tant de peine, cher duc, car l'énigme du sphinx n'était rien auprès de celle dont vous cherchez le mot.

— Plus je vous entends et moins je puis me rendre compte du singulier effet que produisent sur moi vos paroles.

— Que vous êtes impatient ! ne vous ai-je pas dit que vous saurez tout ce soir même ? je tiendrai parole.

— Richelieu ! Richelieu ! s'écria Senneterre qui était assis juste en face du duc, sais-tu que nous sommes fort mécontens de ce côté?

— Comment cela, et de quoi vous plaignez-vous? demanda le duc.

— Nous nous plaignons, répondit Chabannes, de ce que tu te mets devant le soleil et que tu nous en caches les rayons.

— Ce n'est pas mon intention, messieurs, je vous le jure et je vous en demande pardon. Mais que nous veut Villemur qui se lève et semble se préparer à parler?

— Je veux, dit Villemur, porter la santé de la déesse dont le pouvoir sans bornes a pour aujourd'hui transformé cette salle à manger en un véritable Olympe.

Le compliment, observa Senneterre, est tourné de façon à satisfaire notre orgueil à tous, car si c'est ici l'Olympe, nous serions donc des dieux ?

— Pourquoi pas? dit Chabannes.

— Oh ! des demi-dieux tout au plus, répliqua vivement Richelieu. N'oublions pas que Jupiter est à Versailles.

— Allons, dieux ou demi-dieux, peu importe, pourvu qu'on verse l'ambroisie et que nos souhaits se réalisent.

— L'ambroisie est ici du vin de Corinthe, reprit Villemur, et je ne crois pas que du côté du goût, nous ayons rien à envier au fameux nectar des dieux. Je doute également que les coupes des divinités de la Grèce valussent ces charmans petits verres de cristal qu'on dirait ciselés par une fée.

Et chacun prit devant soi un des verres désignés par Villemur.

Lorsque le valet chargé de verser arriva à la duchesse, Djaïlar, qui, pendant tout le repas, avait fort peu attiré l'attention sur lui, prit le petit verre qui lui était destiné, et, l'ayant fait emplir, l'offrit à la duchesse avec un empressement des plus courtois.

— Mais c'est votre verre, dit Marianne.

— Je prendrai le vôtre, si vous voulez bien m'accorder cette faveur.

Après une légère pause, Marianne accepta par un léger signe de tête, et l'échange des deux verres se fit aussitôt.

CHAPITRE X.
Le Vin de Corinthe.

Marianne examina un instant le verre de façon à laisser croire qu'elle en admirait le travail, qui était charmant en effet.

Cependant sa main tremblait et une pâleur mate envahissait peu à peu ses traits.

Richelieu se pencha vers elle.

— Le moment est-il venu, lui demanda-t-il, et êtes-vous enfin prête à me faire votre confidence ?

— On porte ma santé, répondit la duchesse, il faut que je réponde d'abord aux bons souhaits de mes convives.

— Et si je vous empêchais de toucher à ce verre tant que je n'aurai pas votre secret.

— Ah ! ce serait de la cruauté. Je n'ai jamais bu de vin de Corinthe et je suis curieuse d'en connaître le goût.

— Il est excellent ! dit Djaïlar qui avait entendu la fin de la phrase.

La duchesse fit le geste de porter le verre à ses lèvres ; mais elle s'arrêta et dit à Richelieu :

— Vous dites donc que le roi brûle de reprendre sa chaîne et de retomber à mes pieds ?

— Il est amoureux fou! répondit le duc.

— Et mes ennemis seront tous confondus ?

— Ce sera un sauve-qui-peut général !

Marianne sourit et goûta le vin de Corinthe.

— Et ce pauvre d'Argenson ! continua Richelieu, que le sourire de la duchesse encourageait, c'est lui surtout qui a passer un mauvais quart d'heure. Messieurs, avez-vous entendu parler de d'Argenson aujourd'hui?

— Parbleu, oui, dit Senneterre. Le bruit courait ce soir qu'il avait attrapé la jaunisse.

— Que la fièvre l'emporte! s'écria Villemur.

— Je ne crois pas à cette jaunisse, reprit Richelieu ; il sent qu'il va crever de dépit, et c'est un prétexte qu'il prend pour s'en aller plus décemment dans l'autre monde.

La duchesse acheva de boire, les convives en firent autant, et le rire qu'avait provoqué la plaisanterie de Richelieu acheva d'imprimer au festin un entrain de gaîté et de belle humeur qui amena bientôt cette charmante confusion qui marque toujours la fin d'un festin.

Tout à coup le bruit cessa et une sorte

d'inquiétude gagna spontanément toute l'assistance. La physionomie de la duchesse venait de subir en moins de quelques minutes une effrayante transformation.

On s'interrogea des yeux, on échangea quelques observations à voix basse, puis enfin, à un gémissement qui s'exhala des lèvres de Marianne, tout le monde se leva, et Richelieu s'écria en la soutenant :

— Je le savais bien, moi, qu'elle avait quelque chose ! Chère duchesse, vous souffrez ?

— Oui, dit Marianne en portant la main à sa poitrine... oui, je souffre... Mais ce n'est rien... rien qu'un moment à passer ; tout à l'heure je ne souffrirai plus.

— Ce ne peut être qu'une indisposition, dit Senneterre.

— On étouffe ici ! ajouta Villemur. Holà ! qu'on ouvre cette fenêtre.

— Et qu'on aille chercher le docteur Vernage, dit Richelieu.

— Avant tout, appelez Mlle Hébert et qu'on lui demande des sels.

Ces divers ordres furent exécutés avec la rapidité de l'éclair, Mlle Hébert apporta à sa maîtresse des sels qui lui firent reprendre connaissance. Alors il se forma autour d'elle un cercle d'où s'éleva un murmure de satisfaction.

Djaïlar vint mêler ses condoléances à celles que recevait Marianne de toutes parts.

— Mais qu'avez-vous donc ? dit-il en se penchant vers elle avec toutes les marques d'une affection profonde.

— Ah ! vous voilà, Albert. Merci de l'intérêt que vous me témoignez. Je me sens mieux, vous le voyez ; mais rendez-moi un service, je vous prie.

— Un service... parlez, parlez, ma chère Marianne ; que faut-il faire ?

— Oh ! peu de chose... prendre connaissance d'un billet que j'ai reçu il y a environ une heure, et qui vous concerne.

— Moi !

— Oui, cela vous intéressera ; prenez.

Elle tira un papier de son sein et le lui remit.

Cet effort la fatigua visiblement.

— Messieurs, dit Senneterre, Mme de Châteauroux a besoin de repos. Si nous nous retirions ?

— Le fait est que la présence du docteur Vernage lui vaudrait mieux que tous nos soins, observa Villemur.

Un geste de la duchesse indiqua qu'en effet elle désirait être seule.

En moins de dix minutes, tous les convives eurent disparu, à l'exception toutefois de Richelieu, à qui Marianne avait fait signe de rester près d'elle, et de Djaïlar, qui, tout préoccupé du billet dont il prenait lecture, ne s'était pas aperçu que tout le monde était parti.

Djaïlar apprenait effectivement par ce billet une chose terrible pour lui, c'est-à-dire que son ami Tom l'avait dénoncé, et que son crime était connu. Mais quel était l'homme qui avait écrit ce billet et qui se trouvait maître d'un secret qui pouvait devenir son arrêt de mort, à lui ? voilà ce qu'il ne pouvait deviner.

Cette révélation lui inspirait les réflexions les plus graves, et il se demandait pourquoi la duchesse, avertie à temps, avait accompli volontairement le sacrifice de sa vie. Ce mystère, dont il se fût médiocrement inquiété en toute autre occasion, le tourmentait au plus haut point, parce qu'il le laissait dans une ignorance absolue du genre de péril qu'il pouvait courir et le mettait dans l'impossibilité de dresser ses plans pour s'y soustraire.

Cependant la fuite lui parut tout d'abord le moyen le plus sage de parer aux premiers dangers de la situation, et il regretta vivement de n'être pas sorti en même temps que les autres.

Il n'y avait plus que trois personnes dans la chambre : la duchesse, M. de Richelieu et Mlle Hébert.

Son titre lui imposait le devoir de rester après le départ des étrangers ; sa retraite allait paraître au moins bizarre. Décidément, sa position était embarrassante.

Un incident, dont il se félicita d'abord, vint trancher la difficulté et lui offrir une issue à cette situation critique.

Un coup de sonnette retentit à la porte de l'appartement, puis un second, puis un troisième.

— Ah çà ! dit Richelieu, voilà quelqu'un qui est bien pressé. Pourquoi diable n'entre-t-on pas ?

— C'est qu'il n'y a personne pour ouvrir, répondit Mlle Hébert en soutenant la tête défaillante de la duchesse. Les deux valets qui étaient dans l'antichambre sont partis pour aller chercher du secours... Et quant à moi, je ne puis quitter madame.

Un quatrième coup se fit entendre.

— J'y vais, j'y vais, dit Djaïlar, que ce dernier coup de sonnette sembla réveiller en sursaut.

Il sortit de la chambre, traversa deux autres grandes pièces et parvint enfin à l'antichambre.

Son plan était parfaitement arrêté.

Il introduisait le nouveau venu et s'esquivait au plus vite.

Tout en songeant à part lui au bien-être qu'il allait éprouver en respirant le grand air, sa main cherchait la serrure.

Il entendit frapper du pied au dehors.

— Oh! qui que tu sois, murmura-t-il, tu n'es pas plus impatient que moi.

La porte s'ouvrit et un jeune homme, vêtu du costume d'officier de marine, parut sur le seuil.

A sa vue, Djaïlar, en dépit de son courage, faillit tomber à la renverse et malgré lui il fit un pas en arrière. On eût dit qu'il reculait devant une apparition.

— Non! non! murmura-t-il d'une voix étranglée... Ce ne peut-être qu'un fantôme !...

Quoi qu'il en fût, le fantôme entra et ferma soigneusement cette porte.

Revenu de sa première surprise, Djaïlar voulut franchir le seuil de la porte, mais un geste impérieux le cloua à sa place.

— Ce n'est pas possible, reprit Djaïlar en passant la main sur son front, non, c'est un rêve!

Mais l'apparition n'était pas d'humeur à causer. Elle se contenta de réitérer son geste et Djaïlar continua de fuir, les regards sans cesse fixés sur celui qui le glaçait d'épouvante, traversant ainsi à reculons les deux pièces par où il venait de passer quelques minutes auparavant.

Il ne tarda pas à se retrouver dans la chambre de la duchesse.

Là, l'éclat des bougies lui ôta ses derniers doutes.

— C'est bien lui, murmura-t-il, lui sorti de la tombe pour me poursuivre!

— Albert! Albert! s'écria Marianne, qui retrouva sa force pour l'appeler et lui tendre les bras.

Le chevalier se précipita et, à l'aspect de cette pâleur effrayante, de ces stigmates horribles qui semblaient annoncer l'approche de la mort, de ces soins désespérés dont on entourait la malade, il s'écria à son tour :

— Marianne! Marianne! ô mon Dieu! ne vous ai-je donc revue que pour vous perdre ?

— Vous l'avez dit, mon ami, je meurs.

— Oh! malheur sur moi! malheur! dit le chevalier en se tordant les bras de désespoir... Mais je vous avais pourtant prévenue... une lettre de moi vous avertissait du crime qui se tramait contre vous... je vous indiquais l'assassin lui-même...

— L'assassin! s'écria Richelieu comme frappé de la foudre.

— Cette lettre, vous ne l'avez donc pas reçue?

— Je l'ai reçue, dit la duchesse.

— Trop tard, alors?

— Non, votre dévoûment avait calculé juste, et j'aurais pu vivre encore.

— Eh bien ?

— Je ne l'ai pas voulu.

— Oh ! fit le chevalier de Mailly, dont les yeux se remplirent de larmes.

— Oh! les femmes! les femmes! murmura Richelieu.

— Albert! nous n'avons plus qu'un instant à passer ensemble... Dieu m'appelle,... répétez-moi que vous me pardonnez, afin qu'il me pardonne aussi !

— Marianne! ma chère, mon adorée Marianne! je veux que vous viviez, je le veux! nous vous sauverons.

— Oui, certes! s'écria Richelieu, qui depuis un instant, et tout en écoutant la conversation du chevalier et de la duchesse, observait avec anxiété les progrès du mal sur le visage de celle-ci,—oui, certes, il faut la sauver... Mais comment?... le poison! le poison!... et Vernage qui n'arrive pas.

Mlle Hébert étouffa ses pleurs pour prononcer ces mots:

— Je cours le chercher.

— Ne me quitte pas, dit la duchesse en l'étreignant de toute la force qui lui restait.

— Monsieur ne peut-il y aller? dit Richelieu en montrant Djaïlar.

— En effet, dit celui-ci.

Et déjà il reprenait le chemin de la porte.

— Demeurez ! s'écria le chevalier en barrant le passage à Djaïlar. Votre présence ici est indispensable.

— Cependant... observa Richelieu.

— Monsieur le duc , répondit Albert, monsieur ne peut s'absenter, et lui-même devrait le comprendre. Je vous expliquerai pourquoi tout-à-l'heure, et à cette occasion j'aurai besoin de vos services, monsieur le duc.

— Ah! fit Richelieu très étonné.

En ce moment un bruit de pas se fit entendre dans la pièce voisine; des voix se mêlèrent à ce bruit, et Richelieu s'écria :

— Enfin, c'est Vernage!

C'était le docteur, en effet, qui accourait de toute la vitesse de ses jambes, et dont la physionomie devint tout à coup sombre et inquiète à la vue de Marianne.

— Ah ! c'est vous, docteur, dit-elle en

accompagnant ses paroles d'un geste affectueux.

— Docteur! dit Richelieu, demandez à votre art toutes les ressources qu'il peut fournir pour les cas les plus désespérés, les plus terribles... Mme la duchesse de Châteauroux est empoisonnée.

— Empoisonnée! s'écria Vernage.

Il lui tâta le pouls rapidement, demanda de l'encre et du papier, écrivit une ordonnance en trois secondes, et la remit à Mlle Hébert, qui sortit en courant. Puis il revint à la malade, près de laquelle il prit place.

Richelieu interrogea le docteur du regard.

La duchesse était pâle et avait l'œil vitreux. Vernage, pour toute réponse, leva les yeux au ciel.

Le chevalier de Mailly, appuyé sur le dos du canapé où gisait Marianne, contemplait en silence cette scène navrante. Lui aussi portait la douleur et le découragement empreints sur la figure, mais de temps en temps son regard flamboyant allait se fixer sur Djaïlar, qui se tenait immobile dans une embrasure, blême et terrifié, en face de celui dans lequel il voyait toujours une ombre douée des apparences de la vie.

Quelques minutes se passèrent au milieu d'un profond silence.

Tout à coup une crise terrible s'empara de la duchesse.

Elle se renversa en arrière, et son corps se tordit convulsivement.

— Docteur, docteur, dit la duchesse d'une voix qui s'entendait à peine, n'est-ce pas que vous me sauverez, car je veux vivre? Oh! oui... je veux vivre pour lui... pour lui que j'aime. Albert! Albert! Oh! ne m'abandonne pas.

Elle saisit avec transport les mains du chevalier et retomba comme épuisée de fatigue.

Un moment se passa, elle parut moins souffrir.

— Elle va mieux! s'écria Albert.

— Elle est morte!... dit le docteur.

CHAPITRE XI.

Le Duel.

Une demi-heure après ces événemens, trois hommes étaient réunis dans une salle de l'hôtel de Nesle.

Ces hommes étaient le duc de Richelieu, Albert et Djaïlar.

— M. le duc, dit Albert à Richelieu, je vous ai dit tout à l'heure que j'avais un service à réclamer de vous. Il s'agirait de m'assister dans une affaire d'honneur avec M. le chevalier de Mailly ici présent.

Djaïlar, fort étonné de s'entendre appeler chevalier de Mailly par Albert lui-même, et ne soupçonnant pas où celui-ci en voulait venir, crut de son devoir de s'incliner en forme d'assentiment.

Il commençait à revenir de sa terreur superstitieuse.

— Peut-on savoir le motif de votre querelle? demanda le duc.

— M. de Mailly désire que je garde le silence à ce sujet. N'est-il pas vrai, chevalier?

— C'est mon désir, en effet, et je vous remercie d'y avoir souscrit, répondit Djaïlar, reprenant peu à peu tout son sang-froid.

— A merveille, dit le duc, je tiens vos motifs pour excellens, du moment qu'ils vous semblent tels à tous deux. Vous désirez donc de moi?...

— Que vous vouliez bien, dit Albert, trouver un témoin à M. de Mailly.

— Le premier venu... Senneterre, Villemur?

— Parfaitement; mais...

— Mais quoi?

— Notre heure leur conviendra-t-elle?... Voilà la question.

— Comment, votre heure?... Demain matin, j'imagine.

— Non, dit Albert, c'est sur-le-champ; au clair de lune, que M. de Mailly voudrait se battre.

— Eh bien! j'irai trouver Senneterre, et s'il est couché, il se lèvera. Je réponds de lui.

— A merveille!

— Ah çà, si Senneterre est le témoin de M. de Mailly, reprit Richelieu, je serai le vôtre, moi.

— Si vous le voulez bien, monsieur le duc.

— Si je le veux! La première fois que je vous ai vu, il n'y a pas très longtemps de cela, je me suis senti pour vous une amitié, une sympathie... Ah! seulement il faudra que vous me disiez votre nom, car je ne le sais pas encore.

— Permettez-moi, M. le duc, de solliciter de vous une confiance aveugle et de ne vous dire mon nom qu'après ce duel.

— Cependant...

— Je vous demande cela comme une faveur, comme une preuve de cette amitié dont il me tarde de me rendre digne.

— Allons, soit, la pauvre duchesse vient de vous dire adieu en mourant, cet adieu prouve que vous êtes un homme de cœur, car elle savait choisir ses amis. En attendant que j'en sache plus long sur votre compte, je vous appellerai donc comme elle vous appelait elle-même. M. Albert, je serai votre témoin.

— C'est en son nom que je vous remercie. Et maintenant, partons-nous ?

— Partons. Je vais à deux pas d'ici, chez Senneterre. Où vous trouverai-je ?

— Dans un quart d'heure, sur la berge de la Seine, au bas du quai des Augustins.

Tous trois quittèrent immédiatement l'hôtel, et Richelieu cria à son cocher de le conduire au grand galop rue du Petit-Bourbon, où demeurait M. de Senneterre.

Albert et Djaïlar s'en allèrent à pied.

La route se fit d'abord sans qu'une parole s'échangeât entre eux.

Mais Djaïlar était impatient d'apprendre le mot de l'énigme qui venait de se jouer.

— Ainsi, ce duel est sérieux ? dit-il à Albert.

— Cela vous étonne ?

— Je l'avoue.

— Oui, vous vous demandez comment il se fait que je n'aie pas dit tout à l'heure en vous montrant à tous : Cet homme est un misérable, qui s'est servi d'un nom illustre pour accomplir des infamies ; cet homme est l'assassin de la duchesse de Châteauroux !

— En effet, dit Djaïlar, car si vous aviez dit cela...

— Si j'avais dit cela, des exempts vous eussent arrêté au nom du roi, un juge vous eût interrogé, et le bourreau m'eût fait raison de tous vos crimes...

— Eh bien ?

— Eh bien ! c'est justement là ce que je ne voulais pas, car ces exempts, ce juge, ce bourreau se fussent mis entre nous deux, vous leur eussiez appartenu enfin, et vous ne devez appartenir qu'à moi, à moi qui ne souffrirai pas qu'un autre au monde touche à un cheveu de votre tête, à moi qui veux vous tuer de ma main !

— Vous devez comprendre, M. le chevalier, que je ferai tous mes efforts pour m'opposer à l'accomplissement de cette volonté. Mais avant qu'un coup d'épée en pleine poitrine ne vous mette dans l'impossibilité de parler, ou ne m'ôte, à moi, la faculté d'entendre, soyez donc assez bon, je vous prie, pour m'expliquer l'énigme de votre résurrection ; car enfin, moi et le sort aidant, vous deviez mourir trois fois plutôt qu'une : 1° de mon coup de poignard ; 2° des dents et des griffes du lion blessé que je vis s'élancer sur vous, la gueule enflammée ; 3° des défenses d'un superbe éléphant qui, au moment où je m'éloignais, s'avançait aussi pour prendre part au combat.

— Je consens à vous donner cette explication, répondit le chevalier, non pour satisfaire votre curiosité, mais pour que vous sachiez bien avant de mourir, qu'il y a là-haut une intelligence qui domine les mondes, qui juge les humains et leur répartit avec une inflexible équité les récompenses et les châtimens qu'ils ont mérités.

— Oui, répliqua Djaïlar, ce sont là les principes que professe votre religion ; mais je les ai vus trop rarement justifiés par les faits pour y ajouter foi.

— Vous vous êtes laissé tromper par de fausses apparences ; le crime longtemps impuni finit par rire du remords et railler la Providence jusqu'au jour où le châtiment tombe sur sa tête, terrible et imprévu, comme celui qui va vous frapper.

— Qui sait ? peut-être vais-je donner tout à l'heure un éclatant démenti à cette Providence, dont vous proclamez si haut l'infaillibilité. Mais, de grâce, veuillez donc me conter à quel miracle vous devez votre salut.

— Je vais vous le dire.

Le chevalier de Mailly tira de sa poche un papier plié en quatre, l'ouvrit et en tira une espèce de plante verdâtre et tellement desséchée qu'il était presque impossible d'en reconnaître la forme.

— Savez-vous ce que c'est que cela ? dit-il à Djaïlar en lui mettant la plante sous les yeux.

— Ceci, dit Djaïlar, en examinant attentivement l'objet à la clarté de la lune, oui, je me rappelle avoir vu quelque part...

Il chercha quelque temps, puis il s'écria :

— C'est la plante toulochy.

— Laquelle plante, reprit le chevalier, possède, entr'autres vertus, celle de garantir contre tout danger l'homme qui la porte sur lui ; telle est la croyance indienne, n'est-ce pas ?

— C'est bien cela.

— Eh bien ! le jour même de cette chasse au lion, qui pour vous était une chasse à l'homme, ce jour-là, je portais sur moi cette plante, qui m'avait été remise quelques heures auparavant.

— Voilà qui est étrange !

— Ce qui vous paraîtra autrement étrange, c'est le nom de la personne qui m'avait fait remettre cette plante pour éloigner de moi le péril.

— A qui pouviez-vous avoir inspiré un si vif intérêt si ce n'est à une femme?

— C'était une femme, en effet, et cette femme s'appelait Naoudah.

— Naoudah ! s'écria Djaïlar stupéfait.

— Oui, messire Djaïlar, Naoudah, que vous avez revue à Paris sous le nom de Miadzine, et qui est entrée ce matin au couvent des Augustines, où, sous le nom de sœur Marie, elle se fait instruire dans la religion chrétienne.

— Naoudah, répéta Djaïlar, mais en effet elle vous aimait, je l'ai vue un jour à vos genoux, à un spectacle de mimes malabares.

— Ce jour-là, je l'ai su plus tard, elle venait me supplier de la soustraire à l'accomplissement de certain marché infâme que vous aviez conclu avec le roi de Lahore.

— Nous n'avons pas du tout les mêmes idées sur la femme, M. le chevalier.

— J'avais donc sur moi la plante toulochy au moment où je roulais au bas de la roche, la poitrine traversée d'un coup de poignard, au moment où je me trouvais, à moitié mort, entre un éléphant et un lion furieux, dont je distinguais vaguement les formes monstrueuses, dans un regard effaré, que je crus être un adieu à la création, car je perdis aussitôt connaissance ; et pourtant, à quelques heures de là, je revenais à moi dans la salle du bungalo, entouré de tous mes compagnons de chasse, la main dans celles de mon ami, le comte de Simeuse, et ayant en face de moi, à quelques pas de la fenêtre entr'ouverte, et les regards tournés de mon côté, l'éléphant Zorah, auquel je devais la vie, car c'était lui qui, guidé par son instinct, m'avait retrouvé dans l'immense solitude, et arrivait à moi juste à temps pour combattre le lion dont j'allais devenir la proie, et qui resta mort sur la place. Eh bien ! messire Djaïlar, vous voyez maintenant qu'on peut compter la Providence pour quelque chose, ici-bas.

L'Indien paraissait anéanti ; ce récit avait produit sur son âme une vive impression.

— Tout cela est inouï, murmura-t-il en baissant la tête.

Puis reprenant la parole.

— Monsieur le chevalier, dit-il au gentilhomme, je reconnais qu'en effet il y a dans la combinaison de ces événemens quelque chose de plus qu'un hasard aveugle, et il se peut qu'une Providence... mais quand ma mort me serait annoncée par Dieu lui-même, quand l'heure et la minute en seraient marquées en toutes lettres sur mon front par la main de Vichnou, suivant la croyance des Indiens, je vous jure que je défendrai ma vie jusqu'au dernier souffle et avec tout ce que j'ai d'adresse et de courage.

La réplique fut coupée au chevalier par l'arrivée de MM. de Richelieu et de Villemur, qui descendaient de carrosse en ce moment.

Les deux gentilshommes avaient à peine eu le temps de prendre place sur le terrain, et déjà Albert avait mis le fer à la main.

Djaïlar, on le sait, était brave comme un lion et agile comme un tigre ; et le sentiment de sa conservation doublait son adresse et sa vigueur.

Mais, soit qu'il fût encore sous l'impression qu'avait produite sur lui le récit d'Albert, soit qu'il fût pris de vertige à l'aspect de cet homme qui lui apparaissait comme le génie du remords et de la vengeance, il rompit dès la première passe, et, à dater de cet instant, ne se battit plus qu'en désespéré.

A la cinquième ou sixième passe, il tomba.

M. de Villemur se pencha sur Djaïlar, et après s'être assuré qu'il ne respirait plus, il dit à Richelieu :

— Duc, j'ai consenti à me déranger de mon sommeil parce que vous m'avez dit qu'il s'agissait d'une affaire d'honneur et qu'il n'entre pas dans mes habitudes de me priver de ces sortes de distractions; mais si j'avais cru que le divertissement dût être si court, j'y aurais mis plus de façons. Au reste, la partie n'est pas finie, et puisque celui dont j'étais le second est mort, je suis prêt...

— Un instant, interrompit Richelieu ; monsieur a d'abord un engagement à remplir envers moi : il m'a promis de me dire son nom.

— Et je tiens ma promesse, répondit Albert: on m'appelle le chevalier de Mailly.

— Le chevalier de Mailly ! s'écria Richelieu stupéfait; mais alors, ce malheureux...

— Ce malheureux, dit Albert après un moment d'hésitation, ce malheureux est un infâme que je viens de sauver de la potence ou de la roue !

— Que signifie ?...

— Oh ! c'est tout une histoire, répondit Albert.

— Si je vous demandais de me la raconter ? dit Richelieu.

— Nous vous en prions, ajouta Villemur.

— Tenez, reprit Richelieu, demain soir, je pars pour mon château du Plessis avec M. de Villemur; venez nous y rejoindre après-demain; des ordres seront donnés pour qu'on ne laisse pénétrer près de nous que M. le chevalier de Mailly.

— Vous oubliez, dit le jeune officier, que le chevalier de Mailly est mort pour tout le monde, excepté pour vous, à qui je demande sur tout ceci le secret le plus absolu.

— Nous vous le promettons, dirent en même temps Richelieu et Villemur.

— Le capitaine Albert reçoit votre parole, et il compte que vous la tiendrez.

— Eh bien! c'est le capitaine Albert que nous attendons après-demain, c'est convenu.

— Mon Dieu, monsieur le duc, dit Albert à Richelieu, vous êtes si courtois et vous avez agi vis-à-vis de moi avec une si noble confiance que je suis vraiment désolé de vous disputer le terrain pied à pied comme à un ennemi.... Mais aujourd'hui même, au point du jour, je compte partir et quitter la France, pour n'y plus revenir cette fois; il me reste donc tout au plus une heure...

— Diable, c'est peu!...

— Mais cette heure, je vous l'offre.

— Va pour une heure, chez moi, n'est-ce pas, Villemur? N'est-ce pas M. Albert?...

— Je suis à vos ordres.

Les trois gentilshommes montèrent en carrosse, et le cocher les conduisit ventre à terre à l'hôtel du duc de Richelieu.

L'heure convenue fut employée par Albert à raconter aux deux gentilshommes l'histoire du faux chevalier de Mailly, et le surlendemain, ainsi qu'il l'avait annoncé, il s'éloignait de Paris. Jamais depuis on ne sut ce qu'était devenu Albert; les uns crurent qu'il s'était donné la mort, les autres prétendirent qu'il s'était retiré au couvent de la Trappe; puis, au bout de huit jours on n'y songea plus, et il fut complétement oublié.

ÉPILOGUE.

CHAPITRE Ier.

Les deux sœurs.

Une année environ après les événemens que nous avons racontés, une jeune femme, vêtue à l'européenne, portant un costume d'amazone, en drap vert sombre, avec brandebourgs d'or sur la poitrine, la tête couverte d'un feutre orné d'une longue plume blanche, parcourait la campagne de Lahore, montée sur un magnifique cheval noir, et précédée d'un Indien, qui lui servait de guide et courait à quelques pas en avant du cheval.

Suivant la coutume des Indiens, coutume qu'il serait dangereux d'enfreindre sous un ciel de feu, cette jeune femme avait attendu la nuit pour se mettre en marche et voyageait à la clarté de la lune. Elle laissait sa monture aller au pas et contemplait les beautés sauvages du Pandjab avec un mélange de tristesse et de ravissement qui faisait supposer que ces sites grandioses réveillaient en elle tout un monde d'émotions diverses. Mais la tristesse était le sentiment qui dominait dans sa physionomie, dont les lignes pleines de grâce et de suavité étaient à moitié éclairées en ce moment par les rayons de la lune, tombant en plein sur la partie inférieure du visage, et laissant la partie supérieure plongée dans l'ombre épaisse que projetaient les larges bords du feutre. Dans cette ombre rayonnait la flamme de deux yeux noirs, qui scintillaient comme deux étoiles de jais au fond d'un ciel brumeux.

Tout à coup le cheval s'arrêta, ouvrit les naseaux d'un air effaré, se mit à trembler de tous ses membres, et donna enfin tous les signes d'une grande terreur. La jeune femme employa d'abord la douceur pour le résoudre à marcher, le caressant et le flattant de la voix ; puis reconnaissant enfin qu'il fallait employer des moyens plus énergiques, elle lui cingla les oreilles de deux coups de cravache. L'animal baissa la tête, mais demeura aussi immobile que s'il eût eu les quatre pieds cloués au sol.

— Qu'est-ce que cela signifie donc? demanda-t-elle alors à son guide.

— Il y a dans les environs quelque chose qui l'inquiète, répondit le guide ; une bête féroce ou quelque serpent peut-être.

La jeune femme jeta les yeux autour d'elle, et aperçut à sa droite, à vingt pas environ, un superbe tigre royal couché à plat ventre, le museau allongé sur ses deux pattes, et dardant sur le cheval l'éclat de ses yeux d'or.

— Un tigre! dit-elle à voix basse au guide et en tendant la main dans la direction du terrible animal.

Le guide regarda de ce côté et se mit à sourire.

— Ce n'est rien, dit-il, c'est Djell, un tigre apprivoisé qui appartient à un Français, l'un des hôtes du bungalo des étrangers, dont vous entrevoyez le vérandah là-bas, à travers ce petit bois de mangotiers.

— Ah! dit la jeune femme, c'est là le bungalo des étrangers.

Et son regard resta longtemps fixé sur l'habitation que nous avons fait connaître aux lecteurs au commencement de ce récit.

Pendant ce temps, le guide s'était approché du cheval, l'avait pris par la bride, et, à force de caresses, l'avait enfin décidé à marcher.

Quelques instans après, ils arrivaient sur le plateau d'un monticule, où se trouvaient disséminées huit ou dix cabanes cachées pour la plupart dans des enclos de grands arbres et de plantes sauvages. Le guide s'arrêta à quelques pas de la cabane qui se trouvait la plus isolée du centre. C'était une charmante demeure à laquelle un petit bois de palmaïras formait un dais sombre, et devait procurer en plein jour une délicieuse fraîcheur. Elle s'avançait comme un cap sur un angle du monticule, d'où la vue dominait une immense et imposante solitude, semée de roches aux tons livides, sur laquelle planait un silence de mort, et qui devait se transformer en une immense fournaise à l'heure où le soleil l'embrasait de ses rayons de feu.

Sur la limite de l'enclos une femme jeune et belle, vêtue du costume pandjabien, était assise sur la roche, et le regard fixé sur les étoiles qui tremblaient à l'horizon, paraissait jouir avec délices de la fraîcheur de la nuit.

— C'est là, dit le guide à l'amazone.

Celle-ci lui donna deux pièces d'or et lui fit signe de s'éloigner, puis elle dirigea son cheval du côté de la jeune Pandjabienne, qui, complétement absorbée dans quelque rêverie, ne l'entendit pas venir et ne l'aperçut que lorsque le cheval s'arrêta juste en face et à trois pas d'elle. Alors celle-ci se leva, jeta un coup-d'œil sur l'étrangère, et reconnaissant le costume européen, lui adressa en hésitant quelques paroles de bienvenue, comme si elle eût parlé avec la certitude de n'être pas comprise.

— Merci, Moradza, merci de la généreuse hospitalité que tu offres à l'étrangère, répondit l'amazone d'une voix vivement émue, et que le ciel te récompense!

— O Brahma! s'écria la Paudjabienne, as-tu jeté la folie dans mon esprit ou suis-je le jouet de quelque méchant bontam? Cette voix a pénétré jusqu'aux profondeurs de mon âme et a fait bondir mon cœur comme s'il recevait une nouvelle vie. Quelle est donc cette étrangère.

— Approche, Moradza, et tu vas le savoir, répondit celle-ci.

Moradza s'étant approchée du cheval, l'amazone fit tomber le chapeau dont les larges bords cachaient ses traits.

— Naoudah, ma sœur! s'écria alors la Pandjabienne.

Naoudah, car c'était bien elle, se laissa glisser à terre, et les deux sœurs s'embrassèrent en pleurant.

— Naoudah, ma sœur adorée, reprit Moradza après cette première effusion, viens, entrons dans ma demeure, et avant que tu me dises un seul mot des épreuves que tu as subies durant cette longue et cruelle séparation, allons rendre grâces à Brahma et à Vichnou de ton heureux retour.

Et saisissant Naoudah par la main, elle l'entraînait vers l'entrée de sa demeure.

— Non, dit Naoudah, refusant d'aller plus loin, restons ici, je ne puis aller remercier Brahma, car Brahma n'est plus mon dieu.

— Que dis-tu là ma sœur? tu aurais renié tes dieux!

— Oui, dit Naoudah, j'ai renié toutes les croyances dans lesquelles j'ai été bercée, et aujourd'hui mon âme repousse avec horreur tout ce qu'elle a adoré. Aujourd'hui je ne crois plus qu'au dieu des Européens, un dieu qui, après avoir subi toutes les hontes et toutes les ignominies, est mort un jour du supplice des plus infâmes criminels, entre deux voleurs, sous les yeux d'une populace qui battait des mains à son supplice.

— Et c'est là le dieu que tu as préféré au puissant Vichnou et au terrible Siva, dit Moradza stupéfaite.

— Je te conterai sa vie quelque jour, et peut-être comprendras-tu, répondit Naoudah avec un triste sourire.

— Miséricorde! Comment ont-ils pu te résoudre à mépriser Brahma pour adorer leurs dieux et adopter leur religion ?

— Oh! ce ne fut pas sans de longs efforts, ma sœur; ils me dirent d'abord que j'étais plongée dans les ténèbres de l'erreur, que ma raison subissait le joug d'une superstition grossière et coupable; à cela je me contentai de sourire. Ils ajoutèrent que si je persistais dans mon aveuglement, je serais condamnée après ma mort à une éternité de larmes et de douleurs, mais cette menace me trouva encore inébranlable. Sais-tu ce qu'ils firent alors, Moradza? Ayant découvert que je l'aimais, lui Albert, ils m'apprirent qu'il dépendait de moi que nous fussions réunis ou séparés pour toujours au-delà de cette vie; et pour le revoir, pour que mon âme pût retrouver la sienne dans l'éternité, je consentis à me faire chrétienne. Mais si mon amour pour lui détermina ma conversion, ce fut ma propre raison qui, plus tard, m'y fortifia, et aujourd'hui je remercie Dieu d'avoir fait luire la vérité à mes yeux. C'est encore à lui que je dois ce bienfait, car c'est à sa prière que je me suis décidée à entrer dans un couvent, où mon âme s'est ouverte à des clartés qui l'ont transformée tout entière.

— Pauvre Naoudah ! tu n'as pas trouvé le bonheur dans cette religion, car tu reviens aussi triste que tu es partie !

— Que veux-tu, ma sœur? il est des destinées ainsi faites, qui ont pour partage, ici-bas, la douleur et les larmes. La mienne est de ce nombre; le malheur, depuis le jour où je cessai d'être enfant, a marché constamment à mes côtés comme mon ombre, et peut-être ne m'abandonnera-t-il que le jour où moi-même je quitterai la terre. Mais j'ai puisé deux vertus dans la religion d'Albert : la résignation, qui nous apprend à accepter humblement et à subir sans murmure les plus cruelles épreuves, et l'espérance, qui nous dit de croire au bonheur, même au delà de la vie, même à l'heure terrible où la mort nous touche du doigt et soulève la pierre du tombeau qui va nous engloutir pour toujours.

— Mais ce Français, Naoudah, ignore donc l'amour que tu as conçu pour lui?

— Il l'ignore.

— Et tu crois qu'il n'a jamais été touché de ta beauté ?

— Jamais! Son cœur était tout entier à une autre femme, une noble et touchante créature, morte sous ses yeux, morte d'une mort horrible, dans tout l'éclat de sa jeunesse et de sa beauté, si bien que son image s'est gravée dans le cœur d'Albert de manière à ne s'en effacer jamais.

— Et pourquoi, puisqu'il est tout pour toi désormais, avoir quitté le pays qu'il habite?

— C'est lui qui l'a voulu. Le lendemain du jour où il tua Djaïlar...

— Ah! Djaïlar...

— Est mort. Le lendemain de ce jour, Albert vint me voir chez sa parente, une généreuse femme qui m'avait donné un refuge dans sa maison, et me remettant une fortune, qui m'appartenait, disait-il, puisqu'elle avait été trouvée chez Djaïlar, il a ajouta : « Avec ceci, Naoudah, vous pouvez vivre en France, si telle est votre fantaisie; mais, croyez-moi, fuyez un pays dont la dépravation ne saurait convenir à votre âme pure et naïve; retournez dans les contrées primitives où s'est épanouie votre innocence : là seulement vous trouverez le bonheur que le ciel vous doit après de si douloureuses épreuves. Allez, car je ne serai plus là pour vous protéger et vous garantir des pièges qui vous seraient tendus; allez, Naoudah, et conservez mon souvenir comme celui d'un ami dévoué qui pensera toujours à vous dans les prières qu'il adressera à Dieu. »

Et il me quitta en me donnant à entendre qu'il allait se retirer dans une de ces maisons où les hommes, renonçant pour toujours au monde, passent leurs jours dans la prière et la pénitence. Je fis tous mes efforts pour lui cacher l'émotion qui s'était emparée de moi à la pensée de cette séparation éternelle; mais, au moment où, après avoir pressé ma main une dernière fois, il allait franchir le seuil du salon, la douleur, longtemps contenue dans mon âme, fit explosion, les larmes jaillirent de mes yeux et les sanglots faillirent m'étouffer. Il revint à moi alors, et avec un accent dont la pitié compatissante acheva de me bouleverser, il me demanda la cause de mon désespoir.

— Hélas ! lui dis-je, je n'avais qu'un ami

au monde, un seul, vous, à qui je dois plus que la vie, et cet ami unique dans lequel je m'étais habituée à voir un consolateur aussi puissant que le Dieu qu'il m'a appris à connaître, un protecteur aussi infaillible que la Providence même; cet ami me manque tout à coup; cette main qui me soutenait se retire de moi et me laisse seule sur la terre, seule avec mon ignorance, seule avec mes faiblesses et mes terreurs ; ah ! voilà pourquoi je pleure et me désespère, voilà pourquoi je comprends que ma vie doit s'accomplir dans la douleur jusqu'à la dernière minute.

Albert me prodigua de nouveau les plus douces consolations, car il ignorait que chacune de ses paroles, bien loin d'atténuer mon désespoir, ne faisait que l'accroître encore, en me dévoilant les trésors de tendresse et de bonté que recélait son âme, puis il partit enfin avec la conviction qu'il m'avait calmée.

Les conseils d'Albert étaient sacrés pour moi; je quittai donc la France quelques jours après cet entretien, et repartis pour le Pandjab, sinon avec joie, du moins avec je ne sais quelle sérénité d'âme qui adoucissait ma mélancolie, et dont la source était dans une double pensée : celle de te revoir, toi, ma bien-aimée sœur, et celle de retrouver les lieux où je l'ai rencontré, lui, et où mon cœur saura bien reconnaître la trace lumineuse de son passage.

— Chère Naoudah! réunis toutes les forces de ta volonté pour oublier cet amour, qui finirait par consumer ta vie, puisque tout espoir de bonheur t'est interdit; répète-toi sans cesse, pour te fortifier contre les faiblesses de ton cœur, que ce jeune Français ne t'a jamais aimée, que jamais tes yeux ne le reverront; et, quand le calme sera rentré dans ton âme, nous pourrons retrouver ensemble de beaux jours. Tu es si jeune et si belle ! pourquoi désespérer?

— Je ne puis te faire la promesse que tu me demandes, chère sœur, répondit Naoudah, je ne le puis, et tu le comprendras toi-même. Depuis le jour où il m'a dit de revenir au Pandjab, ma pensée incessante, le rêve de toutes mes heures a été de retourner aux lieux où je l'ai rencontré, de revoir les arbres, les collines, toutes les images enfin qui m'ont frappée en même temps que la sienne, et ne font plus qu'un dans mon esprit avec son souvenir, et maintenant que je touche à la réalisation du désir qui, depuis une année, est devenu le but de toute ma vie, tu me proposes d'y renoncer, tu m'engages à fuir ces sites qui vont me parler de lui, où je vais retrouver une à une toutes les sensations qu'ont fait naître en moi sa vue et ses paroles ! Ah ! vois-tu, Moradza, autant vaudrait dire au voyageur mourant de soif au milieu du désert, et trouvant au fond d'une plante quelques gouttes de rosée : « n'approche pas de cette eau tes lèvres brûlantes et poursuis ton chemin. »

Moradza demeura quelques instans rêveuse, puis prenant la main de sa sœur :

— Naoudah, lui dit-elle, je ne tenterai pas davantage de te détourner de ton projet, car tu me parles un langage, tu me révèles des sentimens tout nouveaux pour moi et que je dois respecter, ne pouvant les comprendre; mais écoute au moins le conseil que je vais te donner : si tu as renoncé à ta religion, c'est que ta conscience te le commandait, mais dans l'intérêt de ton repos, de ta vie peut-être, il est nécessaire que tu caches ce secret avec le plus grand soin. Il faut que nous fassions croire en même temps que Djaïlar existe toujours, cette croyance devant te soustraire aux mille désagrémens attachés à l'état de veuve.

— Je comprends toute l'importance de cet avis et te promets de m'y conformer, répondit Naoudah.

Elle reprit au bout d'un instant :

— La plante toulochy doit pousser quelque part dans cet enclos, n'est-ce pas ?

— Oui, certes, et je la cultive avec tous les soins que mérite cette plante sacrée. Mais pourquoi cette question ?

— C'est que je voudrais en avoir une pour la porter sans cesse sur moi.

— Tu crois donc encore aux vertus de la plante toulochy! s'écria Moradza avec joie.

— Non, répondit en souriant Naoudah.

— Mais alors...

— Ah! c'est que, vois-tu, il a conservé et gardé précieusement celle que je lui ai fait remettre le jour même où il échappa si miraculeusement à la mort; c'est le seul objet qui me rappelle à son souvenir: aussi cette plante m'est-elle devenue chère; il me semble qu'un lien secret nous unira l'un à l'autre, lorsque, ainsi que lui, je la porterai sur moi.

— Viens, nous allons la cueillir ensemble, Naoudah.

Moradza entraîna sa sœur dans une partie de l'enclos et arracha elle-même la précieuse plante qu'elle remit à Naoudah, puis toutes deux s'assirent sur les degrés de la cabane et s'entretinrent longuement des événemens qui s'étaient passés depuis leur séparation. Le nom d'Albert revint souvent dans le récit de Naoudah, et lorsqu'elle l'eut achevé, sa sœur lui dit avec un soupir profondément douloureux.

— Ma pauvre Naoudah! que ne sommes-nous encore au temps où, pénétrée de respect pour Vichnou et tous les dieux de l'Inde, tu ignorais toutes les choses que tu as apprises dans ces pays lointains! Tu étais heureuse alors, et aujourd'hui te voilà en proie à un mal que nous ignorons ici, et qui t'emportera avant qu'une année se soit écoulée peut-être!

— Tu plains mon sort, Moradza, et moi, je me trouve heureuse de ce que tu appelles mon malheur. Dis-moi, as-tu jamais été tentée d'envier le sort de la fleur qui s'épanouit au soleil, exhale son souffle embaumé dans l'air radieux, et reçoit dans son calice enflammé la rosée de la nuit? Non, car toutes ces voluptés, la fleur n'en a pas conscience. Eh bien, il en est de même de mon passé : j'existais comme la plante, sans éprouver ni joies ni tristesses, et je n'ai connu la vraie vie, la vie de l'âme et du cœur, que du jour où, comme un rayon de soleil, j'ai senti pénétrer en moi cet amour, qui me tuera peut-être, mais après avoir inondé mon âme d'un torrent de lumières et ouvert dans mon cœur un abîme de joies sans nom.

Pendant cette conversation les étoiles s'étaient éteintes une à une dans le ciel, et une ligne de pourpre avait monté à l'horizon, annonçant le lever du soleil.

— Voici l'aurore qui jette ses premières lueurs sur la cime des montagnes, dit Moradza à sa sœur, rentrons, Naoudah, et viens te reposer, tu dois en avoir grand besoin après les fatigues de cette nuit et les émotions que vient de raviver le récit des souffrances que tu as endurées.

Naoudah ne répondit pas, elle était perdue dans une rêverie qui absorbait toutes ses facultés.

— Naoudah, tu ne m'entends pas? à quoi songes-tu donc? lui dit sa sœur.

— Ecoute, dit alors Naoudah en fixant sur sa sœur un regard dans lequel éclatait une joie fiévreuse, il m'est venu une inspiration... C'est Dieu, vois-tu, c'est le dieu d'Albert qui me l'a envoyée. J'irai demain, après le coucher du soleil, au bungalo des étrangers, et si j'y trouve ce que j'y vais chercher, si j'obtiens qu'on me le cède, mon bonheur sera au comble, et tu ne verras plus une ombre de tristesse sur mon visage.

— Que vas-tu donc chercher au bungalo?

— Le sauveur d'Albert.

— Son sauveur?

— L'éléphant Zorah ; dussé-je le payer de toute la fortune que j'ai rapportée, il me le faut.

— Mais tu ne réfléchis pas qu'il peut être mort.

— Mort! soupira Naoudah d'une voix brisée. Oh! ne me dis pas cela, car je verrais là un funeste présage, et jamais je ne pourrais m'en consoler; s'il vit au contraire, et si l'on consent à me le vendre, oh! alors, il me semble que je pourrai tout espérer... tout!

— Viens, dit Moradza, ton esprit, comme ton corps, a besoin de repos.

Les deux sœurs rentrèrent dans la cabane en se tenant par la main.

CHAPITRE II.

La disparition.

Le lendemain soir, une heure environ après le coucher du soleil, c'est-à-dire vers dix heures, les deux sœurs descendaient à cheval le versant de la colline, au sommet de laquelle s'élevait la cabane de Moradza; puis, arrivées dans la plaine, s'élançaient dans la direction du bungalo des étrangers. Toutes deux gardèrent longtemps le silence, Moradza, douloureusement impressionnée par ce qu'elle appelait la maladie de Naoudah, et celle-ci, trop préoccupée de ce qu'elle allait chercher à l'habitation des Européens pour trouver une parole à dire à sa sœur. Le regard fixé devant elle, la pensée obstinément tendue vers le but où elle allait recevoir tout à l'heure une si grande joie, ou une si cruelle déception, elle ne voyait ni Moradza, ni la vallée de pierre qu'elle traversait à cette heure, et dont le sol conservait encore la chaleur que lui avaient communiquée quinze heures d'un soleil de feu.

— Tu n'as donc pas fermé l'œil de toute la journée? demanda Moradza à sa sœur.

— A quoi vois-tu cela? dit Naoudah.

— A tes yeux, qui sont fatigués et dont les paupières rougies trahissent de longues heures d'insomnie et d'angoisse.

— Tant que l'éléphant Zorah ne sera pas à moi, je n'aurai pas un moment de repos.

— Mais, je te le répète, Naoudah, peut-être est-il mort ou vendu, et, s'il en était ainsi, il faudrait bien renoncer à cette fantaisie.

— Tu as raison, Moradza, mais je serais bien malheureuse.

— Alors, que Vichnou te protège, car nous voici arrivées.

Les chevaux venaient de s'arrêter, en effet, à la porte du bungalo.

Avant de mettre pied à terre, Naoudah scruta du regard toutes les parties de cet enclos, puis, montrant du doigt à sa sœur le petit bois de mangotiers :

— Tiens, lui dit-elle, là, dans la verdure de ces arbres et de ces plantes sauvages, ne vois-tu pas se dessiner une masse grise ?

— Oui.

— C'est Zorah.

— C'est un éléphant ; mais qui dit te que ce soit Zorah ?

— C'est ce que je vais savoir à l'instant.

Naoudah s'élança à terre et s'avança rapidement vers la porte de clôture ; elle allait l'ouvrir lorsqu'elle se trouva en face du Lingamiste à la barbe peinte en rouge, qui ayant entendu le galop des chevaux était venu à sa rencontre.

— Vous êtes le maître de cette habitation ? lui demanda Naoudah dans le dialecte pandjabien.

— Oui, répondit le sectateur de Siva.

— Je viens vous proposer un marché.

— Parlez.

— Vous avez un éléphant ?

— Le voici là-bas qui dort, appuyé contre un aréquier.

— Voulez-vous me le vendre ?

— C'est impossible.

— Pourquoi ?

— Parce que j'ai besoin de deux éléphans et qu'il ne me reste plus que celui-là.

— Ah ! vous en aviez un autre, demanda Naoudah avec anxiété.

— Oui.

— Et cet autre, ne serait-ce point.. .. Zorah ?

— Précisément.

— Ainsi, Zorah est mort ?

— Non, je l'ai vendu.

— Vendu !

— Il y a deux heures à peine.

— Entends-tu, ma sœur, dit Naoudah en se tournant vers celle-ci, le visage empreint d'un désespoir navrant, il y a deux heures!

Et laissant retomber sa tête sur sa poitrine, elle demeura immobile et comme anéantie.

— A qui avez-vous vendu Zorah ? demanda alors Moradza, voyant que sa sœur avait perdu momentanément la faculté de penser et d'agir.

Mais cette question, en faisant surgir un espoir dans son cœur, rendit tout à coup l'énergie et l'intelligence à Naoudah.

— Oui, à qui ? répéta-t-elle en s'adressant vivement à l'Indien.

— A un juif qui se rendait de Kachemyr à Calcutta avec une cargaison de marchandises, et qui venait de perdre deux chameaux en sortant de Lahore ; du moins c'est ce qu'il me dit.

— Merci, et que l'œil de Vichnou et de Siva soit toujours ouvert sur toi et les tiens! dit Moradza au Lingamiste.

Puis appelant Naoudah, qui plongeait dans l'horizon un regard désespéré.

— Viens, lui dit-elle, tu vois bien que tout espoir est perdu et qu'il faut renoncer à ce rêve.

Naoudah remonta à cheval, et les deux sœurs, tournant bride aussitôt, reprirent au galop le chemin qu'elles venaient de parcourir.

— Oh ! non, je ne renonce pas si facilement à l'espoir, dit alors Naoudah.

— Mais quel peut être ton projet ? lui demanda sa sœur.

— Tu ne le devines pas ! Je vais prendre tout ce que j'ai rapporté d'argent de France et m'élancer, à cheval, dans la direction de Calcutta. Je rattraperai facilement le juif, qui, voyageant avec des chameaux et des éléphans chargés de marchandises, ne marche qu'à petites journées, et je suis d'autant plus assurée de le décider à se défaire de Zorah, que le pauvre animal a un œil de moins et que, malgré ce défaut, je le lui paierai le prix qu'il en exigera.

— C'est une folie, Naoudah.

— Peut-être ; mais quand j'en serais convaincue, ma résolution n'en resterait pas moins inébranlable.

Pendant ce temps, les deux chevaux, dévorant l'espace, étaient arrivés au pied de la colline, qu'ils se mirent à gravir au pas. Parvenus au sommet, ils se mirent au trot et s'arrêtèrent, au bout de quelques secondes, à la demeure de Moradza.

Mais, comme les deux sœurs allaient mettre pied à terre, elles jetèrent un cri de surprise à l'aspect d'un éléphant qui se promenait dans l'habitation de Moradza en secouant avec sa trompe des branches de bananier, dont il mangeait les fruits.

— Qu'est-ce que c'est que cela ? dit Moradza stupéfaite.

— Voyons, répondit Naoudah.

Elle sauta à terre et s'avança vers l'éléphant, qui, en l'entendant venir, se tourna de son côté et se mit à la regarder, sans cesser de manger ses bananes.

Quand elle fut à quelques pas de lui, Naoudah s'aperçut que l'animal n'avait qu'un œil, et ce fut avec une vive émotion qu'elle fit remarquer cette particularité à sa sœur, qui arrivait près d'elle en ce moment.

— N'est-ce pas un hasard bien étrange que celui-là ? dit-elle.

— En effet, répondit Moradza, et sans ce que vient de nous apprendre le maître du bungalo, nous eussions pu croire que c'était lui, ce pauvre Zorah, que tu désespérais de ne pouvoir plus acheter.

— Et pourquoi, murmura une voix derrière les deux sœurs, pourquoi voulez-vous acheter cet éléphant, Naoudah ?

Les deux femmes se retournèrent, et Naoudah, qui avait déjà reconnu cette voix, devint d'une pâleur mortelle à l'aspect d'Albert.

— Mon Dieu ! ma pauvre Naoudah, qu'as-tu donc ? s'écria Moradza, en la recevant à demi-évanouie dans ses bras.

— C'est lui ! murmura Naoudah d'une voix éteinte.

Puis reprenant un peu d'empire sur elle-même.

— Pardon, M. le chevalier, dit-elle à Albert, mais j'étais si loin de m'attendre à une pareille rencontre...

— Je comprends votre surprise, Naoudah, répondit Albert, et je vais vous donner l'explication de mon retour dans l'Inde, où je ne dois faire qu'un court séjour.

— Ah ! vous repartirez... et sitôt !

— Je me suis donné un terme que je suis résolu à ne pas dépasser.

— Venez vous asseoir là-bas, au grand air, seigneur français, dit Moradza à Albert, nous serons mieux qu'ici.

Elle le conduisit, ainsi que Naoudah, vers une petite éminence, d'où la vue embrassait une immense étendue, inondée en ce moment par la blanche lumière de la lune, et tous trois ayant pris place sur une espèce de banc circulaire formé naturellement dans le roc, Albert reprit :

— En vous faisant mes adieux, Naoudah, j'étais convaincu que c'étaient les dernières paroles que nous échangerions ensemble, car mon intention formelle, ainsi que je vous le fis pressentir, était de me retirer au couvent de la Trappe, pour y finir mes jours dans les austérités et la pénitence. A quelques jours de là, je frappais à la porte du couvent, et, un instant après, j'étais en présence du directeur de cette sainte maison. Quand je lui eus fait part de mon projet, il me demanda quels étaient les motifs qui m'engageaient à renoncer au monde, et, quand il les connut, il refusa de me recevoir avant que je n'eusse constaté à mes propres yeux la puissance de ma vocation par quelque épreuve décisive.

— Si vous restiez en France, me dit-il en terminant, tout y entretiendrait votre douleur et vous fortifierait de jour en jour dans une détermination, dont vous seriez exposé à vous repentir plus tard, peut-être, quand le temps aurait adouci votre désespoir. Quittez donc votre pays, voyagez au loin, dans quelque contrée où la beauté du climat, les splendeurs de la nature, l'étrangeté des coutumes vous offrent sans cesse des spectacles capables de vous rattacher à toutes les félicités auxquelles votre cœur semble mort aujourd'hui, et alors, si, dans deux ans, à pareil jour, vous revenez encore frapper à notre porte, elle s'ouvrira et se refermera sur vous pour toujours. Vous vous étonnerez sans doute de ma défiance et trouverez que je pousse trop loin le scrupule, mais je ne veux à la Trappe que des vocations inébranlables, et je ne croirai à la vôtre que lorsqu'elle aura été sérieusement éprouvée.

A la suite de cet entretien, je quittai le vénérable abbé, et voulant tout d'abord faire acte de soumission, je résolus, pour me conformer à sa volonté, de revenir habiter quelque temps le Pandjab, ce pays étant, de tous ceux que j'ai parcourus, celui qui m'a offert le plus de charme et m'a laissé les plus doux souvenirs. Voilà, Naoudah, comment il se fait que vous me revoyez quand vous deviez me croire mort au monde.

— Et combien de temps devez-vous passer dans le Pandjab, M. de Mailly ?

— Une année.

— Pas davantage ?

— Non, car je risquerais de dépasser de quelques jours mon temps d'épreuve, et l'on serait en droit de voir là une marque de tiédeur qui pourrait reculer encore l'époque de mon admission. Ainsi dans un an, jour pour jour, je partirai pour la France.

— Mais, reprit Naoudah avec hésitation, il est une chose qui reste toujours obscure pour nous, c'est votre présence et celle de cet éléphant dans l'habitation de ma sœur.

— Quant à ce pauvre animal, c'est Zorah, dont je vous ai raconté l'histoire, et sachant ce qu'il a fait pour moi, vous devez trouver tout naturel que j'aie voulu l'acquérir à tout prix.

— Oui, sans doute, mais comment se fait-il que Zorah soit à vous, quand on nous a affirmé qu'il avait été acheté par un juif avec lequel il faisait route pour Calcutta cette nuit même.

— C'est un juif qui a fait le marché, il est vrai, mais pour mon compte.

— Quoi ! vous ne vous êtes pas présenté vous-même au bungalo, où vous avez un ami tout dévoué !

— C'est précisément pour cela que je n'y suis pas allé, Naoudah ; car le dévoûment même que me porte le comte de Simeuse l'eût engagé à tout mettre en œuvre pour me détourner du parti que j'ai pris, et où je vois le seul bonheur auquel je puisse aspirer désormais ; et, quoique bien certain de ne pas me laisser entraîner, j'ai voulu fuir des discussions et des luttes toujours fatigantes.

— Il n'y a plus qu'une chose que je cherche vainement à m'expliquer, reprit Naoudah, mais dont nous sommes bien heureuses, ma sœur et moi : c'est le hasard presque miraculeux qui vous a conduit précisément dans cette habitation.

— C'est que ce hasard n'en est pas un, Naoudah.

— Ah ! dit vivement celle-ci, vous avez cherché...

— En achetant Zorah, je m'étais demandé entre quelles mains je le laisserais lorsqu'au bout d'une année, je quitterais le Pandjab, et c'est alors que je songeai à votre sœur. Je me fis indiquer son habitation, et voilà comment il se fait que je suis venu ici, où ma surprise en vous voyant a été égale à celle que vous avez éprouvée à mon aspect. Et maintenant que vous savez pourquoi je suis venu, consentirez-vous à garder et à soigner mon pauvre Zorah quand je retournerai en France ?

Les deux sœurs prirent l'engagement de soigner Zorah jusqu'à sa dernière heure ; puis Albert, ayant promis de les venir voir tous les jours, se leva, leur serra amicalement la main et s'éloigna bientôt de l'habitation, monté sur son fidèle Zorah, qui le conduisit à une petite cabane qu'il avait achetée le matin dans les environs.

Le lendemain et les jours suivans, Albert vint voir les deux sœurs aussitôt le soleil couché et s'en fut, souvent avec elles deux, quelquefois avec Naoudah seule, faire de longues excursions dans les campagnes du Pandjab, n'ayant jamais qu'une monture pour tous trois. Cette monture, c'était Zorah, qui semblait aussi fier de porter le gentilhomme français que si c'eût été Bouddha ou Vichnou en personne. Mais, peu à peu, Moradza prit l'habitude de rester pour vaquer aux soins de la maison, et le chevalier, de son côté, s'accoutuma à se trouver en tête à tête avec Naoudah qui, ayant vu la France, et connu Marianne, pouvait l'entretenir de tout ce qui lui était cher, dans le passé, de tout ce qui pouvait le fortifier dans la pensée de finir ses jours dans le calme du cloître.

Un soir, comme il hésitait sur le but de sa promenade et priait Naoudah de le désigner elle-même, elle accepta et lui dit qu'elle allait le conduire vers le lieu où elle avait subi la plus douloureuse angoisse de sa vie. Au bout d'une demi-heure de marche, Zorah, dirigé par Naoudah, s'arrêtait sur la lisière d'un djungle impénétrable, du fond duquel s'élevait de loin en loin le bruit sourd du tam-tam.

— C'est là, lui dit la jeune femme, que j'ai souffert tout ce que peut souffrir une âme humaine sans s'éteindre dans les crises de la douleur ; c'est là que je me suis roulée à vos pieds, invoquant votre protection contre un bourreau infâme, et ne pouvant me faire comprendre ; car alors je ne savais pas un mot de cette langue que je parle aujourd'hui comme si je l'eusse apprise dès l'enfance.

— Je crois reconnaître ce site, dit Albert en cherchant à rappeler ses souvenirs ; c'était la nuit, n'est-ce pas ? et il y avait là une troupe de mimes et une bayadère.

— Oui, c'est bien cela, dit Naoudah.

— Pauvre enfant ! reprit Albert en laissant tomber sur la jeune femme un regard humide d'attendrissement, je ne pouvais vous comprendre en effet, mais je devinais bien que vous étiez victime de quelque grande catastrophe, et, sans rien savoir de plus, j'allais vous emmener, quand on vous arracha brusquement de mes bras. Que d'événemens depuis ce jour ! quel coup terrible est venu me frapper moi-même ! quel épouvantable rôle a joué dans ma destinée l'homme que je voyais alors pour la première fois, et qu'est devenu celui qui fut notre bourreau à tous deux !

Depuis ce jour, Albert et Naoudah prirent souvent pour but de leur promenade le djungle près duquel s'était passée la scène que nous venons de rappeler, et dans laquelle, pour la première fois, leurs destinées s'étaient un moment confondues. Mais chaque fois, Naoudah revenait près de sa sœur plus triste et plus désolée, car le terme marqué par Albert pour son départ approchait rapidement, et elle sentait qu'il emporterait avec lui toute son âme et toute sa vie.

Enfin le jour fatal arriva ; comme de cou-

9

tume, ils avaient passé tous deux la nuit entière à se promener, montés sur le fidèle Zorah; puis Naoudah était rentrée, aux premières lueurs de l'aurore, à l'habitation de sa sœur et s'était jetée dans ses bras en pleurant.

— Je comprends, ma pauvre Naoudah, lui dit celle-ci, l'heure est venue, il t'a dit le dernier adieu.

— Non, répondit Naoudah, je crois qu'il a compris mon désespoir, et cet adieu, il n'a osé le prononcer. Il m'a quittée comme de coutume en pressant ma main sur ses lèvres ; seulement il l'a pressée un peu plus fort et un peu plus longtemps cette fois; puis il m'a regardée avec une douceur et une tristesse que je n'avais jamais vues en lui, et il est parti sans prononcer une parole. Mais c'est aujourd'hui le jour, et quoiqu'il n'en parle plus depuis longtemps, je le connais, rien ne pourra ébranler sa résolution. C'en est fait, ma sœur, je l'ai vu pour la dernière fois !

Le lendemain, Naoudah passa la journée entière à pleurer et à parler d'Albert, et le soir, lorsqu'elle vit approcher l'heure à laquelle il venait la prendre, sa douleur s'accrut encore, et elle chercha le coin le plus sombre de la cabane pour s'y retirer avec son désespoir.

Elle était là depuis longtemps, quand la porte de la cabane s'ouvrit tout à coup. Naoudah leva la tête et demeura comme écrasée de joie et de surprise à l'aspect d'Albert. Il entra grave et sombre, comme s'il avait été en proie à un remords, prit la main de Naoudah, comme il faisait chaque jour, et la conduisit vers Zorah ; puis ils partirent et s'enfoncèrent dans les solitudes où se passaient toutes leurs nuits.

Deux années s'écoulèrent de la sorte, sans qu'Albert parlât de son retour en France, sans qu'il dît un mot à Naoudah du sentiment qui avait dû changer une détermination si bien arrêtée; puis il arriva qu'un jour l'habitation se trouva vide.

Albert et les deux sœurs étaient partis, montés sur Zorah : où étaient-ils allés ? qu'étaient-ils devenus ? Nul ne le savait; mais on disait que, le jour du départ, le bonheur rayonnait sur le front de Naoudah.

FIN DE LA TROISIÈME ET DERNIÈRE PARTIE.

UNE SOEUR DU CID

PAR

MARIE AYCARD.

UNE SŒUR DU CID.

PREMIÈRE PARTIE.

CHAPITRE Iᵉʳ.

L'ange gardien.

A l'orée de la forêt de Marly, entre une colline ombragée par des châtaigniers séculaires et le côteau où mûrissent les vignobles de Mareil, se trouve un petit village qui ne compte guère que trois cents à trois cent cinquante habitans, mais dont les prétentions en 1772, époque où commence cette histoire, faisaient sourire de dédain l'antique Argenteuil, autrefois ceint de remparts, aimés de Charlemagne, excitaient les railleries de Marly, plein du souvenir des Montmorency, de Marly-le-roi, fier des préférences de Louis XIV.

Ce village se nomme : l'Etang-la-Ville.

Une vieille tradition veut qu'il ait commencé par être une ville superbe. Les plus grands fleuves, le Nil lui-même, ont d'humbles sources, ou des sources cachées; l'Etang-la-Ville prétend, comme Carthage, avoir eu des temples et des palais avant des chaumières; ses riches habitans se livraient au plaisir de la chasse dans la forêt de Marly, qui semblait plantée exprès pour les ébats de ses chasseurs. Malheureusement, les seigneurs dont les terres environnaient la cité, avaient, dans la forêt même, des droits de chasse dont ils étaient fort jaloux : l'*Etang* n'était pour eux qu'un nid de braconniers. Ils dépouillèrent la cité de ses priviléges, détruisirent ses monumens et réduisirent la ville à devenir un petit village, qui eut l'orgueil d'ajouter à son nom un titre qu'il ne mérite plus : l'Etang-la-Ville.

Sur la foi d'Homère, allez à Troie, et vous chercherez vainement des vestiges de Troie aux belles rues; allez à l'Etang-la-Ville, et rien ne vous indiquera la cité disparue; mais dans les archives, du village se trouvent des chartes des onzième et douzième siècles, qui prouvent du moins son antiquité.

On sait qu'au commencement du dix-septième siècle, Anne d'Autriche, fille de Philippe III, épousa le roi Louis XIII. La jeune reine amena avec elle quelques-unes de ses compagnes attachées à sa personne.

Lorsque Marie-Thérèse épousa Louis XIV, Mᵐᵉ de Motteville parle ainsi des Espagnols qui l'accompagnèrent: « L'habit et la coëffure des femmes d'Espagne me fit de la peine à voir. Leur corps n'était point vêtu de rien qui fût ferme, et leur gorge était ouverte par derrière; hormis l'Infante, je ne vis de toutes celles qui la suivirent aucune femme qui ne fût noire et maigre, leurs épaules, par conséquent, me firent mal au cœur ainsi découvertes, leurs petites manches étaient tailladées et de mauvais air; elles avaient peu de linge, et leurs dentelles me parurent laides; leurs manches pendantes étaient sans grâce, et leur garde-infante (vertugadin) était une machine à demi-ronde et monstrueuse, car il semblait que c'étaient plusieurs cercles de tonneau cousus ensemble en dedans de leurs jupes, hormis que les cercles sont ronds et que leur garde-infante était aplati un peu par devant et par derrière et s'élargissait sur les côtés. Quand elles marchaient, cette machine se haussait et se baissait et faisait enfin une fort laide figure.

« Leur plus belle coëffure était large, avec de faux cheveux, et leur front trop découvert et sans frisure n'avait point d'agrément. Elles appellent leurs faux cheveux *monos.* »

Ce qui était vrai, en 1660, des filles d'honneur de Marie-Thérèse, l'était également, en 1615, lors de l'arrivée en France d'Anne d'Autriche. Toutes ses filles étaient laides, ou du moins le paraissaient par le mauvais goût de leur toilette, ce qui n'empêcha pas M. de Bridieu de devenir amoureux de dona Eufrasia d'Avallos, une des filles de la reine, et de l'épouser. Ce M. de Bridieu était serviteur de M. le duc de Guise et l'assista dans son combat contre Coligny. Ce duel fameux eut lieu sur la place Royale. M. de Guise tenait pour Mme de Monbazon; Coligny pour Mme de Longueville. On a prétendu que cette dernière était place Royale, et que, cachée chez la duchesse douairière de Rohan, elle vit le duel. Coligny fut blessé au bras et mourut de sa blessure après avoir été au moment d'en guérir, ce qui donna lieu à une chanson devenue populaire :

> Essuyez vos beaux yeux
> Madame de Longueville,
> Essuyez vos beaux yeux,
> Coligny va beaucoup mieux.

Mais ce duel eut des résultats sérieux pour les témoins des combattans; nous avons dit que M. de Bridieu tenait pour le duc de Guise, c'était M. le comte de l'Estrades qui était le second de Coligny. Selon la coutume du temps, les deux assistans mirent l'épée à la main, et le combat s'engagea à quatre. Dès la première passe, M. de Bridieu reçut deux coups d'épée, et tomba mourant sur le sol. Alors M. de l'Estrades voyant Coligny blessé, se présenta devant M. le duc de Guise, et quoique son sang coulât (Bridieu l'avait légèrement blessé), il lui demanda l'honneur de croiser le fer avec lui.

— Non, monsieur, répondit le duc, vous voilà mal en point, la partie ne serait pas égale. Finissons-en... Je vous demande votre amitié.

Ce duel fit le plus grand honneur à M. le duc de Guise et à M. le comte de l'Estrades. On ne parla point de M. de Bridieu, qui s'était conduit vaillamment et dont les blessures étaient graves. M. de Guise, prince léger, qui manquait de prudence et au besoin d'amitié, négligea l'homme qui lui avait été utile, et M. de Bridieu, négligé par son protecteur naturel et aigri par ses souffrances, se mit à haïr son vainqueur personnel, M. de l'Estrades, qui, il est vrai, usa de la victoire en homme habile et s'insinua fort avant dans les bonnes grâces de M. de Guise, aux dépens de M. de Bridieu. Bientôt ces deux familles devinrent irréconciliables.

M. de Bridieu, grâce à son mariage avec une femme protégée par la reine, eut la gloire de servir l'État et de forcer l'archiduc à lever le siége de la ville de Guise; M. de l'Estrades, de son côté, entra dans la diplomatie et s'y distingua. Il fut notre ambassadeur en Angleterre et négocia l'achat de Dunkerque, que les Anglais cédèrent enfin à la France.

En 1772, les petits-fils de ces deux gentilshommes étaient établis, l'un, M. Bertrand de Bridieu, à l'Etang-la-Ville; l'autre, M. de l'Estrades, à Louveciennes; le comte possédait une terre à côté de la demeure seigneuriale de M. le comte du Puy. Celui-ci vendit sa propriété à Louis XV. Le roi en dota Madame du Barry, et fit bâtir le pavillon qui a donné à Louveciennes la célébrité dont il a joui, il y a quatre-vingts ans; mais n'anticipons pas sur les événements.

Une haine héréditaire séparait les deux familles. M. Bertrand de Bridieu, homme de soixante-huit ans environ, veuf et père d'un fils et d'une fille, vivait à l'Etang-la-Ville, dans une coquette petite maison entourée de jardins, et qu'il prétendait avoir été bâtie sous le règne de Louis XIV, d'après les dessins de Mansard. Le Nôtre n'avait pas précisément dessiné les jardins, fort beaux du reste, mais il les avait vus et en avait approuvé l'ordonnance. Cette maison ne rapportait rien que des fleurs au printemps, et des fruits en automne; mais une terre que possédait M. de Bridieu en Anjou lui donnait des revenus suffisans pour vivre convenablement, entretenir son fils Léonce dans la maison du roi Louis XV, et préparer une dot suffisante à Mlle Juana de Bridieu, à moins que la jeune personne ne préférât le couvent à un mari, ce que le bon gentilhomme aurait fort désiré dans l'intérêt de son fils aîné, non qu'il préférât à sa fille, mais Léonce devait toujours porter son nom et perpétuer sa race : il avait besoin d'être riche.

M. de Bridieu avait eu l'honneur, dans sa jeunesse, d'assister à la bataille de Fontenoy, et il s'y était conduit bravement;

quoiqu'il ne fût pas taillé sur le patron d'un homme de guerre, il servit jusques au moment de son mariage, et alors ses goûts changèrent comme son tempérament, il devint mari jaloux, courtisan ambitieux, et surtout soigneux à l'excès d'une santé qui n'avait jamais été très forte, mais que ses préoccupations continuelles et les drogues avec lesquelles il s'empoisonnait journellement affaiblirent considérablement. Cet homme, qui avait affronté sans pâlir la mitraille des Anglais et des Écossais de Fontenoy, ne se couchait jamais sans craindre de passer du sommeil à la mort. Il estimait beaucoup la casse, faisait grand cas du séné, et avait pour l'émétique un respect religieux. Il devint maigre et presque diaphane.

— Je suis un vase fêlé, disait-il toujours, la moindre chose peut me mettre en éclat, l'accident le plus léger peut me faire tomber sans vie.

Et M. de Bridieu, vivant dans l'appréhension continuelle de la mort, passait ses jours entre son médecin et son apothicaire, à peu près comme l'*Argan* de Molière. Dans ce siècle où les mœurs étaient légères, un mari semblable devait craindre des accidens fâcheux. Mme de Bridieu, jeune et jolie femme, douée d'une santé qui défiait l'art des médecins, donnait beaucoup d'inquiétudes à son valétudinaire époux, mais celui-ci ne lui permettait guères de sortir de l'Etang-la-Ville: jamais il ne la conduisait ni à Versailles, ni à Marly.

— Vous ne pouvez pas tarder d'être veuve, madame, lui disait-il; vous serez une veuve jeune, jolie et pourvue d'un bon douaire; alors les galans de la cour ne manqueront pas de vous en conter: jusque-là, il faut vous résoudre à soigner uniquement un mari dont vous n'aurez pas longtemps la charge.

Il n'en fut pas ainsi : Mme de Bridieu eut d'abord un fils, et sept ans plus tard elle mourut en mettant au monde une fille. Elle disparut ainsi, à peine âgée de vingt-huit ans, et sans que son mari eût pu lui reprocher, non pas un fait, mais une parole, un regard de nature à troubler son repos.

C'est une question de savoir quel parti prendrait un mari jaloux à qui on proposerait de choisir entre la douleur de perdre une femme aimée, ou de la conserver infidèle. M. de Bridieu, que sa jalousie aurait fait incliner pour le premier parti, pleura sa femme, comme s'il eût été capable d'adopter le second; il se garda de se remarier, et tout en aimant tendrement ses enfans, il ne songea plus qu'à sa santé et à sa fortune. Il faisait de fréquens voyages à Versailles et ne manquait pas les jours de Marly. S. M. Louis XV ne voyait que son visage, elle lui adressa plusieurs fois des paroles agréables. Mme de Pompadour, femme gracieuse et pleine d'esprit, le distinguait volontiers de la foule des courtisans et lui faisait de la main de petits signes protecteurs. M. de Bridieu était très bien avec M. de Choiseul, qui l'invitait à ses fêtes. Après la mort de Mme la marquise de Pompadour, ce fut le tour de Mme du Barry d'être en faveur ; l'exil de M. de Choiseul fut la suite de la fortune de Mme du Barry. M. de Bridieu, quoique homme d'honneur, se garda bien d'aller à Chanteloup ; il alla à Louveciennes, qui n'est pas loin de l'Etang-la-Ville. C'était un courtisan tenace et infatigable, qui ne comprenait pas pourquoi un rayon de faveur ne descendait pas sur lui. Cela tenait à trois causes, toutes les trois justes. Louis XV, dont la mémoire était excellente, se souvenait de l'avoir vu à Fontenoy, mais M. de Bridieu ayant quitté le service, Sa Majesté ne faisait rien pour lui. Mme de Pompadour le savait riche, ou du moins aisé, et elle supposait qu'un sourire de ses lèvres payait largement son assiduité ; enfin, Mme du Barry le voyait si maigre et si pâle qu'elle s'inquiéta, non de sa position, mais de sa santé.

— M. de Bridieu, lui dit-elle un jour, quel régime suivez-vous?

— Je vis de bouillon de poulet et de jaunes d'œufs, répondit-il.

Un homme qui est soumis à un régime si peu coûteux n'a besoin de rien et il manque de la vigueur nécessaire pour se livrer à un travail, quelque léger qu'il soit. Ainsi ces trois personnages, Louis XV, Mme de Pompadour et Mme Du Barry, pensaient que le seul éclat de leur grandeur et de leur puissance attirait M. de Bridieu sur leurs pas. Il y avait alors quelques courtisans qui se conduisaient ainsi, fascinés par les agrémens seuls de la cour. Nous verrons bientôt comment le roi mit fin à ces poursuites obstinées et pour quel motif.

Cependant M. de Bridieu consacrait à ses enfans tout le temps qu'il n'employait pas à solliciter, leur éducation lui faisait oublier quelquefois le soin de sa santé et ses terreurs imaginaires. Léonce, son fils aîné, était grand, bien pris et d'une figure gracieuse. Ses beaux cheveux blonds, ses yeux bleus, son teint délicat lui donnaient une apparence féminine qui déposaient de la mollesse de ses habitudes, sans que pour cela son courage naturel fût moindre. L'ardeur martiale du père était modifiée par sa mauvaise santé; un tempérament lymphatique arrêtait quelquefois le bras du fils, sans que le courage de l'un et de l'autre fût moins réel et moins complet; mais ce courage chez tous deux avait besoin d'être excité par l'occasion. Pour qu'il jaillît, il fallait un choc. Habituellement M. Léonce de Bridieu, qu'on nommait à l'Etang-la-Ville le petit comte, était timide, et son caractère indécis; son front blanc et ses lèvres roses lui donnaient l'apparence d'une jeune fille.

— Etes-vous sûrs que ce soit un garçon? demandait-on quelquefois aux serviteurs de la maison. Peut-être que le petit comte porte le haut-de-chausses de mademoiselle et mademoiselle la jupe du petit comte.

La jeune Juana de Bridieu semblait avoir hérité des qualités physiques de son aïeule, dona Eufrasia d'Avallos; son teint blanc et un peu mat faisait ressortir l'ardeur de ses yeux noirs, ses cheveux d'ébène et lisses comme l'aile du corbeau donnaient quelque chose de hardi à sa physionomie, d'ailleurs gracieuse, et qu'adoucissait le sourire de deux lèvres purpurines. D'une taille élevée et bien prise, Juana était remarquable par la petitesse de ses mains et la forme parfaite de ses bras, ses pieds d'Andalouse décelaient son origine espagnole et peut-être un peu moresque, car dans les chartes de la famille d'Avallos on trouvait la preuve qu'au douzième siècle, un certain don Juan de Obregon d'Avallos s'était emparé de Tétuan, avait réduit en captivité un prince more, Sidi-Abdallah-Zanet, et que ce hardi chevalier convertit d'abord la fille de son captif et l'épousa ensuite. Juana de Bridieu, douée d'un caractère décidé et d'une intelligence rare, avait partagé les jeux et jusqu'à un certain point l'éducation de son frère, plus timide qu'elle. Elle n'avait jamais, il est vrai, touché à une épée, mais ayant manifesté, dès l'enfance, le désir de suivre son frère dans ses promenades, M. de Bridieu permit à sa jeune fille de monter à cheval avec Léonce, que Picard, autre débris de Fontenoy, instruisait dans l'art de l'équitation.

Picard, peu habitué à mettre sur la selle un cavalier du sexe de Juana, trouva simple d'habiller la jeune fille, ou plutôt l'enfant en garçon; c'était plus commode pour un ancien cavalier qui n'avait jamais eu à former d'amazone, et cela pouvait éviter des accidens fâcheux. Les deux enfans faisaient donc de longues promenades dans la forêt de Marly, et bientôt Juana acquit une intrépidité et un aplomb qui en firent un cavalier accompli.

Nous avons dit que le comte de l'Estrades, petit-fils de celui qui figura dans le duel de la place Royale, habitait Louveciennes, et qu'il avait conservé la haine héréditaire qui séparait sa famille de celle de M. de Bridieu. C'était un homme de quarante-cinq ans à peine, fort, vigoureux, chasseur hardi, et qui avait l'honneur d'être brigadier dans les armées du roi. Quoiqu'ambitieux, M. de l'Estrades avait l'orgueil de vouloir tout tenir du maître : il courtisait Louis XV, et négligeait Mme de Pompadour, comme plus tard, il négligea Mme du Barry, quoique cette dernière fût devenue sa voisine. Bien qu'officier médiocre, c'était un bon soldat, plein de bravoure, et qui, sur le champ de bataille, avait toujours payé de sa personne, habile à tous les exercices de corps, et duelliste redoutable. La haine qu'il portait à M. de Bridieu avait dégénéré en une espèce de dédain insultant, il le regardait comme une espèce de cadavre ambulant indigne de sa colère et même de son mépris; il évitait cependant d'irriter un ennemi peu redoutable, mais qu'il savait ne pas manquer de courage : un duel l'aurait couvert de honte et placé dans une position dangereuse, mais rien n'était curieux comme la rencontre de ces deux gentilshommes dans les allées de la forêt de Marly. M. de Bridieu, le teint pâle, les joues creuses et la taille voûtée, montait une vieille jument qui marchait à l'amble d'un pas nonchalant et maladif, tandis que son cavalier, immobile sur la selle, retenait son haleine, craignant de laisser s'échapper son âme avec son souffle, et comptait les enjambées de sa monture de peur d'empiéter sur l'ordonnance du médecin qui conseillait des promenades dans la forêt. M. de l'Estrades s'avançait de son côté fièrement campé sur un superbe cheval entier, qui piaffait sous son éperon; il avait le poing sur la hanche, le regard fier, la lèvre relevée et affectait de détourner la tête au moment où il se croisait avec son débile ennemi.

M. de l'Estrades était suivi d'un domestique à cheval et couvert d'une riche livrée. Un valet à pied marchait à côté de la jument de M. de Bridieu, il portait sous son bras une petite boîte de cordiaux, prêt à secourir son maître, toujours en crainte de s'évanouir.

Ces rencontres, qui n'étaient pas de nature à réconcilier les deux ennemis, se renouvelèrent plusieurs fois.

Des amis communs cherchèrent souvent à les mettre bien ensemble.

— Pourquoi vous en vouloir ainsi? leur disaient-ils : il est vrai que vos aïeux se sont battus jadis, mais pour une cause qui ne leur était pas personnelle; ils se sont battus loyalement, et l'un n'a jamais rien eu à reprocher à l'autre, sinon qu'entre eux deux il y a eu un vainqueur et un vaincu, ce qui devait infailliblement arriver. Aujourd'hui les Guise et les Coligny se donnent la main, tandis que les de Bridieu et les de l'Estrades se lèguent de père en fils une haine sans motif.

Cela était vrai, mais une antipathie personnelle séparait les deux gentilshommes, qui se seraient haïs même si leurs pères eussent été unis.

M. de l'Estrades avait un unique enfant, un fils de quelques années plus jeune que Léonce de Bridieu, et qui comptait par conséquent deux ans de plus que Mlle Juana de Bridieu. Ce garçon, destiné à la carrière des armes, recevait une éducation militaire, quoiqu'un précepteur choisi par Mme la comtesse sa mère lui enseignât le latin et les belles-lettres. Sans être précisément rebelle à toute instruction littéraire, le jeune Raoul de l'Estrades leur préférait de beaucoup ce qu'on appelait alors les exercices de l'académie, et un valet nommé Champagne remplissait auprès de lui les fonctions dont Picard était chargé auprès de Léonce et de Juana. Les deux valets, tous deux anciens soldats, ne pouvaient manquer de se rencontrer, et il arriva que, dans ces promenades à cheval, les deux troupes n'en faisaient souvent qu'une. Seulement, Picard se garda de révéler à Champagne le sexe de son écolière, et ni Picard ni Champagne ne parlèrent à leurs maîtres de ces rencontres qu'ils n'auraient pas permises. Il y a plus : les valets, jaloux de renouveler connaissance et de causer librement, descendaient de cheval, permettaient aux enfans de jouer ensemble, et entraient chez un garde de la forêt pour boire bouteille. Raoul et les jeunes de Bridieu ne pouvaient pas ignorer longtemps qui ils étaient, et la haine qui séparait leurs parens; mais la haine trouve difficilement accès dans le cœur des enfans, surtout quand une certaine sympathie les attire les uns vers les autres et quand leurs plus doux momens sont ceux qui les rassemblent; ils imitèrent donc ceux qui étaient chargés de leur conduite et ne parlèrent pas chez eux de leurs ébats de la forêt.

Raoul de l'Estrades surtout se garda d'instruire son père, de peur qu'on ne le séparât de ses compagnons de jeu, qu'il aimait inégalement, puisqu'il donnait la préférence à Juan : c'était sous ce nom qu'il connaissait la jeune fille.

Le fils de M. de l'Estrades annonçait tout enfant ce qu'il serait plus tard, c'est-à-dire un homme qui à une grande beauté physique joindrait une intelligence élevée et un cœur tendre et généreux. Son regard limpide, en même temps doux et assuré, indiquait la franchise et la fermeté de son âme; une voix harmonieuse, des façons aisées et bienveillantes, un choix d'expressions à la fois caressantes et distinguées, le rendirent, dès l'âge le plus tendre, l'objet de l'affection de ceux qui l'entouraient. Il était l'idole de tous ses domestiques, et sa mère, Mme la comtesse de l'Estrades ne pouvait pas supporter l'idée de voir son fils destiné à la carrière militaire.

— Raoul ne vous ressemble pas de tout point, monsieur le comte, disait la femme au mari; je suis persuadée qu'il aura votre courage, et je pense aussi qu'à cette belle qualité s'en joindront d'autres.

— Qui me manquent, n'est-il pas vrai, madame?

— Peut-être, monsieur. Raisonnons sans aigreur, s'il vous plaît : vous ne m'avez jamais donné sujet de proférer une plainte contre vous, mes paroles ne sont donc ni des récriminations, ni des reproches; je trouve que Raoul a, dans le caractère, une certaine affabilité, un liant...

— Qui, encore une fois, me manquent, madame, s'écria M. de l'Estrades.

— Oui, monsieur.

— Eh bien! madame, où voulez-vous en venir?

— A vous détourner de faire de votre fils un officier, et à le destiner à la diplomatie.

— Du tout, madame, du tout, il faut qu'un gentilhomme soit d'épée!

Mme de l'Estrades, rappelait alors à son mari que sa famille devait sa principale illustration à son grand-père, ambassadeur en Angleterre, sous le roi Louis XIV, et le comte se rangeait à l'avis de sa femme, à la condition toutefois que Raoul ferait une campagne ou deux.

Tandis qu'on disposait ainsi de l'avenir de Raoul, l'enfant employait toute la petite diplomatie de son âge à se faire bien venir de Juana de Bridieu, qu'il continuait à prendre pour un garçon, et ses soins n'étaient pas perdus. La jeune fille l'aimait de tout son cœur. Trop jeune pour comprendre le danger d'une telle position et trop franche pour dissimuler ses sentimens, elle accablait son ami de baisers fraternels ; dans leurs jeux, Léonce était un peu négligé ; moins bon cavalier, d'ailleurs, que Raoul et que Juana elle-même, il restait souvent en arrière et en la compagnie de Picard.

Un jour, la jeune fille et son compagnon arrivèrent à un carrefour de la forêt, et Raoul descendit de cheval, attacha sa monture à un arbre et se jeta sur le gazon.

— Voilà qui est bien, dit la jeune fille en l'imitant, il faut laisser souffler nos chevaux et donner à Léonce le temps de nous rejoindre... Mais qu'avez-vous, Raoul, vous pleurez?

Raoul se releva et sauta au cou de Mlle de Bridieu.

— Ah! mon cher Juan, lui dit-il, je suis le plus malheureux enfant du monde.

— Votre mère est malade? demanda la jeune fille.

— Non, heureusement, et néanmoins c'est elle qui est cause de mon malheur.

— Et comment cela, Raoul?

— Elle a fait entendre à mon père que je perdais mon temps à Louveciennes, et que le fils de M. le comte de l'Estrades ne pouvait pas être élevé par son valet Champagne. Je partirai donc demain pour Paris et j'entrerai au collége Louis-le-Grand.

Juana fut désespérée de cette nouvelle, mais il fallait se soumettre. Les adieux furent touchans et mouillés de larmes, et comme un malheur n'arrive jamais seul, quand la jeune fille rentra chez son père, elle y trouva un nouveau sujet de chagrin. M. de Bridieu avait appris les rencontres dans la forêt et la liaison de ses enfans avec le fils de M. de l'Estrades; il entra dans une colère violente, il voulut chasser Picard et interdire à ses enfans toute promenade dans la forêt. Il s'apaisa ensuite par régime. La colère est dangereuse pour la santé, elle peut faire naître des accidens, quelquefois mortels ; la bile mêlée avec le sang peut produire les maladies les plus compliquées. M. de Bridieu fit grâce à Picard, et ayant appris que le jeune Raoul de l'Estrades était parti pour Paris, ainsi que M. le comte et Mme la comtesse de l'Estrades, l'usage de la forêt fut rendu à Léonce et à Juana, sous la condition que Mlle de Bridieu reprendrait pour ne jamais les quitter les habits de son sexe et qu'elle ne monterait plus à cheval en bottes et en haut-de-chausses : ce qui eut lieu.

Lorsque ces petits événemens se passèrent, Juana avait onze ans et son ami d'enfance Raoul de l'Estrades allait entrer dans sa quatorzième année.

L'aimable auteur de la *Princesse de Clèves* et de *Zaïde*, Mme de La Fayette, nous a laissé une histoire d'Henriette d'Angleterre, première femme du duc d'Orléans, frère de Louis XIV, et elle y parle beaucoup de Mlle de Montalais, fille d'honneur de la duchesse. Cette Montalais, fille de beaucoup d'esprit, mais, dit Mme de La Fayette, d'un esprit d'intrigue et d'insinuation, n'avait vu d'autre cour que celle de Mme la douairière, à Blois, son peu d'expérience et un goût particulier pour se mêler des affaires d'autrui la rendaient toute propre à devenir confidente. Elle l'avait été de La Vallière, lorsque celle-ci était à Blois, où un nommé Bragelonne lui rendit des soins.

Mlle de Montalais entra dans la maison de la duchesse d'Orléans, elle y rencontra La Vallière, et comme elle avait beaucoup plus d'esprit qu'elle, elle la domina facilement et entra dans tous ses secrets. Cela ne lui suffit pas, elle voulut encore avoir les confidences de Madame, duchesse d'Orléans ; elle y parvint. M. de Varde, homme aussi dangereux et aussi rempli d'intrigues que Mlle de Montalais elle-même, se joignit à cette fille d'honneur. Il s'agissait de favoriser l'amour de M. de Guiche pour la duchesse d'Orléans. Selon l'usage du temps, cette intrigue se menait par lettres, et Mlle de Montalais en écrivit tant et de si singulières, que le roi finit par être instruit et qu'il la confina dans un couvent. Les familles de Bridieu et de Montalais avaient été de tout temps fort unies, et M. de Bridieu avait décidé qu'un petit neveu de l'intrigante Montalais, dont nous venons de raconter l'histoire, épouserait sa fille Juana.

C'était à Paris, en pleine place Royale, que vivait la famille Montalais, composée au moment dont nous parlons, du père, de la mère et d'un fils unique. La place Royale, alors exclusivement habitée par la noblesse, suivait les vieilles mœurs d'autrefois et passait auprès des courtisans de Versailles pour être arriérée d'un siècle, et quoique riche, elle ne se distinguait ni par son luxe ni même par son ambition. Elle allait peu à Versailles, où elle ne se rendait que de temps en temps dans l'été et le dimanche pour assister à la messe du roi ; les hommes seuls accomplissaient ce devoir, les dames restaient au logis, par la raison bien simple qu'elles n'avaient pas d'équipage. Leur luxe était tout intérieur : il consistait en riches ajustemens, en meubles, en argenterie et en un nombreux domestique. Quand elles sortaient, elles avaient la chaise. C'était en chaises à porteurs, dorées et ornées d'armoiries éclatantes, qu'elles faisaient leurs visites, qu'elles se rendaient à Saint-Paul pour assister à la messe, qu'elles allaient l'après-dîner se promener aux Tuileries ou au Jardin du Roi, que nous nommons aujourd'hui le Jardin des Plantes. Les hommes se promenaient à cheval, suivis d'un valet. On allait peu au théâtre, et le soir le souper réunissait la bonne compagnie. C'était là que se déployait à l'aise cette fine fleur de galanterie, ces habitudes polies, ces conversations élégantes et spirituelles qui ont distingué la dernière moitié du dix-huitième siècle. A Versailles quand les gentilshommes de la place Royale paraissaient, on les appelait *les messieurs du dimanche*, et le roi, qui les voyait peu et dont ils ne sollicitaient que rarement les faveurs, se contentait de quelques saluts gracieux et ne leur adressait presque jamais la parole. La noblesse de robe, qui habitait aussi le Marais, brillait dans les soupers de la place Royale par l'étendue de ses connaissances et la facilité de son élocution. On y prisait beaucoup M. le président de Montesquieu et surtout M. de Buffon, quoique l'un et l'autre fussent accusés d'être un peu philosophes. M. de Montalais, qui avait l'honneur de connaître M. de Buffon, était enthousiaste de ses théories, et Mme de Montalais, quoique fort dévote et très liée avec M. le curé de Saint-Paul qui dirigeait sa conscience, ne haïssait pas d'entendre l'éloge de deux gentilshommes dont le génie singulier honorait la France et attirait l'admiration de l'Europe.

Cependant, dans leurs entretiens particuliers, M. et Mme de Montalais ne s'occupaient ni de Buffon, ni de Montesquieu, mais de leur fils unique, et le jeune Henri de Montalais, garçon de quinze ans, et qui ne pouvait pas tarder à faire son entrée dans le monde; M. de Bridieu, leur ami et sa fille Juana, n'étaient pas étrangers à ces préoccupations de famille. M. de Bridieu, en effet, toujours en souci de sa santé, faisait de fréquens voyages à Paris pour consulter les médecins les plus en renom de la capitale, il amenait alors volontiers sa fille Juana, et l'un et l'autre logeaient chez M. de Montalais.

Un jour, le dîner achevé, M. et Mme de Montalais passèrent dans leur salon et s'établirent dans deux fauteuils, devant un feu que le printemps toujours pluvieux et souvent froid de Paris rend nécessaire. M. de Montalais, grand et d'un embonpoint médiocre, la tête bien poudrée, l'habit pailleté et les mains à demi recouvertes par des manchettes de dentelle, croisa ses jambes et plaçant son épée dans son fauteuil de façon à ne pas être incommodé par la garde d'acier, se mit à regarder sa femme avec le sourire bienveillant d'un homme heureux dans son intérieur et que des habitudes de bonne compagnie rendent poli même avec sa femme. Mme de Montalais, vêtue de brocard, agitant dans ses mains blanches un éventail de nacre et de soie, les joues légèrement couvertes d'une nuance de rouge et une petite mouche, placée au coin de la bouche, attendait que son mari ouvrît la conversation. C'était une femme de quarante ans à peine, qui était encore jolie et qui l'avait été beaucoup; elle aimait infiniment M. de Montalais et en était fort aimée. C'était une femme douce, sa dévotion n'avait pas altéré son humeur facile et elle regardait l'obéissance à son mari, comme l'accomplissement d'un devoir religieux, M. de Montalais d'ailleurs faisait connaître ses volontés avec une si exquise urbanité que loin d'avoir l'air de commander, il semblait prier.

— Madame, dit-il à sa femme, comptez-vous sortir cette après-midi?

Mme de Montalais tourna les regards vers la fenêtre et tendit l'oreille: on voyait la pluie tomber à torrens et on l'entendait battre les vitres.

— Oui, continua M. de Montalais, c'est un orage auquel il ne manque que le tonnerre, et je vous sais assez bonne pour épargner vos porteurs. Voulez-vous faire une partie d'hombre? ou vous convient-il de jouer à la petite prime? On assure que M. le duc de Richelieu y a perdu avant-hier dix mille écus.

Mme de Montalais ne désirait pas jouer à la petite prime et ce n'était pas non plus l'intention de M. de Montalais, qui aborda sur-le-champ le sujet qui le préoccupait.

— Où est Henri, madame? dit-il.

— Avec son précepteur.

— Très bien; mais le voilà bientôt hors de page; que ferons-nous de ce petit gentilhomme, qui, je vous l'avoue, me paraît donner des espérances?

La question était aussi embarrassante pour celui qui la faisait que pour celle à qui on l'adressait, car, ni l'un ni l'autre, ne voulait faire de leur fils un homme d'épée; restait le clergé et la magistrature.

— Je ne vois pas pourquoi Henri ne

serait pas président, dit M. de Montalais.

— Je l'aimerais mieux président qu'évêque, répondit Mme de Montalais, il est trop difficile aujourd'hui de faire son salut sous la mitre.

— Alors, madame, nous en ferons un président, puisque vous le voulez.

— Moi, monsieur, je ne le veux pas précisément ; je pense comme vous, voilà tout.

— Bien, madame. Alors, il faut songer à son établissement.

— Il est bien jeune, monsieur, il n'a que quinze ans, dit Mme de Montalais.

— Vous avez raison, mais ne vaut-il pas mieux faire à l'avance un choix convenable et diriger l'attention d'Henri sur un point donné que de le laisser s'égarer en mille voies dangereuses. Ce sont les grands parens qui font les mariages, ils doivent donc les preparer. C'est à feu mon père et à feu Madame votre mère que je dois le bonheur de vous aimer et d'être heureux depuis vingt-cinq ans.

Mme de Montalais rougit en entendant ces paroles et cacha sa figure dans son éventail. M. de Montalais continua :

— Puisque notre fils doit recevoir une femme de nos mains, rien ne serait cruel, selon moi, comme d'aller troubler ses vingt ans en lui présentant tout d'un coup une jeune fille inconnue, quand peut-être son cœur en aurait aveuglément choisi une autre.

— Ah! monsieur, s'écria Mme de Montalais, cela serait inhumain.

Ainsi, à cette époque, on ne supposait pas qu'un fils pût résister aux ordres de sa famille ; le père savait qu'il n'avait qu'à parler pour être obéi.

— Ainsi donc, continua M. de Montalais, il convient de nous occuper dès aujourd'hui d'un mariage qui n'aura lieu, sans doute, que dans six ou sept ans. C'est votre avis, Madame ?

— Certainement, Monsieur.

— Eh bien! dites-moi donc dans quelle famille il vous convient de choisir une femme à notre fils? Je pense que des gens comme nous n'ont que l'embarras du choix.

— Oui, Monsieur, Henri étant d'ailleurs un fils unique.

— C'est cela même. Auriez-vous par hasard jeté les yeux sur Mlle Laure de la Penaudière, petite fille de dix ans, riche, et dont la mère est votre amie ?

Mme de Montalais se hâta de répondre qu'elle n'oserait jamais prendre un parti à elle seule, dans une question pareille, et que d'ailleurs elle ne croyait pas que Mlle Laure de la Penaudière fût un parti qui convîat à son fils.

— Les affaires de cette famille sont embarrassées, dit-elle.

— Je le sais, répondit M. de Montalais. Et Mlle de Bridieu ?

— La petite Juana ? s'écria Mme de Montalais d'un air surpris.

— Oui, elle-même ; qu'en pensez-vous ?

— Eh! mon Dieu, mais c'est un garçon!

— Du tout, madame, c'est une fille qui a eu le malheur de perdre sa mère en naissant et qui, jusques à aujourd'hui, a voulu partager les jeux d'un frère aîné qu'elle aime beaucoup.

— Elle a été élevée par un valet, dit Mme de Montalais, qui lui fait porter des hauts-de-chausses et des bottes.

— Tout ceci demande à être expliqué, répondit M. de Montalais, l'enfant aime beaucoup son frère et veut le suivre dans tous ses exercices; on l'a donc habillée en cavalier, et je ne peux qu'approuver cette précaution; la santé de cette enfant y a gagné, ses forces se sont développées, sa taille souple et élancée est d'une perfection que vous avez dû remarquer.

— Oui, monsieur.

— Sa figure a une grâce parfaite et ses yeux ont une fierté et en même temps une douceur qui m'enchantent, et, si je ne me trompe, cette jeune fille a de bien précieuses qualités.

Mlle de Bridieu est, en effet, jolie, et c'est à vous, monsieur, à juger de ses qualités.

— Vous connaissez M. de Bridieu, reprit M. de Montalais, sa manie de se croire mourant; il faut qu'il soit d'une bonne constitution pour résister aux drogues dont il se gorge depuis vingt ans. Avez-vous remarqué les soins continuels dont l'entoure sa fille Juana? On lit sur son visage la crainte continuelle de perdre son père ; ses yeux ne le quittent pas ; elle interroge sans cesse la pâleur de son front, veille à tous ses besoins; c'est l'Antigone d'un Œdipe qui a perdu, non pas les yeux, mais, sur un certain point, le jugement... Disons mieux, madame, c'est l'ange gardien de M. de Bridieu.

Mme de Montalais avoua que la jeune fille, quoique encore enfant, méritait tous ses éloges.

— Une aussi bonne fille, continua M. de Montalais, sera une épouse dévouée et une excellente mère de famille, et M. de Bridieu, ajouta-t-il, n'est pas un homme à dédaigner ; ôtez-lui la faiblesse de se croire toujours malade; il est bon gentilhomme, riche, il a servi son pays avec honneur, et il est bon courtisan; sans doute, il obtiendra pour son gendre ce qu'il n'a pu obtenir pour lui-même et cela sera d'autant plus utile à notre fils que moi je n'ai jamais rien su solliciter, ni rien demander; je répugne à aborder certaines personnes, une maîtresse en crédit, par exemple. M. de Bridieu n'a pas ce scrupule et il pourra faire la fortune d'Henri sans que je m'en mêle.

— Fort bien, monsieur, mais, malgré l'avantage de notre alliance, que je suis loin de nier, si M. de Bridieu avait d'autres vues pour sa fille?

— Voilà où je vous attendais, madame, notre fils plaît beaucoup à M. de Bridieu, qui m'a prié de l'envoyer passer quelque temps chez lui à l'Etang la-Ville; il veut en faire un ami de son propre fils, ou plutôt il est évident qu'il recherche notre alliance.

— Monsieur, dit M%me% de Montalais, vous me faites voir le caractère de M%lle% de Bridieu sous un jour nouveau et qui lui est très favorable.

— Je n'ai pas tout dit, madame, ajouta le mari; il me semble que notre fils n'est pas insensible à la beauté naissante de la petite Juana; j'ai cru voir qu'il ne s'éloignait guère d'elle quand elle accompagne son père à Paris et qu'elle loge chez nous, ce qui est d'un bon augure pour nos projets.

Ainsi quand Juana perdait à Marly un petit amoureux ou plutôt un compagnon, les calculs de M. et de M%me% de Montalais lui en ménageaient un autre.

CHAPITRE II.

La rencontre.

La nature n'avait pas favorisé le jeune Henri de Montalais. Ce fils, objet des préoccupations de son père et de sa mère, ne leur ressemblait nullement; on ne retrouvait dans sa figure ni la grâce un peu mignarde de sa mère, ni les traits nobles de son père. C'était un petit gentilhomme qui n'avait d'agréable dans le visage que deux yeux noirs et spirituels; du reste d'une taille peu élevée, fort, vigoureux, les épaules carrées, d'un caractère hardi et, bien que Parisien, opiniâtre comme un Breton. Quoi que presqu'encore dans l'enfance, il avait parfaitement compris que puisqu'on le sou-

mettait à des études incessantes, on ne le laisserait pas consumer sa vie dans une oisiveté, alors le partage de beaucoup de gentilshommes. Décidé à obéir aux volontés paternelles, son goût particulier l'aurait porté néanmoins à prendre le parti des armes.

— Je ne suis pas bien grand, se disait-il, mais *Alexander magnus parvus erat corpore.*

Bribe du latin que lui enseignait son précepteur.

— Eh! ajoutait-il en lui-même, je suis nerveux et fort comme Duguesclin, mais non bossu et contourné comme lui, et comme lui je ferais bonne figure sur un cheval.

Cette juvénile ardeur n'empêchait pas le jeune homme d'étudier avec application et avec succès; il comprenait les avantages de l'éducation, et il travaillait assidûment afin d'être toujours, s'il le pouvait, le premier parmi ses pareils. Traité avec amitié par M. de Bridieu, homme poli et spirituel, il s'était attaché à ce courtisan, qu'il regardait comme un plus grand seigneur que son père, parce que M. de Bridieu allait à la cour et donnait au Marais, quand il y venait, des nouvelles de Versailles et de Marly. Jaloux donc de plaire à cet ami de sa famille, Henri de Montalais s'attacha d'abord à M%lle% Juana de Bridieu. Il agit ainsi par goût pour le courtisan émérite, et un peu par le désir de se concilier un homme qu'il regardait comme puissant. Bientôt il rechercha le père par les sentimens qu'il éprouva pour l'enfant. Ce n'était pas de l'amour qu'éprouvait Henri : quelque précoce que soit un jeune homme de quinze ans, il n'en éprouve guère pour une enfant de douze; c'était une préférence fondée sur la grâce native et la gaîté de Juana.

Quand M. de Montalais permit à son fils de fréquenter M. de Bridieu et de passer tous les mois quelques jours à l'Etang-la-Ville, le jeune homme accueillit cette proposition comme on accueille les choses qu'on désire, et bientôt il devint un des hôtes les plus assidus de M. de Bridieu. Celui-ci le mena à la cour, et, sans le présenter précisément au roi, il lui montra les magnificences de Versailles. Il en fit naturellement aussi le compagnon de sa fille, qui, ne quittant plus alors les habits de son sexe, montait à cheval d'une façon plus conforme à la retenue d'une jeune fille qui commence à compter dans le monde. Lorsque M. de Bridieu n'accompagnait pas sa fille dans ses promenades dans la forêt, Picard suivait les deux jeunes gens.

Un jour, Juana vit venir à elle M. de l'Estrades, et craignant que cette rencontre n'entraînât quelqu'incident désagréable, elle détourna un peu son cheval et eut l'air d'examiner un prunier sauvage, dont l'approche de l'été faisait bourgeonner les branches. M. de l'Estrades passa, et Juana jeta un écu à un des domestiques de sa suite.

— Quel est ce gentilhomme? demanda Henri de Montalais à la jeune fille.

— Un ennemi de mon père, répondit franchement Juana.

— Ah! oui, mademoiselle, M. de l'Estrades, reprit Henri, j'ai ouï parler de la froideur qui règne entre la famille de ce gentilhomme et la vôtre.

— C'est plus que de la froideur, monsieur, c'est de la haine. Mon père et M. de l'Estrades se haïssent parce que leurs grands-pères se sont haïs.

— Et... et, balbutia Henri, évidemment plus curieux que les convenances ne le permettaient.

— Et, reprit Juana, je viens de donner un écu à Champagne, un des domestiques de M. de l'Estrades? Champagne est un ami de Picard, mon frère Léonce et moi nous lui avons quelques obligations. D'ailleurs, ne savez-vous pas que le roi, dont vous portez le nom, disait qu'on prend plus de mouches avec une cuillerée de miel qu'avec un tonneau de vinaigre?

— Ainsi donc vous désireriez un rapprochement entre monsieur votre père et M. de l'Estrades?

— Sans doute, monsieur ; à quoi sert la haine?

Et Juana frappa son cheval d'une houssine qu'elle tenait à la main, et partit au galop.

La petite scène que nous venons de raconter se passait en 1772. Mlle Juana de Bridieu touchait à ses vingt ans; M. Léonce de Bridieu, son frère, en avait vingt-six, et il faisait déjà partie de la maison du roi ; mais, tandis que son père se plaignait sans cesse de maladies imaginaires, lui, réellement atteint d'un mal dont il cachait les symptômes, conservait à peine assez de force pour faire son service ; il faisait partie de la maison de Sa Majesté, et peu jaloux de se mêler à la vie bruyante de ses camarades, il habitait l'Etang-la-Ville lorsque ses devoirs militaires ne le retenaient pas à Versailles.

M. Henri de Montalais, malgré ses désirs secrets, avait obéi à son père et était entré dans la diplomatie ; il faisait partie des bureaux du duc d'Aiguillon, mais sa prédilection d'enfance pour Mlle de Bridieu, s'était changée en un amour violent, et il était plus assidu à l'Etang-la-Ville que dans les bureaux du ministre.

— Monsieur, lui disait son père, on se plaint de vos absences chez le ministre.

— On aurait raison, mon père, répondit Henri, si je n'allais pas à meilleure école.

— Parlons sérieusement, mon fils; vous aimez Mlle de Bridieu et ne la quittez que le moins possible, c'est très bien ; vous suivez en cela mes instructions; mais il ne faut pas négliger vos devoirs pour faire l'amour.

— Faire l'amour ! s'écria le jeune homme, je n'en suis pas encore là, mon père; chez M. de Bridieu, j'apprends mon métier, je fais de la diplomatie.

— Cela ne doit pas amuser Mlle de Bridieu.

— Hélas ! c'est elle qui me réduit à ce rôle fâcheux. Elle ne m'aime pas.

— Vous vous trompez, sans doute, mon fils. D'ailleurs, qu'importe?

— Qu'importe, mon père ?

— Oui, votre mariage est arrêté entre M. de Bridieu et moi, il sera accompli avant la fin de l'année.

Le jeune homme commença par assurer son père d'une obéissance bien facile dans l'affaire dont il s'agissait, puisqu'il éprouvait un amour violent pour la jeune personne qu'on lui destinait; cependant il n'aurait pas voulu épouser Mlle de Bridieu malgré elle, cela répugnait à sa délicatesse.

— Vous vous trompez, mon fils, une jeune personne bien élevée aime toujours celui que son père lui destine.

— Alors, dit tristement Henri, Mlle de Bridieu est une exception. Je vous le répète, monsieur, elle ne m'aime pas.

— C'est impossible... à moins que vous n'ayez un rival.

— Voilà le fait, monsieur.

— Vous en êtes certain, Henri?

— Un moment, monsieur, je le crois, je le devine, il me semble le lire sur le front de Mlle de Bridieu et dans ses regards; mais la preuve me manque.

— Et voilà pourquoi vous faites de la diplomatie ?

— Franchement, mon père, j'ai l'orgueil de croire que si mes soins n'ont pas pu la toucher, c'est qu'elle est prévenue pour un autre.

— Puisque vous pensez ainsi, mon cher fils, dit M. de Montalais, et que vous aimez Mlle de Bridieu, vous devez être bien malheureux!

— D'autant plus, répondit le fils, qu'il y

a quelque danger dans ce que j'entreprends. Le véritable moyen de se faire haïr d'une femme, c'est de surprendre son secret.

— Et voilà cependant votre but, Henri ?

— Mon Dieu ! puisqu'elle me cache ce secret, il faut bien le chercher; mais encore une fois, cela est dangereux avec une personne comme elle. Mlle de Bridieu, quoique d'une humeur douce, a un caractère ferme et une perspicacité telle qu'elle semble deviner mes soupçons et s'en indigner, puisque je n'ai pas le droit d'en avoir, et que jusqu'ici elle ne m'a donné aucune espérance.

— C'est votre faute, Henri, dit M. de Montalais, votre fausse délicatesse vous perd; il ne s'agissait que de demander à son père la main de Mlle de Bridieu, et vos doutes seraient éclaircis.

— Hélas ! non, mon père, Mlle de Bridieu aurait obéi et m'aurait épousé sans m'aimer, et sans doute en en aimant un autre.

— Et vous ignorez quel est cet autre ?

— Je crois être sur la voie. Vous connaissez Louveciennes, vous savez qu'à une portée de fusil du pavillon qu'on vient d'achever pour Mme la comtesse du Barry, se trouvent les propriétés de M. de l'Estrades ; vous le connaissez ?

— Parfaitement, ce qu'on appelle un honnête homme, brave militaire, mais violent, emporté, vain, grand duelliste, et qu'un récent voyage à Londres a rendu anglomane. L'avez-vous jamais rencontré à cheval, assis sur une selle imperceptible ?

— Ce M. de l'Estrades a un fils ?…

— Que son père vient d'envoyer à Londres, dit M. de Montalais.

— Il n'est pas encore parti, dit Henri.

— Et que vous importe? répondit le père ; la famille de M. de l'Estrades et celle de M. de Bridieu sont ennemies depuis deux générations : c'est une haine qui ne paraît pas devoir se calmer, à la façon dont les chefs de ces deux familles parlent l'un de l'autre. Vous n'avez rien à craindre de ce côté.

— Pardonnez-moi, mon père, vous connaissez l'histoire des Montaigu et des Capulet, ainsi que l'amour de Roméo et Juliette? j'ai peur que M. Raoul de l'Estrades et Mlle Juana de Bridieu ne recommencent cette histoire à mes dépens.

— Tranquillisez-vous, mon fils, si M. Raoul de l'Estrades n'est pas encore parti, il partira dans quelques jours. Alors j'agirai.

Ce n'était pas précisément ce que désirait Henri, qui, comme nous l'avons vu, voulait être aimé pour lui-même et non par ordre; il n'osa pas néanmoins s'opposer à la volonté paternelle, et comme tous les amans malheureux, il attendit des jours meilleurs.

Mlle Juana de Bridieu, devenue une grande et belle personne, pressentait le sort qui l'attendait. La présence habituelle de M. Henri à l'Etang-la-Ville était pour elle une preuve des intentions de son père. Quelque liaison qui existât entre sa famille et celle de M. de Montalais, les assiduités d'un jeune homme parlent d'elles-mêmes, et si elles sont encouragées, elles équivalent à un projet de mariage. La compagnie de M. de Bridieu était évidemment peu amusante pour M. Henri qui, malgré tous ses efforts, ne pouvait vaincre les froideurs habituelles de Léonce de Bridieu et qui cherchait en vain à l'adoucir elle-même. Juana repoussait des hommages dont le but l'embarrassait et elle employait tout son art à arrêter des paroles d'amour toujours prêtes à sortir des lèvres d'un jeune homme qu'elle estimait sans qu'il pût lui inspirer un sentiment plus tendre : — tout cela l'inquiétait peu néanmoins. — Fille dévouée, mais en même temps habile, elle s'était emparée des volontés de son père, et se croyait sûre de les changer, ou du moins de les modifier jusqu'à un certain point. Ne lui prouvait-elle pas sans cesse, qu'elle savait régir sa santé ? que l'habitude de soigner ses maladies lui avait donné la science des médecins, et qu'enfin elle connaissait assez sa constitution pour prévenir tous les maux qui le menaçaient? Quand donc M. de Bridieu lui parlerait d'épouser M. de Montalais, elle prierait, supplierait, demanderait du temps, et douée qu'elle était de fermeté et de persévérance, elle éloignerait ce mariage odieux. C'était peu de chose : il est toujours aisé d'empêcher quelqu'un d'agir ; ce qui est difficile, c'est de le faire agir malgré lui. M. de Bridieu pourrait bien refuser sa fille à M. de Montalais, mais l'accorderait-il à M. de l'Estrades, et M. de l'Estrades voudrait-il jamais consentir à un pareil mariage? C'était cependant là l'objet des vœux les plus ardens du jeune Raoul de l'Estrades et de Juana. L'amour suppose tout possible : il croit aux miracles, il compte sans la haine qu'il regarde à peine comme une passion, et dont il ne soupçonne ni la violence ni la profondeur.

— Mon père ne me résistera pas, pensait Juana, je lui ferai sentir que, le seul moyen de plaire au roi, serait d'unir deux familles jusqu'ici divisées.

Les espérances de la jeune fille étaient partagées par Raoul; il avait à peine vingt-deux ans, et vivait à Paris, où son père aimait mieux le voir qu'à Louveciennes. Beaucoup redoutent pour leurs enfans la dissipation et les dangers de la capitale, M. de l'Estrades y exposait volontairement son fils. Il pensait qu'il faut que jeunesse se passe, que les passions ne doivent pas être comprimées, mais émoussées, ou si l'on veut, usées au frottement de passions pareilles. Raoul avait besoin, suivant son père, d'amours passagères, de liaisons furtives, d'aventures, de duels; de ces duels courtois, où, au prix de quelques gouttes de sang, on devient dès le lendemain l'ami intime de l'adversaire de la veille. Une passion véritable préserva Raoul de ces dangers, et son oisiveté fut occupée par son amour et ses projets d'avenir.

— Mon père, se disait-il, professe un dédain profond pour M. de Bridieu, qui est l'objet continuel de ses sarcasmes et même de son mépris; cependant il ne peut nier que ce ne soit un excellent gentilhomme, riche, et dont l'alliance serait honorable. M. de Bridieu ne doit pas vivre longtemps, il va mourir un de ces jours : sa mauvaise santé naturelle, jointe aux remèdes dont il abuse, ne lui permettent pas d'aller bien loin ; alors, qui m'empêchera d'épouser sa fille? Mon père sera trop raisonnable pour s'y opposer.

Quelquefois cependant, sans néanmoins désirer la mort de M. de Bridieu, Raoul se surprenait à croire aux miracles de la médecine, et il se disait que ces purgations perpétuelles, ces électuaires, ces opiats, nourriture de M. de Bridieu, étaient précisément ce qui lui conservait la vie. Peut-être que les médecins, qui tuent les gens bien portans, le faisaient vivre, lui, malade et cacochyme. Alors, que devenir?

— Je m'adresserai à ma mère, se disait-il, elle saura mon amour et elle l'approuvera, car elle a vu Mlle de Bridieu et je l'ai entendue la louer. Que peut reprocher mon père à cette famille? une vieille querelle étrangère à tous ceux de notre nom et du sien, un duel où tout le monde a fait son devoir. M. de Bridieu fera nécessairement toutes nos volontés, la force lui manquerait pour nous résister. Quant à Juana, dès que M. d'Estrades la connaîtra, il sera séduit par son caractère courageux et hardi.

Plein de ces espérances, Raoul négligeait les plaisirs de Paris. Avant le jour, il montait à cheval et courait vers la forêt de Marly, où il était à peu près sûr de rencontrer celle qu'il aimait.

De son côté, Mlle de Bridieu réveillait Picard, faisait seller deux chevaux et, suivie de ce complaisant écuyer, elle s'élançait vers la forêt pour respirer l'air frais du matin, et voir lever l'Aurore qui lui amenait de Paris le jeune Céphale de ses rêves. C'était sous les grands arbres de la forêt, dans ses sentiers tortueux et tout baignés de rosée, que les deux amans faisaient des projets pour l'avenir et calculaient les chances probables d'un amour qui, à d'autres, aurait paru sans issue. Rien ne les troublait d'ordinaire, si ce n'est un bûcheron, sa cognée sur l'épaule, un furtif braconnier qui se cachait dans les halliers, ou une jeune fille chargée de son lait et de son fromage.

— Savez-vous, Raoul, dit un jour Juana au jeune de l'Estrades, je suis honteuse de ce que je fais ici, seule avec vous, non pas la nuit, il est vrai, mais à une heure si matinale que si nos rencontres étaient connues, elles passeraient pour de vrais rendez-vous.

— Et Picard? répondit Raoul.

— Picard ne me rassure pas autant que votre loyauté et ma conscience, disait la jeune fille. Il y a d'ailleurs des personnes que nous trompons.

— M. Henri de Montalais? dit Raoul avec un sourire.

— Permettez, Raoul, d'abord mon père et le vôtre, et M. de Montalais lui-même.

— Comment M. de Montalais! reprit Raoul en pâlissant, a-t-il quelque droit sur vous?

— Aucun, répondit Juana; mais je n'ignore ni les motifs de sa présence à l'Étang-la-Ville, ni le but de mon père en l'y attirant. Si, jusques à aujourd'hui, sa bouche n'a pas parlé, c'est qu'il évite avec soin de lui en fournir les occasions. Il y a entre nous quelque chose qu'il veut m'apprendre, et quelque chose que je veux lui cacher. Voilà la situation dont je veux sortir, Raoul, pour vous et pour moi, et c'est sous ce point de vue seulement que nous devons à M. de Montalais lui-même de nous ouvrir, vous, à M. de l'Estrades, et moi, à mon père.

Raoul convint de la justesse de ce raisonnement.

— Vous avez raison, Juana, dit-il, et je n'ai que le regret d'avoir été prévenu par vous, il faut absolument parler à votre père surtout.

— Et pourquoi cela, Raoul ?

— Parce qu'un inévitable malheur me menace.
— De quoi s'agit-il, Raoul?
— Sans se douter de la douleur qu'il me prépare, mon père me fait quitter Paris et la France; il m'envoie à Londres.
— O ciel! Raoul, je ne vous verrai plus!
— J'espère que ce voyage sera court. M. de l'Estrades prétend que mon éducation ne sera pas terminée tant que je n'aurai pas passé quelque temps à Londres, ni connu les amis qu'il y a laissés. Or ma position est plus douloureuse que la vôtre, je laisse auprès de vous un rival, et vous n'avez point de rivale.

Mlle de Bridieu arrêta ses beaux yeux noirs sur Raoul de l'Estrades.
— Ne craignez rien, dit-elle.
Raoul continua :
— Mon père ne songe point à me marier. Le vôtre se reproche peut-être d'avoir tardé de pourvoir à votre établissement, et il a sous la main un jeune homme dont vous ne niez pas les qualités et qui est d'une famille honorable.
— Encore une fois, ne craignez rien, Raoul, dit Juana, qui d'impatience hâta le pas de son cheval.
— Votre père vous aime beaucoup, dit encore le jeune homme; il est d'un naturel doux, et si l'aveu de la préférence dont vous m'honorez l'irrite d'abord, vous trouverez facilement les moyens de l'apaiser. Le mien est plus difficile à aborder: croyez-vous qu'il convienne que je m'ouvre à lui avant mon départ pour Londres?
— Sans doute, Raoul, je pense qu'il faut parler sans retard.
Combien la jeune fille se reprocha bientôt après ce fatal conseil!
— Vous serez obéie, dit le jeune homme.
Juana leva les yeux, et à cinquante pas devant elle, elle aperçut un gentilhomme suivi de nombreux domestiques. Raoul suivit le regard de la jeune fille :
— Oh ciel! s'écria-t-il.
— A moi, Picard! dit Mlle de Bridieu.
Elle tourna bride, et, suivie de Picard, reprit le chemin de l'Etang-la-Ville. Au même instant, un cri douloureux partit d'une clairière, à deux pas du sentier que suivaient les deux amans.

CHAPITRE III.

Thibault, le gendarme du roi.

Marie-Antoinette, archiduchesse d'Autriche, épousa, en 1770, le Dauphin, depuis Louis XVI. Au nombre des femmes qui servaient la jeune Dauphine se trouvait Mme Thibault, excellente Parisienne, qui ne manquait ni d'esprit, ni de gaîté, et dont le mari, marchand joaillier à l'*Anneau-d'Or*, près la porte Saint-Martin, était considéré dans sa corporation, et passait pour riche. Aussi les époux Thibault avaient-ils établi d'abord leur fils unique, Jérôme Thibault, marchand drapier, dans la rue Saint-Honoré.

Les femmes de la dauphine étaient de service par quartier, et quand le service de Mme Thibault était fini, elle revenait à Paris auprès de son mari, et trônait dans le comptoir de l'*Anneau-d'Or*. Sa présence augmentait les bénéfices du magasin, non que Mme Thibault fût belle ou jeune; elle frisait la cinquantaine, et ses traits n'avaient jamais rien eu de remarquable, mais elle apportait à la bourgeoisie de son quartier des détails sur les us et coutumes de la cour : choses dont les Parisiens d'alors étaient très friands.

Mme Thibault faisait le plus grand éloge de la Dauphine, et parlait des hommages dont cette princesse était entourée, comme le doit faire une femme fidèle et dévouée :
— Eh bien! disait-elle, il y a à la cour des gens qui ne l'aiment pas: MM. d'Aiguillon, Maupeou et les leurs... Ah! si M. de Choiseul avait continué à être ministre... Mais M. le Dauphin n'aime pas M. de Choiseul.

Ce n'était point ces détails quasi-politiques que demandaient les pratiques de l'*Anneau-d'Or*. Il fallait aux bourgeoises de la porte Saint-Martin des récits intimes: aussi, Mme Thibault ne les épargnait pas; le lever de la Dauphine, son coucher, ses amusemens, ses travaux, son excessive frugalité, tout était loué et passé en revue, ainsi que sa bienfaisance et sa bonté.

En dépit d'une vie qui s'écoulait ainsi, au milieu de l'aisance de sa maison et presque de la familiarité de la cour, Mme Thibault avait un chagrin, un seul, mais violent. C'était son fils qui le causait. Ce jeune homme, grand, vigoureux, haut en couleur et d'un naturel ardent, n'avait pas voulu suivre la profession de son père, prétendant manquer du goût indispensable à un orfévre-joaillier.

— Tu vois bien, disait Mme Thibault à son mari, qui comme un vrai Parisien était le très humble serviteur de sa femme, que Jérôme ne se connaîtra jamais en diamans, il faut lui choisir un autre état.

On acheta un fonds de draperie pour le jeune homme : il ne put pas distinguer la serge du camelot et ses manières vives éloignaient les pratiques loin de les attirer. Mme Thibault, femme habile, revendit avantageusement le fonds qu'elle avait acheté, et vaincue par les obsessions de son fils, elle le fit entrer dans la gendarmerie du roi. C'était vraiment la position qui convenait à Jérôme Thibault ; il était brave, habile à tous les exercices du corps, et malheureusement un peu querelleur. Sa mère obtint bientôt une épaulette par le crédit de la Dauphine, et le nouveau lieutenant crut voir s'ouvrir pour lui la carrière des honneurs militaires. Il n'était pas gentilhomme, mais Rose et Fabert ne l'étaient pas non plus, et d'ailleurs la Dauphine qui le protégeait ne pouvait pas tarder à devenir reine de France et lui marechal ; ambition légitime, qui avait besoin de beaucoup de bonheur et de bonne conduite pour se réaliser. Le lieutenant des gendarmes du roi, fils d'un père et d'une mère riches, ne manquait jamais d'argent, et il menait volontiers la vie dissipée des jeunes officiers de ce temps. Il s'attacha à une actrice du théâtre des danseurs du roi, qui fut distinguée par M. le chevalier d'Aubeterre, capitaine de dragons, jeune homme beaucoup mieux placé que lui dans le monde, d'une figure fort séduisante et très riche. L'actrice préféra le capitaine des dragons au lieutenant de gendarmes, et M. Jérôme Thibault, au lieu de se consoler ailleurs et de songer à devenir maréchal de France, songea à se venger. Il provoqua son rival, qui lui dit qu'il ne se battrait jamais avec le fils d'une femme de chambre, même de la femme de chambre d'une princesse, avec un petit bourgeois porteur d'une épaulette qu'il ne méritait pas.

— Je saurai bien vous y forcer, répondit Jérôme Thibault.

Il leva la main et frappa son rival au visage. M. le chevalier d'Aubeterre ne résista pas à un argument pareil. Cette grave affaire dut être vidée dans la forêt de Marly et le cri qu'entendirent ensemble Juana, Raoul et M. de l'Estrades était celui du vaincu.

M. de l'Estrades était à pied ; il marchait en avant de ses domestiques, qui portaient son fusil et tenaient ses chiens en laisse. Il chassait ou plutôt il songeait à ses affaires. Fatigué du repos, il avait demandé le commandement d'une place frontière, dans le double but et de jouir d'une solde considérable et de se trouver sur les cadres de l'armée active si une guerre venait à éclater. M. d'Aiguillon, son protecteur, lui avait dit la veille :

— M. de Fréming, gouverneur du roi à Reims, vient de mourir ; vous aurez, mon cher de l'Estrades, le commandement de cette ville ; il ne nous manque que la signature du roi, et je me fais fort de l'obtenir. Ne vous éloignez pas de Louveciennes ; vous recevrez dans quelques jours un pli ministériel de Versailles, et peut-être de Marly même.

M. de l'Estrades songeait donc à la faveur qu'il attendait et à la surprise de sa femme, qui aimait beaucoup la ville de Reims. Il marchait doucement, les yeux baissés, comme un homme qui ne veut pas se laisser distraire de ses pensées par les objets environnans. Le cri parti de la clairière le tira de sa rêverie ; il regarda devant lui et vit son fils qu'il croyait à Paris, et un cheval piroueltant sur lui-même, et emportant une jeune femme dont il ne put pas apercevoir la figure.

— Ah ! ah ! se dit-il, M. mon fils fait l'amour dans la forêt... Très bien ! c'est de son âge. Quelle est cette beauté matinale que ma seule présence fait fuir comme une biche effarouchée ?... Allons ! secrets de jeunesse. Raoul va partir pour Londres, et il emploie le mieux qu'il peut ses derniers jours à Paris.

— Mort ! monsieur, mort sans avoir proféré un mot.

— Diable ! pensa M. de l'Estrades en jurant tout bas, c'est un duel ! Pourvu que Raoul n'y soit pour rien, et que cela ne se complique pas d'une intrigue amoureuse dont mon étourdi se serait mêlé.

Il entra alors dans la clairière en même temps que son fils : celui-ci au spectacle qui s'offrit à ses yeux, descendit de cheval.

Un homme était étendu sur le gazon, pâle, les yeux fermés et la poitrine fumante du sang qui ruisselait sur ses habits et coulait jusqu'à terre. C'était le chevalier d'Aubeterre qui venait de tomber sous les coups du lieutenant Thibault. Tous deux étaient en uniforme, ainsi que quatre officiers de dragons et de gendarmes du roi, qui avaient servi de témoins aux deux adversaires. Jérôme Thibault, encore l'épée à la main et les bras croisés sur la poitrine, contemplait sa victime. A la vue de deux inconnus ces cinq personnes s'émurent, et le lieutenant Thibault fit quelques pas en arrière pour se rapprocher d'un massif d'arbres, derrière lequel était caché son cheval et ceux des témoins de cette scène.

— Messieurs, dit M. de l'Estrades en avançant toujours, j'ai l'honneur d'être brigadier dans les armées du roi, mais ne craignez rien, je n'ai aucune autorité dans la juridiction... le comte de l'Estrades, messieurs.

Et se tournant vers Raoul qui s'était placé derrière lui, il ajouta:

— Ce jeune homme est mon fils... L'affaire était-elle grave?

— Très grave, M. le comte, dit un officier de dragons dont les regards enflammés menaçaient le vainqueur; mon malheureux ami a été flétri par une de ces injures qui ne se pardonnent pas: il a été frappé au visage.

— Un soufflet! s'écria M. de l'Estrades, en levant les mains au ciel.

Et s'avançant vers le lieutenant Thibault:

— Un soufflet, monsieur, donné à un gentilhomme, à un officier! et aviez-vous reçu vous aussi, monsieur, un de ces dommages que le sang seul peut effacer? Cet homme que vous venez de traverser de votre épée, avait-il déshonoré votre mère? suborné votre femme ou votre sœur?

— Non, non, s'écria l'officier de dragons, il s'agissait seulement d'une de ces femmes que l'on n'avoue pas, à laquelle un galant homme ne donnerait pas le bras dans un lieu public, et encore M. le chevalier d'Aubeterre....

— Le chevalier d'Aubeterre?

— C'est le nom de la victime, monsieur le comte. Encore le chevalier d'Aubeterre n'a-t-il employé ni ruse, ni violence pour enlever cette femme à son rival, peut-être même ignorait-il qu'il avait un rival.

Jérôme Thibault avait eu le temps de reprendre son sangfroid et de comprendre combien il lui importait de présenter les faits sous le jour le plus favorable pour lui: de prouver surtout, non pas précisément la nécessité du duel, mais la nécessité de l'outrage.

— Permettez, monsieur le comte, dit-il, en s'adressant à M. de l'Estrades, on ne vous explique pas exactement l'affaire. Le point de départ est bien une maîtresse enlevée, et peut-être, aux yeux de M. le capitaine, une maîtresse de peu de valeur; cependant, tout le monde conviendra que chacun tient à sa maîtresse et l'estime assez, ou du moins l'aime assez pour ne pas se la laisser enlever. Je voudrais bien savoir ce que ferait M. le capitaine, si on lui enlevait sa maîtresse? Je suppose qu'il demanderait raison au ravisseur.

— Sans doute, s'écria le capitaine, entraîné par un raisonnement dont la logique lui était familière.

— Et, continua Thibault, si le ravisseur refusait le combat, sous prétexte que son rival est un bourgeois et que, quoique ayant l'honneur d'être officier, honneur qu'il ne mérite pas, il est cependant d'un grade inférieur à lui; que voulez-vous que fasse alors ce bourgeois, cet officier, cet homme qu'on blesse dans son honneur, dans son amour et dans son amour-propre, et qu'on plaisante encore? Cet homme, continua le gendarme du roi, en élevant la voix et en s'adressant particulièrement à M. de l'Estrades, cet homme n'a qu'un moyen d'obtenir une réparation, et c'est celui que j'ai pris.

M. Jérôme Thibault ôta son chapeau, salua gracieusement les témoins du malheureux chevalier d'Aubeterre, et sur un signe de ses deux témoins il gagna son cheval et se perdit dans les détours de la forêt.

— Je connais M. le marquis d'Aubeterre, père de ce malheureux jeune homme, dit M. de l'Estrades en s'adressant aux témoins de la victime, et je crois, messieurs, que le meurtrier doit être puni et que le soin de sa poursuite vous regarde.

Ce fut alors au tour d'un des témoins du lieutenant Thibault de prendre la parole.

— Monsieur le comte, dit-il, j'ai l'honneur d'être gentilhomme, ainsi ce n'est pas ma cause que je défends, mais celle de M. Thibault, qui sert avec moi dans les gendarmes. M. Thibault a reçu une injure qui, de l'aveu même de M. le capitaine, ne pouvait pas être supportée sans faiblesse. On lui refuse le combat parce qu'il n'est pas gentilhomme, parce que sa mère est une des femmes de la Dauphine: que fallait-il qu'il fît? Il est certain que s'il n'avait pas eu raison du chevalier d'Aubeterre, nous ne l'aurions pas supporté dans les gendarmes du roi. Il a commis une action brutale, mais forcée dans sa position: voilà pourquoi M. le comte de B... et moi, nous ne lui avons pas refusé notre assistance. Le mal vient peut-être de ce que tous les officiers ne sont pas gentilshommes, ou peut-être, pardonnez-moi si je me permets de blâmer un brave militaire qui vient de succomber, peut-être de ce que M. d'Aubeterre a eu le tort de refuser un cartel qui lui a été envoyé.

— Oui, un cartel de M. Thibault, dit le

capitaine de dragons en agitant un papier dans sa main.

— Il nous aurait semblé injuste, poursuivit le gendarme du roi, de forcer d'une part M. Thibault à quitter le régiment s'il ne se battait pas, et de le priver de notre assistance s'il se battait. Il faut donc ne pas poursuivre notre camarade, puisque combat a été loyal.

— Non pas, messieurs, non pas, s'écria M. de l'Estrades, rien ne peut excuser l'action du vainqueur, rien ne peut excuser un homme qui a été assez violent et assez brutal pour frapper la joue d'un gentilhomme. Du reste, tout ceci m'est étranger; cependant comme il paraît que vous ne vous entendez pas sur les suites à donner à cette affaire, et que je ne veux pas que d'un duel en naisse un autre, je vais agir comme il convient à un militaire d'un grade supérieur aux vôtres... Messieurs les dragons, demeurez; vous, messieurs les gendarmes, montez sur vos chevaux et regagnez Paris.

Les gendarmes, peu jaloux, en effet, d'une nouvelle querelle, et qui n'étaient venus sur le pré que pour l'honneur du corps, s'empressèrent d'obéir et se retirèrent.

Quoique le duel fût assez dans les habitudes de M. de l'Estrades, et, qu'ainsi que nous l'avons dit, il eût été fort duelliste dans sa jeunesse, il n'en continua pas moins à presser les officiers de dragons à poursuivre le meurtrier du chevalier, poussé sans doute par un intérêt de caste et par l'amitié qui le liait au marquis d'Aubeterre, père de la victime. Il pria ensuite ces messieurs d'excuser son intervention officieuse, leur offrit ses services qui furent refusés, et prit avec son fils le chemin de Louveciennes.

— Monsieur, dit avec respect Raoul quand le père et le fils furent seuls, quoique je déplore l'accident qui vient d'arriver, et que le spectacle que je viens de voir me remplisse d'émotion, votre sévérité en matière de duels m'étonne; il me semble qu'il y a de ces différends qui, entre gentilshommes, ne peuvent se vider que l'épée à la main.

— Entre gentilshommes, mon fils, vous avez raison. Ici un des deux adversaires n'est point gentilhomme.

— Je croyais, reprit Raoul, qu'un homme qui porte une épée et qui a l'honneur de servir le roi peut se mesurer avec un gentilhomme.

— C'est assez mon avis, et je comprends néanmoins que tout le monde ne le partage pas; mais ce qui m'irrite contre ce M. Thibault, c'est le moyen qu'il a pris pour arriver au duel... Un soufflet! Raoul, un soufflet! Vous figurez-vous la joue d'un gentilhomme souillée par un outrage pareil? Ce qui aggrave donc à mes yeux le tort de l'agresseur, c'est la qualité de cette injure sans nom que les gendarmes du roi ont cherché en vain à justifier.

On se rappelle l'histoire de ce diplomate qui, ayant reçu un soufflet, se hâta de dire :

— Vous voyez, messieurs, qu'un tel vient de me donner un coup de poing.

C'était un moyen de rendre possible l'arrangement d'une affaire qui, sans cela, eût dû se terminer tragiquement. Ce diplomate était de l'école de M. de l'Estrades, qui fit comprendre à son fils qu'un soufflet était la plus mortelle injure qu'un homme pût faire à un autre, et qu'il était indigne d'un gentilhomme d'y avoir recours.

— Il ne faut jamais, lui dit-il, provoquer un duel d'une façon telle, qu'il soit impossible à l'adversaire de reculer. Dans l'affaire dont nous venons d'être presque les témoins, il devait y avoir nécessairement mort d'homme, et qui sait si tout est terminé? Le chevalier d'Aubeterre a une famille nombreuse, il a des frères, il a des cousins qui portent le même nom que lui, et qui probablement voudront effacer la tâche faite à leur nom. Voilà donc de nouveaux duels, et encore si ces combats singuliers étaient, comme on l'a cru autrefois, des jugemens de Dieu! mais vous voyez qu'il n'en est rien. M. Thibault est donc destiné à tuer tous les d'Aubeterre ou à être tué par l'un d'eux. Dans un cas pareil la loi doit intervenir et punir les coupables. Je ne suis donc pas précisément contre le duel, mais contre le fait qui a amené celui-ci.

Raoul avait beaucoup de déférence pour son père, et dans aucun cas il ne se serait permis de soutenir une opinion contraire à la sienne. Dans le moment dont nous parlons, et prêt à faire un aveu difficile, il y songeait moins que jamais; il plaignit le sort du chevalier d'Aubeterre, blâma la conduite de M. Thibault :

— Et, ajouta-t-il, si MM. les officiers de dragons suivent vos conseils, l'officier des gendarmes est perdu.

— Vous croyez, Raoul?

— Oui, mon père; plusieurs duels meurtriers ont eu lieu à Versailles et à Paris, et le roi a déclaré qu'il n'accorderait point de grâce. Au premier événement de ce genre dont on lui apportera la preuve, il compte punir, et vous savez qu'un des témoins de

M. d'Aubeterre tenait cette preuve dans ses mains.

— C'est très bien raisonner, Raoul. Vous étiez donc tout à fait étranger à cette querelle ?

— Je vous assure, mon père, que je ne connais aucune des personnes que nous venons de rencontrer; je ne me croyais pas même aussi près d'elles.

— Ni de moi, Raoul.

— Cela est vrai, mon père.

— Et il en est de même, demanda M. de l'Estrades, de la jeune femme à laquelle vous serviez d'écuyer, ou qui vous accompagnait ?

— Une jeune femme ? dit Raoul, la figure couverte de rougeur.

— Oui, elle a tourné bride dès qu'elle m'a vu, et j'ai cru deviner que ma présence seule vous empêchait de la suivre. C'est sans doute une de ces liaisons dont les fils ne parlent pas à leurs pères... Eh bien, Raoul, je ne vous demande pas votre secret. Dites-moi seulement si c'est le désir de voir votre mère ou moi, qui vous attire dans la forêt de Marly. Vous veniez à Louveciennes, Raoul ?

— Oui... non... oui, mon père.

— Permettez, Raoul, si vous veniez à Louveciennes, vous pourriez avoir rencontré cette jeune femme dans la forêt ; rien de plus simple ; si vous ne veniez pas présenter vos devoirs à votre mère et à moi, alors il y a une grande différence: vous êtes parti de Paris avec elle à une heure bien matinale, et avec une aventurière.

— Une aventurière, s'écria Raoul, dont la figure pâlit de douleur.

— Je vois ce que c'est, dit d'un ton léger M. de l'Estrades, le hasard a tout fait, c'est une rencontre. Vous veniez à Louveciennes; il est nécessaire, en effet, que vous preniez congé de nous, puisque vous allez partir pour Londres... Cette femme est elle jolie ? Je n'ai vu que les plis flottans de sa robe.

— Mon père ! s'écria Raoul, incapable de se contenir davantage, c'est une personne digne de tous mes respects et de tous les vôtres.

— Ah ! vraiment... L'affaire est donc sérieuse. Prenez garde, mon fils, il en est des femmes comme des duels, il ne faut pas s'engager de façon à ne pouvoir reculer sans honneur, ni pour elles, ni pour soi... Éloignez-vous, vous autres, retournez au château, dit-il à ses domestiques.

M. de l'Estrades, s'adossant contre un des grands chênes de la forêt, fit placer son fils devant lui. Le soleil se levait et dorait la cime des arbres, un bruissement d'insectes remplissait toute la forêt; la conversation que nous venons de rapporter avait éloigné MM. de l'Estrades de cette clairière funeste où gisait le chevalier d'Aubeterre, et cet accident fatal, tout à fait étranger au père et au fils, n'occupait plus leur esprit; ils ne songeaient qu'à une affaire personnelle à laquelle, jusque-là, M. de l'Estrades ne pouvait pas attacher beaucoup d'importance et dont son fils seul sentait la gravité. Raoul, placé devant son père, la tête nue, les cheveux légèrement soulevés par le vent du matin, le visage éclairé par les rayons du soleil naissant, était si beau, que son père ne put s'empêcher d'éprouver un mouvement d'orgueil.

— Je conçois, pensa-t-il, qu'une jeune folle se compromette pour un aussi joli garçon. Le vieux mari dort sur la plume dans un des châteaux des environs, et la femme vient, sous les grands arbres de la forêt, écouter les sermens d'amour de ce beau damoisel. Il y en a beaucoup à Versailles qui sont aussi coupables qu'elle sans être aussi excusables.

Les soupçons de M. de l'Estrades n'allaient pas plus loin. Il ne supposait pas que son fils eût, sans son aveu, formé une de ces liaisons qui engagent l'avenir, et ne comptait pas forcer Raoul à lui livrer un nom que la délicatesse du jeune amant devait l'empêcher de prononcer.

— Je devine, Raoul, lui dit-il après un moment de silence, cette personne digne de vos respects et des miens, vous ne pouvez pas la nommer. Vous êtes dans l'âge où l'amour a besoin de mystère. A la bonne heure. Donnez-moi seulement votre parole qu'elle est vraiment digne de respect, à la façon dont on l'entend dans le monde, et nous parlerons d'autre chose.

— Mon père...

— Je comprends que vous lui deviez le secret, Raoul : il faut être loyal avec les femmes.

— Elle ne m'a point demandé le secret, mon père.

— Vraiment ! elle vous a permis de vous ouvrir à votre père ?

— Au moment où vous nous avez surpris ensemble, elle m'y engageait.

— Et quelle est donc cette dame qui veut bien me faire le confident de ses faiblesses pour vous ?

Une idée terrible passa dans l'esprit de M. de l'Estrades. Nous avons dit que sa terre touchait à celle de M. le comte du Puy, récemment achetée par Louis XV qui y avait fait bâtir un pavillon habité par la comtesse du Barry. On pouvait tout supposer d'une semblable favorite, même une dangereuse infidélité. Si Raoul avait eu le périlleux honneur de plaire à Mme du Barry, il était perdu, la Bastille l'ensevelissait pour jamais dans ses cachots.

— Quel est le nom de cette dame? s'écria-t-il.

— Ce n'est point une dame, mon père.

— Ce n'est pas une dame? ce n'est pas une comtesse?

— Non, mon père, et ces rendez-vous sont si innocens, que Mlle de Bridieu elle-même désire que je vous en fasse l'aveu.

Au nom seul de Mlle de Bridieu, la frayeur de M. de l'Estrades se changea en hilarité, les plis de son front s'effacèrent, et il poussa de bruyans éclats de rire.

— Ah! ah! s'écria-t-il, Mlle de Bridieu! Très bien! très bien! Et, dites-moi, Raoul, cette petite personne est-elle un peu jolie? Qu'elle soit digne de tous vos respects, mon cher Raoul, cela vous regarde; mais pour les miens, c'est une autre affaire.

Nous avons dit que sa haine pour M. de Bridieu était mêlée de mépris, qu'il considérait ce gentilhomme comme un malheureux sans cesse poursuivi par la peur de la mort.

— Il porte la camarde en croupe, disait-il volontiers, quand il enfourche sa haridelle; il la fait monter avec lui dans son carrosse, elle partage son lit et sa table. Il fera son fils apothicaire, il mariera sa fille à un médecin; cette famille s'éteindra dans un mortier.

Il trouvait bon que son fils détournât de ses devoirs Mlle de Bridieu, qui, quoique de bon lieu, ne lui paraissait pas placée de façon à s'établir convenablement.

— Mlle de Bridieu, reprit M. de l'Estrades, eh bien! mais, ses beaux yeux vont pleurer, puisque vous allez quitter la France pour quelque temps. Pour vous, vous vous consolerez facilement. Les arbres du parc Saint-James sont plus beaux que ceux de Marly, et les dames anglaises valent mieux que cette fille d'un père maniaque et poltron. Vous l'oublierez facilement, Raoul.

— Jamais, mon père, dit Raoul en mettant la main sur son cœur.

— Dans six mois, vous saurez la valeur de ce mot... Ce que je ne comprends pas bien, ajouta M. de l'Estrades, c'est la raison qui pousse cette jeune fille à vouloir que je sois instruit de ses bontés pour vous... Qu'ai-je besoin de savoir ses intrigues? Je dois être étranger à tout cela.

— Mon père, dit alors Raoul d'un air pénétré, il ne s'agit point d'une intrigue, mais d'un amour aussi respectueux que violent et qui ne date pas d'hier, il a cru chez moi avec l'âge; depuis l'enfance, j'aime Mlle de Bridieu, et je viens vous demander de faire le bonheur de ma vie.

Rien ne pouvait ouvrir les yeux de cet homme prévenu.

— Le bonheur de votre vie? dit-il, c'est à elle qu'il faut demander cela.

— Ah! s'écria Raoul, trompé par le sens qu'on pouvait donner à ces paroles, vous souscririez à mes vœux? Vous consentiriez à demander pour moi, à M. de Bridieu, la main de sa fille?

M. de l'Estrades crut rêver en entendant ces paroles; l'étonnement, la colère, la haine, une certaine confusion qui le saisit en apprenant que son fils avait pu disposer de son avenir à son insu et faire un choix, selon lui, si bas, si contraire à ses traditions de famille, toutes ces sensations le rendirent un instant muet et immobile devant ce fils qui devinait la colère de son père et qui tremblait.

— Suivez-moi, monsieur, dit enfin M. de l'Estrades, il faut que madame votre mère sache tout ceci.

CHAPITRE IV.

La comtesse de l'Estrades.

M. de l'Estrades arriva chez lui sans avoir adressé un seul mot à son fils, qui le suivait désespéré d'avoir cédé, ainsi qu'il venait de le faire, aux volontés de Juana.

— J'ai mal pris mon temps, se disait-il, il fallait attendre une occasion favorable. J'aurais dû surtout prévenir ma mère et la disposer en faveur de mon amour. Elle sait l'art d'amener mon père à ses volontés, et elle aurait eu pitié de Juana et de moi. Pourquoi le blâmer, en effet? La famille de M. Bridieu vaut la nôtre, et sa fortune est supérieure à celle que je dois attendre de mon père.

Il s'affermissait dans son amour tout en redoutant le moment d'une explication décisive.

— Juana, se disait-il encore, sera plus heureuse que moi, son père ne pourra lui résister. Alors tous ses scrupules se dissiperont; elle ne saura rien refuser à mes instances; je l'enlève et nous nous marions à Londres.

Ce qui inquiétait surtout le jeune Raoul,

c'était la surprise qu'allait éprouver sa mère en apprenant son amour; pour servir son fils, elle aurait eu besoin d'être prévenue.

Mme de l'Estrades, femme dont la beauté avait été remarquable et l'était encore, aussi violente et aussi hautaine que son mari, était plus habile et plus adroite que lui, et savait mener à son gré une nature aussi volontaire que la sienne propre; elle avait conquis cet avantage à force de calculs et d'essais, marchant ainsi au pouvoir domestique de tâtonnemens en tâtonnemens. Attachée à ses devoirs et en même temps coquette, d'un tempérament froid et passionnément aimée d'un homme dont une possession de vingt ans n'avait diminué ni l'amour ni la jalousie, Mme de l'Estrades savait céder à propos, ou du moins en avoir l'air. Elle laissait sommeiller sa volonté pour la réveiller au moment précis où elle pouvait faire céder son mari, sans le heurter et en lui persuadant que lui-même avait changé d'avis. Comme toutes les femmes qui aiment moins qu'on ne les aime, elle saisissait l'à-propos et mesurait son pouvoir au poids de la passion de M. de l'Estrades; avec lui, elle était calculatrice et patiente; avec ses gens, avec ses inférieurs, et même avec ses égaux, elle donnait un libre cours à son caractère. Une seule personne la dominait, c'était son fils; le sentiment le plus vif qu'elle eût jamais éprouvé, c'était l'amour maternel, et Raoul avait raison de compter sur son appui. Mme de l'Estrades aurait favorisé l'amour de son fils, parce que Mlle Juana de Bridieu, qu'elle connaissait fort bien, ne lui déplaisait pas, parce que la haine qui séparait les deux familles de l'Estrades et de Bridieu lui paraissait ridicule, et enfin parce que son caractère dominateur aimait la lutte pour la lutte elle-même. Il lui plaisait de déployer toutes les ressources de son esprit, et plus elle avançait en âge, plus elle essayait le pouvoir de ses charmes sur un homme amoureux, mais toujours opiniâtre. Il s'agissait alors de savoir si elle devenait vieille femme.

L'heure était matinale, et cependant au moment où M. de l'Estrades conduisait son fils au château, Mme de l'Estrades avait déjà quitté ses appartemens et était dans son salon, tête-à-tête avec M. le duc d'Aiguillon, ministre de S. M. Louis XV, et ami de la favorite : une puissance du jour, le chef de la faction ennemie des Choiseul, un de ceux qui virent avec le plus de dépit le mariage du Dauphin avec l'archiduchesse d'Autriche. M. le duc d'Aiguillon, homme de trente-six ans environ, assez grand et un peu gros, très bien fait et d'une figure aussi gracieuse qu'imposante, était venu aux affaires dans des circonstances telles, qu'il a dû être sévèrement jugé par tous les partis; il en résulte qu'il a laissé la réputation d'un ambitieux habile, souple, et dur au besoin, disent quelques historiens. Il dut en partie son élévation aux bontés de la du Barry, à laquelle il montra toujours un grand dévoûment. A la mort de Louis XV, il disparut nécessairement de la scène politique. On le regardait comme très dangereux auprès des femmes; il avait, en effet, pour elles un penchant très vif, et le pouvoir dont il jouissait, son crédit, son âge, sa figure, tout lui assurait de faciles conquêtes dans une cour très corrompue. M. le duc d'Aiguillon ne songeait nullement à courtiser Mme de l'Estrades; il aimait le mari et connaissait à peine la femme : une nouvelle pénible à annoncer l'amenait seule, et il avait voulu en adoucir l'amertume par sa présence. Quand on sut dans le château qu'un ministre du roi demandait à voir M. de l'Estrades absent, la nouvelle s'en répandit aussitôt, et Mme la comtesse, qui était encore entre les mains de ses femmes, se hâta d'achever sa toilette et d'accourir auprès d'un duc et pair, dont la venue annonçait une faveur. Nul doute que M. d'Aiguillon n'apportât le pli ministériel attendu et que M. de l'Estrades ne fût gouverneur de la ville de Reims. La figure seule de M. le duc d'Aiguillon démentait ces espérances, et Mme la comtesse était trop habile pour se méprendre à l'attitude du ministre. Après les premiers complimens, son caractère décidé l'emporta sur les convenances, et allant droit au fait que lui annonçait cette visite imprévue,

— M. le duc, dit-elle, vous allez vous plaindre de la cour, où rien n'est certain, où ce qu'on tient aujourd'hui échappe demain. Ce ne sont pas les bons serviteurs qui sont récompensés, mais les courtisans obséquieux et sans vergogne, je devine monsieur le duc?

— Cela est vrai, madame, dit le duc d'Aiguillon en s'inclinant respectueusement devant la comtesse, dont les regards trahissaient l'irritation.

— Cependant, vous êtes très puissant dans cette cour, vous disposez à votre gré de toutes les grâces, de toutes les faveurs...

— Hélas! madame, reprit le duc, je viens apporter à mon ami, M. de l'Estrades, la preuve du contraire.

— J'entends; malgré votre promesse, car M. de l'Estrades a votre parole...

— Oui, madame, cela est vrai.

— En dépit de votre parole, reprit Mme de l'Estrades, un autre que mon mari est gouverneur de la ville de Reims.

— Oui, madame, mon crédit a été moins grand que ma bonne volonté.

— Vraiment! s'écria Mme de l'Estrades avec ironie, et que ne vous adressiez-vous à votre puissante amie, à cette femme qui peut tout, excepté cependant vous refuser quelque chose?

— Vous voulez parler de Mme la comtesse du Barry? répondit le duc d'Aiguillon avec le plus grand sang-froid.

— Précisément, monsieur le duc, on sait qu'elle ne vous résiste pas et vous n'aviez qu'un mot à lui dire pour tout obtenir.

— Au contraire, madame, l'obstacle est venu de là.

— Est-ce que votre faveur diminue, monsieur le duc?

— Non, madame; mais Mme la comtesse du Barry a des caprices.

— Dont vous avez à vous plaindre?

— Non pas moi, madame, mais vous et M. le comte de l'Estrades.

— Nous n'avons point de rapports avec la comtesse, monsieur le duc, dit Mme de l'Estrades avec fierté.

— Voilà pourquoi, madame, elle ne vous favorise pas. Elle a disposé du gouvernement de Reims pour un ami qu'elle protége...

— Plus que vous? demanda Mme de l'Estrades.

M. d'Aiguillon était fort mécontent du rôle qu'il jouait depuis un quart d'heure auprès d'une femme qui le prenait avec lui sur un ton auquel il n'était plus accoutumé. Vain et orgueilleux comme il l'était, ce dernier trait le blessa.

— Madame, dit-il en élevant la voix, je ne suis le protégé de personne, si ce n'est celui du roi, mon maître.

— Très bien! monsieur le duc; mais votre parole! s'écria Mme de l'Estrades.

— Ma parole, madame, je ne la nie pas, je viens la retirer, pour l'acquitter plus tard.

— Ah! monsieur le duc, s'écria Mme de l'Estrades hors d'elle-même, j'attendais davantage de votre loyauté.

Ce fut sur ces dernières paroles que M. de l'Estrades entra dans son salon, suivi de son fils. Il ne s'attendait nullement à trouver chez lui M. le duc d'Aiguillon à une heure pareille. Il croyait que sa femme n'avait pas encore quitté son appartement, ni même son lit, et il la trouvait seule avec un homme puissant, signalé par ses galanteries, et qu'il supposait ne pas connaître la comtesse. Il arrivait au milieu d'une conversation vive, puisque Mme de l'Estrades accusait presque le duc de déloyauté. Or, une accusation semblable suppose des promesses, et par conséquent une intimité: on ne peut pas être déloyal envers ceux auxquels on n'a rien promis. Il se passait donc chez lui des choses qu'il ignorait, sa femme avait des accointances mystérieuses avec le ministre, et peut-être venait-il chercher auprès d'elle la récompense d'une faveur promise, et qu'il attendait encore. Troublé par ce qu'il voyait, agité par l'aveu que venait de lui faire son fils, il s'avança fièrement vers le duc, et avec plus de brusquerie que de politesse:

— Qu'y a-t-il, monsieur le duc? dit-il, Mme la comtesse paraît surprise de la visite dont vous l'honorez.

Il disait le contraire de ce qu'il pensait.

— Ce n'est pas précisément une visite, répondit le duc d'Aiguillon avec une hauteur qui étonna Mme de l'Estrades; j'apprends à madame la comtesse une nouvelle fâcheuse... avec un regret dont elle ne me tient pas compte. J'espère que vous me rendrez plus de justice qu'elle. Malgré toute ma bonne volonté, vous ne serez pas gouverneur de Reims: Mme la comtesse du Barry a disposé de ce commandement en faveur de M. de Bridieu. Veuillez me croire votre serviteur, monsieur.

En achevant ces mots, M. le duc d'Aiguillon fit un salut profond à Mme de l'Estrades et quitta le salon et le château.

M. de l'Estrades demeura anéanti, la surprise lui ôta la parole. M. de Bridieu l'emportait sur lui! et pourquoi encore? pour un commandement militaire! Cet homme, qui ne marchait qu'escorté de la faculté, qui attendait pour respirer la permission de son médecin, sollicitait et obtenait un commandement militaire! Qu'on lui donnât à gouverner un hôpital, à la bonne heure; mais une ville! et le préférer à lui! c'était le comble de l'outrage.

— M. de Bridieu! murmurait-il, M. de Bridieu, il veut m'enlever ma place... et mon fils... nous verrons cela... et vous, madame, ajouta-t-il, en élevant la voix, qu'attendiez-vous de M. le duc d'Aiguillon? Pourquoi venez-vous d'en appeler à sa loyauté?

Mme de l'Estrades comprenait la colère de son mari et il ne lui avait pas été difficile de deviner sa jalousie. La lutte allait donc commencer; il s'agissait pour elle, de vaincre plus tard, dût-elle avoir le dessous dans la première escarmouche.

— Vous savez, répondit-elle tranquillement que je ne connais pas M. le duc, rien ne m'a surpris comme son arrivée matinale au château. Je viens d'en appeler à sa loyauté, non pour moi, à qui il n'a rien promis, mais pour vous, puisqu'il vous manque de parole.

— Ce M. de Bridieu a eu l'audace de marcher sur mes brisées, disait M. de l'Estrades en arpentant son salon... Ah! je vois ce que c'est... il refusera : c'est certain, et j'aurai le déboire d'occuper une charge dont il n'aura pas voulu... Raoul, Raoul, voilà ce que c'est que les Bridieu: la fille ne vaut pas mieux que le père.

— Mon ami, dit la comtesse d'une voix qu'elle rendit doucereuse, je commence à croire que vous avez eu tort de ne pas cultiver Mme la comtesse du Barry, personne ne vous aurait blâmé... Une aussi proche voisine... et qui a tant de crédit! M. de Bridieu est mieux avisé que vous.

Ces mots irritèrent encore la colère de M. de l'Estrades :

— Très bien, madame, je crains que vous n'en sachiez plus long que moi sur cette affaire... J'aurai l'honneur, madame, de vous entretenir à ce sujet.

Et il sortit pour donner un libre cours à ses réflexions chagrines et aigrir encore sa colère par la solitude.

— Mon fils, demanda la comtesse à Raoul quand elle fut seule avec lui, il y a quelque chose dans ce que vient de dire votre père que je ne comprends pas bien. Qu'y a-t-il de commun entre vous et les de Bridieu?

— J'aime Mlle Juana de Bridieu, répondit Raoul.

Et il raconta à sa mère dans tous ses détails cet amour qui avait commencé, lui dit-il, avec sa vie. Il la pria, il la conjura ensuite de lui être favorable.

— Vous avez eu tort de vous ouvrir d'abord à votre père; il fallait vous adresser à moi.

— C'était mon projet, madame, mais la nécessité m'a contraint à parler : mon père vient de me surprendre dans la forêt de Marly, en la compagnie de Mlle de Bridieu.

Mme de l'Estrades sourit :

— Et il a juré que ce mariage ne se ferait pas ?

— Oui, ma mère.

— Eh bien! mon ami, partez pour Londres, ainsi que le veut votre père; laissez la famille de Bridieu s'installer à Reims, et remettez votre sort entre mes mains, vous épouserez celle que vous aimez. Mais point d'impatience, Raoul, il me faut du temps.

Il est nécessaire d'expliquer comment et pourquoi M. de Bridieu avait été revêtu d'une charge qu'il ne sollicitait pas, et de dire quelques mots de la femme qui la lui fit obtenir.

Nous n'avons pas à nous expliquer sur le rôle que jouait à la cour Mme du Barry, l'histoire que nous racontons se passant vingt ans avant la révolution de 89, et n'ayant avec elle aucun rapport, ni éloigné, ni prochain, nous ne jugerons pas une personne qui y périt si misérablement ; mais il est curieux de rappeler l'effet que produisit cette femme sur deux hommes qui ont marqué dans cette crise violente. Brissot raconte qu'à l'époque de l'arrivée de Voltaire à Paris, il venait de terminer l'introduction de sa *Théorie des lois criminelles*, et qu'il voulut présenter cette préface à l'homme qui occupait alors Paris tout entier.

« Un jour, dit-il, que je me sentais l'esprit entreprenant et décidé, je pars avec mon ouvrage sous le bras et armé de courage et d'éloquence. Arrivé au Pont-Royal, mon courage commence à s'affaiblir; enfin, j'avance et j'entre dans l'hôtel du marquis de Vilette. J'étais presque parvenu à l'antichambre, la porte s'entr'ouvrit ; assailli par ma sotte timidité, je redescendis rapidement, mais honteux de moi-même, je retournai sur mes pas. Une femme que le maître de la maison venait de reconduire, était au bas de l'escalier. Cette femme était belle, et elle avait une physionomie aimable. Je n'hésitai pas à m'adresser à elle ; je lui demandai si elle pensait que je pusse être introduit auprès de Voltaire, en lui apprenant ingénument quel était l'objet de ma visite.

— M. de Voltaire n'a reçu presque personne aujourd'hui, me répondit-elle avec bonté ; cependant, monsieur, c'est une grâce que je viens d'obtenir, et je ne doute pas que vous ne l'obteniez aussi.

Et comme si, à mon embarras, elle eût deviné ma timidité, elle appela elle-même le maître de la maison, qui n'avait pas encore fermé la porte sur lui. Je dois nommer cette femme aimable : c'était Mme la comtesse du Barry. En me rappelant son sourire si plein de grâce et de bonté, je suis devenu indulgent et je laisse à d'autres le soin de la blâmer. On ne pouvait avoir plus d'attrait, ajoute Brissot, ni un plus grand assortiment de beautés. Ses qualités, et elle en avait, étaient à elle, et si on songe à sa naissance, à son éducation et à ceux qui ont disposé d'elle, on reconnaîtra que ses vices vinrent d'autrui. »

Ce jugement de la part de Brissot ne manque pas de singularité. Mirabeau a laissé de Mme du Barry un portrait non moins remarquable; nous n'en pouvons citer que quelques traits.

« Elle avait une vertu, dit-il, qui lui attirera la pitié et le pardon de la postérité : elle était bonne. Jamais elle n'a provoqué un châtiment! Jamais elle n'a cherché à se venger d'une injure. Elle n'humilia pas même les personnes qu'elle pouvait perdre. Le plus grand de ses torts fut d'avoir un insatiable tuteur. Il est des hommes dont on ne s'affranchit pas impunément. Elle ignorait, sans doute, les punissables prodigalités de son trop célèbre beau-frère ; peut-être imaginait-elle que la reconnaissance lui prescrivait une complaisance que l'administration d'alors ne semblait que trop excuser. Nous expions un peu aujourd'hui, ajoute Mirabeau, le faste de Louis XIV, les folies du Régent et l'insouciance de Louis XV. »

On s'étonnera de la douceur de ces jugemens. A quoi tiennent-ils? peut-être à la corruption de l'époque, peut-être aussi à la beauté souveraine de cette femme, beauté qui subjuguait ceux qui se trouvaient sur ses pas. Il faut ajouter qu'elle fut reconnaissante de l'indulgence que lui montra Louis XVI. Surprise par la révolution, elle alla à Londres afin de vendre ses diamans et d'en déposer le prix entre les mains du roi. L'offre fut faite, et nécessairement refusée. On lui reproche d'être morte sans courage et d'avoir donné sur l'échafaud l'unique exemple de la peur. « Son dernier jour, a dit un historien, fut sa dernière faiblesse et sa mort sans courage parut être l'aveu de sa vie. Cela devait être, c'était une femme bonne, ce n'était pas une femme honnête. »

Revenons en 1772. Alors Mme du Barry régnait à Louveciennes, qui venait de sortir comme par enchantement des mains des architectes et des peintres. Une salle à manger, deux salons, une chambre à coucher et un boudoir, sans parler des pièces de dégagement et des communs, composaient seuls ce petit palais ou ce pavillon, car tel était le nom qu'on lui donnait; mais l'art avait épuisé ses ressources pour embellir cette demeure enchantée. La salle à manger, d'un ovale parfait, était revêtue de marbres précieux et décorée de pilastres corinthiens avec bases et chapiteaux de bronze doré ; les peintures de Feuillet, de Métivier, de Fragonard ornaient le salon de réception et celui du jeu. On n'avait rien vu jusque-là de plus élégant que le boudoir, rien de plus riche, de plus recherché que les meubles et les ornemens de cette retraite quasi royale: les tables, les feux, les chambranles des cheminées, tout, jusqu'aux serrures, était d'un fini précieux. Le petit nègre Zamore fut nommé gouverneur de ce palais; là venaient le chancelier Maupeou, M. le duc d'Aiguillon et la foule des courtisans; parmi eux on voyait souvent aussi M. de Bridieu. Il avait été le courtisan de Mme de Pompadour; il l'était de Mme du Barry. Quand il s'était montré à Versailles et à Marly, il consacrait un jour à Louveciennes. Cet hypocondre, qui croyait mourir toutes les nuits, qui le matin se demandait s'il verrait le coucher du soleil, et dont la fortune était plus que suffisante à ses besoins, avait de l'ambition comme un homme bien portant et pauvre. Il suivait en cela, d'ailleurs, les conseils de son médecin :

— Vous avez besoin d'un travail qui tienne en haleine votre esprit et votre corps, lui avait dit le praticien philosophe. A votre place, je ferais des serrures, comme Mgr le Dauphin, et j'apprendrais à tourner en bois, comme un simple ouvrier du faubourg St-Antoine.

— Est-ce qu'un bon emploi à la cour ne vaudrait pas mieux que tout cela, M. le docteur?

— Eh! eh ! cela dépend, répondit le docteur en hochant la tête.

— Je sais l'espagnol comme feu la régente Anne d'Autriche. J'entends parfaitement l'anglais, et je sollicite depuis longtemps la place d'introducteur des ambassadeurs. Cela ne vaut-il pas mieux que de tourner du bois? demandait le valétudinaire gentilhomme.

— Oui, oui, disait le médecin, il faut vous occuper, voilà l'essentiel.

Et M. de Bridieu, toujours muni d'un placet, se trouvait le plus qu'il pouvait sur le chemin de Louis XV et de tous les personnages en crédit. La veille même de la matinée dont nous venons de rapporter les événemens, M. de Bridieu, s'enveloppant dans son manteau pour se garantir de la fraîcheur du soir, monta sur son vieux cheval, et, accompagné de son valet, traversa la forêt de Marly et monta cette chaussée royale qui sert de route entre St-Germain et Versailles, et se bifurque pour desservir Louveciennes. On la nommait alors la route de la Princesse. Elle existe encore, mais nous croyons qu'elle a changé de nom. En levant un peu la tête, le gentilhomme voyait le pavillon de la comtesse, qui brillait de mille lumières, et de temps en temps, il se rangeait sur le bord de la route, pour laisser passer des équipages dont les chevaux dépassaient facilement le sien.

—Monsieur de Bridieu! dit une voix partie de l'intérieur d'un de ces carrosses.

Le cocher modéra le pas de ses chevaux et M. de Bridieu fit avancer sa monture jusqu'à la portière. Il regarda alors la personne qui occupait l'intérieur du carrosse.

— Ah! monsieur le duc de la Vauguyon, dit-il. J'ai l'honneur de vous présenter mes respects, monsieur le duc.

— Mon cher de Bridieu, lui dit le duc, vous voilà donc tout à fait bien portant, que vous êtes à cette heure par les chemins?

— Non pas, monsieur le duc; mais il faut bien aller faire sa cour.

— Ah! vous allez jusqu'à Louveciennes? Très bien, monsieur! le roi vous en saura gré. Sa Majesté m'a parlé de vous aujourd'hui. N'étiez-vous pas hier au débotter?

— J'ai eu cet honneur, monsieur le duc.

— Le roi vous a aperçu. Et vous sollicitez quelque chose, je crois?

— Oui, monsieur le duc, la place d'introducteur.

— Vous l'aurez, monsieur de Bridieu.

— Je serai nommé introducteur des...

— Cela ou autre chose. Le roi songe à vous.

Et le duc fit signe à son cocher d'avancer. Celui-ci fouetta ses chevaux qui s'élancèrent au galop. M. de Bridieu demeura seul sur le chemin, le cœur gonflé, la joie à l'œil, rayonnant de plaisir. Il se redressa sur sa selle, il assura ses pieds dans ses étriers, son sang circulait facilement, sa tête était libre, il n'était plus malade. M. de la Vauguyon venait de lui administrer le remède prescrit par son médecin.

— Le roi pense à moi, je serai introducteur des ambassadeurs; c'est le plus grand roi du monde, pensa-t-il, exactement comme Mme de Sévigné, lorsque cent ans auparavant elle eut l'honneur de danser avec Louis XIV.

Il donna de l'éperon à son cheval et ne tarda pas à arriver à Louveciennes. La compagnie était rassemblée dans le salon du jeu. M. de Bridieu entra, ne comptant guère demeurer qu'un moment : le temps de se faire voir. Ce n'était pas, selon lui, Mme du Barry qui pouvait lui annoncer la faveur du roi. Il voulait donc se coucher de bonne heure, et partir le lendemain pour Versailles. Mme du Barry n'était pas dans le salon du jeu; elle allait y paraître dans quelques instants. M. de Bridieu s'assit dans un coin et attendit, en songeant à l'éclat dont une faveur royale allait bientôt faire resplendir son nom.

La comtesse du Barry était dans son boudoir avec ses amis les plus intimes et quelques dames qui s'étaient attachées à sa fortune. Elle était alors dans tout l'éclat de sa fraîcheur et de sa beauté, et une parure de bon goût rehaussait ses grâces naturelles. Assise sur un meuble de satin, broché d'argent, nommé bergère, elle se pencha vers la marquise de Mirepoix, qui occupait un pliant auprès d'elle.

—Marquise, lui dit-elle, que devient notre duc d'Aiguillon? Est-ce que Versailles ne nous le rendra pas ce soir?

— Vous pouvez compter sur lui pour le souper, comtesse.

— Et Maupeou? demanda la comtesse.

M. de Maupeou était dans un coin du boudoir, à demi caché sous les plis de soie d'un rideau. C'était ce chancelier, ce chef fameux d'un Parlement auquel il a donné son nom, et dont il est inutile de parler ici; nous dirons seulement qu'il avait poussé la courtisanerie jusqu'à se prétendre le parent de la comtesse et qu'il ne l'appelait que ma cousine. Dès qu'il s'entendit nommer, M. de Maupeou fit un pas en avant, mais la comtesse qui venait de voir paraître M. de la Vauguyon l'arrêta d'un regard et quittant sa bergère, elle s'avança vers le duc qui arrivait de Versailles et pouvait donner un avis utile, ou apprendre une nouvelle importante.

— Que m'annoncez-vous de nouveau, monsieur le duc? demanda-t-elle en parlant à voix basse.

— Rien, madame, répondit le duc, si ce n'est que...

Et le duc se pencha vers la jolie oreille de la comtesse et se mit à lui parler d'une voix plus basse encore.

A la cour ou dans les lieux environnans, tout a de l'importance, et surtout les choses qui paraissent mystérieuses. Les courtisans veulent tout savoir; quand le fond d'une affaire leur échappe, ils cherchent à la deviner sur le moindre indice, sur un geste, sur un mot à peine sorti des lèvres. M. de Maupeou s'était rapproché de Mme de Mirepoix. Ils se parlaient tous deux sans s'écouter, mais avaient les oreilles tendues vers Mme du Barry et M. de la Vauguyon. Tout d'un coup, sur un mot saisi à la volée, le visage de Mme de Mirepoix se rasséréna.

— Ce n'est rien, dit-elle, il s'agit de M. de Bridieu.

— Qu'est-ce que M. de Bridieu ? demanda M. le chancelier.

— Un vieux gentilhomme assez ridicule, qui depuis vingt ans annonce tous les jours sa mort et qui peut-être a deviné juste... il est peut-être mort dans la journée. Il laisse une jolie fille et un fils dans les gardes du corps de Sa Majesté.

— Vous avez raison, monsieur le duc, dit à haute voix Mme du Barry, j'en parlerai au duc d'Aiguillon... Zamore! Zamore!

Un petit nègre plus noir que l'ébène et magnifiquement vêtu d'une étoffe tramée d'or et de soie, parut tout d'un coup. On aurait dit qu'il sortait de dessous terre; en réalité, il était caché derrière un paravent en laque de Chine, et attendait les ordres de sa maîtresse. La comtesse lui fit un signe, Zamore sortit du boudoir et y rentra bientôt ramenant le duc d'Aiguillon, que le petit nègre venait de trouver dans le salon du jeu.

— Ah! arrivez, monsieur le duc, lui dit la comtesse, où vous cachez-vous donc ?

— Dans votre salon, madame; je viens de perdre quarante louis au passe-dix avec une fort jolie femme qui joue avec un bonheur...

— Laissons cela, mon cher duc, il s'agit de rendre un service à Sa Majesté.

— C'est à cela que ma vie est consacrée, madame, dit le duc en souriant.

— Vous connaissez M. de Bridieu.

— Parfaitement, un vieux gentilhomme pâle, maigre, décharné, il a l'honneur d'être chez vous au moment même; je viens de l'apercevoir.

— Bridieu n'est pas mort, dit Mme de Mirepoix à M. de Maupeou, il veut finir en belle compagnie, il va expirer chez la comtesse.

— M. de Bridieu devient plus jaune tous les jours, comtesse, reprit le duc d'Aiguillon, il est orange, même aux flambeaux.

— Je le connais, je le connais, dit Mme du Barry, ce n'est pas de la vieillesse, c'est de la caducité.

— C'est l'une et l'autre, ajouta M. de la Vauguyon.

— Il est du même âge que le roi ? demanda Mme du Barry avec inquiétude.

— Il a dix ans de moins, dit M. de la Vauguyon.

— Cependant il était à la bataille de Fontenoi; Sa Majesté prétend l'y avoir vu, et elle ajoute même que M. de Bridieu s'y est distingué.

C'était M. le duc d'Aiguillon qui parlait.

— Quoi qu'il en soit, dit la comtesse, c'est une figure qui porte malheur! Sa Majesté a dit ce matin à M. de la Vauguyon que, quand elle voit ce spectre ambulant, il lui semble qu'elle a la petite mort dans le dos. Et M. de Bridieu va deux fois la semaine à Versailles, il ne quitte pas Marly, et vous voyez qu'il me poursuit moi-même à Louveciennes.

— Nous ferons dire à M. de Bridieu de mettre un peu de rouge, dit M. d'Aiguillon; et si vous voulez lui envoyer du vôtre, belle comtesse, il sera heureux d'obéir.

— Il faut faire mieux que cela, monsieur le duc, reprit alors la comtesse du Barry : il faut éloigner M. de Bridieu.

Le duc d'Aiguillon regarda la comtesse d'un air étonné; il la savait éloignée de ces mesures sommaires qui jadis n'arrêtaient pas Mme de Pompadour, et il ne comprenait nullement ce qu'il entendait. Il tourna un peu la tête vers M. de la Vauguyon, qui, devinant son embarras, souriait avec malice.

— L'éloigner, répéta-t-il, éloigner M. de Bridieu !..... comment l'entendez-vous, comtesse ?

— Vous sentez, mon cher duc, que rien n'est si fatigant pour le roi que de voir sans cesse cette figure patibulaire, cela rend le roi triste, il faut l'en débarrasser. Le roi vous en prie, monsieur le duc.

— J'obéirai, madame.

— Imaginez, monsieur le duc, dit M. de la Vauguyon, que M. de Bridieu veut être introducteur des ambassadeurs, cela le rapprocherait encore de Sa Majesté... cela est impossible.

— Tout à fait impossible, dit Mme du Barry.

— Eh bien ! reprit le duc d'Aiguillon impatienté, au lieu d'un introducteur, faites un ambassadeur, envoyez M. de Bridieu à Ispahan, à Tombouctou, chez les Baskirs, au nord, au midi, où vous voudrez.

— Il refuserait, dit Mme du Barry, il faut quelque chose de plus simple que cela et surtout de plus près. Je ne veux pas la mort de M. de Bridieu, il ne s'agit que de mettre une trentaine de lieues entre lui et Marly.

— J'ai entendu dire, reprit M. de la Vauguyon, que le gouverneur de Reims venait de mourir, envoyez M. de Bridieu à Reims, c'est un ancien militaire : le choix est convenable.

M. d'Aiguillon avait promis la lieutenance, ou, si l'on veut, le commandement de la ville de Reims à M. de l'Estrades, mais il s'intéressait médiocrement à ce gentilhomme, et satisfaire le moindre caprice de Mme du Barry était plus précieux pour lui que le soin de tenir sa parole. Il voulait donc bien céder même à un caprice de la favorite, mais il n'entendait pas abandonner M. de l'Estrades en faveur d'un protégé de M. de la Vauguyon. Celui-ci devina la pensée du ministre et il se hâta de dire :

— Reims, M. le duc, ou La Rochelle, ou Montauban… ou… ou la Bastille.

— Oh ! s'écria Mme du Barry d'un air chagrin, pourquoi prononcer ce vilain mot là ?

M. le duc d'Aiguillon était rassuré.

— Madame, dit-il en s'inclinant, vous serez obéie, M. de Bridieu sera envoyé à Reims,

— Vous ne me comprenez pas bien, mon cher duc, il faut qu'il parte, demain, cette nuit, tout à l'heure.

— Quelle nécessité, madame ?

— Demandez à M. de la Vauguyon, dit la comtesse, la figure de cet homme assombrit Sa Majesté pour huit jours.

— Sa Majesté ne verra plus M. de Bridieu, répondit le duc d'Aiguillon, je vous le promets.

— C'est que, dit encore la comtesse, il est capable de vouloir aller à Versailles exprès pour remercier le roi.

— J'y mettrai bon ordre.

— Vous avez un moyen ?

— Oui, madame.

— Mais point de violence ; il ne faut pas qu'une répugnance du roi ait quelque chose de pénible pour ce pauvre M. de Bridieu.

— Que vous êtes bonne, comtesse ; soyez sans inquiétude.

— Eh bien ! dit Mme du Barry en riant, je vais annoncer sa bonne fortune à M. de Bridieu ; le reste vous regarde, cher duc.

Et s'appuyant sur le bras du duc d'Aiguillon, Mme du Barry quitta son boudoir et passa dans son salon où la foule de ses courtisans l'attendait avec impatience.

— Qu'ont-ils donc à démêler avec ce M. de Bridieu ? demanda M. de Maupeou à Mme de Mirepoix.

— Rien qui puisse nous intéresser, M. le chancelier ; ne nous occupons donc pas de lui. Je vais jouer contre la comtesse, et je suis dans l'habitude de gagner son argent. Mettez-vous de mon jeu.

— Très volontiers, madame.

Cependant Mme du Barry, appuyée sur le bras du duc, parcourait son salon, distribuant ses sourires et promettant à tous une bienveillance, soumise, hélas ! à l'approbation de Jean du Barry, son beau-frère, ce terrible tuteur que Mirabeau accuse avec raison des prodigalités de cette femme, plutôt insoucieuse qu'avide. Elle aperçut M. de Bridieu et alla droit à lui. Celui-ci se leva le cœur joyeux et préparé par M. de la Vauguyon à une nouvelle heureuse, il fit un pas vers la comtesse.

— Je vous fais mon compliment, M. de Bridieu, lui dit Mme du Barry, le roi a songé à vous… Vous êtes très bien dans l'esprit de Sa Majesté.

— Madame, madame la comtesse, reprit M. de Bridieu, à qui la joie coupait la respiration, je suis ravi d'apprendre que Sa Majesté… et de l'apprendre d'une aussi belle bouche, ajouta-t-il avec effort.

Tandis qu'il cherchait inutilement la fin d'une phrase commencée, la comtesse quitta doucement le bras qui la soutenait ; elle s'éloigna sans répondre, mais sans cesser de sourire, et le duc d'Aiguillon demeura seul, debout, devant M. de Bridieu.

— Recevez mes complimens, monsieur, lui dit le duc, la faveur du roi est doublée par la façon dont on vous l'annonce… Vous le voyez, je ne suis que le second à vous instruire : Mme la comtesse a voulu me devancer.

— Je suis donc introducteur des ambassadeurs ! s'écria M. de Bridieu au comble de la joie.

— Introducteur des ambassadeurs ! dit M. d'Aiguillon étonné, et qui crut que le gentilhomme perdait la tête, pas le moins du monde, monsieur.

— Comment, je ne suis pas nommé ?

— Vous êtes nommé gouverneur de la ville de Reims, et j'ai le bonheur d'être pour beaucoup, monsieur, dans cette faveur royale.

— Pardon, monsieur le duc, mais il me semble que Mme la comtesse du Barry vient de m'annoncer…

— Ce que j'ai l'honneur de vous confirmer, monsieur.

— C'est que, M. le duc, je sollicite depuis longtemps la place d'introducteur…

— Des ambassadeurs, se hâta de dire M. d'Aiguillon, et vous êtes gouverneur de la ville de Reims.

— Il n'y a pas parité, M. le duc, je demandais beaucoup mieux et j'espérais…

M. d'Aiguillon l'interrompit gravement :

— Vous êtes dans une grande erreur, dit-il à M. de Bridieu, vous avez plus que vous ne vouliez.

— Comment, monsieur le duc ?

— N'est-il pas vrai que quand le roi fait

une grâce, on en mesure la valeur, non pas sur son importance réelle, mais sur la pensée secrète qui a guidé Sa Majesté.

— Sans doute, M. le duc, mais...

— Veuillez m'écouter jusqu'à la fin, dit le duc en prenant affectueusement les mains de M. de Bridieu.

— Je vous écoute, M. le duc.

— Sa Majesté, continua le duc d'Aiguillon, de l'air le plus sérieux, n'a jamais oublié vos services, elle se souvient de votre conduite à Fontenoi...

— Ah ! M. le duc.

— Et si jusqu'ici elle n'a rien fait pour vous, c'est qu'elle sait que vous n'avez nul besoin de ses bontés. Ce qui l'intéresse, ce n'est pas votre fortune, c'est votre santé.

— Comment, Sa Majesté daigne s'occuper...

— Sans que vous vous en doutiez, Sa Majesté cherche continuellement un remède à vos maux. Elle a consulté ses médecins, et même des médecins de Paris. A votre insu vous avez été entouré de gens qui ont épié vos habitudes, votre façon de vivre, qui ont lu vos souffrances sur votre figure, et qui en ont deviné les causes secrètes.

— Oh ! ciel ! s'écria M. de Bridieu, que de bontés ! je devrai ma guérison aux soins de Sa Majesté.

— Et à sa sollicitude pour vous, c'est probable. Ce qui vous tue, c'est l'air.

— L'air, M. le duc ?

— Oui, l'air qu'on respire à Marly et à Versailles, est mortel pour vos poumons.

— Qui se serait douté de cela ? s'écria M. de Bridieu.

— Ni vous, ni moi, mon cher monsieur de Bridieu, ce sont les médecins qui se sont donné cette peine, par l'ordre du roi. J'ai leur consultation dans ma poche.

M. d'Aiguillon se fouilla, il tira de sa poche quelques papiers, qu'il eut l'air d'examiner.

— Ce n'est point cela, dit-il, j'ai laissé cette pièce dans mes bureaux ; c'est assez naturel, puisque je n'étais pas sûr de vous rencontrer ici. J'en ferai faire une copie, que je vous enverrai.

— Que de remercîmens, monsieur !

— Point du tout ; c'est moi qui ai des excuses à vous faire et à vous demander une grâce... Permettez-moi d'achever : il est décidé, monsieur, que l'air que nous respirons ici est mortel pour vous, tandis que les salutaires émanations de la Champagne guériront sans doute tous vos maux. Sa Majesté n'a point hésité, réjouissez-vous, monsieur, vous ne serez point introducteur des ambassadeurs : le roi vous envoie à Reims.

M. de Bridieu, les yeux pleins de larmes, chercha vainement des termes assez vifs pour exprimer sa reconnaissance.

— Maintenant venons à moi, monsieur, dit M. d'Aiguillon.

— Serais-je assez heureux, monseigneur, dit M. de Bridieu, pour pouvoir vous rendre un service ?

— Un très grand. Ecoutez-moi. Comblé, comme vous l'êtes, des bontés du roi, certain même de son amitié particulière, vous ne voudrez pas quitter Marly sans aller remercier le roi ?

— Je vous l'assure, monsieur le duc. Demain je cours à Versailles.

— C'est ce dont il faut vous garder.

— Pourquoi cela ?

— Par intérêt pour moi.

— Pour vous, monsieur le duc ?

— Oui. Si vous tenez à ne pas me perdre, vous partirez sans voir le roi.

— Eh ! grand Dieu ! que pensera Sa Majesté ?

— Ne craignez rien, le roi sait déjà à quoi s'en tenir là-dessus. J'ai arrangé l'affaire : j'ai tout mis sur le compte de votre mauvaise santé.

— Monsieur le duc, je ne vois pas la raison qui vous a fait agir ainsi : manquer à la reconnaissance envers mon souverain, et j'oserais dire montrer de l'ingratitude pour son illustre amitié ! Mon Dieu ! que doit penser de moi Sa Majesté ?

— Je vous ai dit que j'avais besoin de votre indulgence, M. de Bridieu, répondit le duc affectant l'air humble d'un solliciteur, vous allez en juger. Il y a quinze jours que vous êtes nommé, et j'ai négligé jusqu'ici, et de vous faire savoir votre bonne fortune, et de signer votre brevet. Quand avez-vous vu Sa Majesté pour la dernière fois ?

— Il y a huit ou neuf jours, monsieur le duc, le dimanche au sortir de la chapelle.

— C'est cela même, j'étais auprès du roi.

— Oui, monsieur le duc.

— N'avez-vous pas remarqué que Sa Majesté, en vous apercevant, fronça le sourcil.

— Non, monsieur le duc.

— Et qu'elle se pencha vers moi ?

— Je ne me le rappelle pas.

— Elle me dit : Mais M. de Bridieu est encore ici ! Il veut donc mourir ?... ou peut-être ne fait-il aucun cas de mes bontés ?...

— Oh ! monsieur le duc ! monsieur le duc ! s'écria M. de Bridieu, dont l'esprit s'indignait d'une supposition pareille.

— Je répondis à Sa Majesté, poursuivit M. d'Aiguillon, que vous étiez sans doute retenu par des arrangemens de famille : —Qu'il parte ! s'écria le roi, je ne veux plus le voir à Versailles. Songez donc que ce pauvre Bridieu s'empoisonne chaque fois qu'il respire.

— Et vous pensez, dit M. de Bridieu, que respirer est vraiment aussi dangereux pour moi?

— Je n'en sais rien ; c'est l'avis du médecin de Sa Majesté... Or, poursuivit M. d'Aiguillon, je n'ai pas obéi aux ordres du roi; le tracas des affaires, m'a fait négliger une chose qui, si vous ne me venez en aide, peut entraîner ma disgrâce... Oh! non, le roi ne me pardonnera pas ma négligence! Ainsi, partez le plus tôt possible ; loin de chercher à voir le roi, évitez ses regards ; Mme du Barry et moi, nous vous en prions... Vous partez demain pour Reims, monsieur, c'est une chose convenue.

En parlant ainsi et sans attendre de réponse, M. d'Aiguillon fit un salut majestueux et alla rejoindre Mme du Barry, qui faisait une partie de whist à l'autre bout du salon.

— L'affaire est faite, lui dit-il, notre homme part demain, belle comtesse, et il ne verra pas le roi.

Cependant, M. de Bridieu, qui n'avait plus rien à faire chez Mme du Barry, se glissa hors du salon, et, rejoignant son valet dans l'antichambre, il se fit amener son cheval, et, bien enveloppé dans son manteau, il reprit le chemin de l'Etang-la-Ville. Sa première pensée fut pour lui-même.

— Qui m'aurait dit, pensait-il en cachant sa figure sous le pan de son manteau, que je vivais ici au milieu d'un air pestilentiel, un air qui me donne la mort. Et moi qui me fiais à mon médecin ; j'ai le foie en mauvais état, c'est vrai ; mes entrailles sont malades, mon estomac fonctionne mal, mon cœur a des battemens irréguliers, je ne le nie pas; mais la cause de tous ces maux, la cause, je la connais maintenant, grâce à Sa Majesté, qui est un père pour ses sujets et qui a pour eux les soins d'une mère attentive. Les médecins du roi ne peuvent pas se tromper : je vais bien me porter à Reims... Si je mariais Juana avant mon départ !... Non, il faut partir tout de suite et sans voir le roi, le salut de M. d'Aiguillon tient à cela, et d'ailleurs je ne veux pas que ma fille s'éloigne de moi... Après mon médecin, personne n'est plus habile qu'elle à soulager mes maux. Si le fils Montalais veut l'épouser, il faut qu'il vienne s'établir à Reims, chez moi..... Léonce, mon fils, est au service du roi, il y demeurera ; je laisserai Picard à l'Etang-la-Ville, ce sera un Mentor pour ce jeune homme.

Il arriva ainsi devant son château, situé, comme nous l'avons dit, en dehors du village. Picard, son domestique de confiance, le reçut à la porte.

— Picard, où est Juana?

— Mademoiselle est rentrée dans ses appartemens et probablement elle est au lit.

— Très bien, je vais me mettre dans le mien.

— M. Léonce est aussi chez lui ; il a la fièvre ; il a bien mauvaise mine.

— Ce n'est rien, Picard ; mon fils est un malade imaginaire.

— Dieu le fasse, monsieur... M. de La Taille attend monsieur dans ses appartemens.

— M. de La Taille! s'écria M. de Bridieu. Et sans plus s'inquiéter de son fils, ni de sa fille, il courut joindre celui dont on lui annonçait la visite.

CHAPITRE V.

Le véritable médecin de M. de Bridieu.

Superstitieux et toujours préoccupé de la crainte de la mort et du désir de vivre le plus longtemps possible, M. de Bridieu passait volontiers d'un médecin à un nécromancien, d'un élève de Gallien ou d'Ambroise Paré, à un adepte de Paracelse ou de Raymond de Lulle. Les hommes ont toujours été tourmentés du besoin secret de connaître l'avenir : c'est le côté par lequel on les séduit le plus aisément, et la bonne foi de leurs prophètes, souvent plutôt trompés que trompeurs, vient encore en aide à cette disposition naturelle.

Au seizième siècle, l'astrologie devint une science et eut une langue ; elle adopta une foule de signes, de caractères et de préceptes qu'il fallut déposer dans des ouvrages spéciaux. Un seigneur de La Taille publia à cette époque un livre intitulé : *La Géomancie, pour sçavoir les choses passées, présentes et futures.* Cet ouvrage curieux est aujourd'hui fort rare.

Un pauvre diable eût été inquiété et peut-être brûlé pour une telle œuvre ; le gentilhomme, bien placé dans le monde, vit son livre recherché par les princes et les érudits ; quelques expériences heureuses mirent l'ouvrage à la mode, et les éditions se succédèrent. La *Géomancie* devint surtout un évangile pour les descendans du seigneur de La Taille, et deux cent soixante ans après l'apparition de la première édition, nous allons retrouver dans la chambre à coucher de M. de Bridieu un arrière petit-fils de M. de La Taille, encore infatué des rêveries de son aïeul. C'était un homme de 45 ans environ, petit, maigre, mais l'œil vif et d'une tournure dégagée. Vêtu avec une certaine élégance, l'épée au côté et la tête bien poudrée, M. Cosme-Tristan de la Taille n'avait rien d'un sorcier que la croyance en des sciences occultes dont l'inanité est aujourd'hui reconnue : il croyait véritablement à ses procédés divinatoires, et, chose rare parmi ses pareils, il ne tirait aucun profit du travail assez compliqué auquel il se livrait en faveur de ses amis et de ses connaissances. Possesseur d'une fortune suffisante à ses besoins, il faisait, comme on dit aujourd'hui, de l'art pour l'art, ce qui lui donnait un grand crédit auprès de M. de Bridieu, qui payait tous les ans de fort longs mémoires de médecins et d'apothicaires.

M. de la Taille ne faisait pas revenir les morts; il n'évoquait point d'ombres, point de fantômes; il se bornait à étudier les ouvrages qui traitent de la cabale et de l'art enseigné par son aïeul de prédire l'avenir au moyen de la Maison de Vie et des douze Palais du Soleil. Il travaillait aussi de temps en temps à fabriquer de la poudre de projection, de l'or potable, de l'élixir universel, et de l'essence de cèdres du Liban. M. de Bridieu attendait la santé et une jeunesse nouvelle de ces préparations chimiques qui, entre les mains de M. de la Taille, ne réussissaient qu'à demi. Le gentilhomme malade excitait alors son ami à recommencer ses essais; celui-ci résistait par un esprit de prudence bien rare chez un adepte. Rien n'est cher comme le grand œuvre; pour parvenir à faire de la poudre de projection et de l'or potable, il faut enfouir dans les fourneaux et dans les alambics une grande quantité d'or solide et frappé à l'effigie du prince. Or, l'opérateur avait une fille dont il ne voulait pas compromettre la fortune. Il n'avait pas assez de confiance en son art pour la ruiner d'abord, sauf à la rendre ensuite plus riche qu'une reine.

Il arrivait souvent à M. de la Taille d'apparaître nuitamment au château de M. de Bridieu; il y était alors reçu avec la plus parfaite cordialité, et il y passait la nuit, peu jaloux de regagner Paris au milieu de l'obscurité et par les mauvais chemins qui, au dix-huitième siècle, rendaient encore longs et pénibles les plus courts voyages.

Lorsque M. de Bridieu entra dans sa chambre, il y trouva son ami assis dans un grand fauteuil, et les coudes appuyés sur une table éclairée par deux bougies. L'adepte ne dormait pas, et cependant il était plongé dans une de ces somnolences, espèce d'état intermédiaire entre la veille et le sommeil; dès que la porte s'entr'ouvrit, il recouvra subitement l'intégrité de ses sens endormis, il se leva en sursaut :

— Je songeais à vous, dit-il, à M. de Bridieu, votre image flottait autour de moi dans le demi-rêve où j'étais plongé.

— Pour moi, répondit M. de Bridieu, j'étais bien loin de mon château et de mes amis. J'étais à Reims... ce qui n'empêche pas, mon cher monsieur de La Taille, que le vent qui vous amène ne soit un bon vent, surtout si vous m'apportez un de ces élixirs que je vous demande depuis si longtemps.

— Je vous apporte mieux que cela, et cependant je viens uniquement pour moi. J'ai tenu à ne pas coucher à Paris cette nuit.

— Vous avez vu dans les astres que quelque danger vous y menaçait?

— Les astres sont muets pour ce qui me regarde, répondit tristement M. de La Taille, je vois clairement la destinée d'autrui dans mes carrés astrologiques, et je n'y peux lire mon propre destin. J'ai fui Paris aujourd'ui pour éviter une visite importune, et qu'il me faudra subir tôt ou tard.

— Et laquelle, s'il vous plaît?

— Celle de M. Jean du Barry.

— Vous êtes assez heureux pour connaître intimement cet homme, qui a maintenant tant de crédit? Votre fortune est faite, mon cher monsieur de La Taille.

— Vous connaissez ce roi d'Espagne, répondit le philosophe hermétique, qu'on s'obstine à appeler le sage, quoiqu'il ne le fût pas du tout, mais qui était fort savant *Alonzo el sabio*?

La piedra (dit ce roi) que liaman philosophal
Sabia fazer e me la enseno;
Fizimos la, juntos, despues solo yo;
Con que muchas veces, crecio my caudal (1).

Eh bien ! je n'ai pas voulu chercher dans les écrits de ce roi savant le secret de la transmutation des métaux, et si j'ai essayé

---

(1) La pierre qu'ils appellent philosophale, je savais la faire, il me l'avait enseigné: nous la fîmes ensemble, ensuite je la fis seul: ce fut ainsi que j'augmentai mes finances.

de faire de l'or potable, si je me suis occupé de la poudre de projection, Dieu m'est témoin que je n'ai pas songé à m'enrichir, mais seulement à donner aux hommes le bienfait d'une vie longue et exempte d'infirmités. Je méprise la richesse, ma fortune me suffit : je dédaigne les distinctions et les honneurs, vous voyez donc que M. Jean du Barry ne peut m'être utile à rien ; il ne peut au contraire que me nuire et j'ai bien peur que cela n'arrive.

— De quoi s'agit-il donc? dit M. de Bridieu.

— Cet homme est venu, répondit M. de la Taille, me demander le thème de nativité de la comtesse du Barry, sa belle-sœur. J'ai refusé ; il n'a tenu compte de mes refus, et il m'a fait alors des menaces qui peuvent n'être pas vaines. J'ai dû céder, et après son départ je me suis mis à ce travail, qu'il doit venir prendre chez moi ce soir même ; voilà pourquoi je suis venu chercher un asile auprès de vous.

— A deux pas de Louveciennes, dit M. de Bridieu, c'est-à-dire d'un petit palais où le comte Jean vient à toute heure et où il est peut-être au moment même.

— On n'est jamais mieux caché que sous la main même d'un ennemi, qui ne vous soupçonne pas près de lui.

— Puisque ce travail est fait, dit M. de Bridieu, pourquoi ne pas voir le comte Jean ?

— Parce que, répliqua M. de la Taille, jamais horoscope n'a donné de plus affreux résultats que celui de la comtesse du Barry : son carré astrologique m'a fait frémir d'horreur. La douzième maison, celle où apparaissent les signes d'une mort violente, est pleine de sang ; il m'a semblé le voir bouillonner et rougir tout l'espace qu'elle occupe... Cette femme finira mal, mon ami, dit M. de la Taille d'un air mélancolique, mes calculs ne peuvent pas me tromper, ils sont infaillibles... Maintenant comprenez mon embarras : que dirai-je à M. le comte Jean du Barry? Il m'est impossible de le tromper, et il peut me faire payer cher la vérité...

— Rassurez-vous, dit M. de Bridieu, le comte n'est pas cruel, il ne traite en ennemis que ceux qui l'empêchent de gagner un argent qu'il dissipe ; il est aussi avide que prodigue et il fait profession de ne croire ni à Dieu, ni à diable. Je suis persuadé qu'il n'est allé chez vous que sur l'ordre de la comtesse à laquelle il se gardera bien de raconter ce que vous lui direz. Ainsi ne craignez rien, le comte vous regardera comme un fou de mauvaise humeur, et Mme du Barry ne saura jamais la vérité.

— Elle l'apprendra à ses dépens quand le jour sera venu, dit alors M. de la Taille d'un air convaincu.

M. de Bridieu frémit et cependant comme il était loin du scepticisme du comte Jean, et qu'une curiosité peureuse le poussait à savoir sa destinée, il fit asseoir M. de la Taille, qui jusque-là s'était tenu debout, et s'assit lui-même auprès de lui.

— Ce que vous venez de m'apprendre lui dit-il, m'épouvante pour cette pauvre comtesse du Barry, qui vient d'être très gracieuse pour moi, à l'instant même.

— C'est possible... vous sortez de chez elle, n'est-il pas vrai?

— On ne peut donc rien vous cacher, dit naïvement M. de Bridieu, votre art vous révèle tout ce qui se fait dans le monde.

— Non pas, monsieur ; mes organes ne sont pas plus parfaits que ceux des autres hommes : je ne vois pas au travers des murailles ; je me borne à savoir le passé, le présent et l'avenir ; pour y parvenir, je mets en pratique la science de mes aïeux. Si je sais, ajouta naturellement M. de la Taille, que vous êtes allé ce soir chez Mme du Barry, c'est que je le tiens de la bouche de votre valet Picard.

— Enfin, demanda avec une espèce d'anxiété M. de Bridieu, si vous faisiez pour moi ce que vous avez fait pour Mme du Barry, vous pourriez m'apprendre ce qui m'arrivera.

— Sans aucun doute.

— Et si mon sort devait être aussi affreux que celui de la comtesse, vous auriez la franchise de me l'avouer?

— Soyez certain que je ne sais pas cacher la vérité. Vous voyez bien que je suis décidé à tout dire au comte du Barry.

— Eh bien! mettez-vous à l'œuvre, mon cher ami.

— C'est fait répondit l'astrologue. Aujourd'hui même, après avoir achevé le carré astrologique de Mme du Barry, fatigué des horreurs que m'annonçaient mes calculs, j'ai voulu soulager mon imagination en m'occupant d'une destinée plus heureuse que la sienne, et j'ai songé à vous. Vos traits m'ont toujours paru indiquer une succession d'événemens favorables, sauf quelques jours de souffrances, chose inévitable dans la vie humaine. Si mes calculs m'avaient prouvé la fausseté de ces pressentimens, j'aurais interrompu mon travail : rassurez-vous, je suis allé jusqu'à la fin.

M. de Bridieu écoutait ces paroles avec admiration ; un baume salutaire coulait dans ses veines, se mêlait à son sang et le rafraîchissait.

— Vraiment! mon ami, s'écria-t-il, vous avez pris cette peine pour moi, et vous pouvez m'assurer...

— Que vous parviendrez à une extrême vieillesse, dit M. de la Taille, et que vous verrez vos petits-enfans, et peut-être les enfans de vos petits-enfans. En voici la preuve, ajouta-t-il.

En parlant ainsi, M. de la Taille tira de sa poche un papier soigneusement plié en quatre ; il le déploya et le plaça sur la table devant laquelle il était assis auprès de M. de Bridieu. Sur ce papier étaient tracés douze triangles numérotés.

— Voyez, dit l'adepte en désignant du doigt ce dessin, voilà le plus simple et le plus sûr des carrés astrologiques, il vaut mieux que le *Navakiraba-sakkaram* ou *cercle des neuf planètes* des Hindous ; la puissance de l'anneau de Salomon est inférieure à la sienne. Suivez avec moi ces triangles numérotés : un, la maison de la vie ; quand j'ai suivi les constellations qui ont présidé à votre naissance, et la conjonction des planètes, au moment même où j'opérais, j'ai trouvé le triangle lumineux et parsemé de points brillans qui le remplissaient tout entier. Deux, trois, quatre, cinq : les cases des richesses, des héritages, des biens patrimoniaux, des legs et des donations ; cases, ou si vous le voulez, maisons à peu près vides et qui ne m'ont rien appris, mais sous le rapport de la fortune vous n'avez pas à vous plaindre du sort et vous ne souhaitez pas une augmentation de richesses ; cependant elle viendra peut-être.

— Cela ne pourrait pas nuire, dit M. de Bridieu.

— Voici le numéro six, reprit l'astrologue : maison des chagrins et des maladies.

— Celle-là doit vous avoir apparu sous des couleurs bien noires ? dit M. de Bridieu en levant un œil craintif sur M. de la Taille.

— Nullement. Tous les hommes sont plus ou moins sujets aux infirmités, et les vôtres eussent été légères si vous ne les aviez pas aggravées par des craintes exagérées et à l'aide de l'art meurtrier des médecins.

M. de la Taille, qui avait l'habitude de recourir aux influences des astres, et qui admettait l'existence des esprits intermédiaires, faisait profession d'un grand dédain pour la médecine, qu'il exerçait cependant. Il ne reconnaissait le mérite que de quelques anciens médecins juifs et arabes, dont les connaissances tenaient, non pas à l'étude de leur art, mais à la doctrine cabalistique qu'ils professaient hautement. Il n'en était pas de même de M. de Bridieu : celui-ci avait un respect infini pour le corps médical tout entier, depuis le médecin du roi jusqu'au dernier frater.

— Les médecins ! s'écria-t-il, ne parlez pas ainsi de ces messieurs ; les médecins du roi viennent de me sauver la vie, sans eux j'étais perdu... Mais, n'êtes-vous pas un peu médecin vous-même ?

— J'ai étudié la médecine, répondit M. de la Taille, c'est une des branches de l'astrologie, mais comme mon aïeul, j'ai visé plus haut, et je suis arrivé plus haut, ajouta-t-il avec toute l'assurance d'un homme supérieur.

— Demain, monsieur de la Taille, dit M. de Bridieu, nous nous séparerons pour ne plus nous voir de longtemps, à moins que vous ne me fassiez l'amitié de venir me visiter dans la belle ville de Reims ; c'est là que je recouvrerai la santé.

— Vous recouvrerez la santé quand vous vous déciderez à vivre comme les autres hommes et à ne plus vous occuper de votre mort, qui, je l'espère, est encore éloignée.

— Vous n'en êtes pas sûr ? demanda avec anxiété M. de Bridieu.

— L'homme marche dans les ténèbres, et ceux à qui Dieu a donné les clartés nécessaires pour connaître l'avenir, peuvent se tromper dans leurs calculs... passons.

Et M. de la Taille montra à son auditeur attentif les différentes cases ou maisons de son carré astrologique : du mariage, de la religion et des voyages, des charges et des dignités, des amis, des emprisonnemens et de la mort violente.

— Toutes ces cases, dit-il, offrent peu d'événemens, et n'indiquent aucune catastrophe ; vous ne vous marierez plus, vous êtes trop sage et d'un âge trop avancé pour cela... vous ne ferez point de voyages, ce n'est point voyager qu'aller à Reims ; voyager, c'est quitter la France et même l'Europe pour une autre partie du monde ; vous n'occuperez aucune charge importante.

— Comment, je serai toujours commandant pour le roi à Reims, et pas autre chose ? dit M. de Bridieu d'un air désappointé.

— C'est possible, et je ne sais même si vous exercerez longtemps cette charge, continua M. de la Taille ; vous avez peu d'amis, mais ils vous seront fidèles, et je crois qu'après une vieillesse heureuse, vous mourrez tranquillement dans votre lit...

M. de Bridieu laissa échapper un soupir de contentement.

— Cependant, dit encore M. de la Taille, regardez la case huit,—maison de l'effroi et de la mort. —J'ai vu là un point noir qui annonce un événement fâcheux, un danger, une castastrophe, mais pas la mort, puisque je vous retrouve vivant dans les cases suivantes et jusqu'à la dernière case, où après avoir passé par les douze maisons de la vie, vous succombez enfin sous le poids d'une vieillesse très avancée. J'ai peur, mon cher monsieur, que vous ne deveniez centenaire.

— Pourquoi peur?

— Parce qu'il arrive un moment où la vie est un fardeau et la mort une nécessité et en même temps un bienfait.

En parlant ainsi, M. de La Taille remit dans ses plis le carré astrologique, et l'approchant d'une bougie, il le livra aux flammes.

— Que faites-vous, Monsieur? s'écria M. de Bridieu, pourquoi ne pas me laisser ce livre de vie qui m'annonce une existence longue et paisible?

— Parce que, répondit l'astrologue, c'est un papier sans valeur, sur lequel j'ai tracé quelques lignes dont vous avez vu les dispositions, et que vous pourrez imiter vous-même quand vous le voudrez. Ces lignes, en triangles, ces douze cases qui répondent aux douze signes du Zodiaque, ne signifient rien en elles-mêmes; ils n'ont un langage que pour moi, et grâce au travail auquel je me suis livré.

— Et Juana, et ma fille, demanda M. de Bridieu, que deviendra-t-elle dans ce bas monde?

—Pauvre enfant! dit M. de la Taille, vous savez que je l'ai connue au berceau, et que je l'aime presque autant que ma propre fille.

— Eh bien, reprit M. de Bridieu en pâlissant, avez-vous fait pour elle ce que vous avez entrepris pour moi, avez-vous à me prédire quelque malheur?

La figure de M. de la Taille prit un aspect mélancolique. Nous avons dit qu'il était lui-même dupe de son art imaginaire et qu'il le cultivait avec autant de désintéressement que de bonne foi: ce qu'il répondit à M. de Bridieu le prouva de nouveau.

—Quand je m'occupe d'une personne qui m'intéresse beaucoup, dit-il, mon esprit est toujours dominé et quelquefois obscurci par mon cœur; c'est ce qui m'est arrivé aujourd'hui pour vous, mon cher monsieur, et si mes calculs n'eussent pas amené des chances heureuses, je n'aurais pas pu achever mon travail. Après le père, le tour des enfans est naturellement venu, et mes idées se sont alors brouillées, mon art a semblé m'abandonner, et le résultat de mes calculs m'a laissé une incertitude qui m'a étonné et même troublé.

— Et vous voulez vous taire avec moi? dit M. de Bridieu; parlez... Il faut s'attendre à tout dans ce monde; un malheur prévu est à demi conjuré. Le sort qui attend ma fille est donc bien affreux?

— Je crains, en m'ouvrant à vous, reprit M. de la Taille, d'affaiblir dans votre cœur la tendresse paternelle, et ce serait un crime impardonnable. L'avenir est dangereux à connaître, et ce n'est pas sans raison que la Divinité l'a caché au commun des hommes.

Plus M. de la Taille mettait de répugnance à s'expliquer, plus la curiosité de M. de Bridieu devenait vive. Il pressa de nouveau son ami, et celui-ci, avant de répondre, entra dans quelques détails qui prouvaient l'amitié qu'il portait à la jeune fille.

— Quand je suis arrivé, dit-il, j'ai pensé que votre absence plus longue qu'elle ne l'a été, les soirées de Mme du Barry se prolongeant fort tard. Mlle de Bridieu est venue à moi et m'a fait servir à souper, repas où vous ne paraissez jamais.

— Hélas! non, reprit M. de Bridieu; mon médecin ne permet à peine un biscuit et un verre d'eau.

— C'est votre affaire, dit M. de la Taille; pour moi, j'ai partagé avec Mlle de Bridieu un excellent souper qu'elle a égayé par sa bonne humeur, et rendu agréable par ses manières pleines de douceur et d'aménité; je me croyais avec ma fille.

— Oui, dit M. de Bridieu, Juana n'est plus ce qu'elle était enfant; c'est maintenant une jeune personne remplie de grâces et de raison. Vous connaissez les Montalais?

— Une ancienne famille, répondit M. de la Taille, qui, je crois, est originaire du Périgord, et dont les ancêtres ont eu avec les miens des rapports de parenté.

— Je compte, dit M. de Bridieu, marier ma fille avec le jeune Montalais, un garçon accompli, mais qui n'a pas hérité de la beauté de sa mère. La beauté de sa mère a fait sensation dans le Marais, il y a vingt ans. Est-ce que ce mariage ne s'accomplira pas?

— Je ne dis pas cela, monsieur.

— Au nom du ciel, mon cher monsieur,

s'écria M. de Bridieu, ne me cachez pas la vérité, quel affreux malheur menace ma fille?

— Elle se rendra coupable d'un meurtre, dit M. de la Taille en quittant son siége et en reculant de quelques pas, comme effrayé des paroles qui venaient de sortir de sa bouche.

— Un meurtre! ma fille commettre un meurtre! s'écria M. de Bridieu, Juana trempera ses mains dans le sang!

— Ecoutez-moi, mon ami, dit l'astrologue en prenant les mains de M. de Bridieu dans les siennes, rien n'est moins sûr que ce que je vous annonce ici, et c'est cette incertitude qui vient de causer mon hésitation; sans cela je vous aurais parlé hardiment ainsi que je compte le faire avec M. Jean du Barry, c'est mon devoir le plus étroit, et je perdrais toute ma clairvoyance si j'agissais autrement, mais il faut que je sois sûr de l'exactitude de mes calculs et en m'occupant de Juana, j'avais l'esprit involontairement rempli de l'image de votre fils, M. Léonce, et il est probable que j'ai confondu les deux horoscopes.

— Juana commettre un crime! dit M. de Bridieu, c'est impossible.

— Je n'ai pas dit un crime, reprit M. de la Taille qui voulait atténuer la prédiction fâcheuse qu'il venait de faire, un meurtre c'est bien différent.

— Un meurtre si vous voulez, dit encore M. de Bridieu, cela regarde mon fils, il est dans les gardes de Sa Majesté, et les duels sont fréquens parmi ces messieurs. Vous avez entendu parler de M. de Pardaillan, qui vient d'être tué par le petit chevalier de Pontis, pour un coup de dé douteux; j'ai toujours peur que Léonce ne se trouve engagé dans quelque affaire semblable. Heureusement il se croit malade, et comme mo il vit de régime, ce qui lui fait refuser les parties de plaisirs dans lesquelles s'engagent MM. les gardes de S. M.

En parlant ainsi, et l'esprit dégagé de tout souci personnel, M. de Bridieu leva les yeux sur une pendule de chagrin-vert à nervures de cuivre, et voyant qu'elle marquait onze heures, il sonna Picard qui devait conduire M. de la Taille dans la chambre qu'on lui réservait au château. Les deux gentilshommes se serrèrent la main et se séparèrent.

Quand Picard fut seul avec M. de la Taille, il lui fit monter d'abord un escalier qui conduisait aux appartemens du second étage; puis, s'arrêtant devant une porte entrebâillée:

— Monsieur, lui dit-il, avant d'entrer dans votre appartement, voulez-vous faire une bonne œuvre, et voir mon jeune maître? Je crains qu'il ne soit bien malade.

— Tous les de Bridieu se ressemblent donc? dit M. de la Taille, ils passent leur vie à croire qu'ils vont mourir; il n'y a que Juana qui ne soit pas atteinte de ce mal.

— Oh! monsieur, répondit Picard, heureusement notre jeune demoiselle se porte bien; il faut la voir courir à cheval dans la forêt. Mais, monsieur, M. Léonce ne ressemble pas à son père: c'est tout différent.

— Comment cela, Picard?

— C'est, monsieur, que le père se tue à force de prendre des remèdes pour des maladies qu'il n'a pas, tandis que le fils se prétend en bonne santé et une fièvre continuelle le dévore. A peine s'il pouvait se soutenir quand il est arrivé au château, et cependant il n'a pas voulu voir sa sœur, ni même qu'on la prévînt de son arrivée. Il maigrit tous les jours, monsieur, et quelques efforts qu'il fasse, il ne peut plus supporter le cheval, ce qui est un mauvais signe.

— Allons voir votre jeune maître, Picard.

Picard poussa une porte qui ne cria pas sur ses gonds, et, traversant une antichambre, il entra dans la chambre à coucher du jeune de Bridieu. Les pièces de son uniforme étaient éparses sur les fauteuils qui garnissaient l'appartement, son épée et sa bandoulière gisaient sur le parquet, et on devinait, à ce désordre, la hâte d'un homme accablé de lassitude, qui s'était pressé d'entrer dans son lit pour y chercher un repos nécessaire à sa faiblesse. Picard écarta un rideau, et la clarté du flambeau qu'il portait éclaira la figure du garde du corps endormi.

Une sueur abondante couvrait le visage de M. Léonce de Bridieu; son bras maigre placé sur la couverture semblait se présenter de lui-même à l'examen du médecin. M. de la Taille s'avança:

— Vous allez le réveiller, dit Picard à voix basse.

— Ne craignez rien, répondit M. de la Taille, qui plaça légèrement le pouce et l'index sur le pouls du malade, tandis qu'il examinait avec attention cette figure anxieuse et maigre.

Il se retira ensuite sans bruit, et fit signe à Picard de laisser retomber le rideau, puis il dit au domestique de fouiller dans la poche de l'habit d'uniforme. Picard obéit, et retira un mouchoir taché de sang.

— Venez, dit M. de la Taille au domestique de confiance de la maison.

Picard accompagna M. de la Taille jusque dans son appartement.

— M. Léonce est bien malade ? demanda le domestique.

— Oui, mon ami ; cependant tout espoir n'est pas perdu : la jeunesse est comme l'enfance, elle revient de loin. Il faut arrêter ce crachement de sang et éloigner cette fièvre. J'y pourvoirai.

— Vrai, monsieur, vous guérirez M. Léonce ?

— Hélas ! non ; c'est Dieu qui le guérira, si le mal n'a pas fait trop de progrès ; moi, je ne donnerai que le moyen de le guérir, Picard. J'ai quelque crédit, et grâce à la personne à laquelle je m'adresserai, ce jeune homme partira pour l'Italie, dont le climat, doux et bienfaisant, peut encore, je l'espère, lui rendre la santé.

— Dieu vous bénira, monsieur, car, sans vouloir blâmer mon maître, je crois qu'il ne s'occupe pas assez de la santé de son fils ; pour notre chère demoiselle, c'est à elle surtout que M. Léonce cache sa maladie.

Cependant, M. de Bridieu avait profité de sa solitude pour s'occuper des événemens qui venaient de remplir sa soirée. Plein de bonnes qualités, l'habitude de songer à sa santé, la crainte de succomber à des maladies imaginaires, l'avaient rendu égoïste et avaient perverti une nature excellente. Quoiqu'il préférât sa fille à son fils, il aimait néanmoins ce jeune homme, espoir de sa race et dont il n'avait jamais eu à se plaindre ; mais, tandis que les hommes sont en général jaloux de leur bonne santé et qu'ils se font volontiers gloire de cet avantage, M. de Bridieu se faisait un titre de ses infirmités réelles et supposées ; c'était un moyen pour qu'on s'occupât de lui, pour qu'on le distinguât dans la foule des courtisans qui faisaient parade de leur vigueur et de leur bon tempérament ; et quand le fidèle Picard avait voulu lui insinuer que ces médecins qu'il consultait sans cesse pour lui pourraient être utiles à son fils, il croyait de bonne foi que le jeune homme était un rival prêt à lui enlever une partie de l'intérêt qu'il inspirait à ses amis. Il interrogeait alors Léonce lui-même :

— On prétend que vous souffrez, lui disait-il ; cela est ridicule à votre âge et honteux pour un garde du corps.

— Vous vous trompez, mon père, répondait Léonce, je ne souffre pas, je me porte bien : l'ardeur de mon sang, qui me fatigue quelquefois, tient à mon âge ; dans quelques années, j'aurai la force et l'embonpoint qui me manquent encore.

Cela suffisait au père qui, habitué à exagérer ses souffrances, ne supposait pas que son fils pût nier les siennes.

— Pour ce qui regarde Juana, pensa-t-il dès qu'il fut seul, c'est une erreur de M. de la Taille, il la reconnaîtra lui-même, en revoyant avec plus de soin ses carrés astrologiques. Mon fils aura un duel et il tuera son adversaire... Eh bien ! je le ferai voyager à l'étranger pendant un an ou deux, et puisque le roi a tant d'amitié pour le père, il finira bien par accorder la grâce du fils.

Il songeait ensuite à son propre horoscope qui lui promettait une si longue vie.

— Mon ami de la Taille ne s'est pas trompé, se disait-il ; mais je n'aime pas la façon dont il parle des médecins ; il faut cependant avouer qu'il a la vue plus longue qu'eux, et que je crois plus volontiers à ses prédictions qu'à leurs ordonnances.

Tout à coup il se frappa le front.

— Et Mme du Barry, dit-il, et cette pauvre comtesse... qui doit finir si mal.

Il venait de quitter la favorite, pleine de jeunesse, de santé, toute éclatante d'une beauté qui enlevait tous les cœurs, et cette femme, dont le crédit était à son apogée, devait périr d'une façon tragique. Peut-être par un assassinat ? Non, non, elle était trop bien gardée pour qu'un meurtrier vulgaire pût l'approcher, pour qu'une rivale pût se hasarder à lever la main sur elle... Il ne s'agissait pas de poison, mais d'une mort sanglante.

— Qui sait, se disait M. de Bridieu, si ce comte Jean du Barry ne trouvera pas le moyen de la compromettre dans quelque conspiration, et si cette infortunée ne payera pas de sa tête les folies criminelles de cet homme ?... Et moi, qui suis un des courtisans les plus assidus de cette femme, je pourrais être accusé de complicité !

Cette idée fit frissonner M. de Bridieu. Il se rassura un peu en songeant qu'il allait partir pour Reims, et qu'ainsi éloigné de la cour, il serait à l'abri de tout soupçon déshonorant.

CHAPITRE VI.

Un soufflet.

Nous allons revenir à Mlle Juana de Bridieu, qui, plus légère que Camille, tourna bride dès qu'elle aperçut M. de l'Estrades venir à elle et regagna au galop le château de son père. Elle franchit l'escalier en courant, se débarrassa de son costume de cheval et s'installa dans un salon où son père avait coutume de venir en quittant son appartement. Un petit chien griffon qu'elle aimait beaucoup se coucha à ses pieds. L'animal, que sa petite taille et ses goûts pacifiques retenaient au logis quand sa maîtresse faisait de longues courses à cheval, se dédommageait de ces absences en ne quittant plus Mlle de Bridieu dès qu'elle rentrait à la maison. *Hope*, tel était le nom de ce petit chien, venait d'une main trop chérie pour n'être pas traité en favori; c'était le fils de Fairy, petite fée de l'espèce canine qui appartenait à Mme la comtesse de l'Estrades, et que Raoul avait dérobé à Fairy pour en faire hommage à celle qu'il aimait. Le fils ressemblait tellement à la mère, que Champagne, le domestique de M. de l'Estrades, et l'ami de Picard, prenait toujours l'un pour l'autre quand il venait voir son camarade à l'Etang-la-Ville :

— Mon ami Picard, disait-il, voilà un chien qui est tellement fait sur la ressemblance de notre chienne, que si jamais M. le comte vient à l'apercevoir auprès de votre demoiselle, il y aura quelque scène désagréable, car M. le comte est brutal, et il en veut aux de Bridieu, bêtes et gens.

Le vieux Picard, confident involontaire de l'amour des deux jeunes gens souriait en disant que les de Bridieu et de l'Estrades finiraient par s'entendre, et que bientôt leurs chiens chasseraient ensemble.

Juana caressa le petit animal.

— D'où vient que je t'aime, Hope, disait-elle, quoique tu sois une petite bête qui n'es bonne à rien, qu'à te cacher dans le manteau d'une vieille femme? C'est peut-être que ton nom me donne une espérance dont j'ai besoin... Pourquoi Raoul ne m'a-t-il pas donné un de ces beaux limiers qui viennent des chenils de M. de Soyecourt?... Oh! un limier pourrait défendre sa maîtresse!... Mais, ajouta-t-elle en se levant, je suis une peureuse; le cri que j'ai entendu ce matin dans la forêt m'a remplie d'effroi... ce n'est rien... deux gentilshommes qui se sont vus l'épée à la main... une blessure légère, sans doute... un peu de sang dont la perte ne réparera pas l'honneur outragé de l'un d'eux... Quel rapport cela a-t-il avec moi et avec mon pauvre Hope?... Allons, Hope, la patte s'il vous plaît.

L'animal docile présenta sa petite patte blanche et noire et dans ce moment-là même M. de Bridieu entra dans le salon.

Les espérances de vie données la veille au gentilhomme avaient influé sur sa santé; sa taille s'était redressée, son teint était plus égal et moins livide, et soit qu'il eût pensé qu'un gouverneur de Reims devait être paré avec quelque élégance, soit qu'avant de quitter l'Etang-la-Ville il voulût rendre visite à ses voisins, sa toilette était plus soignée qu'à l'ordinaire. Il portait un habit de velours gris à broderies de soie, une veste de satin blanc, les culottes de la même étoffe que l'habit et des bas de soie gris à coins dorés. Une épée à poignée d'acier complétait cet accoutrement, qui pouvait passer à cette époque pour la parure convenable à un homme du monde qui voudrait se présenter dans la ruelle de quelque dame de la cour.

Il embrassa sa fille d'un air joyeux :

— Et M. de La Taille? lui dit-il.

— M. de La Taille est parti ce matin avant le jour, et quoique je me sois levée de fort bonne heure, je n'ai pas pu le voir avant son départ; mais, mon père, je l'ai reçu hier avec la considération qu'il mérite, avec les égards que j'ai pour tous vos amis... Ne l'avez-vous pas vu hier? Il avait à vous parler, m'a-t-il dit.

— Oui, Juana, vous êtes une bonne fille et vous avez reçu M. de La Taille convenablement. Je l'ai trouvé chez moi hier au soir, et ce qu'il m'a appris était fort important; moi-même j'ai à vous apprendre des nouvelles qui vous surprendront.

M. de Bridieu, sans s'expliquer davantage, prit son chapeau, sa canne et offrit le bras à sa fille.

L'usage de M. de Bridieu n'était pas de s'exposer à l'air humide du matin, il attendait pour sortir de chez lui que le soleil eût dissipé les émanations brumeuses de la nuit, et sa fille fut très étonnée de cette fantaisie de promenade matinale.

— Vous ne craignez pas le brouillard du matin? dit-elle à son père.

— Juana, mon enfant, lui répondit M. de Bridieu, tu sauras tout à l'heure pourquoi je dois m'aguerrir contre les influences du matin et du soir. Les médecins de Sa Majesté se sont occupés de moi ; ils ont fait une consultation que je dois recevoir aujourd'hui des mains de M. le duc d'Aiguillon et que tu me liras après le dîner, si nous avons le temps. Ces médecins prétendent que l'air de Marly m'est mortel, mais, grâce à quelqu'un que tu connais, j'en sais plus qu'eux et je brave leur ordonnance.

Le petit chien Hope sautillait joyeusement devant sa maîtresse, et devinait une promenade dont il devait prendre sa part. Juana, étonnée de l'audace de son père qui désobéissait aux médecins du roi, prit le bras de M. de Bridieu. Ils sortirent du château et suivirent le chemin de la forêt. Quand ils furent sous les grands chênes et dans cette même avenue que Juana venait de parcourir quelques momens auparavant, l'air était frais et doux, et quoique le soleil ne parût pas encore, le ciel inondé de lumière brillait d'un éclat non pareil et annonçait une belle journée; à l'aurore allait succéder le lever de l'astre du jour, pour parler le langage qu'allait employer M. de Bridieu lui-même.

— Ah ! ah ! s'écria-t-il avec une gaîté qui ne lui était pas habituelle : *A penas habia el rubicundo Apolo tendito por la faz de la ancha y espaciosa tierra, las doradas hebras de sus hormosos cabellos, y apenas los pequegnos y pintados parajillos... Habian saludado la venida de la rosada Aurora, quando el famoso cabellero D. Quijote de la Mancha, dejando las ociosas plumas subio sobre su famoso caballo Rocinante. y comenzo a caminar* (1). Mais il ne faut pas vous parler espagnol, vous dédaignez cette langue qui était celle de votre mère et de vos grand's-mères... vous préférez l'anglais, Juana, je le sais.

— Vous me pardonnerez, mon père, j'ai fort bien compris ce que vous venez de me dire; seulement je ne vois pas en quoi vous ressemblez à don Quichotte, ni pourquoi vous calomniez votre cheval, qui est vieux, mais qui, grâce à Picard, est moins maigre que Rossinante.

— Très bien, ma fille, c'est que... Ecoutez moi, comme don Quichotte, je vais entrer en campagne.

— Vous, mon père ?
— Oui, vous et moi.

---

(1) A peine le rubicond Apollon avait-il montré à la terre la soie dorée de ses beaux cheveux, à peine les petits oiseaux aux ailes peintes de mille couleurs avaient-ils salué la venue de l'aurore aux doigts de rose, que le fameux chevalier don Quichotte de la Manche, laissant sa plume oiseuse, monta sur son célèbre cheval Rossinante et prit le chemin de la plaine de Monteil.

— Moi aussi, mon père?
— Vous serez ma Dulcinée du Toboso, ou plutôt ma compagne. Nous ne coucherons pas cette nuit à l'Etang-la-Ville; nous partons pour Reims.

Mlle de Bridieu regarda son père d'un air étonné et craintif en même temps : qu'était-il arrivé? Etait-elle trahie par Picard? et son amour pour le fils de M. de l'Estrades était-il découvert? Elle ne pouvait pas assigner une autre cause à un départ aussi subit.

— Nous allons partir pour Reims ? dit-elle.
— Ce soir même.
— Et pourquoi donc, mon père ?
— C'est le bon plaisir de Sa Majesté.

Juana ne pouvait guère comprendre comment Sa Majesté s'inquiétait d'un homme valétudinaire et sans doute aussi inutile à son service à Reims qu'à Marly, et elle demanda quelques éclaircissemens que M. de Bridieu se hâta de lui donner.

— Je suis en faveur, ma fille, lui dit-il, M. le duc d'Aiguillon et Mme la comtesse du Barry ont enfin découvert l'amitié que me porte Sa Majesté: aussi ai-je été reçu hier au soir à Louveciennes absolument comme un favori. La comtesse n'a eu de sourires que pour moi, et le duc qui est fier et rude pour les courtisans, est venu au devant de moi avec une politesse qui ne lui est pas ordinaire : il m'a presque fait sa cour... Enfin il m'a demandé de l'obliger... et, ajouta M. de Bridieu, avec bonhomie, je l'obligerai... oui, je ne veux pas nuire à son crédit et nous partons ce soir... Votre père est gouverneur de Reims, Mlle de Bridieu, faites-lui votre compliment.

— Mais, mon père, pourrez-vous remplir ces fonctions?
— Que dites-vous, mademoiselle, doutez-vous de ma capacité ou de mon zèle à servir mon roi?
— Dieu! m'en garde, mon père..., mais votre santé...
— Ma santé se perd à Marly... l'air de l'Etang-la-Ville m'est mortel; c'est l'avis des médecins du roi : ils ont fait à ce sujet une consultation dont je vous ai déjà parlé et que mon ami le duc d'Aiguillon m'enverra..... Me voilà donc commandant à Reims... Vous trouvez sans doute, ma fille, que c'est une place au-dessous de moi ; on aurait pu avoir plus d'égard pour mon mérite et pour ma naissance ; je pense comme vous, Juana, et puisque j'ai accepté cette position inférieure, je vous dois mes raisons, d'abord...

Ici le petit chien Hope se mit à japer et à tourner avec effroi autour de sa maîtresse.

— Taisez-vous, Hope, dit M. de Bridieu en menaçant l'animal de sa canne à pomme d'or; votre chien, Juana, devient tous les jours plus insupportable; il n'a point d'intelligence; pourquoi l'avez-vous amené?

Et il reprit :

— D'abord je n'ai pu résister aux prières de M. d'Aiguillon; il paraît que le duc tient beaucoup à ce que j'aille à Reims, ainsi que Mme la comtesse du Barry; ensuite, ma fille, le roi le désire. Le roi le veut, un peu pour ma santé et beaucoup pour son service.

Mlle de Bridieu écoutait son père avec un étonnement mêlé d'une pitié douloureuse et involontaire. Elle aimait beaucoup M. de la Taille, sans se dissimuler l'exaltation de ce gentilhomme nécromancien, dont elle ne partageait pas les superstitions, et elle craignit un moment que M. de la Taille n'eût donné à son père quelque philtre, quelque élixir dont la puissance fatale aurait dérangé un cerveau déjà affaibli par la maladie.

— Oui, continua M. de Bridieu; parmi tous ceux qui sollicitaient cet emploi, Sa Majesté n'a trouvé que moi qui pût la servir et la représenter à son gré.

A peine eut-il achevé ces paroles que Hope recommença ses aboiemens, et qu'un homme parut tout à coup devant le père et la fille, comme si l'écorce du chêne qui le cachait se fût entr'ouverte pour le présenter inopinément aux deux promeneurs.

— Par la mordieu! dit-il, vous en avez menti.

Cet homme, c'était M. le comte de l'Estrades. Nous l'avons vu rencontrant son fils une heure auparavant dans une compagnie, qui d'abord lui parut suspecte, et plus tard fâcheuse. Dans sa haine pour la famille de Bridieu, rien ne pouvait l'irriter davantage que l'amour ridicule de Raoul pour une jeune fille qu'il ne connaissait pas, mais dont le nom seul le blessait et excitait ses dédains. Revenu chez lui, il trouve sa femme en tête-à-tête avec un courtisan qu'il regardait comme dangereux, et dont rien à ses yeux ne pouvait excuser chez lui la présence matinale. Quand un homme fier et violent est néanmoins soumis aux volontés de sa femme, celle-ci a beau dissimuler sa puissance et mettre une extrême habileté à déguiser sa volonté sous les apparences de la soumission, les faits apparaissent tôt ou tard, et le mari s'aperçoit enfin qu'il a été entraîné malgré lui et qu'on l'a conduit les yeux fermés dans le chemin qu'il voulait éviter ; alors il se dépite contre une diplomatie qui l'a joué. Il n'a garde de s'accuser de faiblesse, mais il accuse sa femme de duplicité ; il apprend çà et là des choses qui lui ont été cachées, il découvre des menées souterraines, des démarches mystérieuses, et son esprit va plus loin que la réalité. Quelle apparence que Mme de l'Estrades eût consenti à recevoir à une heure indue M. le duc d'Aiguillon, si, comme elle le prétendait, M. le duc lui était inconnu? et en supposant que celui-ci ne fût venu au château que pour chercher le mari, pourquoi voir la femme, puisqu'il n'avait qu'une mauvaise nouvelle à annoncer?... A moins cependant qu'une liaison cachée ne fît espérer à M. d'Aiguillon d'apaiser Mme de l'Estrades par des moyens, des promesses, des engagemens auxquels M. de l'Estrades devait rester tout à fait étranger.

Tout cela n'était pas clair dans l'esprit de M. de l'Estrades, il n'y donnait pas une croyance entière, mais suffisante pour exciter en lui une colère et un ressentiment qui débordèrent, quand il apprit que M. de Bridieu était nommé à une place dont il se regardait déjà comme pourvu. Il quitta alors le château et s'enfonça dans la forêt pour donner son libre cours à un courroux qu'il n'avait pas osé faire éclater devant son fils par décence, et devant M. le duc d'Aiguillon de crainte du ridicule. Une fois seul, il prit le premier chemin qui s'ouvrit devant lui ; il marchait avec précipitation et parlait haut comme s'il avait voulu être entendu des arbres de la forêt et les faire juges de ses chagrins.

— Oui, disait-il en pensant à sa femme et au duc, ce n'est pas d'aujourd'hui qu'ils se connaissent, qu'ils se voient, qu'ils s'entendent, ce n'était pas moi que M. le duc d'Aiguillon faisait gouverneur de Reims, c'était ma femme.

Après cette boutade que l'âge de Mme la comtesse commençait à rendre ridicule et que ses mœurs régulières rendait injuste, M. de l'Estrades pensait à son fils.

— Et M. Raoul, se disait-il, M. Raoul qui est amoureux, à ce qu'il prétend, et de qui? d'une de Bridieu! Il peut choisir à la cour, à la ville ; non, il va s'attacher à une personne dont la famille est l'objet de ma haine, de mes dédains... Oh! non, monsieur Raoul, vous épouserez la fille de ma vachère, celle de mon palefrenier, à la bonne heure ; mais une de Bridieu, jamais !

Comme s'il devait être blessé dans toutes ses affections, dans tous ses sentimens et dans toutes ses vanités, l'homme qui l'emportait sur lui, auquel on donnait une place promise par une influence dont il craignait d'avoir à rougir, c'était M. de Bridieu : un gentilhomme, selon lui, poltron, couard, raillé à la cour, qui se mourait de la crainte de mourir, incapable non-seulement de commander dans une ville, mais encore de régir sa maison. Il cheminait avec ces noires pensées, sans se rendre compte de la route qu'il suivrait, et, comme un homme ivre, faisant des zig zags, de manière que, tantôt il marchait au milieu de l'avenue, tantôt il passait involontairement derrière les arbres, quand il entendit la voix de deux personnes qui s'avançaient vers lui. Dans l'une il reconnut M. de Bridieu, et il devina Mlle de Bridieu dans l'autre.

— Cet astre, pensa-t-il, qui a fasciné les yeux et séduit le cœur de M. Raoul !

Une erreur futile augmenta encore sa colère. Nous avons dit que Hope, le petit chien que Juana tenait du jeune Raoul de l'Estrades, ressemblait à sa mère Feery, la chienne favorite de la comtesse. Le valet Champagne avait remarqué cette ressemblance, et avait craint qu'il n'en résultât quelque quiproquo fâcheux pour les deux familles ennemies. La prévoyance de Champagne se trouva juste. M. de l'Estrades aperçut Hope tournant auprès de Juana et cherchant, par ses caresses et ses jappemens, à attirer l'attention de la jeune fille. Il le prit pour la chienne favorite de la comtesse.

— Feery, dit-il, Feery, que cette fille a aussi séduite, et qui sans doute est la messagère fidèle des deux amans.

Il supposa alors entre les jeunes gens une liaison depuis longtemps établie et approuvée de sa femme. Ainsi, il était traité en étranger par sa famille même : auprès de M. d'Aiguillon, sa femme négociait sans lui; elle disposait de son fils auprès de M. de Bridieu! Sa colère devint de la rage. M. de Bridieu n'était pas seulement un malade hypocondre, un maniaque poltron, c'était aussi un courtisan habile et délié, presque un diplomate. Il y avait donc un côté par lequel M. de Bridieu était un homme!

M. de l'Estrades ne se montra pas d'abord; il resta immobile derrière l'arbre qui le cachait, et écouta. Que devint-il quand il entendit M. de Bridieu se vanter d'abord de son crédit, puis de l'amitié du roi, enfin des égards de M. d'Aiguillon, heureux de lui accorder une place que lui seul, Bridieu, pouvait remplir, tandis qu'à la cour et en France même, personne n'en était digne? Ce fut alors que M. de l'Estrades, ne pouvant plus se contenir, parut tout à coup devant son ennemi et lui donna le démenti le plus bref et le plus injurieux :

— Vous en avez menti! lui dit-il.

A cette apparition inattendue, à ces mots qui éclataient comme la foudre tombée à ses pieds, M. de Bridieu releva la tête et regarda en face son agresseur. Le malade disparut et fut remplacé par le gentilhomme et l'ancien soldat de Fontenoy.

— J'en ai menti! dit-il, et il leva sa canne.

— Que dites-vous, monsieur! s'écria Mlle de Bridieu dont la fureur avait pâli le front; mon père en a menti!... C'est à mon père que vous parlez, monsieur?...

Le petit chien Hope qui vit naturellement un ennemi dans cet homme dont le geste était menaçant, s'avança en grognant vers M. de l'Estrades et s'apprêtait à lui mordre les jambes. Celui-ci lui lança un coup de pied.

— Feery, lui dit-il, allez rejoindre votre maîtresse; votre place n'est pas auprès de ces gens-là!

Et le malheureux chien alla tomber à dix pas, la gueule ensanglantée.

— Vous n'aurez ni mon fils ni ma chienne! dit avec grossièreté M. de l'Estrades; il faudra vous passer de l'un et de l'autre.

M. de Bridieu marcha vers le comte, la canne levée.

— Misérable! lui dit-il, je vais te traiter comme tu le mérites.

M. de l'Estrades saisit la canne, l'arracha des mains de M. de Bridieu et lui en jeta les morceaux à la figure.

— Vous êtes un lâche! lui cria M. de Bridieu, indigne de porter l'épée!

— Un lâche?

— Oui, un lâche! répéta M. de Bridieu.

M. de l'Estrades s'avança, il leva la main... et cette injure qu'une heure auparavant il avait blâmée avec tant de vigueur; qu'il avait dit être indigne non pas seulement d'un gentilhomme, mais d'un homme d'honneur; cette injure qu'alors en supposait, ainsi qu'on le fait aujourd'hui, ne pouvoir être lavée que dans le sang; cette injure, il se la permit. Il leva la main et appliqua un soufflet sur la joue frémissante de M. de Bridieu. Celui-ci tira son épée.

— Misérable! il ne te reste plus qu'à fuir maintenant, dit-il au bourreau de son honneur.

M. de l'Estrades ne songeait nullement à fuir. Emporté par une colère que son action brutale n'avait pas satisfaite, et tandis que Juana, frémissante de honte et d'effroi, poussait des cris inarticulés et levait les mains au ciel, M. de l'Estrades, l'épée haute, s'avança vers M. de Bridieu. Lutte inégale d'un homme fort et vigoureux contre un adversaire faible et épuisé. M. de l'Estrade, l'œil menaçant, la lèvre relevée par un sourire dédaigneux, fit un moment voltiger son arme autour du père de Juana tremblante; il en présenta la pointe au cœur, à la poitrine, au visage de M. de Bridieu; puis frappant d'un coup sec le fer impuissant qui semblait le menacer, il fit tomber l'épée de la main de M. de Bridieu, et plaçant le pied sur la lame, prit la poignée, et l'attira à lui. Celle-ci ploya d'abord, puis se rompit, et le vainqueur jeta cette poignée au visage de M. de Bridieu, qui se couvrit de sang. Alors seulement M. de l'Estrades remit son épée dans le fourreau, et faisant un geste de dégoût, comme un homme qui ne veut pas achever sa victoire en portant un coup indigne de lui, il tourna le dos au vaincu et se perdit dans la forêt.

M. de Bridieu, la figure ensanglantée, s'affaissa sur lui-même et tomba sur le gazon. Le petit chien Hope jetait sur son maître et sur sa maîtresse des regards douloureux : il semblait leur reprocher de ne l'avoir pas défendu et vengé. Juana, d'abord immobile, les yeux brillans, le front livide, put croire un moment que son cœur allait éclater, tellement il palpitait dans sa poitrine. Des bourdonnemens remplissaient ses oreilles, des pensées folles tourbillonnaient dans sa tête. La vue de son père étendu presqu'à ses pieds, la rendit enfin à elle-même; elle courut au blessé dont elle étancha le sang, dont elle ranima les esprits à l'aide d'un de ces cordiaux dont M. de Bridieu était toujours muni. Quand le vieillard eut repris ses sens, quand elle fut certaine que ce sang qui l'effrayait venait seulement de légères écorchures, Juana prit la main de M. de Bridieu et la serrant avec force dans les siennes.

— Eh! bien! lui dit-elle.

Mlle Clairon, alors dans tout l'éclat de sa gloire et de son talent, eût été jalouse de l'accent tragique, de l'intonation fière et douloureuse de cette fille abattue mais non domptée, devant son père sanglant et déshonoré.

— Eh bien! répéta-t-elle avec un frisson de douleur, cet homme est un lâche, plus lâche que s'il avait fui, plus lâche que s'il eût enfoncé dans votre poitrine l'épée dont il vous menaçait... Mais Dieu est juste, mon père, et cet homme sera puni... J'ai un frère, n'est-il pas vrai, mon père? et vous avez une fille.

L'esprit faible et vacillant de M. de Bridieu, n'avait pu soutenir ce choc sans se perdre et s'évanouir; il revint à ce qui l'avait occupé au commencement de cette fatale promenade, hélas! il revint à don Quichotte, et s'adressant à sa fille :

— *Ayùdame*, lui dit-il, *Sancho amigo, à ponerme sobre el carro encantado, y serà gran prudencia dejar pasar el mal influjo de las estrallas que ahora corre* (1).

Il se leva alors, et appuyé sur le bras de sa fille, reprit à pas incertains le chemin de son château.

Hope suivait en poussant de temps en temps de petits cris de douleur.

CHAPITRE VII.

Les Corbeaux.

Quand la vengeance est accomplie, l'âme s'apaise, les pulsations du cœur prennent un cours régulier, l'esprit se calme, une sensation délicieuse court dans les veines, on goûte avec délices ce que les Espagnols appellent un plaisir des dieux. Il semble que l'injure a été la bien venue, puisque la vengeance est si douce. M. de l'Estrades s'avançait fier et heureux vers son château; il comptait ne pas ouvrir la bouche de ce qui venait d'arriver.

— Il est inutile, pensait-il, que Mme la comtesse et M. son fils sachent cet accident sans valeur. Cela coupe court à toute alliance, à tout mariage possible. Ah! ah! que maintenant Raoul aille roucouler auprès de sa colombe, il sera bien reçu! Que Mme de l'Estrades, comme je l'en soupçonne capable, veuille unir la fille de l'âne galeux au fils du cheval de bataille, qu'elle emploie toutes ses rubriques mystérieuses, toutes ses trames cachées, je la défie de renouer le fil que je viens de couper. Au reste, ajouta-t-il en lui-même, j'ai vu bien à l'aise cette demoiselle de Bridieu, elle est fort bien. Raoul n'a pas mauvais goût. Il est aimé, dit-il, il ne faut pas qu'il perde tout espoir, nous sommes dans un siècle et vivons dans un pays où une femme ne

---

(1) Ami Sancho, aide-moi à me placer sur ce char enchanté. Il y a dans l'air une influence fâcheuse; elle vient de quelques astres malfaisans, il sera prudent de la laisser passer.

permet pas à un jeune gentilhomme de mourir de douleur parce qu'elle doit épouser un autre que lui. Quel œil brillant a cette jeune fille ! comme ses traits respiraient la colère, le désir de la vengeance. Elle ressemblait à une lionne à qui on a enlevé ses petits. Si elle avait tenu l'épée de son père, je n'aurais pas eu bon marché d'elle.

Iles de Bridieu, continuait M. de l'Estrades en se parlant toujours à lui-même, se garderont bien de divulguer tout ceci... c'est une affaire qui s'est passée en famille, entre nous, sans nul témoin. Mlle de Bridieu a trop de sens pour dévoiler la honte de son père, lorsque rien ne l'y force, quand au besoin elle peut tout nier. M. le gouverneur de Reims, a eu l'avantage de croiser le fer avec moi. A ses yeux, son honneur est sauf, et il doit se trouver, à l'heure qu'il est, fort heureux de vivre; cependant, comme il y a dans tout ceci un accident désagréable pour lui, il se taira. Pour moi, je ne dirai rien... pendant quelque temps. Je me réserve plus tard de m'égayer avec M. le duc d'Aiguillon sur le compte de l'homme qu'il m'a préféré.

Tout en se parlant ainsi, il arriva à cette clairière où un cri funèbre l'avait arrêté le matin même, et il y entra. La clairière était déserte, mais le corps de M. le chevalier d'Aubeterre gisait encore sur le gazon. Ainsi que nous l'avons dit, les témoins du vainqueur, M. Jérôme Thibault, avaient quitté le lieu du combat sur l'ordre de M. de l'Estrades lui-même, et MM. les officiers de dragons, témoins de la victime, avaient dû nécessairement se rendre, soit à l'Etang-la-Ville, soit à Marly, soit ailleurs, afin de se procurer les moyens de rendre à sa famille le corps de leur ami. Dès que M. de l'Estrades parut dans cet espace entouré d'arbres et à peu près circulaire, deux ou trois corbeaux qui déjà rôdaient autour du cadavre, s'envolèrent, et, avec la prudence et la sagacité naturelles à ces oiseaux, allèrent se percher sur des chênes voisins, d'où, cachés dans le feuillage, ils se mirent à observer l'ennemi qui s'avançait, prêts à s'abattre de nouveau sur leur proie, dès que celui-ci se serait retiré. M. de l'Estrades les regarda d'un œil mélancolique, et leur aspect seul changea le cours de ses idées.

— Déjà ! dit-il; à peine si son sang s'est arrêté dans ses veines, et déjà les animaux carnassiers s'emparent de ce jeune homme, plein de vie et de santé il n'y a pas trois heures !

Il s'avança lentement, et s'arrêtant devant le cadavre de M. d'Aubeterre, il mesura de l'œil la grande taille de cet officier, pâle et mort, mais qui n'avait rien perdu encore de la bonne grâce et de la délicatesse de sa figure, rien que les roses du teint et l'incarnat des lèvres. Les cheveux, artistement accommodés, avaient encore le tour heureux donné par le valet de chambre; la poudre à la maréchale les couvrait encore, seulement la tête de M. d'Aubeterre avait frappé sur le sol au moment fatal, et tout autour un cercle blanc encadrait d'une espèce d'auréole cette figure empreinte du sérieux de la mort. Une main tenait encore l'épée, l'autre comprimait sur la poitrine la plaie ouverte.

M. de l'Estrades s'assit sur une pierre voisine, et les deux coudes sur ses genoux, la tête dans ses deux mains, il se mit à considérer ce spectacle navrant. Toute la scène dont il avait été le témoin, tout ce qui s'était dit autour de ce cadavre, tout ce qu'il avait dit lui-même se représenta à son esprit.

— Oui, se dit-il, ce jeune homme est là mort, parce qu'une de ses joues a été déshonorée par un soufflet !!!... et moi qu'ai-je dit quand j'ai appris cette brutalité sauvage ?

Ce qu'il avait dit, sa mémoire le lui rappelait mot pour mot. Il voyait là devant lui quatre officiers dont il avait gourmandé la jeunesse. Il se leva alors et tournant autour du cadavre sans pouvoir s'en éloigner :

— Et ! moi, s'écria-t-il, et moi qu'ai-je fait ?... Que viens-je de faire?

Il venait de se porter, lui-même, à cet acte insensé, qu'il regardait (il l'avait dit) comme indigne d'un gentilhomme. Et qui avait-il frappé? Un vieillard, un homme cacochyme, malade, mourant. M. de Bridieu ne l'avait nullement insulté ni provoqué, il ne le savait pas caché à deux pas de lui. Il se croyait seul avec sa fille ; aussi en sûreté pour ouvrir son cœur qu'il l'eût été dans le cabinet le plus retiré de sa maison, il s'était livré à une vanité ridicule ou plutôt puérile, mais il n'avait pas nommé son rival, il n'avait pas peut-être songé à lui. M. de Bridieu savait-il seulement qu'on lui avait donné une place promise à M. de l'Estrades? Il est probable qu'il l'ignorait. Alors lui, M. le comte de l'Estrades, officier du roi, gentilhomme, père de famille, s'était élancé comme un tigre sur un vieillard sans défense et l'avait frappé à la joue! Il y avait plus encore : en France, la présence d'une femme est une sauvegarde; elle protége, elle met à l'abri d'une violence, même d'un mot grossier. Lui, en face de la fille, il avait mortellement insulté le père; il avait ensuite tiré l'épée, et la malheureuse Mlle de Bridieu avait craint sans doute que son père fût assassiné sous ses yeux, oui, assassiné, car le combat était si inégal que le meurtre de M. de Bridieu aurait mérité d'être appelé un assassinat, et cela seul avait retenu M. de l'Estrades.

Ainsi la vengeance commençait à perdre de sa douceur pour le coupable. Ses réflexions le conduisirent plus loin. Il venait de supposer que M. de Bridieu se tairait, que Mlle de Bridieu cacherait par un silence absolu la honte de son père : et pourquoi cela? Pourquoi M. de Bridieu ne le traiterait-il pas comme on traite un brigand qu'on rencontre dans une forêt, et qui vous dépouille et vous blesse? Il avait blessé un vieillard, et cela au moment même où lui ayant fait tomber l'épée des mains, ce malheureux se trouvait sans défense. L'injure était atroce ; elle était de celles dont on rougit en la racontant; c'est vrai, mais c'est seulement lorsque l'on n'a pas demandé raison. M. de Bridieu avait fait tout ce qui était humainement possible pour laver son affront : en portant sa plainte, il montrerait les tronçons de son épée et son visage meurtri. Fallait-il absolument qu'il fût mort pour recouvrer son honneur ? Peut-être les lois cruelles du duel l'exigent-elles ainsi, peut-être ce malheureux chevalier d'Aubeterre, étendu aux pieds de M. de l'Estrades, n'avait-il pas d'autre alternative. — Meurs ou tue! dit le père du Cid dans un cas pareil. — Mais le Cid et le chevalier d'Aubeterre, étaient jeunes, hardis, vigoureux ; ils devaient exiger un combat égal sous tous les rapports. Qui ignorait à la cour la faiblesse maladive de M. de Bridieu, spectre ambulant qu'un souffle pouvait renverser? Et si M. de Bridieu devait se taire, qui empêchait Mlle de Bridieu de parler ? Par quelle considération serait-elle retenue? La seule réparation possible aux yeux de Mlle de Bridieu, c'était une peine peut-être infamante infligée à l'insulteur de son père. Or nous sommes dans un monde où la peine est proportionnée au crédit du plaignant et à l'intérêt qu'il inspire. Sous ce rapport M. de l'Estrades devait être au moins inquiet de la position dans laquelle il venait de se placer. Il avait entendu les confidences de M. de Bridieu à sa fille. Le roi faisait cas de ce vieillard, il l'aimait même ; rien ne s'opposait à ce que cette assertion ne fût vraie.

Louis XV, sans être précisément dissimulé, était mystérieux et cachait volontiers ses sentiments secrets; on citait à la cour plusieurs exemples de ces prédilections inconnues, de ces amitiés souterraines dont la cause échappe à la sagacité des courtisans et qui avaient éclaté tout d'un coup, à la surprise générale. Ce n'était pas un caprice du maître, c'était la récompense d'anciens services ou le témoignage d'une vieille affection. M. de Bridieu avait donc pu, sans abuser sa fille, se vanter de l'amitié du roi. Mme du Barry, sans être une femme habile, n'ignorait pas l'art de plaire au roi et de le flatter, en accueillant ceux que Sa Majesté distinguait. De ce côté, M. de Bridieu serait soutenu: il faisait une cour assidue à la favorite, tandis que Mme de l'Estrades, par des raisons faciles à comprendre, n'avait jamais voulu paraître à Louveciennes. Enfin, M. de Bridieu avait appelé M. d'Aiguillon son ami, il avait prétendu avoir rendu un service au duc. C'était possible et peu important, parce qu'à la cour les services rendus ne comptent pas, mais le duc, ministre impérieux et souple courtisan, était trop adroit pour ne pas sacrifier, et cela sans hésitation et même sans pitié, M. de l'Estrades, dont la femme bravait la favorite, à un ami du roi, à un homme bien venu chez Mme du Barry. M. le duc l'avait déjà fait, et sa visite matinale donnait la preuve de ce qu'on pouvait attendre de lui.

— Ainsi donc, se disait M. de l'Estrades, je suis tout à fait à la disposition de M. de Bridieu, de sa fille et d'un fils aîné qui monte à cheval et peut me demander raison de l'affront fait à son père... Il sera satisfait, je suis à ses ordres. Plût au ciel que je n'eusse que cela à redouter ! Ah ! j'ai lu dans les regards irrités de Mlle de Bridieu qu'elle sera pour moi une ennemie dangereuse : elle bravera tout pour se venger; elle ne craindra pas d'aborder Mme du Barry, de la flatter, de la prier, de la conjurer, et si elle parvient à la mettre dans ses intérêts, je suis perdu.

Tout d'un coup, M. de l'Estrades se souvint de l'amour de son fils pour Mlle de Bridieu. Si M. Raoul était aimé, ainsi qu'il le prétendait, le danger diminuait et l'affaire changeait de face. Une jeune fille amoureuse ne cherche pas à perdre le père de celui qu'elle aime, elle fait au contraire tous ses efforts pour rapprocher deux familles, apaiser les querelles et amener des transactions dont son amour doit profiter.

Appréciant cette fois la position des choses avec plus de sens, plus de justesse qu'il n'avait l'habitude de le faire, M. de l'Estrades pensa qu'il devait feindre une grande colère; il se promit d'envoyer son fils à Londres, ainsi que la chose avait été décidée avec Mme de l'Estrades, qu'il laisserait s'occuper des intérêts de M. Raoul. Il en était venu à croire qu'il suffisait qu'il eût une antipathie, pour que Mme de l'Estrades mît de l'amour-propre à la vaincre.

— Elle verra Mlle de Bridieu, pensait-il, et commencera par partager son indignation et sa douleur. Dans ce premier entretien, je serai tout à fait sacrifié, et Mme de l'Estrades se montrera d'autant plus affligée de ce qui s'est passé, que cela rompt un de ses projets les plus doux : le mariage de deux jeunes gens qui s'aiment. Elle parlera ensuite de l'amour de Raoul, fera luire dans l'avenir des jours plus heureux, et du diable si Mlle de Bridieu n'arrête pas la plainte de son père, et si elle-même demande une vengeance qu'on lui accorderait... le temps s'écoulera, ce qu'on peut aujourd'hui on ne le peut pas demain, et j'éviterai le coup qui me menace... Mais moi, moi, ajoutait-il en s'animant, moi, je ne consentirai jamais à une union pareille, et, quoi qu'il puisse arriver, j'apprendrai à Mlle de Bridieu qu'une fille comme elle n'est pas faite pour porter mon nom.

Tandis qu'il alliait ainsi sa haine avec sa crainte d'être compromis à la cour, et qu'il se promettait de se jouer de l'amour de deux jeunes gens, le bruit d'un chariot et la sonnette d'un cheval de village attirèrent son attention. C'était un des témoins du chevalier d'Aubeterre qui arrivait, suivi de quelques paysans et d'une charrette, sur laquelle on devait placer le corps du défunt pour le rendre à sa famille. L'officier s'approcha de M. de l'Estrades et lui serra la main.

— Votre pitié et vos regrets pour mon malheureux ami, lui dit-il, vous ont ramené ici, M. le comte, recevez mes remercîmens. J'ai été obligé de m'éloigner pour des soins indispensables; mon camarade a dû se rendre à Paris, afin de disposer le père du chevalier à apprendre la malheureuse fin de son fils. Vous avez fait la veillée des morts.

Pendant que le capitaine de dragons parlait ainsi, les hommes qui l'accompagnaient s'emparaient du corps et le plaçaient sur la charrette... Les corbeaux se voyant enlever leur proie, se mirent à croasser, et M. de l'Estrades, sans dire par quelles circonstances personnelles il paraissait ainsi remplir un devoir pieux, fit remarquer au capitaine ces oiseaux carnassiers ; celui-ci leva les yeux au ciel et mit sa main sur son cœur.

— Je vous jure qu'il sera vengé, monsieur le comte, dit-il. Ce ne sera pas sur le duel lui-même qu'insistera la famille d'Aubeterre; à tort ou à raison, les lois sur le duel sont quelquefois sans vigueur, mais un soufflet !... La joue d'un gentilhomme souillée par un outrage pareil! Voilà le crime, comme vous nous l'avez fort bien expliqué ce matin, monsieur le comte, et c'est sur ce fait surtout que nous nous fonderons pour faire condamner le capitaine Thibault. Quand même l'issue du duel eût été différente ; si, au lieu du chevalier d'Aubeterre, M. Thibault avait succombé, nous poursuivrions également, tout mort qu'il serait, l'homme qui, par une violence inqualifiable, a déshonoré une famille entière. Vous voyez, monsieur le comte, que nous sommes d'accord; nous nous appuierons même de vos paroles, nous vous demanderons de nous assister de votre crédit, et quoique vous n'ayez vu que la fin de cette triste affaire, nous vous appellerons comme témoin.

Le capitaine de dragons salua encore respectueusement M. de l'Estrades et suivit la charrette qui emportait le corps de son ami. Le comte, dès qu'il fut seul, leva les yeux sur les arbres voisins, et il vit les deux corbeaux s'enfuir à tire d'aile après avoir jeté un dernier cri.

— Vous avez fait comme moi, dit-il, vous êtes venus mal à propos. Pour vous, cependant, il n'en résultera aucun mal ; vous avez perdu une proie, vous en trouverez une autre. Moi je me suis jeté dans un guêpier, et je n'en sortirai pas sans piqûres !

Il reprit alors le chemin de son château avec la mauvaise humeur d'un homme que sa conscience met mal à l'aise et dont le langage se trouve en contradiction avec les actions.

M. de l'Estrades avait laissé sa femme et son fils tous deux seuls et s'entretenant d'un amour que le jeune homme prétendait être si violent, si profond que sa vie y était attachée. La mère donnait des espérances et demandait du temps pour conclure un mariage en apparence impossible. Les désirs impatiens de la jeunesse ne s'accommodent d'aucun délai, et M. Raoul se dépita d'une condition cependant bien naturelle.

— Vous n'êtes pas raisonnable, Raoul, lui dit sa mère, songez donc que vous venez de gagner votre cause ou à peu près; et que seriez-vous devenu si moi, que vous n'avez pas daigné consulter encore, j'étais de l'avis de votre père?

— Alors, il ne me resterait plus qu'à mourir, répondit Raoul avec tristesse.

— Propos de jeune homme, et qui sont sans valeur, mon ami. Il arrive qu'on meurt d'amour, mais c'est fort rare... Le suicide est fréquent en Angleterre, dans ces cas là; c'est, selon moi, une faiblesse mêlée d'ineptie.

— Comment, une ineptie, ma mère?

— Sans doute, quand on a une passion on veut la satisfaire, et vous m'avouerez que pour cela le plus mauvais de tous les moyens, c'est de mourir. Le temps, au contraire, et c'est ce que je vous demande de m'accorder, Raoul; le temps, qui modifie tout, ne peut manquer de vous apporter des changemens heureux; comptez sur ceux que je vous ménage. Il peut aussi vous changer vous-même. Cette jeune fille que vous aimez aujourd'hui, vous pouvez ne la plus aimer demain.

— Jamais, ma mère, jamais! s'écria Raoul avec ardeur.

— Soit, faites-en l'expérience, je ne vous demande pas autre chose. Je vous promets de changer les résolutions de votre père; plus elles sont violentes, plus aisément j'en viendrai à bout. Mais, Raoul, tout n'est pas là.

— Comment, ma mère, une fois que mon père aura consenti...

— Restera à décider M. de Bridieu.

— Oh! ma mère, Juana m'aime, elle a sur son père beaucoup d'influence et elle en usera. D'ailleurs, l'honneur de notre alliance touchera M. de Bridieu, et je suis tranquille de ce côté.

— C'est, au contraire, de là que viendront les plus grandes difficultés, répondit Mme de l'Estrades. Votre père est violent et emporté, et si on laisse passer les premiers mouvemens de sa colère; si on a l'air de lui présenter l'affaire qui lui répugne le plus, sous un point de vue qui flatte son amour-propre ou sa vanité, on en vient facilement à bout. Il n'en est pas de même de M. de Bridieu; ses volontés sont tenaces. Aigri par la maladie, ou, si vous le voulez, par la crainte de la maladie, personnel comme tous les gens qui s'occupent sans cesse d'eux-mêmes, et haineux parce qu'il est faible, nous en aurons difficilement raison. Que parlez-vous de notre alliance? Vous oubliez les divisions héréditaires qui séparent sa famille et la vôtre. M. de Bridieu met sa noblesse bien au-dessus de celle des de l'Estrades.

— Il se trompe, madame, s'écria Raoul, jeune homme légèrement infatué de l'ancienneté de sa maison.

— C'est possible, mon ami, mais dans l'affaire dont il s'agit, voici votre erreur à vous: vous tenez compte de vos passions et point du tout de celles d'autrui. Écoutez-moi donc et apprenez l'obstacle où peut-être viendront se briser vos espérances. M. de Bridieu a disposé de sa fille.

— Comment, madame, dit Raoul, vous savez...

Mme de l'Estrades continua:

—Je sais que, depuis l'enfance, vous êtes le compagnon des promenades de Mlle Bridieu et presque de ses jeux. Si Champagne ne me disait pas tout ce qui se passe chez moi, si surtout il m'avait laissé ignorer la conduite de mon fils, il ne porterait pas ma livrée.

M. Raoul fut un peu étonné de cette trahison de Champagne, qu'il croyait tout dévoué à son amour; mais il admira la prudence de sa mère. Celle-ci dit encore:

— J'ai alors voulu connaître le caractère de Mlle de Bridieu: elle a été entourée de gens qui m'ont instruite de ses bonnes qualités; elle est douée d'un certain courage que, certes, elle ne tient pas de son père, et que j'apprécie plus dans une femme que les hommes ne le recherchent. Je crois lui ressembler un peu de ce côté. Si elle ne vous a rien dit des projets de son père, c'est encore une chose dont je lui sais gré. Sachez donc que le mariage de Mlle de Bridieu est arrêté depuis longtemps; elle doit épouser M. de Montalais: cette union est décidée entre les deux familles.

— M. de Montalais! dit Raoul, le fils d'un magistrat qui demeure Place-Royale?

— Précisément. J'ignore si le père est magistrat, mais je sais que la famille est honorable et le mariage avantageux. M. de Bridieu pouvait plus mal choisir.

— Ce mariage n'aura pas lieu! s'écria Raoul; je connais ce M. de Montalais; c'est un petit gentilhomme fort mal tourné, il n'est pas fait pour être aimé, et je suis certain que Mlle de Bridieu le voit avec peine, et... ajouta-t-il en hésitant, avec dégoût.

— Avec peine, reprit Mme de l'Estrades, c'est probable; puisque Mlle de Bridieu vous aime, elle doit craindre de donner le moindre encouragement à la passion d'un jeune homme qu'elle ne désire pas épouser; mais avec dégoût, ne le croyez pas. J'ai vu le jeune de Montalais; il est souvent à l'Étang-la-Ville, chez M. de Bridieu, et comme vous, il aime à parcourir les avenues de notre forêt de Marly.

— En compagnie de Mlle de Bridieu ? dit avec dépit Raoul de l'Estrades.

— Sans doute, répondit sa mère, et vous ne l'ignorez pas. Sans vous parler des prétentions de M. de Montalais, Mlle de Bridieu ne vous a pas fait un mystère de la présence presque habituelle de ce jeune homme chez son père, qui le charge volontiers d'accompagner sa fille dans ses promenades.

Raoul baissa la tête ; il était, en effet, instruit de ces détails.

— Ce qui vous a rassuré, poursuivit Mme de l'Estrades, c'est que, suivant vous, M. de Montalais est mal tourné et qu'il est loin d'avoir une taille aussi avantageuse que la vôtre et un visage aussi agréable, c'est possible ; mais il n'est point laid et, d'ailleurs, mon fils, c'est une grande erreur de croire que les femmes aiment les hommes pour leur beauté ; si elles sont pourvues elles-mêmes de cette qualité, il arrive souvent que la laideur même les séduit. Presque toujours une femme préfère l'homme qui peut la défendre à celui qui ne sait que la charmer. Mais, mon cher Raoul, M. de Montalais n'en est pas à faire oublier sa laideur à force de bonnes qualités ; il n'est laid qu'à vos yeux, aux yeux d'un rival, et si je connais bien Mlle de Bridieu, elle doit apprécier à sa valeur M. de Montalais. Vous avez là, mon fils, un rival dangereux.

M. Raoul de l'Estrades avoua modestement que la seule chose qui le rassurât, c'était l'amour qu'avait pour lui Mlle de Bridieu, amour dont elle ne lui avait pas fait un mystère.

— C'est là, en effet, mon fils, votre meilleure ancre d'espérance ; Mlle de Bridieu est incapable de vous trahir, il dépend de vous qu'elle ne change pas. Je serai votre second appui ; obéissez à votre père et laissons faire le temps.

Deux heures après cet entretien, le jeune Raoul de l'Estrades montait à cheval et retournait à Paris, où il devait trouver une chaise de poste qui le conduirait à Calais. Il avait reçu l'ordre de ne point s'arrêter dans cette ville et de s'embarquer sur le champ pour Douvres. M. de l'Estrades ne voulait pas que son fils apprît, en France du moins, les événemens du matin.

Une fois hors de portée du château, le jeune homme, accompagné de Champagne, qui devait ne le quitter qu'au moment où il monterait en chaise de poste, arrêta son cheval.

— Champagne, dit-il, nous allons passer par l'Etang-la-Ville.

— Ce n'est pas précisément le chemin, monsieur.

— Non, Champagne, cela nous force à faire un détour.

— Oui, monsieur, et M. le comte, votre père, désire que je vous accompagne sans retard à Paris.

— Cela est vrai, Champagne, reprit Raoul en regardant fixement le domestique, mais ma mère sait que j'ai l'honneur de voir quelquefois Mlle de Bridieu et elle ne le désapprouve pas.

Champagne n'eut rien à répondre. Raoul mit alors son cheval au galop et prit l'avenue qui le conduisait à l'Etang-la-Ville.

Nous avons dit que le château, ou plutôt la maison seigneuriale qu'habitait M. de Bridieu était située à l'entrée de la forêt. C'était un bâtiment carré, de construction récente et flanqué de quatre tourelles exiguës dont les toits pointus supportaient des girouettes. Ces tours, qui servaient à soutenir l'édifice, avaient aussi une autre destination : c'étaient des colombiers. Dès la regence, les nouvelles constructions changèrent d'aspect en France : on ne bâtit plus dans la prévision d'un siége ; les demeures de la noblesse ne furent plus mi-partie châteaux, mi-partie forteresses ; on ne pouvait plus songer raisonnablement à lever l'étendard de la révolte ni à soutenir le choc des troupes royales. Les ponts-levis s'abaissaient devant les troupes du roi, on supprima les ponts-levis. Les fossés avaient de grands inconvéniens ; lorsque l'eau qui les remplissait n'était pas courante, des miasmes malsains pâlissaient les joues des châtelaines et compromettaient leur santé : on combla les fossés. Mais la noblesse conserva dans ses demeures deux signes caractéristiques qui signalaient au loin les immunités dont elle jouissait alors : la girouette et le colombier. M. de Bridieu n'avait pas manqué de décorer sa maison, d'ailleurs modeste, de ces deux attributs significatifs ; ses girouettes tournaient à tous les vents, et ses pigeons allaient par volées chercher une abondante pâture dans la forêt de Marly. Un mur d'enceinte entourait la maison qui, de trois côtés, se trouvait ainsi au milieu d'une cour spacieuse, et, devant la façade principale, s'étendait un magnifique jardin que terminait un parc clos de mur. Jamais Raoul de l'Estrades n'avait mis les pieds dans ce parc. Mlle de Bridieu n'ayant pas eu même la pensée d'introduire chez son père une personne que, sans nul doute, il n'eût pas voulu recevoir. C'était par ce chemin seul, cependant, qu'il pouvait espérer de parvenir auprès de celle qu'il aimait. Il eût été imprudent de se présenter du côté de la cour, dont la grande porte était toujours ouverte, il est vrai, pendant le jour, mais où aucun arbre, aucun abri, ne cachait à M. de Bridieu l'arrivée d'un visiteur.

—Elle songe à moi, se disait Raoul en s'approchant des murs du parc, et elle doit être aussi impatiente de me voir que je le suis moi-même. Il faut qu'avant mon départ, elle sache que je lui ai obéi; que mon père connaît mon amour, et que si, comme elle doit s'en douter, il le désapprouve, j'ai du moins trouvé dans ma mère un appui certain et un auxiliaire puissant.

Raoul pensait aussi qu'une jeune fille amoureuse, et qui touche peut-être à un moment décisif, doit venir rêver sous les beaux arbres dont il apercevait le sommet. Il était donc possible que Juana promenât dans le parc ses inquiétudes et ses espérances; un pressentiment l'en avertissait. Les amans ont à leur service des sylphes, des fées et des génies qui les éclairent, leur montrent la route à suivre et les mènent aux pieds de leurs maîtresses. Raoul descendit de cheval vis-à-vis une petite porte fermée, mais dont les ais vermoulus et les ferremens rouillés permettaient de croire qu'elle n'opposerait pas une longue résistance aux désirs hardis d'un amant.

— Qu'allez-vous faire, monsieur? vous allez briser cette porte! Prenez garde, si M. de Bridieu l'apprend, il peut faire un procès à M. votre père et lui coûter beaucoup d'argent, et il en est capable tellement il aime peu votre famille.

Raoul continua à secouer les gonds de manière à les détacher du plâtre qui les entourait à peine, lorsque la porte s'ouvrit, et Picard parut: il avait reconnu la voix de Champagne.

— Que désirez-vous, monsieur? dit-il en saluant respectueusement Raoul, apportez-vous quelque bonne nouvelle?

— Hélas! mon Picard; j'en apporte au contraire une fort mauvaise, du moins pour moi... Je pars, Picard; mon père me force à quitter Paris aujourd'hui même... Et Picard, mon bon Picard, avant de m'éloigner il faut absolument que je voie Mlle de Bridieu.

— Impossible, monsieur.

— Impossible et pourquoi cela? Qu'en savez-vous, d'ailleurs, Picard? Mlle de Bridieu n'a pas pu prévoir ma visite, pourquoi refuserait-elle de me voir un instant, au moment d'un départ?

— Ah! monsieur, répondit Picard, c'est qu'il y a du nouveau ici.

— Quoi donc? est-ce que Juana serait malade.

— Non pas, mademoiselle, mais son père. M. Raoul de l'Estrades quoi qu'il respectât infiniment le père de celle qu'il aimait, leva les épaules. Tous ceux qui connaissaient de près ou de loin M. de Bridieu, étaient habitués à le voir effrayer sans cesse l'amour filial de Juana par des plaintes et des frayeurs exagérées.

— Monsieur, dit alors Picard, il est arrivé un événement fâcheux... lequel? je l'ignore; mais j'ai vu M. de Bridieu rentrer chez lui soutenu par sa fille; il était blessé et réellement malade.

— Blessé! et par qui? demanda Raoul.

— Blessé, monsieur; on dirait qu'un loup a déchiré son visage avec ses griffes et ses dents.

— O ciel! et Mlle de Bridieu est-elle blessée aussi?

— Non, monsieur, mais elle est si triste, si pâle, et depuis ce matin elle est plongée dans un si grand accablement, qu'elle a l'air aussi malade que son père.

— Que s'est-il donc passé, Picard? ne me cachez rien?

— Je l'ignore, monsieur. Mademoiselle est sortie de fort bonne heure avec son père ; ils ont pris le chemin de la forêt, et au bout de fort peu de temps ils sont rentrés tous deux, l'un blessé, l'autre si troublée, si tremblante, qu'elle était à faire pitié.

— Je veux la voir, Picard, s'écria Raoul, ne fût-ce qu'un moment... quand même elle devrait ne pas m'adresser la parole.

— Encore une fois, monsieur, c'est impossible. Le père et la fille se sont renfermés dans leurs appartemens, et on ne peut pas pénétrer jusqu'à eux... Ah! monsieur, ajouta Picard d'un air triste, ils auront rencontré quelque bête féroce, c'est sûr... et le petit chien Hope, que vous avez donné à mademoiselle...

— Eh bien! Hope?

— La pauvre bête a été blessée aussi : je viens de la trouver dans un coin de l'écurie, la gueule ensanglantée.

Raoul tira de sa poche une lettre qu'à tout hasard il avait préparée pour Mlle de Bridieu; il pria Picard de la remettre à sa maîtresse, et cela, avec de si vives instances, que celui-ci consentit à se charger de cette commission difficile. Picard revint bientôt après.

Il était parvenu jusqu'à Mlle de Bridieu, qui faisait dire à M. Raoul de s'éloigner, d'obéir à M. de l'Estrades ; que dans la position où elle se trouvait, son devoir la retenait auprès de son père, et que rien ne pourrait l'empêcher de se dévouer entièrement à lui.

Le jeune homme ayant perdu tout espoir, monta à cheval et reprit le chemin de Paris.

— Voilà un voyage qui commence mal, dit-il à Champagne.

CHAPITRE VIII.

Le frère et la sœur.

Picard, en supposant que M. de Bridieu avait fait la rencontre d'une bête féroce, exprimait sans s'en douter l'opinion de Juana. Si la jeune fille eût pu voir Raoul :

— Nous avons été assaillis par une bête féroce, lui eût-elle dit, qui a voulu nous dévorer et boire notre sang, et cette bête sans pitié, c'est votre père !

C'était bien pis encore : c'était un gentilhomme d'un nom honorable, un officier du roi, un homme intelligent et qui, par conséquent, joignait au pouvoir de frapper celui de flétrir, à la faculté de répandre le sang celle de déshonorer ; — et ce gentilhomme, cet officier avait fait à un vieillard le plus grave et le plus imprévu des outrages !... Ah ! si elle avait été un homme !... si seulement elle avait tenu dans ses mains l'épée de son père !...

Elle connaissait parfaitement le milieu où elle vivait, elle en savait les maximes et les préjugés. Suivant ses propres principes et ceux de ses pareils, ce n'est pas de la loi que dépend un gentilhomme, c'est de l'opinion. Un soufflet !... un soufflet efface tous les écussons d'un arbre généalogique, il dégrade. Certes, elle aimait son père, et cependant si l'épée de M. de l'Estrades eût percé le cœur de ce père, sa douleur eût grandi, mais l'ignominie eût disparu. L'opprobre qui maintenant couvrait le nom de Bridieu, n'eût pas entaché ce nom qu'elle vénérait : le nom de ses aïeux et le sien !

Un vieillard faible, toujours rempli de craintes puériles, avait tout oublié au moment de l'injure ; il avait tiré l'épée avec la fermeté et le courage d'un Clisson ou d'un du Guesclin. Cela suffisait à ses yeux pour justifier M. de Bridieu, mais l'opinion demande davantage : l'opinion veut qu'un homme tel que M. de Bridieu, s'il est flétri par un soufflet, tue, ou bien qu'il meure.

— Mon frère, se dit Juana pleine de colère, tuera M. de l'Estrades.

Elle fit revenir à lui le vieillard mourant; elle l'aida à se relever, le soutenant avec peine ; elle le ramena chez lui sans parler à personne de l'événement qui détruisait toutes ses espérances et brisait sa vie. Elle conduisit M. de Bridieu dans sa chambre à coucher, ne voulut permettre l'approche d'aucun domestique ni souffrir aucune question. Elle-même mit au lit le malheureux gentilhomme et pansa ses plaies. Celui-ci voulait envoyer chercher un médecin.

— Non, mon père, dit Juana ; je sais bien que ce sont là des blessures faites avec l'épée, mais non pas avec la pointe. Avant qu'on sache l'affront, il convient que le sang de M. de l'Estrades ait coulé.

M. de Bridieu, habitué aux soins de sa fille, se laissa facilement persuader. Il partageait l'opinion de sa fille : selon lui aussi, l'affront qu'il avait reçu voulait du sang, et soit légitime colère, soit qu'il fût aguerri contre le danger par les prédictions de M. de la Taille, il comptait faire appel à M. de l'Estrades et provoquer un second combat.

— Vous avez raison, Juana, dit-il à sa fille, il est impossible qu'un homme qui va commander dans la ville de Reims au nom du roi, emporte avec lui l'affront que j'ai reçu ; il me faut la vie de M. de l'Estrades.

— Vous l'aurez, mon père, vous l'aurez, s'écria Juana avec enthousiasme, je vous en réponds.

— Eh ! grand Dieu ! reprit M. de Bridieu, que va dire Mme la comtesse du Barry quand elle apprendra tout ceci ? Et M. le duc d'Aiguillon qui veut que je parte aujourd'hui même !... Je ne me sens pas la force de me mettre en route aujourd'hui, Juana, il faut faire prévenir le duc.

La jeune fille venait d'apprendre que son père allait occuper une place importante, qu'au fond du cœur elle ne le jugeait pas capable de remplir, et qu'il n'avait pas demandée ; elle ignorait la raison de cette faveur subite. Était-ce une plaisanterie éclose au milieu des joyeusetés de la cour de Mme du Barry ? une mystification ? un moyen inventé par M. d'Aiguillon pour écarter M. de l'Estrades, qui désirait ardemment aller à Reims ? elle l'ignorait, mais, quoi que ce fût, plaisanterie ou intrigue, cette malheureuse nomination venait de la plonger dans un abîme dont elle n'apercevait pas le fond.

— Oui, dit-elle, mon père, M. le duc sera averti ; n'ayez aucune inquiétude, il comprendra que votre voyage doit être retardé.

Mlle de Bridieu pansa soigneusement les plaies de son père, lui fit prendre une boisson rafraîchissante, et quand elle le vit endormi, elle quitta son appartement pour passer dans le sien. Ce fut dans ce trajet que Picard parvint jusqu'à elle et lui remit la lettre de Raoul. Au milieu de son trouble, et certaine que le jeune homme ignorait les événemens de la matinée, cette lettre ne pouvait plus l'intéresser. Elle chargea Picard d'une réponse verbale, exigeant toutefois de Raoul qu'il obéît à un père qui venait déshonorer le sien.

Sans s'arrêter dans son appartement, elle monta un étage pour aller joindre son frère. Sur le palier de l'escalier s'ouvrait une haute fenêtre qui dominait l'Etang-la-Ville et permettait de voir la route de Paris s'allonger entre deux rangées de chênes et de hêtres. S'arrêtant sur ce palier, elle aperçut deux cavaliers qui cheminaient lentement vers la capitale, et distingua facilement la livrée de Champagne. L'autre n'était pas difficile à reconnaître, c'était Raoul qui s'éloignait, l'esprit rempli d'inquiétude et sans connaître cependant le coup fatal qui venait d'être porté à ses espérances. Juana s'appuya sur la saillie de la fenêtre, et les yeux pleins de larmes :

— Allez, partez, mes amours, dit-elle, chaque pas que vous faites vous éloigne à jamais de moi. Il faut oublier maintenant toutes les joies de notre enfance, tous nos projets d'avenir. La haine qui séparait nos familles n'était autrefois fondée sur rien, sur une antipathie ridicule, sur des puérilités d'amour-propre, qui devaient s'éteindre dans l'affection que nous avons l'un pour l'autre : aujourd'hui il y aura du sang entre nos deux maisons, elles sont désunies à jamais. Allez Raoul, éloignez-vous, je vous aime, mais je sens que ma haine pour les vôtres est plus forte que mon amour pour vous.

Elle sanglotait en se parlant ainsi à elle-même, et elle ferma un moment les yeux de peur que ce cavalier qui s'éloignait peu à peu, n'amollît trop son cœur ; en les r'ouvrant, elle vit le chemin désert, la vision dangereuse avait disparu :

— Tout est fini ! dit-elle avec fermeté. Elle essuya les pleurs qui inondaient son visage et entra dans l'appartement de son frère.

M. Léonce de Bridieu était dans toute la plénitude de la jeunesse, c'est à dire qu'il entrait dans sa vingt-sixième année. C'était un jeune homme très fier de sa noblesse et jaloux à l'excès de l'honneur du nom qu'il portait ; franc et honnête, mais vain ; généreux dans l'occasion, mais toujours susceptible et imbu de préjugés qui égaraient quelque fois la droiture naturelle de son cœur. Son caractère mystérieux et concentré l'isolait au milieu de ses camarades. Il avait perdu sa mère à l'âge de sept ans, et de ce moment commença pour lui une existence pénible et douloureuse, dont il est nécessaire d'expliquer les causes.

Léonce fut nourri par une mère belle et gracieuse, qui le regarda longtemps comme un fils unique et ne voulut jamais permettre que l'enfant fût un seul instant loin d'elle. Elle amusa ses premières années par des récits au-dessus de son âge et jeta dans sa jeune imagination le germe de ces idées chevaleresques et guerrières, héritage légué au règne de Louis XIV par une mère espagnole. C'étaient les grands combats de Pélage ou les hauts faits du Cid : venaient ensuite les amours de Chimène, les exploits des Maures et la beauté des sultanes. L'enfant s'habituait à des rêves fantastiques, à des visions surhumaines, qui charmaient et fatiguaient son enfance.

Madame de Bridieu était fort belle ; les traits de la mère s'incrustèrent dans le cerveau de l'enfant. Le jeune Léonce de Bridieu se regardait comme le fils d'une reine puissante, détrônée parce que le roi son époux, avait été défait dans deux ou trois grandes batailles et qu'une fée bienfaisante viendrait un jour prendre par la main pour la replacer sur son trône. Dans ses rêves d'enfant, son père, M. de Bridieu, ne jouait que le second rôle et parce qu'il était moins beau que sa mère, et parce que l'enfant se sentait plus aimé de l'une que de l'autre. Tout d'un coup l'aspect de la maison changea. M. de Bridieu se plaignait toujours de sa santé et Mme de Bridieu se trouva dans une de ses positions dont le résultat est prévu : elle était enceinte. On crut devoir éloigner un enfant curieux, intelligent, qui ne quittait presque jamais sa mère et dont les questions habituelles pouvaient devenir embarrassantes à un moment donné. Léonce fut amené à Paris et confié à M. de Montalais, qui dut le garder chez lui jusqu'après l'accouchement de sa mère.

Quand l'enfant revint à l'Etang-la-Ville, sa mère était morte, et on lui montra dans un berceau une petite fille qui poussait des vagissemens plaintifs et qu'on lui dit être sa sœur. Il ne voulait point de sœur, il voulait sa mère. M. de Bridieu regrettait amèrement sa femme ; il se confina dans son appartement, et durant les premiers mois de son deuil, ses domestiques même le virent peu. Léonce fut presque abandonné. On voulut lui faire croire que Mme de Bridieu était partie pour l'Espagne, d'où elle reviendrait plus riche et plus puissante qu'autrefois. En attendant, dès qu'il eut perdu sa mère, l'enfant fut privé de caresses et de soins. Il prit en haine la maison paternelle, et une petite fille, étrangère, suivant lui, qui devait porter son nom et partager son bien. Il voulait avoir beaucoup d'argent pour lever une armée et faire la guerre aux Maures. En grandissant il apprit la vérité, mais ces premières sensations ne s'effacèrent jamais complétement ; il ne put jamais oublier que de la naissance de cette sœur datait la perte de sa mère, et le commencement d'une vie déshéritée de ses premières espérances. Il n'aimait pas Juana, il la fuyait volontiers. M. de Bridieu avait d'abord laissé percer le désir de voir sa fille entrer en religion, afin d'augmenter ainsi la fortune de son fils. Peu à peu Juana prit de l'influence dans la maison ; elle devint indispensable à M. de Bridieu, qui non seulement ne songea plus à en faire une religieuse, mais encore manifesta la volonté de la marier, sans toutefois l'éloigner de lui : autre grief du frère contre la sœur, non que Léonce de Bridieu fût avide, mais il sentait que son importance était diminuée, et que la tendresse de son père s'était retirée de lui.

Juana était une rivale fâcheuse, sous d'autres rapports ; elle se portait bien ; une éducation demi-masculine avait aidé au développement d'un tempérament naturellement robuste. Sous toutes les grâces de son sexe, Juana cachait une de ces santés d'autant plus inaltérables, qu'elles sont le produit de l'équilibre parfait des forces et de l'intelligence, de l'âme et du corps qui l'enveloppe et la renferme. Léonce en vint à jalouser ainsi les heureux dons de sa sœur ; c'était un sentiment égoïste et indigne de lui, aussi se gardait-il de se l'avouer à lui-même et le repoussait-il avec force. Cependant, quand la maladie qui le tourmentait le subjugua tout à fait, quand la fièvre commença à ne plus le quitter et que le sang s'échappa de ses poumons déchirés, il n'eut pas la crainte de mourir, mais il perdit l'espoir de vivre robuste et bien portant. Ce fut alors que, malgré lui, il regarda sa sœur d'un œil d'envie.

— Pourquoi, disait-il, Dieu qui a départi si inégalement dans notre famille la force et la santé, ne m'a-t-il favorisé, moi, au lieu de ma sœur ? Ce n'est pas dans mon intérêt que je parle, mais dans celui de ma maison et de mon sang. Si j'avais un frère, je me soumettrais volontiers. O ! ma mère, pourquoi mon père ne s'est-il pas remarié quand vous m'avez été enlevée ! En s'établissant, Mlle de Bridieu changera de nom ; mon père ne peut pas tarder à subir le sort commun ; moi, je tomberai avant le temps, et voilà notre famille éteinte !

Ce n'était donc ni l'égoïsme, ni l'amour de la vie qui faisait naître la jalousie de Léonce de Bridieu, c'était l'orgueil nobiliaire et le désir de conserver, non sa personne, mais sa race. Dans certains momens les illusions de la jeunesse s'emparaient de lui : il se voyait marié et père d'une si nombreuse famille que la postérité des de Bridieu devait avoir autant de durée que celle d'Abraham et de Jacob ; dans d'autres, quand le mal le serrait dans ses liens douloureux, il désespérait de lui-même, il voyait la mort prête à l'atteindre. Quel père, quelle mère lui donneraient leur enfant ? et lui-même ne pourrait mettre au jour que des êtres aussi malheureux que lui et destinés comme lui à paraître un moment dans ce monde pour s'évanouir sans laisser de traces ! Cependant il cachait son mal à ses camarades, il le niait aux plus clairvoyans ; il fuyait tous les excès, toutes les fatigues, et redoutait les émotions passionnées, simplement parce qu'il voulait vivre. Quand le mal empirait, il se cachait à tous les yeux et venait chez son père où, grâce à sa froideur pour Juana et aux habitudes solitaires de M. de Bridieu, il pouvait vivre invisible et oublié sans que personne s'occupât de lui, si ce n'est Picard qui le servait. Tout cela devait avoir un terme à ses yeux mêmes, sans cela ce n'eût point été raisonnable, et ce terme c'était la guérison. Tandis que M. de Bridieu le père se croyait atteint de toutes les maladies dont il entendait prononcer le nom, le fils, qui savait que chez lui un des organes les plus essentiels à la vie était attaqué, se figurait que le mal serait passager et que sa jeunesse en triompherait.

Il eût été impossible que Juana ne devinât pas ces secrets fâcheux et qu'elle ne lût pas sur la figure amaigrie de son frère les dangers qu'il courait, si Léonce se fût laissé approcher ; mais le jeune garde du corps vivait avec obstination dans l'isolement, et semblait prendre à tâche d'éviter sa sœur ; celle-ci, qui savait n'être point aimée, ne recherchait pas son frère et excusait ses froideurs.

— Je l'ai privé de la seule personne qu'il ait aimée jusqu'ici, pensait-elle; et dès qu'il m'a vue il m'a regardée comme la cause de son malheur. Eh ! mon Dieu ! cette mère qu'il regrette n'était-elle pas la mienne ? Suis-je plus heureuse que lui ?

Léonce partageait la haine de M. de Bridieu pour la famille de l'Estrades; et, sans se douter de l'attachement de sa sœur, il ne manquait jamais de parler de cette famille ennemie avec dédain et même avec mépris. M. de l'Estrades était, selon lui, un homme vain, il se croyait des talens militaires qu'il était loin de posséder. Pour Mme la comtesse de l'Estrades, la cour entière la connaissait pour une femme dissimulée, hardie et souple en même temps, qui, sans avoir l'air de s'en être occupée, avait néanmoins fait la fortune militaire de son mari, chose assez simple sous le règne peu guerrier de Louis XV. Quant au jeune Raoul de l'Estrades, Léonce de Bridieu l'avait perdu de vue, mais il hériterait, sans doute, de l'astuce de sa mère et de la vanité de son père.

C'était à ce frère peu aimé que Juana allait demander une vengeance légitime: elle était certaine d'être entendue. Au récit de l'affront, Léonce sauterait sur ses armes et courrait provoquer M. de l'Estrades.

— Hélas ! pensait Juana, l'amour est perdu pour moi, l'amitié fraternelle va le remplacer ; quand Léonce verra que je suis aussi sensible que lui à l'honneur de notre famille, il m'aimera peut-être un peu.

Elle entre, traverse l'antichambre, la chambre à coucher, et s'introduit dans un petit cabinet d'étude, dont la porte était entr'ouverte. Juana put voir son frère étendu sur un de ces lits de repos qu'on nommait alors une bergère, et qui, quinze ans auparavant, avaient été mis à la mode par Mme de Pompadour, souffrante, et expiant dans les langueurs de la maladie l'abus des plaisirs, des veilles, des petits soupers et celui même des remèdes meurtriers qu'elle employa pour se rétablir. Ce meuble, composé de deux parties, qu'on rapproche ou qu'on éloigne l'une de l'autre à volonté, était garni d'oreillers, et Léonce, placé dans une position presque horizontale, cachait sa tête dans ses mains, et paraissait ou endormi ou plongé dans une méditation aussi profonde que pénible. Au bruit léger que fit Juana, Léonce leva la tête : la jeune fille fut effrayée de sa pâleur :

— Vous savez tout, Léonce, s'écria-t-elle; qui vous a instruit?

En un instant, le jeune homme fut debout.

— Je ne comprends pas, ma sœur, dit-il, ce que vous voulez dire ; je ne vois pas même ce qui vous amène chez moi.

— Votre pâleur... dit Juana.

— Je ne suis pas pâle, mademoiselle, répondit Léonce avec un dépit qui amena sur ses joues une légère rougeur.

— Votre pâleur, reprit Juana m'a fait supposer que vous connaissiez le malheur qui nous accable.

— Vous ? dit le jeune homme qui, vivant chez son père même aussi isolé qu'il le pouvait, espérait échapper ainsi aux douleurs intimes de la famille.

— Vous, répéta Juana avec force, moi, notre père, tous ceux qui portent notre nom, jusques à nos petits cousins de l'Anjou; tous les de Bridieu.

— Voyons, mademoiselle, soyez raisonnable : ne faites pas intervenir notre nom dans vos petits chagrins... On a donc battu votre chien ? demanda Léonce avec ironie.

— Hélas ! lui aussi a été frappé, dit la jeune fille dont les yeux se remplirent de larmes, mais un autre avec lui et cet autre avec la main et au visage.

— Mon père a été frappé?

— Oui, monsieur, au visage, nous sommes perdus, déshonorés, notre écusson est souillé, le nom que nous portons est flétri...

— Un soufflet ! Juana, c'est donc un soufflet ? s'écria Léonce de Bridieu, dont le visage cette fois devint écarlate.

— Oui, répondit Juana d'un ton ferme et en étendant la main vers deux épées qui se croisaient sur la muraille, et je suis accourue vers vous pour que vous nous rendiez l'honneur à tous.

— Vrai ! votre première pensée a été pour moi, dit Léonce en prenant la main de sa sœur et en la serrant dans les siennes. Ah ! jusques ici j'ai eu le tort de ne pas vous aimer assez... quel est le misérable qui a levé la main sur notre père, Juana ?

— M. le comte de l'Estrades.

— C'est bien, dit Léonce, vous allez maintenant me raconter ce qui s'est passé, ne me cachez rien, n'omettez pas un détail ; je vous écoute.

Léonce de Bridieu, assis auprès de sa sœur et tenant dans ses mains la main de la jeune fille, écouta, en effet, avec une impatience fiévreuse le récit des événemens que le lecteur connaît déjà. Mlle de Bridieu ne cacha rien de ce qui pouvait augmenter la colère de son frère et rendre plus odieuse, si c'était possible, l'inqualifiable brutalité de M. de l'Estrades. Elle insista surtout sur le courage qu'avait montré son père, qui, malgré sa faiblesse et son âge, avait tiré l'épée et s'était bravement jeté au devant d'une mort inévitable.

— Mon père est donc mort? s'écria Léonce.

— Non, il vit, répondit Juana, et M. de l'Estrades s'étant fait un jeu de présenter la mort à ses yeux sans la lui donner, la vie de notre père est un outrage de plus. Ah! s'écria Juana en se levant, si la force ne m'avait manqué, le lâche serait mort sur le lieu même où il a fait l'offense!... Il y avait à mes pieds, ajouta-t-elle avec colère, une grosse pierre; j'ai été sur le point de la saisir avec mes deux mains et de la jeter sur le misérable qui a insulté notre père, un pauvre vieillard, dont l'esprit est aussi faible que le corps. Oui, Léonce, c'est vous aujourd'hui qui êtes le chef de la famille, je crois que la tête de M. de Bridieu s'est égarée et qu'il donne à la cour le spectacle d'un vieillard à qui Dieu a retiré la raison.

— Pourquoi cela, ma sœur?

— Figurez-vous qu'il se croit gouverneur de la ville de Reims et que, sans le malheur qui nous retient, nous serions peut-être à l'heure qu'il est en route pour cette ville.

— Gouverneur de Reims? dit Léonce.

— Oui, notre père est allé hier chez Mme la comtesse du Barry, et les courtisans désœuvrés, qui entourent cette dame, lui ont soufflé sans doute une mystification dont les suites amuseront les soirées particulières du roi et ont déjà pour nous de si fatales conséquences.

— Ma sœur, répondit Léonce d'un air triste, notre père a la part de raison qu'il a toujours eue, Mme du Barry ne s'est pas jouée de lui, il est gouverneur de Reims.

— Vous le saviez?

— Non, mais je suis bien persuadé que la nouvelle est vraie; ce qui m'étonne, c'est qu'on ait choisi la ville de Reims,

— Pourquoi cela?

— Cette ville est bien près de Paris, ma sœur, et l'on veut éloigner M. de Bridieu.

— C'est impossible !... il se regarde comme un homme aimé du roi, comme le plus ancien de ses courtisans, un ami d'enfance.

— C'est cela même. Notre père est plus jeune que le roi, il paraît toucher à la caducité, tellement il est pâle, défait et courbé par la maladie. Il parle si souvent de sa mort prochaine, qu'on suppose que cette mort peut arriver d'un moment à l'autre, ce qui inquiéterait beaucoup Sa Majesté, non qu'elle se soucie de M. de Bridieu, mais parce qu'elle se soucie beaucoup d'elle-même. Il faut être jeune et bien portant sous un vieux roi. Mme du Barry veut éloigner de Versailles et de Marly toutes les vieilles figures pâles, ridées, tous les agonisans. Voilà le secret de la nomination de notre père.

On voit que le fils de M. de Bridieu ne manquait ni de discernement ni de finesse, et que s'il ne faisait pas son service avec exactitude, il ne perdait pas tout à fait le temps qu'il passait à Versailles.

— Vous n'avez plus rien à ajouter? dit-il à sa sœur.

— Non, répondit celle-ci en baissant les yeux.

— Eh bien! à votre tour, écoutez-moi. Demain, nous serons vengés... Ne craignez rien pour moi, je ne dois point mourir dans un duel; c'est cet homme, ce lâche insulteur de notre père qui mourra! Maintenant regardez-moi bien, Juana : ne me trouvez-vous pas plus pâle, plus maigre et plus défait que la dernière fois que vous m'avez vu?

Mlle de Bridieu leva les yeux sur son frère, et ces symptômes de mort ne la frappèrent point. Léonce était maigre, mais ses yeux brillaient de cet éclat fiévreux qui ne trompe pas un homme de l'art et qui échappe à l'ignorance du vulgaire. La pâleur du front et des joues se dissimulait sous un point rose qui tachait les pommettes, et Juana, habituée à vivre auprès d'un père qui se plaignait sans cesse de maux qu'il n'avait pas, put croire que Léonce avait hérité d'une faiblesse de famille et que la crainte du mal lui faisait nier sa bonne santé.

— Hélas! reprit le jeune homme, ce que je souffre, je me le dissimule à moi-même; la maladie qui peu à peu me dessèche et me tue, je me la nie, et si, pour la première fois, je ne me cache pas la vérité, c'est la situation où nous nous trouvons qui m'y oblige.

— Vous n'hésitez pas, mon frère, s'écria Juana, j'en suis certaine... Voudriez-vous retarder une vengeance qui ne peut être assez prompte?...

Le jeune homme regarda sa sœur d'un air sévère.

— Je vous ai dit, reprit-il après un moment de silence, que M. le comte de l'Estrades mourrait demain. Il me semble déjà le voir étendu sur la grande avenue qui de l'Etang-la-Ville conduit à Louveciennes. Il mourra, vous dis-je, j'en ai le pressentiment ; mais, ajouta-t-il avec désespoir, je ne peux tirer l'épée contre lui.

— Je ne vous comprends pas, mon frère! s'écria Juana, que ces dernières paroles remplirent de trouble et de crainte.

Léonce fit un pas vers le mur de son cabinet, il détacha les épées qui y étaient suspendues, en prit une, la tira hors du fourreau et se mit en garde. Le poids de la poignée d'acier fit trembler sa main, qui se couvrit d'une sueur moite; Juana put voir que la lame triangulaire vacillait.

— Oh! mon Dieu! dit-elle, comme mon père! C'est ainsi qu'il y a une heure son épée, jouet de M. de l'Estrades, a tremblé dans sa main... Qu'allons-nous devenir?... Nous sommes déshonorés à jamais !... Mon frère, je vous envoie à la mort !

Le jeune gentilhomme jeta l'épée loin de lui.

— Je vous ai dit, Juana, que cet homme mourrait de ma main.

— A quel moyen aurez-vous donc recours? s'écria Juana épouvantée, et qui craignit que son frère ne méditât une vengeance aussi brutale que l'injure.

Léonce ouvrit un secrétaire et en tira deux pistolets, non pas de ceux qui se trouvent dans les fontes des cavaliers, mais moins pesans et moins longs : de ceux qu'on nomme demi-arçons. Quoique les pistolets de poche fussent alors connus, ces armes étaient moins perfectionnées qu'aujourd'hui, et on les employait rarement pour des combats singuliers, l'épée étant l'arme des gentilshommes. Il n'en était pas de même en Angleterre : la ville de Birmingham et celle de Londres fabriquaient des armes à feu de tous les calibres et de toutes les dimensions. Le pistolet était souvent l'instrument des combats singuliers en Angleterre, et cela pour plusieurs causes qui tenaient aux mœurs et aux usages. Depuis longtemps, l'aristocratie anglaise avait simplifié son costume et ne portait plus habituellement l'épée. Il faut ajouter aussi que les motifs les plus fréquens de duels venaient de querelles de table : une fois la nappe enlevée, les bouteilles circulaient, et l'ivresse avec elles; alors le moindre mot douteux amenait un combat. On chargeait des pistolets, on prenait les flambeaux qui éclairaient la table, on passait dans le petit jardin de la maison, et le duel avait lieu. Les blessés étaient soignés sur place, et on renvoyait les morts à leurs familles.

Léonce montra à sa sœur deux pistolets fabriqués à Londres :

— Regardez ces armes, dit-il à sa sœur en les lui mettant dans les mains, M. de l'Estrades possède les pareilles. Les deux paires ont été achetées en même temps chez le même armurier, l'une par M. de l'Estrades, l'autre par lord Kingsbury, qui avait provoqué en duel M. de l'Estrades pour une cause qu'il est inutile de vous dire. Le lord fut tué, et c'est son frère, celui qui a hérité de son titre et de ses biens, qui m'a donné ces pistolets il y un an :

— Je sais la haine qui existe, me dit-il, entre votre famille et celle de M. de l'Estrades, prenez ces pistolets, ils pourront vous être utiles.

Comme je ne comprenais pas pourquoi ces armes pourraient m'être plus favorables que d'autres pareilles, il m'en expliqua les raisons :

— L'armurier qui les a fabriquées, me dit-il, est un Ecossais, un voyant, un homme doué de seconde vue, et il attache un sort à toutes les armes qui sortent de ses mains. Ces quatre pistolets, suivant lui, étaient deux frères et deux sœurs qui devaient alternativement donner la victoire à leurs possesseurs ; avec eux, l'issue d'un duel devait être tragique et la chance alternative. Je pars pour l'Inde, ajouta le jeune lord, où m'appellent de grands intérêts que je ne veux pas compromettre ; à mon retour, vous me rendrez ces armes, et je m'arrangerai de façon à savoir si l'armurier écossais est bon prophète ; en attendant, prenez-les, elles pourront vous porter bonheur.

— Et vous avez foi en cette superstition? dit Juana en rendant les deux pistolets à son frère.

— Pas le moins du monde, répondit Léonce, je n'ai pas les faiblesses de notre père; cependant, c'est un augure favorable.

Il chargea les pistolets, les amorça et les plaça sur des tablettes de chêne, où quelques volumes dépareillés se trouvaient en compagnie de vieux éperons et de gants d'uniforme, hors de service.

— Vous comptez donc demander le combat au pistolet?

— A cheval, et un pistolet dans chaque fonte.

— Et si M. de l'Estrades refuse cette étrange manière de vous faire raison, qui n'est point en usage en France?

— Il ne peut point refuser loyalement, puisqu'il est l'offenseur... Il n'en aura pas seulement la pensée... M. de l'Estrades est un bon cavalier ;... presque aussi bon cavalier que vous, Juana, car je me souviens de vos succès quand nous étions enfans, et que Picard vous traitait comme si vous étiez mon frère, et non pas ma sœur... Notre ennemi tire d'ailleurs le pistolet avec une grande adresse, et il se croit heureux. Il ne peut donc pas refuser le combat que je vais lui proposer, et il y a mieux, il l'acceptera avec plaisir.

Le garde du corps se mit à son secrétaire, et écrivit la lettre suivante :

« Monsieur le comte,

» Les de Bridieu ne tirent jamais l'épée que contre des adversaires dignes d'eux. Je ne toucherai à la mienne que lorsque j'aurai vengé dans votre sang l'outrage fait à mon père et à sa maison.

» Demain, à la pointe du jour, je serai à cheval dans la grande avenue de la forêt de Marly qui conduit de l'Etang-la-Ville à Louveciennes. Je vous attendrai à l'endroit même où ce matin mon père a été frappé au visage. J'aurai dans mes fontes deux pistolets; vous possédez les pareils et vous vous en êtes servi, il y a deux ans, dans le comté de Sussex, pour votre duel avec lord W. Kingsbury. Nos armes seront donc égales ; reste à savoir lesquelles seront les plus heureuses. »

M. Léonce de Bridieu signa cette lettre, et, après l'avoir scellée, il la confia à sa sœur, qu'il chargea de la faire tenir à M. de l'Estrades par un des domestiques de la maison.

Il reconduisit ensuite Juana jusqu'à la porte et la pria de le laisser seul.

CHAPITRE IX.

La nuit.

La demeure des deux familles était si rapprochée, que le cartel de M. Léonce de Bridieu se trouva dans les mains de M. de l'Estrades peu de temps après avoir été écrit. Le comte voulut voir le porteur d'un message qu'il attendait, et Picard fut introduit dans son cabinet. C'étaient autrefois des hérauts qu'on chargeait de la mission qui venait d'être confiée à Picard. Les duels étaient alors dans les mœurs, et les messagers qui en réglaient les conditions et répondaient jusqu'à un certain point de leur loyauté étaient reçus avec le respect dû à l'importance de leurs fonctions. Depuis Richelieu, qui chercha par des lois sévères à extirper le duel, les duellistes, toujours nombreux, cherchèrent à échapper au châtiment par la ruse, par l'audace et souvent par une hypocrisie de langage qui consistait à présenter un duel concerté comme une simple rencontre. Les cartels écrits étaient donc extrêmement dangereux, quoiqu'il répugnât à beaucoup de familles d'en faire usage pour demander justice. c'était, d'ailleurs, un simple domestique qui remettait ce cartel au gentilhomme qu'on appelait. M. de l'Estrades demanda donc à voir Picard, par un reste de courtoisie accommodée aux mœurs du jour et non qu'il s'attendît à trouver dans le porteur autre chose qu'un valet. Mais le contenu du cartel l'irrita. M. de Bridieu le fils l'insultait d'abord en déclarant qu'il ne voulait pas tirer l'épée contre un homme tel que lui, et le mettait ensuite mal à l'aise en lui rappelant la mort de lord W. Kingsbury, qu'il avait véritablement tué en Angleterre pour une cause indigne d'un homme de son âge et de sa position. M. le comte de l'Estrades s'était quoique marié et père de famille pris de fantaisie pour une actrice de Hay-Markett, et ce fut afin d'enlever cette maîtresse à lord William que le duel avait eu lieu. Il éprouva une colère sourde en voyant entrer Picard, dont il connaissait parfaitement la figure et le nom.

— Picard, lui dit-il tout en froissant dans ses mains la lettre qu'il venait de recevoir, vous venez de l'Etang-la-ville?

— Oui M. le comte.

— J'ai cru vous entrevoir ce matin à la suite de mon fils et d'une dame que j'ai su depuis être Mlle de Bridieu : c'était bien vous?

— C'était moi-même, monsieur le comte.

— Vous savez que votre maître a été nommé gouverneur de Reims.

— Je l'ignore : je sais seulement que M. de Bridieu devait se mettre en route aujourd'hui même.

— Ah! ah! très bien!... Et qui vous a chargé de cette lettre? dit-il en agitant le cartel dans sa main.

— Mlle de Bridieu, répondit Picard.

— Vraiment!... Vous savez, sans doute, ce qu'elle contient?

— En aucune façon, monsieur le comte.

— Vous l'ignorez?

— Entièrement, monsieur le comte.

— Ah!... Vous direz à Mlle de Bridieu, à elle seule, entendez-vous?...

— Oui, monsieur le comte.

— Que j'y serai... j'y serai, cela suffira.

M. de l'Estrades se promenait dans son cabinet d'un air agité.

— Oui, oui, ils ont raison, cela ne peut pas se terminer autrement... C'est une rude fille. Si celle-là était un homme ! J'ai eu tort de ne pas me modérer devant elle. Mais tout peut s'arranger; et si M. Raoul dit vrai...

— Comment, drôle ! vous êtes là ? s'écria M. de l'Estrades en apercevant Picard, qu'il croyait bien loin. Allez, et dites que j'y serai.

— Oui, Monsieur, répondit le domestique en sortant à reculons.

Le comte tira de sa poche un demi-louis qu'il mit dans la main de Picard.

— Voilà pour vous, mon ami, lui dit-il; allez dans les cuisines, vous y trouverez Champagne, et vous y boirez avec lui à ma santé.

Le fidèle Picard n'eut pas de peine à trouver Champagne qui s'apprêtait à râcler d'un mauvais violon pour faire danser les femmes de chambre de Mme la comtesse. Non que le musicien d'antichambre tînt le moins du monde à faire passer le temps agréablement à trois ou quatre jeunes filles, ni que celles-ci eussent envie de danser, mais parce qu'alors, dans une maison vaste et bien réglée, on voulait savoir à quoi s'occupaient des serviteurs, souvent oisifs, des femmes de chambre désœuvrées, et on les faisait danser pour les empêcher de plus mal faire. Cette coutume singulière s'est conservée chez la noblesse jusqu'à l'époque de la révolution.

— Ma foi, dit Champagne en quittant son instrument et en le suspendant à un clou dans la cuisine, madame dira ce qu'elle voudra, nous allons boire bouteille, Picard.

— D'autant mieux, répondit Picard, que c'est l'ordre de monsieur.

La troupe des jeunes filles se dispersa en riant. Mlle Marton alla s'enfermer dans sa chambre pour lire avec Mlle Finette un roman défendu, et Dorine courut dans les bois de Marly, où elle était à peu près sûre de rencontrer un piqueur de Mme du Barry. Les deux vieux camarades une fois seuls, s'assirent au fond de la cuisine sur une petite table éloignée des fourneaux, et la bouteille fut débouchée.

— Il y a du nouveau, dit Picard à Champagne.

— Oui, répondit celui-ci ; d'abord, un officier de la maison du Roi a tué, ce matin, dans le bois, un gentilhomme de la connaissance de M. le comte...

— Je le sais, dit Picard, j'étais à deux pas de la clairière où ils se sont battus ; notre demoiselle et M. Raoul marchaient devant moi, j'ai entendu le dernier cri du mourant.

— C'est que, poursuivit Champagne, il paraît que le mort a des amis, et si celui qui l'a tué, n'est pas sorti de Paris à l'heure qu'il est, on le mettra certainement à la Bastille et on lui fera son procès.

— Bast ! qui dit cela ?

— Tout le monde... je viens de Paris.

— Toi ? tu étais ce matin au bout de notre parc. Je croyais que tu avais laissé M. Raoul à mi-chemin.

— Du tout, je l'ai accompagné jusques à Paris, à l'hôtel du marquis d'Albois. Une chaise de poste était à la porte. M. le marquis et M. Raoul sont montés dans la chaise, et les chevaux ont pris la route de Calais. Demain, ou après demain au plus tard, M. Raoul s'embarquera pour Londres. Je suis monté alors sur un cheval frais et suis revenu au galop ; la bête est à demi-morte dans l'écurie.

— Eh bien, M. Raoul reviendra de Londres, dit Picard, il y a du nouveau.

Champagne but un verre de vin et s'accouda sur la table. Picard poursuivit :

— D'abord, ce matin, tandis que tu trottais vers Paris, il paraît que M. de Bridieu s'est trouvé mal dans la forêt, qu'il est tombé sur une pierre et qu'il s'est blessé au visage. Mademoiselle n'a pas pu le retenir. Alors monsieur se croit mort.

— Comme toujours, dit Champagne.

— Ici il y a une raison : une chute. Il veut marier sa fille avant de mourir.

— A M. Raoul ! s'écria Champagne, qui s'intéressait aux amours de son maître.

— C'est pour cela qu'il y a du nouveau, dit Picard, j'ai porté une lettre.

— A M. le comte ?

— Oui.

— Une lettre de M. de Bridieu.

— C'est mademoiselle qui me l'a remise, mais elle doit venir du père, et on y parle nécessairement de M. Raoul... M. de l'Estrade a paru fort agité... ça lui est dur, mais Mlle de Bridieu est un bon parti. Nous sommes riches, Champagne, nous avons des terres en Poitou et ailleurs, et il y a encore une chose, Champagne... Si je te la dis, il faut que tu me jures de n'en jamais parler.

Champagne jura ses grands dieux de garder ce secret au fond de son cœur.

— Ce n'est pas M. de Bridieu le père, dit Picard d'un ton pénétré, qui est le plus malade de la maison, c'est le fils, et Mlle de Bridieu peut devenir l'unique héritière de tous les biens de sa famille... Dieu nous en garde ! reprit l'honnête serviteur.

— Puisque tu m'as parlé franchement,

répondit Champagne, il faut qu'à mon tour je m'ouvre à toi. Il y a deux maîtres dans la maison : M. le comte, d'abord, qui crie, qui s'emporte, qui tempête et qui ordonne; ensuite vient Mme la comtesse, qui ne dit rien, et qui a l'air de ne se mêler de rien. Quand un domestique veut être bien ici, et surtout s'il veut y demeurer, il faut qu'il écoute monsieur et qu'il obéisse à madame, même quand ses ordres sont opposés à ceux de monsieur. Madame connaît l'amour des deux jeunes gens.

— Et qui a pu lui apprendre...

— Moi, répondit Champagne, je veux rester dans la maison, et je dis tout à madame. Elle approuve l'amour de son fils, qui ignore qu'elle est instruite, et quoiqu'elle n'ait jamais adressé un mot à Mlle de Bridieu, elle la connaît comme si c'était sa fille. Madame veut avoir pour bru votre demoiselle, et elle l'aura.

Maître Picard, tout étonné de voir son camarade mieux instruit que lui des affaires de ses maîtres, ouvrait de grands yeux étonnés. Le rusé Champagne continua.

— Tu as donc porté une lettre?

— Oui.

— Et tu crois qu'elle parle de mariage?

— Quelques mots échappés à M. de l'Estrades me le font penser.

— C'est possible, reprit Champagne, mais ce n'est pas sûr. D'abord, les deux familles se haïssent depuis des siècles, et si même elles s'aimaient et s'estimaient, il n'est pas d'usage qu'un père offre sa fille. Ensuite, Picard, tu oublies une chose et une personne.

— Quoi donc?

— La personne que tu oublies, c'est M. Henri de Montalais; la chose, c'est le mariage arrêté entre la famille de Montalais et M. de Bridieu.

— Tu as raison, Champagne, tu as raison, répondit Picard, il ne s'agit pas de mariage, c'est impossible, et cependant M. de l'Estrades a dit devant moi : — Si mon fils Raoul ne se trompe pas, tout peut s'arranger. — N'importe, j'oubliais la famille de Montalais, il y a quelque autre chose là-dessous.

— Un moment, Picard, un moment, dit Champagne, il me paraît que cette affaire de mariage est menée par deux femmes plus habiles que nous, Mme la comtesse de l'Estrades et Mlle de Bridieu; nous ne savons pas le jeu qu'elles jouent.

— Elles ne se voient pas.

— Qui te l'a dit? D'ailleurs, elles peuvent s'écrire. Tu sais que Mlle de Bridieu aurait dû être un homme au lieu d'être une fille, et que depuis quelque temps elle a pris beaucoup d'influence sur son père, qui ne voit plus que par ses yeux. Qui sait si elle n'est pas parvenue à le détacher des Montalais, et si ce matin, le voyant malade et prêt à mourir, elle ne lui aura pas fait faire une démarche, très singulière, il est vrai, mais naturelle chez un homme qui va rendre le dernier soupir? — Ecrivez, aura dit Mlle de Bridieu à son père, et Mme la comtesse de l'Estrades se chargera du reste. Cette lettre est une demande en mariage.

— Ah ça! dit Picard, beaucoup moins habile que son confrère, tu dis blanc et noir, oui et non; que faut-il que je croie?

— Nous faisons des conjectures, nous cherchons la vérité, dit Champagne, et nous ne pourrions être certains de quelque chose que si nous avions vu la lettre que tu viens d'apporter.

— M. le comte a répondu : J'y serai, Picard, j'y serai.

— Je comprends encore cela, dit Champagne; M. de Bridieu est trop malade pour venir ici, il prie M. de l'Estrades d'aller chez lui. Eh bien! crois-moi, M. le comte n'ira pas, ce sera Mme la comtesse qui se chargera de la négociation. Rien n'est bien fait, si elle ne le fait.

Ainsi M. Champagne, diplomate d'antichambre comprenait fort bien la situation des deux familles ennemies, il assignait à chacun son caractère et il aurait sans doute prédit les événemens futurs si le fait principal, et qu'il ignorait, n'eût pas eu lieu; comme il venait de le dire lui-même, il ne lui manquait pour deviner l'avenir que d'avoir lu la lettre que Picard venait d'apporter et cela était si vrai que les sentiments de M. de l'Estrades se trouvaient d'accord avec les prévisions de son valet de chambre.

M. le comte frémit de colère et de honte en recevant le cartel de Léonce de Bridieu. Les de Bridieu, disait le jeune homme, ne tirent jamais l'épée que contre des ennemis dignes d'eux — il était clair qu'on lui reprochait l'action dégradante dont il s'était rendu coupable et que lui-même regardait comme indigne d'un gentilhomme. La phrase suivante était aussi juste que la première et elle avait quelque chose de touchant. M. Léonce déclarait qu'il ne mettrait pas la main à son épée avant d'avoir vengé son père et rendu son éclat primitif à un nom désormais souillé.

— Il a raison, se dit le comte, un fils ne peut pas agir autrement et je voudrais que

Raoul se conduisît ainsi dans une semblable affaire, si, ce dont Dieu me garde, j'étais outragé comme l'a été Bridieu. Le fils aura satisfaction, il sera traité comme il le désire.

Il est certain que la dernière phrase du cartel était menaçante. Léonce de Bridieu ne parlait de ses armes et ne rappelait le duel de lord Kingsbury, que parce qu'il avait en sa possession des pistolets féés, dont le tour était arrivé de donner la mort. M. de l'Estrades connaissait cette légende et n'était pas assez superstitieux pour y croire; il la regardait comme l'œuvre d'un marchand avide qui avait usé de cette ruse pour vendre deux paires de pistolets au lieu d'une.

— La fée, se disait-il, qui décide de la chance d'un duel, ce n'est ni une épée bénite sur un autel, ni un tube de fer sur lequel un sorcier a marmotté quelques paroles de son grimoire, la fée, c'est la main qui tient l'arme; c'est la main seule qui décide de la victoire, et si je le veux, demain matin, le jeune de Bridieu ira rejoindre lord Kingsbury.

Mais cela même était dangereux et répugnait à M. de l'Estrades. Il se reprochait son action brutale, il craignait qu'elle ne lui attirât la disgrâce du roi. Que deviendrait-il si à une violence impardonnable il ajoutait un meurtre, et le meurtre du fils de sa victime?

Cependant il était encore possible de se tirer de cette situation fâcheuse. M. de l'Estrades, duelliste exercé, se croyait sûr, l'épée ou le pistolet à la main, de diriger son fer où il le voudrait et sa balle à l'endroit précis que son œil aurait désigné. Un long exercice l'avait surtout rendu habile au combat qu'on lui proposait, car, maniant un cheval avec une dextérité singulière, il lui serait facile d'éviter d'abord les atteintes d'un adversaire moins expérimenté que lui, et ensuite de blesser légèrement M. de Bridieu. Ce premier duel ainsi achevé en demandait un second, et c'est alors que la suite de cette affaire malheureuse avait deux issues : Messieurs les maréchaux, juges naturels de semblables affaires, s'opposeraient à une nouvelle rencontre; M. Léonce de Bridieu aurait fait son devoir, et lui, après avoir croisé le fer avec le père et essuyé le feu du fils, pourrait présenter des excuses qui devraient être acceptées; ou bien, si Mlle de Bridieu aimait réellement son fils, les deux familles pouvaient aussi mettre fin à leur longue haine par un mariage. Ce dernier parti lui convenait peu, puisqu'il n'estimait pas M. de Bridicu; mais la demoiselle était de bonne maison, elle était riche, il s'agissait de réparer une faute qui pouvait le perdre à la cour; son fils unique, Raoul, paraissait éprouver une passion violente pour Mlle de Bridieu, et il comprenait confusément que sa femme désirait ce mariage. Il était alors plus habile d'en parler le premier. Ce fut dans ces dispositions qu'il entendit sonner la cloche du dîner. Il se rendit dans la salle à manger, à peu près sûr d'y trouver sa femme. Mme la comtesse n'y était pas et avait fait dire qu'elle ne sortirait pas de ses appartemens.

— Je vois ce que c'est, pensa le mari, Mme la comtesse m'en veut de l'avoir surprise ce matin avec M. le duc d'Aiguillon, et d'avoir montré une jalousie, au fond sans motif; elle ne peut pas me pardonner de lui avoir arraché son fils, qu'elle voulait garder auprès d'elle. J'entrerai chez elle ce soir.

Il dîna à la hâte, remonta chez lui, chargea ses pistolets, fit seller son cheval et alla faire une promenade dans la forêt, pour s'assurer de la fermeté de sa main et de la justesse de son coup-d'œil. A cheval, de l'Estrades tuait une alouette au vol, ou bien, s'il lui plaisait de tirer sur un lièvre détalant devant lui, il mettait une balle dans la tête de l'animal, et considérait le coup comme mauvais si le plomb atteignait seulement l'épaule.

— Il faut que je sois sûr de moi, demain matin, se disait-il, et que j'effleure seulement le bras de ce gentilhomme; si j'ai le malheur de le lui casser, MM. les gardes-du-corps ne me pardonneront pas d'avoir rendu leur camarade manchot, et ces messieurs sont dangereux; ils approchent du maître.

Il prenait les sentiers de la forêt ou s'élançait dans les longues avenues, faisait galoper son cheval, le mettait au trot, au pas, le faisait piaffer. Il aperçoit enfin, à vingt pas devant lui, une pierre, ronde et blanche, qui reluisait sous les rayons du soleil couchant; il donne alors de l'éperon à son cheval, et en même temps tire la bride à lui; l'animal, tour à tour excité et retenu, se cabre, fait des soubresauts. C'est ce que voulait M. de l'Estrades, qui saisit le moment, prend un pistolet dans sa fonte et tire au caillou, qui vole en éclats. Un cri aigu se fait entendre, et M. de l'Estrades se précipite vers le lieu d'où est parti ce cri. Il voyait sa balle à quinze pas devant lui, elle n'avait donc pu tuer personne; mais il n'en était pas de même des éclats de la pierre, qui, sous le choc du plomb, s'étaient dispersés en tous sens.

— Un mauvais génie me poursuit aujourd'hui, pensa M. de l'Estrades ; je parie que j'ai éborgné quelqu'un.

Il vit en effet paraître, entre deux arbres de l'avenue, un homme qui se démenait et paraissait le menacer. M. de l'Estrades sauta à bas de son cheval et s'avança vers cet homme. Les gentilshommes ne quittaient alors jamais l'épée et portaient un costume tout à fait différent de celui de la bourgeoisie, qui respectait la noblesse à cause de sa fortune et des immunités dont elle jouissait. Dans les environs de Marly, qui n'est pas loin de Versailles et qui est à deux pas de Louveciennes, on pouvait rencontrer mieux qu'un gentilhomme : un seigneur, un duc et pair, un ministre, un prince même. A la vue de M. de l'Estrades, le bourgeois s'arrêta dans une attitude respectueuse.

— Pardon, monsieur, dit-il, c'est que...

— Tais-toi, Bernard, tais-toi, dit une voix entrecoupée de sanglots, il s'agit bien de cette misère ; plut au ciel que nous n'eussions pas d'autres chagrins... Remontez à cheval, monsieur, et ne prenez pas la peine de vous arrêter... ce n'est rien, vous dis-je.

Au lieu de continuer son chemin, M. de l'Estrades prit son cheval par la bride, et le tirant après lui, il écarta les arbustes qui lui cachaient la personne dont il entendait la voix : il se trouva en face d'une dame de cinquante ans environ, assise sur le gazon et en grande toilette. Les manches de sa robe de brocart ne tombaient que jusqu'aux coudes, et des manchettes de dentelles couvraient à peine une partie des bras.

— Madame, dit le comte en s'inclinant, il paraît que j'ai été assez malheureux pour vous effrayer ; si j'avais su quelqu'un aussi près de moi, croyez...

— Blessée, monsieur, blessée au bras, s'écria le mari.

M. de l'Estrades vit quelques gouttes de sang sur le bras de la dame ; la peau était légèrement déchirée, un éclat de la pierre avait fait tout le mal, et M. de l'Estrades comprit que cette légère blessure n'était pas la cause de la douleur du mari, ni des pleurs de la femme.

— Ce n'est rien, monsieur, et puissé-je perdre le bras et sauver mon fils.

Le comte regarda autour de lui, craignant un plus grand malheur.

— Oh ! il n'est pas là, monsieur, il n'est pas là, on me l'a enlevé, et qui sait quand et comment on me le rendra!

M. de l'Estrades voulut savoir la cause de cette douleur. Il lui semblait singulier qu'une dame de cet âge se trouvât en grande toilette au milieu du bois de Marly occupée à pleurer son fils. Le récit ne fut pas long et le gentilhomme se trouvait pour quelque chose dans la douleur de cette mère éplorée.

M. le comte avait vu le fils le matin même, et contribué à animer contre lui les amis du chevalier d'Aubeterre ; il se trouvait maintenant devant le père et la mère de ce jeune officier si amèrement blâmé et même menacé. En un mot, ces deux personnes étaient M. et Mme Thibault, l'un bijoutier *A l'Anneau d'or*, près la Porte-St-Martin, l'autre femme de chambre de la Dauphine.

— Ah! il a eu un tort, disait Mme Thibault en pleurant, c'est d'avoir levé la main sur un gentilhomme, sur un officier comme lui ; mais il est jeune, et il faut pardonner quelque chose à l'ardeur de la jeunesse. Il était offensé et on lui refusait satisfaction, de manière qu'il se trouvait placé dans cette alternative, ou de quitter avec honte son régiment, ou d'obtenir une réparation qu'on lui refusait.

Telle avait été, en effet, la situation de Jérôme Thibault, lieutenant dans les gendarmes du roi. Alternative fâcheuse dont il ne pouvait sortir que par une faute. La faute faite, le meurtre accompli, M. de l'Estrades avait conseillé et indiqué la vengeance. La famille d'Aubeterre l'avait demandée sans perdre un moment, et le coupable, saisi au milieu de sa famille, était détenu dans ce qu'on nommait la Grande-Force.

M. de l'Estrades écoutait cette femme sans dire un mot, et faisait un triste retour sur lui-même qui, sans motif raisonnable et sans provocation, avait agi comme le lieutenant Thibault.

— Ah! disait la mère, je ne l'excuse pas, mais je demande grâce !

— A qui, madame? et que faites-vous là? dit enfin M. de l'Estrades.

— A qui? dit la pauvre femme, à une personne qui n'a qu'à dire un mot, qui n'a qu'à sourire pour sauver mon fils, et qui ne veut pas m'entendre...

Du doigt, Mme Thibault montrait Louveciennes.

Voici ce qui était arrivé : après le duel, le jeune Thibault courut à *l'Anneau d'or*, e raconta à son père et à sa mère le péril où il se trouvait ; il ne manqua pas de dire que son affaire était d'autant plus mauvaise, que la venue inopinée, sur le lieu du combat, de M. le comte de l'Estrades, ami de la famille d'Aubeterre, avait encore excité ses adversaires à la vengeance : il fallait donc fuir sans retard. Il n'en eut pas le temps, les témoins et les amis du gentilhomme tué firent tant de diligence, qu'ils arrivèrent à l'*Anneau d'Or* quelques instans après lui. M. Jérôme Thibault fut arrêté et conduit en prison. Alors sa mère, instruite par son emploi auprès de la Dauphine du véritable lieu d'où pouvait partir la grâce de son fils, mit ses plus beaux habits, et, accompagnée de son mari, partit pour Louveciennes et alla se jeter aux pieds de la femme qui avait tout pouvoir sur Louis XV : Mme du Barry. La comtesse était bonne et facile à émouvoir, elle promit tout ce que lui demanda une mère qui versait autant de larmes qu'elle prononçait de paroles. Mais Mme du Barry était entourée de gens jaloux d'une faveur et d'un crédit dont ils profitaient et abusaient. Ces personnes et le duc d'Aiguillon surtout lui firent comprendre qu'il était dangereux d'employer son crédit en faveur d'un jeune homme peut-être d'une figure remarquable et pour lequel ses ennemis ne manqueraient pas de lui supposer une affection qu'elle n'avait pas. A la suite de plusieurs duels fâcheux, Sa Majesté avait déclaré quelques jours auparavant qu'à la première occasion, elle ferait un exemple. Il serait donc difficile de lui arracher une grâce, et peut-être la comtesse elle-même n'y réussissait pas. D'ailleurs de qui s'agissait-il dans cette affaire ? d'un homme du peuple, sans crédit, sans appui, qui, après avoir porté la main sur un officier appartenant à une grande famille, l'avait tué. Le roi pouvait donc être sévère sans blesser en aucune façon sa noblesse, et il n'y manquerait pas.

Maintenant, si l'on suppose ce qui advint, en effet, que le roi arriva à Louveciennes au moment où Mme Thibault était aux pieds de la comtesse ; que celle-ci, prévenue, dut quitter la suppliante en lui promettant ses bons offices, et que dans le trajet obligé pour joindre le roi, le duc d'Aiguillon ou tout autre délié courtisan ait fait la leçon à la comtesse, on comprendra facilement la fin de ce petit drame. Mme du Barry tint sa parole ; elle demanda la grâce du duelliste, le roi refusa avec dureté ; Mme du Barry n'insista pas, et tout fut dit. M. et Mme Thibault ne purent plus parvenir jusqu'à la comtesse, et durent quitter Louveciennes.

Les deux époux, au désespoir, entrèrent dans la forêt de Marly, marchant devant eux sans tenir de route suivie. Épuisés par la douleur et par la fatigue, ils s'arrêtèrent enfin sur le revers d'une avenue, ou un accident, causé par M. de l'Estrades qui se préparait à un duel, vint augmenter la tristesse du mari et faire couler le sang de la femme. Après ce récit Mme Thibault se leva.

— Ah ! dit-elle, en se parlant à elle-même, j'ai fait une faute et Dieu me punit... Je me suis adressée à une... une dame à laquelle une femme honnête ne doit pas recourir : ce n'était pas là qu'il fallait frapper... Viens, Thibault, allons trouver la Dauphine... tout espoir n'est pas perdu.

— Et vous croyez que Mme la Dauphine aura plus de crédit que Mme du Barry, dit le comte ?

— Cela devrait être, monsieur, répondit Mme Thibault, et j'espère qu'elle me pardonnera de ne pas m'être adressée à elle comme j'aurais dû le faire.

— La cour est à Versailles ?

— Oui, monsieur... quoique le roi soit venu à Louveciennes, dit Mme Thibault.

— Et fort mal à propos pour nous, ajouta le mari ; j'avais de l'espoir, il y a une heure, je n'en ai plus.

Mme Thibault jeta un regard de reproche sur son mari, qui doutait ainsi de la bonté de sa maîtresse, et faisant un salut à l'étranger, qui ne pouvait pas détacher d'elle ses regards :

— Je vous salue, monsieur... Allons, Thibault, viens, suis-moi.

— Il est impossible, madame, lui dit le comte, que vous alliez à Versailles dans un équipage pareil... en robe de brocart... en mules de satin... Vous avez peut-être une voiture à quelques pas d'ici ?

— Nous ne sommes pas assez riches, monsieur, pour avoir une voiture. Nous en avons loué une pour venir à Louveciennes : nous l'avons renvoyée. Nous sommes à pied.

Les larmes de Mme Thibault s'étaient séchées ; elle répondait à cet inconnu qui l'interrogeait, de ce ton bref et sec, familier à une bourgeoise qui se croit devant un supérieur malveillant ou même ennemi. M. de l'Estrades s'en aperçut, mais il était dans son caractère orgueilleux et violent de s'irriter de tous les obstacles, de braver toutes les colères, même celles d'une mère, et de céder toujours à son premier mouvement, qui était mauvais ; la réflexion seule le ramenait à des sentimens plus doux, et alors le repentir devenait chez lui faiblesse : c'était la parfaite connaissance de ce caractère qui rendait sa femme maîtresse absolue dans sa maison.

— Ah! vous êtes à pied, dit le comte..., la nuit tombe, comment ferez-vous pour gagner Versailles?

— Ne vous en inquiétez pas, monsieur, dit la femme.

— Le palais de Marly n'est qu'à trois pas, reprit le mari, nous connaissons le concierge: il nous donnera un lit.

— Et c'est bien à regret, dit Mme Thibault, que nous demeurons à Marly. Il y a dans les environs un gentilhomme qui nous a fait bien du mal.

— Vous le connaissez?

— Hélas! non... ah! il y a des gens qui ne craignent pas de nuire à autrui; toutes les occasions leur sont bonnes, et si un malheur arrive, ils s'empressent de prendre parti contre le plus malheureux et le plus faible. C'est ce qu'a fait ce matin un M. de l'Estrades. Sans ses conseils, mon fils avait le temps de fuir; et vous savez qu'une affaire de duel s'arrange toujours avec le temps. Je ne voudrais pas être exposée à rencontrer cet homme, ajouta Mme Thibault avec le dédain et la colère d'une mère irritée. Le connaissez-vous, monsieur?

Jamais la distance qui séparait alors la noblesse du peuple ne se montra avec plus d'énergie que dans ce moment. Nous avons vu que M. de l'Estrades se repentait de sa violence envers M. de Bridieu, et par suite de la façon sévère dont il avait blâmé la conduite du jeune Thibault. Si une personne de sa condition lui eût remontré que l'indulgence eût mieux convenu que la sévérité, le pardon que la vengeance, piqué par le reproche de sa conscience, il eût peut-être baissé la tête et convenu de ses torts; mais une femme du peuple, une petite bourgeoise, une femme de chambre, même la femme de chambre d'une princesse, le regarder avec dédain, lui parler avec arrogance, le menacer presque et s'exprimer de façon qu'il ne sût pas si Mme Thibault le connaissait ou non, c'est ce que son orgueil ne put supporter.

— Si je connais le comte de l'Estrades, l'ami de la famille d'Aubeterre? dit-il en relevant la tête et en donnant à sa taille toute l'extension possible : regardez-moi bien, c'est moi-même.

Il sortit du fourré où il était entré, poussa son cheval au milieu de l'avenue et s'apprêta à se mettre en selle.

— Vous êtes le comte de l'Estrades! je m'en doutais, s'écria Mme Thibault, un duelliste, un homme de sang, vous êtes connu à la cour, monsieur le comte.. Vous qui toute votre vie avez tiré l'épée pour un regard, pour un sourire, vous qui depuis vingt ans bravez la loi, c'est donc vous qui invoquez la loi contre un jeune homme obligé de recourir au duel s'il ne veut être déshonoré... Eh bien! écoutez-moi, vous mourrez par le duel.

M. le comte était en selle, et il piquait son cheval de l'éperon, mais soit que la colère l'empêchât de rendre la main, soit caprice de sa monture, l'animal piaffait, faisait des courbettes et restait sur place.

Mme Thibault debout, sur un petit tertre de gazon, et étendant vers son ennemi son bras ensanglanté, continuait des plaintes, qui se changèrent bientôt en malédictions :

— Oui, vous avez voulu perdre mon fils, vous serez perdu vous-même. Ne croyez pas que vous mourrez dans votre lit, entouré de votre femme et de vos enfans, non, vous mordrez la terre comme le vermisseau qu'on écrase, et peut-être ce cheval qui se débat sous vous vous foulera aux pieds.

M. de l'Estrades, exaspéré par ces cris et ces menaces, voulait mettre pied à terre et châtier cette femme impertinente qui l'insultait ainsi; mais son cheval, fatigué de l'éperon qui labourait son flanc, et du mors qui ensanglantait sa bouche, l'emporta loin de Mme Thibault, toujours menaçante, et le ramena chez lui transporté de fureur.

Le comte arriva dans la cour de son château, haletant, la figure bouleversée et appelant tue-tête ses domestiques dispersés,

— Champagne, Thomas, Comtois!

Les domestiques arrivèrent et s'emparèrent du cheval couvert d'écume, que M. de l'Estrade recommanda aux soins d'un garçon d'écurie, en ordonnant de le tenir prêt pour le lendemain; il entra alors chez lui, et ouvrant, fermant la porte avec violence, il pénétra jusque dans le salon où le matin même il avait surpris sa femme en tête à tête avec M. d'Aiguillon.

Mme la comtesse, seule et assise dans un fauteuil, jouait avec sa chienne favorite; elle se souleva à demi à l'arrivée de M. de l'Estrades, et la chienne courut caresser son maître. Il ne fallut qu'un coup d'œil à Mme la comtesse pour voir que son mari était dans un de ces paroxysmes de fureur dont elle savait si bien profiter quand elle voulait faire changer ses résolutions et s'emparer de ses volontés; elle affecta donc de rappeler la chienne qui venait de quitter ses genoux.

— *Feery* est bonne personne, dit M. de l'Estrades d'une voix rude et distraite; elle n'a point de rancune.

— En ce cas, elle a tort, répondit la comtesse ; aurait-elle à se plaindre de vous ?

— Ma foi, oui, je l'ai trouvée ce matin en mauvaise compagnie... du moins dans une compagnie qui m'a déplu, et j'ai été brutal avec elle.

— Monsieur le comte, vous confondez, répondit la comtesse avec la plus grande tranquillité, c'est avec moi que vous avez été brutal... Quant à *Feery*, vous la voyez maintenant pour la première fois ; elle n'a pas quitté ma chambre de la journée.

— Allons donc ! madame, je l'ai rencontrée ce matin dans l'avenue des Princes.

— Vous vous trompez, monsieur, *Feery* a toujours été sous mes yeux.

— Je l'ai vue dans l'avenue, dit M. de l'Estrades en élevant la voix, et s'il faut vous avouer toute la vérité, je l'ai maltraitée.

— Vous, monsieur le comte ? vous avez frappé ma chienne ?

— Oui, je l'ai frappée et avec tant de violence... tellement j'étais irrité... que je l'ai blessée. J'ai vu sortir du sang de sa gueule.

L'animal jouait toujours dans les jambes de M. de l'Estrades qui se baissa, et s'emparant de *Feery*, la plaça sur son bras gauche ; puis, avec sa main droite lui ouvrit la gueule, examina ses dents blanches, passa ses doigts sur ses gencives roses et put se convaincre que *Feery* n'était ni blessée, ni meurtrie.

— C'est singulier, dit-il, j'ai cru lui avoir brisé la mâchoire.

Mme la comtesse fit un léger mouvement des épaules.

— Laissons *Feery*, dit-elle, elle ne se plaint pas de vous. Vous avez reçu une lettre des de Bridieu ?

— Qui vous a dit cela, madame ?... Vous épiez donc ce qui se passe chez moi ?

— Vous savez bien, répondit la comtesse avec froideur, que mon habitude est de ne m'occuper que de mes propres affaires.

— C'est M. Champagne qui vous a instruite ?

— Ce sont mes femmes, et il était impossible qu'il en fût autrement. Picard est connu de nos gens ; on le voit arriver une lettre à la main ; cette lettre est pour vous, et elle est nécessairement de M. de Bridieu. Or, un message de M. de Bridieu est ici une chose assez extraordinaire pour exciter quelque étonnement : voilà pourquoi on m'en a parlé. Je vois que j'ai été indiscrète : monsieur.

— Eh non, madame, non, par la sembleu ! vous n'avez pas été indiscrète, s'écria M. de l'Estrades avec violence... Pourquoi n'avez-vous pas paru au dîner ?

— J'aurais été pour vous une trop mauvaise compagnie, je souffrais.

— Et vous étiez de méchante humeur ?

— Peut-être, monsieur ; je songeais à mon fils, que vous avez éloigné de moi.

— Si vous m'aviez accordé l'honneur de votre compagnie à dîner, dit M. de l'Estrades, vous sauriez que vous ne tarderez pas à revoir votre fils. J'ai réfléchi, depuis ce matin, et il me convient que Raoul revienne auprès de nous.

Ces paroles étaient une énigme pour Mme de l'Estrade. La mauvaise humeur évidente de son mari, sa haine pour les de Bridieu, dont il venait de recevoir un message, le rappel d'un fils éloigné quelques heures auparavant : tout cela avait une cause qu'elle voulait savoir avant de s'expliquer, avant de pardonner à son mari ses violences du matin.

— Je vois ce que c'est, dit-elle, M. de Bridieu s'est rendu justice, et quand il a su que vous désiriez le gouvernement de la ville de Reims, il s'est empressé de vous céder une place que vous avez demandée avant lui, et que vous saurez mieux remplir.

C'était jeter de l'huile sur des charbons ardens.

— Non madame, s'écria le comte, il ne s'agit pas de Reims, je ne veux pas de Reims, que le diable emporte Reims, et....

— Vous avez raison, monsieur, s'empressa de dire Mme de l'Estrades avec une douceur hypocrite, Reims ne peut plus vous convenir. Je suis persuadée que M. d'Aiguillon vous donnera mieux. La Rochelle peut-être ?

— Laissons tout cela, madame, et parlons de votre fils.

— Très volontiers, monsieur.

— Le voilà donc amoureux de Mlle de Bridieu ; les jeunes gens s'attachent toujours à la première jeune fille qu'ils rencontrent, si elle est jolie, et s'ils peuvent supposer que leur famille s'opposera à leur amour. C'est l'obstacle qui fait la passion. Qu'en pensez-vous, madame ?

— C'est possible, monsieur ; c'est vous qui m'avez appris ce matin une passion que j'ignorais.

— Votre fils ne s'était point ouvert à vous ?

— Non, monsieur ; si j'avais été instruite, je n'aurais pas manqué de vous consulter.

M. de l'Estrades regarda sa femme d'un air de doute.

— Au fond, dit-il, cela importe peu; ce que je voudrais savoir, c'est si, comme le prétend Raoul, Mlle de Bridieu répond à cet amour.

— Et que vous importe, monsieur? Qu'y a-t-il de commun entre les de Bridieu et vous? Voilà votre fils qu'une passion ridicule rend malheureux; tenez-vous à ce que Mlle de Bridieu, que vous ne connaissez pas, que vous n'avez sans doute jamais vue, partage une folie de jeunesse qui ne doit point avoir de suite?

M. de l'Estrades frappa du pied.

— Je viens de vous dire, madame, que j'ai de nouveaux projets. Vous ne connaissez pas mes intentions.

— Très bien, monsieur, très bien. Expliquez-vous, vous serez obéi.

— J'aurai demain matin, dit enfin M. de l'Estrades, une entrevue avec M. Léonce de Bridieu; de quelque façon qu'elle se termine, elle sera décisive. Si les choses s'arrangent comme je le désire, et j'en suis à peu près sûr, je partirai dans la journée même pour Londres, et j'irai rejoindre mon fils, que je ramènerai... si vous le voulez.

— Si je le veux, monsieur?

— Cela dépendra de vous, madame. Ecoutez-moi jusqu'à la fin. Une fois mon entrevue terminée avec M. Léonce de Bridieu, je pars. Restera alors à négocier le mariage de votre fils avec Mlle de Bridieu. J'ai pensé, madame, que vous étiez plus apte que moi à faire réussir cette affaire; là où j'échouerai, vous ne manquerez pas de réussir. Le sort de votre fils est donc dans vos mains, madame, et je puis dire le mien, car j'attache une grande importance à ce mariage.

M. de l'Estrades salua cérémonieusement sa femme et se retira sans ajouter un mot.

Le comte était trop habitué à des affaires semblables à celle qui l'attendait le lendemain, pour s'expliquer davantage. Duelliste raffiné, il aurait regardé comme une lâcheté de faire une confidence qui placerait la comtesse dans une position fausse, et l'aurait forcé lui-même à avouer un acte dont il rougissait. Enfin, il était jaloux d'opposer diplomatie à diplomatie, et fier de voir de plus loin que sa femme et mieux qu'elle. Ainsi, ce mariage qu'il chargeait la comtesse de conclure, il ne le désirait réellement pas, et s'il paraissait y condescendre c'est qu'il le regardait comme impossible. Comment supposer que M. de Bridieu consentirait à un arrangement pareil? Il avait lu d'ailleurs dans les yeux de sa fille une haine si violente qu'il la croyait capable d'armer le fils contre le père, si elle le pouvait jamais. Mais en faisant agir sa femme, il prouvait à M. d'Aiguillon, à la cour entière et au roi lui-même qu'il avait le ferme désir de réparer sa faute et la réparation qu'il proposait la lui ferait pardonner.

Au fond, il pensait qu'aucun accommodement n'était possible, et que lui, vivant, aspirer et respirer l'air de France sans déshonneur était désormais interdit aux de Bridieu.

— Mais, se disait-il, sauf la jeune fille, ils ne sont pas si fiers que moi. Le père tient à mourir dans son lit, et le plus tard possible; pour M. son fils, un semblant de duel lui suffira, et quant à Mlle de Bridieu, il ne tiendra qu'à elle de changer de nom.

M. de l'Estrades rentra chez lui, fit les dispositions nécessaires pour entreprendre dès le lendemain le voyage d'Angleterre, se coucha, et s'endormit comme Alexandre, la veille d'une bataille, sans supposer que son duel pût mettre le moindre obstacle à son départ.

Il n'en était pas de même de M. Léonce de Bridieu. Sans doute, il aimait son père; mais il savait de quel œil on le voyait à la cour. M. de Bridieu était un type, un de ces hommes qui tranchent sur tous les autres par une de ces manies que des courtisans désœuvrés et spirituels exploitent sans cesse, pour en faire ressortir les ridicules de façon à égayer le maître. Le garde du corps aurait voulu que son père demeurât tranquillement chez lui, et qu'il se bornât à s'occuper de sa santé, sans étaler à la cour le spectacle d'infirmités devenues réelles, d'imaginaires qu'elles étaient d'abord. Son père n'était propre à rien; pourquoi ne se défaisait-il pas d'une ambition sans portée, sans but, et même sans dignité?

La cour se partageait en deux partis, presqu'en deux camps : d'un côté, les amis de l'ancien ministre, M. de Choiseul, qui avait négocié et mené à bonne fin le mariage d'une archiduchesse avec M. le Dauphin, et de l'autre, M. d'Aiguillon, M. de Maupeou et tous ceux qui protégeaient la maîtresse en titre, ou qui relevaient d'elle. Il y avait encore le parti des honnêtes gens : ceux, qui sans regretter M. de Choiseul, trouvaient néanmoins que ses successeurs ne le valaient pas; ce parti rougissait des dernières faiblesses du roi, et avait pour Mme du Barry, le mépris que moralement elle méritait. N'était-il pas fâcheux pour

Léonce de Bridieu que son père, homme déjà âgé et qui devait à ses enfans de bons exemples, ne rougît pas de fréquenter Louveciennes, et de recevoir, de la main d'une favorite justement décriée, une place qu'il n'avait pas demandée et qu'il ne saurait pas remplir ? C'était par un enchaînement de circonstances aussi pénibles qu'il en était réduit à effacer dans le sang l'outrage fait à son nom. Et qui était venu lui apprendre la dure extrémité à laquelle il se trouvait réduit ? Sa sœur, une jeune personne, qu'à tort ou à raison, c'est-à-dire à tort, il voyait peu, dont il s'éloignait volontiers. Son père ignorait les souffrances qu'il éprouvait : sa sœur venait de les apprendre au moment même, et sa colère ne s'était pas ralentie ; elle n'avait pas vu un frère malade, mais un vengeur qui, valide ou non, devait descendre en champ clos et tuer son ennemi. Mlle de Bridieu était digne de son nom et de sa naissance, elle avait fait son devoir, — le garde-du-corps le reconnaissait, mais hélas ! il le reconnaissait avec dépit. Ce qui manquait au frère, la sœur le possédait. Ce qui constitue le courage, ou plutôt ce qui le complète, ce sont deux qualités bien distinctes : la fermeté de l'âme et la force du corps; il faut que le cœur courageux soit placé dans une enveloppe robuste et saine; sans cela, il perd involontairement de sa hardiesse, parce qu'il sait que le corps n'obéira pas ou obéira mal. Le garde du corps se défiait non de sa fermeté, mais de sa force. Il se sentait mourir. Ce n'était pas le combat qu'il craignait, mais le résultat du combat. Une toux opiniâtre le fatiguait ; il ne respirait qu'avec peine, et ses jambes amaigries étaient sans force. Cependant l'énormité de l'injure faisait bouillir son sang et augmentait la fièvre qui le dévorait. Il savait également combien son rôle était beau : ainsi tout en déplorant cet accident funeste, il était fier de penser que c'était à lui de le venger, et il ne craignait qu'une chose, c'était que M. de l'Estrades n'acceptât pas les conditions du combat.

— Il ne peut me refuser, se disait-il, ni l'arme que je lui propose, ni la manière dont j'entends combattre; il connaît trop les règles du duel pour ne pas reconnaître mon droit... Cependant, comme en France l'épée est l'arme des gentilshommes, que deviendrais-je s'il la réclamait aussi comme un droit ?

Tout ce que mentalement il demandait au ciel, c'était d'avoir la force de se tenir à cheval. Sa main tremblait, il est vrai, mais il comptait s'y prendre de façon à neutraliser cet inconvénient. Suivant lui, le combat ne pouvait avoir d'autre issue que sa mort ou celle de M. de l'Estrades. Sa mort, s'il était le moins heureux, serait glorieuse, il mourrait pour venger son père : il redoutait néanmoins une mort qui laisserait une tâche sur son nom et assurerait l'impunité de M. de l'Estrades, car, personnellement, que lui importait la vie, puisqu'il n'en connaissait que les douleurs ?

— Entrez, dit-il en répondant au bruit léger d'une main qui frappait doucement à la porte.

La porte s'entr'ouvrit, et il vit paraître une tête jeune, souriante, encadrée de cheveux blonds; ce fut une apparition propice et gracieuse qui sembla conjurer son mal et dissiper les dures pensées qui l'occupaient.

— Entrez donc, Thérèse.

La jeune fille obéit avec timidité, et se plaça devant M. Léonce, qui ne pouvait se lasser de la contempler.

MM. les gardes du corps étaient casernés à Versailles dans un hôtel attenant au château ; ils y logeaient eux et leurs gens, et y avaient leurs écuries. Un nommé Va-de-Bon-Cœur, ancien dragon de Berchiny, depuis longtemps réformé, se trouvait au nombre des anciens cavaliers employés à soigner les chevaux des gardes du corps, à les panser et à les promener au besoin; sa femme raccommodait le linge et faisait l'ordinaire de ceux à qui leur peu de fortune ou leurs goûts tranquilles conseillaient l'économie et une vie réglée. Léonce de Bridieu était de ce nombre, toujours restreint, parce que MM. les gardes tenaient presque tous à des familles riches et préféraient en général la dissipation au repos. Thérèse, la fille de l'ancien dragon, travaillait auprès de sa mère. Il arriva que les chevaux de M. Léonce n'étant pas bien soignés sans un palefrenier spécial, il prit le dragon à son service particulier, et que, le maître étant malade, sa fille s'établit souvent à son chevet. La jeune fille était douce et pure, la surveillance de sa mère la garantissait de tout danger, et d'ailleurs le danger, aux yeux du père et de la mère, paraissait facile à éviter, il venait de bas; les valets de chambre du château ou ceux des grands seigneurs qui habitaient Versailles, les piqueurs, les palefreniers, les valets de pied, voilà les gens qu'on éloignait avec soin de Thérèse. Pour MM. les gardes du corps, on ne les redoutait pas, et le calcul était juste dans les mœurs du temps, quoique ces mœurs ne fussent pas bonnes.

Le peuple respectait beaucoup la noblesse et il ne comprenait pas que de gaîté de cœur on séduisît ses filles ; si la chose arrivait, et cela avait lieu, c'était la faute de parens corrompus ou le fait de jeunes filles naturellement perverses. Dans beaucoup de bonnes maisons, la domesticité était regardée comme tenant d'un certain côté à la famille, et l'intérieur de la famille était pur. L'orgueil des jeunes gentilshommes était encore une sauvegarde; ils tenaient à avoir des maîtresses distinguées par leur rang, par leur position à la cour ou par leur fortune. Ils auraient rougi de courtiser une chambrière, une femme à gages. On pouvait bien s'attacher à une actrice d'un des derniers théâtres de Paris, ou à pis encore; on reculait devant une liaison d'antichambre, et à Versailles ces traditions s'étaient conservées plus qu'ailleurs. Enfin MM. les gardes du corps étaient des officiers, et Vade-Bon-Cœur croyait à la loyauté des officiers qui vivaient sous les yeux de leurs chefs, des princes, des princesses et des plus grandes dames du royaume.

Cette confiance ne fut pas trompée, et Léonce de Bridieu, tout en admirant Thérèse plus qu'il ne l'eût voulu, ne lui dit jamais un mot dont elle pût rougir ; seulement quelquefois ce jeune homme, qui sentait la vie lui échapper, s'arrangeait à son gré un avenir impossible, et auquel lui-même ne croyait pas, parce que pour l'atteindre il aurait fallu tout détruire autour de lui.

M. de Fontenelle avait laissé après lui le goût des pastorales, que les premiers ouvrages du chevalier de Florian venaient de réveiller. Le jeune malade faisait donc des bergeries, comme l'auteur capitaine de dragons et secrétaire de M. de Penthièvre et, comme M. de Florian, il n'y plaçait pas de loups.

— Pourquoi, se disait-il, en voyant Thérèse endormie sur un fauteuil au pied de son lit, pourquoi ne sommes-nous pas tous deux dans le pays d'*Estelle* et de *Némorin*, elle trayant les chèvres et les brebis, moi menant paître les grands bœufs et les vaches armées d'une sonnette? le soir elle préparerait mon lit de mousses et de feuilles sèches; le matin elle m'apporterait un vase de lait écumant qui calmerait les ardeurs de ma poitrine enflammée; durant la chaleur du jour je me retirerais dans quelque grotte fraîche et embaumée, et tandis qu'auprès de moi elle filerait la laine ou le lin, un sommeil réparateur viendrait rafraîchir mon sang et me rendre une vigueur qui me fuit.

Ainsi ce n'était pas l'amour qui le rapprochait de la jeune fille, mais un besoin de protection et de soins nécessaires à sa faiblesse et à ses langueurs.

Pour Thérèse, la position était plus dangereuse, sans néanmoins l'être beaucoup : elle regardait le jeune officier comme un être d'une nature supérieure à la sienne ; il était fait pour être riche, heureux, bien portant; elle, pour l'admirer de loin, et peut-être pour l'aimer mystérieusement. Quand elle contemplait ses traits expressifs, elle s'attendrissait en voyant leur pâleur, et il lui semblait impossible que Dieu, qu'elle priait, ne rendît pas la santé à une créature si belle et si intéressante que l'était à ses yeux le garde du corps. Thérèse ne faisait pas de châteaux aériens comme Léonce de Bridieu ; elle se bornait à souhaiter que la santé de son jeune maître se rétablît, et qu'il ne se mariât pas de longtemps pour qu'elle pût conserver auprès de lui son humble position. Ce n'était de l'amour ni d'un côté ni de l'autre, c'était la sympathie qui y touche. Thérèse avait demandé à son père de venir à l'Etang-la-Ville, pour savoir des nouvelles du malade.

— Va, Thérèse, dit le dragon, tu lui donneras des nouvelles de ses chevaux. Junon (c'était la jument favorite de M. de Bridieu) se porte bien, elle est superbe et n'a que trop de feu ; j'ai peur que Castor n'ait gagné un éparvin, mais n'en dis rien, je me trompe peut-être. Pour le Grand-Jacques, il se porte aussi bien que moi, seulement il n'est plus jeune. Va et reviens.

Et pour accélérer le retour de sa fille, le dragon la fit monter sur un vieux cheval dont il connaissait la docilité.

— Thérèse, dit M. de Bridieu à la jeune fille après un moment de silence, je suis heureux de vous voir et non-seulement votre présence m'est agréable, mais elle m'est utile. J'allais envoyer à Versailles, Picard ou un autre domestique de la maison.

— Il y a quelques jours que je voulais venir ; si ma mère le permettait, je viendrais tous les jours, monsieur, dit Thérèse, et cela serait facile, puisque nous n'avons qu'à choisir dans les écuries, et avec un cheval il ne faut à peine une heure pour venir de Versailles ici.

— Vous arrivez, Thérèse, le jour même où j'ai besoin de vous et à l'heure précise où je vous aurais appelée auprès de moi, si j'avais pu vous faire un petit signe de la main.

13

Thérèse sourit de ce souhait impossible alors à réaliser et dépassé par la science d'aujourd'hui.

— Que désirez-vous, monsieur? dit-elle.

— Ce que je vais vous demander Thérèse va vous paraître en contradiction avec mes paroles : puisque j'ai du plaisir à vous voir je devrais vous garder auprès de moi le plus longtemps possible : eh bien ! je vous prie de retourner sans retard à Versailles, il faut que votre père mette Junon en état de faire cette nuit un voyage.

— Est-ce que vous avez vendu Junon, monsieur?

— Point du tout.

— Allez-vous vous éloigner davantage de Versailles? allez-vous quitter l'Etang-la-Ville et la maison de monsieur votre père?

— J'espère que non, Thérèse... Attendez, j'entends du bruit.

Soit qu'il ne voulût pas être surpris seul avec la jeune fille, soit plutôt que surtout avec elle, il voulût rester maître de son secret, il quitta son cabinet et courut vers Picard dont il attendait le retour. C'était Picard, en effet :

— Monsieur, dit le vieux domestique, M. le comte de l'Estrades sera à vos ordres demain.

— Très bien, Picard, je vous remercie.

Et revenant dans le cabinet :

— Je viens, dit-il, de recevoir la réponse que j'attendais. Il s'agit, Thérèse, d'une promenade matinale. Je monte à cheval demain matin avec un de mes amis. Demain, à deux heures après minuit, votre père sellera Junon et celui de mes deux chevaux qui lui conviendra. Il partira de Versailles doucement, au pas, et sans entrer dans la cour, de peur de réveiller mon père, il m'attendra au salon vert, où je ne tarderai pas à aller le joindre.

En parlant ainsi, M. Léonce de Bridieu ouvrit une fenêtre, et montra à Thérèse ce que dans la famille de Bridieu on appelait le salon vert. C'était un bouquet d'arbres placé à la droite et au dehors de la cour. Au milieu se trouvait un espace carré dont le sol était couvert de gazon et garanti du soleil et de la pluie par la cime des arbres qui, vingt pieds plus haut, entrelaçaient leurs branches de manière à former un dôme impénétrable ; on y arrivait par une espèce d'avenue qui permettait d'y pénétrer aisément. Ce salon vert eût été un des agrémens du château, si, au côté gauche de la cour, eût été planté le pareil ; l'espace nécessaire s'y trouvait et semblait appeler la main d'un Le Nôtre, ami de la symétrie ; mais M. de Bridieu le père s'était toujours opposé à un embellissement pareil; il avait même fallu les prières de sa fille pour l'empêcher d'abattre le salon vert, dont les arbres pouvaient attirer la foudre et entretenaient dans l'aile droite du château une humidité malsaine qui pénétrait dans les appartemens et disposait aux rhumatismes.

— Qu'il soit là à trois heures du matin, Thérèse, répéta le garde du corps en désignant du doigt le bouquet d'arbres.

Il y avait entre ces deux personnes un fil conducteur si délié qu'il se serait rompu ou noué trop fortement si elles se fussent expliquées davantage. Thérèse n'osait pas parler, le jeune Bridieu ne le voulait pas, il lisait cependant les pensées de la jeune fille dans ses yeux inquiets.

— Thérèse, lui dit-il, vous mourez d'envie de me blâmer et de me conseiller de rester tranquillement dans mon lit au lieu de courir les champs avant le réveil de l'alouette. Vous avez ouï dire au médecin des gardes que le trot du cheval me fatiguait, et vous redoutez pour moi une promenade à cheval. Rassurez-vous, mon enfant, nous n'allons pas fort loin, il s'agit seulement de parcourir une ou deux avenues de la forêt. Je ne permettrai pas à Junon de trotter et l'air du matin me fera du bien. Tenez, dit-il encore en tirant de son doigt une bague sur le chaton de laquelle brillait un assez beau rubis, prenez cette bague ; elle vient de ma mère. Je ne vous la donne pas, je vous la prête ; vous me la rendrez demain ou plus tard, quand vous reviendrez au château, mais vous ne la rendrez qu'à moi, entendez-vous?... je ne veux pas qu'elle vienne dans les mains de mon père ni dans celles de ma sœur. Retournez à Versailles, Thérèse, et que votre père exécute exactement mes ordres.

Thérèse étonnée prit l'anneau et le passa à son doigt.

— Partez, Thérèse, et ne craignez rien pour moi, reprit le jeune homme ; vous voyez que je me porte bien.

Mais chez lui le mal était plus fort que la volonté. Une toux violente s'empara de lui; le sang sortit de ses poumons déchirés et remplit sa bouche, sa figure devint blême et ses yeux ternis perdirent la faculté de voir. La jeune fille s'épouvanta; elle poussa un cri, elle voulut s'élancer pour appeler au secours les gens de la maison. Léonce la retint fortement par le bras, et domptant son mal, il parvint à se soutenir et à recouvrer la parole.

— Pas un cri, Thérèse, dit-il, et ne bougez

pas. Mon père est malade et ne peut me secourir... et il ne faut pas que ma sœur sache l'état où je suis.

La jeune fille étouffait ses sanglots, et des larmes abondantes couvraient son visage.

— Thérèse, lui dit Léonce, en cachant dans son mouchoir le sang qui sortait de sa bouche, vous pleurez, parce que vous ne savez pas que cet accident qui vous effraye m'est salutaire. Cette hémorragie va me guérir, je l'attendais; je vais maintenant respirer avec plus de liberté et la fièvre va me quitter. Partez donc, Thérèse, et que votre père ne manque pas de se trouver ici à l'heure que je vous ai indiquée; partez, au nom du ciel, je ne veux pas que la nuit vous surprenne en chemin.

Thérèse obéit et le jeune de Bridieu chargea ses pistolets, prépara l'uniforme dont il voulait se revêtir le lendemain et avec l'aide d'un domestique, il se mit au lit, espérant que le sommeil lui rendrait les forces qui lui manquaient et dont il aurait besoin dans quelques heures.

Scarron, cet abrégé des misères humaines, et qui, malgré son talent littéraire, est moins connu par ses ouvrages que pour avoir été le premier mari de Mme de Maintenon, s'était donné le titre de malade de la reine. A Versailles, on appelait M. de Bridieu le malade de la cour. Quoique ce sobriquet n'eût rien d'injurieux, il était cependant ignoré de M. de Bridieu et de son fils lui-même. Une politesse naturelle, une urbanité que rien n'a jamais surpassée, imposaient aux courtisans le devoir de ne pas blesser, même par une raillerie, un vieillard honorable, et d'épargner à son fils des plaisanteries qu'il ne devait pas entendre, et dont nous avons vu qu'il avait surpris le secret. Pour Mlle de Bridieu, elle vivait éloignée de Versailles, et n'en pouvait savoir les propos; son bon sens naturel lui eût fait sentir d'ailleurs combien cette dénomination était vraie. Cependant ce malade de la cour qui, pour elle et depuis son enfance, était le malade de la maison, venait de montrer un courage dont elle se repentait de ne l'avoir pas cru capable, et qui augmentait sa tendresse et sa vénération.

M. de Bridieu se mit au lit, laissa panser ses plaies, que lui-même ne jugea pas dangereuses, et après quelques heures de repos ou plutôt d'agitations douloureuses, il fit appeler sa fille. Celle-ci n'avait pas besoin d'être excitée à la vengeance, elle était pleine d'un courroux qui, au seul souvenir de l'outrage, devait toute sa vie faire tressaillir ses nerfs et bondir son cœur dans sa poitrine. Dans ce moment, la plaie était récente et toute vive, la honte que causait l'injure absorbait chez elle tout autre sentiment. Elle venait d'abjurer un amour dont la veille encore elle n'aurait cru pouvoir se détacher qu'avec la vie, et elle éprouvait contre son frère, qu'elle quittait à peine, une irritation sourde, une colère cachée, dont elle n'osait pas s'avouer à elle-même les motifs. Léonce lui avait paru non pas faible, mais froid; non pas sans courage, mais sans ardeur. Elle l'aurait voulu furieux, ivre de cette rage qui touche à la folie et dont elle-même se sentait prête à éprouver les accès.

M. Léonce de Bridieu avait sans doute envoyé un cartel convenable, et il ne manquerait pas de se présenter le lendemain devant son adversaire avec résolution. Selon la jeune fille, la résolution ne suffisait pas, il fallait encore ce besoin de vaincre qui fait qu'on y parvient, cette faim et cette soif de vengeance qui font qu'on s'élance sur sa proie avec la certitude de l'atteindre et de l'étouffer dans ses bras. Il ne s'agissait pas de se battre, mais de tuer son ennemi. M. Léonce de Bridieu devait songer qu'on ne lui demandait pas de mourir, mais de vaincre. Mourir, dans un cas pareil, c'était honteux, c'était une chose égoïste, puisque M. Léonce serait sorti, lui, de ce monde exempt de tout blâme, lavé de tout outrage, tandis que les cheveux blancs de son père demeureraient souillés et qu'il laisserait sa sœur porter un nom flétri.

Ce fut pleine de ces sentimens vrais, quoique empreints d'une teinte d'exagération, qu'elle se présenta devant son père.

M. de Bridieu, à demi-couché dans son lit et appuyé sur une pile d'oreillers, paraissait en proie à la fièvre. Son visage ordinairement pâle, était coloré; ses yeux brillaient, les compresses dont sa fille avait couvert sa figure quelques heures auparavant, étaient loin de lui, sa tête était découverte.

— Ma fille, dit-il avec une dignité mêlée d'attendrissement, pardonnez à votre père de se laisser encore voir à vous avant de s'être vengé. Quand un homme est couvert de l'injure que j'ai reçue ce matin, il ne paraît pas devant une femme; même devant sa fille.

Juana voulut parler; les sanglots étouffèrent sa voix; elle se précipita sur le lit de son père et serra le vieillard dans ses bras.

— Ecoutez-moi, Juana, et cessez ces

pleurs, il faut que M. de l'Estrades me fasse raison, et qu'on apprenne ma vengeance ou ma mort en même temps qu'on apprendra l'injure.

— Ne craignez rien, mon père, vous serez vengé : M. de l'Estrades ne s'applaudira pas longtemps de son crime.

— Oui, un crime, vous appelez l'action infâme de cet homme de son vrai nom..... Songeons à nous... Vous allez faire partir un domestique pour Paris, il nous ramènera M. de la Taille.

— Qu'avez-vous besoin de M. de la Taille, mon père? vous trouverez, sans sortir de chez vous, toute l'aide qui vous est nécessaire.

— Et ne vois-tu pas, ma fille, s'écria le vieillard avec une colère chagrine, que mon bras est sans force et qu'il a besoin de recouvrer, ne fût-ce que pour un jour, que pour une heure, la vigueur de la jeunesse? M. de la Taille fera ce miracle, il en a le pouvoir, je ne lui demande que de tenir l'épée comme je la tenais à Fontenoy.

— C'est impossible, mon père, dit tristement Juana, le temps passé ne saurait revenir ; jamais vous ne verrez l'eau de la Seine remonter vers sa source. Ne comptez pas sur des forces qui sont évanouies pour toujours.

— Tais-toi, Juana, tais-toi, et qu'on parte pour Paris, qu'on me ramène M. de la Taille.

— Hélas! mon père, dit encore Juana, vous ne vous rappelez pas ce qui s'est passé...

— Je voudrais, s'écria M. de Bridieu, en se laissant retomber sur ses oreillers, que ni moi, ni vous, ni *lui*, ni personne au monde ne se souvînt de ce moment honteux; que Dieu en effaçât le souvenir de toutes les mémoires, mais Dieu ne fera pas cette faveur à un pécheur comme moi...

..... Ah! Juana, Dieu lui-même ne peut pas changer le passé.

— Songez, mon père, reprit Juana, sans répondre précisément à M. de Bridieu que vous avez tiré l'épée contre votre ennemi et que vous lui devez la vie.

— C'est une injure nouvelle, s'écria le vieillard, qui au souvenir de sa défaite se remit sur son séant.

— Vous avez raison, mon père; mais elle peut lui servir de prétexte pour refuser de se rencontrer avec vous. Il dira que vous avez eu la satisfaction que vous demandez, et content de vous avoir déshonoré, il refusera de verser votre sang.

— Tu veux donc que ton père vive entouré du mépris universel ?

— Non, non, s'écria Mlle de Bridieu, je veux que vous soyez vengé; mais ce soin ne vous regarde plus... O mon père, pourquoi oubliez-vous que vous avez un fils ?

M. de Bridieu jeta sur sa fille un regard dont elle ne comprit pas la valeur.

— J'espère, dit-il, que mon fils ignore ce qui s'est passé ; je ne veux pas qu'il en soit instruit. Tout ceci ne le regarde pas, entendez-vous, Juana !... Je vous défends de lui parler de l'événement de ce matin ; c'est par moi qu'il doit tout savoir.

Juana se garda de dire qu'elle quittait son frère, et d'avouer ce qui venait de se résoudre avec lui; elle n'en fut pas moins très étonnée du langage de M. de Bridieu.

— A qui voulez-vous donc confier votre cause? dit-elle, en quelles mains remettre votre honneur, si ce n'est dans celles de votre fils?

— Je vous dis que ceci me regarde seul, Juana... Ecrivez un mot à M. de la Taille, et envoyez un domestique à Paris. Je suis certain que M. de la Taille ne me refusera pas son assistance. Il sera ici demain matin.

Mademoiselle de Bridieu obéit et Picard partit pour Paris où il devait coucher pour conduire le lendemain M. de la Taille à l'Etang-la-Ville. Cet arrangement convenait à la jeune fille. Picard, domestique dévoué, mais à qui son ancienneté dans la maison donnait une certaine autorité pouvait par maladresse ou par affection mettre obstacle à un duel nécessaire et qu'il ne fallait pas laisser soupçonner à M. de Bridieu. D'autre part, si son frère était malheureux, si le plomb de M. de l'Estrades le blessait, la présence de M. de la Taille serait utile. Ce que la jeune fille ne comprenait pas, c'était que son père, au lieu de s'adresser à son fils, voulût recommencer un duel inégal et dans lequel il ne pouvait que succomber. M. de la Taille passait à ses yeux pour un homme habile, un médecin instruit, peut-être même le regardait-elle comme un chiromancien assez clairvoyant pour prédire certaines chances de l'avenir; mais elle ne lui supposait aucun pouvoir surnaturel, et pensait que Dieu seul pouvait rendre à son père une vigueur évanouie sans retour.

M. de Bridieu, bien plus crédule que sa fille, pensait lui que son ami, M. de la Taille, avait des secrets merveilleux; qu'il pouvait rendre à un vieillard la force et la vigueur de la jeunesse, du moins pour quelques heures, et quelques heures lui suffisaient. La veille même, M. de la Taille ne lui avait-il pas promis une longue vie? et cette prédiction avait fortifié le courage du vieux gentilhomme. Il était évident que puisque (ce qui est donné à un petit nombre d'hommes) il devait parcourir les douze maisons de la Vie, il pouvait sans trop de risques affronter l'épée de M. de l'Estrades; mais, dût-il mourir, il voulait être vengé. L'espérance de ne pas trouver la mort dans un combat singulier, était aussi ce qui l'engageait à éloigner son fils d'une lice peut-être meurtrière pour un jeune homme, l'espoir de son nom, et qui devait empêcher les de Bridieu de s'éteindre. Il ne doutait point du courage de son fils, il ne le croyait pas malade et savait fort bien que l'affront touchait autant le jeune homme que lui-même; mais que deviendrait-il si Léonce succombait? L'orgueil de la race, l'espoir de voir son nom se perpétuer, tenaient ici lieu de la tendresse paternelle et d'une véritable affection.

Voilà les sentimens que Mlle de Bridieu ne pouvait pas deviner et qu'elle n'aurait pas admis si M. de Bridieu eût voulu la prendre pour sa confidente. Elle calma son père, l'assura que ses ordres étaient exécutés, et que le lendemain M. de La Taille serait auprès de lui. Elle se retira ensuite dans son appartement, qui, comme nous l'avons dit, touchait à celui de son père par une antichambre commune.

La nuit commençait à couvrir l'Etang-la-Ville, Louveciennes et la forêt de Marly tout entière. M. le comte de l'Estrades venait de quitter sa femme et de se renfermer dans son appartement; Léonce de Bridieu avait renvoyé la jeune Thérèse à Versailles, et Juana, seule à son tour avec elle-même, se jeta dans un fauteuil et cherchant à calmer la passion violente qui l'agitait malgré elle, se mit à réfléchir le plus froidement possible sur les événemens qui allaient se passer dans quelques heures.

Mlle de Bridieu, après quelques instans de solitude et de réflexion, parvint à mettre un peu d'ordre dans ses idées et à juger de la situation de sa famille comme si elle ne lui était pas personnelle. C'était beaucoup suivant elle.

— Voyons, se disait-elle une main sur son cœur qui battait avec violence, tandis que l'autre soutenait son front brûlant, supposons que ce coup de foudre qui ne nous marque au front soit tombé sur M. de Montalais, l'ami de mon père: que ferait Mme de Montalais, cette femme si douce et si languissante, qui n'a jamais respiré que l'air embaumé de son salon, qui frissonne de peur si deux gentilshommes se prennent de querelle sous ses fenêtres, et de froid quand le vent agite un peu les arbres de la place Royale? Elle montrerait à son mari la vieille épée de l'ancêtre, qui n'est pas sortie du fourreau depuis la Fronde, et lui dirait: « Prenez-la et allez vous venger, car tel que vous êtes, vous ne pouvez ni vous couvrir de votre robe de magistrat, ni vous asseoir dans votre tribunal. » Le père mort ou incapable, elle armerait son fils, elle l'enverrait au-devant de l'insulteur, dût ce fils unique mourir dans la lutte. J'ai agi comme elle aurait agi, j'ai donc fait mon devoir.

C'était là sa préoccupation la plus légère; elle se félicitait même d'avoir prévenu la défense de son père et d'avoir armé son frère contre l'ennemi. Suivant elle, il fallait que la famille de Bridieu mourût tout entière ou se lavât de cet affront. Pour elle, elle ne pouvait pas mourir, mais elle pouvait quitter le monde et s'ensevelir dans un couvent, et tel était son projet, si M. Léonce de Bridieu était tué. Alors que deviendrait son père? M. de Bridieu ne se battrait point; il en avait la volonté et non la force, et à mesure que les heures s'écouleraient et que peu à peu le ressentiment de l'injure s'affaiblissait, sa volonté elle-même diminuerait, et le vieillard, revenant à son caractère naturel, finirait par se préoccuper autant de sa mort que de son injure. Il demanderait vainement un miracle à M. de la Taille. Les jours se succéderaient, le roi serait instruit et le duel deviendrait impossible.

Il n'y avait donc qu'un homme qui pût et qui dût venger sa famille: son frère, M. Léonce de Bridieu. Celui-là portait la cocarde du roi, une cocarde blanche alors comme le drapeau et qu'aucune souillure ne devait atteindre.

Le garde du corps occupait, ainsi que nous l'avons dit, le second étage du château, et sa sœur pouvait l'entendre quand il marchait dans sa chambre ou qu'il passait d'une pièce à une autre. Le plancher était assez retentissant pour que le moindre bruit parvînt jusqu'à Mlle de Bridieu; elle leva la tête et écouta avec attention; rien ne se faisait entendre, aucun craquement, aucun symptôme de mouvement. Alors elle se mit à songer à ce frère et à ce qui s'était passé entre elle et lui, quelques heures auparavant.

Nous avons dit les motifs qui éloignaient Léonce de Juana. Les griefs de la sœur contre le frère étaient plus injustes et moins naturels. Ils accusaient moins cependant la jeune fille que les institutions d'alors. Les familles nobles ne pouvant augmenter leurs biens par le commerce ni par l'industrie, couraient risque de s'appauvrir à chaque génération en les partageant également. Les aînés donc héritaient seuls de la fortune paternelle, et les cadets prenaient parti dans la robe ou dans l'église. Quant aux filles, elles entraient dans les couvents, à moins que la tendresse d'un père ne les mariât en les dotant aux dépens des fils aînés. C'était le cas de la famille de Bridieu. Mlle Juana était destinée au mariage et devait avoir une dot considérable au détriment de la fortune de M. Léonce. Dans certains cas, la volonté du père faisait loi. La jeune fille se persuada que telle était la cause de l'éloignement de son frère.

Dans le moment dont nous parlons, tout changea pour elle. Son frère venait de lui apparaître faible, languissant, plus réellement malade qu'il ne le disait ou qu'il ne l'avouait lui-même. Elle comprit, en tremblant, que du père au fils les illusions étaient différentes.

M. Léonce de Bridieu était donc malade, même mourant, et c'était ce champion qui allait défendre l'honneur de sa famille !

Des larmes douloureuses s'échappèrent des yeux de Juana et couvrirent ses joues, elle se leva et se précipita sur un prie-dieu qui avoisinait son lit.

— O mon Dieu! dit-elle, ce n'est pas M. de la Taille, c'est vous qui pouvez rendre la force à un bras malade. Faites que mon frère punisse un homme coupable et orgueilleux, faites que mon père puisse vivre sans souillure, mon frère sans être réduit à baisser les yeux devant toute la cour, et... moi... mon Dieu... moi, que je sois frappée pour les miens, que je souffre pour eux, ô mon Dieu ! Je suis prête à tous les sacrifices.

Elle achevait cette prière, lorsqu'on frappa à sa porte. C'était une femme de chambre qui venait, disait-elle, pour la mettre au lit, et apportait en même temps une lettre.

— D'où vient cette lettre? Marthe, dit-elle, sans doute de Paris?

— Non, mademoiselle, elle vient du château de l'Estrades.

Un léger frémissement parcourut Mlle de Bridieu tout entière.

— Cette lettre est sans doute pour mon frère?

— Non, mademoiselle, cette lettre est pour vous.

Marthe raviva la clarté de la lampe et ferma les fenêtres de l'appartement. La journée avait été brûlante et la nuit, qui s'avançait, annonçait un orage. Mlle de Bridieu renvoya sa femme de chambre en lui disant qu'elle n'avait besoin de personne pour se mettre au lit, et tournant dans ses mains cette lettre scellée des armes de la famille de l'Estrades, elle pensa d'abord qu'elle venait du comte, qui, à la veille d'un duel et prévoyant l'avenir, voulait atténuer ses torts par des excuses et des soumissions. Puis, une vive rougeur couvrit son visage, et ses mains tremblantes laissèrent s'échapper une missive qui, avec plus de vraisemblance, était envoyée par ce jeune homme aimé que désormais elle devait fuir autant qu'elle l'avait recherché autrefois. Bonheur perdu! espérance détruite sans retour !

Trop violemment frappée pour que l'amour lui-même pût fermer sa plaie ou seulement en rapprocher les bords, Juana poussa la lettre du pied, résolue à ne pas l'ouvrir.

— Je ne suis plus digne de lui, se dit-elle.... Et moi, moi, je donnerais le nom de père à un homme qui a levé la main sur un de Bridieu, sur mon père, sur un vieillard faible et sans défense, jamais!

Elle s'éloigna avec effroi de ce papier blanc et oblong sur lequel la clarté de sa lampe faisait reluire le cachet des de l'Estrades comme une tache sanglante.

— Ce n'est peut-être pas Raoul, se dit-elle enfin, et le moment est tel que je ne dois négliger aucun avis, ni rien ignorer.

Elle s'empara de la lettre, brisa le cachet, lut la signature : c'était Mme de l'Estrades qui écrivait à Mlle de Bridieu.

La comtesse, quand son mari l'eut laissée seule, se mit à réfléchir à la confidence étrange qu'elle venait de recevoir. Elle chercha vainement le motif qui poussait M. de l'Estrades à un rapprochement et même à une alliance qui le matin excitaient sa colère. La comtesse finit par comprendre que ce changement tenait à un fait qu'elle ignorait et qu'elle ne tarderait pas à apprendre. M. de l'Estrades, toujours mené par ses passions du moment, pouvait être aussi prompt à permettre qu'à refuser, à vouloir qu'à ne pas vouloir; il fallait l'engager sur-le-champ et s'engager elle-même.

«Mademoiselle, écrivait la comtesse à Mlle de Bridieu, je sais depuis longtemps que vous êtes une jeune personne d'un grand sens, et voilà pourquoi je m'adresse d'abord à vous. Ne serait-il pas temps de mettre enfin un terme à la mésintelligence qui règne entre votre famille et celle de mon mari ? Si je suis bien informée, les torts très anciens qui nous séparent, viennent plutôt des de l'Estrades que des de Bridieu, il est donc naturel que nous fassions les premiers pas.

» M. le comte de l'Estrades, jaloux de prouver sa bonne foi et la loyauté de ses intentions, va plus loin encore : il espère, ainsi que mon fils, que des liens de parenté pourront peut-être rendre inaltérable une amitié nouvelle. Pour moi, c'est là le plus cher de mes vœux. Je sais que Mlle de Bridieu peut nous rendre son père favorable, et je la prie de vouloir bien disposer M. de Bridieu à accueillir les deux demandes de M. de l'Estrades, ou au moins la première.

» J'aurai donc l'honneur de me présenter demain à l'Etang-la-Ville, si, comme je l'espère, Mlle de Bridieu ne me fait pas dire que ma visite sera déplaisante pour son père ou pour elle-même. »

La veille même, et en songeant à son amour, Juana aurait à peine imaginé un accident plus favorable que la venue de cette lettre. Mme de l'Estrades, qui évidemment connaissait la passion de son fils et la sienne, avait la délicatesse de paraître tout ignorer, et elle arrangeait les choses de façon que la jeune fille n'avait pas même l'embarras de répondre : tout son rôle consistait à disposer M. de Bridieu à recevoir poliment une femme, devoir que les mœurs du temps rendaient obligatoire dans tous les cas possibles. Mais le moment présent était bien loin de la veille ! Que prouvait donc cette lettre ? D'abord que M. de l'Estrades n'avait pas instruit la comtesse de ce qui s'était passé dans la matinée, et que, pour éloigner un duel dont il craignait les suites, il avait chargé sa femme d'une négociation qui ne pouvait avoir d'issue ; ou bien que le caractère hardi et dominateur de la comtesse l'avait poussée à une démarche ignorée de M. de l'Estrades : la première de ces suppositions était vraie, avec cette différence que M. de l'Estrades n'aurait pas démenti sa femme, il avait en même temps trop de droiture et trop de faiblesse pour l'essayer. Mlle de Bridieu s'arrêta à la seconde. Par le fils elle connaissait la mère, et elle savait que la volonté opiniâtre de Mme de l'Estrades finissait toujours par l'emporter sur les passions haineuses mais changeantes de son mari. Cette lettre ne prouvait donc que l'influence du fils sur l'esprit de la mère.

On pense généralement que chez une jeune fille le sentiment le plus vif est celui de l'amour, et la chose est vraie, avec les modifications apportées par la société. Dans les lieux où la civilisation est peu avancée et rapprochée de la nature, une jeune fille amoureuse quitte souvent, sans hésitation, son père et sa mère pour suivre l'homme qu'elle aime et qu'on lui refuse ; elle est sûre du sentiment qu'elle inspire, et sait qu'elle reparaîtra bientôt au milieu des siens au bras de son mari. Chez les peuples très civilisés, au contraire, et dans les classes supérieures de ces peuples, l'orgueil de caste, l'amour-propre de famille et les préjugés, ou, si l'on veut, les habitudes de relations introduisent dans l'âme humaine une foule de passions qui sans se neutraliser se combinent entr'elles, et il résulte de leur mélange que celle qui domine les autres n'est quelquefois pas la plus naturelle. Ainsi en France, et parmi la noblesse surtout, l'honneur l'emportait sur l'amour, et encore un honneur de convention. Il est clair que l'injure faite à M. de Bridieu ne pouvait déshonorer que M. de l'Estrades, si l'on voulait raisonner juste ; mais l'opinion qui, lorsqu'elle s'établit, part d'un point vrai, s'égare par la suite des temps, et c'est alors que la convention prend la place des sentimens naturels. Une fille du peuple eût conservé son amour, celui de Mlle de Bridieu ne put pas survivre à l'orgueil du sang ; il fut étouffé dans son cœur par une légitime colère et par les habitudes, ou, si l'on veut, les préjugés qu'elle devait à sa naissance et à son éducation.

— Mme la comtesse méritait un autre mari que le sien, se dit-elle en repoussant une seconde fois la lettre, et elle se rejeta dans son fauteuil où, accablée de fatigue et l'esprit plein de pensées funestes, elle ne tarda pas à s'assoupir. Le corps était plongé dans un repos léthargique ; l'âme veillait à demi, livrée aux espérances de la veille et aux douleurs de la journée. Il lui sembla que, soutenue par Raoul et en la compagnie de la comtesse sa mère, elle s'élevait vers un ciel bleu et sans nuages ; elle respirait un air balsamique, une brise légère rafraîchissait son front brûlant ; elle sentait dans sa poitrine les pulsations douces et égales de son cœur, lorsque, en levant les yeux, elle voit au-dessus d'elle un fantôme irrité qui pose une main sur sa tête, l'arrache au bras de Raoul, et, haletante, elle retombe sur la terre, et dans la chambre même de M. de Bridieu, devant l'arbre généalogique de sa famille, dont les rameaux s'agitent et se brisent, dont les é-cussons souillés de fange s'entrechoquent. Éperdue et pleine d'effroi elle pousse un cri et se réveille couverte de sueur et au milieu des ténèbres, car sa lampe s'était éteinte durant son sommeil. Elle ouvre alors une fenêtre : la pluie tombait à torrens, le tonnerre promenait au loin ses grondemens, et malgré l'obscurité occasionnée par l'orage, la lueur du jour naissant perçait à l'horizon : l'heure fatale approchait.

Un bruit de voix et les piétinemens d'un cheval, qui partait du bouquet d'arbres appelé le Salon-Vert, attirèrent l'attention de Mlle de Bridieu, elle ne douta pas de la présence de son frère dans ce lieu, qui présentait un abri contre l'orage. Sans doute M. Léonce de Bridieu était à cent pas d'elle, avec un ami, ou (la lettre de Mme de l'Estrades permettait cette supposition) avec M. de l'Estrades lui-même. Juana referma brusquement la fenêtre et se résolut à éclaircir ses doutes.

CHAPITRE X.
Le combat.

Le dragon Va-de-bon-Cœur qui, du service du roi, était passé à celui d'un garde-du-corps malade, égayait volontiers son oisiveté par le culte de la bouteille. M. Léonce de Bridieu le payait bien, sa femme gagnait de l'argent, et sa fille Thérèse, la petite, comme il l'appelait, travaillait de son côté de façon à s'amasser une dot. Il n'avait donc d'autre souci que celui de ses chevaux qu'il n'abandonnait guère. Tandis que Thérèse revenait à Versailles, il était dans l'écurie, assis devant une table couverte de bouteilles, en compagnie de M. Joli-Cœur, son vieux camarade. Tous deux fêtaient un petit vin d'Argenteuil qu'ils trouvaient excellent, tout en remuant des cartes crasseuses et en se disputant quelques sous au *Triomphe* et à la *Bataille*, jeux qui ont survécu à la chute de la monarchie, et qu'on joue encore dans les casernes. Le dragon perdait, et son camarade Joli-Cœur, l'humeur égayée par le vin et le succès, chantait à tue-tête :

Malgré la bataille qu'on donne demain
Ça, faisons ripaille, charmante.....

— Tais-toi, Joli-Cœur, je n'aime pas cette chanson quand je joue.

L'accommodant Joli-Cœur en entama sur-le-champ une autre :

Dans les gardes françaises
J'avais un amoureux;
Ardent, chaud comme braises,
Et des....

— Tais-toi, reprit le dragon, je ne suis pas en train d'entendre chanter, ce soir.

Joli-Cœur posa ses cartes sur la table.

— Ce ne sont pas mes chansons qui te déplaisent, tu as quelque chose, Va-de-Bon-Cœur.

Le dragon se tourna vers Junon, qui mangeait tranquillement son foin au ratelier :

— C'est vrai, dit-il, j'ai rêvé que j'avais en cage deux fauvettes, que j'aimais beaucoup ; je leur donnais de l'eau pour se baigner ; je remplissais leur mangeoire de millet : une d'elles s'est cassé la patte.

— Bon ! dit Joli-Cœur, ça n'est rien : il n'y a pas là de quoi inquiéter un homme. Les oiseaux n'ont pas besoin de pattes : ils ont des ailes.

— C'est que, reprit le dragon d'un air pensif, j'ai deux filles qui n'ont pas d'ailes, et il arrivera malheur à l'une ou à l'autre.

— Deux filles ! je ne t'en connais qu'une.

Va-de-Bon-Cœur mit la main sur la croupe de Junon.

— J'ai Thérèse, dit-il.

— Connu : un beau brin de fille ; si on avait vingt ans de moins, on lui dirait deux mots, avec la permission du père et de la mère, s'entend.

— Et, ajouta Va-de-Bon-Cœur, j'ai Junon.

— C'est vrai, répondit galamment Joli-Cœur, je n'y songeais pas.

— Je suis tranquille pour Junon, dit encore Va-de-Bon-Cœur ; elle est là comme une bonne fille qui mange son picotin, sans songer à mal ; mais l'autre, Thérèse...

— Eh bien ! Thérèse est avec sa mère?

— Du tout, elle est allée à l'Etang-la-Ville voir notre garde du corps, M. de Bridieu, qui me fait l'effet d'un homme qui, un de ces jours, quittera le service. A l'heure qu'il est Thérèse doit être sur le grand chemin pour venir à Versailles.

— Tu as peur qu'on ne l'enlève ?

— Non pas, Joli-Cœur, souviens-toi de mon rêve : « Une fauvette qui se casse la patte. » Elle est sur un mauvais cheval, poursuivit le dragon, doux, mais pas de jambes. Voilà la nuit ; j'entends le tonnerre, l'orage n'est pas loin, la pluie va tomber ; il n'en faut pas tant pour faire rouler dans un fossé une vieille rosse réformée depuis trois ans, et alors Thérèse...

Comme pour prouver au dragon l'inanité des rêves, Thérèse elle-même parut sur le seuil de l'écurie. La jeune fille était intacte : elle n'avait pas été enlevée et aucun de ses membres n'avait été compromis par une chute, mais ses yeux rouges et l'expression triste de son visage n'annonçaient pas de bonnes nouvelles.

— Il est plus mal, mon père, dit-elle, plus mal que lorsqu'il était à Versailles, et il veut Junon.

— Pourquoi faire? s'écria Va-de-Bon-Cœur, avec un ton de mécontentement très prononcé.

— Il veut que vous lui ameniez Junon à l'Etang-la-Ville, au point du jour. Il s'agit d'une promenade matinale avec un gentilhomme de ses amis. Vous-même, vous monterez Castor ou le Grand-Jacques, comme il vous plaira.

La figure du vieux dragon se rembrunit encore. Il trouvait tout simple que le garde-du-corps voulût monter à cheval, quoique sa maladie se fût aggravée; l'exercice du cheval, suivant lui, étant un remède souverain contre tous les maux. Mais pourquoi demander Junon, tandis qu'il n'avait qu'à choisir dans les écuries de son père? Peut-être que M. de Bridieu voulait vendre Junon; c'est ce que lui, Va-de-Bon-Cœur, ne souffrirait jamais. Cependant il fallait obéir et se mettre en route, malgré l'orage, parce que le jeune gentilhomme avait peu de volontés, mais des volontés absolues : quand il commandait il fallait obéir. C'était un maître facile, mais peu indulgent, volontaire, et d'ailleurs, depuis quelque temps, aigri par la maladie. Le dragon avait fait toutes ces remarques, et, quoique la nuit dût être orageuse, il n'hésita pas à se mettre en route ; seulement il pria Joli-Cœur de l'accompagner. De cette façon, les trois chevaux sortiraient ensemble ; le Grand-Jacques ne s'ennuierait pas dans son écurie, et lui-même, Va-de-Bon-Cœur, aurait à qui parler.

— On va partir, dit-il à sa fille ; retire-toi, va rejoindre ta mère, tu n'as plus rien à faire ici.

Thérèse voulait accompagner son père ; elle pensait qu'elle serait utile à M. de Bridieu, qui probablement renoncerait à sa promenade et aurait besoin de ses soins. Le dragon, déjà fâché d'exposer une de ses filles à une nuit pluvieuse, ne voulut pas permettre à l'autre d'affronter ce danger. Il partit donc avec Joli-Cœur et les trois chevaux, qui, aveuglés par les éclairs, effarouchés par le bruit du tonnerre et inondés par la pluie, arrivèrent cependant sans encombre à l'Etang-la-Ville et atteignirent le Salon-Vert bien connu du dragon. Le difficile fut de faire entrer Junon dans l'étroite avenue du salon, dont l'obscurité effrayait la jument. Va-de-Bon-Cœur descendit de cheval et prit Junon par la bride. Joli-Cœur, qui montait Castor, passa le premier ; la jument suivit non sans quelques ruades, et le Grand-Jacques marcha docilement sur les pas de ses deux compagnons d'écurie : mais une fois sous ce dôme de branchages que le vent faisait s'entrechoquer, de feuilles dont chaque goutte de pluie tirait un son, les trois chevaux eurent peur. Le Grand-Jacques hennit, Castor frappait le sol de ses pieds, et la crinière de Junon se hérissait d'effroi. Le dragon et son ami Joli-Cœur pouvaient à grand'peine maintenir les trois animaux.

Ce fut dans ce moment que Mlle de Bridieu ouvrit sa fenêtre et voulut savoir d'où provenait ce bruit inaccoutumé.

Jalouse de tout voir par ses yeux, Juana sort de son appartement, descend dans le vestibule, et prend un couloir conduisant à une petite porte qui s'ouvrait sur la cour; dans la cour même une seconde porte permettait d'arriver au Salon-Vert, ou du moins d'en faire le tour pour gagner l'avenue. Juana s'arrêta près de de ces arbres, murs circulaires du Salon-Vert, et elle prêta l'oreille.

Joli-Cœur n'était pas descendu de son cheval, et il cherchait à calmer l'animal en le flattant et en passant la main sur ses naseaux. *Castor* demeurait tranquille ; seule *Junon*, aussi irascible que la déesse dont elle portait le nom, trépignait, frappait le sol de ses sabots et semblait méconnaître la voix de *Va-de-Bon-Cœur*.

— Allons, allons, la paix, *Junon*, vous êtes presqu'aussi bien que dans votre écurie; et s'adressant à *Joli-Cœur*, le vieux dragon ajouta : Vois-tu, mon garçon, il vaudrait mieux garder cent chevaux d'escadron qu'une seule jument. C'est comme une jeune fille, on ne sait jamais ni ce que ça pense, ni ce que ça veut...

— Junon voudrait être à Versailles sur sa litière, reprit Joli-Cœur, et M. de Bridieu, son maître, est moins raisonnable qu'elle; où diable veut-il aller par un temps pareil?

— Voici, dit le dragon, et d'abord cette bête que tu vois, Mlle Junon, est orgueilleuse comme un paon; ça fait toute sorte de façons quand ça a sur le dos un vieux soldat comme moi; ça est souple et obéissante quand ça porte un gentilhomme. Voilà pour la bête, voyons pour le maître. M. de Bridieu ça est sec comme une allumette, ça est malade, ça crache le sang, mais ça fait l'amour parce que c'est l'usage à Versailles... Une vieille mode, Joli-Cœur, qui n'a pas passé à cause du vieux roi qui va toujours de l'avant, quoique son médecin lui ai conseillé de dételer, c'est à dire de descendre de cheval.

— Et tu crois que M. de Bridieu s'en va trotter je ne sais où, mais autour de quelque château où il y a une belle dame qui lui veut du bien ?

— Oui, voilà pourquoi il a demandé le vieux Va-de-Bon-Cœur, au lieu de se faire accompagner par Picard. Picard, brave homme, bon cavalier, mais bavard, qui dit tout à une fine mouche, Mlle de Bridieu, une jeune personne qui n'a pas besoin de savoir les affaires de son frère.

— Alors, j'ai mal fait de venir, reprit Joli-Cœur, il eût été plus convenable de me coucher sur la litière de Junon, et d'attendre ton retour.

— Et pourquoi cela?

— Parce que M. de Bridieu ne verra pas volontiers un serviteur inconnu marcher à sa suite.

— Aussi, tu ne bougeras pas du Salon-Vert, mon garçon, je t'ai pris avec moi pour l'agrément de ta société, et pour promener le Grand-Jacques, pas davantage....., et quand j'ai vu, ajouta le dragon, que la pluie commençait à tomber, je me suis dit : Bien ! un orage ! C'est un bon temps pour les amoureux.

— Et, demanda encore Joli-Cœur, as-tu souvent accompagné M. de Bridieu quand il se rend ainsi le matin auprès des dames !

— Jamais, répondit le dragon, mais il y a commencement à tout.

— Eh bien ! dit Joli-Cœur, vous ne jouirez pas d'un temps favorable aux amoureux, car voilà le jour qui vient et la pluie qui cesse.

Juana ne perdait pas un mot de cette conversation, qui d'un côté la rassura sur les intentions de son frère, et qui de l'autre lui inspira une crainte très vive. M. de l'Estrades avait accepté le combat que lui avait demandé M. Léonce de Bridieu, mais le jour commençait à poindre, déjà même il serait venu si le ciel n'eût été encore couvert des nuages qui l'obscurcissaient. Et son frère ne paraissait pas ?

— Va-de-Bon-Cœur, dit le compagnon du dragon, m'est avis que le garde du corps est en retard, je n'entends aucun bruit dans le château. Le garde du corps manquera son rendez-vous.

— Ce n'est peut-être pas un rendez-vous répondit philosophiquement le dragon, ce n'est qu'une simple promenade. Qu'importe, d'ailleurs, Junon et moi nous sommes au poste. Il arrivera ce que Dieu voudra, comme dit ma femme.

Le danger n'avait pas besoin d'être signalé pour que Mlle de Bridieu en vît la gravité et ne laissât pas à la Providence le soin de le conjurer. Elle quitta la place qu'elle occupait, rentra au château et se dirigea en courant vers l'appartement de son frère. Tout le monde dormait dans la maison. Qui savait si M. Léonce n'avait pas lui-même cédé au sommeil et s'il était parvenu à secouer la torpeur que cause l'orage?

Juana s'arrête sur le seuil de l'appartement, ouvre la première porte qui n'était fermée qu'au loquet, et entre chez son frère sans chercher à dissimuler le bruit de ses pas et comme une personne qui ne met à sa visite aucun mystère. L'anti-chambre était obscure; la clarté d'un flambeau guida la jeune fille vers la chambre à coucher; elle y pénétra et s'arrêta frappée de stupeur au milieu de cette pièce à demi-éclairée par la lueur vacillante d'une bougie.

Le jeune homme était couché dans un de ces grands lits de chêne massif, surmontés d'un baldaquin, soutenu lui-même par des colonnes de bois sculpté. Sur des tringles de fer adaptées au baldaquin, glissent en grinçant d'épais rideaux de lampas d'une couleur obscure, de façon que quand les rideaux sont hermétiquement fermés, le lit entier ressemble à un monument funèbre élevé à la mémoire de quelque aïeul. Les rideaux étaient tirés et Juana put voir un spectacle qui lui causa plus d'effroi que n'aurait pu le faire le cadavre séculaire d'un des chefs de la famille de Bridieu.

Le garde-du-corps, la tête nue, les cheveux à demi poudrés et collés par une sueur abondante, le front pâle et les joues enflammées par la fièvre, les mains tressaillantes et les lèvres souillées d'un sang qui, par places, rougissait son oreiller, dormait de ce sommeil haletant et douloureux qui enlève au malade le sentiment de ses maux sans néanmoins le soulager ; l'esprit en proie à des rêves pénibles, et la poitrine de moment en moment soulevée avec effort, on eût dit que son dernier souffle errait sur ses lèvres et que la mort allait le saisir. Mlle de Bridieu, peu familiarisée avec un mal dont les symptômes trompent quelquefois les médecins les plus habiles, ne reconnut pas le danger que courait son frère, mais comme toutes les personnes préoccupées d'une seule idée, elle ne vit que l'impossibilité où il se trouvait de paraître sur le champ de bataille qui l'attendait. Ainsi donc le père aurait été frappé au visage, raillé, désarmé; le fils aurait demandé raison de ces outrages inouïs, et, au lieu de soutenir une cause si juste et si sainte, il dormait dans son lit... malade, si l'on veut. Hélas! oui, malade, la poitrine déchirée, la bouche pleine de sang, et dévoré par une fièvre qui brûlait son corps et égarait son esprit!

— Monsieur de Bridieu! monsieur de Bridieu, notre ennemi vous attend le pistolet au poing.

Mais le jeune homme n'entendait pas, ou si le bruit des paroles de sa sœur arrivait jusqu'à ses oreilles, il n'en comprenait pas le sens. Sa langue ne se déliait que pour prononcer quelques mots sans suite; ses yeux fermés ne pouvaient pas se rouvrir. Le corps gisant était sans force, retenu par les invisibles liens de la maladie.

On raconte dans les légendes espagnoles que le Cid mort, et les Maures prêts à envahir son camp, les compagnons du fameux capitaine don Rodrigue-Diaz de Bivar le couvrirent de ses armes, l'attachèrent sur son cheval et le menèrent à l'ennemi : le Cid mit encore en fuite les Maures. Le jeune Bridieu destiné comme le héros espagnol à venger l'honneur de sa maison, vivait, et s'il revenait à la santé il serait marqué au front pour avoir évité une rencontre indispensable; si dans ce lit de malheur il succombait, au contraire, il entrerait au tombeau couvert de honte et mourrait sans utilité pour les siens. Il est des situations où la maladie passe pour de la peur, le manque de force pour de la lâcheté, le délire même pour un désordre mental, causé par des terreurs insurmontables, et telle était la position où se trouvait Léonce de Bridieu. Ainsi pour Juana une double flétrissure menaçait sa famille, et la honte naissait de la honte.

— O mon Dieu! mon Dieu! s'écria-t-elle pleine de rage et de désespoir et en levant au ciel des yeux ardens et dans lesquels les larmes s'étaient séchées, prenez ma vie et délivrez-nous, ou nous périssons tous!

L'orage, qui un moment auparavant semblait s'apaiser, redoubla de violence, un coup de tonnerre se fit entendre et en même temps une idée subite illumina l'esprit de Mlle de Bridieu; elle crut (quelle illusion ne devient pas une réalité dans un cœur désespéré!); elle crut que Dieu, qu'elle invoquait venait à son aide et lui indiquait un moyen de sortir de l'abîme.

Elle prend le flambeau qui veillait auprès de son frère, passe dans un cabinet attenant à sa chambre.

Là tout est prêt pour le combat projeté.

Juana se dépouille de sa robe, et familière depuis son enfance avec les vêtemens qu'elle trouve sous sa main, d'une taille égale d'ailleurs à celle du garde du corps, elle met le haut de chausses, croise la veste sur sa poitrine, revêt l'uniforme, cache sa longue chevelure sous le chapeau et s'arme des deux pistolets de lord Kingsbury qui sont sur une table devant ses yeux. Enfermant ensuite ses jambes fines dans les bottes du garde du corps; de cet équipage militaire elle ne néglige que l'épée, qui peut gêner ses mouvemens, et dont elle ne doit pas se servir.

Une fois ainsi vêtue et armée, elle tratraverse la chambre du malade, jette sur son frère un dernier regard de douleur et de pitié, et reprenant le chemin qu'elle a déjà suivi, gagne la cour, tourne autour du Salon-Vert et se présente tout d'un coup devant la petite avenue qui servait de vestibule à ce bouquet d'arbres et où attendaient les chevaux et les palefreniers de son frère.

— Holà, mon officier, au poste, dit le vieux dragon; ce sera un miracle si Junon n'a pas pris un rhume, et moi aussi.... Quelle nuit! et dire que ça a l'air de vouloir recommencer... avez-vous entendu le tonnerre?

Juana, sans ouvrir la bouche et en se détournant un peu, fit un geste de la main pour qu'on lui amenât la jument... Va-de-bon-Cœur obéit.

— Tiens, dit-il, vous avez pris des pistolets? Ça se trouve bien, je n'en ai pas mis dans les fontes.

Mlle de Bridieu glisse les pistolets dans les fontes, elle s'élance sur Junon, lui enfonce dans les flancs les molettes de ses éperons et part au galop.

— Joli-Cœur, dit le vieux dragon en montant à son tour Castor, c'est un duel... ne nous perds pas de vue, suis nous de loin, ne t'éloigne pas.

— Peste! un duel! se dit Joli-Cœur en mettant le Grand-Jacques au trot; je suis persuadé que le garde du corps se bat contre un officier suisse... A la bonne heure... ils n'ont pas beau temps.

Nous avons laissé M. de l'Estrades endormi sans s'inquiéter d'une affaire sérieuse, à son avis, seulement pour son adversaire. Ainsi, le souci d'un duel ne l'éveilla pas, mais le soin de sa fortune et l'intérêt de sa personne le tirèrent de son sommeil.

— Je compte blesser légèrement ce jeune homme, pensa-t-il, et quoique certain de l'endroit où je le toucherai, il est possible que lui-même, par un mouvement brusque, change tout d'un coup de place, et qu'il rende mortelle une balle destinée à n'effleurer que sa peau. S'il n'est pas maître de son cheval, la chose est possible. Alors que deviendrais-je ? J'aurais insulté le père et tué le fils ! Je suis perdu, je ne puis plus reparaître à Versailles. Le roi ne me pardonnera jamais. L'affaire du chevalier d'Aubeterre tournera contre moi. Si l'on sévit contre le petit officier des gendarmes qui a tué d'Aubeterre, on sévira contre ce jeune homme, on ne pourra pas me faire grâce à moi. Que le diable emporte tous ces Bridieu : ils m'occupent plus qu'ils ne valent.

En se parlant ainsi, il jeta les yeux sur une table, où se trouvait, auprès de ses gants et de ses pistolets, le cartel du garde du corps. Il le prit, le relut, et les termes méprisans de cette provocation augmentèrent sa mauvaise humeur. Il le chiffonnait dans ses mains et allait le détruire, lorsqu'il vit dans ce cartel même un moyen de salut. Les duels étaient défendus, et, depuis quelque temps, la loi paraissait sommeiller ; mais, ainsi que nous l'avons dit, quelques affaires meurtrières venaient de réveiller l'indifférence de Louis XV et de lui inspirer une sévérité nouvelle. Cependant, en fait de duel, on distinguait. On supposait qu'il y avait, dans les affaires de cette nature, un innocent et un coupable : le coupable, c'était le provocateur, et la preuve, le cartel. Celui de M. Léonce de Bridieu pouvait donc mettre M. le comte de l'Estrades à l'abri de recherches trop rigoureuses. Un gentilhomme, non pas suivant l'esprit de la loi, mais suivant les habitudes de MM. les maréchaux du roi qui l'interprétaient, ne pouvait pas pousser l'abnégation jusqu'à ne pas répondre à un défi, et si l'homme provoqué soutenait que le hasard seul l'avait mis en présence de son adversaire, alors le duel passait pour une rencontre inévitable. Il n'y avait qu'à produire le cartel, et dans ce cas, l'un des deux combattans était coupable d'un duel, l'autre seulement d'une rencontre : ce qui, aux yeux des juges, changeait la face des choses. Ce fut cette manière captieuse d'appliquer la loi qui rassura M. de l'Estrades. Il écrivit sans retard à M. d'Aiguillon :

« Monsieur le duc,

» Vous avez vu hier le chagrin que m'a fait éprouver la perte de mes espérances. J'ai poussé l'injustice jusqu'à vous reprocher d'avoir manqué à une parole donnée, sans réfléchir qu'il vous était impossible de vous opposer à la volonté du roi, notre maître à tous. Recevez mes excuses. Emporté par la violence de mon caractère et vous savez, monsieur le duc, que je n'ai jamais su le maîtriser, j'ai fait une seconde faute. Le hasard m'a jeté sur les pas de M. de Bridieu, et j'ai eu le tort de l'insulter gravement. Il n'est rien que je ne sois disposé à faire pour l'apaiser. Je suis prêt à lui accorder toutes les satisfactions qu'il demandera.

» Nos deux familles sont depuis long-temps ennemies cependant mon fils aime Mlle de Bridieu, qui, assure-t-on, l'aime aussi de son côté. Pour prouver à M. de Bridieu le cas que je fais de sa famille et de son nom, je lui demande la main de sa fille pour mon fils Raoul. Mme de l'Estrades se charge de cette négociation, et espère la mener à bien.

» Les choses en étaient là hier, lorsque sur la fin de la journée, j'ai reçu de M. Léonce de Bridieu, garde du corps de Sa Majesté, le cartel que je vous envoie et que je confie à votre honneur ; mon intention n'étant point de vous dénoncer ce jeune homme, mais de vous prier seulement de l'amener à des sentimens plus doux. Quelque offensans que soient les termes de cette provocation, je renonce volontiers à toute vengeance et je vais faire un effort pour éviter la rencontre de M. de Bridieu. »

M. de l'Estrades mit le cartel et cette lettre sous le même pli, le tout à l'adresse du duc d'Aiguillon, laissa ces pièces accusatrices sur son bureau, et, loin de fuir M. de Bridieu, il prit ses pistolets pour courir au rendez-vous convenu.

M. le comte ne pouvait pas se dissimuler que c'était là une dénonciation, et voici par quel raisonnement il mettait sa conscience à l'abri de tout reproche.

— Si je suis assez malheureux, se disait-il, pour tuer M. de Bridieu, je fuis, je fuis, sans même rentrer chez moi, je gagne Calais et passe en Angleterre. Alors cette lettre est remise à M. d'Aiguillon et le cartel du garde du corps me sauve sans lui nuire ; on ne peut rien contre un homme mort. Si, au contraire, je le blesse légèrement, et il en sera ainsi, je rentre au château, sans aucune crainte, et la lettre ne part pas.

Il jeta sur ses épaules un manteau, descendit dans ses écuries et monta le cheval qu'on lui avait préparé. L'orage était dans toute sa force : le tonnerre grondait, la pluie rebondissait sur les arbres, et M. de l'Estrades se réjouissait de ce temps qui aurait contrarié un duelliste moins habile et moins bon calculateur. Toute sa crainte était de ne pas rencontrer M. de Bridieu sur le terrain.

— Pourvu, pensa-t-il, qu'il n'imagine pas que le mauvais temps doit nous faire remettre la partie.

La pluie et l'orage pouvaient, en effet, contrarier un duel pareil. Il suffit d'une goutte d'eau pour mouiller la poudre d'un bassinet, pour éteindre l'étincelle qui doit jaillir du silex, pour aveugler et effrayer un cheval. M. de l'Estrades était sûr de profiter de tous ces hasards en cavalier consommé, et si les pistolets ne pouvaient être employés, restait l'épée que le comte maniait avec une supériorité qui le rendait maître de la vie de son adversaire. M. le comte partit suivi de Champagne. Celui-ci, averti au dernier moment, ne pouvait pas prévenir la comtesse, chez laquelle il était impossible de pénétrer à une pareille heure.

Ainsi M. de l'Estrades calculait toutes les chances de ce combat, excepté celles qui pouvaient lui être défavorables, qu'il ne faisait point entrer en ligne de compte.

Les pensées de Mlle de Bridieu étaient d'une nature bien différente.

La jeune fille éperdue de douleur, épouvantée d'une honte qu'elle regardait comme personnelle, et ne voyant autour d'elle que des vengeurs impuissans, venait de céder à une de ces inspirations que donnent le désespoir et l'amour malheureux, ou pour mieux dire l'amour humilié. Ce n'était pas la vengeance qu'elle allait chercher, c'était la mort. Elle éprouvait le plaisir amer et sauvage d'une femme qui va tomber sous les coups d'un ennemi, afin de le perdre à jamais. Mlle de Bridieu tuée par la main qui avait déshonoré son père : M. de l'Estrades était infâme ; il avait frappé un vieillard, il avait immolé une jeune fille ! Son nom serait flétri à jamais, les honnêtes gens se détourneraient de lui, le roi le bannirait, il n'aurait plus ni rang, ni patrie, ni un lieu en France, où il pût cacher sa tête... le nom des Bridieu se relèverait au contraire... Sans doute il s'éteindrait dans quelques années... Léonce de Bridieu, son frère, serait fauché avant le temps, son père Bertrand de Bridieu succomberait bientôt à l'inévitable maladie qui atteint tous les hommes, la vieillesse ; mais sa race s'éteindrait avec éclat ; on dirait que dans cette noble famille les femmes mêmes savaient au besoin mourir pour venger une injure.

Elle excitait l'ardeur de la jument que la maladie du garde du corps condamnait depuis longtemps au repos, et qui, effrayée par la pluie, par les éclairs, par le bruit du tonnerre, bondissait sous son cavalier. Ce fut ainsi qu'elle atteignit l'endroit fatal où la veille son père avait été frappé. Là, le besoin de la vengeance se ralluma chez elle. Elle leva les yeux ; au bout de l'avenue, elle aperçut M. de l'Estrades, immobile sur son cheval et enveloppé dans son manteau. Alors elle frissonna et songea à Raoul, au jeune homme qu'elle aimait, au fils de celui qui allait l'immoler.

—Vous ne m'oublierez jamais, Raoul, pensa-t-elle ; toujours vous aurez devant les yeux l'image d'une fille qui a préféré la mort à la honte ; toujours vous vous souviendrez que votre père a été deux fois mon bourreau.

Dès que M. de l'Estrades vit son adversaire, il laissa tomber son manteau, mit son cheval au pas, et quand il fut à la portée de la voix :

— Jeune homme, dit-il, vous êtes en retard... J'aurais pu vous déshonorer en rentrant chez moi ; vous devez me savoir gré de ne l'avoir pas fait.

M. de l'Estrades disait vrai, son adversaire avait tardé à paraître dans la lice... Hélas ! il était vrai aussi que cet adversaire n'y était pas même et que si le père de Raoul avait pu savoir quelle personne s'avançait vers lui le pistolet au poing, il aurait tourné bride et fui de toute la vitesse de son cheval, sans crainte d'être accusé de lâcheté. Ce reproche n'en fit pas moins monter la rougeur au front de Mlle de Bridieu, qui piqua son cheval et le lança sur le comte : celui-ci s'arrêta, et s'armant alors d'un de ses pistolets, il visa froidement la jeune fille. C'en était fait d'elle, grièvement ou non, elle allait être atteinte, lorsque ce qui, dans l'opinion de M. de l'Estrades, devait la perdre, la sauva. Junon, au lieu de suivre la ligne droite et d'obéir à la bride ou à l'éperon, se cabra, cabriola et se présenta de façon qu'elle reçut la balle dans le cou ; furieuse alors et voyant en face d'elle l'ennemi, au lieu de fuir, elle se précipita sur M. de l'Estrades. Les deux combattans se croisèrent de si près, que leurs deux genoux se heurtèrent. Tandis que M. de l'Estrades cherchait dans ses fontes son second pistolet, Mlle de Bridieu se trouva donc corps à corps avec le comte, le pistolet sur sa poitrine. Elle revit face à face cet homme qui depuis la veille lui coûtait tant de larmes et de colères. Les habits couverts du sang de Junon, Juana crut qu'elle-même perdait son propre sang; son doigt fit un léger mouvement, l'arme fit feu et le comte tomba en arrière en poussant un grand cri.

Tout cela n'eut que la durée d'une seconde et se passa à la lueur d'un éclair. Junon blessée, leva la tête, fronça les naseaux comme un animal qui souffre, et la pauvre bête partit au galop, emportant avec elle sa blessure. Mlle de Bridieu remit son pistolet dans la fonte, s'assura sur ses étriers, et prenant la bride à deux mains, elle fit tous ses efforts pour se rendre maîtresse de sa monture qui piaffait et cherchait évidemment à se débarrasser du plomb qui en pesant dans la plaie rendait les douleurs plus aiguës. Chaque pas augmentait la frénésie de la jument et éloignait Mlle de Bridieu de l'Etang-la-Ville. Enfin un sentier se présenta, et la jeune fille parvint à y faire entrer Junon qui, ainsi trompée, consentit à revenir sur ses pas. Ce sentier longeait l'avenue où venait de se passer le duel. Junon, affaiblie par la perte de son sang, et dont, jusque-là des mouvemens brusques avaient augmenté les douleurs, se mit à marcher d'un pas lent, elle ne relevait plus qu'avec peine ses jambes appesanties.

Par les interstices des arbres et par des éclaircies entre les arbustes de la forêt, on voyait dans l'avenue même, et Juana ne tarda pas à apercevoir trois hommes accroupis sur le sol, qui en considéraient avec soin un quatrième, dont ils soutenaient la tête et qu'ils cherchaient à envelopper d'un manteau.

— Il est bien mort, disait une voix parfaitement connue de la jeune fille, la voix de Champagne, il a dû mourir sans dire une parole, la balle a frappé au cœur.

Juana rendit grâces à Dieu et en même temps frissonna sur son cheval. Un nuage passa devant ses yeux et des gouttes d'une sueur froide perlèrent sur son front. Elle était vengée, mais sa main avait donné la mort. A deux pas d'elle gisait un homme auquel elle venait d'enlever la vie !

— Eh bien ! M. Champagne, dit Va-de-Bon-Cœur, en s'inclinant avec la révérence qu'un palefrenier doit toujours avoir pour un domestique de bonne maison, ça devait arriver ainsi.

— Comment cela ? répondit Champagne qui, tout dévoué à la comtesse, paraissait médiocrement touché de la mort du comte.

— Comment cela ? c'est que M. de Bridieu est un garde du corps, et messieurs les gardes, ça a toujours raison quand ça se bat, et alors ça tue son homme. Vous voyez ! ajouta-t-il en étendant la main vers le cadavre de M. de l'Estrades.

— Les armes sont journalières, répondit sentencieusement Champagne; quant au duel, je n'en sais pas la cause, mais je suis certain qu'il a été provoqué par M. de Bridieu ; c'est mon ami Picard qui a porté le message. Nous ne pensions ni l'un ni l'autre à ce qui devait arriver ce matin, et cependant, quand un de Bridieu et un de l'Estrades s'écrivent, ça ne présage rien de bon... Ce sera un triste réveil pour Mme la comtesse... car elle a pour son mari l'attachement qu'une honnête femme doit avoir, quoiqu'ils ne fussent pas toujours d'accord... Allons, mes amis, vous allez m'aider à transporter le comte au château.

— Voilà Joli-Cœur, dont vous pouvez disposer, monsieur Champagne, dit Va-de-Bon-Cœur; pour moi, il faut que j'aille voir mon maître. Qui sait s'il n'est pas blessé ? Et Junon...

Tandis qu'il parlait ainsi, Juana comprenant combien il lui importait d'arriver à l'Etang-la-Ville avant le vieux dragon, donna de l'éperon dans les flancs de la jument et lui lâcha la main. Junon ne changea pas de place, elle chancela sur ses jambes et ses genoux fléchirent. Mlle de Bridieu sauta alors à terre et courut vers la maison de son père, laissant la jument blessée étendue sur le sol.

— Ah ! mon Dieu ! Junon ! Junon ! s'écria Va-de-Bon-Cœur, je parie qu'elle est blessée. C'est mon rêve, monsieur Champagne. J'ai rêvé qu'une de mes fauvettes s'était cassé la jambe. Joli-Cœur est là pour vous le dire ; je le lui ai conté hier au soir.

Et, passant entre deux chênes, il fit une trouée dans le hallier ; à quelques pas plus loin, il trouva la jument immobile et les yeux à demi-fermés, mais les quatre jambes étaient intactes.

FIN DE LA PREMIÈRE PARTIE.

UNE SŒUR DU CID.

DEUXIÈME PARTIE.

CHAPITRE Ier.

Après le combat.

Un savant et studieux commentateur d'Homère a fait remarquer que le drame entier de l'Illiade s'accomplit dans une période de onze jours. Ce court espace de temps suffit au prince des poëtes pour mettre en émoi le ciel et la terre, pour faire tomber le vénérable Priam aux pieds du féroce Achille, et réduire l'auguste vieillard à baiser la main meurtrière qui vient de tuer son fils. Si des hauteurs où le place le souvenir d'Homère, le lecteur veut bien descendre jusqu'à notre humble récit — et il ne nous fera cette concession qu'en nous gratifiant d'un sourire dédaigneux, — il verra que, sous ce seul rapport, nous avons suivi l'exemple du grand poëte, et que les faits que nous racontons se sont également passés dans un très court espace de temps.

Il était à peu près quatre heures du matin, lorsque Mlle de Bridieu abandonna Junon mourante et prit à pied le chemin du château de son père. Le trajet n'était pas long et Juana cherchait à l'abréger en hâtant le pas. Elle pensait, avec raison, qu'à cette heure matinale, les domestiques les plus diligens sont encore dans leurs lits, et elle espérait rentrer chez elle avec autant de mystère qu'elle en était sortie. Cependant l'orage s'était dissipé, le ciel était devenu bleu et l'Orient se dorait des rayonnemens lumineux du soleil levant. La jeune fille n'avait pas un moment à perdre. Elle quitta le sentier après avoir fait environ deux cents pas, et rentra dans cette avenue tragique qu'il lui fallait traverser de nouveau pour atteindre le Salon-Vert dont nous vous avons parlé. Elle devait franchir la cour et enfin la petite porte qui conduisait à son appartement. Il y avait encore du chemin à faire, lorsqu'à dix pas d'elle Juana aperçoit une dame à cheval et accompagnée d'un cavalier.

— Madame, dit le cavalier, voilà un garde du corps qui nous dira le mot de l'énigme.

— Monsieur, monsieur le garde, cria la dame, arrêtez, s'il vous plaît... un moment... un mot, s'il vous plaît.

— O mon Dieu! reprit le cavalier il a du sang sur ses habits.

Mlle de Bridieu entendait parfaitement, elle voyait même à cent pas dans l'avenue une suite nombreuse; mais, loin de se rendre à l'aspect de cette dame, elle prit son élan, gagna le Salon-Vert et disparut.

Le cavalier qui accompagnait cette dame était le prince de Ligne : un étranger d'un esprit aimable et tout français, qui venait souvent à Versailles, où il était en grande faveur : la dame n'était autre que S. A. R. Madame la dauphine. Dans ses Mémoires, le prince de Ligne parle beaucoup de la Dauphine d'abord, et ensuite de la jeune reine : il nous montre que des ennemis dangereux entouraient déjà cette femme infortunée :

— C'était, dit-il, à de semblables promenades à cheval que, tout seul avec Marie-Antoinette, quoiqu'entourée de son fastueux cortége, elle m'apprenait mille anecdotes intéressantes qui la regardaient, et les piéges qu'on lui tendait... La duchesse deD..., quand elle était de semaine, nous accompagnait à cheval; mais nous la laissions avec les écuyers, et c'était là une des étourderies de cette princesse aimable et l'un de ses plus grands crimes, puisqu'elle n'en faisait point d'autres que de négligence à l'égard des ennuyeux et des ennuyeuses, qui sont toujours implacables.

— Eh bien, dit la Dauphine, il ne daigne pas s'arrêter!... un garde du corps!... il doit m'avoir reconnue.

— Votre Altesse, répondit le prince, va comprendre ce dont il s'agit. Ce sang dont le gazon de l'avenue est souillé, ces hommes qui en emportaient un autre et cherchaient à se cacher, enfin ce garde du corps couvert lui-même de sang : c'est un duel, madame... Nous venons de voir le vainqueur qui se cache et va s'éloigner... Je crois qu'il fera bien.

— J'ai vu son visage, dit Marie-Antoinette, il est fort bien ce garde du corps, voilà une figure que je n'oublierai pas. Si j'envoyais demander le nom de la personne qui habite ce château?

— Vous augmenteriez les anxiétés d'une famille qui est maintenant occupée à mettre un de ses enfans à l'abri des sévérités de la loi.

— Vous avez raison, prince, retournons à Versailles, nous arriverons avant le lever du roi.

La Dauphine fit signe à sa suite d'approcher, et sans cesser de s'entretenir avec le prince de Ligne, elle reprit le chemin de Versailles. La jeune princesse était aussi calme et aussi tranquille que Mlle de Bridieu l'était peu. La première avait bien vu quelques gouttes de sang sur un chemin, elle avait aperçu à travers les arbres quelques domestiques emportant un homme blessé, peut-être mort, mais la gaieté de son âge et la jeune cour qui l'entourait n'avaient pas permis à ces images fugitives de faire impression sur son esprit; la seconde, Mlle de Bridieu, venait d'échapper à la mort et venait de la donner. Si en même temps l'honneur de sa maison se trouvait relevé, il n'en était pas moins vrai que, sous un déguisement hasardeux, elle avait autant compromis la réputation de son frère qu'elle-même s'était élevée au-dessus de la faiblesse de son sexe. Il fallait cacher ce secret délicat, être heureuse et en même temps habile jusqu'au bout. Elle arriva, le cœur palpitant, sur le seuil de la cour, et craignant toujours d'être poursuivie par la curiosité d'une dame qu'elle avait été bien loin de reconnaître. Au fond de la cour se trouvait un puits ombragé par les feuilles luxuriantes d'un houblon, et auprès du puits une auge dans laquelle Picard venait quelquefois faire boire les chevaux. Marthe, la femme de chambre, debout auprès de cette auge et à demi vêtue, baignait le petit chien Hope, et lavait les meurtrissures que l'animal avait reçues la veille; elle était placée de façon à ne pas voir Mlle de Bridieu qui traversa la cour comme un trait; mais Hope reconnut sa maîtresse, il aboya, et tenta d'échapper aux mains de la femme de chambre; celle-ci retint l'animal et tournant la tête, elle put voir seulement l'uniforme du garde du corps. Cela lui suffit pour accuser Léonce de Bridieu du méfait de la veille.

— Ah! c'est lui qui t'a frappé hier matin, mon pauvre Hope; il en est bien capable, on dit qu'il bat son cheval. Allons, Hope, taisez-vous et ne bougez pas; laissez-moi laver votre blessure avec de l'eau fraîche... Taisez-vous donc! Il ne faut pas que mademoiselle sache que c'est son frère qui vous a mis en cet état. Le frère et la sœur ne s'aiment guère, il est inutile de mettre du bois au feu.

Les cris du chien tirèrent un domestique de son sommeil; celui-ci occupait une petite chambre sur la cour. Il ouvrit sa fenêtre, et la tête encore couverte de son bonnet de nuit, il demanda galamment à Mlle Marthe d'où provenait le bruit qui le réveillait si tôt, et si elle avait besoin de ses services.

— Ce n'est rien, répondit la femme de chambre; c'est M. Léonce qui vient de rentrer, et Hope aboie. Le chien de mademoiselle n'aime pas monsieur.

— M. Léonce qui vient de rentrer? dit le domestique en remuant la tête de droite à gauche, vous vous trompez! je l'ai vu hier au soir si malade, qu'il est impossible qu'à l'heure qu'il est, il mette un pied devant l'autre.

— Je vous dis, monsieur Comtois, que je l'ai vu, et Hope aussi l'a vu, Hope a une dent contre lui... il a passé comme un éclair... Ah! M. Léonce est aussi leste qu'un chevreuil.

— Encore une fois, mademoiselle Marthe, vous vous trompez. J'ai veillé auprès de M. Léonce jusqu'à une heure après minuit; le sang a manqué l'étouffer, et il est impossible à l'heure qu'il est, il puisse être debout. Vous vous êtes trompée, mademoiselle Marthe ; c'est un de ses camarades qui vient le voir.

Dans ce moment-là même, le vieux dragon Va-de-Bon-Cœur entrait dans la cour, traînant après lui Junon, l'œil éteint, les jambes chancelantes et pouvant à peine se soutenir. Il laissa la jument au milieu de la cour, courut à une écurie dont la porte était ouverte, en sortit chargé de quelques bottes de paille qu'il étendit sur le pavé et fit coucher Junon.

— Maintenant, dit-il à la femme de chambre, vite, allez me chercher Picard.

Picard était à Paris, et il ne devait revenir à l'Etang-la-Ville que dans quelques heures, accompagné de M. de la Taille.

Va-de-Bon-Cœur leva les yeux et fit signe au domestique d'accourir. Celui-ci obéit à l'instant même.

— Comtois, lui dit-il, vous devez avoir de la poix résine dans les écuries. Picard qui sait très bien soigner les chevaux doit en être pourvu. Prenez un pain de résine et amollissez-le devant le feu ; vous ferez ensuite chauffer du vin et me l'apporterez.

Va-de-Bon-Cœur, sans rien ajouter et sans paraître se douter de la présence de la femme de chambre, s'agenouilla devant la jument, et armé d'un couteau, il élargit la plaie, pénétra jusques à la balle et en fit l'extraction avec autant d'adresse que de célérité. Aidé de Comtois, il rapprocha les bords de la blessure, l'humecta de vin chaud, et afin d'arrêter l'hémorragie, il la recouvrit d'un emplâtre de poix résine.

— Maintenant, ma pauvre Junon, dit-il, il faut te remettre sur tes jambes... nous n'irons pas loin... seulement dans l'écurie ; la litière sera meilleure, et tu pourras dormir à l'aise... Le diable m'emporte, si je te quitte avant que tu sois guérie.

L'animal, soulagé et reconnaissant, se prêta aux volontés du dragon et fut conduit dans l'écurie, où il put s'étendre sur une litière fraîche et confectionnée avec soin.

— M. Va-de-Bon-Cœur, qu'est-ce que tout ceci signifie ?

— Cela signifie que Junon s'est battue en duel et qu'elle a été blessée, mais elle a tué son homme.

— Junon ! s'écria Marthe, qui tenait toujours dans ses bras le petit chien Hope.

— Quand je dis Junon, j'entends son cavalier. A-t-on jamais vu un officier tirer sur un cheval ? C'est bon à un goujat... Un officier du roi se conduire ainsi ! Ça ne lui a pas porté bonheur, nous l'avons tué roide.

— De qui parlez-vous donc ? demanda la femme de chambre.

— Je l'avais rêvé, mon enfant ; je savais qu'il arriverait malheur à une de mes filles... Qui ? vous demandez, qui ? eh bien, mon maître et le vôtre, M. Léonce de Bridieu.

— C'est lui qui a blessé sa jument ?

— Il l'a vengée au contraire. Il vient de tuer en duel M. le comte de l'Estrades, un ennemi de la famille... Ah çà, est-il rentré ?

— Oui, monsieur Va-de-Bon-Cœur, je viens de le voir rentrer ; il a traversé la cour.

C'était la femme de chambre qui parlait.

— Je vous dis que ce n'est pas lui, reprit Comtois. M. de Bridieu le fils est aussi incapable de monter à cheval ce matin, que je le suis, moi, d'emporter sur mes épaules le palais de Versailles.

— Comment ! s'écria le vieux dragon.

— Je ne dis pas, s'empressa d'ajouter Comtois, qu'il n'y ait pas eu duel, je ne nie pas la mort de M. de l'Estrades ; mais M. de Bridieu ne s'est pas battu ce matin : il s'est fait remplacer par un camarade.

— Je l'ai vu rentrer, répétait Marthe.

Le dragon jeta un regard de colère sur le malencontreux Comtois.

— Dans les gardes, dit-il, on ne se fait pas remplacer quand il s'agit d'un duel ; il faudrait quitter la bandoulière après un méfait pareil. D'ailleurs, cette jeune fille a raison. J'ai vu, moi qui vous parle, M. Léonce de Bridieu à trois heures du matin ; je lui ai parlé, et il m'a répondu. C'est moi qui lui ai amené Junon. Je croyais qu'il ne s'agissait que d'une simple promenade, et cela aurait mieux valu pour la pauvre bête. Maintenant, il s'agit de savoir si M. Léonce n'a pas quelque balle dans les chairs... comme Junon... C'est que M. de l'Estrades avait la réputation de tirer juste. Je vais redescendre ; qu'on ne touche pas à Junon.

Et Va-de-Bon-Cœur prit un escalier dérobé qui conduisait aux appartemens du garde du corps.

Cependant, pour Mlle de Bridieu, il fallait avoir le temps d'achever la tâche qu'elle venait d'accomplir. Elle monte en courant chez son frère, pénètre dans le cabinet où elle avait revêtu les habits du garde du corps, se débarrasse du chapeau, de l'uniforme, donne un tour naturel à ses cheveux, revêt ses propres habits qui sont toujours où elle les a placés, et une fois ainsi vêtue, entre sans bruit dans la chambre du malade.

M. Léonce de Bridieu paraissait moins souffrant, la fièvre s'était calmée, les rêves douloureux s'étaient éloignés, et il dormait d'un sommeil profond. Alors, sûre de son secret, Juana se laissa tomber dans un fauteuil, et une fois assise, une fois que les palpitations de son cœur se furent calmées, et qu'elle put réfléchir avec sang-froid à ce qui s'était passé depuis deux heures, il lui sembla qu'elle sortait d'un rêve. L'effort où sa colère l'avait portée ne l'étonnait pas, ce qui l'étonnait c'était de vivre ; elle avait véritablement cru marcher à la mort. Ce qui lui donna aussi un moment de joie indicible, ce fut de penser que la tache imprimée sur la joue de son vieux père était effacée, que le nom de Bridieu était devenu pur de toute souillure, et qu'enfin son frère, que le mal abattait, ne serait pas obligé de rougir devant un homme odieux. Le meurtre qu'elle venait d'accomplir ne l'épouvantait pas, elle l'avait désiré et appelé de tout ses vœux. N'avait-elle pas dit la veille à son frère :

— Il ne s'agit pas de vous faire tuer par M. de l'Estrades, cette façon aisée de sortir d'affaires ne convient pas à un homme de votre nom ; il n'y a que la mort de notre ennemi qui puisse nous réhabiliter.

Ce qu'elle avait demandé à autrui, elle venait de le faire elle-même, et quant à l'effet physique produit par la vue du sang, quant à la terreur causée par le dernier cri d'un homme mourant, tout cela avait fait peu d'impression sur Mlle de Bridieu, préoccupée, pour elle-même, de la crainte de la mort, et d'ailleurs emportée par la course folle de Junon blessée. Ce fut au point qu'elle n'apprit la mort de son ennemi que lorsque revenant sur ses pas, elle entendit les discours des domestiques et la voix connue de Champagne. Juana joignit donc ses mains et remercia le ciel qui l'avait exaucée. Une espèce d'affaissement bien naturel s'empara d'elle alors, et elle allait céder à la fatigue de corps et d'esprit qui l'accablait lorsque la venue de Va-de-Bon-Cœur vint la réveiller et l'obliger à veiller sur elle-même et à continuer son rôle.

L'ancien dragon entra bruyamment, traînant sur le parquet une chaussure grossière imprégnée de boue et d'eau, et les mains rougies par le sang de Junon, qu'il venait de panser. Habitué à toutes les rubriques des garnisons, et connaissant les dangers auxquels exposait un duel, quand la mort d'un des deux combattans s'en était suivie et lorsque, tous deux militaires, le vaincu était plus élevé en grade que le vainqueur, Va-de-bon-Cœur s'attendait à trouver le garde du corps occupé de ses préparatifs de départ, et il venait offrir son aide et son dévouement. En voyant M. de Bridieu couché sur un oreiller taché de sang, il le crut blessé, et s'écria dès la porte :

— J'espère que ce n'est rien, mon officier, mais peu ou beaucoup, c'est toujours fâcheux, parce qu'il n'est pas prudent de rester ici une minute de plus, et...

La grosse voix du dragon tira brusquement Léonce de Bridieu de son sommeil, il se mit sur son séant et regarda d'un air égaré sa sœur, puis Va-de-Bon-Cœur : celui-ci, sans s'émouvoir, continua sur le même ton :

— Ne craignez pas pour la jument, ce n'est rien ; j'ai dans ma poche la balle qui l'a blessée... Ne craignez rien, il n'y a pas d'épanchement dans la poitrine : la bête n'a pas toussé. Quant à vous, mon officier, j'aimerais mieux vous voir bien loin qu'ici, ne fût-ce qu'à six ou sept lieues, chez M. de Pontis, par exemple, un bon camarade.

Les regards étonnés du jeune homme et ceux de la jeune fille, qui feignait de l'être, firent enfin hésiter le vieux dragon, qui n'osa pas insister davantage.

— Mon frère, dit alors Juana, certaine de n'avoir pas été reconnue, voilà, je crois, le brave dragon qui, à Versailles, a soin de vos chevaux.

Va-de-Bon-Cœur se tourna vers Mlle de Bridieu et la salua respectueusement.

— Oui, dit Léonce, un ancien soldat, un vieux dragon, Picard le connaît beaucoup. Que dit-il de Junon ?... Ah ! mon Dieu ! s'écria-t-il, la mémoire lui revenant, ma sœur, ma sœur, je suis perdu, déshonoré et notre famille, ne se relèvera jamais de ce qui m'arrive !... J'ai laissé passer l'heure de mon rendez-vous... Sortez, ma sœur, permettez que je m'habille et que je parte. M. de l'Estrades est peut-être encore sur le terrain.

Le malheureux jeune homme fit un effort pour se lever. Va-de-Bon-Cœur s'approcha du lit et le retint.

— Est-ce que mon officier se défie de moi, dit-il d'un ton douloureux ; est-ce qu'il croit que je serais pour le trahir ? M. de l'Estrades est mort, vous l'avez tué, ajouta-t-il brutalement, du ton d'un homme qui veut avoir sa part d'un secret dangereux.

— Je l'ai tué ? moi, je l'ai tué ? s'écria le garde-du-corps d'un air effaré.

— Je vous ai mis à cheval, mon officier, reprit gravement le dragon ; si la pauvre Junon pouvait parler ! Elle est là-bas pour le dire. J'étais à deux cents pas derrière vous, quand M. de l'Estrades est tombé... Vous vous êtes échappé du côté de Louveciennes, moi j'ai couru au comte et nous l'avons relevé, son domestique Champagne et moi : il était mort ; il n'a pas dit une parole ; c'était fini. Vous êtes revenu par un détour et c'est alors que Junon, blessée, a fait un faux pas, et...

— Ma sœur ! ma sœur ! s'écria Léonce éperdu.

— Par la barbe de mon colonel, reprit à son tour Va-de-bon-Cœur en frappant du pied, je sais ce que je dis : une fille de la maison, qui s'appelle Marthe, je crois, vient de vous voir rentrer : il est vrai que Comtois prétend...

L'explication devenait dangereuse, et si Va-de-bon-Cœur faisait intervenir d'autres personnages le quiproquo pouvait s'éclaircir. Mlle de Bridieu se leva et de la main montrant la porte au vieux dragon :

— Retirez-vous, mon ami, lui dit-elle, vous voyez bien que mon frère a des raisons pour parler comme il le fait. Nous sommes loin de nous défier de vous, mais M. de Bridieu doit tenir ce langage ; retirez-vous, il a besoin d'être seul avec moi.

Va-de-Bon-Cœur sortit à reculons, et Juana se précipitant vers la porte, poussa le verrou. Revenant ensuite vers le lit où gisait le malheureux jeune homme :

— Mon frère, lui dit-elle, les yeux baissés et d'une voix douce, le mal vous accable, la force vous manque, et l'effort que vous venez de faire pour vous soulever sur votre lit dépasse votre pouvoir.

— Et j'ai tué M. de l'Estrades, n'est-il pas vrai ? murmura le garde du corps en retombant épuisé sur son oreiller.

— Non, c'est moi, répondit Juana en laissant glisser ces mots entre ses lèvres.

Léonce de Bridieu se releva sur son lit, ses lèvres pâlirent, les regards de ses yeux agrandis tombèrent comme des éclairs sur sa sœur ; il se rappela sa conversation de la veille, la colère de Juana, sa rage même, et l'ardeur sauvage qui la remplissait lorsqu'elle lui demandait vengeance. Juana ne pouvait pas vivre tant que M. de l'Estrades existerait ; il était mort, et qui savait si, semblable à une hyène furieuse, la jeune fille ne s'était pas cachée derrière un arbre pour attendre son ennemi et se précipiter sur lui, le poignard à la main ? Oubliant les détails que venait de lui donner Va-de-Bon-Cœur, exalté par la fièvre, aigri par la honte d'avoir manqué à un rendez-vous d'honneur, M. de Bridieu crut à un assassinat, à un guet-apens, à quelque chose de honteux qui allait de nouveau flétrir sa maison.

— Un malheur n'arrive jamais seul, pensa-t-il, les taches se suivent.

Il n'ouvrit pas la bouche, mais Juana lut dans ses yeux ses mauvaises pensées, et elle devina ses soupçons. Elle courut dans le cabinet voisin et en rapporta les vêtements qu'elle venait de quitter: le haut de chausses souillé de sang, l'uniforme taché par la boue, le chapeau trempé de pluie.

— Vous avez entendu l'homme qui sort d'ici, dit-elle, votre serviteur, celui qui vous a amené votre cheval, qui vous a tenu l'étrier... Vous étiez en retard, c'est vrai, votre adversaire vous a attendu sur le terrain, mais enfin lorsque vous avez paru il était temps encore. Regardez ce sang, c'est vous qui l'avez versé, monsieur, c'est celui de M. de l'Estrades, c'est peut-être aussi celui de votre monture, car le plomb de M. de l'Estrades : s'il ne vous a pas atteint, a atteint Junon. Si M. de l'Estrades est mort, Junon est blessée à votre place. Vous ne vous souvenez pas, monsieur, que vous vous êtes présenté loyalement aux coups de M. de l'Estrades, dans un combat qu'il avait accepté; que vous lui avez permis même de tirer le premier, et qu'après avoir essuyé son feu vous avez enfin vengé votre père. Vous ne vous rappelez pas tout cela ?

Léonce de Bridieu écoutait étonné, et on l'aurait été à moins ; il ne savait pas s'il continuait ses rêves de la nuit, et par l'effet de quelle illusion il venait d'entendre la parole de son vieux serviteur, et il voyait devant lui ses habits tachés de sang.

— Vous ne vous rappelez pas tout cela, reprit avec véhémence Juana... Eh bien ! je vous le répète encore, monsieur mon frère, c'est moi, oui, c'est moi, j'ai dérobé vos pistolets, je me suis vêtue de vos habits. J'avais si bien votre apparence, que j'ai trompé ce vieux domestique. C'est moi, oui, c'est moi. Cet homme est si bien abusé, qu'il ne m'en croirait pas si je lui disais qu'il a remis dans mes mains la bride de Junon. Notre ennemi est mort sans savoir qu'il mourait de la main d'une femme, et que Mlle de Bridieu, qui a vu l'offense, infligeait le châtiment. Ne craignez rien, M. de l'Estrades a loyalement perdu la vie, et pour tous, hors pour vous et pour moi, c'est vous qui l'avez tué.

Léonce de Bridieu, à la fin convaincu, leva tristement les yeux au ciel.

— Je suis déshonoré, dit-il.

Juana se jeta à genoux au chevet du lit. Elle prit la main maigre et presque inerte du malade.

— Léonce, dit-elle d'une voix douce et les joues couvertes de larmes, pourquoi ne m'aimez-vous pas? Parce qu'en naissant j'ai coûté la vie à notre mère et emporté ainsi une partie de votre bonheur. Un autre que vous aurait songé que j'étais tout ce qui vous restait d'elle, et cette seule raison aurait adouci son cœur. Vous vous rappelez cette mère adorée, moi je n'en ai nulle idée; ainsi le plus doux des souvenirs me manque. Vous êtes donc le plus heureux de nous deux. Ah! mon frère, si vous vouliez m'aimer, si vous vouliez seulement comprendre combien Dieu nous a unis de près, et par quelle chaîne, qui ne peut se rompre en ce monde, nous sommes liés l'un à l'autre, vous ne trouveriez pas que ce qui s'est passé cette nuit vous déshonore; vous penseriez, au contraire, que c'était le seul remède au malheur qui vient d'accabler notre père.

— Et moi qui dormais! s'écria le jeune homme en cachant sa tête dans ses mains.

— Vous ne dormiez pas, répondit Mlle de Bridieu en se levant, vous souffriez; abattu par le mal, vous ne pouviez pas vous soutenir, vous ne le pouvez pas encore au moment où nous sommes... et savez-vous où j'allais, ce matin, en prenant votre place? J'allais à la mort, non au triomphe. Parce que mon père est un vieillard sans vigueur, parce que mon frère, dompté par le mal, est plus faible encore que son père et le mien, je me disais que la mort avait pour moi cet avantage, qu'ainsi donnée par M. de l'Estrades, elle le perdait. Dans ce cas, vous, vous étiez déshonoré, parce qu'on n'admet pas une maladie le jour d'un duel, surtout quand le malade, a, la veille même, provoqué son adversaire... Là, mon frère, eût été mon tort envers vous, si je n'étais pas vivante; mais alors l'homme qui aurait tué une femme n'eût plus trouvé de refuge en France, il n'eût plus osé montrer son visage nulle part... et, Dieu m'est témoin que cette réflexion je l'ai faite.

— Et maintenant, dit le jeune homme, que vais-je devenir? C'est moi qui ne pourrai plus me montrer et qui en serai réduit à cacher mon visage.

— Ecoutez-moi donc, mon frère, laissez-moi achever. Supposons que désormais vous me donnerez votre amitié et que nous éprouverons l'un pour l'autre les sentimens qu'un frère et qu'une sœur doivent avoir; alors je me suis dévouée pour ce que j'ai de plus cher au monde après mon père, alors vous êtes une moitié de moi-même pour laquelle je dois me sacrifier au besoin, ainsi que vous le feriez pour moi, et si l'opinion n'admet pas la maladie d'un homme qui doit se rendre à un appel, vous avouerez qu'ici l'opinion serait injuste, et que moi, moi qui cette nuit, au point du jour, suis entrée chez vous et vous ai trouvé mourant, je ne pouvais exiger un effort au-dessus des forces humaines. Vis-à-vis de moi, vous n'avez donc pas à rougir, et comme nous sommes les seuls à savoir la vérité, vous n'aurez à rougir devant personne, si vous voulez à votre tour vous sacrifier pour moi.

Le frère tendit la main à sa sœur, et la pria de s'expliquer plus clairement.

— Ce sera, dit Mlle de Bridieu, un service mutuel. J'ai mis votre honneur à l'abri, il faut maintenant que vous assuriez ma liberté.

— Votre liberté? Comment cela?

— Hélas! continua Mlle de Bridieu d'une voix triste et en répandant quelques larmes, parce qu'une fois le fait accompli, la faiblesse naturelle à son sexe avait repris le dessus. Hélas! que penserait-on dans le monde et à la cour, d'une fille dont la main est couverte de sang et qui a poussé la cruauté jusques à tuer un homme? Il faut nous souvenir, Léonce, que ce que l'opinion exige de vous, elle me le défend à moi. Pour que Mlle de Bridieu occupe la place qu'elle doit occuper et qu'elle soit prisée ce qu'elle vaut, il faut qu'elle ait les qualités de son sexe et non du vôtre. Il faut donc, dans votre intérêt et dans le mien, que vous passiez pour l'auteur du meurtre que je viens de commettre, ou si vous voulez du duel que je viens de soutenir. Il le faut, mon frère, pour votre réputation et pour la mienne.

En parlant ainsi Juana attachait ses beaux yeux pleins de larmes sur les yeux mourans de Léonce de Bridieu, et un sentiment nouveau germait dans le cœur du frère. ces sentimens qui naissent au berceau, qui se développent à l'ombre du foyer domestique, étouffés jusque-là par la douleur et l'intérêt, se révélèrent tout d'un coup au jeune homme, devant tant de courage et de générosité. L'esprit juste et exact de Juana frappa surtout Léonce: tout ce qu'elle venait de dire était plein de sens et de vérité.

— Ma sœur, dit-il en pressant dans ses mains la main de Juana, quel trésor j'avais auprès de moi et combien je suis coupable de l'avoir méconnu!

— Eh bien, puisque vous m'aimez maintenant, reprit en souriant la jeune fille, vous allez souffrir pour moi et sauver ma liberté aux dépens de la vôtre. Le meurtrier de M. de l'Estrades sera obligé de fuir, et peut-être n'en aura-t-il pas le temps. J'espère que vous irez à la Bastille pour moi, mon cher Léonce.

M. de Bridieu tomba dans les bras de sa sœur, et avant qu'il pût répondre un mot, on frappa rudement à la porte. Juana courut tirer le verrou et la porte s'ouvrit.

Ces nouveaux personnages n'étaient autres que M. de Bridieu le père, accompagné de M. de la Taille et de Picard.

Le vieux domestique arrivait de Paris, et, conformément aux ordres reçus, il ramenait le chiromancien. Dans la cour même du château, Picard apprit de Comtois les événemens du matin, c'est-à-dire le duel et la mort de M. de l'Estrades, tué par Léonce de Bridieu.

— M. Léonce s'est battu et il a tué son homme ! s'écria Picard.

Comtois fit un mouvement des yeux comme un homme qui n'a qu'une foi légère en ce qu'il vient de dire; Marthe s'avança, et faisant une révérence au gentilhomme ami de la maison.

— C'est bien vrai, monsieur, je viens de voir rentrer le jeune M. de Bridieu.

— C'est possible, dit M. de la Taille en regardant Picard, mais c'est singulier.

M. de Bridieu le père apprit donc à son réveil qu'il n'avait plus besoin d'un philtre généreux pour ranimer ses forces usées, et que son fils l'avait vengé. Il se leva, sortit de son appartement et, la figure encore bleuie par les violences de la veille, il entra chez son fils suivi de son ami.

Le garde du corps avait rendu à son père le plus grand service possible, il avait soulagé la poitrine de M. de Bridieu du poids énorme qui l'oppressait, il lui rendait la vie. L'homme n'est pas complet, il est semblable à une pièce d'étoffe dont la trame inégale serait serrée sur un point, lâche sur un autre; ici l'étoffe peut garantir du soleil et de la pluie, tellement les fils se croisent et s'enchaînent les uns dans les autres; là le vent pénètre à travers les mailles d'un canevas grossier ; tel était M. de Bridieu : il s'épouvantait d'une quinte de toux ; cependant l'éducation, cette seconde nature, ainsi que l'orgueil et un bonheur bien placé, pouvaient lui faire affronter la mort, mais l'âge et une faiblesse naturelle lui rendaient cet effort difficile, et il entra chez son fils, heureux d'être vengé sans coup-férir. Il croyait trouver Léonce debout, dans l'attitude d'un vainqueur; il le vit au lit, pâle, défait, et entouré de linges tachés de sang.

— Vous êtes blessé, mon fils, dit-il; oh ! ciel ! pourquoi ne m'a-t-on pas appris la vérité tout entière? Je savais que vous veniez d'exposer votre vie pour moi; on m'a caché qu'elle est compromise.

Il s'avança vers l'uniforme de garde du corps qui gisait au milieu de la chambre, et il le souleva, comme autrefois Jacob examina en pleurant la robe sanglante de Joseph.

— Mon fils ! mon fils ! s'écria-t-il, tu es l'appui de ma vieillesse, et tu rends l'honneur à mes cheveux blancs !

Et, comme le vieux don Diègue, il était prêt à ajouter :

Viens baiser cette joue, et reconnais la place
Où fut jadis l'affront que ton courage efface

Juana l'empêcha d'aller plus loin.

— Rassurez-vous, mon père, votre fils n'est point blessé, le sang que vous voyez est celui de notre ennemi. M. de l'Estrades a été pour lui moins dangereux que l'est le mal. Les secours de M. de la Taille lui sont nécessaires, non pour fermer aucune plaie, mais pour apaiser la fièvre et guérir les irritations d'une poitrine malade.

M. de la Taille s'approcha du jeune homme et lui prit le pouls, dont il compta avec soin les pulsations.

— Mon ami, lui dit-il, la volonté seule vous a soutenu, car la force est absente, n'est-il pas vrai ?

— Oui, monsieur, répondit Léonce, mais demandez à ma sœur si avec la volonté on ne vient pas à bout de tout?

— Nous vous guérirons, monsieur, Dieu protége les fils qui vengent leurs pères.

— *Amen*! monsieur, répondit Léonce en regardant sa sœur.

— Mademoiselle, dit M. de la Taille en jetant sur la jeune fille un regard profond, d'où vient le sang qui couvre vos mains ?

— Des habits de mon frère ; c'est moi qui l'ai aidé à s'en dépouiller.

CHAPITRE II.

Mme la dauphine.

Parmi les nombreux écrits relatifs à Marie-Antoinette (nous ne parlons pas des libelles), il faut distinguer une courte notice du comte de la Marck, qui peint cette princesse de la manière la plus juste et la plus naturelle. On y pressent les fautes auxquelles ses alentours ne manqueront pas de la pousser, celles qu'on lui prêtera et les armes qu'elle va fournir, sans y songer, à la malignité.

Nous n'avons à parler ici que de la Dauphine, nullement de la reine.

Marie-Antoinette-Josèphe-Jeanne, de Lorraine, archiduchesse d'Autriche, naquit le 2 novembre 1755, jour du tremblement de terre de Lisbonne ; et cette catastrophe qui semblait marquer d'un sceau fatal l'époque de sa naissance, sans être précisément, pour la princesse, un motif de crainte superstitieuse, avait fait pourtant une assez grande impression sur son esprit. Son éducation fut négligée : elle ne parlait avec facilité que l'italien et le français et bien avant qu'on l'appelât l'*Autrichienne*, elle se faisait gloire de n'avoir jamais complètement su l'allemand et même d'avoir oublié le peu qu'elle en avait appris. Elle disait vrai.

Ce qui la distinguait, c'était une grande bonté de cœur et un désir persévérant d'obliger les personnes qui s'adressaient à elle. Sa beauté a été fort célébrée : cependant, dit un auteur habile à rassembler les traits divers épars dans tous les portraits qu'on a laissé d'elle, ce n'était pas une beauté, à prendre chaque trait en détail : les yeux, bien qu'expressifs, n'étaient pas très beaux; son nez aquilin semblait trop prononcé, et cet auteur cite un courtisan qui l'ayant beaucoup vue, disait : « Je ne suis pas bien sûr que ce nez fût celui de son visage. »

Sa lèvre inférieure, un peu autrichienne, était plus marquée et plus forte qu'on ne le demande à la lèvre d'une jolie femme; sa taille aussi était un peu pleine; mais l'ensemble était d'un grand air et d'une souveraine noblesse. Même dans le négligé, c'était une beauté de reine plutôt que de femme du monde. Aucune femme ne portait mieux sa tête, qui était attachée de manière que chacun de ses mouvemens eût de la grâce et de la noblesse; sa démarche était légère et aisée. Ce qu'il y avait de plus rare dans sa personne était l'union de la grâce et de la dignité la plus imposante. Ajoutez un teint éblouissant de blancheur, des bras, des mains admirables, un charmant sourire, une parole appropriée, et qui s'inspirait moins de l'esprit que de l'âme, du désir d'être bonne et de plaire. Elle pouvait aimer, comme elle faisait, la liberté des entretiens et des jeux, la familiarité des intérieurs; elle pouvait jouer à la vie de bergère, ou de femme à la mode, il lui suffisait de se lever, de reprendre en un rien son air de tête : elle était reine.

Lorsqu'elle arriva en France, deux ans avant l'époque dont nous parlons, elle avait à peine quinze ans, et elle ravit tout le monde... excepté le Dauphin, qui n'ouvrit les yeux que plus tard sur tant de beauté et sur tant de grâces. Louis XV fut enchanté de la jeune Dauphine, il ne parlait que de sa vivacité et de la justesse de ses reparties. La comtesse du Barry s'efforçait de faire tomber cet enthousiasme qui l'inquiétait. L'irrégularité des traits de Marie-Antoinette était le sujet habituel de ses critiques; elle blâmait ses bons mots et raillait le roi sur sa prédilection. Tout cela ne venait pas de la comtesse elle-même, mais de ses alentours, dont le crédit à la cour s'appuyait sur la faveur de la maîtresse en titre. Le duc d'Aiguillon, le maréchal de Richelieu, le duc de la Vauguyon, les Rohan et beaucoup d'autres familles considérables, s'étaient servis de la comtesse du Barry pour faire tomber le duc de Choiseul, il fallait que cette manœuvre leur profitât. On animait donc la favorite contre une jeune princesse dont les grâces et la gaîté pouvaient rendre l'intérieur de la famille royale plus agréable au vieux roi, et diminuer ainsi l'influence d'une maîtresse plus amie du plaisir que des soucis et des adresses de l'ambition.

Une chose néanmoins irrita l'amour-propre de Mme du Barry. Les fêtes qui eurent lieu à Versailles pour le mariage du Dauphin furent très brillantes. La Dauphine, dit un témoin oculaire, y arriva pour l'heure de sa toilette, après avoir couché à la Muette, où Louis XV avait été la recevoir et où ce prince dont l'immoralité avait franchi depuis longtemps toutes les bornes, aveuglé par son amour, avait fait souper la jeune princesse, la famille royale et les dames de la cour avec Mme du Barry. La jeune Dauphine en fut vivement blessée, elle en parla ouvertement dans son intérieur et Mme du Barry en fut informée. C'est là un grief qu'une maîtresse en titre pardonne difficilement et Mme du Barry se plaignait aussi ouvertement que la Dauphine; mais celle-ci ne laissa pas percer son mécontentement devant le roi, tandis que ce fut au roi lui-même que s'adressa la première.

—Sire, disait la comtesse au roi, l'honneur que j'ai d'être distinguée de Votre Majesté m'attire beaucoup de haines, des inimitiés, des dédains. Je les accepte. Je sais que mon bonheur fait envie... mais il devrait me mettre à l'abri des outrages.

Le roi demandait quels étaient ces outrages, et la comtesse versait des larmes et refusait de s'expliquer. Il se trouvait des gens autour de ces deux personnages qui disaient le mot de l'énigme, et Sa Majesté levait les épaules. Quand Louis XV était conduit à s'expliquer sur le compte de la Dauphine, il faisait l'éloge de cette princesse, et finissait toujours par dire :

— Je suis sûr, quand elle m'aborde, que, du moins, elle n'a rien à me demander.

Chose très appréciée par les princes, toujours assaillis de sollicitations. Plus tard, Marie-Antoinette, devenue reine, et trouvant sans cesse sur ses pas des obsessions intéressées, fit à peu près la même réponse que Louis XV; comme on lui faisait remarquer qu'elle témoignait souvent trop de préférence à des étrangers de distinction qui passaient en France, et que cela pouvait lui nuire auprès des Français :

—Vous avez raison, répondit-elle avec tristesse; mais ceux-là, du moins, ne me demandent rien.

Le moment était arrivé où Mme la dauphine allait demander quelque chose à Louis XV.

Il avait été convenu que les nouveaux époux habiteraient à Versailles l'appartement de la feue reine, qui n'était pas logeable ; le prince et la princesse étaient donc provisoirement établis au-dessous, dans un appartement du rez-de-chaussée. C'était là que, toutes les fenêtres ouvertes à cause de la chaleur d'août, Marie-Antoinette vêtue d'une simple robe de mousseline et un grand chapeau de paille sur la tête, se promenait dans un grand salon, seule, et préoccupée d'une démarche qu'elle voulait et n'osait pas faire, se demandant où elle trouverait un secours et un appui. Il ne fallait pas songer à M. le Dauphin, si on voulait obtenir quelque chose du roi. Les vieux rois n'aiment pas à voir leurs successeurs ; il leur semble toujours que celui qui doit les remplacer vient observer la pâleur de leur visage et calculer sur leurs rides les jours qu'il leur reste encore à vivre.

— Puisque M. le Dauphin ne peut pas me venir en aide, se dit la Dauphine, je vais m'entourer de MM. mes frères.

Elle sonna et donna l'ordre à celui de ses officiers qui parut à sa porte, d'aller prier MM. de Provence et d'Artois de descendre chez elle.

Ce fut M. le comte de Provence qui se présenta le premier. Ce prince était supérieur en intelligence, en instruction et en fermeté de caractère, au Dauphin, qui reconnaissait cette supériorité, et disait souvent: «Demandez à mon frère de Provence.» Vivant autant qu'il le pouvait à l'écart, et affectant des goûts littéraires, le comte de Provence avait avec la Dauphine un ton d'exquise galanterie, et cherchait sans cesse à l'égayer ou à l'intéresser par ses propos. D'une taille un peu épaisse, mais doué d'une figure agréable qu'animaient des yeux brillans et spirituels, le jeune prince aimait à se faire écouter, et racontait fort bien les petites anecdotes du long règne de son aïeul, qui devaient intéresser une princesse étrangère à l'histoire intime des lieux qu'elle habitait. Il en donna la preuve dans cette occasion. Il aborda la Dauphine d'un air léger, le sourire sur les lèvres, et sans lui demander la cause d'un appel assez singulier, il lui plut de supposer que sa belle-sœur voulait simplement jouir de sa conversation. Il se mit alors à parler de la chronique scandaleuse de Versailles, de Paris, de l'Opéra, et au milieu d'une histoire assez gaie, dont Mlle Sallé, la danseuse, faisait les frais, il fut interrompu par un bruit sourd frappé au plafond ; il leva les yeux.

—Ma sœur, dit-il, en affectant la frayeur cet appartement est hanté.

—Lequel? demanda la Dauphine, celui-ci?

— Non, là haut, celui de la feue reine, qu'on prépare pour vous et pour mon frère le Dauphin.

—Avant tout, mon frère, ayez quelque indulgence pour moi : enseignez-moi ce que signifie ce mot hanté.

— Ah ! ah ! répondit le prince, hanté, hanté, c'est un vieux mot, un mot de Kabale, cela veut dire, ma sœur, qu'il revient là haut des esprits.

—Vraiment! dit la Dauphine, vous croyez aux revenans, mon frère ?

— Moi, nullement! que diraient M. de Voltaire, M. Diderot et tous nos esprits forts, s'ils pouvaient me supposer cette faiblesse ? Mais la feue reine y croyait.

— A quoi attribuez-vous le bruit que nous venons d'entendre? demanda encore la Dauphine.

— Eh! eh ! eh! dit le comte de Provence en riant d'un air malicieux, je ne sais, ma sœur.

— Je vais vous le dire, monsieur; cet appartement est livré aux peintres, aux menuisiers, aux tapissiers et la chute d'un meuble ou celle d'un marteau est la cause de ce bruit.

—Ce ne serait pas l'avis de la feue reine, si elle vivait encore,

—La reine a donc reçu... là haut... la visite de quelque revenant?

Le but du comte de Provence avait été de placer une anecdocte, apprise récemment du vieux chevalier de Brissac ; une fois qu'il y fut parvenu, il s'assit auprès de la Dauphine et commença ainsi :

— Je respecte infiniment, dit-il, le roi notre grand-père, mais vous savez que Sa Majesté est depuis longtemps habituée à... à... comment dirai-je ?

— Allez toujours, monsieur le comte, je comprends.

— A préférer certaines femmes à d'autres, et à leur laisser prendre beaucoup d'empire sur lui.

—C'est cela même, mon frère, vous vous tirez à merveille de la difficulté du récit.

— C'était le tour, continua le comte de Provence, de Mme de Châteauroux, une femme charmante et qui valait mieux que...

— Je comprends, je comprends, dit la Dauphine, il est inutile de nommer personne.

— Très bien, ma sœur... la reine ma grand'mère aimait le roi, et ses premières infidélités lui furent très pénibles à supporter, et cependant elle avait de l'affection pour Mme de Châteauroux qu'elle avait connue fort jeune, et qui avait même été l'objet de ses bontés. La place qu'occupait la favorite est excellente, mais périlleuse et sujette à de fâcheux accidens ; on peut, par exemple, quand on l'occupe, mourir jeune et mourir subitement. Ce fut ce qui arriva à Mme de Châteauroux...

— Oh ciel! s'écria la Dauphine, est-ce que cette pauvre femme fut empoisonnée?

— Je n'en sais rien, ma sœur ; le fait est que Mme de Châteauroux est morte et bien vite. La première nuit, après la mort de Mme de Châteauroux, que la feue reine passa dans cet appartement, qui doit être le vôtre...

Ici, un second coup se fit entendre, et le narrateur feignit de tressaillir.

— C'est encore un marteau qui tombe, lui dit la Dauphine, continuez, mon frère.

— Cette nuit-là, reprit le comte de Provence, la reine ne pouvant fermer l'œil, fit demeurer auprès d'elle une de ses femmes, qui dut lui conter des histoires, afin de la guérir, ou de son insomnie, ou de sa peur.

— Boirot, disait la reine, n'entendez-vous pas remuer les rideaux ?

— Non, madame, les rideaux ne bougent pas.

— Eh bien, Boirot, regardez au fond de la chambre.

— Oui, madame.

—N'apercevez-vous pas une petite lueur blanche qui va et vient, un feu follet qui grandit?

— Pas du tout, madame.

Et Boirot commençait une nouvelle histoire. Enfin Boirot, croyant que la reine dormait, s'éloigna du lit sur la pointe du pied ; mais, cette nuit-là, le moindre bruit du parquet suffisait pour éloigner le sommeil des yeux de Sa Majesté, qui criait :

— Où allez-vous donc? Restez, contez encore.

— Mais qu'a donc Votre Majesté? dit Boirot, qui était fort naïve ; il est deux heures du matin, et elle n'a pas fermé l'œil ! Sa Majesté a-t-elle de la fièvre? faut-il faire éveiller son médecin ?

— Oh ! non, non, ma bonne Boirot, je ne suis pas malade, mais cette pauvre Mme de Châteauroux, si elle revenait !

— Eh ! Jésus ! Madame, lui répondit cette femme, qui avait perdu toute patience, si Mme de Châteauroux revient, bien certainement, ce ne sera pas Votre Majesté qu'elle viendra chercher.

La reine partit d'un éclat de rire à cette naïveté; son agitation cessa, et bientôt elle fut endormie.

La Dauphine fit comme la feue reine, elle rit et le comte de Provence, enchanté du succès de son anecdote, allait passer au récit de quelques autres aventures, lorsque le comte d'Artois entra.

C'était le plus jeune des trois frères et en même temps le plus gai, celui qui se plaisait le mieux à tous les exercices qui font le charme de la jeunesse ; il avait la passion des chevaux, des armes, de la danse, et il poussa si loin le dernier de ces goûts qu'un acrobate, nommé Placide ou le petit Diable, ayant eu beaucoup de succès à Versailles et à Paris, M. le comte d'Artois prit des leçons de Placide et sut bientôt danser sur la corde.

— Il n'a que deux défauts, disait son maître : il est trop grand et il est prince.

Il était impossible de se corriger de ces deux défauts ; il fallait en prendre son parti et les garder. Au reste, la jeunesse épanouie de M. le comte d'Artois était pleine de grâce et de gaîté ; brusque, mais franc, il était bien vu à la cour, toujours prêt à rendre service et ne se mêlant que de plaisirs.

Dès que la Dauphine l'aperçut, elle se leva, et faisant quelques pas au devant de lui, elle lui tendit la main, et l'amenant auprès du comte de Provence :

— Mes frères, dit-elle aux deux princes, j'ai un service à vous demander. Venez avec moi.

— Nous vous suivrons au bout du monde, ma sœur, répondit le comte de Provence, mais où nous menez-vous ?

— Chez le roi, dit la Dauphine.

Au nom du roi, le comte de Provence fit un pas en arrière et le comte d'Artois dit étourdiment :

— Je le veux bien, ma sœur, et pourquoi faire, s'il vous plaît ?

— Presque rien ; dire comme moi et solliciter avec moi une grâce de Sa Majesté. Ne craignez rien, M. de Provence, cela ne vous compromettra pas.

— Tant pis, ma sœur, dit le prince, je serais heureux de me compromettre pour vous.

Sa physionomie démentait ses paroles ; mais la Dauphine ne voulut pas s'en apercevoir :

— Ecoutez, dit-elle, j'entends le retour de la chasse ; c'est le moment fixé par le roi; il ne faut pas que Sa Majesté attende, et elle entraîna sur ses pas ses deux cavaliers.

L'étiquette existait encore à la cour avec toutes les formes qu'elle avait reçues sous Louis XIV ; il n'y manquait que la dignité ; quant à la gaîté, il n'en était plus question. De lieu de réunion où l'on vit se déployer l'esprit et la grâce des Français, il n'en fallait point chercher non plus à Versailles. Le foyer de l'esprit et des lumières était à Paris. L'étiquette avait réglé tous les momens du roi. Depuis le lever jusques au coucher, il était soumis à ce que Saint-Simon nommait une mécanique, et il ne s'en écartait jamais, même pour jouir du plus vif de ses plaisirs : la chasse; la favorite ne venait qu'après. Les jours où Louis XV ne chassait pas, les courtisans disaient sérieusement et sans ironie — le roi ne fait rien aujourd'hui — tous les soirs à six heures, il y avait ce qu'on appelait *le débotter du roi*. Alors les princesses passaient un énorme panier qui soutenait une robe chamarrée d'or ou de broderies; elles attachaient autour de leur taille une longue queue et cachaient le négligé du reste de leur habillement par un grand mantelet de taffetas noir qui les enveloppait jusque sous le menton. Les chevaliers d'honneur, les dames, les pages, les huissiers portant de gros flambeaux, les accompagnaient chez le roi. En un instant, tout le palais, habituellemment solitaire, se trouvait en mouvement. Le roi baisait chaque princesse au front, faisait un signe de la main aux courtisans, la foule s'écoulait et tout rentrait dans le silence. Au bruit, au fracas des pages et des serviteurs, succédait le plus absolu repos. Le débotter n'avait lieu qu'au retour de la chasse du soir ; quant aux chasses du matin, l'étiquette voulait, au contraire, que le roi rentrât presque seul dans ses appartemens, et que sa suite n'allât pas plus loin que la cour de Marbre. C'est ce qui permit à la Dauphine de se présenter chez le roi en toilette du matin dans un moment où elle devait le trouver seul.

On annonça Mme la Dauphine et les deux princes.

Le roi donna l'ordre de les faire entrer. Louis XV était alors tout à fait un vieillard, mais ni son aspect ne décelait un âge avancé, ni son genre de vie ne pouvait le faire supposer. Sa démarche était aisée et noble ; il portait sa tête avec beaucoup de dignité ; son regard, sans être sévère, était imposant ; il joignait à une attitude vraiment royale une grande politesse, et, comme son aïeul Louis XIV, saluait avec grâce la moindre bourgeoise que la curiosité attirait sur ses pas.

Une femme qui l'a observé durant les dernières années de sa vie, et qui, par sa position, a dû s'arrêter aux choses extérieures, rapporte ceci :

— Il était fort adroit à faire certaines petites choses futiles, sur lesquelles l'attention ne s'arrête que faute de mieux ; par exemple, il faisait très bien sauter le haut de la coque d'un œuf, d'un seul coup de revers de sa fourchette; aussi en mangeait-il souvent à son grand couvert, et les badauds qui venaient le dimanche y assister retournaient chez eux moins enchantés de la belle figure du roi que de l'adresse avec laquelle il ouvrait ses œufs.

Nous ne parlerons pas des scandales inouïs de la vie de ce prince, qui ouvrait si bien ses œufs, nous dirons seulement que, doué d'une rare clairvoyance, il avait découvert le point noir qui déjà se montrait à l'horizon.

— Tout ceci, disait-il, durera autant que moi.

Et cela lui suffisait. Il avait mesuré avec une sagacité froide et sûre l'intervalle qui le séparait des suprêmes périls. Et que lui importait, pourvu qu'il n'y fût pas englouti, le naufrage de la royauté ? Dédaignant les choses parce qu'il méprisait les hommes, jamais il n'apporta dans le conseil où se débattait l'avenir de son royaume, qu'une indolence dont sa timidité masquait l'égoïsme. Tandis qu'il dissipait des millions pour des plaisirs effrontés, son avarice privée était singulière: il ne rougissait pas d'amasser un pécule, denier par denier, et au milieu de la détresse générale, de manier en agioteur le commerce des blés. Eh bien ! ce prince était aimé, et c'était son successeur qui devait payer ses débordemens, tellement l'amour et le respect pour ses rois avaient de profondes racines dans le cœur du Français. On eût désiré cependant qu'un genre de vie plus convenable à son âge vînt enfin jeter un voile sur les égaremens de son déclin et justifier les espérances de sa jeunesse. Il en coûtait de le condamner sévèrement; on se souvenait toujours qu'il avait été nommé le bien-aimé, et on cherchait à excuser sa conduite. S'il avait établi à la cour des maîtresses en titre, on en accusait l'excessive dévotion de la feue reine. On reprochait aux princesses, ses filles, dont l'éducation avait été très négligée, de ne point retenir le roi dans sa famille, en lui rendant son intérieur agréable ; on regrettait la mort de l'une d'elles, feu la princesse Henriette, qui avait de l'influence sur l'esprit du roi, et aurait pu le suivre dans ses voyages et faire les honneurs des petits soupers qu'il aimait à donner dans ses appartemens intérieurs.

Après la mort de la Reine, celle du Dauphin et des princesses ses aînées, ce fut suivant l'étiquette du Palais, la princesse Adélaïde, qui fit les honneurs de la cour. Elle s'acquitta de ces fonctions avec le soin qu'y devait mettre une femme chez laquelle le goût de la domination était très prononcé, et vit nécessairement avec peine l'arrivée en France de Marie-Antoinette, qui devait lui enlever son influence et prendre la place qu'elle occupait. Ce fut ce qui arriva, et la princesse alors se rangea au nombre, nous ne dirons pas des ennemis de la Dauphine, mais des personnes mal disposées, toujours prêtes à interpréter, d'une façon fâcheuse, une démarche un peu hasardée ou un mot légèrement dit.

Lorsque la Dauphine et les deux princes furent introduits dans le cabinet du roi, ils aperçurent Sa Majesté au fond de l'appartement en conversation sérieuse avec Mme Adélaïde. Le roi était assis dans un fauteuil, les jambes croisées, les coudes appuyés sur les bras du fauteuil, et une évidente mauvaise humeur assombrissait sa figure. La princesse debout devant lui, dans une attitude impérieuse parlait fort haut et mêlait à ses paroles beaucoup de gestes. Quand elle vit arriver la Dauphine et ses deux beaux-frères, la Princesse baissa la voix, mais ne diminua pas sa pantomime. Les trois nouveaux visiteurs demeurèrent à la porte du cabinet, attendant que le roi leur fît signe d'avancer, mais Mme Adélaïde d'un geste de la main leur fit comprendre que leur tour n'était pas venu et que le roi son père n'avait pas encore entendu tout ce qu'elle avait à lui dire.

C'était, en effet, une princesse impérieuse, emportée, singulière. Elevée à l'abbaye de Fontevrault, elle avait mis à bout la patience, et on pourrait dire la soumission des bonnes religieuses ; elle en sortit n'ayant rien appris, pas même à lire correctement. Mais une fois à la cour, elle fut saisie d'un désir immodéré d'apprendre, et se livra à l'étude avec passion ; elle apprit, dit Mme Campan qui a parlé d'elle dans ses Mémoires, à jouer de tous les instrumens de musique, depuis le cor (le croira-t-on?) jusqu'à la guimbarde. L'italien, l'anglais, les mathématiques, le tour, l'horlogerie, occupèrent successivement ses loisirs. On voit que le goût des arts manuels n'était pas rare dans la famille des Bourbons, et que Louis XVI avait pu en recevoir les premières leçons de sa tante Adélaïde.

Douée, dans sa jeunesse, d'une figure charmante, jamais beauté ne s'était effacée plus rapidement que celle de la princesse dont nous parlons, qui avait alors trente-deux ans. Primée à la cour par la Dauphine, négligée par le roi qui voyait peu sa famille, d'une dévotion austère et d'une humeur farouche, Mme Adélaïde, que la cour fatiguait, venait solliciter la permission de se retirer dans un couvent. Il est à remarquer que l'année auparavant, la sœur cadette de cette princesse, Louise-Marie, avait pris le voile chez les Carmélites de Saint-Denis, avec l'autorisation du roi. A cette nouvelle, la princesse Adélaïde courut trouver son père, et se laissant aller à l'impétuosité de son caractère, elle l'accabla des reproches les plus durs, se plaignant avec amertume d'être séparée d'une sœur qu'elle chérissait, et maintenant elle venait solliciter pour elle-même ce qu'elle avait blâmé un an auparavant, quoiqu'elle eût deux sœurs, Mme Victoire et Mme Sophie, dont l'amitié devait lui être précieuse. Aussi était-elle loin de convaincre le roi, dont la figure ennuyée témoignait de la fatigue qu'il éprouvait.

— Ma sœur, dit le comte d'Artois à la

dauphine, vous avez mal pris votre temps; le roi ne paraît pas bien disposé. Si vous m'en croyez, nous sortirons tout doucement à reculons, et nous reviendrons demain ou après-demain.

— Mon frère d'Artois, dit le comte de Provence, n'est pas de bonne foi, sa vraie raison est qu'on l'attend pour une partie de paume; restons, vous lui épargnerez trois ou quatre cents louis qu'il va perdre contre le petit Lauzun ou M. de Coigny.

— Vous vous trompez, mon frère, dit la Dauphine au comte d'Artois, le roi paraît fatigué des obsessions de notre tante Mme Adélaïde; nous lui venons en aide : il va nous appeler auprès de lui.

— Pas avant qu'il ne plaise à notre tante, dit le caustique comte de Provence; elle ne se retirera qu'après avoir obtenu ce qu'elle désire. Vous ne savez pas l'histoire du menuet bleu?

— Le menuet bleu? dit la Dauphine avec curiosité.

— Le menuet bleu? répéta le comte d'Artois en réprimant un éclat de rire.

M. le comte de Provence venait d'obtenir une seconde fois ce qu'il recherchait le plus volontiers, l'occasion d'occuper de lui et celle de raconter une anecdote : il ne se fit donc pas prier.

— Quand notre tante Adélaïde était à Fontevrault, dit-il à voix basse, elle était fort mauvaise écolière et ne permettait pas à ses professeurs de lui donner leur leçon. On arrivait chez elle; on lui demandait ses ordres : elle ordonnait à ces messieurs de sortir et la leçon était prise. Seul, le maître de danse était excepté de cette disgrâce; notre tante daignait apprendre à danser. Un jour, le professeur prend sa pochette et lui dit :

— Je vais enseigner à Votre Altesse un nouveau menuet fort à la mode.

— Volontiers, répond notre tante, qui avait alors douze ou treize ans.

— Le menuet couleur de rose; on le danse beaucoup à la cour.

— Couleur de rose, dit notre tante, allons donc!... Apprenez-moi le menuet bleu!

A ces mots le maître de danse fait un pas en arrière, il accorde sa pochette et dit :

— Madame, le menuet rose.

— Le menuet bleu.

— Le menuet rose, madame.

— Non, non, le menuet bleu.

Notre tante s'obstine; le maître à danser ne cède pas; Mme Adélaïde s'élance sur le pauvre homme, prend sa pochette, la brise et la foule aux pieds. Les religieuses, qui à dix pas plus loin surveillaient la leçon, accourent : elles demandent des explications.

— Comprenez-vous Son Altesse, mesdames, dit le maître à danser, qui veut danser le menuet bleu? Il n'y a pas de menuet bleu. Que dirait-on de moi à la cour, si j'enseignais le menuet bleu? Un menuet qui n'existe pas.

Notre tante criait à tue-tête qu'elle voulait danser le menuet bleu, qu'elle n'en danserait pas d'autre. Les religieuses comprirent qu'une Altesse royale devait l'emporter sur un chétif maître à danser, elles donnèrent raison à leur élève, on envoya chercher une autre pochette et notre tante dansa le menuet bleu.

Mme Adélaïde n'entendait pas ce que disait ce groupe de trois personnes jeunes et gaies, mais elle comprenait instinctivement qu'on parlait d'elle et qu'on ne la ménageait pas. Lasse de l'indifférence affectée du roi, qui évitait de répondre directement, elle fit à son père un brusque salut et rompit l'entretien; puis, passant devant la Dauphine, pour sortir du cabinet, elle lui dit, de sa voix haute et dure :

— Madame la Dauphine, j'espère que vous serez plus heureuse que moi, et que vous obtiendrez ce que vous désirez. Pour moi, je ne peux rien tirer du roi.

— Ainsi soit-il! dit le comte de Provence en s'inclinant et en baissant d'un air patelin ses yeux brillans et spirituels.

Le roi se leva et s'avança d'un air gracieux au-devant de sa petite-fille. Sa figure sombre et ennuyée, un moment auparavant, avait repris toute sa sérénité habituelle; l'âge n'avait point courbé sa taille; il marchait d'un pas ferme, et sa main jouait avec le grand cordon, dont les reflets moirés et chatoyans ressortaient sur une veste de satin blanc brodé d'or. Après avoir salué la Dauphine, il s'adressa au comte de Provence :

— Monsieur de Provence, lui dit-il, vous venez de vous égayer aux dépens de votre tante qui est dans ses jours de tristesse; cela n'est pas bien et savez-vous, ajouta-t-il avec sa perspicacité ordinaire, qui payera cette espièglerie? Ce sera Mme la Dauphine. Allons, n'en parlons plus; je suis là... il paraît que vous êtes l'orateur de la troupe, monsieur, parlez : de quoi s'agit-il?

— Sire, dit le jeune prince, j'espère que ma sœur ne portera pas la faute de ma légèreté, si légèreté il y a : nous parlions d'un menuet.

Marie-Antoinette, craignant que le prince cédât au désir de raconter une seconde fois son histoire, se hâta de l'interrompre :

— Sire, dit-elle, je viens à vous pour implorer votre clémence, et j'ai prié mes frères de se joindre à moi, tellement j'ai à cœur de réussir.

Par le son de sa voix, par l'expression de sa figure, Louis XV avait l'art, quand il le voulait, de laisser percer ses sentimens secrets tout en donnant à ses paroles le tour le plus gracieux. Le visage du roi prit l'air ennuyé et indifférent dont Mme Adélaïde venait d'éprouver la froideur :

— Vous étiez assez forte toute seule, ma fille, dit le roi, vous savez que nous n'aimons pas à punir. Je vous écoute.

La Dauphine, un peu déconcertée, fit d'abord remarquer que pour la première fois elle demandait une grâce ; elle raconta ensuite le duel de Jérôme Thibault, qui avait l'honneur de servir Sa Majesté, et passant légèrement sur la cause de ce combat, et sur son issue fatale, elle s'attacha principalement à faire remarquer la position pénible de ce jeune homme, placé dans l'alternative ou de perdre l'estime de ses camarades et de quitter son régiment, ou de contrevenir aux lois. Cependant tout cela la touchait moins que la position de la mère de Jérôme Thibault.

— C'est une de mes femmes, sire, peut-être la plus fidèle et la plus dévouée ; elle attend, livrée aux larmes et au désespoir, ce que Votre Majesté décidera de son fils.

— Son fils, répondit froidement Louis XV, aura la tête tranchée.

La Dauphine poussa un cri ; les deux princes regardèrent leur aïeul d'un air étonné.

— Nous n'aimons ni à punir, ma fille, ni surtout à faire couler le sang ; mais il faut que la loi soit obéie. Demandez à M. de Provence qui sait tout, comment agissait en cas pareil un de nos prédécesseurs, Louis XIII ; il vous dira si M. le comte de Bouteville n'était pas de meilleure maison que M. Thibault, et cependant... on sait ce qui arriva.

— Oh ! sire, dit le comte de Provence, Louis XIII aurait pardonné, ce fut Richelieu qui fit couler le sang, et comme Votre Majesté n'a point d'Éminence rouge auprès d'elle, ma sœur espère.

— Elle a raison, M. Thibault n'a rien à craindre pour sa vie, il ira à la Bastille.

La Dauphine remercia d'abord d'un regard le comte de Provence, elle tourna ensuite ses yeux supplians vers le Roi.

C'était précisément la Bastille qu'elle redoutait. La loi s'était adoucie depuis longtemps, elle s'était rouillée, semblable au fer d'une hache qui ne sert plus, et Marie-Antoinette ne craignait pas l'échafaud pour son protégé, mais cette prison qui ne rendait pas ses victimes et dont le nom inspirait l'effroi. Elle insista donc, avec des larmes dans les yeux, tant les supplications de sa femme de chambre l'avaient touchée. Louis XV parut ému des larmes de la princesse ; cependant il n'était pas prêt à se rendre.

— Savez-vous, ma fille, dit le roi à la Dauphine, toute l'importance de la grâce que vous me demandez ? et à qui nous pouvons déplaire, vous et moi, en laissant ce duel impuni ?

Comme la Dauphine, embarrassée, ne trouvait rien à répondre, le roi ajouta :

— Connaissez-vous le nom du gentilhomme tué ?

La Dauphine l'avait demandé à Mme Thibault ; mais elle avoua que cette femme, égarée par la douleur, ne lui avait livré qu'un nom inconnu et sans doute altéré en passant par la bouche d'une mère au désespoir : elle savait seulement que la victime servait dans l'armée du roi.

Alors Louis XV fit signe aux deux princes de s'éloigner un peu, et conduisant sa petite-fille au fond du cabinet, il ouvrit le tiroir d'une table, en tira un petit papier plié en quatre, qu'il déploya, le mit sous les yeux de Marie-Antoinette, et lui fit lire ce qui suit :

Liste des gens de ma connaissance.

Les duc et duchesse de Choiseul ;
Les duc et duchesse de Praslin ;
Hautefort ;
Les du Châtelet ;
Le comte de Broglie ;
La Beauveau, religieuse, et sa compagne ;
D'Aubeterre...

— Là, là, arrêtez-vous là, ma fille.

Les joues de Marie-Antoinette pâlirent, son front se couvrit d'une sueur froide, et elle tomba aux genoux du roi, qui s'empressa de la relever.

— Vous avez la liste pareille, ma fille, lui dit-il, écrite de la main de S. M. l'impératrice Marie-Thérèse, votre mère. Le gentilhomme tué est le chevalier d'Aubeterre, fils du marquis d'Aubeterre, un des amis de votre mère, un des seigneurs de la cour de France chez lesquels vous trouveriez de l'appui si vous en aviez besoin, et que de votre côté vous devez protéger et servir. Eh bien ! ma fille, M. Thibault a tué le chevalier et vous demandez grâce pour son meurtrier, tandis que l'ami de Marie-Thérèse et le vôtre, le vieux marquis demande vengeance. Parlez, maintenant que vous êtes instruite, que voulez-vous que fasse le roi ?

— Qu'il fasse grâce, dit Marie-Antoinette en reprenant un peu d'assurance, et qu'il soit bien persuadé que lorsqu'un Français malheureux s'adresse à moi, et me confie ses intérêts, je le sers même aux dépens des amis de ma mère.

Il était impossible de faire une réponse plus habile, et qui satisfît davantage le roi.

Lorsque Marie-Antoinette quitta Vienne pour venir en France épouser le Dauphin, Marie-Thérèse, dont l'ambition ne se reposait jamais, songea à tirer parti d'un mariage aussi avantageux qu'inespéré, et en même temps elle voulut indiquer à la princesse les écueils et les lieux de refuge. L'impératrice connaissait fort bien les personnages de la cour de Louis XV qui pouvaient être favorables ou contraires à la jeune archi-duchesse, et elle lui donna la liste dont nous venons de citer quelques noms, qu'elle accompagna des instructions nécessaires. C'était le secret d'une mère versé dans le sein de sa fille, une de ces confidences intimes, qui, importantes ou non, ne sortent jamais de ces cassettes fermées à trois clefs, et que les princesses cachent dans le réduit le plus mystérieux de leur appartement. Qui avait pu violer ce secret, fouiller dans cette cassette, dont la clef ne la quittait jamais? Voilà ce que se demandait la Dauphine ; et la chose était d'autant plus grave, qu'à cette époque Marie-Antoinette n'avait encore aucun pouvoir sur le cœur du Dauphin, qui la négligeait; que M#me# du Barry et le duc d'Aiguillon étaient ses ennemis déclarés, et qu'enfin notre ambassadeur à Vienne, M. le cardinal de Rohan, se rendait tous les jours plus désagréable à Marie-Thérèse.

Louis XV jouit un moment de l'embarras et de l'étonnement de la Dauphine; puis souriant avec grâce, et baisant la princesse au front :

— Ah! vous ne craignez pas, dit-il, de mécontenter l'impératrice; moi, au contraire, je serais désespéré de lui déplaire en quoi que ce soit, et j'aurais le même chagrin si j'étais réduit à vous refuser quelque chose. Je ferai donc grâce si vous me promettez de me soutenir à Vienne.

— Notre sœur n'est pas plus heureuse que notre tante, dit le comte d'Artois dans l'oreille du comte de Provence.

— Au contraire, répondit celui-ci.

— Je parie cent louis, reprit le comte d'Artois.

— Comptant? dit avec malice le comte de Provence, qui savait les finances de son frère en mauvais état.

— Mais, mon frère... comptant, c'est-à-dire à la fin du mois.

— Tenez, mon frère, ne parions pas..... l'affaire est faite, la grâce est obtenue.

En effet, le roi, donnant la main à la princesse, s'avança vers les deux princes.

— Mes enfans, dit-il, je suis heureux de vous accorder ce que vous me demandez ; M. Thibault (et ce nom roturier avait de la peine à sortir de ses lèvres royales, M. Thibault a sa grâce.

Il fit un grand salut. L'audience était terminée.

Le roi demeura seul et fort mécontent de sa matinée. La grâce qu'il venait d'accorder aux prières de la Dauphine, il l'avait refusée, la veille au soir, aux sollicitations de Mme du Barry.

— Au fond, se dit-il, j'ai bien fait; l'aimable comtesse ne paraissait pas tenir beaucoup à son protégé, et tout ceci peut mettre du froid entre Mme la Dauphine et son auguste mère. Ce sera toujours autant de gagné.

Cette réflexion machiavélique consola le roi Louis XV, et il alla dîner de belle humeur.

CHAPITRE III.

Le refus.

Mme la comtesse de l'Estrades se leva de meilleure heure heure qu'à l'ordinaire, préoccupée de la lettre écrite la veille à Mlle de Bridieu. Elle comptait les instans ; elle supposait que la jeune fille ne perdrait pas un moment pour répondre, et si cette réponse, par hasard, n'était pas arrivée ce matin là même, elle était décidée à envoyer un domestique à l'Etang-la-Ville pour en activer la venue. Mlle de Bridieu aimait M. Raoul de l'Estrades, donc le calcul était juste. Champagne partirait dans la journée ; il irait à Londres et ramènerait le jeune Raoul.

Dans son antichambre, elle trouva Champagne assis sur le banc circulaire qui entourait cette pièce, la tête cachée dans ses mains et enveloppé d'un manteau souillé de boue. L'orage de la nuit expliquait ce désordre de toilette; l'intelligent Champagne venait, suivant elle, de l'Etang-la-Ville.

—Vous avez une lettre, Champagne? dit-elle.

— Non, madame. M. le comte...

— Il me fait appeler, ou il demande à entrer chez moi? dit la comtesse.

— M. le comte vient d'être tué!

— Assassiné! Champagne! assassiné!

— Non, madame, tué en duel.

Depuis longtemps il ne s'agissait plus d'amour entre le comte et la comtesse. Chez les femmes comme Mme de l'Estrades, l'ambition, la soif de la domination remplacent vite ce premier sentiment, et si l'amour maternel se développe dans leur cœur ; si elles ont acquis la certitude de leur supériorité morale, la mort d'un mari peut contrarier leurs calculs et même les remplir de tristesse, mais elle ne les réduit pas au désespoir.

— Mort! dit-elle, avec un léger tremblement dans la voix; mort dans un duel! Et quel est ce duel, grand Dieu! Qui l'a tué, Champagne?

— M. de Bridieu.

— Le vieux M. de Bridieu?

— Non, madame; son fils, le garde du corps.

— Vous me servez mal, Champagne. Pourquoi n'ai je pas été prévenue?

— Mme la comtesse n'a pas de plus dévoué serviteur, dit tristement Champagne. Je n'ai rien su, sinon que, ce matin, je devais suivre M. le comte à cheval, et je n'ai compris qu'il s'agissait d'un duel que lorsque j'ai vu l'adversaire, et au premier coup de feu.

Mme de l'Estrades plaça un moment la main sur son front, puis elle fit à Champagne un signe que celui-ci entendit, et il prit, en la précédant, le chemin de l'appartement du comte.

On avait placé M. le comte de l'Estrades sur son lit, les jambes encore chaussées de bottes dont les éperons déchiraient les couvertures de soie. Ses yeux éteints étaient ouverts, et sur ses lèvres crispées on voyait non pas le dédain que lui inspirait son ennemi, mais la douleur causée par le plomb qui avait traversé son cœur. L'hémorragie avait été intérieure, et pas une goutte de sang ne tachait ses vêtemens. Sur sa veste un trou circulaire marquait le passage du projectile mortel, et le satin brûlé et noirci, prouvait que le coup avait été tiré de très près : à bout portant. La comtesse s'approcha du lit, toucha d'abord la main déjà jaunie du comte, puis la baisa avec respect, des larmes même vinrent dans ses yeux.

— Champagne, dit-elle, laissez-moi un moment seule.

Champagne s'éloigna, et après quelques momens donnés à une émotion bien naturelle, la comtesse passa dans le cabinet de son mari et y vit tout d'abord une lettre adressée à M. le duc d'Aiguillon. Elle la prit, la tourna dans ses mains et rompit le cachet.

Suivant Mme la comtesse, ce qui eût été une impardonnable indiscrétion la veille, devenait maintenant un devoir. La mort de M. de l'Etrades la rendait le chef de la famille ; les intérêts de son fils et les siens demandaient qu'elle fût instruite des projets de son mari. Peut être trouverait-elle aussi les motifs d'un duel qu'elle n'eût pas souffert si elle eût pu le soupçonner.

Le lecteur connaît cette lettre qui prouvait que M. de l'Estrades était l'offenseur, et en lisant le cartel de M. de Bridieu qui y était joint, la comtesse comprit combien l'offense devait être grave et avec quelle mauvaise foi, M. de l'Estrades s'était joué d'elle en paraissant souscrire à un mariage qu'il allait rendre impossible et qui paraissait l'être devenu. Femme d'un esprit ardent, obstiné et habile à se dissimuler à elle-même la difficulté des choses qu'elle désirait, elle en vint à penser que la mort de son mari faciliterait le mariage de son fils avec Mlle de Bridieu. Il fallait d'abord compter sur la passion des deux jeunes gens : l'amour brise tous les obstacles; quelqu'insultés qu'eussent été les de Bridieu, ils étaient vengés. Pour elle, si elle cherchait à entrer dans la famille des meurtriers de son mari, elle pouvait légitimer cette recherche par deux motifs également puissans : elle voulait éviter une rencontre fâcheuse entre son fils et le vainqueur de son père, et cette rencontre était à craindre; elle pouvait ensuite demander la main de Mlle de Bridieu au nom de M. de l'Estrades lui-même et prouver, sa lettre à la main, que tel avait été son dernier vœu. Elle devait alors garder le cartel et se borner à envoyer la lettre à M. de Bridieu le père.

De nouvelles réflexions la firent changer d'avis.

Pourquoi ce qu'elle comptait solliciter, ne l'imposerait-elle pas? Il fallait, suivant une façon de parler créée plus tard, se rendre maîtresse de la situation : envoyer la lettre de son mari à M. le duc d'Aiguillon, et y joindre même le cartel de M. Léonce de Bridieu. Ce dernier parti réunissait tous les avantages. La comtesse obéissait religieusement à la dernière volonté de M. de l'Estrades: elle remplissait un devoir sacré. C'était, il est vrai, une dénonciation, mais seulement apparente, puisqu'elle était certaine d'arrêter les poursuites du ministre, en y mettant pour condition un mariage que le ministre et le roi lui-même ne manqueraient pas d'ordonner dans le but évident de réconcilier deux familles.

La comtesse mit la lettre de son mari, accompagnée du cartel de M. de Bridieu, sous une nouvelle enveloppe, et envoya ces deux pièces à M. le duc d'Aiguillon. Elle fit ensuite partir Champagne pour Londres et ne s'occupa plus qu'à rendre les derniers devoirs à son mari.

Une heure plus tard, un exempt de la maréchaussée arrivait à l'Etang-la-Ville, frappait à la porte du château de Bridieu, et, porteur d'une lettre de cachet, venait signifier à M. Léonce de Bridieu l'ordre de le suivre à la Bastille. Avant de nous occuper de ce nouvel incident, nous devons revenir à Mlle Juana de Bridieu. On se souvient peut-être que son père et M. de la Taille la surprirent dans la chambre de son frère, et que le chiromancien que troublaient sans cesse ses tables magiques et ses thêmes de nativité, intimida la jeune fille par la persistance de ses regards et le tour soupçonneux de ses questions.

Mlle de Bridieu s'empressa donc de quitter son frère, et de rentrer dans ses appartemens. Là, aussi fatiguée de corps que d'esprit, et accablée par une nuit sans sommeil et sans repos, elle s'assit sur un fauteuil, et tout en voulant réfléchir à la position nouvelle où la mort de M. de l'Estrades plaçait son père, son frère, elle-même, et enfin Mme de l'Estrades, qui venait d'écrire une lettre si inattendue, elle s'endormit profondément. M. de la Taille, qui ne voulait pas lui permettre d'échapper à ses questions, ne tarda pas à la suivre, et il la suprit au milieu de son sommeil.

Les hommes qui, comme M. de la Taille, croyaient alors posséder un pouvoir surnaturel, tout en étant les jouets d'une illusion ridicule, n'ignoraient pas néanmoins que leur prétendu savoir dépendait non-seulement de leurs études astrologiques, mais encore d'une série d'observations matérielles. Les lignes du visage, celles de la main, une taille élevée ou exiguë, la couleur des yeux et celle des cheveux tout était l'objet de leurs remarques et de leurs études. L'homme est menteur, il est fourbe, sans cesse il exagère la vérité, ou il l'affaiblit, ou même il la nie, *omnis homo mendax* a dit la sagesse : il faut donc l'interroger avec prudence, avec habileté, à plusieurs reprises et faire jaillir une vérité complète de fragmens de vérités arrachées une à une.

M. de la Taille avait foi dans ses calculs ; selon lui, Mlle de Bridieu devait commettre, non pas un assassinat, mais un meurtre. Un duel avait eu lieu, un meurtre venait d'être commis, par un homme notoirement incapable de mettre un pied devant l'autre, un homme dévoré par une fièvre énervante, accablé par une maladie grave et peut-être mortelle. Que Léonce de Bridieu se fût fait hisser sur son cheval, et qu'après sa victoire on l'eût transporté chez lui, rien de mieux ; mais non, Va-de-Bon-cœur l'avait vu s'élancer sur Junon, la jument blessée s'était affaissée sur elle-même, et M. Léonce avait pris à pied le chemin du château de son père et y était rentré en courant, suivant le récit de la femme de chambre Marthe. La simple raison faisait croire à M. de la Taille que ce jeune homme mourant n'avait pas pu accomplir toutes ces actions successives, qui demandent la force et l'énergie de la bonne santé ; d'autre part, Léonce disait avoir tué le comte de l'Estrades. Mlle de Bridieu tenait le même langage.

Va-de-Bon-Cœur et Mlle Marthe n'avaient aucune raison pour mentir ; il fallait donc attribuer le combat et la victoire de Léonce de Bridieu à cette force de volonté qui fait faire des miracles à un gentilhomme outragé.

— Mon vieil ami, se disait M. de la Taille, en parlant à M. de Bridieu le père, a bien tiré l'épée, quoique faible de corps et d'esprit, le fils a pu sortir de son lit et venger son honneur.

C'était extraordinaire, mais possible. Quelque perspicacité qu'eût le chiromancien, il ne pouvait pas deviner le travestissement de Mlle de Bridieu. Il avait foi sans doute en son horoscope, mais Juana avait du temps devant elle, et il était persuadé que si la jeune fille commettait jamais un meurtre, l'amour y serait pour quelque chose et que se laissant emporter à un mouvement de colère et de jalousie, elle se vengerait à la manière des femmes, par le poison, par le poignard : il ne supposait pas qu'elle paraîtrait jamais dans un duel. Il marchait ainsi à côté de la vérité, sans la deviner, quoiqu'il l'eût prédite, par un de ces hasards dont on ne peut pas nier la singularité. Cependant, il voulait avoir une conversation avec Mlle de Bridieu, parce que, sans soupçonner ce qui s'était passé, il supposait l'existence d'un secret, qu'il voulait apprendre. Le frère et la sœur ne s'étaient pas aimés, jusque-là, et il venait de surprendre dans leurs regards et dans leur façon d'être ensemble, une intelligence et une amitié nouvelles. L'état de Léonce était inquiétant, et Juana, le bon génie de la maison, devait être instruite même avant M. de Bridieu le père.

M. de la Taille entra chez Juana au moment même où celle-ci venait de s'endormir profondément, il la surprit au milieu de son sommeil, et s'assit vis-à-vis d'elle, sans bruit, et de façon qu'en se réveillant, le premier objet que pût voir Mlle de Bridieu ce fut lui. Il savait que le sommeil est souvent indiscret, et il attendait.

Dévoué à la famille de Bridieu, et certain de pouvoir la diriger, mieux qu'elle ne saurait se diriger elle-même, M. de la Taille n'obéissait pas à un mauvais sentiment en venant surprendre les secrets de Juana ; il voulait d'abord lui être utile, et sans trop s'en rendre compte, il cédait aussi à cette adresse des devins qui prédisent plus facilement ce qu'ils savent que ce qu'ils ignorent. Les prophètes ont toujours un peu de l'incrédulité ou de la bonne foi de leur siècle, et M. de la Taille qui coudoyait Diderot, ne pouvait pas avoir la candeur d'un magicien des Pharaons.

Le sommeil de Juana fut d'abord tranquille et calme ; tout d'un coup elle tressaillit, ses lèvres s'agitèrent et murmurèrent des mots confus, les deux arcs de ses sourcils se joignirent comme il arrive quand on voit un objet effrayant, ou quand une idée pénible traverse l'esprit ; un pli imperceptible rida le front, les joues pâlirent, et enfin quelques mots intelligibles sortirent des lèvres de Mlle de Bridieu.

— Raoul, Raoul, dit-elle, mon pauvre Raoul, qu'allons-nous devenir ?

Elle ne pensait plus à un duel dont l'honneur et les dangers s'étaient effacés de son esprit, mais au jeune homme qu'elle aimait et que maintenant elle éviterait avec le soin qu'elle mettait autrefois à le rechercher. Ce nom propre, ainsi échappé à la jeune fille, fut un coup de lumière pour M. de la Taille.

— Ah ! ah ! se dit-il, elle aime M. Raoul de l'Estrades, le fils de celui que son frère vient de tuer... elle en est aimée sans doute... Pauvre enfant ! La moitié de sa vie a mis l'autre au tombeau.

Puis cet indice continuant à l'égarer, il se figura que la conversation animée dans laquelle il avait surpris le frère et la sœur, venait de cet amour, que son frère l'engageait à éteindre dans son cœur. Par un esprit de contradiction naturel à l'homme, il se demanda si cet amour, au contraire, n'était pas le filon qu'il fallait suivre pour détourner de la famille de Bridieu les dangers qui la menaçaient. Un mariage arrangerait tout, empêcherait un nouveau duel, et désarmerait une famille irritée et privée de son chef.

Au milieu de ces réflexions, un coup violent ébranla la porte du château. Il courut à la fenêtre, et Mlle de Bridieu se réveilla brusquement.

— Ah ! s'écria-t-elle, vous ici, M. de la Taille !

— Oui, ma chère Juana, je viens vous demander sur tout ce qui s'est passé ici des détails qui ont échappé à votre père ; je voulais aussi vous parler de Léonce, votre frère ; mais la personne qui arrive va nous obliger à remettre cette explication à un autre moment.

Les domestiques ne se hâtaient pas d'ouvrir, et le cavalier qui frappait à la porte, redoubla de coups pour réveiller leur paresse.

— Qu'est-ce donc ? que nous veut-on ? demanda Mlle de Bridieu.

— Venez ici, Juana, et regardez ce cavalier, dit M. de la Taille en faisant placer la jeune fille à la fenêtre, c'est un exempt que M. de Sartines, le lieutenant de police, met à la disposition du duc d'Aiguillon... Regardez-le bien, il descend de cheval, derrière lui sont des agens en sous-ordre, et voyez plus loin sur le chemin, vous devez distinguer un carrosse qui s'avance... On n'a pas perdu une minute, se dit à lui même M. de la Taille... Le duc d'Aiguillon est actif... Comtois, Comtois, s'écria-t-il en voyant le domestique qui traversait la cour. Ouvrez, de par le roi.

— De par le roi ? dit Mlle de Bridieu en pâlissant.

— Oui, Juana, de par le roi ;... Comtois, conduisez M. Lecerf dans la salle, et qu'il m'attende... Lecerf je suis à vous.

— Que signifie tout ceci, M. de la Taille ?

— Que Mme la comtesse de l'Estrades, femme pleine d'énergie et que j'ai l'honneur de connaître...

— Vous la connaissez ?

— Je l'ai connue avant son mariage et toute enfant, c'est une demoiselle de Prades, j'étais l'ami de son père... Eh bien, la comtesse a porté plainte : on lui fait prompte justice, parce qu'elle a l'oreille du ministre et le duc d'Aiguillon a donné une lettre de

cachet à l'exempt Lecerf que voilà. Il traverse la cour, vous le voyez?
— Oui monsieur.
— Lecerf, continua M. de la Taille, vient s'emparer de votre frère pour le conduire à la Bastille.

On peut juger de l'épouvante que causait en 1772 le nom seul de la Bastille par la joie et l'orgueil immodérés que causèrent en 1789 sa prise et sa destruction.

— La Bastille ! la Bastille ! s'écria Mlle de Bridieu; mon pauvre frère est perdu s'il entre dans ce tombeau.

— Il n'y entrera pas, mademoiselle; je vous réponds de Lecerf, qui a des raisons de me ménager; je verrai même M. de Sartines. Mais l'ordre vient de plus haut, et tout ce que je pourrai obtenir sera un sursis de quelques jours, et sous ma responsabilité. Le reste vous regarde, Juana.

— Moi, et comment cela?

— La lettre de cachet ne vient peut-être pas du duc d'Aiguillon, qui, n'est pas mal disposé pour votre famille. Elle a été sollicitée et obtenue par Mme de l'Estrades ; c'est à elle qu'il faut s'adresser. La veuve de M. de l'Estrades peut retirer la plainte qu'elle a portée, et faire anéantir la lettre de cachet que Lecerf va me montrer.

Au souvenir de Mme de l'Estrades, les yeux de Juana se portèrent sur la lettre de la comtesse encore à demi déployée sur un meuble, et ses joues se couvrirent de rougeur. M. de la Taille crut pouvoir aller plus loin :

— Il faut employer tous les moyens, dit-il. Vous avez connu dans votre enfance M. Raoul de l'Estrades, et puisqu'il était impossible, sans déshonneur, d'éviter ce malheureux duel, il me semble que, l'affaire bien expliquée, on pourrait s'adresser à la mère et au fils....

— Jamais, monsieur, s'écria Mlle de Bridieu, jamais une personne de notre nom ne demandera grâce à un membre de cette famille. La vengeance a été juste, et le souvenir de l'affront me fait encore frémir de colère, quoique la mort de M. de l'Estrades l'ait effacé.

M. de la Taille regarda un moment cette jeune fille avec attention, et il admira cette lutte intérieure entre l'amour et l'honneur, dans laquelle l'amour paraissait succomber.

— C'est bien, Juana, dit-il, nous verrons plus tard.

Et tout en se réservant de suivre lui-même cette négociation auprès de Mme de l'Estrades, il quitta Mlle de Bridieu pour aller rejoindre l'exempt envoyé par le duc d'Aiguillon.

Tout autre homme que M. de la Taille n'aurait eu aucune influence sur un agent tel que Lecerf, âme damnée de M. de Sartines et porteur d'un ordre signé par le roi. Mais M. de la Taille jouissait de certains avantages dont il savait se prévaloir. Il était riche, il exerçait ostensiblement la médecine; en secret, il mettait au service de ses amis une science occulte qui séduisait encore beaucoup de gens enfin il était gentilhomme, chose assez importante à une époque où on ne comptait que deux ordres dans l'Etat : la noblesse et le clergé.

C'était un observateur habile , d'une grande activité, fureteur par goût et par habitude. M. de la Taille avait dans les mains beaucoup de secrets dangereux. Son silence était souvent une faveur.

Ici, pour prouver le pouvoir, ou plutôt le crédit de M. de la Taille, nous sommes obligé de faire comme le comte de Provence et de recourir à une anecdote.

Le lieutenant de police de Sartines, si célèbre par sa perspicacité et dont le nom est devenu historique, eut pour prédécesseurs deux créatures de Mme de Pompadour : Berryer et Bertin, hommes durs, violens, surtout le premier et qui s'étaient attirés la haine des Parisiens sans parvenir à passer pour habiles. Il fallait faire mieux qu'eux. L'occasion s'en présenta bientôt ; quelques mois après l'installation du nouveau lieutenant de police, un crime horrible effraya la capitale. A deux pas du Jardin-du-Roi, sur le quai Saint-Bernard, cinq personnes furent assassinées. Les circonstances qui accompagnèrent ce crime étaient atroces et dramatiques en même temps. Une petite fille de douze ans avait lutté seule contre les assassins avec un courage surhumain. Retranchée dans la chambre, où elle couchait, l'enfant se barricada de telle sorte que les assassins eurent toutes les peines du monde à pénétrer jusques à elle; elle parvint, quoique blessée de plusieurs coups de couteau, à s'échapper de leurs mains et tomba mourante sur le quai en invoquant le nom de sa mère qui n'était plus ! Des personnes charitables, ou des voisins officieux, prirent soin d'elle. Les détails de cette histoire tragique se répandirent dans la ville avec la rapidité de l'éclair. On eut peur. M. de Sartines se transporta sur-le-champ dans la maison ensanglantée par le crime, il y constata la présence de cinq cadavres; les assassinats étaient patens : il signala aussi des traces notoires de vols ; il interrogea les voisins. Ceux-ci déclarèrent avoir vu sortir de la maison de grandes caisses, sans que cette circonstance eût éveillé les soupçons. On ne put recueillir aucun autre renseignement. Le lendemain Paris apprit avec la plus vive satisfaction que la société serait vengée et que les assassins étaient sous la main de la justice. On n'eut pas assez d'éloges à prodiguer au nouveau lieutenant de police. Cela commença la réputation de M. de Sartines, ou plutôt cela lui en donna une qu'il soutint et qu'il augmenta par une habileté réelle.

Cette lugubre histoire prouve d'autant mieux, selon nous, son savoir-faire, que, dans ces faits assez compliqués, dans ces crimes multipliés, rien n'était vrai, ni les blessures de l'enfant qui joua très bien son rôle, ni le vol, ni les meurtres. On avait amené des cadavres dans des caisses, on avait loué d'avance une maison habitée durant quelques jours par les acteurs de la pièce, et tout le monde, dans le voisinage, fut dupe, excepté M. de la Taille.

Cet ami de M. de Bridieu logeait dans les environs du Jardin-du-Roi : on l'y voyait souvent occupé d'études botaniques ; il passait pour riche, parce qu'il était bienfaisant, et pour sorcier, parce qu'il était médecin ; on supposait qu'il savait faire de l'or, et on ne lui tenait pas grand compte de ses aumônes. On le disait bien avec le diable, et ses cures passaient pour être plutôt l'effet d'un pouvoir surnaturel, que celui de sa science. On le recherchait cependant à cause de son utilité, mais sans l'aimer ; on le craignait comme un homme qui peut jeter un sort, faire sortir un mort de son tombeau, enrichir ou appauvrir à son gré une famille. Le hasard fit qu'il passait sur le quai Saint-Bernard, au moment où tout le quartier en émoi s'attroupait devant la maison, théâtre du crime ; on s'interrogeait, on frémissait, on se demandait les détails de ces assassinats, et M. de la Taille, plus curieux que pas un, multipliait ses questions. Lorsqu'il vit une petite fille pâle et couverte de sang, que des hommes compatissans portaient, disaient-ils, chez un médecin, afin de voir si on pourrait la rappeler à la vie, ce dont ils doutaient, M. de la Taille n'eut qu'à jeter un coup d'œil sur l'enfant pour la reconnaître. C'était une petite fille qu'un mois auparavant il avait guérie d'une fièvre tierce au moyen du quinquina, remède aujourd'hui populaire, et qu'alors on prenait pour une drogue infernale. Il vit disparaître l'enfant auquel il s'intéressait, et il courut chez la mère qui demeurait rue des Postes, derrière le Jardin-du-Roi. La mère n'était rien autre que la femme de Lecerf, l'agent dévoué et habile du lieutenant de police. M. de la Taille arriva chez la femme de Lecerf, poussé plutôt par un sentiment d'humanité que par la curiosité ; il voulait soigner cette enfant à laquelle il avait une fois déjà rendu la vie, et avertir la mère si la petite fille n'avait pas été rapportée chez elle. Dès la porte, il entend des rires, puis le refrain joyeux d'une chanson. Il entre et trouve debout, dans un baquet d'eau chaude, l'enfant toute nue que la mère épongeait avec soin et débarrassait des caillots de sang qui couvraient une peau blanche et rose, ferme et intacte. Mme Lecerf chantait, sa fille riait tout en mangeant une brioche. L'arrivée imprévue du médecin en même temps gentilhomme et magicien, fit pousser un cri à la femme de l'exempt, elle se leva épouvantée, l'éponge échappa de ses mains et tomba dans le baquet. L'enfant qui aimait l'homme qui l'avait soignée et guérie lui tendit les bras.

— Ah ! monsieur, s'écria Mme Lecerf, nous sommes perdus ; vous savez tout !

M. de la Taille ne savait rien, mais il comprit parfaitement que s'il voulait tout apprendre, il fallait avoir l'air de tout savoir. Il regarda l'enfant, puis la mère, et prenant un siége, il s'assit en disant :

— Sans doute, madame Lecerf, je viens du quai Saint-Bernard.... Allons, essuyez cette enfant et habillez-la... Elle peut prendre un rhume.

Mme Lecerf s'empressa d'obéir.

— Elle est assez émue pour cela, dit-elle, et il y a de quoi.

— Comment avez-vous pu vous résoudre à exposer ainsi votre fille ?

— Elle ne risquait rien, demandez-le lui ; parle, Marguerite, avais-tu bien peur ?

— Un peu, répondit l'enfant, mais pas beaucoup, mon père était là... Ce sont les hommes morts qui m'ont fait peur.

— Et que gagnerez-vous à tout cela ? dit M. de la Taille.

— Oh ! répondit la femme Lecerf, M. de Sartines n'est pas ingrat, on peut se fier à lui.

Dans cette courte conversation, tout le mérite de M. de la Taille avait consisté à amener Mme Lecerf à faire des aveux, sans lui adresser de questions directes. Sauf les détails, il savait donc ce qu'il voulait savoir, c'est-à-dire qu'il s'était passé sur le quai Saint-Bernard une tragi-comédie dans laquelle la fille de l'agent Lecerf avait joué un rôle dangereux, et que M. de Sartines n'était pas étranger à cette affaire. La femme Lecerf n'avait point été indiscrète; elle était persuadée que M. de la Taille pouvait à volonté se rendre invisible et se transporter où il lui plaisait. C'était pour elle un magicien, un homme qui lisait dans les astres et savait tout ce qui se passait sur la terre; elle ne lui avait donc rien appris qu'il ne sût déjà.

Sur ces entrefaites, l'exempt Lecerf rentra chez lui; il se troubla en voyant M. de la Taille, et n'eut besoin que de jeter un regard sur sa femme pour voir que son secret était dans les mains d'un homme que M. de Sartines n'aurait pas choisi pour son confident. Le lieutenant de police ne croyait ni à la chiromancie, ni aux sciences occultes; il croyait à l'intérêt qui vend les secrets les plus importans, ou au hasard qui les livre pour rien.

— Et, disait-il aussi, le hasard lui-même est souvent le résultat d'un calcul, et les indiscrétions forcées ont leur tarif.

Lecerf partageait sur M. de la Taille l'opinion de sa femme, il le regardait comme un être supérieur, et pensait que si le roi Louis XV avait voulu être bien informé de ce qui se passait dans son royaume, il n'aurait eu qu'à nommer M. de la Taille lieutenant de police ; mais il savait aussi que M. de Sartines ne partagerait pas son opinion, et que lui Lecerf était perdu si ce magistrat pouvait se douter de quelque indiscrétion. Il ferma sa porte au verrou et se jeta aux pieds de M. de la Taille :

— Monsieur, lui dit-il, puisqu'il y a quelques jours vous avez sauvé notre enfant malade, c'est que vous avez de l'amitié pour nous.

— Sans doute, Lecerf, mais relevez-vous, mon ami.

— Pas avant que vous n'ayez promis de nous donner la vie à tous.

— Je vous le promets, Lecerf, relevez-vous.

— D'ailleurs, dit Lecerf en se relevant, vous savez que tout ceci est pour un bien et ne nuit à personne.

M. de la Taille l'ignorait absolument; il flairait une friponnerie, et voulait apprendre au profit de qui M. de Sartines se compromettait ainsi. Qui voulait-on tromper? Le roi, la cour ou Paris? Voulait-on, au moyen de ce crime supposé, faire périr des innocens? Alors il était disposé à parler et à lutter, s'il le fallait, contre M. de Sartines lui-même. Il apprit du tremblant Lecerf que le lieutenant de police travaillait pour lui-même, qu'il s'agissait de tromper tout à la fois le roi, la cour, Paris et la France entière et que le but de ce charlatanisme était de faire croire à une habileté qui devait remplir d'effroi les assassins, les filous, et rassurer les bons citoyens.

M. de la Taille promit le secret, le garda et s'acquit ainsi le dévouement sans borne de Lecerf. C'était cet homme qu'il allait aborder, pour lui demander de se retirer sans emmener son prisonnier.

— Ah ! monsieur, s'écria Lecerf dès qu'il vit M. de la Taille, vous ici ! vous êtes l'ami de cette famille !

— Ce sont mes amis intimes, Lecerf, des amis pour lesquels je suis prêt à sacrifier ma fortune et ma position.

— Alors vous savez ce qui m'amène? reprit l'exempt, il s'agit de la Bastille... mais, monsieur, vous n'aurez qu'à dire un mot pour en tirer le prisonnier.

— Au contraire, Lecerf, s'il y entre il n'en sortira plus,... Il n'y entrera pas.

— Il n'est plus ici?

— Il y est.

— Mais vous n'avez qu'à vouloir pour le faire disparaître ?

— C'est possible, Lecerf, et je ne le ferai pas.

— Alors, reprit Lecerf joyeux, voici la lettre de cachet, le jeune homme est à moi.

— Écoutez-moi, Lecerf, il s'agit d'un duel. Le vaincu, qui est mort, il est vrai, avait tous les torts dans cette affaire, et c'était un homme plutôt craint qu'aimé à la cour.

— Je le sais, dit Lecerf.

— Le vainqueur, poursuivit M. de la Taille, a pris en main la cause de son père, une cause sacrée, et je ne sais pas pourquoi il n'a pas été tué, car il est allé se battre mourant. Je puis vous le montrer dans son lit, et vous verrez que la mort est dans ses yeux et sur ses lèvres.

— On aura tous les égards possibles, monsieur, je vous le jure, et il suffira de dire un mot à M. de Launay, gouverneur de la Bastille, pour que,..

— Point du tout ; vous allez retourner à Louveciennes, d'où vous venez, et vous direz que M. Léonce de Bridieu ne peut point quitter son lit. Il demeurera au château de Bridieu jusqu'à sa guérison, sur sa parole et sur la mienne,.. Je m'engage à le représenter quand on l'exigera, moi, seigneur de la Taille, son médecin ; si même vous voulez laisser ici un de vos agens, vous le pouvez,... mais j'entends que ce jeune homme demeure chez lui, et qu'il soit livré à mes soins, et à ceux de Bordeu, que j'ai envoyé chercher.

Lecerf s'empressa de dire qu'il obéirait et qu'il ne reviendrait que sur un second ordre.

— On ne vous le donnera pas, Lecerf, je vous en réponds; songez que M. de Bridieu est l'ami intime de la comtesse du Barry et du duc d'Aiguillon.

L'exempt quitta le château, et M. de la Taille remonta dans l'appartement de Mlle de Bridieu, Juana n'y était plus. M. de la Taille ne s'en inquiéta pas, et courut chez M. de Bridieu pour l'instruire de ce qui venait de se passer.

La Dauphine avait alors parmi les femmes de sa maison, Mlle Genet, récemment mariée à M. Campan, ancien secrétaire de la feue reine. C'est cette Mme Campan qui a laissé sur Marie-Antoinette des mémoires déjà cités.

— Je raconterai ce que j'ai vu, dit-elle, je ferai connaître le caractère de Marie-Antoinette, ses habitudes privées, l'emploi de son temps, son amour maternel, sa constance en amitié, sa dignité dans le malheur. J'ouvrirai en quelque sorte la porte de ses cabinets intérieurs, où j'ai passé tant de momens près d'elle, dans les plus belles, comme dans les plus tristes années de sa vie.

Mme Campan a tenu parole : si tout ne se trouve pas dans ses Mémoires, au moins tout ce qui s'y trouve est vrai, et on y rencontre aussi la preuve d'une fidélité injustement soupçonnée.

La Dauphine remercia ses deux beaux-frères et les quitta à la porte de ses appartemens. Elle entra ensuite chez elle avec l'impétuosité d'une femme qui a besoin de dissiper le doute qui l'obsède.

— Campan, dit-elle en apercevant la jeune femme, allez dans le cabinet des laques et apportez moi une cassette que vous connaissez, et dont vous savez que la clef ne me quitte jamais.

En parlant ainsi, elle tira de son sein une clef microscopique suspendue à une chaîne d'or.

— C'est bien elle, se dit-elle à elle-même, oui, c'est bien elle... malgré ce que dit le roi, excepté le Dauphin et Campan, personne ne l'a jamais touchée, personne même ne l'a vue... et cependaet le roi est instruit.

Mme Campan revintavec un cofret de bois de rose orné d'agrément en acier si finement travaillé, qu'aujourd'hui encore ils suffiraient à la réputation d'un ouvrier habile. Cette armure en acier était l'ouvrage du Dauphin, et si l'on suppose que ce prince empruntait le talent de son maître en serrurerie, le serrurier Gamain, il faut alors convenir que cet ouvrier était l'ouvrier le plus accompli de France et peut-être de l'Europe. La Dauphine prit le coffret, le tourna et le retourna dans ses mains pour voir si le couvercle n'avait pas été soulevé, la serrure forcée et si on pouvait apercevoir sur l'acier, la marque de la plus légère éraillure. Tout était intact, les veines du bois de rose s'épanouissaient sous un vernis clair et brillant, on se mirait dans l'acier dont rien ne rayait la surface polie. La clef joua avec facilité et le coffres'ouvrit. La Dauphine enleva un à un tous les papiers qui le remplissent; tout était à sa place et au fond, elle trouva cette liste écrite de la main de Marie-Thérèse et dont la copie se trouvait dans les mains du roi.

— Campan, s'écria-t-elle les larmes aux yeux, on me trahit et avec tant d'adresse, que les traîtres peuvent recommencer quand il leur plaira. Il suffit que vous ou moi fassions une absence d'une heure, pour leur livrer tous mes secrets.

Elle raconta ensuite à Mme Campan ce qui venait de se passer entre elle et le roi, et, les yeux attachés sur ceux de Mme Campan, elle regardait cette dame avec une persistance qui ne paraissait pas exempte de soupçon. Mme Campan répondit sans se troubler :

— Madame, Votre Altesse Royale n'a été trahie par personne ; à Versailles, le seul traître possible serait le serrurier Gamain, il n'y a que lui qui ait pu forger une clef pareille à celle de Votre Altesse, et pourquoi l'aurait-il fait ? Lorsqu'il a fabriqué cette cassette avec Mgr le Dauphin, personne ne pouvait deviner qu'elle serait un jour votre propriété, et comme il n'avait point d'intérêt à faire une double clef, il ne l'a pas faite. Gamain n'est point le coupable.

— Je n'aime pas trop cet homme, dit la Dauphine; n'importe, votre raisonnement est juste, Campan. Où serait donc le traître, selon vous ?

— A Vienne, madame, répondit résolûment Mme Campan; on a pu soustraire à votre auguste mère un papier bien moins important à Vienne qu'à Paris.

La jeune Dauphine se recueillit un moment. Elle éprouva cette anxiété fâcheuse qui germe dans le cœur des princes et les livre à des soupçons sans terme et sans fin. Négligée par son mari, peu aimée des princesses ses tantes, en butte à l'animadversion des d'Aiguillon, des Maupeou et de la favorite, Marie-Antoinette, dans cette cour corrompue et vénale, pouvait se croire livrée à toutes les trahisons et abandonnée aux délations de ses serviteurs les plus intimes. Cette jeune femme, debout devant elle, Mme Campan, accusait peut-être les alentours de sa mère pour égarer ses soupçons, et qui sait même si Mme Thibault, dont elle venait de sauver le fils, n'était pas la coupable?

Livrée à des doutes qu'elle ne devait jamais éclaircir, la Dauphine tenait encore dans ses mains le papier fatal qui la préoccupait si vivement lorsque la porte s'ouvrit, et sa première dame d'honneur, Mme la comtesse de Noailles, parut.

Les gens sincèrement attachés à la Dauphine, et plus tard à la reine, ont toujours regardé comme un de ses premiers malheurs, peut-être comme le plus grand qu'elle pût éprouver, à son arrivée en France, de n'avoir pas rencontré dans la personne naturellement placée pour être son conseil, une femme indulgente, éclairée et unissant à l'art de donner de sages avis, cette grâce qui décide la jeunesse à les suivre. Mme de Noailles n'avait rien d'agréable dans son extérieur, son maintien était roide, son air sévère. Elle connaissait parfaitement l'étiquette; mais, pour en démontrer l'importance, elle fatiguait la jeune princesse, qui l'appelait *Madame l'Etiquette*. Plus tard, l'amitié de la reine pour Mme Jules de Polignac augmenta encore le peu de sympathie que Marie-Antoinette et sa dame d'honneur avaient l'une pour l'autre. Cette dernière entra, la figure sérieuse, le front plissé et comme une femme dont la vanité est blessée.

— S. A. Royale, dit-elle, a vu le roi ce matin?

— Oui, comtesse.

— Et elle a obtenu la grâce du fils de la femme Thibault?

— Oui, le roi a bien voulu avoir égard à ma prière.

— Euh! euh! dit Mme de Noailles, cette femme est bien heureuse... elle ne méritait pas tant de bonté... elle n'a eu recours à Mme la Dauphine qu'après avoir essuyé les refus de Mme du Barry.

C'était une petite dénonciation dictée, non pas précisément par le désir de nuire, mais par la colère sourde qu'avait excitée chez la dame d'honneur une démarche dont elle n'avait pas été prévenue et qui s'était faite même à son insu : infraction grave à l'étiquette. Nous savons, du reste, que le fait qu'elle révélait était vrai.

— Mme Thibault a essuyé les refus de la personne dont vous parlez?

— Oui, madame, elle est allée se jeter aux pieds de Mme du Barry...

— Elle a bien fait, elle a bien fait! s'écria la Dauphine avec entraînement. Pour sauver mon fils, si j'en avais un, je me jetterais aux pieds de Zamore (1).

Mme de Noailles ne l'entendait pas de cette façon.

— Encore une, dit-elle avec un ton de reproche, qui vient solliciter Mme la Dauphine pour un frère ou un amoureux qui ce matin a tué son homme dans les bois de Marly... Je pense que Mme la Dauphine refusera de la voir.

Après ce qui venait de se passer chez le roi quelques instans auparavant, c'était, en effet, le parti le plus sage; mais les princes, non plus que les princesses, n'aiment pas qu'on leur dicte leur conduite, et l'air rogue et presque impérieux de Mme de Noailles était tel que Marie-Antoinette se décida à accorder une audience inutile plutôt qu'à suivre le conseil de sa dame d'honneur.

Elle renferma dans sa cassette tous ses papiers épars, ferma le petit meuble avec soin, et, le mettant dans la main de Mme de Campan :

— Portez ceci, Campan, dit-elle, à sa place accoutumée, et, sans rentrer, ne vous éloignez pas ; tenez-vous à la portée de ma voix.

Puis, se retournant vers Mme de Noailles:

— Vous dites qu'une jeune fille demande à me voir?

— Oui, madame.

— Une fille de condition?

— Mlle de Bridieu.

— Faites entrer, et veuillez bien, madame la comtesse, me laisser seule avec cette jeune personne.

Le moment était bien mal choisi pour la malheureuse Juana. Marie-Antoinette venait d'être froissée dans son affection pour sa mère et elle l'était aussi dans son orgeuil de femme. Le roi, tout en lui accordant la grâce demandée, l'avait blessée. Si Mme Thibault sa femme de chambre, s'était effectivement adressée à Mme du Barry, avant d'implorer son crédit à elle (et la Dauphine n'en doutait pas), il était pénible de songer

---

(1) Tout le monde connaît l'histoire de ce misérable nègre qui, comblé des bienfaits de Mme du Barry, la dénonça en 1794, et fut ainsi cause de sa mort.

qu'une femme à son service regardait le pouvoir de la maîtresse du roi comme supérieur au sien. Sans doute, une mère se jette aux pieds même de Zamore, mais c'est après avoir imploré en vain ses maîtres légitimes. La Dauphine se voyait donc livrée à un mari indifférent, à des princesses jalouses, à un roi dont la méfiance habile épiait ses secrets, et à des serviteurs vendus, qui se faisaient un jeu de la trahir, ou plutôt qui trouvaient dans leur trahison même un moyen de fortune. Dans des circonstances pareilles, on se prend d'ordinaire d'un grand mépris pour tous ceux qui nous entourent et pour les hommes en général. La jeune fille, qui allait paraître n'était pas précisément comprise dans ce mépris, mais il était naturel qu'au moins elle fût accueillie avec l'indifférence la plus complète.

Mlle de Bridieu entra.

Douée d'un instinct qui ne l'égarait jamais, Juana était vêtue de noir; soit parce que l'outrage fait à son père l'avait remplie de deuil, soit qu'elle eût pensé qu'allant paraître devant une grande princesse, ce costume convenait à une suppliante. Une robe noire la couvrait tout entière et ses cheveux sans poudre étaient retenus par une de ces longues épingles noires qui de nos jours font encore partie de la toilette de nos dames. Ses yeux paraissaient rougis par les pleurs, ses traits fins, délicats et un peu hardis, étaient altérés par une nuit d'insomnie et de douleur, et surtout par l'événement terrible et inattendu qui avait marqué pour elle le commencement de cette journée. Elle entra d'un pas timide et presque chancelant. Dès que ces deux personnes, qui se trouvaient en face l'une de l'autre, se furent regardées un seul instant, une reconnaissance mutuelle eut lieu. Juana reconnut la dame qui, en compagnie du prince de Ligne, lui avait fait des questions auxquelles elle avait échappé, et Marie-Antoinette, de son côté, fut frappée d'une figure qu'elle avait remarquée le matin même. Mme Campan nous apprend dans ses Mémoires que cette princesse était douée d'une excellente vue, une vue de lynx. « Lorsqu'elle se rendait à la chapelle, dit Mme Campan, dès les premiers pas qu'elle avait faits dans la longue galerie, elle avait découvert, jusqu'à l'extrémité de cette pièce, les personnes qu'elle devait saluer avec les égards dus au rang, celles à qui elle accorderait une inclination de tête, celles enfin qui devaient se contenter d'un sourire, tout en lisant dans ses yeux un sentiment de bienveillance fait pour consoler de n'avoir pas de droits aux honneurs. » On voit que quoiqu'accusée d'enfreindre les lois de l'étiquette, Marie-Antoinette savait néanmoins s'y conformer au besoin. Elle fut loin cependant de supposer qu'un téméraire eût osé prendre un déguisement pour pénétrer jusqu'à elle, mais elle crut fermement avoir sous les yeux la sœur du garde du corps coupable. Chose vraie, avec les modifications connues du lecteur. Juana se jeta aux pieds de la Dauphine, qui la releva aussitôt.

— Je sais ce que c'est, dit la princesse, un duel... un duel n'est-il pas vrai?... mon Dieu! j'y ai presqu'assisté... j'ai même vu le coupable... votre frère, mademoiselle.

— Le coupable? répéta Juana d'une voix douce et en répandant des larmes.

La Dauphine prit la main de la jeune fille.

— Ne pleurez pas, mademoiselle : quel nom voulez-vous que je donne à un acte pareil ?... il s'agit de votre frère jumeau n'est-il pas vrai? Jamais je n'ai vu une aussi grande ressemblance... Quel âge avez-vous mademoiselle?

— Dix-neuf ans, madame, répondit Juana, emportée par la vérité, et ne soupçonnant pas la conséquence que la Dauphine allait tirer de ses paroles.

— Dix-neuf ans! dit la princesse... votre frère jumeau !.... il est bien jeune pour être dans les gardes du corps.

Une vive rougeur colora la figure de Juana, elle baissa la tête et répondit en tremblant.

— Mon frère et moi ne sommes pas jumeaux, madame, M. de Bridieu est mon aîné.

— De combien, mademoiselle?

— De sept ans, madame.

— Quelle ressemblance ! quelle ressemblance ! dit la Dauphine, en vérité c'est à n'y pas croire. Enfin, mademoiselle, que désirez-vous de moi?

Juana fit un récit succinct des événemens qui s'étaient succédé depuis la veille; elle ne cacha que son amour pour le jeune Raoul de l'Estrades : mais quand il lui fallut raconter l'injure soufferte par son père, elle présente, Juana mit dans ses paroles et dans son accent un si grand feu, une animation si violente que la Dauphine fut étonnée de cette ardeur de vengeance qui animait encore la jeune fille.

— Calmez-vous, mademoiselle, lui dit-elle, votre ennemi est mort, la tache est effacée.

Et elle arrêtait ses regards pénétrans sur Mlle de Bridieu.

Le sang espagnol dont avait hérité la jeune fille enflait ses veines et enflammait son cerveau ; la princesse allemande plus calme, et qu'un tempéramment doux rendait toujours maîtresse d'elle-même, tomba dans une méditation profonde. On demandait à Marie-Antoinette une chose d'autant plus juste, que dans cette affaire le coupable avait succombé ; c'était une espèce de jugement de Dieu. Elle-même venait d'obtenir la grâce d'un homme dont le cas était tout contraire. M. Thibault avait été en même temps l'insulteur et le vainqueur. Si un duel était forcé et même on peut dire juste, c'était celui pour lequel le jeune de Bridieu venait demander merci par l'organe de sa sœur. Mais la Dauphine, après ce qui venait de se passer avec le roi, comprenait qu'elle ne pouvait pas aborder une seconde fois Sa Majesté. Il lui arrivait donc ce que redoutent le plus les princes : on lui demandait une chose au-dessus de son crédit et de son pouvoir.

D'ailleurs, Marie-Antoinette était mal disposée : mécontente au fond du cœur de Mme Thibault qu'elle accusait d'avoir sollicité Mme du Barry ; à peu près certaine d'être trahie par ses serviteurs, sans qu'elle pût cependant découvrir le coupable, elle était dans un de ces momens où les princes supposent qu'on ne peut les aborder que pour les tromper, où on emploie le mensonge pour les abuser, ou bien les larmes, les sanglots, l'excès de la douleur comme autant de moyens nécessaires pour les séduire et les attendrir... Rôles appris dont l'exagération est calculée.

— Ah! madame, s'écria Juana douloureusement blessée d'une froideur dont la cause lui échappait, la famille de l'Estrades est puissante, et nous n'avons d'espoir qu'en vous.

— Je vois, mademoiselle, que vous ignorez combien le roi est sévère pour ces sortes d'attentats. Je viens de l'éprouver, et je serais certaine d'être refusée si je m'aventurais encore à solliciter sa clémence.

— Qui pourrait rien vous refuser? dit alors Juana en levant ses yeux mouillés de larmes sur la Dauphine, assez belle en effet pour qu'il fût bien difficile de lui résister.

Mais il semblait que, dans ce moment fâcheux, rien ne pouvait adoucir l'humeur de la princesse.

—Elle a essayé des larmes, du désespoir, pensa-t-elle, voici le tour de la flatterie.

— Mademoiselle, dit-elle froidement à la jeune fille, dont l'accent, la parole et l'attitude même la suppliaient en même temps, je ne puis rien pour vous, si ce n'est vous donner un conseil : Que votre frère fuie, qu'il s'échappe, qu'il s'éloigne de Versailles, de Marly, de Paris et même de la France. Les affaires de duel s'arrangent toujours, avec le temps ; l'essentiel est de se mettre hors de la portée de la justice du roi.

— Ah! madame, s'écria Mlle de Bridieu, qui pour la seconde fois dans ce court entretien se laissa emporter par la vérité, le malheureux le peut-il? Fuir, quitter la maison de notre père et même la France! mon frère ne peut pas même quitter son lit! Affaibli par une fièvre dévorante, arrivé peut-être aux derniers jours d'une maladie mortelle, il est incapable de faire un pas, et...

— Vous vous trompez, mademoiselle, dit la Dauphine en élevant la voix, ou sans doute c'est moi que vous trompez. Celui qui vous a fait la leçon, quel qu'il soit..... le coupable peut-être, ne vous a pas appris exactement tout ce qui s'est passé. Je suis mieux instruite que vous ne croyez..... je connais votre frère... je l'ai vu, moi... ce matin même... après son duel... Il ne peut pas faire un pas, dites-vous? et ce matin, sous mes yeux, il franchissait les halliers, sautait les fossés, et sa course était si rapide, que, quoiqu'il ait parfaitement entendu mon appel, il n'a pas daigné s'arrêter un moment pour répondre à mes questions... Un garde du corps qui est assez peu galant pour ne pas venir à la voix d'une femme!... Et, mademoiselle, je dois ajouter que cette femme était la première princesse de France — la Dauphine — qu'il n'a pas pu méconnaître. MM. les gardes du corps me voient tous les jours.

A ces terribles paroles, Mlle de Bridieu fut sur le point de tomber aux genoux de Marie-Antoinette et de lui avouer la vérité tout entière. Il n'y avait pas d'autre moyen de la tirer d'erreur et de l'adoucir. Mais le secret qu'elle allait divulguer était-il le sien? L'honneur de son frère n'était-il pas attaché à son silence ? et enfin la Dauphine dont la figure annonçait le plus vif mécontentement, voudrait-elle ajouter foi à un fait si singulier qu'il était à peine croyable? Juana baissa les yeux, garda le silence et pleine de trouble attendit l'orage qui allait éclater.

— Campan! Campan! s'écria la Dauphine.

Mme Campan attendait dans une pièce voisine : elle se présenta sans retard.

— Campan, dit Marie-Antoinette, reconduisez mademoiselle.

Mme Campan prit la main de Mlle de Bridieu, et se tournant avec la jeune personne devant la Dauphine, toutes deux firent une profonde révérence, et sortirent à reculons de l'appartement de la princesse. Mme Campan ne tarda pas à y rentrer.

— Eh bien ! Campan, demanda la princesse avec vivacité, que vous a-t-elle dit?

— A moi, rien, madame; mais cette jeune personne se parlait à elle-même : Cela vaut mieux ainsi, se disait-elle, oui, cela vaut mieux. Personne ne saura rien, pas même M. de la Taille qui m'épie comme un chat qui veut se rendre maître d'une souris.

— Vous le voyez, Campan, s'écria la Dauphine, encore une qui vient pour me tromper, pour m'abuser, pour me mentir.

Mme Campan voulut dire que la figure de Mlle de Bridieu lui paraissait porter l'empreinte de l'ingénuité même, et qu'il lui paraissait plutôt nuisible qu'utile de mentir, lorsqu'on vient solliciter une grâce, et qu'on avoue le fait principal.

— Taisez-vous, Campan, dit Marie-Antoinette, vous ne me paraissez pas faite pour vivre à la cour, ou du moins pour y faire fortune.... Vous êtes trop candide, Campan : on livre mes secrets au roi ; le traître n'est pas à Versailles, il est à Vienne ; une de mes femmes abuse de ma bonté, me compromet auprès du roi, et...

— Madame, si Mme Thibault, se hâta de dire Mme Campan, a eu recours à Mme du Barry avant de s'adresser à vous, elle est coupable, mais le fait n'est pas prouvé.

— Enfin, continua la Dauphine, cette jeune fille qui sort d'ici entasse mensonges sur mensonges pour me pousser à une démarche compromettante, et vous... vous Campan, vous trouvez qu'elle a l'air ingénu ? Ah ! que je suis malheureuse ! s'écria la princesse en mettant son mouchoir sur ses yeux.

Mme Campan savait que lorsque ces orages soudains passaient sur le château de Versailles, loin de leur présenter une aiguille aimantée, il convenait de ne pas même troubler l'air par le bruit d'une parole. Elle se tut donc d'abord, puis se hasarda à dire à demi-voix que l'heure du dîner était arrivée et que M. le Dauphin était déjà dans la salle à manger.

— C'est bien, Campan, dit la Dauphine ; mais quel est donc ce M. de la Taille ?

Mme Campan répondit qu'elle l'ignorait absolument, et Marie-Antoinette alla rejoindre son époux.

CHAPITRE IV.
L'avenir.

Un des hôtes les plus assidus de Louveciennes, de Marly, de Versailles, et même de l'hôtel de Mme du Barry, rue de la Jussienne, quand la favorite y passait quelques jours, était la maréchale de Mirepoix, de la maison de Beauvais. Sous Louis XIV, le type du parfait courtisan était le duc d'Antin; sous le règne de Louis XV ce fut Mme de Mirepoix. Nous n'avons pas besoin d'ajouter que le duc mit à jouer son rôle plus de dignité, la maréchale plus d'astuce et de finesse. C'était une femme charmante, et qui conserva sa grâce, son amabilité, son esprit, jusqu'à la plus extrême vieillesse. Avide, non pour amasser, mais pour jouer : le jeu lui enlevait ce que son extrême habileté arrachait à l'avarice du roi. Elle avait été l'amie de Mme de Châteauroux, son esprit souple et insinuant avait séduit et presque fasciné Mme de Pompadour, et au moment dont nous parlons elle dominait la facile Mme du Barry, par le cynisme de ses aveux : en vieillissant la maréchale était devenue franche. Ainsi liée avec Cotillon Ier, Cotillon II et Cotillon III, elle était le répertoire vivant de la vie de Louis XV qui l'interrogeait dans les moments où sa mémoire faiblissait, et dont le plaisir n'était pas complet lorsque la maréchale n'assistait pas à ses soupers. Mme de Mirepoix profitait de cette faveur pour faire l'éducation de la comtesse et en tirer l'argent dont elle avait incessamment besoin. Un jour, Mme du Barry, blessée d'un trait d'égoïsme du roi, dont elle avait été le témoin la veille, exprimait son déplaisir à la maréchale.

— Ah çà ! lui répondit celle-ci, en la regardant fixement, est-ce qu'il vous prendrait fantaisie de faire du pathos dans le lieu où nous sommes ? Je vous avertis que vous en seriez pour vos frais. Il faut savoir se contenter ici des apparences et ne rien examiner jusqu'au fond.

— Il n'y a donc ici rien de réel ? demanda la comtesse.

— Oui, répondit la maréchale ; mais deux choses seulement : le pouvoir et l'argent; le reste n'est que contes bleus.

— Mais vous ne m'aimez donc pas véritablement, vous ?

— Vous me faites-là une question bien malhonnête, répondit la maréchale, prise au piége, mais incapable de se déferrer, étant trop grande dame pour cela, oui, je vous aime, et beaucoup, et plus qu'aucune femme de la cour; mais il y a loin de là à l'héroïsme des Pylade et des Oreste; je vous tromperais si je vous affirmais le contraire, et il n'y aurait pas le sens commun à ajouter foi à mes paroles. On a trop d'affaires, d'intrigues, de tracas ici pour songer aux autres : on ne vit uniquement que pour soi; ainsi, tenons-nous bien toutes deux, et nous nous aimerons longtemps.

Voilà la morale que la maréchale de Mirepoix insinuait dans l'oreille de Mme du Barry, tout en parcourant, vers les dix heures du matin, les vertes allées de Louveciennes. La maréchale jetait ses regards à droite et à gauche, craignant toujours de voir apparaître entre deux chênes le comte Jean, grand demandeur d'argent, qu'elle regardait comme un ennemi dangereux et un rival redoutable, car, lui aussi, accablait la comtesse, sa belle-sœur, de ses exigences de tous les jours. Mme du Barry écoutait d'un air distrait la maréchale, et ses beaux yeux s'arrêtaient sur le péristyle du pavillon doré; il lui semblait toujours qu'elle allait voir paraître M. de Cossé-Brissac qu'elle commençait alors à distinguer plus qu'il n'eût convenu à Sa Majesté, si elle eût pu en être instruite.

— Je parie, comtesse, dit la maréchale, que vous attendez quelqu'un?

— Vous perdriez, Mme la maréchale. Je suis toute à ce que vous me dites.

— Alors, dites-moi, ma belle, si vous pourriez tirer du roi une cinquantaine de mille livres en billets de caisse ou en louis d'or. J'ai joué d'un malheur effroyable cette nuit chez le duc de la Vauguyon.

— Ah! s'écria la comtesse, comme pour donner un démenti à ce qu'elle venait de dire un moment auparavant; le voilà! le voilà!

— Celui que vous n'attendez pas, comtesse, repartit en riant la maréchale.

Mme du Barry rougit légèrement; la maréchale ajouta :

— Sur mon honneur, comtesse, je ne veux pas surprendre vos secrets si vous en avez; mais je ne crois pas que la visite qui nous arrive puisse vous émouvoir.

— Vous avez raison madame, dit Mme du Barry, ce n'est pas là le personnage auquel je songeais. Vous avez de meilleurs yeux que les miens, madame la maréchale.

— Et vous de plus beaux, comtesse, répondit la flatteuse maréchale.

— Il me semble, reprit la comtesse, que c'est là M. de Bridieu.

— C'est lui, en effet, dit la maréchale. Vive Dieu! comme disait feu le maréchal, il est tatoué comme un sauvage : on dirait qu'il s'est fait fouetter le visage avec des orties.

— Mon Dieu! s'écria la comtesse en frappant d'impatience ses petites mains l'une contre l'autre, geste qui lui était familier, pourquoi cet homme n'est-il pas à Reims, où M. d'Aiguillon l'a envoyé avant-hier?

La maréchale poussa un grand éclat de rire :

— Ne voyez-vous pas, comtesse, dit-elle, que ce sont les Rémois qui l'ont ainsi accommodé.

La plaisanterie était hors de propos, puisque, si le fait eût été vrai, il aurait porté une grave atteinte à l'autorité du roi; mais nous devons avouer que la légèreté habituelle de Mme du Barry lui en déroba la portée, et qu'elle rit beaucoup en songeant à la grimace qu'avait dû faire M. de Bridieu, un officier du roi, ainsi accueilli par les habitans de Reims.

Cependant M. de Bridieu, s'appuyant sur sa canne, s'avançait lentement vers la favorite, qui de son côté fit quelques pas au devant de lui. Mme du Barry joignait aux défauts des femmes de sa sorte les qualités qu'on leur attribue; elle était compatissante et bonne. Dès qu'elle vit M. de Bridieu, le visage défiguré par les violences de M. de l'Estrades, dès qu'elle aperçut ce vieillard le front pâle, la figure blême, elle oublia la plaisanterie audacieuse de Mme de Mirepoix, l'accès de gaîté auquel elle venait de se livrer, et eut pitié de ce vieillard, qu'un accident qu'elle allait sans doute apprendre avait mis en péril.

— Vous êtes souffrant, monsieur, lui dit-elle, vous avez fait une chute, et voilà la raison qui vous a empêché de partir pour Reims?

Mme de Mirepoix, inquiète et curieuse, se trouvait quelques pas en arrière, et, loin d'oser avancer, elle craignait qu'une discrétion, assez naturelle, ne la forçât de s'éloigner encore. M. de Bridieu s'aperçut de cette crainte, et après avoir salué profondément la comtesse il fit quelques pas vers la maréchale et lui adressant quelques mots polis, il lui donna à comprendre qu'elle n'était pas de trop dans la conversation qui allait s'engager. Celle-ci s'empressa de se rapprocher et de se placer auprès de la comtesse. Au même moment M. de Bridieu pâlit, ses genoux se dérobèrent sous lui, et il fut sur le point de se trouver mal.

— Débarrassons-nous, au plus tôt, de ce moribond, dit Mme de Mirepoix dans l'oreille de la comtesse; il est capable de tomber mort à nos pieds, dans cette allée même, et si la chose arrivait, le roi ne viendrait plus dans votre joli pavillon de Louveciennes.

Mme du Barry fut agitée par un sentiment moins égoïste.

— Monsieur, dit-elle, en s'avançant vers M. de Bridieu, vous êtes souffrant, peut-être même fort malade; rentrons au pavillon, nous y trouverons Bordeu, mon médecin, et il vous donnera les soins qui vous sont nécessaires.

— Non, madame, répondit M. de Bridieu, qui revint un peu à lui, ce n'est rien... un peu de faiblesse, pas davantage... Oh! madame, j'ai encore une longue carrière à parcourir.... D'ailleurs, Bordeu n'est pas chez vous, madame la comtesse... Oh! je le connais; je l'ai bien souvent consulté; il est aussi mon médecin... Il y a cependant chez vous un médecin aussi habile que Bordeu, un bon gentilhomme, qui n'a pas osé me suivre jusque dans ces allées, parce qu'il n'a pas eu l'honneur de vous être présenté : M. de la Taille. Si vous vouliez permettre qu'on l'appelât, il me donnerait un cordial...

— Rentrons, monsieur, allons rejoindre votre médecin.

Mais M. de Bridieu déclara que le grand air lui faisait du bien, et qu'il venait d'éprouver un moment de malaise dont il était déjà revenu. Il y avait à Louveciennes un hôte dont nous avons déjà parlé : le nègre Zamore, enfant alors âgé de dix à douze ans, que le roi, dans un moment de bonne humeur, avait nommé gouverneur de Louveciennes, et qui, s'il n'en faisait pas les fonctions, en touchait au moins les revenus. C'était pour la favorite ce qu'est une perruche pour une odalisque, un petit chien pour une vieille duchesse devenue dévote, et une poupée de Nuremberg pour une petite pensionnaire; ce qui n'empêcha pas la comtesse d'être constamment la bienfaitrice de cet enfant, qui, devenu homme, la conduisit à l'échafaud. Zamore courait dans les carrés de fleurs qui entouraient les allées, et il attrapait des papillons.

Mme du Barry l'appela et lui donna l'ordre de conduire auprès d'elle un gentilhomme qu'il trouverait dans un salon tendu de bleu, espèce d'antichambre où l'on retenait les personnes qui, si elles ne parvenaient pas jusqu'à la comtesse, devaient cependant être traitées avec une certaine considération. Zamore partit et M. de Bridieu profita de l'attention qu'on lui donnait et de l'intérêt que lui montrait la comtesse, pour raconter le but de sa visite matinale.

Quoique M. de l'Estrades fût un voisin très proche, le bruit de son duel n'était pas encore arrivé à Louveciennes, où, d'ailleurs, on prisait très peu ses habitudes violentes, et la hauteur de Mme la comtesse de l'Estrades qui, loin de ployer le genou devant la favorite, ne lui rendait pas même les plus légères civilités de voisinage. Mme du Barry reprochait même au duc d'Aiguillon ses bontés pour M. de l'Estrades; favoriser un tel homme, c'était, lui disait-elle, ne pas rompre avec ses ennemis. Quand elle apprit de M. de Bridieu que le gouvernement de Reims avait été la cause de l'insulte et du combat, d'une part, elle vit avec plaisir que, dans cette occasion, le duc avait abandonné, pour lui complaire, un homme qu'il protégeait, et, de l'autre, il lui sembla qu'elle-même étant pour quelque chose dans cette affaire, puisque le gouvernement de Reims en était le motif, elle devait sa protection à la famille de Bridieu.

Elle était encore poussée à prendre ce parti par une autre circonstance.

Si elle ignorait la mort de M. de l'Estrades, son voisin, elle connaissait parfaitement la grâce que venait d'obtenir le jeune Thibault par le crédit de la Dauphine. On apprend avec rapidité ce qui touche personnellement, quand amis et ennemis sont également avides d'exploiter votre faveur ou de profiter de votre disgrâce. Or, le roi lui avait refusé cette grâce, à elle; il est vrai qu'elle avait mis peu de vivacité à solliciter Sa Majesté; cependant elle avait une revanche à prendre; elle voulait prouver que sa faveur ne baissait pas, que son pouvoir était toujours le même et qu'elle n'en était pas réduite à ne pas obtenir ce qu'on accordait à la Dauphine. Il s'agissait ici d'ailleurs d'un bon gentilhomme, cruellement offensé et réduit au duel sous peine de dégradation nobiliaire, d'une famille que la comtesse savait connue et estimée du roi.

— M. de Bridieu, dit-elle, ne craignez rien, je vous promets la grâce de votre fils. Sa Majesté me l'accordera, ou la comtesse du Barry sortira du royaume, si elle y est si peu de chose qu'elle n'y puisse obtenir la vie et la liberté d'un gentilhomme outragé.

—Que dites-vous, ma toute belle, s'écria la maréchale, vous promettez plus que vous ne pourrez tenir peut-être. M. de Bridieu se contentera de votre bonne volonté, sans que vous mettiez à une telle condition la faveur que vous demanderez pour lui.

— Non, non, reprit la comtesse, j'obtiendrai la grâce de M. de Bridieu, ou Sa Majesté me retirera ses bontés; j'y suis résolue.

— Permettez, M. de Bridieu, j'ai besoin de dire deux mots à la comtesse ; non contre vos intérêts, monsieur, mais pour l'éclairer sur la façon dont il faut conduire cette affaire.

Et Mme la maréchale, après avoir ainsi condamné M. de Bridieu à ne pas insister davantage, prit le bras de la comtesse et l'entraîna dans une allée voisine.

— Que faites-vous, comtesse, lui dit-elle, vous vous perdez. Il est très dangereux de mettre ainsi aux rois le parti en main, surtout avec un roi tel que Louis XV, vieux et têtu; ma belle amie, ne l'oubliez pas, tous les vieillards sont têtus... Spirituel, habile, jaloux de son autorité, je ne le nie pas, mais...

— J'imagine, madame la maréchale, que vous ne voudriez pas que le roi pût entendre une de ces paroles.

— Non certes.

— Hein! que diriez-vous si le roi était caché derrière un de ces gros arbres ?

Mme de Mirepoix eut un moment de frayeur, elle pâlit, puis reprenant son assurance ordinaire :

— Non, comtesse, vous n'êtes point capable d'une trahison pareille dans un moment où je vous donne une grande preuve d'amitié... Oui, comtesse, le roi est plus fin que nous; ce qu'il semble accorder, il l'a résolu d'avance, ou bien nous l'arrachons à son indifférence.

— Avouez, madame la maréchale, que vous avez peur que je n'use mon crédit en faveur de M. de Bridieu, parce que vous en avez besoin pour vous-même.

— Il y a un peu de vrai dans tout cela, comtesse, il est d'usage de commencer toujours par penser à soi. Ici, au contraire, au lieu de songer à mon intérêt, je m'occupe du vôtre. Je ne vous dis pas d'abandonner M. de Bridieu, je vous prie seulement de ne pas jouer votre position pour une affaire qui vous est étrangère. N'allez pas contrarier le roi pour si peu... lui parler de quitter Versailles...

—Et la France! s'écria Mme du Barry emportée par la colère.

—Voilà une chose, dit à son tour Mme de Mirepoix, que ni Mme de Châteauroux, ni Mme de Pompadour, qui était fort habile, n'auraient osé faire.

— Eh bien ! dit Mme du Barry, en frappant sur sa cuisse, geste peu noble et rarement en usage à Versailles; eh bien, ce que n'ont fait ni Cotillon Ier, ni Cotillon II, Cotillon III le fera.

Cette repartie, qui prouvait que Mme du Barry connaissait les boutades du grand Frédéric, allait être suivie de quelques autres protestations énergiques, lorsque Zamore se présenta devant sa maîtresse, suivi de M. de la Taille.

Le petit nègre avait l'air en même temps boudeur et craintif; on eût dit que le gentilhomme, usant de familiarités permises avec un enfant de sa couleur, avait corrigé Zamore, pour punir convenablement quelques grimaces dont le gouverneur de Louveciennes gratifiait souvent les visiteurs de la comtesse, ou bien que la figure un peu sévère et l'œil perçant de M. de la Taille effrayaient Zamore, qui n'osait pas se livrer à ses gentillesses accoutumées. L'ami de M. de Bridieu, le nécromancien, que le comte Jean du Barry avait chargé quelques jours auparavant de faire le thème de nativité de la comtesse, et qui reculait devant la nécessité d'avouer la catastrophe sanglante amenée par ses calculs, avait saisi avec avidité l'occasion de voir Mme du Barry, et accompagné M. de Bridieu, dans l'espérance que celui-ci trouverait peut-être l'occasion de le présenter. On voit que cette occasion s'offrit d'elle-même. Il suivit donc Zamore, tout préoccupé, non de la demande de M. de Bridieu, mais des images funestes qui le poursuivaient, et se trouvant tout d'un coup devant la comtesse, il leva les yeux et fit un cri. M. de Bridieu, qui n'était qu'à quelques pas, comprenant que le tête-à-tête des deux dames était rompu par l'arrivée d'une troisième personne, se hâta d'accourir.

La comtesse se mit à sourire : femme d'une merveilleuse beauté et d'une grâce dans sa personne, qui rehaussait encore les charmes de sa figure, elle prit le cri de M. de la Taille pour un cri d'admiration, et le fait n'eût pas été nouveau.

— Approchez, monsieur, dit-elle, et elle montrait du doigt M. de Bridieu, qui s'avançait, votre ami a besoin de vos secours. J'espère, ajouta-t-elle après avoir jeté un regard souriant au docteur, que vous partagerez l'avis des médecins du roi... Vous êtes médecin, monsieur?

— Oui, madame, répondit M. de la Taille en s'inclinant.

— L'air de Marly est mortel pour M. de Bridieu, poursuivit Mme du Barry, et il ne saurait trop tôt s'éloigner ; aussi nous l'envoyons à Reims, où sa santé refleurira : n'est-ce pas aussi votre opinion, monsieur ?

Il était facile de voir que c'était là, du moins, l'avis de la belle comtesse, qui, pour une raison ou pour une autre, voulait éloigner M. de Bridieu. Mais M. de la Taille n'entendait pas : absorbé dans une contemplation muette, la tête remplie d'images qui voltigeaient devant lui, sans qu'il pût les chasser, il voyait malgré lui cette femme se débattant dans les mains du bourreau; il la voyait les cheveux épars; le front pâle, les lèvres entr'ouvertes, et toujours belle, demandant grâce et reculant épouvantée aux approches d'une mort horrible.

— Que fera donc cette femme? pensait-il ; conspirera-t-elle ? préparera-t-elle quelque poison pour tuer le roi! quelque poignard plus sûr que le canif de Damiens?

Et des larmes involontaires roulèrent sur ses joues.

— En voilà encore un qui va se trouver mal, dit Mme de Mirepoix. Les médecins de Sa Majesté ont raison, décidément l'air de Marly est dangereux.

M. de Bridieu s'avança vers M. de la Taille et lui prenant la main :

— Je vous en supplie, mon cher monsieur de la Taille, lui dit-il, ne me cachez pas la vérité : pensez-vous que véritablement l'air de Marly soit un poison pour moi?

Le naturel reprenait le dessus, et le père oubliait le danger que courait son fils pour songer au sien propre.

— Eh bien ! répéta M. de Bridieu, vous avez entendu Mme la comtesse, donnez-nous votre avis.

— Qu'est-ce donc ? s'écria Mme du Barry, qui vit les larmes qui couvraient les joues de M. de la Taille, vous pleurez, monsieur, peut-être avez-vous quelque chose à me demander pour vous-même ? peut-être...

La licence des mœurs d'alors, que la comtesse du Barry connaissait parfaitement et dont son existence à la cour offrait la preuve la plus frappante, était telle, que la favorite pensa que M. de la Taille était plus intéressé qu'il ne pouvait l'avouer, à la grâce que sollicitait M. de Bridieu. Elle avait, en effet, devant elle un homme de cinquante ans environ, d'une taille élevée, d'une santé vigoureuse, et dont les traits réguliers et accentués avaient dû, vingt-cinq ans auparavant, être assez beaux pour plaire. Cet homme était l'ami et surtout le médecin d'un vieillard valétudinaire et cacochyme, sur lequel il était facile de prendre un empire absolu, et il était possible que le jeune duelliste qu'il s'agissait de sauver, ne portât pas précisément le nom de son vrai père ; la chose était loin d'être sans exemple à la cour et ailleurs. Une fois que cette idée se fut emparée de la jeune femme, elle prit chez elle une certitude complète. M. de la Taille, qui pleurait involontairement, implorait silencieusement une grâce qui le touchait de bien près, et il fallait à tout prix le rassurer.

— Venez avec moi, monsieur, lui dit-elle, je vois que vous avez besoin de m'éclairer sur la santé de votre ami. Ces allées sont longues, monsieur, et Mme la maréchale me permettra de la quitter un instant pour vous entretenir.

Elle prit M. de la Taille par le bras et lui fit faire en courant une vingtaine de pas, afin de l'éloigner des regards avides et des yeux perçans de Mme de Mirepoix.

— Quand je veux parler franchement à quelqu'un, dit-elle enfin à M. de la Taille, je m'éloigne de la maréchale; elle me déconcerte, elle arrête la vérité sur mes lèvres.

— Une figure de fouine, dit M. de la Taille.

— Mon amie intime, reprit Mme du Barry.

— Qui vous dépouillerait sans remords de votre dernier bijou.

— C'est ce que dit le comte Jean.

— Celui-là veut que la curée soit pour lui seul. Et cette vieille dame, poursuivit M. de la Taille, en désignant du regard la maréchale de Mirepoix, est insatiable parce qu'elle est joueuse.

— Vous la connaissez donc ? dit Mme du Barry.

— Nullement, madame, répondit M. de la Taille en s'inclinant, je vois cette dame pour la première fois. Je ne sais qui elle est. J'ignore jusques à son nom.

— Mais alors, monsieur, vous êtes devin?

— Oui, madame, répondit gravement M. de la Taille ; c'est un don qui est dans ma famille depuis plus de trois cents ans, et qui peut-être mourra avec moi, car je n'ai point de fils, je n'ai qu'une fille, et j'ignore si mon petit-fils — quand j'en aurai un — héritera du privilége accordé aux de la Taille.

— Ah ! monsieur, dit en souriant Mme du Barry, vous n'avez point de fils; en êtes-vous bien sûr?... Comment! pas même un fils qui ne porte pas votre nom?

— Non, madame, dit M. de la Taille avec assurance, le sang des de Bridieu coule dans les veines du jeune homme, pour lequel mon ami et moi nous venons implorer votre protection.

La comtesse, presque épouvantée de se voir ainsi devinée, pâlit légèrement, fit un pas en arrière et baissa les yeux.

— Monsieur, murmura-t-elle...

— Madame, reprit M. de la Taille sans rien perdre de son assurance, voulez-vous me permettre de vous parler de Marly et de l'air qu'on y respire? Cet air est excellent, pur, presque balsamique, et il ne peut pas nuire à la santé de M. de Bridieu. Du reste, soyez sans inquiétude, la présence à Marly de M. de Bridieu sera sans influence sur votre destinée; il peut y demeurer sans vous porter ombrage. Qu'il soit à Reims, qu'il soit à l'Etang-la-Ville, peu importe : les fils de votre vie, à tous deux, ne se touchent par aucun point. Ne vous inquiétez pas de lui, madame, mais songez à vous.

— A moi, monsieur? est-ce que vous allez me prédire l'avenir?

— Je vais vous en dire assez, Mme la comtesse, pour le conjurer.

Cette femme gracieuse et bonne avait amolli le cœur de M. de la Taille, qui, sans lui dire la vérité, voulut du moins éloigner l'avenir qui la menaçait, si la chose était possible.

— Prenez garde, monsieur, dit encore en riant Mme du Barry, j'ai déjà un devin.

— On vous a prédit l'avenir, madame? Vous savez le sort qui vous attend?

— J'ai un jeune devin, dit Mme du Barry.

— Ah! je comprends...

— Non, monsieur, vous ne comprenez pas. Il s'agit d'un jeune homme dont je ne sais pas même le nom; grand, bien fait, élégamment vêtu d'un habit de velours bleu galonné d'or, une veste de satin blanc, des jambes comme celles de l'acteur Grandval, la figure un peu sombre... Il m'a fait peur. C'était avant ma fortune, monsieur; j'étais alors,.. dit Mme du Barry avec un peu d'embarras.

— Passons, Mme la comtesse, passons, dit M. de la Taille.

— J'étais alors à Paris, reprit Mme du Barry après avoir repris un peu d'assurance, ce jeune homme me suivait avec une obstination qui excitait ma curiosité : je lui facilitai les moyens de m'aborder, sans me rendre compte des motifs qui me faisaient agir, car un peu d'effroi se mêlait à l'attrait involontaire qui me poussait vers lui. Enfin, un jour j'étais seule aux Tuileries, dans une allée sombre, le soleil se voila tout d'un coup, ce petit vent qui précède l'orage souleva la poussière; j'étais dans une demi-obscurité qui m'effraya. Je levais les yeux, et vis debout devant moi mon poursuivant inconnu.

— Ne vous effrayez pas, me dit-il; tant que vous me verrez en velours brodé, je ne serai point à craindre.... Vous me reverrez, et un jour, hélas! en habit noir; alors, tremblez.

— J'étais si troublée, que je n'eus pas la force de me plaindre du ton solennel et un peu rude de mon inconnu. Celui-ci était fort tranquille et fort calme.

— Ecoutez-moi, mademoiselle, me dit-il, au milieu du vent qui soufflait et de la poussière qui m'aveuglait :

— Vous serez reine de France... Vous me croyez fou? Ecoutez encore : il n'y aura rien d'aussi extraordinaire après votre élévation que votre fin.

Et il disparut.

— Vous voyez, monsieur, continua Mme du Barry, que mon premier devin a eu raison, me voilà reine de France... à la façon de Mme de Pompadour. Il ne me reste plus qu'à savoir de quelle manière je terminerai le rôle que je joue.... Il paraît que vous êtes mon second devin, celui qui doit me dire le dernier mot de l'énigme de ma vie. Parlez, monsieur.

— Je vous ai dit, madame, répondit M. de la Taille, que l'air de la forêt de Marly était excellent pour M. de Bridieu; il est mortel pour vous, fuyez, madame, il en est temps encore...

M. de la Taille allait continuer, lorsque, d'un côté, on entendit ce bruit de branches froissées que produit un sanglier en courant dans les halliers, et, de l'autre, une voix perçante se fit ouïr.

— Ah! mon Dieu! dit Mme du Barry, c'est mon beau-frère.

— C'est le comte Jean! s'écria Mme de Mirepoix.

M. de la Taille ne connaissait que trop ce personnage, et il eut regret à la curiosité qui l'avait poussé à Louveciennes. Mme la maréchale de Mirepoix était pareille à une colombe qui, apercevant un vautour, s'enfuit à tire-d'aile :

— Monsieur de Bridieu, dit-elle au père de Juana, donnez-moi la main jusques au pavillon, ma voiture est dans la cour... on n'aura pas dételé, je pense : je veux retourner à Versailles.

Nous avons vu que l'objet de la visite de la maréchale était de tirer de l'argent du roi, par l'intermédiaire de la comtesse du Barry, compatissante amie, qui ne sachant le prix de rien, employait volontiers son crédit à enrichir ceux qui l'entouraient. Mme de Mirepoix avait, la nuit précédente, perdu une somme considérable au jeu, et il fallait combler ce déficit : une fois le comte Jean à Louveciennes, il était impossible de rien obtenir. Une pompe aspirante qui attire tout à elle et fait partout le vide, tel était à peu près l'effet que produisait ce gentilhomme quand il pénétrait chez sa belle-sœur; il lui semblait qu'un écu soutiré au roi et qui ne tombait pas dans ses mains était un écu volé, une espèce de dilapidation dont il se plaignait amèrement.

Le comte Jean du Barry, qui d'abord fut connu à Paris, sous le nom de comte de Serre, appartenait à une des meilleures familles du Languedoc. Peu riche, il vivait en province dans cette demi-indigence que parent un titre et une épée ; il épousa une femme honnête et d'une assez grande fortune. Son premier soin fut de laisser sa femme à Toulouse, et de venir à Paris dépenser le bien de sa femme. Une fois ruiné, il se livra au jeu et à des spéculations encore moins honorables.

Nous n'avons pas à raconter dans quelles circonstances il connut Mlle Lange Vaubernier, qu'il fit épouser à son frère Guillaume, et qui devint ainsi comtesse du Barry. Ce que nous pouvons dire sur le comte Jean, c'est que, quoique joueur, débauché, buveur à ce point qu'il s'enivrait sept fois la semaine, et si emporté qu'à la moindre contrariété il jurait comme un laquais, il n'en était pas moins honnête homme par certains côtés. On ne pouvait s'empêcher de reconnaître en lui une générosité naturelle ; un si grand dévouement à ses amis, qu'au moindre appel il leur ouvrait sa bourse, et se dépouillait en leur faveur de son argent, dont plus qu'un autre cependant il appréciait la possession. Il jouait franchement et sans friponnerie, ce qui était rare alors. Peu instruit, mais rempli d'esprit, il avait un grand goût pour les arts, et si au moyen de Mme du Barry il dissipa l'argent de la France, une grande partie de cet argent s'écoula chez les artistes, ce dont ne s'avisèrent jamais ni la comtesse sa belle-sœur, ni même celui qu'il appelait *Frérot*, c'est-à-dire Sa Majesté Louis XV, aussi étrangers l'un que l'autre à l'amour et au culte des arts. Enfin, en 1793, le comte Jean, retiré à Toulouse, y soutint la cause royale qui l'avait enrichi et mourut avec courage sur l'échafaud.

A l'époque dont nous parlons, le comte Jean n'avait guère que 43 à 44 ans, mais ses excès habituels, sans alourdir son corps ni diminuer la vivacité de son esprit et l'impétuosité de son caractère, avaient altéré son visage; ses dents étaient mauvaises, ses yeux rougis par le vin et son front plissé par les insomnies et les alternatives desséchantes du jeu. Ainsi que Mme la maréchale de Mirepoix, il venait à Louveciennes pour avoir de l'argent, non qu'il eût perdu au jeu, mais il avait une fantaisie à satisfaire : il voulait acquérir un tableau qui, suivant lui, manquait à sa galerie, et il était naturel que la comtesse lui fournît l'argent nécessaire à cet achat. En entrant dans la cour, il reconnut la livrée de la maréchale, et la vue seule de cette livrée le mit de mauvaise humeur.

— On a beau se lever matin, se dit-il, on est toujours devancé par cette harpie. Je parie qu'elle n'aura pas laissé un écu dans le secrétaire de Jeannette (c'était le nom familier qu'il donnait à la comtesse; dont le véritable nom était Marie-Jeanne). Oh ! mais je suis là, et je lui ferai rendre gorge jusques au dernier sou.

Une fois sur le perron, s'exhaussant sur la pointe des pieds et apercevant la comtesse dans une allée, il marcha droit à elle, et, ainsi que nous l'avons dit, comme un sanglier qui court à sa bauge sans s'écarter de son chemin. Arrivé devant la comtesse, il reprit haleine, et son premier regard tomba sur M. de la Taille. Cette vue lui fit oublier Mme de Mirepoix.

— Oh ! oh ! dit-il d'un air surpris, mon sorcier à Louveciennes ? Mais ce ne son pas là nos conventions : Que venez vous faire ici, monsieur ?

La comtesse, irritée du ton grossier de son beau-frère, allait prendre la parole, celui-ci ne lui en donna pas le temps :

— Pas là, mordieu ! lui dit-il, il est inutile de te le cacher, ma petite Jeannette, j'ai voulu savoir si tu devais faire encore pendant longtemps le bonheur de la France et je me suis adressé à monsieur, qui lit aussi clair dans les astres que Mme de Mirepoix dans les cartes... A propos et qu'a-t-il fait de la maréchale... J'espère, Jeannette que nous n'avons point eu de sottes complaisances... Revenons à monsieur, je lui cours après depuis trois jours et je suis ravi de le rencontrer... Allons, monsieur, l'horoscope de Mme la comtesse, s'il vous plaît.

— Je suis à vos ordres, M. le comte, répondit M. de la Taille.

— Je parie, continua le comte Jean, que la chère comtesse a eu la même envie que moi ; elle a voulu savoir si son beau-frère serait pendant longtemps encore son premier ministre.... son guide, son appui.... Sans moi cette pauvre Jeannette ne serait pas debout pendant deux jours : messieurs les courtisans la mangeraient toute vive.

— Et vous aimez mieux la manger vous même, dit résolument M. de la Taille.

— Précisément mon gros sorcier, répondit le comte Jean, sans s'étonner, il vaut mieux manger son bien en famille que de le faire manger aux autres.

— N'est-il pas vrai, M. le comte, dit encore M. de la Taille en regardant résolument Jean du Barry, que M. de l'Estrades vous doit mille louis perdus au jeu ?

— Oui, perdus chez la petite Précourt de l'Opéra ; toutes les fois que je joue chez la Précourt, je suis heureux.

— Eh bien ! monsieur le comte, il ne vous reste plus qu'à demander vos mille louis à la veuve. M. de l'Estrades a été tué en duel, et mon ami M. de Bridieu et moi, nous venons demander la grâce du meurtrier. Voilà ce qui m'amène.

Les mille louis avaient été perdus trente heure auparavant ; il n'y avait rien d'extraordinaire à ce que M. de la Taille en fût instruit ; c'était, au contraire, la chose la plus simple et la plus naturelle ; mais le comte Jean venait de Paris, il avait joué chez la Précourt avec le comte de l'Estrades, la veille même du duel, et l'étonnement qu'il éprouva se peignit sur son visage ; cependant il se remit bientôt.

— Très bien, M. le sorcier, dit-il, voilà le passé.., Ainsi le comte de l'Estrades est mort... c'est fâcheux. Un beau joueur.

Puis se reprenant :

— Le passé est facile à prédire ; c'est de l'avenir qu'il s'agit... voyons son horoscope, ce thème de nativité, ce grimoire... il faut que je sache ce que le diable vous a dit.., Où par la mordieu....

— Je ne suis point en communication avec le diable, répondit M. de la Taille, en relevant la tête et en appuyant sa main gauche sur la garde de son épée, un gentilhomme tel que moi ne voit pas si mauvaise compagnie. Mes maîtres sont, après Dieu, les Agrippa, les Albert, les Albumazar, les Averroès, les Flamel, les Molay, le savant Merlin et enfin les de la Taille, mes aïeux, qui m'ont légué les trésors de leur science.

Le sérieux avec lequel s'exprimait M. de la Taille, mettait mal à l'aise la comtesse du Barry, déjà peu satisfaite des visites qui avaient rempli sa matinée. Le comte Jean était toujours le mal venu : l'importunité de Mme de Mirepoix augmentait tous les jours. En présence du comte Jean surtout, Mme du Barry redoutait l'arrivée d'un homme qu'elle attendait cependant avec impatience, M. le comte de Cossé-Brissac qu'elle aimait, et que le comte Jean voyait de mauvais œil parce qu'il croyait, avec raison, sa présence dangereuse à Louveciennes. Légère et peu soucieuse de prévoir l'avenir, puisque le présent lui souriait, la comtesse, déjà effrayée par une prédiction antérieure et à moitié réalisée, n'avait nulle envie de savoir le sort qui l'attendait, et quoique la figure de M. de la Taille ne lui déplût pas, elle ne voulait pas qu'un inconnu se changeât pour elle en prophète, et vînt la troubler impunément par des prédictions peut-être intéressées.

— N'écoutez pas le comte Jean, dit-elle à M. de la Taille, il se raillerait de vous : loin de croire aux sorciers, il ne croit pas même en Dieu... Pour moi, Messieurs, je vais rejoindre Mme la maréchale, qui a quelque chose à me dire de la part du roi.

— Non pas, non pas, Jeannette ; Frèrot ne charge jamais la maréchale d'aucun message pour vous ; c'est au contraire Mme de Mirepoix qui vous charge, vous, de ses messages auprès du roi, et l'on sait ce que cela veut dire.

Il prit Mme du Barry par le bras et la força de demeurer en place.

— Vous écouterez monsieur, ma chère sœur, dit-il. Je me rappelle maintenant son nom... M. de la Taille? n'est-il pas vrai, monsieur?... j'ai été moi-même chez lui demander un petit travail.

M. de la Taille fit un signe d'assentiment.

— Et il me l'a promis, continua le comte Jean ; voyons donc, monsieur, parlez, ne craignez rien, vous avez dû vous occuper de Mme la comtesse?

— Et de vous également, monsieur, répondit enfin M. de la Taille, qui, voyant qu'il ne pouvait pas échapper à la curiosité du comte Jean, se résolut enfin à la satisfaire.

— De moi? vous avez fait plus que je ne vous ai demandé ; n'importe, voyons,... Jeannette reconnaîtra la peine que vous avez prise.

— Non, monsieur ; ma science est trop pure pour qu'elle s'allie au moindre calcul, mes prédictions ne coûtent rien que le regret d'une curiosité souvent fâcheuse.

— Parlez donc! s'écria le comte en frappant du pied.

— Hélas! monsieur le comte, c'est ce que je faisais lorsque votre arrivée m'a interrompu : Fuyez, disais-je à Mme la comtesse, l'air de Marly est mortel pour vous.

— Il faut toujours finir par mourir, monsieur, dit tranquillement le comte Jean, soyez plus clair.

— Vous marchez sur un précipice, dit M. de la Taille, subjugé malgré lui par les lugubres images qui le poursuivaient, madame et vous, êtes menacés.

— Je le sais bien, dit le comte Jean, en quittant la main de la comtesse et en se rapprochant de M. de la Taille, les Choiseul sont nos ennemis, la sœur de l'ex-ministre surtout; si elle pouvait nous faire entrer dans un baril de poudre et y mettre le feu, Jeannette et moi nous sauterions en l'air comme deux pétards. Cela doit-il être prompt?

— Je ne sais, monsieur; demain peut-être.

— Demain! impossible, dit avec assurance le comte Jean.

— Demain, dans quelques semaines, dans quelques mois, dans dix ans, dans vingt ans peut-être, dit M. de la Taille, la figure altérée et en ayant l'air de chercher ses paroles dans le ciel.

Mme du Barry n'écoutait pas, occupée en même temps de Mme de Mirepoix, qu'elle ne voyait plus, et de M. de Brissac, qu'elle n'apercevait pas encore; elle n'osait pas cependant s'éloigner, de peur d'une incartade du comte Jean. Celui-ci se plongeait involontairement dans d'assez sérieuses réflexions. Quoi qu'en eût dit sa belle-sœur, il croyait à Dieu; mais cependant d'une nature assez sceptique, il était loin d'avoir la moindre foi en la science pour laquelle M. de la Taille avait un si grand respect. Une inquiétude secrète qui atteint quelquefois les gens trop heureux, l'avait poussé, quelques jours auparavant, chez le chiromancien dont on lui avait vanté le talent. Maintenant, tout en se repentant de cette démarche ridicule, il voulait savoir la pensée intime de cet homme, dont la bonne foi ou l'impudence l'étonnait.

Le comte Jean se méfiait, d'ailleurs, des gens qui refusent l'argent offert, qui font pour rien, des prédictions qu'on peut vendre fort cher. Si M. de la Taille ne voulait pas tirer parti de la crédulité humaine pour sa fortune, c'est qu'il avait un autre but. On ne fait rien pour rien. D'ailleurs, la position de Jeannette ainsi qu'il l'appelait, était pleine d'écueils; sa fortune pouvait sombrer tout d'un coup; elle tenait à un caprice, à la vie d'un vieillard qui allait s'éteindre un jour ou l'autre. Qu'on suppose Louis XV mort, et ce prince touchait à sa soixante-quatrième année, qu'arriverait-il ? M. le comte Jean et Mme la comtesse du Barry tombaient dans les mains de M. le Dauphin, jeune homme d'une conduite austère, d'une équité rigoureuse, et qui rougissait en secret de la conduite de son grand-père. Marie-Antoinette balayerait cette écume qui salissait les marches du trône ; le comte Jean ne se faisait aucune illusion là-dessus. La nouvelle reine ferait rentrer les Choiseul au pouvoir, autres ennemis implacables, et enfin où s'arrêteraient les excès d'une cour indignée et d'un peuple irrité des gaspillages de la famille du Barry? Personne ne savait mieux que le comte, quelles sommes énormes sa belle-sœur et lui coûtaient à la France. En lui annonçant une mort violente et prochaine, on ne lui faisait donc qu'une prédiction assez naturelle, et dont il lui arrivait à lui-même quelquefois de ne pouvoir pas éloigner le pressentiment. Familiarisé avec cette idée, qui, en effet, eut assez de pouvoir pour lui faire quitter la France le jour même de la mort de Louis XV, le comte Jean parut prendre son parti avec gaîté :

— Très bien! dit-il, une mort violente; c'est mourir en empereur romain. Quel est cet ancien qui disait qu'en fait de mort, la plus inattendue et la plus prompte est la plus désirable ?

— C'est Jules-César, monsieur le comte.

— Nous mourrons donc, moi et la comtesse, comme Jules-César.

— Oui, monsieur le comte, à moins que vous ne quittiez la France pour n'y plus revenir.

— Voilà qui est convenu, dit le comte Jean d'un air dégagé, comme Jules-César.

— Pas tout à fait, monsieur le comte.

— Expliquez-vous donc, monsieur, vous vous êtes trop avancé pour reculer... Des détails, s'il vous plaît.

— Vous voulez des détails?

— Oui, sans doute.

— Je vais vous en donner.

M. de la Taille s'avança vers le comte, passa familièrement son bras sur l'épaule de ce rude aîné des du Barry, moitié gentilhomme, moitié ribaud, et se mit à lui parler dans l'oreille. La comtesse regardait attentivement cette scène, à laquelle elle ne pouvait rien comprendre et s'étonnait de l'ascendant que prenait cet inconnu sur son beau-frère peu endurant de son naturel. Le comte écoutait; d'abord son attention fut muette; puis il tressaillit; puis sa figure, ordinairement illuminée par les vapeurs du vin, pâlit extrêmement, ses lèvres bleuirent, ses jambes tremblèrent.

— Mais où, monsieur? dans quel pays barbare, dans quelles contrées sauvages se passeront ces scènes d'horreur?

— A Paris, monsieur le comte, à Paris.

— Qu'avez-vous, mon frère? demanda Mme du Barry en faisant un pas pour rejoindre le comte Jean.

— Eloignez-vous, Jeannette; éloignez-vous, ceci n'est pas fait pour vos oreilles... Monsieur, dit-il en s'adressant à M. de la Taille, j'ai froid autour du cou, ôtez votre bras de dessus mon épaule... et Frérot..... Je veux dire le roi souffrira ces horreurs? C'est impossible, monsieur.

— Je ne dis pas cela; peut-être le roi aura alors rejoint ses ancêtres à St-Denis; je n'indique aucune époque. Vous m'avez demandé de consulter les astres; voilà ce que j'y ai lu.

— Que ne me suis-je cassé les deux jambes quand il m'est venu la pensée d'entrer chez vous.

— Il vous reste un moyen d'échapper au sort qui vous attend et je vous l'ai indiqué, M. le comte : Fuyez!

— Que dites-vous là de si terrible? demanda encore Mme du Barry; y a-t-il de mauvaises nouvelles de Versailles?

— Non, non, cria le comte à sa belle-sœur, en lui faisant signe de s'éloigner : rien de ce que nous disons ne vous concerne... gardez-vous de répéter à Jeannette un seul mot de ce que vous venez de m'apprendre, dit le comte Jean, qui, un peu honteux de la faiblesse qu'il venait de montrer, voulut prendre un air dégagé; gardez-vous-en bien, mon aimable sorcier, nous n'avons jamais fait comme Mme de Pompadour, nous ne nous sommes jamais vengés de nos ennemis; mais les rêveurs..., oh ! les rêveurs, surtout ceux qui font de mauvais songes, nous sommes décidés à les faire enterrer à la Bastille.

Et le comte Jean quitta M. de la Taille d'un air dédaigneux.

Mme du Barry fatiguée d'être spectatrice d'une conversation qui paraissait pénible et dont on voulait l'éloigner prit le chemin du pavillon et trouva sur ses pas M. de Bridieu qui venait de conduire Mme la maréchale de Mirepoix jusqu'à sa voiture.

— Monsieur, lui dit-elle d'un air gracieux, vous obtiendrez ce que vous désirez, n'en doutez pas; revenez dans quelques jours à Louveciennes, et je vous remettrai la grâce du roi.

CHAPITRE V.

Les Prétendans.

Il y avait en 1772, dans la Cité de Londres, un ancien hôtel nommé *Assy's Hotel*. *Assy* est en anglais le diminutif de Lise, Lisette ; nous dirions donc en français hôtel de Lisette, si nous voulions traduire exactement l'expression anglaise.

Assy's Hotel avait été fort à la mode sous Charles II. C'était là, suivant Hamilton, que la comtesse de Shreswsbury voyait en secret le duc de Buckingham et que le chevalier de Grammont faisait ses caravanes. Quoique à l'époque dont nous parlons *Assy's Hotel* fût tout-à-fait déchu de son ancienne splendeur et que la noblesse anglaise n'en connût plus le chemin, le souvenir du chevalier de Grammont y attirait toujours les Français. Là logeait le jeune Raoul de l'Estrades, et ce fut là, par conséquent, que Champagne vint le chercher.

La mort de M. de l'Estrades était une chose à peu près indifférente à M. Champagne, homme déjà parvenu à un âge mûr et tellement façonné à la domesticité qu'il la regardait comme la position la plus agréable et la plus utile pour un individu privé de naissance et de fortune. Mais, afin de réussir dans cette carrière, il était nécessaire de se faire un plan de conduite, et de le suivre avec adresse. Champagne voulut d'abord s'attacher à M. de l'Estrades : il vit bientôt que le plus sûr était de se dévouer au service de la comtesse, plus adroite et plus habile que le mari, et nous avons vu qu'il n'y manqua pas. Envoyé à Londres pour ramener en France son jeune maître, il comprit encore que porteur d'une mauvaise nouvelle, plus le jeune homme aimait son père, plus lui Champagne risquait de devenir odieux, s'il n'avait pas l'art de faire suivre ce message de tout ce qui pouvait en adoucir la douleur. Par la mort de son père, M. Raoul de l'Estrades était devenu le chef de sa famille et le maître absolu d'une domesticité dont il disposerait à son gré. Mieux instruit que la comtesse elle-même et connaissant d'ailleurs tous ses projets, Champagne pouvait mettre un baume merveilleux sur la plaie qu'il allait faire. Ce fut plein de ces idées personnelles, qu'il sentait mieux qu'il ne se les expliquait à lui-même, qu'il entra à Assy's-Hôtel.

Un domestique français le conduisit à l'appartement qu'occupait Raoul, et il trouva le jeune homme plongé dans ces réflexions sombres et ces pensées mélancoliques familières aux amoureux séparés de la femme qu'ils aiment. Ce n'était plus son père qu'il redoutait, son père cèderait facilement, soit aux instances, soit à l'habileté de sa mère : il se méfiait de Mlle de Bridieu.

— Juana ne m'aime plus, se disait-il ; en m'obligeant à m'ouvrir à mon père, elle m'a fait franchir un pas qui devait tout rompre entre elle et moi... et elle a calculé juste... J'ai dit un mot ; me voici à Londres. Cela lui suffira pour me manquer de parole et pour épouser ce M. de Montalais qui, dit-elle, lui est destiné depuis l'enfance... Une fille bien élevée doit obéir à son père ! ajouta-t-il en lui-même avec amertume ; mais je retournerai à Paris, et l'heureux M. Henri de Montalais me rendra raison des perfidies de Mlle Juana de Bridieu.

Le caractère violent du comte de l'Estrades se révélait ainsi chez le fils que Champagne surprit le front plissé et la lèvre contractée par le dédain, la douleur et la colère.

— Champagne, dit-il en apercevant le domestique qui l'avait servi depuis son enfance, et qu'il savait maintenant tout dévoué à sa mère; Champagne, que viens-tu m'annoncer? qu'il faut renoncer à Mlle de Bridieu, qu'elle épouse M. de Montalais, qu'ils se sont mariés à Paris dans l'église de Saint-Paul?.. ils en sont capables, Champagne, et je m'attends à tout. Te souviens-tu de la rigueur qu'elle a mise à refuser de me voir à la porte de son parc, au moment même de mon départ?

— Ah ! M. le comte, répondit Champagne d'un ton triste, je vous réponds que Mlle de Bridieu n'est pas mariée; elle n'y songe guère la pauvre demoiselle; ils ne sont pas gais à l'Étang-la-Ville, je vous en réponds.

À ces paroles Raoul, comme tous les amoureux, changea subitement de pensée et de sentiment; sa colère s'évanouit.

— Ah ! mon Dieu ! s'écria-t-il, est-ce que Juana serait malade ?

— Mlle de Bridieu se porte bien, M. le comte.

— Elle ou les siens ont-ils été atteints de quelque accident fâcheux ? et que viens-tu faire à Londres ? C'est ma mère qui t'envoie ?

— Oui, M. le comte ?

— Pourquoi affecter ainsi de me donner toujours un titre qui ne m'appartient pas, qui est le titre de mon père ?

— C'est que ce titre est désormais le vôtre ; vous n'avez plus de père, monsieur Raoul.

Le rusé Champagne s'assit à quelques pas du jeune homme, sur un siège de bois et enveloppé dans son manteau de voyage, il parut plongé dans l'affliction d'un bon serviteur qui pleure son maître, tandis qu'il suivait d'un œil attentif tous les mouvemens du jeune homme.

— Mort ! mort ! s'écria Raoul en pâlissant, ô mon Dieu ! c'est impossible ! je l'ai laissé, il y a quelques jours à peine, plein de vie et de santé.

— Tué en duel, dit tristement Champagne.

— Et ma mère t'envoie me chercher pour qu'à mon tour je tue l'assassin. Viens, partons, Champagne.

— Permettez, monsieur le comte, reprit Champagne en affectant de donner à Raoul le titre qu'il devait désormais porter, je n'ai point parlé d'un assassinat, mais d'un duel, c'est bien différent ; il n'y a point un assassin dans cette affaire, mais seulement un meurtrier.

— Eh bien ! tant mieux, Champagne, je pourrai donc me mesurer avec cet homme qui est de ma qualité.

— Sans doute, monsieur, mais ce n'est point l'avis de Mme votre mère.

— Qu'importe ? je ne prendrai pas ses ordres.

— Très bien, M. le comte.

— Et quel est cet homme ?

— M. de Bridieu.

— Le père de Juana ?

— Non, monsieur, le garde du corps, son frère.

— Eh ! s'écria douloureusement Raoul, puisque aussi bien Juana ne m'aime pas, je me ferai tuer par M. Léonce de Bridieu ; ainsi, ajouta-t-il avec désespoir, le frère achèvera ce qu'aura commencé la sœur.

Ce qui augmentait la douleur de Raoul de l'Estrades, c'est qu'ayant fait l'aveu de son amour, il ne douta pas que ce fût là le sujet du duel sanglant qui le privait de son père.

— Champagne, dit-il en fondant en larmes, je suis perdu, et je ne survivrai pas au malheur qui m'accable. J'ai causé la mort de mon père; il n'y avait que de la haine entre la famille de Bridieu et la mienne, maintenant il y a du sang: il faut renoncer à tout; partons Champagne, je vais me faire tuer par le garde du corps.

— Ce n'est pas l'avis de Mme la comtesse votre mère, répondit froidement Champagne.

— Ce n'est pas l'avis de ma mère?

— Non, monsieur le comte.

Et Champagne raconta alors la véritable cause du duel. Il prouva à son jeune maître que l'amour y était étranger: un motif d'ambition avait seul poussé le feu comte à une action brutale, qui, M. Raoul serait obligé d'en convenir, ne pouvait avoir qu'une issue fatale pour lui ou pour son adversaire: ainsi le fils n'était pour rien dans la mort de son père.

— Maintenant, ajouta Champagne, reste à savoir si le fils doit venger le père! Encore une fois, monsieur le comte, ce n'est pas l'avis de madame votre mère. Mme la comtesse pense que c'est la femme qui doit venger le mari; et elle ne veut, sous aucun prétexte, exposer la vie de son fils unique, sa seule espérance, et qui doit empêcher le nom de l'Estrades de s'éteindre. Mme la comtesse invoquera l'appui de la loi et s'adressera même à Sa Majesté pour obtenir justice.

— Champagne, j'arrangerai moi-même cette affaire à Paris, je t'en réponds.

— Non, monsieur le comte, quand vous arriverez à Paris, M. Léonce de Bridieu sera dans une prison logé et nourri aux frais du roi, ou bien il aura quitté la France.... Et c'est fâcheux, ajouta Champagne d'un air indifférent, parce qu'il n'a fait au fond que ce que vous auriez fait vous-même dans un cas pareil. Malgré sa douleur, madame votre mère reconnaît que M. Léonce de Bridieu a fait son devoir.

— Ma mère s'est exprimée ainsi? dit Raoul en regardant fixement Champagne.

— Non, monsieur, se hâta de répondre Champagne; elle a seulement dit qu'un duel était inévitable.

Raoul pensif et la figure cachée par ses deux mains, pleurait involontairement son père, et cependant le rusé domestique put voir que l'amour du jeune homme le dominerait facilement si on faisait poindre dans l'avenir une lueur d'espérance.

— Pour moi, ajouta donc Champagne, je crois deviner ce que fera Mme la comtesse.

Le regard de Raoul interrogea son domestique.

— Elle pensera, continua celui-ci, qu'on sort de prison, qu'on revient en France, parce qu'un exil n'est pas éternel, et que si M. de l'Estrades et M. Léonce de Bridieu viennent jamais à se rencontrer, ils en découdront nécessairement, quoique M. Léonce n'ait fait que son devoir.

— Je t'en donne ma parole, s'écria Raoul en se levant, il faut que je venge la mort de mon père, et je la vengerai.

— Et, reprit enfin Champagne, voilà ce que craint Mme la comtesse et moi aussi, si j'ose parler de l'affection d'un serviteur fidèle. Vous savez que madame votre mère a de tout temps approuvé votre amour pour Mlle de Bridieu?

— Et qu'elle l'a appris de toi?

— Pouvais-je agir autrement, et ne vous ai-je pas ainsi ménagé l'appui de votre mère qui apprécie les qualités de Mlle de Bridieu et qui de tout temps a désiré unir deux familles faites pour s'estimer et pour s'aimer? Je suis certain que Mme de l'Estrades verra dans le malheur qui arrive un moyen nouveau de conciliation.

Raoul étonné prêta une attention plus vive aux paroles de son domestique.

— Dans le monde, dit encore celui-ci, on ne raisonne jamais juste quand on ne fait que sa part à soi; il faut aussi faire la part d'autrui. Mme la comtesse pensera donc, j'en suis persuadé, que si elle redoute une rencontre entre vous et M. Léonce de Bridieu, M. de Bridieu le père doit avoir la même crainte, et un duel présente les mêmes chances fatales pour les deux familles, puisque M. Léonce et vous en êtes les deux représentans mâles. Qui sait même! Dans un duel, les deux adversaires peuvent tous deux se percer de leur épée et succomber tous deux. Pour les de l'Estrades et pour les de Bridieu, il n'y a qu'un moyen de prévenir ce malheur... Ce moyen ce serait le mariage de M. le comte Raoul de l'Estrades avec Mlle Juana de Bridieu. Remarquez, M. le comte, que ce mariage, madame votre mère le désire; il comblerait tous vos vœux à vous, et ramènerait la joie dans le cœur de Mlle Juana, qui depuis votre départ pleure et se désespère. Il ne reste donc qu'une seule personne à persuader: M. de Bridieu le père: mais M. de Bridieu aime trop son fils pour ne pas le soustraire volontiers à un duel nouveau et il a trop de tendresse pour sa fille, pour ne pas la rendre heureuse.

— Champagne, dit Raoul, fais faire mes paquets et préparons tout pour retourner en France: il faut que j'aille consoler ma mère par ma présence, et pleurer avec elle la mort de mon père.

Le baume était sur la blessure et le deuil de M. Raoul de l'Estrades ne devait pas l'empêcher de songer à son amour.

Tandis que ces choses se passaient à Londres et que l'espérance d'épouser Mlle de Bridieu suffisait ainsi pour apporter un soulagement à la douleur d'un fils; à Paris, dans un hôtel de la place Royale, un amant dédaigné se plaignait de l'injustice du sort et de la dureté de cette même Mlle de Bridieu.

On a vu que Juana repoussait l'amour de M. Henri de Montalais et employait avec succès toutes les ruses de la diplomatie féminine afin d'empêcher ce jeune homme de lui parler même de ce qu'il éprouvait pour elle. Debout devant Mme de Montalais, qui regardait son fils avec admiration, M. Henri expliquait d'une façon nette et précise et les raisons qui lui enlevaient tout espoir, et celles même de sa timidité apparente.

Mme de Montalais, toujours belle, toujours parée et un peu idolâtre de sa personne, était assise dans un fauteuil qui permettait à l'envergure de sa robe de s'étaler à l'aise. Un éventail à la main, l'œil à la portée d'une glace, elle examinait de temps en temps si sa coiffure allait bien à l'air de son visage, gourmandait l'inexpérience de son fils et tâchait de lui persuader qu'il ne lui manquait qu'un peu d'audace pour conquérir un cœur qui ne demandait qu'à se rendre.

— Vous êtes trop lent, mon fils, lui disait-elle, il faut brusquer les choses, non pas avec les femmes, Dieu me garde de vous donner des leçons pareilles, mais avec les jeunes filles.

— Ma mère...

— Ne m'interrompez pas, Henri; les jeunes filles, en France, n'ont qu'un désir, c'est d'être mariées, et, écoutez-moi : elles ne se marient pas, on les marie. Je sais bien qu'il y a des exceptions à cette règle: les enlèvemens et les prises de voile. Nous n'en sommes pas là : Mlle de Bridieu ne se fera pas enlever et n'entrera pas dans un couvent...

— Non, ma mère, mais...

— Je n'ai pas fini, Henri. Vous êtes donc marié avec Juana, ou peu s'en faut, puisque nous avons la parole de M. de Bridieu et que votre père et moi nous avons arrêté ce mariage. Pour votre compte, vous aimez Mlle de Bridieu. Cependant, vous ne lui avez pas encore adressé une parole d'amour ! Je ne conçois pas votre conduite, Henri, et votre père commence à être très mécontent de vous.

Henri de Montalais, d'une taille ordinaire, fort vigoureux, d'une figure peu gracieuse, mais dont les yeux brillaient d'intelligence et de fierté, répondit sans hésitation :

— Madame, mon père et vous savez combien je vous ai remerciés d'avoir bien voulu me faciliter ce mariage. J'ai d'abord manifesté le dessein de me retirer si Mlle de Bridieu ne m'aimait pas ; mon père m'a remontré combien il était ridicule de vouloir être aimé pour soi-même, comme on dit dans les romans. Un homme de quelque valeur épouse d'abord une femme, et il est certain de s'en faire aimer ensuite, si, comme je vous le dis, cet homme vaut quelque chose et si la femme le mérite.

— Voilà qui est un peu rude, monsieur mon fils, dit la douce Mme de Montalais, et si nous l'admettons, vous n'en êtes que plus coupable. Agissez donc suivant vos principes.

— J'aurais tort de le faire, madame, répondit Henri d'un ton calme, parce que ces principes ne sont applicables que dans les familles où les filles obéissent avec docilité à leurs parens.

— Est-ce que vous supposez, Henri, que Mlle de Bridieu est capable de se révolter contre les ordres de son père?

— Dieu m'en garde ! ma mère, s'écria le jeune homme, les yeux pleins de larmes; Mlle de Bridieu est le modèle de toutes les vertus, et je me meurs du chagrin de n'avoir pu toucher son cœur; mais Juana domine son père. M. de Bridieu ne lui ordonnera pas de m'épouser; il l'en priera, et elle lui avouera alors son amour pour M. Raoul de l'Estrades (vous savez, madame, que j'ai un rival aimé), elle lui remontrera les avantages d'une alliance qui mettra un terme à l'inimitié des deux familles. M. de l'Estrades, le père, s'opposera d'abord à ce mariage; la comtesse, sa femme, le fera facilement changer d'avis. M. de Bridieu cèdera par faiblesse et par amour pour sa fille; il retirera la parole qu'il vous a donnée, et je serai sacrifié. Vous voyez, madame, que Juana épousera ainsi celui qu'elle aime, sans désobéir à son père.

— Eh ! mon ami, s'écria Mme de Montalais, qui vous a si bien instruit ?

— L'amour, ma mère, que j'éprouve pour Juana, et le désir que j'ai de l'épouser. Croyez-vous que Mlle de Bridieu ignore le sentiment qu'elle m'a inspiré ? Nullement. Pensez-vous qu'elle ne sache pas que son père et le mien ont arrêté notre mariage? Elle le sait très bien. Cependant toutes les fois que j'ai voulu ouvrir la bouche pour lui dire une mot d'amour, pour laisser s'échapper de mes lèvres l'aveu de ma passion, elle a su m'obliger au silence. Elle ne veut pas savoir mon secret, parce qu'elle ne veut pas me livrer le sien. Ce n'est pas la timidité, ma mère, qui m'a arrêté, c'est l'amour-propre. Mlle de Bridieu et moi, nous nous entendons très bien, sans nous être jamais fait aucun aveu ; elle sait que je l'aime, et moi je sais qu'elle ne m'aime pas.

— Oh! mon ami, s'écria Mme de Montalais en se levant et en embrassant son fils, dont le visage était couvert de rougeur et les yeux noyés de larmes, vous souffrez donc beaucoup?

— Oui, ma mère, j'ai pour Mlle de Bridieu l'amour le plus violent et je m'étais laissé aller à l'espérance la plus légitime. Il me semblait que mon mariage était écrit dans le ciel, puisque vous, mon père, M. de Bridieu le désiriez également. Je ne me fais plus d'illusion : il faut renoncer à tout.

— M. de Bridieu n'osera jamais nous manquer de parole, Henri.

— Vous ne connaissez, ma mère, ni sa faiblesse, ni l'influence qu'exerce sur lui sa fille.

Les portes du salon s'ouvrirent à deux battants, et M. de Montalais entra avec ce cérémonial un peu exagéré que les gens de robe conservaient même chez eux, et que la noblesse d'épée commençait à négliger. Toujours vêtu avec une élégance sévère et le visage en apparence impassible, mais l'œil vif et perçant, M. de Montalais s'inclina d'abord devant sa femme, puis se tourna vers son fils, dont il reçut les salutations.

— Il me semble, dit-il, Henri, que vous avez le visage altéré?

Mme de Montalais mit en deux mots son mari au fait de ce qui venait de se passer entre elle et son fils.

— Madame, dit le président en levant légèrement les épaules, tout ceci vient de ce que votre fils est un trop grand diplomate, il veut lire trop avant dans les cœurs et il raisonne au lieu d'agir. C'est là le moyen de ne rien entreprendre, et par conséquent de ne réussir à rien. Il fallait nous croire, Henri, et prendre auprès de Mlle de Bridieu la position du prétendant, ne fût-ce que pour obéir aux ordres de votre mère et aux miens. Vous ne savez pas, mon ami, faire marcher une affaire ; vous mettez trop de lenteur à tout. Votre amour-propre vous a empêché de vous adresser à Juana ; que ne vous êtes-vous ouvert à son père, qui, vous en étiez sûr, vous aurait bien accueilli? N'en parlons plus, Henri, le ciel vous vient en aide et répare toutes vos fautes. Je viens de recevoir une lettre de M. de Bridieu...

— Qui vous parle de mon mariage avec sa fille? dit Henri avec vivacité.

— Pas un mot, monsieur... Je vous ferai observer, Henri, dit M. de Montalais, avant d'en venir aux nouvelles qu'il apportait, que vous vous donnez des torts envers M. de Bridieu : pourquoi supposer qu'il soit capable de manquer à la parole qu'il nous a donnée?

Henri chercha à s'excuser ; M. de Montalais continua :

— Mon ami, M. de Bridieu, a été grièvement insulté par M. le comte de l'Estrades.

— Insulté! dit Mme de Montalais toute émue, et comment cela?

— Il a été frappé... au visage.

— Au visage! un vieillard! un homme valétudinaire.

— Il faut le venger, mon père! et puisque j'aspire au bonheur d'épouser sa fille, c'est moi que ce soin regarde.

— Vous oubliez, Henri, que M. de Bridieu a un fils. M. Léonce de Bridieu a fait son devoir : il a tué M. de l'Estrades.

— M. de l'Estrades est mort? dit Mme de Montalais, qui avait quelquefois rencontré le comte.

— Mort, madame; M. de Bridieu est malade comme toujours, son fils n'est pas bien portant, Juana est dans les larmes. Tous ces événemens exigent que mon fils et moi nous allions passer un jour ou deux à l'Etang-la-Ville : l'amitié, la simple bienséance même le veulent ainsi. Vous voyez bien, Henri, que le ciel même se déclare pour vous. Après des événemens pareils, il est impossible que deux familles déjà ennemies se rapprochent jamais. Rassurez-vous donc et soyez certain que le père nous tiendra parole, et que vous épouserez la fille.

Henri ne demandait pas mieux, mais son cœur avait peine à se reprendre à l'espérance, tant il savait que l'amour sait franchir tous les obstacles. L'homme tué n'était-il pas le seul qui s'opposât au mariage de son fils avec Mlle de Bridieu?

Ce fut troublé par ces incertitudes qu'il se prépara à accompagner le lendemain son père à l'Etang-la-Ville.

CHAPITRE VI.

La veuve.

Malgré les promesses de la favorite, le péril paraissait grand à M. de la Taille. Il sentait très bien que le comte Jean allait devenir un adversaire qui paralyserait peut-être toute la bonne volonté de Mme du Barry. Un prophète joue un rôle dangereux dans ce monde : s'il prédit des choses heureuses, il est accueilli et récompensé ; s'il est, au contraire, prophète de malheur, on le regarde comme un être malfaisant, dont il est urgent de se débarrasser, et M. le comte du Barry, tout en faisant l'esprit fort, paraissait disposé à prendre ce dernier parti. On avait troublé sa sécurité, on avait jeté un voile lugubre sur son avenir et sur celui d'une femme dont la faveur faisait toute sa fortune ; il fallait faire disparaître un homme dangereux, seulement parce qu'il pouvait divulguer ses prédictions ridicules.

M. de la Taille une fois tombé dans le piége qu'il avait voulu éviter ; le simple bon sens lui faisait une loi de fuir et de se mettre hors de la portée du bras qui pouvait l'atteindre. S'il restait à Paris, la protection de M. de Sartines serait insuffisante : le souple lieutenant de police, sacrifiait facilement ses amis à sa fortune. Mais avant de partir, M. de la Taille voulait, s'il le pouvait, assurer la tranquillité de la famille de Bridieu. Laissant M. de Bridieu prendre seul la route de l'Étang-la-Ville, il s'achemina vers le château de M. de l'Estrades, si peu éloigné, ainsi que nous l'avons dit, que de Louveciennes, on pouvait voir ses girouettes. Quand il arriva, tout était en mouvement dans le château, les domestiques éteignaient leurs torches funèbres, la pierre du caveau de la chapelle qui renfermait les restes de feu le comte de l'Estrades venait d'être scellée, et il n'y avait plus de M. le comte que le souvenir d'un maître capricieux, quelquefois dur, mais libéral. Les serviteurs, sans le regretter précisément, se demandaient avec anxiété ce qu'ils deviendraient sous une maîtresse plus facile et plus égale, mais dont ils connaissaient l'ambition et l'avarice.

— Ce n'était pas un bon maître, se disaient-ils entre eux, mais il avait la main ouverte; tandis que madame n'a jamais donné un chiffon, et que maintenant elle ne donnera pas un écu.

M. de la Taille, mêlé aux gens de la maison, recueillait ces propos, lorsqu'un domestique lui demanda ce qu'il voulait, et pourquoi il se présentait ainsi dans un moment de deuil, et à la fin d'une cérémonie qui venait de s'accomplir avec une sorte de mystère, parce qu'alors les enterremens étaient loin d'avoir la publicité qu'ils ont aujourd'hui, et aussi à cause du genre de mort de M. de l'Estrades.

— Je suis un ami de la famille, répondit M. de la Taille, mais non pas de la famille de l'Estrades; je ne connaissais pas le comte, c'est de la famille de Prades dont je veux parler. Vous savez que la comtesse est une demoiselle de Prades?

Le domestique fit un signe affirmatif.

— Eh bien ! allez annoncer à Mme la comtesse qu'un ancien ami demande à la voir.

Le domestique fit son message et revint dire que, quelque fût cet ami, sa maîtresse était prête à le recevoir. M. de la Taille se présenta donc devant cette femme, qu'il avait connue enfant, et que, depuis son mariage, il avait cessé de voir. Vêtue de deuil et la tête couverte d'un bonnet dont les deux barbes de crêpe cachaient une partie de son visage, Mme de l'Estrades, dès qu'elle aperçut un étranger, se leva et fit quelques pas au-devant de M. de la Taille, qu'elle reconnut sur-le-champ. Son visage était calme, elle n'affectait point une douleur qu'elle ne ressentait pas.

— Monsieur, dit-elle d'un air ouvert, vous m'avez négligée pendant bien longtemps, n'importe; je suis heureuse de vous voir dans un moment de douleur.

— Mon enfant, dit M. de la Taille en baisant avec familiarité Mme de l'Estrades au front, croyez que je n'ai jamais oublié mes liaisons avec votre famille. Je vous ai fait jouer enfant, et si je me suis éloigné de vous, vous en savez la raison.

— Parfaitement, monsieur; vous n'aimiez pas M. de l'Estrades, et mon mariage s'est fait malgré vous.

— C'est à dire malgré mes conseils.

— C'est ce que je veux dire.

— Eh bien, chère comtesse, dit M. de la Taille en prenant la main de Mme de l'Estrades, maintenant que la mort vient de rompre ce mariage avant le temps, vous pouvez dire si je me trompais ou non dans mes prévisions?

Mme de l'Estrades baissa les yeux, puis les relevant avec mélancolie sur cet homme qu'elle était habituée à regarder comme un devin et qui avait l'art de profiter des indices les plus légers pour découvrir la vérité :

— Monsieur, je sais que vous connaissez l'avenir...

— Nullement, répondit M. de la Taille; l'avenir est fermé à mes yeux comme aux vôtres, quand je ne lui demande pas ses secrets par un travail difficile; et il ne m'apparaît alors qu'à travers des voiles tels que souvent mes prédictions m'épouvantent moi-même.

— Enfin, monsieur, reprit Mme de l'Estrades dont la finesse et la pénétration égalaient au moins celle de M. de la Taille, M. de l'Estrades vous inspirait une répulsion que vous n'avez pas cachée?

— Cela est vrai... Et, pour répondre à votre question, continua la veuve, je dois vous dire que je n'ai jamais eu à me plaindre personnellement du feu comte; cependant, ajouta-t-elle en relevant la tête, vos pressentimens étaient fondés, et une femme d'un caractère moins ferme eût pu se repentir d'avoir accepté un tel époux.

M. de la Taille allait prendre la parole, la comtesse l'arrêta pour ajouter avec un air de dignité maternelle qui n'avait rien de joué :

— Je n'oublierai jamais que M. de l'Estrades était le père de Raoul... mon fils!... le seul trésor que je possède aujourd'hui.

Le devin, habile observateur, crut devoir aller droit au but.

— Ma chère comtesse, lui dit-il, je vois votre esprit occupé à deviner le but de ma visite; le voici : Je vais quitter Paris et passer quelques mois, peut-être une année, en Flandre ou en Angleterre. Avant de partir, j'ai voulu vous offrir mes services.

— A moi, monsieur? répondit naïvement la comtesse, qui, à ces seuls mots, devina à peu près ce que M. de la Taille venait lui demander, je reconnais à cela un ancien ami de ma famille. Je sais que vous êtes l'appui de la veuve, le protecteur de l'orphelin, et si j'ai jamais besoin de recourir à quelqu'un, soit comme conseil, soit...

— Permettez, comtesse, dit M. de la Taille en interrompant à son tour Mme de l'Estrades, il est sans doute peu convenable de vous dévoiler les torts du comte au moment où sa tombe se ferme; mais je pars bientôt et je n'ai plus que quelques momens pour vous être utile... le comte était joueur.

— Je le sais, monsieur.

— Savez-vous qu'il a perdu ces jours passés mille louis contre le comte Jean du Barry, et qu'il les a perdus sur parole ?

— Je l'ignorais, monsieur, répondit la comtesse sans qu'un seul trait de son visage décelât sa surprise ni son chagrin.

— Eh bien ! comtesse, continua M. de la Taille, d'une part, cette dette et d'autres qui surgiront peut-être, peuvent vous embarrasser dans le moment où vous vous trouvez ; d'autre part, vous savez que je suis riche, j'ai donc chez moi des fonds embarrassans pour un homme qui va quitter Paris. Voulez-vous que je vous envoie deux mille louis ? Vous me les rendrez à mon retour, ou plus tard.

Cette proposition était faite de bonne foi par un homme qui savait ne rien risquer en prêtant cette somme; mais cependant avec le but secret de se rendre favorable la femme ainsi surprise dans les premiers jours de son deuil. Elle suffit pour faire comprendre à la comtesse que M. de la Taille lui viendrait en aide.

— Je vous remercie, monsieur, dit-elle, en attachant ses yeux pénétrans sur M. de la Taille; quoique M. de l'Estrades fût dissipateur et qu'il se soit livré au jeu plus qu'il ne convient à un père de famille, il laisse assez de biens pour que je paie facilement ses dettes... Vous avez quelque chose à me demander? dit-elle ensuite.

— Oui, dit M. de la Taille, qui se sentit deviné. Je ne veux pas partir en laissant mes amis, quels qu'ils soient, dans l'embarras. Vous savez mes liaisons avec la famille de Bridieu?

— Parfaitement, monsieur, dit la comtesse, en s'enveloppant dans ses longs voiles de veuve.

— Vous tenez dans vos mains la vie du fils aîné de cette famille.

— M. Léonce de Bridieu, qui hier à quatre heures du matin a tué mon mari en duel?

— Pourquoi ? demanda M. de la Taille en regardant à son tour la comtesse avec assurance.

Mme de l'Estrades se débarrassa des voiles qui couvraient son visage, et se leva :

— M. de la Taille, dit-elle, je vais voir si vous êtes véritablement mon ami, c'est à dire si vous vous intéressez à moi et au bonheur de mon fils.

— Parlez, madame.

— J'ai envoyé prier M. de Bridieu de vouloir bien m'honorer d'une visite.

— Quand cela, madame.

— Au moment même.

— Alors votre messager l'aura rencontré sur la route de Louveciennes à Villeneuve-l'Etang.

— Croyez-vous que M. de Bridieu osera se hasarder chez une femme comme moi, que son fils vient de rendre veuve?

— Je n'en doute pas, madame, il n'y a que le corps qui soit faible chez M. de Bridieu ; le courage ne lui manque pas. Que peut-il craindre d'ailleurs de votre loyauté ?

— Cela est vrai, monsieur.

— Et, ajouta M. de la Taille, il tremble pour la liberté de son fils, et il comprendra tout ce qu'il peut gagner à voir celle de qui cette liberté dépend.

— Où tout ce qu'il peut perdre, reprit Mme de l'Estrades d'un ton décidé, s'il refuse mes propositions ; la liberté et la vie de son fils sont dans mes mains.

— Pouvez-vous me confier, madame, ce que vous voulez obtenir de M. de Bridieu ?

— Sans doute... vous aviez raison, monsieur, M. de Bridieu n'a pas hésité... Le voilà lui-même.

Et elle ajouta :

— Il vous savait ici, n'est-il pas vrai ?

Il y avait dans ces quelques mots, et le peu de cas qu'elle faisait de M. de Bridieu, et une demande d'aide et d'appui adressée à M. de la Taille.

— Je ne le crois pas, répondit naturellement celui-ci.

M. de Bridieu entra la figure pâle et encore bleuie par les tronçons de sa propre épée que feu le comte de l'Estrades lui avait jetée au visage. Sa taille était courbée comme celle d'un homme qui s'étant livré depuis quelques jours à des fatigues inaccoutumées éprouve dans tous les membres ce sentiment de lassitude douloureuse qui ne permet pas de marcher sans souffrance. C'était un acteur las d'un rôle au-dessus de ses forces, ou plutôt un malade auquel des affaires imprévues enlèvent le temps de songer à sa santé. Il avait ressenti vivement l'offense, il avait compris et la douleur de sa fille et le dévouement d'un fils aussi malade que lui ; mais enfin le drame était joué, la famille vengée, il était temps de baisser la toile et de permettre aux acteurs de prendre quelque repos. Le dernier effort de M. de Bridieu avait été sa visite chez Mme du Barry ; il se croyait quitte de tout devoir. Comme l'avait prévu M. de la Taille, il reçut le message de Mme de l'Estrades, sur la route qui conduit de Louveciennes à l'Étang-la-Ville : il revint alors sur ses pas, cheminant doucement, suivi d'un seul domestique, et se demandant pour quelle affaire mystérieuse M. de la Taille l'avait aussi brusquement quitté. Mais le nécromancien était, dans l'esprit du vieillard, un être privilégié, qui ne devait pas rendre compte de ses actions.

— Que me veut cette femme ? pensa-t-il saisi d'une de ces frayeurs morales, plus vives chez lui que la peur physique.

Il aurait voulu être en la compagnie de Juana, qui lui épargnerait l'embarras d'une discussion pénible et surtout fatigante ; il comprit cependant que l'intérêt de son fils exigeait ce dernier combat qui pouvait finir par un arrangement. En matière de duel, en effet, quand le plaignant renonçait à la poursuite, la grâce ne se faisait pas attendre, parce que le but réel était d'éviter qu'un duel en fît naître d'autres.

En apercevant M. de la Taille dans le salon de la comtesse, M. de Bridieu se rassura : il avait un soutien, un appui qui, dans cette circonstance, était préférable à Juana elle-même.

Mme de l'Estrades de son côté éprouva un étonnement mêlé de tristesse en voyant M. de Bridieu. La fille chevauchait sans cesse dans la forêt, suivie de son écuyer Picard, et la comtesse l'avait souvent rencontrée dans ces courses vagabondes ; le père, retenu souvent chez lui par le soin minutieux qu'il prenait de lui-même, se montrait plus rarement, et jamais Mme la comtesse ne l'avait aperçu que de loin. Cette femme, d'un esprit juste, puisqu'elle était habile, et, d'ailleurs, plus attachée à son mari par position que par une véritable affection, ne put se dissimuler tout ce que la brutalité de M. de l'Estrades avait eu d'impardonnable et de sauvage. Néanmoins, elle avait devant elle l'homme qui, par lui ou par son fils, venait de la priver de son mari, du chef de sa maison, du père de Raoul, cher objet de son affection et de son orgueil à venir.

Mieux instruite de la position de la famille de Bridieu que ne le pouvait supposer M. de la Taille lui-même, elle n'avait pas sans motif provoqué un rapprochement singulier et presque inconvenant dans un moment pareil. A peine, en effet, si la tombe de M. de l'Estrades était scellée ; mais elle supposait que la passion de son fils pour Juana était de ces amours qui, quoique vifs et profonds, se guérissent par le temps et l'absence. D'un autre côté, ce vieillard qui entrait chez elle, appelé par elle-même, n'était pas le meurtrier, il n'était que l'offensé. Le meurtrier, elle le connaissait aussi ; elle avait compté ses jours et calculé la durée d'une vie que la victoire même devait encore abréger. M. Léonce de Bridieu mort, le nom de cette famille disparaissait et Juana devenait une riche héritière.

Enfin la jeune fille aimait son fils, rien de si facile donc que de la décider à un mariage qu'elle-même sans doute appelait de ses vœux. Restait M. de Bridieu : celui-là serait difficile à ramener, et à cause de la récente injure dont il portait encore les marques, et parce que Mme de l'Estrades n'ignorait pas les engagemens réciproques de M. de Bridieu et de la famille de Montalais. Il fallait décider M. de Bridieu à rompre un mariage arrêté, il fallait le déterminer à retirer sa parole, en d'autres termes, à y manquer ; il fallait aussi se hâter, parce que si le temps éteint les amours et diminue les amitiés de ce monde, il envenime les haines. Les deux familles de l'Estrades et de Bridieu en offraient un triste exemple. M. de Bridieu pouvait resserrer ses engagemens avec la famille de Montalais, il pouvait même marier sa fille d'un jour à l'autre. La comtesse comptait pour réussir sur l'éclat de son nom, sur son habileté et surtout sur l'amour d'une jeune personne que l'on savait maîtresse des faibles volontés de son père.

Le hasard servit la comtesse à souhait en lui amenant M. de la Taille, qu'elle regarda sur-le-champ comme un auxiliaire utile, et elle ne se trompait pas.

Dès qu'elle vit entrer M. de Bridieu, elle alla à lui, le visage baigné de larmes, et lui prit la main pour le conduire vers un fauteuil.

— Je ne vous le cache pas, monsieur, lui dit-elle, les larmes que je répands, c'est vous qui les faites couler, et je sens néanmoins, monsieur, que la cause de mon malheur ne vient pas de vous, mais du mari que je pleure.

En parlant ainsi, elle s'assit sur un fauteuil auprès de M. de Bridieu, et cachant son visage dans son mouchoir, elle parut vouloir étouffer le bruit de ses sanglots :

M. de Bridieu, étonné d'une réception aussi douce et d'aveux qui, quoique vrais, l'étonnaient dans la bouche de la comtesse, jeta un regard de surprise sur M. de la Taille : celui-ci lui fit un signe afin de l'engager à attendre avant de répondre que la comtesse se fût expliquée davantage. Mme de l'Estrades continua :

— J'étais destinée au malheur, j'attendais la catastrophe qui m'accable. Votre ami M. de la Taille l'avait prédite à ma famille. La haine des vôtres et des de l'Estrades date de loin. Je devais m'attendre à un coup de tonnerre.

— Soyez certaine, madame, s'empressa de dire M. de Bridieu, que ni moi, ni les miens, n'avons jamais rien fait pour nous attirer l'outrage...

— Je le sais, monsieur, dit Mme de l'Estrades en regardant en face M. de Bridieu ; mais vous ignorez ce qui s'est passé ici, là même où vous êtes, la veille du jour où... où.....

Et les sanglots de la comtesse parurent la suffoquer de nouveau.

— Où M. de l'Estrades a levé la main sur moi, dit M. de Bridieu en terminant la phrase que la comtesse paraissait ne pas pouvoir achever.

— Oui, monsieur, la veille de ce jour, mon fils Raoul avouait à son père la passion qu'il éprouve pour Mlle votre fille.

— Votre fils aime Juana ? s'écria M. de Bridieu en reculant involontairement son fauteuil.

— Croyez-vous, monsieur, répondit Mme de l'Estrades avec fierté, qu'il ne soit pas d'assez bonne maison pour elle, et qu'elle eût à rougir de porter son nom ?

— Je ne dis pas cela, madame, mais...

— M. de l'Estrades et moi ne vous avons pas fait l'injure de regarder votre alliance comme indigne de nous, monsieur, se hâta de dire d'un air fier Mme de l'Estrades ; pour moi, j'en aurais été heureuse, car je connais les belles qualités de Mlle votre fille ; quant à M. de l'Estrades, il y répugna d'abord, il s'emporta, il déclara que ce mariage n'aurait jamais lieu. Il était violent, et vous devez comprendre combien l'idée seule d'une semblable alliance était en désaccord avec ses sentimens habituels... Mais, messieurs, comme toutes les personnes sujettes à la colère, M. de l'Estrades était plein de franchise et d'honneur ; il revint bientôt à lui-même et m'avoua qu'il était forcé de reconnaître que son fils avait bien placé ses affections, et qu'il serait difficile à Raoul de faire un mariage plus avantageux et plus honorable.

M. de Bridieu, quelque courtisan qu'il fût, n'était point préparé à de semblables flatteries. Il n'avait jamais songé à marier sa fille au fils de son ennemi ; et si cette pensée lui fût venue, il l'aurait éloignée comme impossible à réaliser. Jamais, suivant lui, M. de l'Estrades n'aurait consenti à une pareille alliance. Trop de haine, et une haine trop ancienne, séparait les deux familles.

L'habile comtesse lut son incrédulité dans ses yeux étonnés.

— J'espère, monsieur, dit-elle, que vous ne doutez pas de mes propres sentimens, —ils sont toujours les mêmes,—quant à ceux de feu M. de l'Estrades, je puis vous donner la preuve de ce que j'avance. L'étonnement de M. de Bridieu redoublait ; M. de la Taille lui-même écoutait avec une curiosité mêlée de surprise. La comtesse reprit :

— Alors pourquoi cette injure fatale? pourquoi cette violence coupable et cette férocité envers un homme tel que vous, faible, âgé et malade, en présence d'une jeune fille, qui devait rendre votre personne sacrée? un moment de folie, un vertige, une déraison subite! J'ai encore la preuve de ce que je vous dis ici. — Vous connaissez le duel d'un officier des gendarmes du roi nommé Thibault, et du chevalier d'Aubeterre; il a occupé Paris et Versailles. M. de l'Estrades est arrivé sur le lieu du combat au moment même où le chevalier venait d'être tué, et il s'est indigné, non pas du duel mais de l'action de l'officier Thibault qui avait osé porter la main sur un gentilhomme; il a déclaré cette action infâme, lui-même a provoqué la poursuite du coupable. Une heure après..... vous savez ce qui est arrivé... donnait un démenti à ses paroles et frappait un vieillard qu'il n'aimait pas mais qu'il estimait, et dont il permettait à son fils de rechercher la fille. Certes, monsieur, ce serait une lâcheté, ce que mon fils ni moi ne permettrons jamais à personne de dire; oui, ce serait une lâcheté, si ce n'était là un acte de folie. Quand M. de l'Estrades vous a frappé il était fou, il était aveugle, il avait le délire. J'en suis certaine, et voilà pourquoi je puis, sans inconvenance, vous recevoir dans une maison que votre fils vient de remplir de deuil. Voilà pourquoi je puis aller beaucoup plus loin, et vous demander au nom de feu le comte de l'Estrades et au mien, la main de Mlle Juana de Bridieu pour M. Raoul de l'Estrades, notre fils.

Après avoir ainsi parlé avec effort et comme si l'ombre de son mari l'eût poussée à cette demande extraordinaire, la comtesse se renversa sur son fauteuil et se couvrit de nouveau la figure de son mouchoir. M. de Bridieu, muet et immobile, jeta un regard sur M. de la Taille, comme pour lui demander s'il fallait en croire ses oreilles, ses yeux même, et s'il était réellement en face d'une femme qui, une heure auparavant, avait envoyé à l'Étang-la-Ville un exempt et des cavaliers de maréchaussée pour conduire son fils malade dans une prison d'État.

— Ma fille! s'écria-t-il enfin ; vous demandez la main de Juana pour votre fils, madame!

— Vous qui savez tout, monsieur, dit la comtesse à M. de la Taille, sans répondre à M. de Bridieu, n'avez-vous jamais lu dans les astres que la raison de M. de l'Estrades s'obscurcirait un jour et que cette insanité d'un moment lui coûterait la vie ?

— Jamais, ma chère comtesse, répondit le devin, je n'interroge le ciel sans nécessité, ni surtout sans savoir si la personne dont la destinée est ainsi en jeu, désire connaître l'avenir. Hélas! le sort de l'homme est si malheureux dans ce monde, qu'on ne trouve souvent là haut, dit-il en élevant la main vers le ciel, que des signes funestes et des avertissemens fâcheux. Mais, ajouta-t-il encore en s'adressant cette fois à M. de Bridieu, ce qui est certain, c'est que d'inévitables calamités pèsent sur les familles qui se haïssent. La haine n'engendre que le mal; les coups les plus douloureux tombent, tantôt à droite, tantôt à gauche. On pleure dans les deux camps ennemis; la paix est au contraire un gage de bonheur et de sécurité.

M. de Bridieu revint alors de son étonnement, et, laissant de côté M. de l'Estrades, dont le désir de s'allier à sa famille lui paraissait suspect, il s'adressa à la comtesse seule, qui venait clairement de lui demander la main de sa fille.

Il commença par remercier la comtesse de l'honneur qu'elle faisait à sa maison; il lui fit remarquer ensuite qu'il n'avait pas dû s'attendre à la proposition qu'il recevait, et tout en hésitant il allait terminer par un refus, lorsque M. de la Taille l'interrompit :

— M. de Bridieu, lui dit-il, ce mariage me paraît indispensable, non pour Mme la comtesse, qui le propose, mais pour vous-même.

L'étonnement de M. de Bridieu redoubla, il ne s'attendait pas à voir son ami approuver une union qu'au fond du cœur lui, jugeait impossible.

— Parlez, dit-il, monsieur de la Taille, parlez.

— Je vais le faire avec franchise, répondit celui-ci ; vous avez reçu un affront que le sort des armes a réparé jusqu'à un certain point...

— Jusqu'à un certain point! s'écria M. de Bridieu, effrayé de la possibilité d'une lutte nouvelle.

— L'affront est vengé, reprit M. de la Taille, point de doute, et les larmes de la comtesse en font foi. Mais la demande qui vous est faite, n'est-elle pas un désaveu de l'action de feu M. de l'Estrades? n'est-elle pas une réparation morale qu'un duel ne donne pas?

UNE SOEUR DU CID.

Mme de l'Estrades n'attendait qu'un mot favorable pour expliquer sa conduite et pour la justifier.

— Ah! s'écria-t-elle d'une voix entrecoupée, Dieu m'est témoin que, mes propres sentiments à part, je ne fais qu'obéir aux dernières volontés de M. de l'Estrades, et si je me hâte; si, dans un premier moment de deuil, je parle mariage; si je recherche la fille de l'ennemi de ma famille, de celui qui a rendu mon fils orphelin, M. de Bridieu doit facilement deviner que j'obéis à des ordres venus de trop haut pour ne pas m'y soumettre.

— Les ordres du roi! dit M. de Bridieu.

— Monsieur, continua la comtesse, quoique je n'aie jamais épousé la haine de M. de l'Estrades, pas plus quelque fois que ses amitiés; quoique j'aie toujours éprouvé pour Mlle de Bridieu une tendresse dont je n'ai jamais pu me défendre, j'ai rempli mon devoir d'épouse et de mère, je suis allée me jeter aux pieds du roi, j'ai demandé et obtenu vengeance...

— La preuve est au logis de M. de Bridieu, dit M. de la Taille, la brigade de M. de Sartines y est installée et veut sans retard enlever Léonce de Bridieu.

— M. de Sartines n'y est pour rien, ajouta la comtesse; des mains du roi, l'ordre est passé dans celles de M. le duc d'Aiguillon, qui perd, en la personne de mon mari, un ami dévoué; mais le roi sait tout. Il ne veut pas laisser à mon fils l'obligation de venger son père. Dans la prévision d'un second duel, il pardonnera le premier, à la condition qu'un mariage, que ma famille vous demande, éteindra toute cause de querelle future — telle est sa volonté; — la grâce de votre fils est dans vos mains, monsieur.

Ainsi, tout se réunissait pour amener M. de Bridieu à un mariage aussi éloigné de sa pensée que de son désir secret : la grâce de son fils, la menace d'un duel, qui, plus tard, pouvait mettre en péril les jours de son fils ou de son gendre, et enfin l'ordre d'un roi dont il était le courtisan assidu. Il ne put cependant s'empêcher de songer que les faveurs de Sa Majesté tournaient à mal et lui coûtaient cher. La première lui avait valu un affront dont il portait encore les marques, et la seconde l'obligeait à marier sa fille contre son gré. Il chercha néanmoins à gagner du temps.

— Madame, dit-il, vous ne m'en voudrez pas si je vous expose franchement la position où je me trouve.

— Je la connais, répondit la comtesse.

La main de Mlle de Bridieu est promise à M. Henri de Montalais.

— Ma parole est engagée, dit M. de Bridieu.

— L'ordre du roi, que la comtesse a déjà, ou qu'elle aura bientôt, dit M. de la Taille, vous dégage de votre parole.

— Enfin, ajouta M. de Bridieu qui, par un dernier argument, comptait au moins ajourner sa décision, vous savez ma tendresse pour ma fille : jamais je ne pourrai vous dire de quels soins religieux elle m'entoure, elle est mon ange tutélaire et ma fidèle compagne.

— Il est facile d'arranger les choses de façon que votre fille ne s'éloigne pas de vous, dit Mme de l'Estrades; nos demeures sont d'ailleurs si voisines que nous nous sommes toujours trouvés, malgré nous, sur les pas les uns des autres. Nous mettrons désormais à nous rapprocher le soin que nous avons mis à nous éviter.

— Ce n'est pas ce que je veux dire, madame.

— Quoi donc? demanda M. de la Taille.

— J'ai promis à ma fille, répliqua M. de Bridieu, de ne jamais contraindre ses inclinations. Je ne puis disposer d'elle sans son aveu.

— Monsieur, dit Mme de l'Estrades, excusez-moi si je trahis le secret de votre fille; la circonstance où nous nous trouvons m'y oblige : Mlle Juana de Bridieu aime depuis l'enfance mon fils Raoul; rien ne lui sera plus agréable que l'engagement que nous allons prendre.

Rien ne prouve plus combien un homme sans cesse occupé de lui-même reste étranger aux choses et aux personnes qui l'entourent, que la surprise de M. de Bridieu. Soigneux des irrégularités imaginaires de sa santé, il ignorait les sentiments secrets de l'être qu'il aimait le plus au monde... hélas! après lui.

— Ma fille aime votre fils, madame?

Mme de l'Estrades l'affirma de nouveau, et en donna pour preuve une lettre écrite par elle-même à Juana.

— Si Mlle votre fille, dit-elle encore, veut bien vous montrer ma lettre, cette communication confirmera la vérité des détails que je viens de vous donner.

Alors M. de la Taille se leva, et mettant la main sur sa poitrine :

— Oui, monsieur de Bridieu, dit-il, c'est une vérité que je puis affirmer. Votre fille aime le jeune Raoul de l'Estrades.

— Vous le saviez? demanda M. de Bridieu avec le ton d'un homme qui regardait les paroles de son ami comme un arrêt du destin.

M. de la Taille fit un geste affirmatif. On sait que la science cabalistique n'avait rien révélé au devin : le sommeil seul de Juana lui avait tout appris.

M. de Bridieu céda. L'ordre du roi le relevait de sa parole, l'amour de Juana lui faisait espérer le bonheur de sa fille ; la faveur de Mme du Barry, devenait inutile ; sa maison se relevait par une alliance d'autant plus précieuse qu'elle était inespérée, et enfin, suivant l'expression de M. de la Taille, ce mariage lui donnait cette réparation morale que le duel le plus heureux ne rend qu'à demi.

Mme la comtesse de l'Estrades assurait ainsi, de son côté, le bonheur et la fortune de son fils, dût l'ombre irritée du feu comte frémir de colère au fond de son tombeau.

Hélas ! il y a loin de la coupe aux lèvres.

CHAPITRE VII.

La diplomatie du roi.

Louis XV, ce prince si indifférent pour les affaires de son royaume, et d'un égoïsme si complet, qu'il souriait en voyant le mal qu'il pouvait empêcher, heureux de se prouver ainsi sa supériorité, n'en était pas moins le prince le mieux informé d'Europe. Il avait des agens secrets dans toutes les cours, et lorsqu'une affaire se présentait au conseil de ses ministres, il la savait mieux qu'eux-mêmes. Il laissait alors s'engager la discussion, écoutait patiemment les faits controuvés, les assertions fausses, les avis absurdes, et se gardait bien d'éclairer des gens auxquels il ne manquait que de savoir la vérité pour raisonner juste. Le conseil prenait une décision : le roi se bornait à dire que, pour lui, il était d'un avis contraire, mais qu'il n'entendait point s'opposer à la décision de ses ministres. L'affaire était donc entamée : elle tournait mal.

— Je le savais, disait le roi.

Et S. M. jouissait de la confusion de son conseil.

Les cabriolets, dont l'usage était alors nouveau, furent l'occasion de beaucoup d'accidens déplorables.

— Si j'étais lieutenant de police, dit le roi, je supprimerais les cabriolets.

Mais il se garda bien de les supprimer.

M. de Sartines envoyait tous les matins, à ce prince, un journal à la main, qui contenait les faits et gestes des gens de la cour : anecdotes, affaires de coulisses, duels, aventures amoureuses, et, à ce propos, une petite biographie des personnes dont il était question dans ce journal. Sa Majesté savait tout, hors ce qui l'intéressait personnellement, parce que M. de Sartines avait le plus grand intérêt à ménager ceux qui, d'un mot, pouvaient lui faire perdre sa place. Le roi connaissait le duel de M. Thibault lorsque la Dauphine alla lui demander la grâce de cet officier, et la mort de M. de l'Estrades quand sa veuve se jeta à ses pieds pour lui demander vengeance.

Il ne s'agissait plus ici d'un officier obscur, et d'ailleurs coupable de provocation, mais des de Bridieu, nobles de nom et d'armes, qui tenaient aux premières familles du royaume. La personne qu'il fallait punir dans son fils unique était un ancien compagnon du roi, un vieil officier de Fontenoy, offensé de façon que, suivant l'opinion d'alors, un duel était inévitable. Cette position aurait été désavantageuse si Mme de l'Estrades eût voulu réellement venger son mari : elle voulait autre chose.

L'habile comtesse se jeta donc aux pieds du roi et lui demanda justice. Louis XV connaissait l'issue fatale du duel, il en ignorait les antécédents et les détails. La comtesse raconta l'amour de son fils pour Mlle de Bridieu, l'inimitié qui depuis deux siècles séparait les deux familles, et ne craignit pas d'accuser son mari : aussi ne demandait-elle pas vengeance.

— Eh bien, lui dit le roi, nous fermerons les yeux : aussi bien savons-nous que le coupable M. Léonce de Bridieu, qui a l'honneur d'être un de nos gardes du corps est dans un état de santé tel que l'arracher aux soins de sa famille serait un acte de barbarie.

Louis XV, prince égoïste mais doux, répugnait à des mesures d'une sévérité inutile.

Ce n'était pas là le compte de Mme de l'Estrades : elle exposa humblement au roi qu'elle ne pouvait renoncer à demander justice que dans l'intérêt seulement de l'amour et de l'avenir de son fils ; que d'ailleurs il était d'une bonne politique de réconcilier deux familles acharnées l'une contre l'autre. C'était l'amour maternel qui la faisait parler ; mais, pourrait-elle retenir son fils et l'empêcher de venger son père si on ne lui accordait pas celle qu'il aimait ? Au lieu de peindre Mlle de Bridieu comme une fille amoureuse, elle en fit d'abord une jeune personne violente, vindicative, remplie d'une colère encore inassouvie et qui ne s'apaiserait que par l'extinction totale des de l'Estrades. Il fallait donc que Raoul de l'Estrades devînt le gendre de M. de Bridieu : sans cela, on devait s'attendre à un second duel, qui pouvait lui enlever à elle sa dernière espérance.—Ces raisons étaient assez vraisemblables pour frapper le roi. — La comtesse demanda une lettre de cachet qu'on retirerait, une fois le mariage conclu.

— Très bien, dit le roi, mais si ce mariage n'a pas lieu, que deviendra mon garde du corps ?

La comtesse avoua alors qu'il ne s'agissait que de vaincre la résistance du père, parce que, depuis longtemps, Mlle de Bridieu aimait son fils, et se prêterait d'elle-même à un arrangement qui comblait tous ses vœux. Le roi donc accorda la demande et renvoya pour l'exécution au duc d'Aiguillon, qui donnerait ses ordres à M. de Sartines. Sauf la part prise à la décision du roi, Mme de l'Estrades avait dit la vérité tout entière à M. de Brid eu. De son côté, Sa Majesté se trouvait satisfaite d'être débarrassée d'une affaire désagréable qui allait l'exposer aux obsessions de deux familles considérables, et surtout aux prières de M. de Bridieu, dont il redoutait la vue.

On sait que Louis XV parlait volontiers de la mort; qu'il entrait dans les cimetières et ne répugnait nullement à voir les cadavres qu'on y apportait. Par une contradiction singulière, l'approche d'un vieillard malade et décrépit lui était particulièrement importune. Le spectacle de la mort ne l'épouvantait pas; la débilitité et les infirmités de la vieillesse lui faisaient peur. La comtesse du Barry ne se trompait pas en voulant éloigner de Versailles et de Marly M. de Bridieu; elle avait deviné que la présence de ce contemporain, toujours moribond, était odieuse à S. M., et de tous les argumens dont elle comptait se servir pour obtenir la grâce du jeune garde du corps, elle regardait les obsessions du père comme un des meilleurs.

Le roi, libre de tout souci, quitta Versailles et arriva à Louveciennes, après une chasse qu'il abrégea pour se rendre chez la comtesse; il devait y souper avec le vieux duc de Richelieu, le neveu du duc, M. d'Aiguillon et quelques autres personnes de sa société intime.

La comtesse, nonchalamment assise sur une bergère, attendait le roi avec une certaine anxiété. Sa figure portait la trace des contrariétés qui avaient rempli sa matinée. Les importunités de Mme de Mirepoix, les exigences du comte Jean, qui toujours violent jusqu'à la grossièreté, avait fini par lui avouer les prédictions sinistres de M. de la Taille et le projet d'arracher au roi une grâce qu'elle croyait fort difficile à obtenir, tout cela avait pâli ses joues et donné à ses yeux toujours gais, un air pensif qui ne leur était pas ordinaire.

Le vieux duc de Richelieu, leste et dispos, se tenait debout devant elle, et lui débitait ses galanteries avec l'aplomb d'un homme qui se croit doué d'une éternelle jeunesse, et qui d'ailleurs répète sa leçon pour la troisième fois au moins. Il avait été le flatteur de Mmes de Châteauroux et de Pompadour, sans parler des maîtresses du Régent et de M. le Duc: Mmes de Sabran, d'Averne, de Phalaris, de Prie. La comtesse ne l'aimait pas; elle le comparait à un vieux chat qui, ne pouvant plus prendre de souris, les fait croquer par un jeune raton, son fils ou son neveu. Le comte Jean disait souvent à la comtesse, en parlant du vieux duc :

— Souviens-toi, Jeannette, que si jamais nous sommes pendus, toi et moi, ce sera celui-là qui tirera la corde.

Cependant la comtesse lui faisait bonne mine : c'était le plus ancien ami du roi; il avait le don d'amuser, et, chose précieuse, c'était un vieillard très bien portant et plus âgé que le roi : un vieillard bon à montrer. Le duc, trop habile courtisan pour ne pas avoir pénétré les sentimens secrets de la favorite, feignait l'ignorance et se disait en faveur auprès d'elle.

Le duc d'Aiguillon, son neveu, appuyé sur le dos de la bergère, regardait avec intérêt la comtesse et semblait inquiet de sa pâleur. Celui-là était le raton qui devait prendre les souris pour son oncle. La chose avait eu lieu en effet; il arriva un moment où le duc d'Aiguillon eut un pouvoir absolu sur le cœur léger de la comtesse, et quoique cette faveur n'ait pas eu de durée, Mme du Barry conserva toujours pour M. d'Aiguillon une affection véritable, et lui, de son côté fut également toujours dévoué à la comtesse ; mais l'oncle ne gagna rien au crédit du neveu, qui n'obtint d'ailleurs les bonnes grâces de la favorite, qu'à la condition de se détacher du vieux duc ; ce que M. d'Aiguillon promit avec plaisir et exécuta sans scrupule. A la cour chacun agit pour soi et ne songe qu'à ses propres affaires. Si donc le neveu prit une souris ce ne fut point au profit de l'oncle ; ils n'en vécurent pas moins bien ensemble.

Mme de l'Estrades en quittant le roi avait

couru chez le duc d'Aiguillon et l'avait trouvé très disposé à la servir. N'était-il pas la cause première de la catastrophe? Si, en effet, il n'avait pas manqué à la parole donnée au feu comte, si le malheureux gouvernement de Reims avait été donné à un brave militaire qui le méritait, au lieu d'échoir, par le fait du duc d'Aiguillon, à un vieillard qui ne sollicitait pas même cette place; rien de ce qui s'était passé ne fût advenu et M. de l'Estrades serait plein de vie et de santé.

Mme de l'Estrades, en transmettant au duc l'ordre du roi, s'était bien gardée de parler de la condition qui devait détruire l'effet de la lettre de cachet; elle tenait à être ainsi maîtresse du sort de la famille de Bridieu et à faire sentir la colère ou la clémence du roi à son gré et selon l'occurrence. Il fallait qu'elle réussît où qu'elle se vengeât, et que dans aucun cas elle ne fût dupe. M. d'Aiguillon ne connaissait qu'à moitié la volonté du roi et tenait à donner satisfaction à une famille que par son manque de parole il avait plongée dans le deuil. Quand il apprit la visite du matin de M. de Bridieu et l'engagement de Mme du Barry; il voulut la faire changer de résolution.

Au moment donc où le vieux duc de Richelieu adressait des complimens à la comtesse sur ses beaux yeux, qui, ce jour-là, étaient battus et manquaient de leur vivacité ordinaire, M. d'Aiguillon interrompit son oncle pour dire:

— Le roi va venir, comtesse?

— Je l'attends, répondit Mme du Barry, vous savez qu'il me fait l'honneur de souper ce soir à Louveciennes.... avec vous, messieurs.

Les deux ducs s'inclinèrent.

— Et vous avez quelque chose à lui demander? poursuivit le duc d'Aiguillon.

— Une grâce? dit le duc de Richelieu.

— Oui, M. le duc.

— L'affaire est faite, puisque vous vous en mêlez, comtesse; le roi ne sait rien vous refuser.

— Je ne crois pas que la chose soit si aisée que vous le dites, reprit le duc d'Aiguillon.

Les yeux de Mme du Barry s'animèrent, son front rougit, elle jeta sur le duc d'Aiguillon un regard de sultane irritée.

— Et pourquoi cela? dit-elle.

— Madame la comtesse, répondit M. d'Aiguillon en regardant tendrement Mme du Barry, permettez-moi de vous le dire.

— Voyons, monsieur le duc, voyons.

— Il s'agit de la grâce du jeune de Bridieu qui a tué en duel M. de l'Estrades.

— Précisément.

— Vous n'aimez pas les de l'Estrades, comtesse, je le sais, et j'approuve vos raisons.

— Est-ce pour cela que vous soutenez cette famille, duc?

— Je ne la soutiens pas le moins du monde; pour vous, Madame, vous vous intéressez fort médiocrement aux de Bridieu.

— Vous vous trompez, Monsieur.

— Pardonnez-moi, comtesse, votre unique souci est de prouver à la cour que votre crédit sur l'esprit de Sa Majesté, l'emporte sur celui de Mme la Dauphine, qui vient d'obtenir la grâce du sieur Thibault.

— Grâce que Sa Majesté m'a refusée, dit Mme du Barry.

— Thibault! Thibault! dit le duc de Richelieu, dont ce nom roturier offusqua les oreilles, qu'est-ce que c'est que ça?

— Sa Majesté vous a refusé cette grâce, ajouta le duc d'Aiguillon, parce que vous la lui avez demandée faiblement, sans témoigner un désir bien vif de l'obtenir. Vous connaissez les raisons de prudence qui m'ont fait vous conseiller de ne pas insister.

— La Dauphine n'a eu besoin que de dire un mot, dit impétueusement Mme du Barry.

— Ne croyez pas cela, comtesse, on peut même supposer qu'à elle seule, S. A. R. n'aurait pas réussi, puisqu'elle s'est fait accompagner des deux princes, ses beaux-frères, et la lutte a dû être rude, car l'audience a été longue.

— Enfin, elle l'a emporté, s'écria Mme du Barry, et je veux voir si je l'emporterai à mon tour!... Vous direz comme moi, M. le duc, ajouta-t-elle en s'adressant à M. le duc de Richelieu.

Le vieux duc, aussi égoïste que son maître, ne cherchait qu'à faire sa cour et, au fond du cœur, il avait aussi peu de souci des intérêts de la famille de Bridieu que de ceux mêmes de Mme du Barry. Il promit son appui avec la plus exquise politesse.

— Et moi aussi, je vous promets mon appui, comtesse, dit le duc d'Aiguillon; mais je vous supplie de ne pas user votre crédit dans une affaire où vous échouerez, quelque puissante que vous soyez auprès du maître. La Dauphine a forcé la main au roi ce matin, il y a de la maladresse à tenter la même expérience cette après-dîner. M. le duc, ajouta-t-il en s'adressant à son oncle, unissez-vous à moi pour empêcher la comtesse de faire une fausse démarchee. Choisir mal son moment, c'est commettre une faute énorme, à la cour.

— Permettez, mon neveu, dit le vieux duc, il me semble que le roi peut faire pour un bon gentilhomme, tel que M. de Bridieu, ce qu'il a fait pour un paltoquet tel que...

— Mon Dieu! se hâta de dire M. d'Aiguillon, il y a bien de la différence.

— Ajoutez, dit Mme du Barry en s'adressant au vieux duc, que si jamais duel fut inévitable, c'est celui dont il s'agit : un soufflet !

— Oh! oh! s'écria le duc de Richelieu.

— Un duel irrégulier, dit M. d'Aiguillon.

— Comment cela ?

— Oui, un duel sans témoins.

— Les adversaires étaient accompagnés tous deux.

— Par leur domestique, répliqua le duc d'Aiguillon.

— Ah! ah! comtesse, dit le duc de Richelieu, l'affaire change de face; des domestiques ne sont pas des témoins... Duel irrégulier... mon neveu a raison.

A la cour, et dans ce moment le salon de Louveciennes, où allait entrer le roi, était véritablement la cour, on sert ou l'on nuit, sans dire la vraie raison qui pousse à nuire ou à servir; la raison, on l'atténue; on la laisse deviner; on se garde bien surtout de parler sincèrement devant un tiers. Il n'y a là que les intrus, comme l'était Mme du Barry, qui aient le cœur sur la main. M. d'Aiguillon, dévoué à la comtesse, qui le soutenait au ministère, regardait comme dangereux pour Mme du Barry, de demander une grâce que venait d'obtenir la Dauphine, précisément parce que cette princesse venait de l'obtenir. C'était engager une lutte fâcheuse, dans laquelle la favorite pouvait succomber; et pourquoi ? dans l'intérêt d'une famille qu'elle connaissait à peine. Non, pour étaler un crédit qu'il fallait au contraire s'efforcer de cacher et qu'il était surtout imprudent de faire comparer à celui de la première princesse du sang. La comtesse n'était pas de force à faire ces réflexions elle-même; il était dangereux de les lui faire faire et surtout impossible d'ouvrir la bouche devant M. de Richelieu.

De son côté, la comtesse faisait quelques réflexions plus raisonnables qu'on n'aurait pu le croire ; elle connaissait l'amitié véritable que lui portait le duc d'Aiguillon, et s'était souvent bien trouvée d'avoir suivi ses conseils. M. de Bridieu était un homme fâcheux et qu'avec un peu de superstition on pouvait regarder comme portant malheur à ceux qui s'intéressaient à lui : tel était l'avis du comte Jean qui se trouvait ainsi d'accord avec le duc d'Aiguillon. Pourquoi s'obstiner à faire une démarche dangereuse ?

Le duel paraissait n'avoir pas été régulier : qu'opposerait-elle au roi, s'il lui donnait ce motif pour ne pas faire grâce ? Cependant le désir d'éprouver si son crédit égalait celui de la Dauphine la piquait toujours au cœur et elle se demandait quelle conduite elle allait tenir, lorsque la porte du salon s'ouvrit à deux battans et un domestique annonçant d'une voix élevée, dit :

— Le roi.

Louis XV entra : rien ne laissait voir chez lui une vieillesse déjà avancée, la taille droite, la marche ferme, la jambe belle encore, il s'avança en souriant vers la comtesse qu'il salua avec galanterie :

— Nous ne vous avons pas vu de la journée, dit-il, au vieux duc de Richelieu ; je suis ravi de vous trouver ici d'Aiguillon. Je vous ai envoyé une colombe ménagère ce matin ?

— Oui, sire. Les ordres du roi ont été exécutés.

Une certaine majesté douce régnait sur les traits du roi, son visage avait quelque chose de sévère qui n'aurait pas permis à la comtesse des familiarités devenues historiques, telles que de nommer Sa Majesté *la France*, et de la prévenir en termes très crus que son café était en ébullition et qu'il allait s'échapper de la bouilloire: aussi Mme du Barry, de plus en plus incertaine, n'osait pas entamer la conversation ni demander quelle était cette colombe messagère que le duc d'Aiguillon avait reçue le matin. Ce fut le duc de Richelieu qui, dans l'intention de lui nuire ou de l'embarrasser, lui rendit le service de l'amener sur un terrain où elle hésitait à s'engager.

— Je vous ai interrompu, messieurs, dit le roi ; que disiez-vous donc ?

— Sire, je disais à la comtesse, répondit le duc de Richelieu, qu'elle a les plus beaux yeux du monde ; M. le duc d'Aiguillon trouve, au contraire, que la comtesse est dans ses mauvais jours... Cela n'est pas galant, mon neveu... Dans tous les cas, il dépend de Votre Majesté de ramener la sérénité dans des yeux qui peut-être ont répandu des larmes.

Mme du Barry pleura de dépit : on supposait qu'elle avait pleuré.

— Et qui a pu attrister ces beaux yeux ? demanda le roi.

— La compassion, la pitié, dit le duc de Richelieu, la comtesse est si bonne !

Mme du Barry envoya du fond du cœur M. de Richelieu au diable : il devint clair pour elle que le vieux duc lui tendait un piége et que M. d'Aiguillon lui avait donné un bon conseil. Mais elle ne voulut pas reculer et ses larmes redoublèrent.

— Peut-on savoir ce qui vous tourmente ainsi, belle comtesse ? lui demanda le roi.

— La comtesse a une grâce à vous demander, sire, dit encore le duc de Richelieu.

— Ce n'est pas cela, sire, dit Mme du Barry. La grâce n'est rien en elle-même, c'est que ces messieurs prétendent que Votre Majesté ne m'aime pas assez pour l'accorder.

— Ce n'est pas moi qui ait dit cela ; c'est mon neveu d'Aiguillon.

— Vous aussi vous l'avez dit, M. le duc.

Et Mme du Barry passant des larmes au rire, releva la tête et présenta au roi une figure gaie, des yeux vifs et une bouche souriante.

— Moi, dit-elle en baisant la main du roi, je suis persuadée que ces messieurs se trompent et que Sa Majesté ne peut rien me refuser.

— C'est mon avis, madame, dit le duc de Richelieu, dussiez-vous demander au roi la moitié de son royaume.

C'était une flatterie perfide ; Mme du Barry le sentit ; elle allait parler ; le duc d'Aiguillon la prévint. Il tenait réellement à ce que la comtesse laissât le roi en repos, et il voyait déjà la figure de Sa Majesté s'assombrir ; mais puisque les dés étaient jetés, il voulut au moins présenter les choses sous le jour le plus avantageux.

— La moitié du royaume ! s'écria-t-il, on sait que la comtesse n'en veut qu'au cœur de Sa Majesté, et que pour son royaume, elle le lui laisse tout entier, heureuse d'être sa sujette.

— De quoi s'agit-il donc ? demanda le roi en s'adressant à M. d'Aiguillon.

— De la colombe messagère que Votre Majesté m'a envoyée ce matin.

— Eh bien ! dit le roi, elle a lieu d'être satisfaite..... et vous le savez bien, duc, Madame de l'Estrades a obtenu ce qu'elle demandait.

— Et voilà précisément ce qui afflige la comtesse.

— Pour vous, sire, dit Mme du Barry, qui reprit courage.

— Pour moi, comtesse ?

— La comtesse sait l'amitié que vous portez à M. de Bridieu. Elle suppose que le roi n'est pas parfaitement instruit...

C'était M. d'Aiguillon qui parlait.

— Au contraire, dit le roi, je sais tout, Mme de l'Estrades a été de la plus grande loyauté ; c'est le comte qui a tous les torts, dans cette malheureuse affaire, et les torts les plus graves.

— Alors, sire, se hasarda à dire Mme du Barry.

— Alors, s'écria le roi, vous allez me demander la grâce du jeune de Bridieu ; je vous vois venir... mais savez-vous, comtesse, que depuis quelques jours on tue plus de gentilshommes dans ma forêt de Marly, qu'on n'abat de chevreuils.

Et le roi se promenait dans le salon d'un air agité, en récapitulant les duels malheureux qui, depuis quelque temps, s'étaient succédé les uns aux autres.

— A Versailles, deux mousquetaires sous les murs même de l'Orangerie... un monsieur dont j'oublie le nom... ah ! le comte de Pressac, tué par le fils d'un conseiller de robe, à Marly même... La bourgeoisie s'en mêle... Un autre, dont le roi qui ne voulut pas prononcer le nom roturier de Thibault, qui a tué un d'Aubeterre...

— N'insistez pas, parlons d'autre chose, glissa le duc de Richelieu dans l'oreille de la favorite.

Mais M. d'Aiguillon, plus habile et mieux intentionné que son oncle, donna l'avis contraire.

— Persistez, dit-il à demi-voix à Mme du Barry, vous l'emporterez.

Cette opinion hardie, mais juste, était fondée sur l'égoïsme du roi, que le duc d'Aiguillon connaissait parfaitement. Le roi s'ennuyait. Les tracas de la cour, l'obligation de voir ses ministres, ses rapports forcés avec sa famille : tout cela le fatiguait et lui faisait supporter avec lassitude la longueur du jour ; le soir venu, Sa Majesté ne voulait plus être le roi de France, mais le baron de Gonesse ; c'était le titre qu'on lui donnait dans les soupers où il aimait à oublier ce qu'il nommait les soucis de la royauté, soucis assez légers pour Sa Majesté Louis XV. Mais la gaîté des rois est presque toujours d'emprunt, elle ne naît pas en eux-mêmes, il faut qu'elle soit excitée par la gaîté d'autrui ; Mme du Barry, par la hardiesse de ses propos et quelquefois, hélas ! par leur licence, avait le don de tirer Louis XV de cette torpeur morale qui rendait si lourdes les journées du roi : pour cela il fallait que la favorite, incapable de dissimuler, fût elle-même gaie et heureuse ; un refus la rendrait triste et de mauvaise humeur, et M. d'Aiguillon savait que le roi était homme à payer à tout prix la bonne humeur qu'il venait chercher à Louveciennes, et il ne s'agissait que de faire grâce.

La comtesse persista donc dans sa demande, elle employa tout l'art naturel à une jolie femme et à une femme aimée pour obtenir une chose, déjà résolue dans le cœur du roi ; elle eut le bon esprit de ne pas faire intervenir la Dauphine, de paraître ignorer ce qui s'était passé le matin même à Versailles entre la princesse et le roi, et de n'insister que sur l'amitié qu'elle avait pour M. de Bridieu, un de ses plus dévoués serviteurs, dit-elle, et certes elle pouvait citer le vieux gentilhomme sans exciter la jalousie du roi.

Sa Majesté se faisait prier le plus qu'elle pouvait ; elle ne voulait plus faire grâce aux duellistes, elle s'était engagée envers Mme de l'Estrades et ne pouvait pas revenir sur sa parole ; il était trop tard.

Enfin, lorsque Mme du Barry, presque découragée, fut prête à abandonner la partie, l'heure du souper approchant d'ailleurs, le roi s'adoucit tout à coup :

— Vous le voulez, comtesse, dit-il, il faut vous obéir... je ne pourrai jamais vous refuser.

Ce fut alors un concert de louanges et de remercîmens ; le roi avait vraiment l'âme royale, il était bien le petit-fils d'Henri IV, le père de la noblesse. Le duc de Richelieu, oubliant que le duel avait eu lieu au pistolet, dit que pour son compte il avait toujours pensé qu'un bon coup d'épée faisait honneur à un gentilhomme.

— Un moment, reprit le roi, je fais grâce, mais à une condition, c'est que le fils de M. de l'Estrades épousera Mlle de Bridieu.

Le vieux duc se récria.

— Mais, dit-il, si cette fille ressemble à son père, si c'est une petite guenon ?

— Tant pis, dit le roi.

Le duc d'Aiguillon, qui n'était qu'à moitié instruit et qui regardait ce mariage comme impossible, voulut faire quelques objections : le roi fut inflexible, la grâce n'était qu'à ce prix.

— Et, ajouta-t-il, puisque la comtesse s'intéresse autant à la famille de Bridieu, c'est elle que je charge de négocier ce mariage.

— Sire, dit Mme du Barry, j'obéirai à Votre Majesté, et je vous promets d'amener M. de Bridieu à vous obéir ; c'est un fidèle serviteur, mais il n'en est pas de même des de l'Estrades.

— Comment, madame ! soupçonnez-vous par hasard la famille de l'Estrades d'être hostile au roi de France ?

— Dieu m'en garde ; tous les sujets de Votre Majesté sont fidèles au roi ; mais enfin si Mme de l'Estrades répugne à ce mariage, si le fils ne veut pas de Mlle de Bridieu, sera-t-il juste de punir les de Bridieu d'une désobéissance qui ne sera pas la leur ?

— Eh ! eh ! dit le duc de Richelieu, l'objection est juste.

— C'est vrai, dit le roi ; alors s'il est bien prouvé que l'obstacle ne vient pas de la famille de Bridieu, la grâce lui est acquise.

La comtesse n'en demandait pas davantage, et le roi qui, de son côté, connaissait les vœux secrets de Mme de l'Estrades, n'avait plus besoin, pour prévenir des querelles futures, que de l'assentiment de M. de Bridieu.

Le souper pouvait être gai.

Deux jours plus tard, la comtesse se promenait dans le petit parc de Louveciennes. Le roi devait demeurer à Versailles ; Mme de Mirepoix, indisposée, ne pouvait pas quitter son hôtel ; le comte Jean, retenu à Paris par ce que Mme du Barry appelait ses quatre vices : le jeu, les femmes, le vin et le goût des tableaux, ne paraîtrait pas de la soirée. La comtesse était seule, chose rare et qui ne lui déplaisait pas, lorsqu'elle vit poindre du fond de l'avenue une figure qu'elle ne reconnut pas d'abord, mais qui bientôt lui causa un frémissement involontaire : c'était M. de la Taille. Elle avait elle-même assigné ce rendez-vous au devin, et son approche lui remit en mémoire la grâce qu'elle avait obtenue du roi.

Si la comtesse se fût véritablement intéressée à la famille de Bridieu, elle l'aurait instruite sur-le-champ de ce qu'elle avait fait pour elle : il ne fallait pour cela qu'écrire un mot et faire monter un piqueur à cheval ; mais la favorite n'avait qu'un but : prouver à la cour et s'assurer à elle-même qu'elle pouvait sans désavantage lutter contre la Dauphine. Ce but obtenu, l'affaire elle-même était sortie de cette tête légère et mobile. M. de la Taille lui rappela en même temps le service rendu et les prédictions sinistres dont le comte Jean avait eu le tort de l'entretenir. Elle s'avança donc vers M. de la Taille avec un peu d'hésitation et un peu de frayeur. C'était, après tout, un rendez-vous dont elle avait presque fixé jour. Celui-ci l'aborda respectueusement :

17

— Permettez-moi, madame, dit-il, de vous présenter les excuses de M. de Bridieu : il est venu hier à Louveciennes, sans pouvoir pénétrer jusques à vous.

— J'en suis désolée, répondit la comtesse; j'étais hier à Ville-d'Avray, chez la maréchale d'Armentières. Je lui ai acheté quelques bijoux dont elle voulait se démunir.

— M. de Bridieu venait vous faire ses très humbles remercîmens, et vous prier de ne rien dire au roi. La grâce est obtenue.

— A qui le dites-vous, monsieur?

— Pardon, madame, je vous prie d'excuser mon ami. D'abord, il a eu véritablement l'honneur de se présenter chez vous hier matin; mais il aurait dû vous prévenir avant-hier au soir.

— Avant-hier au soir, dit Mme du Barry, c'était trop tôt.

— Pardonnez-moi, madame la comtesse, c'était le devoir de M. de Bridieu, puisque la grâce a été accordée dans la matinée.

— Accordée à qui? demanda la comtesse, qui ne comprenait pas M. de la Taille.

— A Mme de l'Estrades.

— Vous vous trompez, monsieur, Mme de l'Estrades a demandé la lettre de cachet.

— Et la grâce en même temps, madame.

— Avant-hier matin même ? dit Mme Dubarry étonnée.

— Avant-hier matin, répondit M. de la Taille... Mme de l'Estrades, ajouta-t-il, n'a point perdu de temps; elle a envoyé chercher M. de Bridieu, elle lui a signifié la volonté du roi... M. de Bridieu obéira, madame, ce mariage se fera.

La comtesse ne revenait pas de son étonnement; elle se rappelait l'irritation de Louis XV, sa fureur même contre les duellistes; elle avait prié, conjuré; elle avait employé jusques aux larmes ; et enfin, quand le roi avait été las d'une scène jouée sans motif apparent, il avait paru céder à ses obsessions, il avait fait grâce avec regret, comme un homme qui ne peut rien refuser à une personne aimée, et cependant tout était convenu, arrangé, conclu depuis le matin!

— Encore une explication, dit-elle à M. de la Taille. S. M. a pu penser que le mariage, condition essentielle de sa clémence, serait difficile à conclure?

— Non, madame la comtesse; je crois que Mme de l'Estrades a tout obtenu du roi par sa franchise.

— Vraiment !

— Elle ne lui a pas caché que sa maison avait besoin d'être relevée par un riche mariage, et que d'ailleurs son fils, le jeune comte Raoul de l'Estrades, aime passionnément Mlle de Bridieu.

— Mais du moins le roi et Mme de l'Estrades craignent de trouver des difficultés dans la famille de Bridieu ?

— Pas la moindre, madame.

— Comment, pas la moindre? Après un affront si sanglant, il me semble difficile d'amener les de Bridieu...

— Mme de l'Estrades, dit M. de la Taille, a prévu toutes les objections en instruisant Sa Majesté du véritable état des choses, et je n'ai pu m'empêcher, madame, de reconnaître la justesse de ses prévisions et l'habileté de ses calculs. Si le jeune de l'Estrades aime Mlle de Bridieu, celle-ci de son côté n'est point ingrate : elle l'aime aussi.

— Ah ! les deux jeunes gens s'aiment?

— Depuis l'enfance. Il y a plus : Mlle Juana de Bridieu, par son caractère hardi et aussi à force de soins et de tendresse, dispose à son gré des volontés de son père. Ce que la fille veut, le père l'exécute. Vous connaissez, madame, la faiblesse de M. de Bridieu?

— Il se croit toujours mourant, dit la comtesse.

— Et quand on craint toujours de mourir, dit M. de la Taille avec un ton dédaigneux qu'il ne put réprimer, on abandonne la conduite de sa vie à ceux qui daignent s'en emparer.

— Le roi savait donc que Mlle de Bridieu prêterait les mains à ce mariage, et qu'elle y déciderait son père?

— Oui, madame, et moi-même j'ai été ravi de cet arrangement, et j'ai décidé M. de Bridieu à accepter les offres de Mme de l'Estrades.

A ces éclaircissemens inattendus, la figure naturellement rieuse de la comtesse prit un air sérieux; elle réfléchit profondément.

— Le comte Jean a bien raison, se dit-elle, aucune espèce de franchise n'est possible à la cour, à personne. Depuis le laquais qui ouvre les portières, jusqu'au roi lui-même, tous mentent. Les rois sont trompeurs comme les autres hommes, et on le leur rend avec usure.

Elle avait trompé le roi, en feignant pour la famille de Bridieu un intérêt qu'elle ne ressentait pas.

Le roi l'avait trompée à son tour en se faisant arracher une grâce déjà accordée à un autre.

M. d'Aiguillon avait paru prendre son parti de bonne foi; mais pouvait-elle ignorer que le mobile de ce dévoûment était l'ambition, puisque son crédit à elle soutenait le ministre au pouvoir?

Le vieux duc de Richelieu seul avait été fidèle à sa nature cauteleuse et perfide, s'accommodant de tout et toujours prêt à passer du côté du plus fort. D'où la comtesse conclut que dans ce petit drame qui se renouvelle tous les jours à la cour sous cent aspects différens, elle avait joué le beau rôle. L'amour-propre seul l'avait poussée, rien de vil ne s'était mêlé à ses calculs. Restait à juger la conduite du roi. Un sourire malicieux erra sur les lèvres de la comtesse, et quoiqu'elle sût très bien à quel point Louis XV était descendu pour arriver jusques à elle, elle comprit aussi qu'un roi qui sait tout et qui emploie sans nécessité même la fourberie, était dans certains momens au dessous d'elle.

— Mme la comtesse, poursuivit M. de la Taille, voit maintenant que M. de Bridieu est coupable de ne pas l'avoir prévenu à temps, afin de lui épargner une démarche inutile.

— Je n'ai encore rien dit au roi, répondit effrontément Mme du Barry.

— Tant mieux.

— Pourquoi cela? ignorez-vous, monsieur, qu'il n'y a rien de si facile à obtenir que les choses déjà résolues ?

M. de la Taille convint de la justesse de cette observation et Mme du Barry satisfaite au fond de ce qui s'était passé, puisque son amour-propre était à couvert, revint peu à peu à son naturel insouciant et gai : la grisette reparut :

— A tout prendre, se dit-elle, la *France* a bien agi : il a joué la comédie pour me faire plaisir.

Ainsi ramenée à des idées personnelles, Mme du Barry se souvint d'elle-même : les confidences fâcheuses du comte Jean lui revinrent en mémoire et l'expérience qu'elle faisait au moment même de l'ignorance du prétendu devin, du sorcier qui avait abusé de la crédulité de son beau-frère, lui donna du courage. Cet homme qui prédisait l'avenir, ne connaissait pas même le présent! Il ignorait que, presque sous ses yeux, le roi était venu, deux jours auparavant à Louveciennes, son génie familier ne lui avait pas appris ce qui s'était passé entre elle et Sa Majesté : c'était donc un imposteur. Elle leva les yeux au ciel et fit en hésitant un pas vers M. de la Taille. La nuit arrivait; le ciel, d'un bleu pâle, était serein et les étoiles brillaient d'un éclat inaccoutumé. M. de la Taille vit cette anxiété et en devina la cause.

— Madame, lui dit-il, ce n'est pas pour rien que vous m'avez commandé (car vos désirs sont des ordres) de revenir à Louveciennes, et que j'ai l'honneur de vous y rencontrer seule ; je crains que M. le comte votre parent n'ait laissé échapper un secret qu'il devait garder.

C'était la première fois que le sorcier devinait juste depuis qu'il était avec la comtesse.

— Vous ne vous trompez pas, monsieur, je sais tout.

M. de la Taille baissa les yeux.

— Ainsi, poursuivit la comtesse, je suis destinée à un sort affreux.

Il était bien difficile en face de cette femme, dont la beauté vingt ans plus tard attendrit même le bourreau, dont la transparence du ciel et, comme dit Corneille,

Cette pâle clarté qui tombe des étoiles

laissait voir les traits enchanteurs ; il était bien difficile, disons-nous, de conserver assez de fermeté pour annoncer, sans frémir, des prédictions sinistres. M. de la Taille d'ailleurs tout en se sentant ému, songeait aussi à sa propre sûreté : un seul mot au roi ou à M. le duc d'Aiguillon, pouvait le perdre. Mme de Pompadour n'y aurait pas manqué.... il hésita, resta quelques moments sans répondre. Enfin la conviction du nécromant en une science obscure et trompeuse, l'emporta sur la prudence et sur la pitié :

— Madame, dit-il avec résolution, le comte Jean mourra d'une mort affreuse, c'est écrit là haut.

— Et moi, monsieur, et moi? demanda la comtesse, la poitrine soulevée par l'émotion.

— Vous aussi, madame, dit M. de la Taille.

Mme du Barry poussa un cri.

— A moins, se hâta d'ajouter le devin que le comte n'ait une sœur.

— Il en a deux, s'écria Mme du Barry. Il en a deux.

— Dieu soit béni, reprit M. de la Taille, le calice peut passer près de vous sans mouiller vos lèvres.

— Monsieur, il en a deux, répéta Mme du Barry effarée.

Rien ne pouvait faire pressentir alors les catastrophes qui, vingt ans plus tard, vinrent confirmer les prédictions de M. de la Taille. Cependant Mme du Barry, ou plutôt Jeannette était conseillée par un homme vicieux, passionné, mais d'un esprit juste et pénétrant. Le comte Jean tirait d'elle des sommes immenses, et il l'engageait à songer à l'avenir de tous deux; il l'aidait enfin, autant qu'il était en lui à ruiner la France, sans lui cacher que le roi vieillissait, qu'une maladie imprévue et soudaine pouvait l'enlever dans un moment. Les compagnons du roi, MM. d'Armentières et de Chauvelin, n'avaient-ils pas été frappés au milieu d'un souper?

— Eh, Jeannette, lui disait le prévoyant comte Jean, le jour de la mort du roi sera un mauvais jour : nous n'avons ici que *Frérot* pour nous.

Mme du Barry voyait qu'une crise approchait, que la colère de la cour et du peuple, jusque-là contenue, pouvait éclater au moment de la mort du roi. Ses prévisions n'allaient pas plus loin; mais il y avait là un point menaçant qui rendait vraisemblables les menaces de M. de la Taille. Elle ne voulut pas congédier le nécromant sans tirer de lui un mot qui pût la rassurer.

—Monsieur, lui dit-elle en levant la main vers le ciel, là-haut, parmi ces étoiles sans nombre qui roulent sur nos têtes, et dont nous ne voyons pas la millième partie, nous avons chacun la nôtre?

— Oui, madame, répondit sans hésiter M. de la Taille.

— Vos yeux, plus clairvoyans que les miens et surtout plus habiles, voient sans doute le petit astre, imperceptible pour moi, qui préside à ma destinée?

— Oui, madame, pour obéir au comte Jean, j'ai dû me livrer à cette recherche.

Il se tourna du côté du couchant, et indiquant à la comtesse un petit point lumineux que celle-ci n'aperçut pas : le voilà, lui dit-il.

— Et l'étoile du roi? demanda brusquement Mme du Barry.

— L'étoile du roi! s'écria M. de la Taille, qui fit un mouvement d'effroi.

— Oui, monsieur, reprit la comtesse avec un sourire enchanteur et en rassemblant dans ses yeux toutes les séductions d'une jolie femme; oui, si là haut les choses sont bien arrangées, l'étoile du roi ne doit pas être éloignée de la mienne.

— Vous êtes dans l'erreur, madame la comtesse, les destinées de Sa Majesté et les vôtres ne se ressemblent pas. Voyez, dit-il, en montrant du doigt le couchant, voyez cette étoile qui flamboie par momens et qui quelquefois paraît s'éteindre, c'est celle-là : la voyez-vous?

— Parfaitement, monsieur.

M. de la Taille, le chapeau à la main, fit un grand salut et parut vouloir se retirer.

— Encore une question, monsieur, dit la comtesse, en retenant M. de la Taille et en posant sa main sur la manche de son habit de velours.

— Et ces beaux astres s'éteignent à notre mort?

— Je l'ignore, madame, ce sont les fleurs du jardin des anges. Ce qui est certain, c'est qu'ils disparaissent; les anges les prennent sans doute dans leurs bras robustes, les transportent dans d'autres régions du ciel, et ils vont présider à la destinée de créatures nouvelles.

— Et, dit Mme du Barry en hésitant, laquelle de ces deux étoiles — celle du roi et la mienne — doit disparaître la première?

— Celle du roi, répondit M. de la Taille, qui oubliait toujours cette prudence que cependant il se recommandait sans cesse à lui-même.

— Mais, reprit doucement et d'une voix agitée Mme du Barry, la mienne, cette pauvre petite étoile imperceptible, brillera bien peu de temps après que l'astre de Sa Majesté aura disparu?

— Non, dit M. de la Taille...

— Quelques jours à peine, dit la comtesse.

— Non, reprit le devin d'un ton assuré, de longues années.

— Vraiment!

Ce n'était donc pas la comtesse que devait atteindre le sort prédit par M. de la Taille, mais probablement une des sœurs du comte Jean.

— Monsieur, dit alors Mme du Barry tout à fait rassurée, je ne sais si nous nous reverrons; dans tous les cas, je veux que vous vous souveniez toujours de moi.

Et de son doigt effilé elle fit couler au petit doigt de M. de la Taille un superbe rubis oriental, présent de Sa Majesté, qu'elle refusait obstinément au comte Jean, aussi curieux de beaux diamans que de beaux tableaux.

— A propos, dit-elle encore, avant de se perdre dans les allées noires du parc, le mariage de M. de l'Estrades et de Mlle de Bridieu est décidé; je puis en parler au roi?

— Comme d'une chose faite, madame la comtesse.

Et ces deux personnages, qui en effet ne devaient plus se revoir, se séparèrent.

CHAPITRE VIII.
Le père et la fille.

L'union une fois convenue entre deux familles jusque-là ennemies et le mariage de M. de l'Estrades et de Mlle de Bridieu arrêté, il semblait que des relations journalières allaient s'établir entre le château de l'Estrades et celui de l'Etang-la-Ville : il n'en fut rien, cependant. La comtesse comptait sur des visites, qu'elle ne reçut pas, et que sa position, et surtout son deuil récent, rendaient indispensables à la famille de Bridieu. La nouvelle veuve sentait fort bien qu'elle ne pouvait de quelque temps sortir du château et qu'il lui eût été malséant de paraître dans un lieu où se trouvait le meurtrier de son mari; d'autre part, elle voulait brusquer ce mariage, que la faiblesse même de M. de Bridieu pouvait compromettre. Il était vrai que son fils se prétendait aimé, et que M. de la Taille se disait certain de l'amour de la jeune fille. Mais la comtesse avait écrit à Mlle de Bridieu, et n'avait point reçu de réponse; enfin, au point où en étaient les choses, et son fils absent, qui empêchait Mlle Juana de rendre ses devoirs à la comtesse?

Sur ces entrefaites, Raoul, accompagné de Champagne, arriva d'Angleterre. Les événemens s'étaient succédé d'une façon si rapide, et ils étaient en eux-mêmes si singuliers, que le jeune homme ne pouvait croire ni au malheur d'avoir perdu son père, ni à un mariage que tout semblait devoir rendre impossible, et cependant prochain, s'il s'en rapportait à sa mère.

La comtesse qui comptait sur l'adresse et sur la fidélité de Champagne, l'envoya à l'Etang-la-Ville : il devait non pas aborder les maîtres du logis, mais s'aboucher avec son ami Picard et instruire la comtesse de ce qu'il aurait appris. Champagne revint avec des nouvelles qui augmentèrent les inquiétudes de Mme de l'Estrades.

M. de la Taille venait de quitter l'Etang-la-Ville. La maladie de M. Léonce de Bridieu augmentait tous les jours. Son état devenait alarmant.

— Comment! s'écria Mme de l'Estrades, le mal augmente et le médecin abandonne son malade : il désespère donc de le sauver?

— Ce n'est pas précisément cela, madame, Picard m'a expliqué la chose autrement. M. de la Taille ne se fie pas lui-même entièrement à ses connaissances en médecine; il n'est passé maître que dans un autre art.

Il a donc conseillé à M. de Bridieu de recourir à Bordeu. Ce médecin était auprès du malade au moment où je me trouvais avec Picard.

— Et vous n'avez pas connu l'avis de Bordeu.

— Non, madame, mais je connais celui de Picard.

— Et que dit Picard?

— Il pense que son jeune maître est perdu. Il y a autre chose, dit encore Champagne, M. de Montalais et son fils sont à l'Etang-la-Ville.

— Ah! ah! s'écria la comtesse, voilà la raison qui retient chez eux M. de Bridieu et sa fille.

— Je ne le crois pas, continua Champagne. MM. de Montalais n'ont pas eu l'honneur de voir Mlle de Bridieu, qui ne sort de son appartement que pour passer dans celui de son frère, et M. de Bridieu est trop occupé de ses deux hôtes et de son fils malade pour quitter sa maison.

L'esprit soupçonneux de la comtesse lui fit croire que M. de Bridieu ne cherchait qu'à échapper à un mariage auquel il n'avait consenti que de mauvaise grâce. Puisque sa parole était engagée avec les Montalais, il était évident qu'une fois M. Léonce de Bridieu mort, la lettre de cachet tombait d'elle-même et l'ordre du roi devenait impuissant. D'un autre côté la comtesse ne pouvait pas exiger que devant l'agonie d'un fils, M. de Bridieu s'occupât des détails d'un mariage. Devait-elle, elle-même, hâter une union semblable, tandis que la tombe d'un père et d'un époux était à peine refermée? Maintenant que son fils était revenu auprès d'elle, la présence du fils Montalais à l'Etang-la-Ville l'effrayait. Ces jeunes gens étaient rivaux et se savaient rivaux. Si M. de Bridieu avait tenu sa parole, s'il avait déclaré aux messieurs de Montalais qu'un ordre du roi l'obligeait à rompre avec eux, quels ne devaient pas être le dépit du père et le désespoir du fils, en supposant ce dernier réellement amoureux? Alors, si les deux jeunes gens venaient à se rencontrer, une querelle était probable, un duel possible, et Mme de l'Estrades pouvait perdre le prix de ses soins et même son fils. L'absence de M. de la Taille la contrariait, et elle ne pouvait plus compter que sur Mlle de Bridieu.

— Champagne, dit-elle à son serviteur dévoué, pensez-vous que votre ami Picard refusera de m'introduire, je ne dis pas chez M. de Bridieu mais chez Mlle de Bridieu, à l'insu de son père?

— Non, madame Picard; sait trop ce qu'il doit à M*me* la comtesse pour cela. Il sait, d'ailleurs, que son maître a eu l'honneur de rendre visite à M*me* la comtesse en la compagnie de M. de la Taille.

— Vous comprenez, Champagne, que je ne veux pas éviter précisément de rencontrer à l'Etang-la-Ville M. de Bridieu, mais les MM. de Montalais?

— Oui, madame.

— Vous ferez donc mettre les chevaux à la voiture, et je partirai pour l'Etang-la-Ville dès que la nuit sera venue. Je ferai arrêter cependant à trente pas du château. Vous allez cependant monter à cheval et prévenir Picard. N'y a-t-il pas auprès du château un bouquet d'arbres que les de Bridieu nomment le *Salon-Vert*?

— Oui, madame.

— Un sentier part de ce Salon-Vert et aboutit à une avenue de la forêt?

— Oui, madame.

— Ce sera précisément à l'endroit où ce sentier aboutit à l'avenue que je vous attendrai. Vous viendrez m'y prendre au moment que choisira Picard. Je ne lui demande que de m'introduire dans l'appartement de M*lle* de Bridieu.

Champagne partit muni de ces instructions et M*me* de l'Estrades se prépara à une entrevue qu'elle voulait rendre décisive, puisque la maîtresse absolue de cette maison où elle allait entrer furtivement était la seule personne qu'elle y verrait. Elle avait la parole du roi, celle de M. de Bridieu; il lui fallait encore l'assentiment d'une jeune fille peut-être amoureuse, mais assurément d'un caractère ferme et qu'elle savait violemment irritée de l'affront fait à son père. Si la jeune fille hésitait, si chez elle la colère l'emportait sur l'amour, alors M*me* de l'Estrades, femme aussi hardie que résolue, n'hésiterait pas à faire usage de sa lettre de cachet, malgré l'état de M. Léonce de Bridieu. Elle ne voulait pas qu'un jour son fils pût lui reprocher d'avoir négligé de venger son époux, ce qui ne manquerait pas d'arriver si le mariage n'avait pas lieu.

Des soucis plus cuisans encore accablaient la famille de Bridieu. En vain M. de la Taille remontrait à son ami la nécessité d'un mariage qui rendait impossible toute collision à venir et comblait les vœux de sa fille, la vieille haine du vieux gentilhomme ne pouvait pas mourir dans son cœur, et il ne parvenait pas à se persuader que sa fille Juana, qu'il aimait tant, eût des affections différentes des siennes.

— Il est impossible qu'elle aime le fils d'un homme qui a levé la main sur moi, disait-il.

M. de la Taille lui représentait alors que cet amour était antérieur à une action que nul ne pouvait prévoir, et que l'amour ne s'éteint pas facilement dans le cœur d'une jeune fille. Ne fallait-il pas songer au salut de Léonce de Bridieu, son vengeur ? Supposez ce jeune homme traîné dans une prison, il y expirait en arrivant.

M. de la Taille se mettait enfin à la place de M. de Bridieu, qui devait redemander à d'anciens amis une parole librement donnée.

— Ici, disait le nécromancien, qui avouait cependant n'avoir pas consulté les astres sur cette question, ici il y a deux observations à faire : d'abord, vous ne manquez pas à votre parole, vous obéissez forcément aux ordres du roi; ensuite n'avez-vous pas toujours été décidé à ne pas contrarier les affections de votre fille ? Si Juana vous eût déclaré qu'elle ne voulait pas épouser le jeune de Montalais, qu'auriez-vous fait ?

M. de Bridieu remuait la tête en signe de dénégation, et M. de la Taille continuait :

— Il vous sera bien moins fâcheux de faire valoir l'ordre du roi que d'avouer que votre fille refuse un époux choisi par vous-même. L'amour-propre de la famille de Montalais sera ainsi à couvert.

— Point du tout, s'écria M. de Bridieu, parce que ma parole était soumise à l'assentiment de Juana.

— Eh bien ! dit M. de la Taille, vous allez avoir alors deux motifs au lieu d'un pour retirer votre parole. Interrogez seulement votre fille.

M. de Bridieu n'y manqua pas; il trouva Juana agenouillée sur un prie-dieu, le visage couvert de larmes.

— Je comprends, tu pleures, ma fille, ton frère se meurt, et nous allons le perdre, Juana, au moment où il est plus que jamais nécessaire à sa famille.

La jeune fille rougit. La maladie de son frère, dont les progrès l'épouvantaient tous les jours, lui causait sans doute de vives douleurs, mais ce n'était pas là le seul motif qui lui fît verser des pleurs; elle songeait à son amour à jamais perdu, à ce Raoul qu'elle aimait tant et qu'il fallait désormais aimer sans espoir.

— Il faut donc, poursuivit M. de Bridieu, que je cherche un appui qui garantisse ma vieillesse, et il ne peut venir que de toi.

Les larmes de Juana se séchèrent, elle

crut que son père avait deviné ou appris son secret.

— Un appui venir de moi? s'écria-t-elle.

— Tu ne me comprends pas, dit M. de Bridieu. Hélas ! je sais bien qu'une fille ne peut pas soutenir l'honneur d'une maison. Que serions-nous devenus si ton frère ne nous avait pas vengés? il m'aurait fallu mourir sous les coups de M. de l'Estrades, ou vivre chargé d'une honte qui aurait rejailli sur toi. Je n'ai plus la force de tenir une épée, Juana; il faut que tu te maries et que tu épouses un homme qui puisse faire respecter ton père.

Juana représenta d'abord à son père que le moment était mal choisi pour songer à un mariage, dans une maison qui touchait à un grand deuil, et d'ailleurs encore remplie de toutes les douleurs d'une injure récente. Voulant ensuite rassurer le vieillard sur les dangers qu'il prévoyait :

— Mon père, lui dit-elle, ne craignez plus rien, l'affront que vous avez subi est si odieux, qu'il ne se renouvellera plus. Vous n'aviez qu'un ennemi, et c'était un ennemi implacable ; Dieu vous en a délivré, il n'existe plus. Cet homme, dépourvu de toute raison et de toute pudeur, s'est porté à un attentat dont nul autre n'est capable; ainsi ne craignez rien.

— Cependant, Juana, vous ne pouvez pas rester fille. Le moment est mal choisi pour un mariage, mais j'ai pris des engagemens. Quoique je ne vous aie jamais parlé de mes projets, vous les connaissez, Juana. Vous savez mes liaisons avec la famille de Montalais, et vous n'ignorez pas que le jeune Henri de Montalais vous est destiné.

Mlle de Bridieu regarda fixement son père, et tout en avouant que depuis longtemps elle connaissait ses projets, elle lui dit d'une voix ferme qu'elle reconnaissait l'honneur que lui faisait la famille de Montalais, ainsi que le mérite de leur fils; mais qu'elle ne pourrait jamais se résoudre à épouser ce jeune homme. Tout ce qu'elle demandait, c'était de vivre auprès de son père et de soigner ses vieux jours.

— Je vois ce que c'est, dit M. de Bridieu, on m'a dit vrai: vous aimez M. Raoul de l'Estrades.

Une pâleur mortelle se répandit sur le visage de Juana; elle se jeta aux pieds de son père et embrassa ses genoux.

— Pardonnez-moi, monsieur, lui dit-elle, je suis une fille coupable et indigne de vos bontés; oui, j'aime M. Raoul de l'Estrades et il y a longtemps que je l'aime; mais depuis le crime du père, je travaille à arracher cet amour de mon cœur... Je vous aime assez, mon père, et j'ai assez de fierté pour y parvenir.

M. de Bridieu releva sa fille, et, ravi de lui voir des sentimens qui au fond du cœur étaient les siens, il fut d'abord embarrassé pour lui répondre. Le faible vieillard sentait toute sa pusillanimité, et, en même temps, il admirait le caractère énergique de sa fille.

— Juana, lui dit-il, écoutez-moi. Cet amour dont vous vous accusez, et que je n'aurais pas approuvé si je l'avais connu, le ciel veut qu'il nous devienne aujourd'hui favorable.

— Favorable ! s'écria Juana au comble de la surprise. Vous ne songez pas au nom que porte ce jeune homme, ni de quel père il est le fils?

— Oui, Juana, oui, j'y songe, et cependant je regarde l'amour que vous éprouvez pour lui comme un grand bonheur.

C'était un langage que Mlle de Bridieu ne pouvait comprendre. Son père lui dit alors que la grâce d'un frère, la sécurité de la famille tenaient à ce mariage ; que le roi l'avait ordonné ainsi.

— Jamais, dit la jeune fille, Mme de l'Estrades n'y consentira.

— Elle ne demande pas autre chose.

— Le fils résistera à sa mère.

— Ne savez-vous pas qu'il vous aime?

— Et moi, moi, dit Juana, voulez-vous que je porte le nom de notre ennemi?

— Votre frère nous a vengés, répliqua M. de Bridieu et il s'agit d'avoir sa grâce ; d'ailleurs, c'est l'ordre du roi.

M. de Bridieu venait d'obéir au roi, de tenir la promesse faite à Mme de l'Estrades et de s'assurer une fois de plus de la perspicacité de M. de la Taille. Juana aimait le jeune Raoul; il serait donc facile de conclure un mariage pareil. Restait à avoir une explication embarrassante avec la famille de Montalais, anciens amis qu'on ne pouvait pas abuser et vis-à-vis desquels un ordre du roi ne suffisait pas pour rompre une union depuis longtemps projetée.

Le roi, en effet, se mêlait rarement des affaires privées de ses courtisans; il n'intervenait que dans des cas exceptionnels, comme celui dont nous parlons, par exemple, qui était assez grave pour que Sa Majesté usât de son pouvoir absolu; néanmoins, les réclamations étaient toujours permises et souvent écoutées. On tenait compte de la fortune, de la position des deux familles et même de la répugnance d'une des parties, si cette répugnance était trop forte, parce qu'un mariage forcé n'aurait remédié à rien ou même n'aurait eu d'autre résultat que de mettre les ennemis en présence. Voilà pourquoi Louis XV rattacha la grâce de Léonce de Bridieu au mariage de sa sœur, et pourquoi encore il imposa cette condition à Mme du Barry elle-même.

M. de Bridieu n'ignorait donc pas qu'il pouvait demander une audience au roi et faire valoir auprès de lui la parole donnée à la famille de Montalais. Ce serait, sans doute, ce que lui opposerait d'abord M. de Montalais, et alors il lui déclarerait le refus de sa fille, chose qui lui répugnait avec un jeune homme qu'il aimait et dont il avait encouragé la passion. Il n'eut pas besoin d'en venir là.

Nous avons vu que lorsque les messieurs de Montalais apprirent les événemens que nous avons racontés, ils prirent la résolution d'aller à l'Etang-la-Ville. Le père et le fils montèrent à cheval dès le lendemain. En ce temps-là, les hommes de robe, quelque riches qu'ils fussent, avaient rarement un carrosse à eux, et s'ils en avaient un, ils en laissaient la jouissance à leurs femmes; eux se rendaient au palais à pied, et montaient à cheval quand ils sortaient de Paris, afin de ménager des équipages réservés pour mesdames les présidentes, et qui auraient couru risque de se briser sur des routes mal entretenues. Le père et le fils étaient suivis de deux laquais aussi à cheval. M. de Montalais, vêtu de noir, marchait à l'amble avec la gravité habituelle à un magistrat d'alors, tandis que le jeune homme, habillé avec l'élégance d'un gentilhomme qui voyait tous les jours les ministres, et travaillait auprès d'eux, caracollait auprès de son père et maudissait la lenteur du voyage. Un train de chemin de fer mettrait aujourd'hui moins de temps à parcourir cinq ou six fois le même chemin, allée et retour, que n'en mirent les deux voyageurs pour arriver à l'Etang-la-Ville. Ils furent reçus avec un embarras que M. de Bridieu ne chercha pas à dissimuler, et après un dîner triste et auquel Mlle de Bridieu ne parut pas, les deux pères se retirèrent dans une pièce où il ne fut pas permis à M. Henri de Montalais de les suivre.

Après les premiers complimens, M. de Montalais demanda à voir sa future bru; espérant, disait-il, que son fils serait admis à faire sa cour à Mlle de Bridieu. M. de Bridieu répondit les larmes aux yeux qu'on lui demandait une chose impossible. Juana avait été si troublée des événemens douloureux dont elle avait été le triste témoin qu'elle ne sortait de ses appartemens que pour entrer dans ceux de son frère mourant, et sa santé inspirait quelques inquiétudes.

— Une chose augmente son trouble, poursuivit M. de Bridieu, c'est un ordre du roi.

— Je ne soupçonnais pas, répondit M. de Montalais, avec une inquiétude que la conduite licencieuse de Louis XV ne justifiait que trop, je ne supposais pas que le roi s'occupât de Mlle de Bridieu.

— Hélas! oui, dit M. de Bridieu, il veut la marier au jeune Raoul de l'Estrades.

— Le fils de celui que votre fils a tué?

— Oui, monsieur, la grâce de mon fils est à ce prix.

M. de Montalais ne s'amusa pas à discuter avec M. de Bridieu, ni à lui remontrer tout ce qu'on pourrait opposer à un ordre semblable. Il voyait son vieil ami troublé et abattu, il le savait faible, le fils était mourant, la fille malade; il connaissait tout le respect et toute la vénération que cette fille portait à Mme de Montalais et à lui-même, il savait toute l'influence de Mlle de Bridieu sur l'esprit de son père, et puisqu'il ne pouvait point la voir, il se résolut à retourner à Paris, au moment même.

Malgré les instances de M. de Bridieu, il fit seller ses chevaux, que ses deux valets menèrent en lesse, et, accompagné de son fils, il prit à pied le chemin de Paris.

La nuit était calme et sereine, toutes les étoiles brillaient au ciel, et une demi-obscurité voilait les objets sans les cacher entièrement. L'avenue que parcouraient ainsi à pied, le père et le fils, était précisément celle où s'était arrêtée Mme de l'Estrades pour attendre le retour de Champagne. Elle avait quitté sa voiture, voulant arriver à pied avec son guide jusques à la demeure de M. de Bridieu. La comtesse, d'un naturel assez impatient, comptait les minutes et cherchait dans l'obscurité la forme de l'homme qui devait venir à elle. Elle entendit enfin des pas de chevaux; elle se jeta derrière un arbre pour n'être pas vue. C'étaient les domestiques de MM. de Montalais qui suivaient le chemin de Paris, en attendant qu'il plût à leurs maîtres de monter à cheval. Bientôt les maîtres parurent; ils marchaient doucement, s'arrêtant de moment en moment, et parlant avec vivacité. Il ne fut pas difficile à la comtesse d'entendre leur conversation.

— Ainsi, mon père, plus d'espoir, disait le jeune de Montalais d'une voix agitée, et mon mariage est tellement rompu, qu'on ne nous a pas même retenus à l'Étang-la-Ville pour y passer la nuit!

— Quant à cela, vous vous trompez, Henri. M. de Bridieu ne voulait pas me permettre de retourner à Paris; mais, dans l'état d'affliction où est cette famille, j'ai cru devoir refuser.

— Et mon mariage? J'ai compris que tout était perdu, rien qu'en voyant le soin qu'a pris M. de Bridieu de m'éloigner de lui. Il aurait eu trop à rougir devant moi! Vingt fois il m'a fait espérer la main de sa fille et raconté l'engagement qui le liait avec vous.

— Calmez-vous, Henri, disait le père; M. de Bridieu est bien malheureux; il n'est pas coupable. Le roi a disposé de sa fille. Sa Majesté veut que Mlle de Bridieu épouse M. Raoul de l'Estrades : c'est sage.

— C'est sage! s'écria le jeune homme avec colère... Et de quel droit le roi se mêle-t-il de l'établissement de Mlle de Bridieu? Le roi ne peut pas dégager M. de Bridieu de sa promesse. Ce serait là une tyrannie...

— Chut, mon fils, dit M. de Montalais en mettant sa main sur la bouche de son fils; souvenez-vous que lorsqu'on parle mal de Sa Majesté, les arbres mêmes prennent une voix pour le lui rapporter. Le roi peut tout; ce qu'il fait est sage, il veut éteindre l'inimitié de deux familles; mais Sa Majesté ne réussira pas.

— Puisque le roi peut tout, dit le jeune homme avec amertume.

— D'abord, répondit le père, il est possible de lui faire changer d'avis; l'ordre peut être révoqué. Ensuite, Henri, que n'avez-vous été avec moi quand M. de Bridieu m'a appris l'ordre qui le force à nous manquer de parole et à entrer dans une famille qu'il hait et qu'il haïra toujours; et après quel accident, mon fils, après quel affront!

Mme de l'Estrades tressaillit et fit un pas pour se rapprocher de M. de Montalais, lequel venait d'en faire un qui l'éloignait d'elle.

— Je vais vous dire franchement ce que je pense, mon fils, poursuivit M. de Montalais : outre la répugnance de M. de Bridieu, un autre motif me fait croire que le mariage dont on nous menace n'aura pas lieu. Mlle de Bridieu vous aime.

On a pu voir que Henri de Montalais était persuadé du contraire; mais les amans sont si disposés à se faire illusion et ils se rattachent si facilement à la moindre espérance, que le jeune homme se rapprocha de son père et lui dit avec vivacité :

— Elle m'aime, monsieur, elle m'aime! Elle vous l'a dit?

— Vous savez bien, Henri, que je ne l'ai pas vue, et je suis persuadé que c'est parce qu'elle vous aime que M. de Bridieu n'a pas voulu nous permettre de la voir.

La preuve ne parut pas sans réplique au jeune amoureux; il quitta les côtés de son père et s'éloigna de quelques pas.

— Soyez certain de ce que je vous dis, mon fils; si Juana obéissait volontiers aux ordres du roi, M. de Bridieu aurait étayé sa faiblesse de cet appui. On n'a pas voulu me la montrer, de peur qu'elle ne se jetât dans mes bras et qu'elle ne me dévoilât le secret de son cœur.

L'erreur de M. de Montalais avait quelque chose de si vraisemblable qu'elle ébranla la conviction de Mme de l'Estrades elle-même.

— Raoul se serait-il trompé? se dit-elle, et Mlle de Bridieu ne serait-elle qu'une petite coquette qui cherche à exercer son empire sur tous ceux qui l'approchent?

— Voilà mon opinion, dit encore M. de Montalais, ajoutez que le nom de l'Estrades doit répugner autant à la fille qu'au père; il leur rappellera toujours à tous deux un de ces souvenirs fâcheux que rien n'efface; pour vous, au contraire, votre nom n'apportera à Juana que le souvenir des momens heureux passés à la place Royale, auprès de votre mère et auprès de moi. Les jeux de son enfance, vous les avez partagés et embellis... Écoutez-moi, mon fils, vous êtes placé de manière à l'emporter sur M. de l'Estrades par votre fortune, qui sera considérable, et par une position que je vous ménage depuis longtemps et que je viens enfin d'obtenir pour vous... Vous êtes menin de Mgr le Dauphin.

Dans un moment où la France entière comprenait que le règne de Louis XV ne pouvait plus être long, une place qui rapprochait de la personne du futur souverain était considérable; mais ce n'était pas là ce qui touchait Henri de Montalais.

— Mais l'ordre du roi, dit-il, l'ordre du roi!

— Ne vous en inquiétez pas, Henri, on y pourvoira. Le mariage que nous redoutons ne peut avoir lieu que dans quelque temps; il faut que M. de l'Estrades laisse passer son premier deuil avant de songer à une union qui, suivant ma manière de voir, a quelque chose d'impie et...

M. de Montalais se rapprocha de son fils,

plaça son bras sur l'épaule du jeune homme et acheva sa confidence à voix basse ; ainsi qu'il l'avait dit, il craignait les indiscrétions même des arbres de la forêt. Mme de l'Estrades prêta vainement l'oreille; malgré le silence de la nuit et la tranquillité de l'air, qui ne soulevait pas une feuille, rien ne parvint jusques à elle.

Son habileté lui fit bientôt deviner ces paroles mystérieuses.

— Écoutez, mon fils, dit M. de Montalais. J'entends les roues d'une voiture.

Mme de l'Estrades crut d'abord qu'il s'agissait de sa voiture à elle, et que ses chevaux, las de demeurer immobiles, avaient fait quelques pas. Elle reconnut ensuite qu'une voiture, sortie de chez M. de Bridieu, venait de leur côté.

— Ne bougez pas, Henri, laissez-moi agir à ma guise, dit M. de Montalais à son fils.

Quand la voiture fut arrivée auprès des deux gentilshommes, M. de Montalais dit au cocher d'arrêter, monta sur le marchepied et, passant sa tête dans l'ouverture de la portière dont la glace n'était pas relevée, il eut avec la personne qui occupait l'intérieur un entretien de quelques minutes. Rejoignant ensuite son fils, tandis que la voiture poursuivait son chemin :

— Mon fils, dit-il, montons à cheval et regagnons Paris ; nous reviendrons à l'Etang-la-Ville dans quelques jours.

CHAPITRE IX.

L'Entrevue.

Mme de l'Estrades venait d'apprendre ce qu'elle avait intérêt à savoir. M. de Bridieu avait tenu sa parole, mais à contre-cœur et avec le regret d'un homme qui obéit malgré lui. Les messieurs de Montalais, reçus froidement, se retiraient, et le père conservait l'espérance de renouer un mariage que selon lui, Mlle de Bridieu souhaitait. Voilà ce qu'il fallait éclaircir. Il était essentiel aussi de savoir si M. Léonce de Bridieu était aussi malade qu'on affectait de le dire. Peut-être cette maladie était-elle jouée pour éloigner le danger de la lettre de cachet ; peut-être la maladie était-elle réelle, le péril où se trouvait le jeune de Bridieu prochain, et alors les paroles mystérieuses glissées dans l'oreille du jeune de Montalais, par son père, ne pouvaient être que le conseil d'attendre la mort du garde du corps. La lettre de cachet tombait ainsi d'elle-même, et on pouvait sans danger braver l'ordre du roi. Restait à savoir encore quel était le personnage dont M. de Montalais avait arrêté la voiture, et avec lequel il s'était entretenu un moment. Mme de l'Estrades allait l'apprendre sans retard ; elle s'avança vers l'Etang-la-Ville, et après avoir fait quelques pas, rencontra Champagne.

— C'est vous, Champagne ? qu'avez-vous à me dire ?

— Que Mlle de Bridieu est chez elle ; Mme la comtesse peut pénétrer jusque dans son appartement ; elle ne sera vue par personne. Si, par hasard, madame trouvait sur ses pas une femme de chambre, ce ne serait point un obstacle...

— C'est bien. Quelle est la voiture qui vient de quitter l'Etang-la-Ville ?

— La voiture du docteur Bordeu.

— Le malade est donc sauvé ?

— Oh ! madame, le docteur Bordeu est un de ces médecins qui ne disent rien. Il paraît que M. de Bridieu n'en peut pas tirer une seule parole ; à peine s'il fait quelques confidences à Mlle Juana, et celle-ci n'ouvre la bouche à personne, pas même à son père. Cependant le docteur n'a quitté son malade que parce qu'il en a plusieurs autres à Paris, qui sont à toute extrémité. Nous voici arrivés, madame la comtesse ; la porte n'est pas fermée, il n'est besoin que de la pousser.

La porte qu'indiquait Champagne s'ouvrait sur un petit vestibule obscur, dans lequel aboutissait un escalier dérobé qui menait à l'appartement de Mlle de Bridieu. Picard attendait un flambeau à la main ; il prit les devans et conduisit la comtesse.

Le vieux Picard, et Champagne lui-même, confidens forcés de leurs jeunes maîtres, avaient vu naître et s'accroître, d'année en année, les premières amours de Mlle Juana de Bridieu et de Raoul. Jamais ils n'avaient reçu d'aveux directs, mais les faits parlaient d'eux-mêmes et tous les vœux secrets des serviteurs étaient pour un mariage, qui d'abord leur avait semblé impossible, et qui, depuis la mort du comte de l'Estrades, leur paraissait tout naturel.

— C'est un si beau couple, se disaient-ils, et ils s'aiment tant !

Ils ne voyaient pas plus loin et crurent faire le bonheur de deux maîtres qu'ils aimaient, en facilitant une entrevue qui évidemment devait amener un mariage. Voilà pourquoi Picard n'hésita pas à céder à la volonté de Mme de l'Estrades.

Cependant rien n'avait étonné Juana comme la proposition de son père. Habituée à lire dans le cœur du vieillard, elle avait très bien compris qu'il agissait à contre-cœur; que l'époux qu'il lui destinait était M. Henry de Montalais, et qu'un ordre du roi seul lui faisait abandonner ses amis. Cet ordre, condition de la grâce de son frère, Mᵐᵉ de l'Estrades seule avait pu le solliciter et l'obtenir. Avant la catastrophe, Mᵐᵉ de l'Estrades avait pensé à elle et la voulait pour sa belle-fille. Nous avons dit que ces deux personnes s'étaient quelquefois rencontrées et avaient échangé quelques paroles, et si, dans ces occasions rares et fugitives, Mˡˡᵉ de Bridieu avait plu à la comtesse, la jeune fille éprouva, de son côté, un mouvement sympathique, en voyant la mère de celui qu'elle aimait. Quand Mˡˡᵉ de Bridieu se trouva seule et libre de réfléchir aux événemens étranges qui amenaient ainsi un mariage si imprévu et si soudain, elle eut donc un de ces rares momens de bonheur si complets qu'ils épouvantent. C'était un réveil paisible après un songe affreux; c'était comme si une main secourable l'eût arrachée du milieu des décombres d'une maison incendiée. Oui, Mᵐᵉ de l'Estrades voulait lui donner son fils ; oui, M. de Bridieu lui amenait par la main celui qu'elle aimait depuis l'enfance. Elle se trouva si heureuse qu'elle ressentit un mouvement de pitié pour M. Henri de Montalais, jeune homme rempli d'excellentes qualités, qu'elle aurait beaucoup aimé s'il avait voulu se contenter de son amitié. L'amour était pour un autre.

Il y a des situations si vives et si inattendues que les personnes du caractère le plus ferme s'y abandonnent entièrement, et elles s'en laissent amollir : leur cœur alors subjugue leur espit et obscurcit leur raison.

Il est vrai de dire que le sort de Mˡˡᵉ de Bridieu était dans ses mains. Chargée d'un secret qu'elle devait taire, l'action qu'elle avait faite, loin de lui causer aucun remords, lui paraissait belle, et l'amour qu'elle éprouvait éloignait d'elle toute réflexion. Dans ce moment d'ivresse, la seule chose qui l'inquiétât, c'était la maladie de son frère dont le médecin Bordeu ne lui cachait pas la gravité. Mais quel est le médecin qui, appelé dans une famille jusque-là inconnue, y jette la menace d'une mort sans appel et surtout d'une fin prochaine? Bordeu lui-même, malgré toute sa science, ne pouvait préciser le moment fatal; on le savait cependant franc jusqu'à la brutalité. Deux ans plus tard, appelé auprès de Louis XV, au moment où les médecins de la cour commencèrent à avoir quelques inquiétudes sur l'état du royal malade, il dit sans hésiter, à ses confrères :

— Le roi est perdu, il n'a pas trois jours à vivre.

Mais ici le mal marchait lentement, il s'arrêtait, reprenait son cours, puis s'arrêtait encore. Cependant, avant de quitter l'Etang-la-Ville, Bordeu avait dit :

— Je pars à regret ; si je n'étais pas impatiemment attendu, je ne retournerais pas à Paris.

Cette parole fut considérée comme une marque de politesse affectueuse, et non comme la menace d'un danger.

Au moment même où Picard introduisait Mᵐᵉ de l'Estrades dans le château, Juana venait de laisser son frère assoupi et livré aux soins de son domestique Vade-Bon-Cœur, et de la fille de celui-ci, Thérèse, qui ne quittait plus le malade. Mˡˡᵉ de Bridieu, seule dans sa chambre, s'était enveloppée dans un de ces manteaux qu'on nommait alors une *Roquelaure*, et qui d'un accoutrement militaire était devenu une parure de femme. Une lampe veillait auprès d'elle et, enfoncée dans un fauteuil, cachée tout entière dans sa Roquelaure, l'image de Raoul dans le cœur, mais déjà familiarisée avec le bonheur promis et qu'il ne tenait qu'à elle de réaliser, Juana se demandait si une fois mariée, son père pourrait la nommer, sans une émotion douloureuse — Mᵐᵉ de l'Estrades! — Le jour se faisait dans sa tête et sa fatale lumière descendait jusques à son cœur. Tout d'un coup sa porte s'ouvrit, elle aperçut d'abord la lueur d'un flambeau, puis Picard qui annonça d'une voix contenue :

— Mᵐᵉ la comtesse de l'Estrades.

A ces mots, elle fit un cri, et se débarrassant de sa Roquevaure, elle se leva. Le premier coup d'œil suffit pour dissiper toutes les illusions. Cette grande femme, d'un aspect majestueux, aux regards doux et à la bouche souriante, n'en était pas moins vêtue de crêpe noir, dont le seul aspect fit frémir Juana. Où venait-elle ? Dans la maison des meurtriers de son mari. Qui allait-elle serrer sur son cœur? car la comtesse venait les bras ouverts? celle-là même qui l'avait rendue veuve et qui avait tué le père de Raoul! Juana détourna la tête et retomba presque mourante dans son fauteuil. Mᵐᵉ de l'Estrades courut à elle.

— Vous ne m'attendiez pas, mademoiselle, dit-elle, et je conçois l'émotion que je vous cause.

— Comment !… vous ici, madame ? s'écria Juana qui pouvait à peine balbutier quelques mots.

— Si vous voulez bien, mademoiselle, m'écouter un moment, vous comprendrez le but de ma démarche et vous m'approuverez. Quoique fort jeune, je vous sais le sens trop droit et le caractère trop ferme pour ne pas déclarer franchement que c'est d'abord mon intérêt qui m'attire auprès de vous, puis celui de mon fils, enfin le vôtre.

Mlle de Bridieu leva la tête et regarda fixement la comtesse. Elle vit une femme dont la beauté, quelques années auparavant remarquable, avait déjà pris cette forme grave, ces lignes arrêtées qui aux yeux, du moins, d'une très jeune personne, inspirent plutôt l'admiration et le respect que la tendresse. Cependant quelque chose de bienveillant et d'affectueux répandu sur la figure de Mme de l'Estrades attirait presque malgré elle, Mlle de Bridieu, déjà prévenue favorablement.

— Regardez-moi bien, mademoiselle, continua Mme de l'Estrades en prenant dans ses mains la main de Juana, je vais parler raison et mettre mon âme à nu devant vous. A la cour, à deux pas de Louveciennes, et aussi dans des sphères moins élevées, il était alors à peu près convenu qu'on ne disait jamais moins la vérité que lorsqu'on assurait qu'on allait la dire ; mais la comtesse se trouvait tellement engagée par l'ordre qu'elle avait obtenu du roi, et par sa présence même à l'Eétang-la-Ville, qu'elle comprit que toute feinte était inutile, et que la jeune personne savait que pour M. de Bridieu, ainsi que pour la mère de Raoul, un mariage était une affaire de calcul et d'intérêt.

— Vous vous demandez ce que je viens chercher chez le meurtrier de mon mari ? Une femme pour mon fils, mademoiselle. Plusieurs raisons fort importantes pour moi m'ont poussée jusqu'ici, à cette heure, et d'une façon mystérieuse, car M. de Bridieu ignore ma venue, et il ne tiendra qu'à vous qu'il l'ignore toujours.

Juana, un peu étonnée d'entendre ces paroles, déclara modestement qu'elle se croirait toujours obligée de rendre compte à son père de toutes ses actions. A cette déclaration assez froide, la comtesse se demanda si elle avait affaire à une personne aussi habile qu'elle l'était elle-même ; ou si par hasard, son fils Raoul n'aurait pas su toucher le cœur de Mlle de Bridieu.

— Mon premier amour, dans ce monde, dit-elle à la jeune fille en serrant toujours sa main, est pour mon fils ; mon second amour sera pour vous… Ah ! que je serais heureuse, si vous étiez ma fille et seulement la sœur de Raoul. Alors pour vivre auprès de vous je n'aurais pas besoin de recourir à un mariage qui répugne à votre père, et qui vous fera porter à vous un nom que, depuis l'enfance, vous êtes habituée à détester et à craindre.

— Dans ma famille, dit Juana avec orgueil, nous n'avons jamais rien craint que Dieu.

— Allons, pensa la comtesse, Dieu fasse qu'elle ait autant d'amour que d'orgueil !

— Vous me comprenez mal, mademoiselle, dit-elle d'un ton doux, au reste je ne vous ressemble pas sur ce point. Je crains, moi… je crains pour mon fils ; il faut, pour que je ne tremble point, que vous soyez Mme de l'Estrades ou que Raoul venge son père et se rencontre ou avec votre frère, ou avec le mari que vous choisirez.

Juana allait répondre ; Mme de l'Estrades la serra dans ses bras en lui disant :

— Ah ! ne dites pas un mot, Juana, et regardez-moi seulement… vous voyez mon deuil… ne prouve-t-il pas que, dans un duel, les de Bridieu sont plus heureux que les de l'Estrades ?

A ces derniers mots, Juana attendrie ne put retenir ses larmes et laissa tomber sa tête sur l'épaule de la comtesse.

— Ne parlons plus de ce duel, madame, dit-elle, n'en parlons jamais je vous en supplie.

— Les faits sont accomplis, reprit la comtesse et nos vains souhaits ne peuvent pas les changer…. Je ne les éloigne pas de mon esprit, je les pèse au contraire et me demande ce que j'aurais fait si j'avais été à la place de mes adversaires… eh bien, après ce qui s'est passé, il me semble que si j'avais été la mère ou la sœur de M. votre frère j'aurais voulu qu'il eût agi ainsi qu'il l'a fait.

— Oh ! madame, s'écria Juana en levant les yeux au ciel, et c'est vous qui parlez ainsi !

— C'est parce que je pense ainsi que je suis auprès de vous, continua la comtesse ; voilà l'intérêt qui me pousse, Juana, c'est l'amour maternel. Dans la position où se trouvent nos deux familles, si elles ne s'unissent, je crains pour les jours de Raoul.

— Bannissez toute crainte, madame, répondit Juana dont la voix était étouffée par les sanglots ; jamais le meurtrier de M. de l'Estrades ne mettra en danger les jours de votre fils... je vous le promets.

— En pouvez-vous répondre, Juana? Et si Raoul veut venger son père, comment préviendrez-vous un nouveau duel?

— Hélas! dit Juana dont les larmes ne tarissaient pas, si ce malheur vous menaçait jamais, je n'aurais besoin que d'un mot pour le dissiper.

— Eh! reprit alors la comtesse qui ne pouvait comprendre la pensée de Juana, c'est ce mot que je viens chercher ici, ma fille...

— Ma fille! ma fille! s'écria Mlle de Bridieu avec effroi et en s'arrachant des bras de la comtesse.

— Parlons à cœur ouvert, dit encore la comtesse un peu irritée et de cette exclamation et de ce mouvement, je ne viens pas vous proposer un mariage de convenance, bien que la convenance s'y trouve; ni d'intérêt, quoique l'intérêt soit évident, mais un mariage d'amour. Mon fils vous aime et vous l'aimez aussi.

— O mon Dieu! mon Dieu! s'écria Juana en levant les yeux au ciel, soutenez-moi.

— N'accusez pas mon fils de présomption, Juana, il m'a parlé de son amour, jamais du vôtre, et votre secret, si c'en est un, n'a été trahi que par un de vos amis, M. de la Taille.

— M. de la Taille? dit Juana étonnée, jamais je ne lui ai fait la moindre confidence, il n'a pu vous dire ce qu'il ignore.

— Vous savez, répondit Mme de l'Estrades, que M. de la Taille lit dans les cœurs et voit loin dans l'avenir, et elle ajouta d'un ton doux : Ainsi donc, votre mariage avec mon fils est écrit dans le ciel; le roi l'ordonne, mon fils mourra de douleur si vous repoussez ses vœux, j'ai le consentement de votre père, et vous savez quels sont mes désirs... Juana, Juana, dites un seul mot, et vous nous rendrez tous heureux.

Elle s'était rapprochée de la jeune fille, elle avait repris ses mains et attachait sur elle ces regards fascinateurs à l'aide desquels, dit-on, le serpent charme et retient sa proie. C'est ainsi qu'en employant une science nouvelle et encore obscure, un magnétiseur endort les sens et avec eux la prudence d'un adepte qu'il soumet à ses passes réitérées : la victime est subjuguée, elle s'affaiblit, elle cède et livre ses secrets et sa volonté.

Ainsi, Mlle de Bridieu, chancelante et attendrie, allait s'engager lorsque sa porte s'ouvrit, et Thérèse, la fille du vieux dragon Va-de-Bon-Cœur, pâle, les cheveux défaits et la figure couverte de larmes, vint rompre le charme.

— Mademoiselle, dit-elle, mademoiselle... votre frère...

Elle n'en dit pas davantage; mais Juana, qui, une heure auparavant, était au chevet de son frère, n'eut besoin que de voir les larmes et le désordre de Thérèse pour comprendre que l'état du jeune malade venait encore d'empirer. Elle se dégagea des mains de la comtesse, et, suivie de Thérèse, s'élança hors de son appartement.

Quoique la comtesse eût été franche avec Mlle de Bridieu, elle n'avait cependant pas dit la vérité tout entière. Il était vrai que Juana eût été une bru à sa convenance, qu'elle eût désiré satisfaire la passion de son fils et lui éviter des dangers qu'elle exagérait; mais encore plus habile que bonne mère, elle voulait relever la fortune de sa maison par un riche mariage.

M. de l'Estrades, en même temps joueur et habitué à des dépenses ruineuses, laissait des affaires embarrassées, des dettes généreuses, et la comtesse en était aux regrets de n'avoir pas accepté les offres nombreuses de M. de la Taille. D'autre part le nom de l'Estrades n'était pas bien venu à la cour; la juste fierté de la comtesse qui lui avait fait négliger le voisinage de Louveciennes, irritait Louis XV. Ne pas faire sa cour à Mme du Barry était déjà une chose fâcheuse; cela devenait une injure dans un si proche voisinage. La comtesse n'avait donc rien à espérer du roi, que ce qu'elle avait déjà obtenu. M. de Bridieu, au contraire, courtisan souple et assidu, quoique compté pour peu de chose, pouvait obtenir pour son gendre ce qu'elle n'obtiendrait jamais pour lui-même. Enfin le frère de Juana, le fils aîné de la famille de Bridieu, était menacé d'une mort prochaine. Que la maladie eût fait des progrès si rapides, qu'elle l'emporterait dans huit jours, dans un mois, dans un an, Mme de l'Estrades l'ignorait. Mais M. Léonce était frappé à mort. Mlle de Bridieu devenait alors une riche héritière, dont la fortune relèverait les ruines de la famille de l'Estrades, d'autant plus facilement que la nouvelle Mme de l'Estrades ne refuserait rien à son mari et obtiendrait tout de son père. Enfin, un fait récent venait encore d'allumer la cupidité de cette femme avide. Mlle de Bridieu était plus riche qu'elle ne le croyait elle-même. Nous avons dit que la famille de Bridieu possédait des biens en Anjou, et y avait même des parents et des alliés; parmi ces derniers on comptait les seigneurs de Pacé. On voit encore aujourd'hui la terre à demi princière qui porte ce nom, dans les environs de Saumur; elle était alors la propriété de la marquise douairière de Pacé-Briand, alliée assez proche de M. de Bridieu, et qui, dans un voyage à l'Étang-la-Ville, s'était prise d'un goût très vif pour Juana.

— Il faut établir cette belle jeune personne, avait dit la vieille marquise à son parent.

M. de Bridieu répondit que c'était son intention.

— Je ne veux pas qu'elle entre dans un couvent.

— Ni moi non plus, madame.

— Mais, ajouta la vieille marquise, il ne faut pas non plus appauvrir les de Bridieu : il est juste que mon neveu, Léonce, jouisse des biens de sa famille.

— Je pourvoirai à tout, répondit M. de Bridieu.

— Et moi aussi, dit la marquise, en baisant sa petite nièce au front.

Or, cette douairière venait de mourir et elle avait laissé à Juana tout son bien, c'est-à-dire, la belle terre de Pacé, dont les revenus étaient considérables et les droits seigneuriaux aussi honorifiques que productifs. « Parce que j'entends, disait la douairière dans son testament, que mon neveu Léonce jouisse de tout le bien de sa famille et qu'en même temps ma nièce Juana soit un riche parti. » La famille de Prades établie en Anjou, donna cette nouvelle à la comtesse de l'Estrades qui la mit à profit avant même que M. de Bridieu n'en fût instruit. Il ne fallait pas laisser échapper une aussi riche proie.

Si Mlle de Bridieu n'eût pas eu une fortune aussi considérable, la comtesse aurait pris peu de soucis d'une passion de jeunesse, toujours facile à détourner ou à éteindre, et qui alors n'entrait pas en ligne de compte quand il s'agissait d'un mariage. Tout cela ne pouvait s'avouer qu'à soi-même et avait poussé Mme de l'Estrades jusqu'à venir la nuit, seule, dans une maison inconnue et presqu'encore ennemie. Le fils n'avait pas osé se rapprocher de Juana ; la mère l'entreprit : l'intérêt a-t-il plus de hardiesse que l'amour ? Non ; seulement il a moins de retenue et moins de pudeur.

Une fois seule, Mme de l'Estrades se mit à réfléchir profondément. Quelque adroite qu'elle fût, Mlle de Bridieu lui parut avoir été plus adroite qu'elle. Il semblait en effet singulier qu'une jeune fille amoureuse ne voulût pas avouer sa passion à la mère de celui qu'elle aimait, tandis qu'elle était certaine que son père l'aporouverait et qu'il consentait au mariage qu'on lui proposait.

La comtesse en serait venue à croire que son fils se trompait si elle n'avait pas été si bien instruite par Raoul et surtout par Champagne. Elle avait vu Juana au moment de céder et d'avouer son amour. Un incident fâcheux, l'entrée imprévue d'une servante avait arrêté les paroles sur les lèvres de la jeune fille.

La comtesse se décida donc à attendre le retour de Mlle de Bridieu. L'heure ne lui importait guère, et la nuit d'ailleurs n'était pas avancée. Suivant elle, M. Léonce de Bridieu, probablement évanoui, ne tarderait pas à revenir à lui, et Juana reparaîtrait.

Avant de parler du spectacle qui attendait Juana dans l'appartement de son frère, il est nécessaire d'en revenir à Mme du Barry que nous avons laissée dans son parc de Louveciennes. La jolie comtesse, qui, à cette époque, avait à peine vingt-six ans, congédia M. de la Taille, le cœur joyeux. Superstitieuse comme toutes les femmes faciles, elle avait tiré du devin des choses très importantes pour elle : d'abord le moment de la mort du roi ne lui serait pas fatal, et elle avait longtemps à vivre ; ensuite la mort affreuse qu'elle devait subir, disait l'oracle, ne la menaçait pas précisément elle, mais seulement une femme de la famille des du Barry. Or, ces femmes étaient au nombre de quatre : la femme du comte Jean, qui vivait encore, et que celui-ci tenait éloignée de lui, dans une petite terre aux environs de Toulouse, deux demoiselles du Barry qu'elle avait auprès d'elle, et enfin elle-même, qui n'était du Barry que par alliance, et qui par la façon dont elle avait toujours vécu avec Guillaume du Barry, son époux, n'était pas même une du Barry du tout. Elle avait donc tout lieu d'espérer que la prédiction fatale, loin de la regarder, se détournerait de sa tête. Il n'en fallait pas tant pour qu'une jeune femme, comblée de richesses au delà de ses souhaits et d'honneurs au delà de ses goûts, qui voyait à ses pieds le roi de France, reprît sa tranquillité et sa bonne humeur.

— Le comte Jean est un brutal, se dit-elle, qui veut m'effrayer pour avoir de l'argent.

Le lendemain, elle ne songea ni à M. de la Taille ni même à M. de Bridieu. Le surlendemain, la maréchale de Mirepoix vint la voir à Louveciennes.

— Eh bien ! chère comtesse, lui dit la maréchale, nous avons tourmenté le roi pour avoir la grâce d'un petit garde du corps... C'est bon, c'est bon, la sottise est faite, n'en parlons plus... Règle générale, il ne faut jamais rien demander au roi que ce qui peut être utile à vous ou à vos amis, comtesse. Enfin, vous voilà sûre d'avoir un crédit égal à celui de Mme la Dauphine. Vous êtes satisfaite.

Ces paroles rappelèrent à Mme du Barry la tromperie du roi, et comment il s'était fait arracher une grâce déjà accordée à une autre. Elle raconta à la maréchale ce qui s'était passé.

— Voilà à quoi on s'expose, répondit philosophiquement Mme de Mirepoix, en demandant des misères qui ne rapportent rien. Il faut s'attendre à ces dégoûts avec les rois... Cependant vous êtes chargée d'un mariage ; achevez-le, comtesse, ne perdez pas de temps.

— C'est fait, madame la maréchale.
— Comment, déjà !
— Oui, la chose du monde la plus facile. Les jeunes gens s'aiment, Mme de l'Estrades voudrait que la noce fût faite ; quant à M. de Bridieu, l'ordre du roi suffit : sur un ordre du roi, il marierait sa fille avec Zamore. D'ailleurs, continua la comtesse, ce mariage est écrit là-haut.

— Où là haut ?
— Dans le ciel.

La maréchale se mit à rire.

— Qui vous donne ces idées-là, comtesse ? Ah ! j'y suis, c'est ce vieux sorcier que j'ai vu rôder ces jours passés dans le parc.

— Précisément, maréchale.

Madame la maréchale jeta sur la comtesse un de ces regards indéfinissables, un de ces regards mêlés de compassion et d'amitié et d'un peu de pitié complaisante.

— Ça est à la cour, pensa-t-elle, ça est maîtresse d'un grand roi et ça croit aux fadaises d'un tireur de cartes. On voit bien qu'elle n'est pas des nôtres et qu'elle est née dans une mansarde.

Le scepticisme de Mme de Mirepoix était indulgent.

— A la bonne, dit-elle, puisque ce mariage est écrit dans le ciel, il est fait. Il faut vous en donner l'honneur, comtesse.

— J'enverrai une parure à la mariée.
— Ce n'est pas cela. D'abord la parure doit être envoyée par le roi. Je veux dire autre chose.

— Quoi donc, comtesse ?

— Il faut vous faire donner une expédition de la grâce octroyée par Sa Majesté.
— Une expédition ?
— Oui, le titre.
— Ah ! j'y suis.
— Puisque le mariage est conclu, poursuivit la maréchale, la grâce est acquise. Le duc d'Aiguillon ne vous refuse rien ; c'est devant lui d'ailleurs que le roi vous a donné sa parole ?
— Devant lui, madame la maréchale.
— Une fois la grâce dans vos mains, vous la portez vous-même, ou vous la faites porter chez M. de Bridieu par un de vos amis, et c'est à vous alors, encore une fois, que revient tout l'honneur d'un bienfait qui, sans cela, profite à Mme de l'Estrades.

La justesse de ce raisonnement frappa Mme du Barry.

— Vous avez raison, maréchale, répondit-elle ; mais qui envoyer ? car y aller moi-même, je ne le puis pas.

— Attendez donc, reprit la maréchale, chargez-en le vieux duc de Richelieu. Porter une grâce du roi ne peut pas déshonorer un maréchal, et d'ailleurs si M. de Bridieu mariait sa fille à Zamore pour plaire au roi, M. de Richelieu ferait vos commissions chez votre couturière pour ne pas être exclu de vos petits soupers.

— Il est inutile que le vieux duc entre dans tout ceci, dit Mme du Barry, il en ferait au roi des contes à ne plus finir. J'y enverrai M. de Brissac : je l'attends ce soir.

A ce nom, Mme de Mirepoix jeta sur la comtesse un regard de basilic ; c'était pour elle une révélation, ses doutes devenaient une certitude. Elle était loin de blâmer la chose en elle-même, mais le fait avait son importance politique.

— Ah ! dit-elle avec une crudité qu'elle eût épargné à une femme née à la cour, et M. le duc d'Aiguillon ?

— Vous m'y faites songer, dit froidement Mme du Barry, je vais lui envoyer un piqueur, pour avoir la grâce des de Bridieu.

— Ah ça, continua la maréchale, curieuse par tempérament et par intérêt, c'est un homme charmant que M. de Brissac, mais y a-t-il en lui l'étoffe d'un ministre ?

La comtesse se mit à rire :

— Rassurez-vous, maréchale, et continuez à faire votre cour à M. le duc d'Aiguillon, il ne quittera pas les affaires : il n'est pas en disgrâce. Quant à M. de Brissac, il ne songe point au ministère, il ne songe qu'à m'être agréable, et il ira pour moi ce soir à l'Etang-la-Ville.

Pour bien entendre cette conversation, il faut se souvenir que la faveur de Mme du Barry avait soutenu et complété la fortune de M. d'Aiguillon, compromise par son intendance de Bretagne. Il n'en fut pas de ce duc comme de l'abbé de Bernis : celui-ci plut à Mme de Pompadour, dit un historien, il fut appelé aux affaires; il cessa de plaire, on l'éloigna. Avec Mme du Barry, on n'avait pas à craindre les retours dangereux de Mme de Pompadour; M. le duc d'Aiguillon put cesser d'être agréable sans perdre sa place.

Il paraît que M. de Brissac le remplaça dans le cœur de la favorite. Homme remarquable par sa beauté physique, l'élégance de ses manières, autant que par la sûreté de son commerce et le charme de son esprit, M. de Brissac s'attacha à Mme du Barry et vécut avec elle dans la plus étroite intimité jusqu'au moment fatal où leurs deux têtes tombèrent sous la hache révolutionnaire. La comtesse eut la douleur de survivre quelques jours à celui qu'elle aimait.

Mais au moment dont nous parlons, qui pouvait prévoir d'aussi sanglantes funérailles ! M. de la Taille était traité comme le fut Cassandre à Troie; on éludait ses prédictions, on les dénaturait, et heureusement on les oubliait.

Le duc d'Aiguillon s'empressa d'expédier la grâce de Léonce de Bridieu, et M. de Brissac, jaloux d'être agréable à Mme du Barry, partit pour l'Etang-la-Ville. Il y arriva précisément au moment où Mme de l'Estrades se trouvait avec Juana. Ni l'une ni l'autre ne se doutaient d'une visite semblable, qui, indifférente à la jeune fille, enlevait à la comtesse une arme dont elle comptait se servir. Il se trouva cependant que M. de Brissac, bien instruit, lui aurait été plus favorable que nuisible.

Ce fut M. de Bridieu qui reçut le jeune duc et l'introduisit dans un salon désert et dont quelques rares flambeaux dissimulaient mal la tristesse et le délaissement.

— Monsieur, dit le duc de Brissac, qui voulut par ses premières paroles dissiper la douleur du vieillard, je vous apporte la grâce de votre fils.

— Le roi est le plus grand des princes, répondit M. de Bridieu, toujours courtisan, il est meilleur pour ceux qui l'aiment que ne l'a jamais été son grand-père Louis XIV.

Ce fut ici que l'ami de la comtesse entra dans une petite explication nécessaire pour que celle-ci recueillît le fruit de ses sollicitations.

— Peut-être vous trompez-vous, monsieur, dit-il, les rois ont besoin d'être avertis du bien qu'ils doivent faire, il faut quelquefois leur arracher les grâces qu'ils font à leurs serviteurs, tandis que les châtimens s'échappent aisément de leurs mains. Ainsi Mme de l'Estrades a obtenu sans peine une lettre de cachet, tandis que Mme la comtesse du Barry n'a apaisé Sa Majesté qu'avec beaucoup de peine.

Et M. de Brissac tira de la poche de son habit brodé une pancarte en parchemin signée : *pour le roi, duc d'Aiguillon.*

— Voilà l'œuvre de la comtesse du Barry, continua M. de Brissac, j'espère qu'il me sera permis de voir votre fils et de le conduire, ce soir même, à Louveciennes. Il doit des remercîmens à la comtesse.

M. de Bridieu leva les yeux au ciel :

— Hélas! M. le duc, dit-il, ce que vous demandez est impossible : vous êtes dans une maison de mourans; pour moi, les forces m'abandonnent, et il me semble à chaque instant que la vie va me quitter... Bordeu sort d'ici, et j'ai compris à son silence que mon fils allait mourir. Ma fille Juana...

M. de Bridieu n'eut pas la force d'achever; il se jeta dans un fauteuil, si pâle et si livide, qu'il semblait qu'en effet cette mort qu'il redoutait tant et dont il voyait sans cesse le fantôme, allait s'abattre enfin sur lui. M. de Brissac fut attendri. Il trouvait la douleur et même le désespoir là où il croyait apporter la joie.

— Monsieur, dit-il, permettez-moi de partager votre deuil... et, ajouta-t-il en se rapprochant du vieillard, de dire un dernier adieu à un camarade.

— En effet, dit M. de Bridieu en rappelant ses souvenirs, vous servez dans les gardes, monsieur le duc.

— Depuis Louis XIV, les Brissac ont l'honneur de commander une compagnie des gardes.

M. de Bridieu se leva et il sortit silencieusement du salon; le duc de Brissac le suivit. Les portes de l'appartement du garde-du-corps étaient ouvertes à deux battans. Le moribond cherchait à aspirer l'air que ses poumons malades ne pouvaient plus recevoir.

Au moment où le duc, précédé de M. de Bridieu, entra dans cette chambre désolée, Juana y pénétrait, accompagnée de Thérèse. Le mourant se souleva sur sa couche. Il désigna sa sœur du doigt :

— C'est elle, dit-il.

Puis il retomba sur son oreiller, et il expira.

Personne, Juana exceptée, ne comprit cette parole suprême : on la prit pour l'expression du dernier rêve d'un malade...

Champagne pénétra hardiment dans la chambre de Mlle de Bridieu. Nous savons que Mme de l'Estrades y attendait le retour de la jeune fille.

— Je crois, madame, dit-il à sa maîtresse, que vous jugerez à propos de retourner chez vous, sans revoir Mlle de Bridieu. M. de Brissac est ici... à deux pas... Il venait de la part de Mme la comtesse du Barry, apporter la grâce du garde-du-corps... grâce inutile. Le jeune homme vient de mourir.

Mme de l'Estrades regagna sa voiture et elle attendit. Tout s'expliquait pour elle. La personne avec laquelle M. de Montalais avait eu un court entretien une heure auparavant, était Bordeu qui avait annoncé la mort prochaine du malade. Il était donc possible qu'on l'eût trompée, qu'on se fût joué d'elle et que maintenant qu'on ne craignait plus rien, on rompit un mariage convenu malgré soi. Elle prit son parti sur-le-champ : elle attendit M. de Brissac, et dès qu'elle le vit paraître, elle alla à lui.

— Monsieur le duc, lui dit-elle, nous sortons tous deux d'une maison bien affligée.

— Vous étiez chez M. de Bridieu ? répondit le duc étonné.

— Oui, monsieur le duc, dans l'appartement de Mlle de Bridieu, que je consolais de mon mieux. Vous savez qu'un mariage prochain doit unir nos deux familles jusques ici divisées.

— Oui, madame, je le tiens de Mme la comtesse du Barry.

— Et la grâce que vous venez d'apporter chez les de Bridieu, n'a été obtenue qu'à cette condition ?

— C'est cela même, madame.

— Vous retournez à Louveciennes, monsieur ?

— Oui, madame.

— Nous suivons donc le même chemin, voulez-vous me faire l'honneur de prendre place dans ma voiture, ou me permettre d'entrer dans la vôtre ?

M. de Brissac donna la main à la comtesse et la fit entrer dans sa voiture. Une fois que le duc s'y fut assis lui-même :

— Monsieur le duc, lui dit la comtesse, permettez-moi de vous demander un conseil d'abord, et peut-être aussi une faveur.

— Parlez, madame, répondit le duc.

— N'est-il pas vrai, monsieur, que la famille de Bridieu doit une grande reconnaissance à Mme la comtesse du Barry ? C'est à elle seule que M. de Bridieu doit la grâce de son fils.

— Sans aucun doute, madame.

— Ce jeune homme vient de mourir, continua la comtesse ; n'importe, il n'en est pas moins vrai que la grâce évite un jugement qui aurait apporté avec lui une flétrissure toujours fâcheuse pour une famille.

— Cela est évident, madame.

— Vous avez vu M. de Bridieu, sa faiblesse de corps et d'esprit... Cet homme qui s'est toujours cru malade l'est aujourd'hui réellement : la vieillesse et la douleur l'accablent. Sa famille va devenir la mienne, du moins celle de mon fils. Ne serait-il pas convenable que je fisse moi-même auprès de Mme du Barry une démarche que M. de Bridieu ne peut pas faire... dans ce moment.

Le duc n'ignorait pas la répulsion qu'inspirait Mme du Barry à une partie de la cour, répulsion que la vieillesse du roi et le mariage récent du Dauphin ne faisaient qu'augmenter. Les vertueux, en petit nombre, s'étaient toujours éloignés, les habiles se tournaient vers le soleil levant. L'apparition de Mme la comtesse de l'Estrades dans les salons de Louveciennes était une conquête d'autant plus précieuse, que le duc d'Aiguillon l'avait vainement tentée.

— L'idée est digne de vous, madame, dit poliment le duc de Brissac, la reconnaissance est la pierre de touche à laquelle on reconnaît une âme bien placée.

Langage de courtisan. M. de Brissac était trop bien instruit pour prendre le change. Cette femme avait jusque-là soigneusement évité de voir Mme du Barry, et elle faisait maintenant d'elle-même ce pas difficile, pourquoi ? pour remercier la comtesse d'avoir obtenu la grâce du meurtrier de son mari !

— Il faut que Mlle de Bridieu soit bien riche, pensa M. de Brissac.

— Maintenant, monsieur le duc, dit la comtesse, que vous m'avez donné un conseil, je vais vous demander une faveur...

— Je suis tout à vos ordres, madame.

— Voulez-vous me présenter à la comtesse ?

M. de Brissac tira sa montre et la fit sonner :

— Il n'est que dix heures, il n'est pas trop tard... Cocher ! dit-il en passant sa tête hors de la portière, tout droit à Louveciennes !

CHAPITRE X.

L'enlèvement.

— Maintenant, mon fils, dit la comtesse à Raoul de l'Estrades, c'est à vous d'agir. J'ai vu le roi ; il a bien voulu donner ses ordres à M. de Bridieu. Par un hasard heureux, l'amour-propre de Mme du Barry l'a poussée à demander une grâce que j'avais déjà obtenue, mais toujours avec la condition du mariage... Alors, mon fils, j'ai fait pour votre fortune et en faveur de votre amour, ce que peut-être jamais feu M. de l'Estrades n'eût obtenu de moi. J'ai vu la favorite chez elle, et je l'ai remerciée, au nom de la famille de Bridieu et de la nôtre, de sa bienveillance pour nous. Par là j'ai mis M. de Bridieu, dont j'ai au reste la parole, hors d'état de reculer. Un bon gentilhomme, de tout temps ami des miens, et qui se mêle de prédire l'avenir, M. de la Taille, a prédit que vous épouseriez Juana ; il prétend même que ce mariage est écrit dans le ciel : cela doit être vrai, car M. de la Taille lit dans les astres mieux que moi dans mon livre de prières. Enfin, Mlle de Bridieu est persuadée que je l'aime ; elle le croit, et avec raison. Or, rien n'est plus engageant pour une jeune fille que cette certitude. La crainte d'une belle-mère a rompu plus d'un mariage. Vous vous croyez aimé, monsieur ? vous me l'avez dit plusieurs fois.

— J'en ai la certitude, madame.

— Écoutez-moi bien, Raoul, dit encore la comtesse. Dans toutes les familles, le père dispose de sa fille, ici ce n'est point cela : Mlle de Bridieu, forte de la faiblesse de son père, ne relève que d'elle-même. C'est donc à elle seule qu'il faut s'adresser. Vous savez aussi que l'amour fait faire les plus grandes folies, qu'il pousse aux violences les plus téméraires.. On a vu des amans enlever des maîtresses qui ne les aimaient pas et les enlever malgré leur propre famille, malgré la famille de celles qu'ils aimaient ; bravant ainsi tous les dangers, s'exposant à toutes les brutalités de la loi. Ici tout est pour vous : l'autorité royale, mon assentiment, la parole de M. de Bridieu et l'amour même. Puisque vous ne pouvez pas parvenir jusqu'à Mlle de Bridieu, Raoul, je vous conseille la violence.

Ce qui se passait chez M. de Bridieu autorisait, jusqu'à un certain point, Mme de l'Estrades à parler ainsi.

Le jeune garde du corps était mort depuis trois mois, et depuis trois mois le château de l'Étang-la-Ville était fermé à tout visiteur, ami ou ennemi. La grille principale était cadenassée, les cœurs fermées avec soin ; les domestiques, consignés dans le château, ne s'en éloignaient que le moins possible. M. de Bridieu et sa fille étaient invisibles, et un deuil profond régnait dans le château.

La famille venait, il est vrai, de perdre son soutien, celui qui devait perpétuer son nom ; mais Mme de l'Estrades était trop bien instruite pour ne pas comprendre ce qu'avait d'exagéré l'apparence d'une douleur qui, suivant elle, n'avait rien de réel et servait de prétexte à cet isolement absolu.

— M. de Bridieu n'aimait pas son fils, se disait-elle, et le frère n'aimait pas la sœur. Pourquoi donc donner plus aux convenances qu'elles n'exigent ? Pourquoi dépasser les bornes d'un deuil ordinaire ?

Son fils était amoureux sans doute, mais elle-même avait peut-être encore plus d'avidité que son fils n'avait d'amour. Rien ne lui aurait coûté pour conclure ce mariage, et elle l'avait bien prouvé en se faisant présenter à la favorite par M. de Brissac. Elle rougissait de cette démarche, et cependant, si elle ne l'eût pas faite, elle eût été prête à la faire de nouveau pour arriver à ses fins.

Personne ne pouvait pénétrer chez M. de Bridieu, mais la comtesse éclairait les alentours de sa demeure, des gens à elle rôdaient sans cesse autour du château. Champagne, toujours déguisé, parcourait les murs extérieurs du parc, sifflant et chantant des airs connus de son camarade Picard, qui résista longtemps à ses appels et qui enfin se hasarda à paraître sur la crête d'un mur, et apprit une nouvelle qui donna à réfléchir à la comtesse.

M. de Bridieu avait renvoyé au roi son brevet de gouverneur de Reims.

Ainsi, par une espèce de fatalité, M. de Bridieu répudiait une grâce, objet des vœux les plus ardens de feu M. de l'Estrades. Le vieux gentilhomme ne l'avait donc pas sollicitée, et, à ses yeux, aux yeux de sa fille, la conduite brutale de M. de l'Estrades n'en était que plus odieuse.

— Est-ce que cette fille, pensa la comtesse avec terreur, pousserait la susceptibilité jusqu'à ne pas vouloir porter le nom d'un homme qui a souffleté son père ? est-ce que le sang du coupable ne suffit pas à Mlle de Bridieu ?

Ce refus d'obéir à un ordre du roi, qu'on pouvait considérer comme un bienfait, présentait d'ailleurs un symptôme alarmant :

M. de Bridieu était-il devenu assez hardi pour mécontenter Sa Majesté? et libre de tout emploi voudrait-il manquer à sa parole, maintenant qu'il ne craignait plus rien pour son fils? Champagne fut encore dépêché vers Picard, et les entrevues des deux domestiques se multiplièrent. La comtesse apprit alors que Juana avait profité de la venue de Bordeu au château pour prouver à son père que l'air de Marly n'était malfaisant ni pour lui ni pour personne, que c'était là une invention de la comtesse du Barry et du duc d'Aiguillon, tous deux jaloux d'éloigner un vieillard malade, dont la vue pouvait impressionner désagréablement le roi. M. de Bridieu renonça à paraître à Louveciennes, se décida même à ne plus faire sa cour au roi, et envoya sagement sa démission. Tout cela se fit par l'influence que Juana exerçait sur son père. M. de Bridieu vivait seul et cherchait, au moyen d'un repos absolu, à rétablir sa santé ébranlée par les secousses qu'il venait de subir. Il aurait souhaité néanmoins la compagnie de quelques personnes : celle de M. de la Taille d'abord ; mais le devin, effrayé de la mauvaise humeur du comte Jean, avait jugé prudent de s'éloigner de Paris. La seconde personne que M. de Bridieu eût désiré avoir auprès de lui était son ami M. de Montalais ; il eût été aussi très flatté si Mme de Montalais eût bien voulu accompagner son mari. Juana s'était opposée à ce désir. Elle savait qu'au fond son père aimait l'isolement, la compagnie de M. et Mme de Montalais le fatiguerait. Ni le père ni la fille n'avaient l'esprit assez libre pour recevoir convenablement des hôtes, et leur deuil à eux ne saurait être assez profond. Mlle de Bridieu ne sortait presque jamais de son appartement, elle pleurait jour et nuit ; on n'aurait jamais cru que la perte de son frère dût lui coûter tant de larmes.

Mme de l'Estrades trouva dans ces détails, recueillis un à un, quelques indications favorables à ses projets, d'autres nuisibles. Ainsi elle fut charmée d'apprendre que Juana cherchait à éloigner de chez son père M. et Mme de Montalais, dont la présence à l'Étang-la-Ville entraînait nécessairement celle de leur fils ; mais le désir que M. de Bridieu avait de les voir était dangereux, parce que ce désir devait s'accroître et que, tôt ou tard, il serait satisfait.

Ce furent toutes ces réflexions qui déterminèrent Mme de l'Estrades à pousser son fils à un éclat, qui devait aboutir à un mariage trop différé.

M. Raoul avait, de son côté, fait ses réflexions, et il n'était pas resté oisif. Certain d'être aimé, il avait compris que l'état présent des deux familles exigeait un délai réclamé par les convenances. Il connaissait trop Juana pour supposer qu'elle voulût les braver. Ne portait-il pas le deuil d'un père qu'il avait aimé avec tendresse? Juana ne pleurait-elle pas un frère, le meurtrier de M. de l'Estrades? Fallait-il faire voir à Juana les larmes que lui coûtait la mort d'un homme si coupable envers M. de Bridieu? Pouvait-il avec la sœur pleurer le frère? Non, il fallait que le temps cicatrisât deux plaies qui se seraient envenimées en se rapprochant. La clôture absolue que gardait Mlle de Bridieu lui paraissait une preuve d'amour. C'en était une en effet. Tandis que l'intérêt faisait agir Mme de l'Estrades, et qu'une délicatesse de sentiment bien naturelle contenait l'impatience de son fils, la jeune fille luttait contre elle-même.

Qu'aurait-elle fait si son frère Léonce eût vécu et qu'elle n'eût pas été maîtresse d'un secret qu'elle avait juré de garder, qu'elle ne pouvait trahir sans compromettre l'honneur de son frère? Elle l'ignorait. L'honneur est une chose si sainte, si sacrée; c'est une fleur si délicate que le moindre souffle la ternit et qu'on n'en peut confier la garde même à l'amour le plus dévoué, l'honneur d'autrui surtout... Son frère était mort, et si peu de temps après le duel, et d'une maladie dont les ravages étaient si anciens, que la vérité pouvait maintenant être connue tout entière sans que le courage du malheureux garde du corps fût soupçonné. Elle était donc maîtresse de son secret; elle pouvait à son choix parler ou se taire. Ce jeune homme qu'elle aimait depuis l'enfance, elle pouvait l'épouser; tout l'y conviait, son propre cœur, l'ordre de son père, la volonté du roi et les prévenances de Mme de l'Estrades dont elle avait deviné les motifs secrets. Il était vrai que la comtesse avait de l'affection pour elle, et qu'en hâtant son mariage elle espérait prévenir toute collision entre Raoul et Henri de Montalais. Mais Juana n'ignorait ni qu'elle était une riche héritière, ni la position embarrassée de la famille de l'Estrades, et cela même était une raison, aux yeux de Mlle de Bridieu, pour conclure un mariage qui relèverait une maison privée par elle de son chef. Le tort de M. de l'Estrades était personnel, ni sa femme ni son fils n'étaient coupables, pourquoi Juana ne réparerait-elle pas le tort qu'elle avait nécessairement fait?

Cette raison spécieuse flattait la jeune fille et lui faisait faire les rêves les plus doux.

Elle se voyait donc la femme de Raoul, ils vivent tous deux dans cet enchantement qui suit une union depuis longtemps désirée : Le réveil pouvait être terrible. Soulevée, en idée, sur son coude, et contemplant à la lueur d'une lampe de nuit son époux endormi :

— Qu'arriverait-il, pensait-elle, s'il venait à découvrir la terrible vérité? Sa femme, celle qu'il aime, celle qu'il serre dans ses bras, a la main rouge de sang, et d'un sang sacré pour lui !... Sa femme a tué son père !... O ciel! s'il savait ce secret, il me rejetterait loin de lui avec horreur... s'il me pardonnait, il serait parricide !

Mais qui savait ce secret? Dieu seul et elle. En défendant l'honneur de sa famille, elle avait rempli un devoir sacré et qu'elle seule pouvait remplir. Elle n'en éprouvait nul remords, et si la chose était à refaire, elle la referait avec la même tranquillité d'esprit et le même courage de cœur.

Tous les jours, devant la rampe du théâtre, le peuple applaudit le *Cid* qui tue le père et épouse la fille, et ce drame pathétique dans lequel Chimène aime ouvertement le meurtrier de son père, n'est pas une invention de l'auteur : c'est un trait historique, c'est un fait réel que l'Espagne approuve et auquel elle applaudit autant que la France.

Mais Chimène était instruite, elle obéissait à son roi, les yeux ouverts. Pourquoi Juana tressaillait-elle à la seule pensée d'avouer la vérité à Raoul? C'est que nos mœurs sont autres que celles des époques héroïques; c'est que la rudesse du moyen-âge n'est plus de notre temps; que ce que nous avons perdu en force et en vigueur d'âme, nous l'avons gagné en délicatesse et qu'enfin le duel qui était autrefois un droit et quelquefois un devoir, est aujourd'hui un délit que punit la loi et que l'opinion seule soutient.

Si elle voulait épouser Raoul, il fallait lui cacher la vérité.

Alors elle se demandait si elle était véritablement maîtresse de son secret. Qui pouvait l'assurer que le vieux dragon Va-de-Bon-Cœur ne l'avait pas reconnue, lui ou l'ami qui l'accompagnait? Peut-être ce serviteur s'était tu dans l'intérêt de son maître; son maître mort, qui l'empêchait de parler plus tard? Les bois n'ont-ils pas, d'ailleurs, leurs mystères? ne cachent-ils pas leurs hôtes? Un chasseur, une jeune fille matinale, un paysan braconnier, pouvaient l'avoir aperçue et reconnue (tout Marly la connaissait depuis l'enfance), et alors ce secret passait des mains de Dieu dans celles d'une créature peut-être ennemie.

Elle-même pouvait se trahir.

Il y avait des momens où il lui semblait que l'ombre de M. de l'Estrades la poursuivait. Trop courageuse pour s'arrêter à ces superstitions, elle ignorait si, femme du fils de l'homme qu'elle avait tué, elle aurait la force de les surmonter, — elle pouvait parler dans son sommeil ; — enfin elle était trop fière et avait le cœur trop haut pour se donner à un homme qui pourrait avoir un jour quelque chose à lui pardonner, et ce quelque chose c'était un meurtre, légitime il est vrai, mais un meurtre.

— Et moi, moi ! s'écriait-elle au milieu de la solitude de son appartement et tandis que ces tristes pensées troublaient ses jours et ses nuits, moi ! aurai-je fait comme Chimène ? Quel roi aurait pu me résoudre à épouser le meurtrier de mon père ?

Un roi, non, mais l'amour. Ce n'est pas parce que le roi l'ordonne que Chimène épouse le Cid, elle l'épouse parce qu'elle l'aime.

Ainsi indécise, incertaine, tantôt une raison ferme l'éloignait d'un mariage que tout le monde souhaitait autour d'elle; tantôt l'amour chassait la raison, et la jeune fille rougissait de sa faiblesse et se décidait à garder son secret et à obéir. Nous avons dit que de son côté Raoul agissait. Agir pour un amoureux, c'est tourner autour de la demeure de celle qu'il aime, comme une phalène autour d'un flambeau. Raoul chercha d'abord à s'entendre avec Picard, très bien disposé pour lui. Picard se chargea de lettres qui furent rendues sans avoir été ouvertes. Raoul voulut alors pénétrer dans le château, et désirant éviter la rencontre de M. de Bridieu, il demanda à y être introduit à une heure trop suspecte, aux yeux du vieux domestique, pour que sa complaisance allât jusque-là.

Le jeune homme ne s'en tint pas là; il montait tous les soirs à cheval, et passait plusieurs heures de la nuit dans le voisinage de la demeure de M. de Bridieu ; il faisait le tour du château, et, s'arrêtant devant les fenêtres de la jeune fille, il demeurait là, attendant que la fenêtre s'ouvrît, et qu'un mot ou qu'un regard le payât de ses peines. Juana le voyait, et le mouvement d'un rideau, le passage d'une ombre entre la lumière et la fenêtre, tout décelait sa présence. Hélas ! la vue même de celui qu'elle aimait augmentait les irrésolutions de la jeune fille et faisait reculer le moment d'une explication. Tandis que Raoul se plaignait en lui-même de la dureté d'une cruelle, Mlle de Bridieu, tantôt écoutait l'amour qui l'entraînait, tantôt subjuguée par la raison, fondait en larmes, et cachant sa tête dans ses mains, s'éloignait mourante du lieu qui lui permettait d'entrevoir son amant.

Les choses en étaient là, au moment où Mme de l'Estrades conseilla à son fils la violence comme un parti auquel il fallait enfin avoir recours. Le jeune homme était d'un naturel aussi ardent et aussi résolu que son père et il s'était réjoui de la mort de Léonce de Bridieu comme d'un accident favorable à sa passion. Sans doute, si le garde-du-corps eût vécu il aurait épousé Mlle de Bridieu, promettant de vivre en bon parent avec sa nouvelle famille; mais il sentait en lui-même qu'une fois époux, c'est-à-dire une fois au comble de ses vœux et son amour satifait par la possession, une passion cette fois haineuse surgirait dans son cœur et que la vue seule du meurtrier de son père lui serait insupportable. La mort la délivrait de cette anxiété. Cette mort isolait pour lui Juana de tout souvenir pénible, elle lui permettait de ne songer qu'à son amour; l'ombre sanglante qui aurait suivi la jeune fille avait disparu. Sa mère lui conseillait la violence. A quoi bon la violence? il était aimé. Il n'en reconnut pas moins la nécessité de parvenir jusqu'à Juana. Il voulait la voir, il voulait savoir d'elle, non si elle était toujours dans les mêmes sentimens, mais si elle comptait prolonger une réclusion dont sans doute ils gémissaient, chacun de son côté. Maintenant qu'on l'assurait du consentement de M. de Bridieu, il ne craignait plus la rivalité du jeune Henri de Montalais.

C'était là une grande erreur; M. de Bridieu avait donné sa parole, il est vrai; mais il y avait mis la condition que sa fille accepterait l'époux qu'on lui offrait. Il avait interrogé Juana : celle-ci avouait son amour pour Raoul de l'Estrades, et cependant refusait avec opiniâtreté de l'épouser. La contradiction était évidente, et le vieillard ne se l'expliquait que d'une façon favorable à ses rancunes. On a vu qu'il n'aimait pas plus les de l'Estrades qu'il n'en était aimé. Les événemens que nous avons racontés ne firent qu'augmenter une aversion transmise avec la sang, et, ainsi que le devinait Mme de l'Estrades, son fils mort, M. de Bridieu n'avait point de raison pour conclure un mariage aussi malencontreux.

S'il paraissait l'imposer à sa fille, c'était pour obéir aux ordres du roi et pour tenir la promesse faite à Mme de l'Estrades, Juana refusant, M. de Bridieu était quitte de sa parole : il écrivit donc à son ami de Montalais qu'il comptait faire un voyage à Paris et qu'il lui demandait une hospitalité de quelques jours; sa fille l'accompagnerait.

Ces derniers mots décelaient le fond de sa pensée.

— Juana a l'âme d'une de Bridieu, pensa-t-il, elle ne veut pas porter le nom de de l'Estrades... Avant trois mois, elle sera Mme de Montalais.

Et il se prépara à faire ce petit voyage.

Mme de l'Estrades fit venir Champagne dans son appartement; c'était toujours celui de ses domestiques dans lequel elle avait le plus de confiance, celui qu'elle regardait comme le plus dévoué, le plus intelligent et le plus courageux. Elle savait aussi que Raoul n'entreprendrait rien sans se faire accompagner par Champagne, dont il suivait quelquefois les conseils et employait volontiers l'adresse.

— Champagne, lui dit-elle, quels sont les projets de mon fils?

— De voir Mlle de Bridieu, ce soir, ou demain au plus tard. Pour y parvenir, nous aurions besoin de l'aide de Picard, et il ne faut pas compter sur lui.

— Ah! vraiment! dit la comtesse en regardant attentivement Champagne.

— Mais, continua Champagne, nous avons séduit Comtois... Comtois nous introduira.

— Et après, Champagne?

— Madame, une fois que M. Raoul sera parvenu auprès de Mlle de Bridieu, son but sera atteint. Il ne demande que la faveur de lui parler un moment.

La comtesse sourit d'un air ironique.

— Très bien, dit-elle, mon fils se contente de peu : cela ne me suffit pas à moi.

— M. de Bridieu, dit-elle, n'a d'autres domestiques que Picard et Comtois. Je ne parle pas des femmes?

— Il y a encore un vieux cuisinier malade et au lit depuis huit jours, dit Champagne.

— Comtois est à vous, n'est-il pas vrai?

— Oui, madame la comtesse.

— Ce Comtois et Picard sont donc les deux seuls hommes valides du château. Le premier vous viendra en aide; le second n'est plus jeune et c'est d'ailleurs un ancien ami qui y regardera à deux fois avant de vous faire un mauvais parti.

— Sans doute, madame.

— Je ne parle pas de M. de Bridieu; renfermé dans son appartement, la peur l'y étiendra.

— Mais, madame, quels ordres comptez-vous me donner? demanda Champagne, étonné de ces calculs au moins singuliers.

— Voici, Champagne; mon fils et Mlle de Bridieu s'aiment depuis l'enfance, personne ne le sait mieux que vous. Vous n'ignorez pas non plus que leur mariage est arrêté. La douleur seule de Mlle de Bridieu y met un obstacle que ni son père ni moi n'avons pu franchir jusqu'ici. Cette jeune personne ne veut pas faire les premiers pas, elle veut même paraître n'entrer que par force dans la famille de l'Estrades. Vous savez que je l'ai vue quelques heures avant la mort de son frère, et il m'a été facile de la pénétrer. Il s'agit donc de lui rendre service, de l'unir à mon fils qu'elle aime, et de faire ce qu'elle n'ose pas demander; il faut l'enlever.

— Je suis aux ordres de Mme la comtesse et de M. Raoul, répondit respectueusement Champagne.

— Raoul n'est pour rien dans tout ceci, dit la comtesse. Quoique violent et hardi avec tout le monde, il est timide comme un enfant auprès de Mlle de Bridieu; elle l'a ensorcelé; il obéit à un de ses signes, il tremble devant une de ses paroles. Vous venez de me dire vous-même qu'il ne demande que la faveur de lui parler un moment; cela ne peut mener à rien. Il faut donc que Raoul ignore tout. Vous prendrez ma voiture que mon cocher, dont je suis sûre, conduira dans l'avenue qui mène au château; vous prendrez aussi avec vous quatre hommes sur l'obéissance desquels vous puissiez compter, qui se glisseront dans la cour et seront prêts à obéir au moindre signal, et dès que mon fils aura quitté Mlle de Bridieu, vous vous précipiterez chez elle; avec l'aide de vos gens, vous la transporterez dans ma voiture, et me l'amènerez ici... Le reste me regardera.

— Oui, madame, répondit Champagne.

— Vous sentez, ajouta Mme de l'Estrades, que la jeune personne fera quelque résistance. C'est là son rôle. Mais supposons qu'elle soit de bonne foi et que cet enlèvement lui cause une véritable colère, une haine violente, si vous le voulez même, contre l'auteur de cet attentat, car elle est aussi capable de haine que d'amour; alors Raoul a tout à gagner à n'y être pour rien. Il est possible même que les choses s'arrangent de façon que vous l'ayez pour adversaire. Dites hardiment, dans ce cas là, que vous agissez d'après mes ordres et que vous conduisez Mlle de Bridieu chez moi, où il ne tient qu'à M. Raoul de venir la rejoindre. Si, par hasard, ajouta Mme de l'Estrades, vous vous trouviez en face de M. de Bridieu, traitez-le avec les plus grands égards, et qu'on lui tienne le même discours qu'à mon fils, seulement ayez soin qu'il n'arrive chez moi qu'une heure ou deux après Raoul.

Cette dernière précaution était indispensable aux yeux de la comtesse. Elle sentait bien qu'un moyen très simple de réclamer la parole donnée était de forcer la demeure de M. de Bridieu sans recourir à un enlèvement, et puisque l'infidèle Comtois devait introduire son fils, que ne le suivait-elle? Mais elle voulait un éclat. Malgré les assertions de son fils, elle regardait Henri de Montalais comme un rival redoutable: il fallait donc compromettre Mlle de Bridieu aux yeux de ce jeune homme et à ceux de sa famille, ne fût-ce que par un enlèvement d'une heure ou deux.

Les ordres donnés à Champagne étaient clairs, précis, et pour qu'ils fussent exécutés de la manière dont l'entendait Mme de l'Estrades, il était nécessaire que Raoul fût introduit dans l'appartement même de Juana, ce qui avait quelque chose de compromettant, bien qu'on eût pu le nier au besoin. Les choses s'arrangèrent autrement.

Le jour même où Comtois devait tenir sa promesse et ouvrir une porte qui depuis si longtemps ne s'ouvrait plus pour personne, il alla trouver Champagne, et l'aborda une bourse à la main.

— Je viens vous rendre votre argent, dit-il, je ne puis pas tenir la parole que je vous ai donnée.

— D'abord, mon garçon, répondit Champagne, garde cette bourse, cet argent n'était point à moi, mais à Mme la comtesse, qui ne reprend jamais ce qu'elle a une fois donné. Parle ensuite; qu'y a-t-il de nouveau?

— M. de Bridieu se rend à Paris, dit Comtois et il emmène sa fille.

— Et à quelle heure partez-vous? Car je suppose que tu es du voyage?

Comtois expliqua que M. de Bridieu comptait se mettre en route à trois heures après-midi. On dînait alors à une heure et on soupait à neuf. En partant à trois heures de Marly avec de bons chevaux et en ayant eu le soin de faire préparer un relais à Asnières, on pouvait espérer arriver place Royale un peu avant neuf heures. Telle était la lenteur des voyages en 1772, et il y avait eu progrès, puisque quatre-vingts ans auparavant Louis XIV renonçait souvent à ses chasses de Saint-Germain, vu le mauvais état de ses voitures et celui des chemins.

— Je ne suis pas du voyage, ajouta Comtois, M. de Bridieu n'emmène avec lui que le vieux Picard; vous voyez donc que je ne puis vous être utile à rien.

Dès que Mme de l'Estrades connut cet incident, il ne lui resta qu'à simplifier son projet, à lui enlever un rouage. Les choses simples sont celles qui réussissent le mieux. Elle n'avait qu'à retenir Raoul auprès d'elle et à faire enlever Mlle de Bridieu au moment où elle monterait dans sa voiture; cela était plus facile que de pénétrer dans son appartement. Il fallait se hâter; tout était perdu aux yeux de Mme de l'Estrades, si ce dangereux voyage s'accomplissait. Le but même de M. de Bridieu prouvait sa résolution. Sous le prétexte d'une visite dont rien ne prouvait la nécessité, n'allait-il pas remettre sa fille dans les mains de M. et Mme de Montalais, et presque dans les bras du jeune Henri, leur fils? Une conduite pareille autorisait presque la violence de la comtesse, qui ne faisait qu'exécuter la volonté du roi. Champagne reçut les ordres les plus précis, et promit de les suivre avec exactitude.

De son côté, M. de Bridieu, toujours timide, n'osa pas s'ouvrir entièrement à sa fille. Il lui dit de s'apprêter, non pas à un voyage à Paris, mais à une promenade dans la forêt, que sa santé réclamait. S'il n'allait point à pied, c'est qu'une course trop longue le fatiguerait, et que d'ailleurs ses chevaux, oisifs dans leur écurie, avaient besoin d'exercice. Tout cela était vraisemblable et vrai jusqu'à un certain point. Le faible M. de Bridieu ne comptait déclarer le vrai but de son voyage qu'au moment où il serait trop avancé pour pouvoir revenir en arrière; et Comtois, l'infidèle Comtois, fut le seul confident de cette ruse. Ce fut lui que M. de Bridieu chargea d'aller à Asnières commander le relais dont nous avons parlé; mais Comtois dut supposer que Mlle de Bridieu était instruite; et, d'ailleurs, son service le retenait dans les écuries et dans les communs; il n'approchait pas la jeune fille, qui ne se douta de rien.

Deux heures et demie sonnaient à toutes les horloges du château, la voiture tout attelée et le cocher sur son siège, stationnait dans la cour; Picard ouvrit la grille à deux battants, et M. de Bridieu, qui avait ses raisons pour hâter son départ, attendait sa fille. C'était une de ces chaudes journées d'automne, souvent plus belles que les journées de printemps. Le gazon, à moitié flétri, était recouvert par les feuilles les premières tombées; celles qui restaient sur les arbres n'étaient plus vertes, mais jaunes et rouges, et le vent qui les agitait et les faisait tomber de leurs tiges sèches, les rendait sonores et bruyantes; le soleil penchant vers l'Occident, conservait son éclat et sa chaleur. Jour merveilleusement choisi pour la promenade d'un malade. Juana parut et M. de Bridieu lui prit la main et la conduisit dans la cour.

— Tout bien considéré, dit-il à Picard, vous ne nous accompagnerez pas.

Auprès de la voiture, et la main sur le bouton de la portière, se trouvait Va-de-Bon-Cœur, ce vieux dragon, ancien serviteur de M. Léonce de Bridieu, et à un pas de lui Joli-Cœur, son ami. Va-de-Bon-Cœur était devenu le protégé de Juana ; elle lui glissait de temps à autre une pièce d'or dans la main et avait obtenu pour lui de son père, non pas précisément l'emploi de chasseur sur les terres du gentilhomme, mais la permission tacite d'en remplir les fonctions, et Va-de-Bon-Cœur n'y manquait pas; désœuvré à Versailles, il venait sans cesse à l'Étang-la-Ville, faisait la chasse aux braconniers, tuait des perdreaux et des lièvres dont il garnissait le garde-manger du château, se mettait au mieux avec les domestiques surtout avec le vieux Picard, et espérait bien que, grâces à la protection de Mlle de Bridieu, cette espèce de surnumérariat ne serait pas long. Joli-Cœur, presqu'aussi désœuvré que son ami, le suivait volontiers dans ses expéditions et partageait ses petits profits. Ces deux hommes, la carnassière en bandoulière, le fusil sous le bras et armés d'un couteau de chasse, attendaient respectueusement le départ de M. et de Mlle de Bridieu.

Dès que Va-de-Bon-Cœur aperçut la jeune fille, il agita son fusil, comme s'il allait faire le salut des armes, et il ouvrit la portière. Joli-Cœur ôta son bonnet.

— Mon ami, dit Juana à Va-de-Bon-Cœur, en lui glissant une pièce d'or dans la main, vous viendrez demain au château, j'ai quelque chose à vous donner pour votre fille Thérèse.

Elle monta en voiture, et le vieux dragon referma la portière.

— Voilà une brave fille, dit-il à Joli-Cœur; quel dommage que ce ne soit pas un garçon et un capitaine! c'est ça qui serait bon pour le soldat!

La voiture sortit de la cour et prit cette

avenue fatale qui avait vu l'affront fait à M. de Bridieu et la vengeance qu'en avait tirée sa fille. Ce chemin conduisait à Louveciennes.

— Mon père, dit Juana, quittons ce chemin, prenons à droite, s'il vous plaît,

— C'est ce que nous allons faire, ma fille; nous allons entrer dans l'allée du Roi, le cocher a ses ordres.

C'était un commencement de confidence. Va-de-Bon-Cœur et son compagnon suivaient doucement le même chemin pour faire une dernière battue. Quand la voiture fut parvenue à l'allée du Roi, elle fit un détour et disparut à leurs yeux.

Joli-Cœur alors frappa sur l'épaule du vieux dragon :

— Regarde donc en deçà de l'allée du Roi, lui dit-il, je vois là un carrosse qui n'y était pas tout-à-l'heure.

— C'est qu'il y est venu depuis, répondit brusquement Va-de-Bon-Cœur, dont l'attention était excitée par quatre hommes qui traversaient en courant l'avenue.

Au même instant, des cris se firent entendre, et les deux gardes-chasse (on peut leur donner ce nom) crurent reconnaître la voix de Mlle de Bridieu. Ils coururent vers l'allée du Roi et virent la voiture de M. de Bridieu arrêtée, le cocher descendu de son siège et s'escrimant de son fouet contre quatre hommes qui l'entouraient. Champagne, que Va-de-Bon-Cœur reconnut sur-le-champ, avait ouvert la portière et cherchait à s'emparer de Mlle de Bridieu, qui poussait des cris plutôt d'appel que de frayeur. Le vieux dragon n'hésite pas, il met son fusil en joue et tire sur le groupe qui entourait le cocher, au risque de blesser un ami.

— Va les tenir en respect, dit-il ensuite à Joli-Cœur, moi je sais ce qu'il me reste à faire.

Et il courut à la voiture que son compagnon lui avait désignée, et que lui-même venait d'entrevoir à demi-cachée par les arbres de l'avenue. Il était clair que cette voiture devait servir à l'enlèvement tenté par Champagne au moment même, et qu'il était utile d'ôter tout moyen d'évasion au ravisseur. Le vieux dragon pouvait donc fouetter les chevaux et éloigner ainsi la voiture ; il pouvait aussi, et c'était le moyen le plus naturel, couper les traits, mais Va-de-Bon-Cœur avait une vengeance à satisfaire.

On se souvient que dans le duel qui coûta la vie à M. le comte de l'Estrades, Junon, la jument favorite de Va-de-Bon-Cœur, fut blessée au poitrail, et que le vieux dragon regarda cet accident, dû au hasard, comme un acte de félonie. Junon guérit, ou à peu près, un de ses poumons avait été intéressé; elle devint ahtsmatique, et elle languissait à Versailles, dans son écurie. Va-de-Bon-Cœur, rancunier comme un cavalier et comme un braconnier, résolut de se venger, puisqu'il en trouvait l'occasion. Il courut à la voiture, et, tirant son couteau de chasse, il tua sans pitié les deux chevaux, qui tombèrent sur le gazon. C'était une hécatombe immolée à Junon. Il chargea ensuite son fusil et courut au secours de M. et Mlle de Bridieu.

Le coup de fusil tiré par Joli-Cœur ne fut pas perdu, un des hommes amenés par Champagne fut atteint à la jambe et assez grièvement blessé pour être hors de combat. Les trois autres maltraitaient toujours le cocher.

Cependant Champagne étonné des cris de Mlle de Bridieu, qui selon lui, jouait trop bien son rôle, et même effrayé de la présence de deux ennemis armés et sur lesquels il n'avait pas compté, fut au moment d'abandonner son entreprise et de laisser Mlle de Bridieu poursuivre sa route. Le coup de fusil l'épouvanta parce que le bruit de l'explosion devait amener du monde, et ce qui surtout l'inquiéta, ce fut de voir un des deux hommes armés quitter le lieu de l'attaque. Il ne put pas croire à une fuite, mais à une ruse de chasseur. Cet homme devait s'être jeté dans la forêt, et il reviendrait sans doute, abrité par les arbres; il était possible qu'il le mît en joue, et s'apprêtât au moment même à le tuer comme un chevreuil. Sans être poltron, Champagne n'était pas jaloux de recevoir un coup de fusil.

Sur ces entrefaites, des pas de chevaux se firent entendre, le serviteur de madame de l'Estrades leva la tête, et au bout de l'allée du Roi, qui s'étendait en ligne droite devant lui, il vit distinctement deux cavaliers encore fort éloignés, mais s'avançant à toute bride. Il prit alors son parti : abandonnant Mlle de Bridieu, qu'il n'avait pu tirer hors de sa voiture, il ferma la portière, monta sur le siège, dont on avait arraché le cocher de M. de Bridieu, et prenant les guides, rebroussa chemin, quitta l'allée du Roi et prit sa route par l'avenue qui conduisait à Louveciennes, c'est-à-dire chez Mme de l'Estrades, sa maîtresse. Il fallait passer devant Va-de-bon-Cœur qui, son fusil à la main ne comprenait pas bien cette manœuvre. Les chevaux de M. de Bridieu, qu'un repos de trois mois avaient rendus vifs et impétueux, partirent comme l'éclair et passèrent devant le dragon, qui, revenu à lui, ajusta Champagne : le coup partit et se perdit dans les arbres de l'avenue. Cependant Champagne put voir la voiture de sa maîtresse, abattue, les chevaux tués, et il se félicita d'un parti qu'il ne venait de prendre que pour éviter les cavaliers dont nous avons parlé.

— Je sais bien, pensait-il en hâtant le pas des chevaux qui semblaient avoir des ailes, qu'elle ne veut que la fille, mais si je laissais M. de Bridieu par les chemins, rien ne pourrait faire faire un pas de plus à Mlle de Bridieu. Ce n'est pas d'aujourd'hui que je sais combien elle est obstinée... et dire qu'il faut essuyer des coups de fusil et faire tuer les chevaux de Mme la comtesse, pourquoi ? pour amener une jeune fille à son amoureux. Heureusement, elles ne font pas toutes tant de façon.

Et comme il était dépourvu de fouet, il sollicitait des rênes les chevaux qui, à son gré, n'allaient pas assez vite.

— Si je n'avais pas craint de mettre une balle dans la voiture, disait le dragon entre ses dents, tu ne volerais pas, comme tu le fais, vieux coquin, M. de Bridieu, Mlle de Bridieu, la voiture, les chevaux et tout ce que tu as pu prendre. Patience, patience, nous allons aller à Versailles, Joli-Cœur et moi, et les anciens camarades de M. Léonce se mêleront de tout ceci.

Il est inutile de dire que dès que les complices de Champagne l'eurent vu disparaître, ils abandonnèrent le malheureux cocher et se dispersèrent dans le bois, laissant leur camarade blessé et atteint au genou par le gros plomb de Joli-Cœur. Le vieux dragon l'interrogea, et cet homme prétendit qu'il y avait nécessairement un malentendu entre Mlle de Bridieu et M. Champagne ; celui-ci était simplement chargé d'inviter la jeune personne à faire une visite à Mme de l'Estrades, qui se plaignait de ne pas l'avoir vue depuis longtemps. Le vieux dragon remua la tête.

— Et les quatre drôles dont vous êtes un, dit-il à cet homme, devaient être les gardes du corps de Mlle de Bridieu ?... J'entends, j'entends, c'est la politesse de la famille de l'Estrades.

Cette explication finissait lorsque les deux cavaliers qu'on avait vus pointer à l'extrémité de l'allée du Roi arrivèrent au galop. C'était M. de Montalais et son fils.

Lorsque M. de Montalais apprit l'arrivée prochaine de son ami M. de Bridieu :

— Eh bien ! mon fils, dit-il à Henri de Montalais, que vous disais-je ? Léonce est mort ; M. de Bridieu est, par ce malheureux événement, libre de toutes les craintes qui l'obsédaient, il peut sans danger disposer de sa fille à sa volonté : il vous amène Juana.

Il fut décidé que le père et le fils monteraient à cheval et qu'ils iraient au devant de leurs hôtes. C'était une politesse que le père croyait leur devoir, un empressement amoureux que le fils voulait montrer à celle qu'il aimait. Un mot du vieux dragon leur expliqua ce qu'ils avaient vu de loin, et Henri enfonçant ses éperons dans les flancs de son cheval, prit au galop le chemin de Louveciennes. Le père, plus calme, suivit de loin les traces de son fils, à peu près certain de le rejoindre, parce que le jeune homme montait un cheval moins vigoureux que le sien.

Mme de l'Estrades n'attendait pas sans une certaine inquiétude le succès d'une tentative hardie, il est vrai, jusqu'à la violence, et dont elle regardait néanmoins le succès comme infaillible. Champagne était prudent, mais résolu, et il connaissait l'importance d'une mission, au fond très facile à accomplir, puisque Mlle de Bridieu seule pouvait opposer une résistance sérieuse. La comtesse avait tout prévu : la chapelle du château était préparée, un prêtre attendait à l'autel ; il fallait que la jeune personne fût mariée avant d'avoir eu le temps de se reconnaître.

Nous avons déjà fait remarquer que si l'amour a quelque pudeur, l'intérêt brave froidement tous les obstacles et fait litière de tous les sentimens. Pour s'agenouiller devant l'autel, la future Mme de l'Estrades devait marcher sur les dalles qui recouvraient les restes du père de son mari ! Qu'importait à la comtesse ? le mariage qu'elle méditait était ici bas ordonné par le roi, et là haut il était écrit dans les astres... suivant M. de la Taille.

Raoul fut prévenu d'avoir à quitter le deuil et à se revêtir de ses habits les plus élégans. Cet ordre le surprit, et il courut chez sa mère pour en demander l'explication. Mme de l'Estrades avait elle-même quitté le deuil; couverte d'habits somptueux, les joues animées par le rouge qu'on portait alors, elle attendait son fils dans l'attitude calme d'une femme qui va dominer les événemens qu'elle a fait naître. Sa figure prit une expression de mécontentement dès qu'elle aperçut son fils. Celui-ci portait le costume lugubre en usage dans ce temps là : un habit noir sans broderies, un justau-corps en velours de même couleur, des hauts-de-chausses de draps et des bottes légères, mais qui montaient jusqu'aux genouillères, le linge à ourlets plats, des pleureuses et une épée en acier bruni complétaient son costume. Ses cheveux étaient sans poudre, et une tristesse vague se lisait sur son visage. Il se préparait, d'après les indications de Champagne, à pénétrer le soir même chez mademoiselle de Bridieu et à avoir avec elle une entrevue qui devait décider de son sort. Les amoureux ne sont point doués de seconde vue, mais, comme lorsqu'ils se savent aimés, ils pensent, avec raison, que l'objet de leur amour doit nécessairement agir comme ils agiraient eux-mêmes, en faisant toujours la part des positions, l'obstination de Juana à ne pas recevoir ses lettres, à ne pas écrire et à ne pas dire un mot, ou à ne pas faire un signe d'amitié, lui semblait de mauvais augure. Il hésitait à suivre les conseils de sa mère, non par aucune timidité, mais parce qu'il se demandait si la démarche qu'elle lui conseillait était la meilleure. C'est par de l'audace qu'on séduit et qu'on entraîne les caractères faibles, c'est par la douceur et la soumission qu'on vient à bout des âmes fortes et résolues. Raoul craignait d'échouer en hasardant une démarche téméraire, et cependant il était décidé à la tenter et par amour-propre et par amour.

— Je croyais, monsieur, dit la comtesse à son fils avec vivacité, que vous n'hésiteriez pas à obéir à mes ordres. Que signifient ces habits de deuil, quand je vous fais dire de les quitter?

Raoul regarda sa mère avec étonnement. Nous avons dit que lorsque la comtesse apprit, par M. de l'Estrades lui-même, l'amour de son fils pour Mlle de Bridieu, elle le connaissait depuis longtemps, et qu'elle prit soin de rassurer Raoul, et de lui persuader de se confier à elle, qui viendrait à bout de changer les résolutions de son mari. Raoul comprenait, jusques à un certain point, qu'une femme exerçât cet empire sur son mari, mais une fois M. de l'Estrades mort, le jeune homme ne comprenait plus comment sa mère avait persisté à vouloir s'allier à la famille du meurtrier. Son amour à lui pouvait l'entraîner; la conduite de la comtesse lui paraissait une preuve de son peu d'affection pour son père. Il aurait recherché Juana avec plus d'ardeur encore, si sa mère l'en eût éloigné. Les torts de son père étaient inexcusables, il allait les réparer autant qu'il était en lui, et cette espèce d'expiation était une nouvelle preuve d'amour, dont il savait que Juana lui tiendrait compte; mais par une bizarrerie du cœur humain, ou par une de ces jalousies inexplicables de l'amour, il aurait voulu seul sacrifier à Mlle de Bridieu tout ressentiment de famille. La connivence de sa mère le gênait.

— En vérité, Raoul, lui dit Mme de l'Estrades, je ne sais ce que vous deviendriez sans moi... Voyons, regardez-moi bien... vous ne devinez rien?

— Non, madame, répondit Raoul.

— C'est moi qui ai fait votre mariage, vous n'en doutez pas.

— Nullement, madame, répondit le jeune homme qui ne regardait pas encore son mariage comme certain.

— Eh bien! ce mariage déjà résolu, je veux l'achever, et cela aujourd'hui même.

Le cœur de Raoul s'épanouit, il oublia le léger ressentiment que lui faisait éprouver la conduite de sa mère.

— Madame, s'écria-t-il, dites-vous vrai? Je vous devrais donc le bonheur de toute ma vie... Mlle de Bridieu a donc enfin daigné parler... Allons! ma mère... partons... Qu'attendons-nous?

— Nous n'avons nul besoin de partir, le prêtre est à l'autel; tout est prêt... ici... même... dans la chapelle du château... Mlle de Bridieu va arriver.

— Juana! Juana! s'écria Raoul en sautant de joie... ô ma mère, que de reconnaissance ne vous dois-je pas!

— Allez donc quitter vos habits de deuil, Raoul, que votre fiancée ne vous trouve pas revêtu de ces insignes douloureux pour nous tous.

— Oui, ma mère, oui... Elle va venir... vous me l'assurez?

— Je vous l'assure.

— O mon Dieu! que je suis heureux, dit le jeune homme en levant les mains au ciel.

Au même instant la double grille du château s'ouvrit bruyamment, et une voiture entra au galop dans la cour.

— C'est elle! dit encore Raoul en tressaillant.

CHAPITRE XI.

L'aveu.

Lorsque Juana vit la voiture de son père arrêtée, le cocher maltraité, et enfin lorsqu'elle se vit personnellement exposée aux violences de Champagne, de Champagne le vieux serviteur, qui, en la compagnie de Picard, avait surveillé les jours de son enfance, elle reconnut sans peine la main de Mme de l'Estrades, et semblable en cela à Raoul, elle trouva pénible que la comtesse se mêlât si activement de son avenir, elle n'osait pas dire de son amour. M. de Bridieu demeurait tremblant au fond de la voiture. Juana tout en résistant à Champagne, aperçut les deux cavaliers qui arrivaient au galop et pouvaient être des sauveurs. Il ne lui fallut qu'un coup-d'œil non plus pour comprendre que Va-de-Bon-Cœur et son compagnon pouvaient encore lui épargner la honte de tomber dans les mains d'un valet de Mme de l'Estrades. Enfin la voiture partit et le vieux dragon, soit manque de bonheur ou d'audace, n'était plus d'aucun secours. Elle se rejeta alors auprès de son père, et, regardant fixement M. de Bridieu, elle l'embrassa avec tendresse. Appuyant sa tête sur l'épaule du vieillard, le visage couvert de larmes :

— Pardonnez-moi, dit-elle, mon père, je viens d'avoir une mauvaise pensée. J'ai cru que vous étiez d'accord avec Mme de l'Estrades pour me conduire chez elle. Non, non, c'est impossible.

M. de Bridieu n'eut pas de peine à détromper sa fille. Sa seule crainte, à lui, était qu'on ne les conduisît à Louveciennes même, chez la comtesse du Barry, où se trouverait Mme de l'Estrades, peut-être même le roi, et où on le forcerait à conclure un mariage auquel il n'avait consenti. Juana redoutait autre chose, elle craignait que Raoul ne fût complice de cet enlèvement. Cette idée doublait son dépit et sa colère.

Rien n'est plus irritant pour les personnes d'un caractère ferme et indépendant qu'une violence exercée en même temps sur leur cœur et sur leur personne. Elles sentent alors qu'on a voulu les contraindre et les subjuguer, et elles se roidissent contre le joug. L'amour, quelque violent qu'il soit, n'en est pas moins la plus libre et la plus indépendante de toutes les passions; il s'offre quand on le sollicite, il s'évanouit quand on l'exige. Voilà peut-être pourquoi, dit-on, on aime mieux sa maîtresse que sa femme. Nous n'en croyons rien. Ce qui est certain, c'est qu'on n'aime pas l'une de la même façon que l'autre.

A chaque tour de roue, Juana sentait donc sa colère s'augmenter, et une haine violente s'amasser dans son cœur. Elle sentait qu'il lui serait impossible de dissimuler toujours avec Mme de l'Estrades, que le sang des de Bridieu s'irriterait un jour ou l'autre, et qu'il manquerait quelque chose à son orgueil, à sa haine, et peut-être aussi à sa piété filiale, si la comtesse ignorait toujours que l'injure qui avait souillé les cheveux blancs de son père, elle... elle seule l'avait vengée.

Telles étaient ses pensées au moment où le carrosse de M. de Bridieu entra dans la cour du château de l'Estrades. Juana prit le bras de son père et s'avança hardiment vers le salon, où la comtesse se trouvait avec son fils, et dont les domestiques lui ouvrirent respectueusement les portes, au moment où celle-ci disait :

— Demeurez, Raoul, il est trop tard, la voici.

M. et Mlle de Bridieu ne tardèrent pas à paraître, en effet. Ils s'avancèrent, l'un lentement et appuyé sur sa canne, l'autre d'un pas ferme et l'œil fixé sur Mme de l'Estrades, comme pour lui demander raison d'avance de cette visite forcée. Le salon de la comtesse présentait un aspect singulier et rare, dans ce siècle raffiné dont on a pourtant exagéré la politesse et le savoir vivre. Un arrière goût du pouvoir féodal se laissait encore sentir dans les mœurs domestiques d'alors. Mme de l'Estrades maîtrisait son fils, et quoique celui-ci fût devenu le chef de la famille, elle entendait qu'il suivît ses ordres, du moins jusqu'à son mariage.

Champagne, en amenant M. de Bridieu, l'avait mal servie, elle aurait voulu tenir Juana seule, pour disposer d'elle à sa volonté ; mais une fois que M. de Bridieu était présent, c'était à lui qu'elle devait s'adresser ; de lui seul, son fils et elle, devaient obtenir Juana pour la conduire à l'autel. Quelle que fût l'influence de la fille sur le père, le pouvoir de Juana ne pouvait s'exercer que dans l'intimité, que par des prières et des supplications secrètes, et jamais par une résistance qui aurait eu seulement un témoin ; de façon que connaissant comme elle la connaissait la faiblesse de M. de Bridieu, la comtesse pensait pouvoir à son gré le flatter, l'effrayer, le menacer du roi et en obtenir sur-le-champ une chose qu'au fond il avait promise.

Ici Mme de l'Estrades se trompait encore ; comme tous les gens faibles, M. de Bridieu était haineux, et après avoir haï M. de l'Estrades, le père, sans raison personnelle, il ne lui pardonnait pas l'affront qu'il en avait reçu, quoique le malheureux comte l'eût payé de sa vie. Il était décidé à ne plus revoir Mme du Barry, depuis qu'il avait appris par quel motif elle voulait l'éloigner et, ainsi que nous l'avons dit, son fils mort, l'ordre du roi ne le touchait plus. Il était donc invulnérable, et laissait tomber sur la comtesse un regard froid, dédaigneux et indifférent.

Dès que Juana parut, Raoul s'élança vers elle. La présence de M. de Bridieu lui fit croire d'abord que sa mère ne l'avait pas trompé, et qu'il touchait, comme il venait de le dire, au plus beau moment de sa vie. Se rappelant ensuite que sa mère l'avait engagé à quitter son deuil, et voyant Juana couverte de crêpes et M. de Bridieu en pleureuses, il soupçonna que cette visite imprévue devait avoir un motif tout autre, et la figure irritée de la jeune fille le confirma dans cette pensée.

La comtesse, vêtue de couleurs éclatantes, brillante de pierreries et affectant un air libre et dégagé, avait l'air, au milieu de toutes ces personnes vêtues de noir et pâles d'émotion et de colère, d'une reine qui reçoit des supplians, et d'un seul mot va disposer de leur fortune et de leur vie ; il n'en était rien.

—Que prétendez-vous faire de mon père et de moi, madame ? dit brusquement Juana.

Mme de l'Estrades s'avança poliment vers M. de Bridieu et le pria de s'asseoir.

— Ces jeunes gens, dit-elle en souriant, ne se sont pas vus depuis longtemps, ils brûlent de se trouver ensemble, et nous, nous allons parler affaires.

M. de Bridieu regardait la comtesse d'un air interdit.

— Il paraît, dit encore Juana, que nous sommes vos prisonniers ?

— M. votre père, non, ma fille, répondit la comtesse d'une voix pleine de douceur ; vous, oui, mais une prisonnière qui, dans quelques instans, sera dame et souveraine dans sa prison.

Et elle jeta sur son fils un regard qui semblait lui dire : Jetez-vous donc aux pieds de cette jeune fille, enivrez-la de vos paroles d'amour, conduisez-là à l'autel : vous savez qu'un prêtre vous-y attend... Moi, je me charge du père : mais M. de Bridieu prit la parole avec une amertume qui déconcerta la comtesse.

— Ne bougez pas, dit-il à Raoul, qui ayant compris l'intention de sa mère, fit un pas vers Juana ; attendez, monsieur ; j'ai à rendre grâce à votre mère de n'être pas son prisonnier et à savoir sous quel prétexte elle veut m'enlever ma fille ; elle a peut-être un ordre du roi, quelle le montre.

Et s'adressant directement à la comtesse :

— Parlez, madame, dit-il avec fermeté ; est-ce en vertu d'un ordre du roi que votre valet Champagne nous a arrêtés sur le grand chemin et qu'il a mis la main sur ma fille ? Mes gens, ajouta-t-il, lui ont tiré des coups d'escopette.... Malheureusement, ils l'ont manqué ; ils n'ont atteint qu'un de vos coupe-jarrets.

A ces accusations très claires qui prouvèrent à Mme de l'Estrades que Champagne avait éprouvé plus de résistance qu'elle ne l'aurait cru, la figure de la comtesse ne subit aucune altération, et le sourire ne quitta pas ses lèvres ; seulement une nuance de mécontentement se peignit sur son front.

— Comment, dit-elle, Champagne s'est conduit ainsi ? Je le chasserai s'il a manqué de respect à Mlle de Bridieu et à vous... Non, monsieur, reprit-elle avec son sourire le plus gracieux, il n'y a point d'ordre du roi, il y a seulement une lettre de moi qui éprouvais le besoin de voir Mlle de Bridieu, et qui la priais de me faire une visite.

— Je ne sais quels ordres avait reçus Champagne, dit Juana, mais madame avait en effet envoyé sa voiture, je l'ai aperçue dans l'avenue.

La comtesse crut trouver une espèce de complicité dans ces paroles.—Elle s'apaise, pensa-t-elle,—et tout haut :

— Vous allez voir revenir mon carrosse, dit-elle.

— Non, madame, dit Juana, le carrosse ne reviendra pas, vos chevaux ont été tués.

— Tués ! tués ! s'écria Mme de l'Estrades. Et qui a osé toucher à mes chevaux ?

— Probablement un de nos gens, répondit froidement Juana : vos valets s'attaquent à nos personnes et les nôtres à vos chevaux, ajouta-t-elle en jetant sur la comtesse un regard aigu comme la lame d'un poignard.

Quelque colère qu'éprouvât Mme de l'Estrades, elle sentit que ce n'était pas le moment de se plaindre du procédé des gens de M. de Bridieu. Elle ignorait ce qui s'était passé ; seulement, la lutte qui avait eu lieu paraissait avoir été sanglante, et surtout pénible pour le père et la fille.

— Monsieur, dit-elle tout à coup en s'emparant de M. de Bridieu, vous allez voir quel traitement je réserve aux domestiques qui se conduisent comme l'a fait Champagne ; c'est devant vous-même que je veux le chasser de chez moi.

Et entraînant avec vivacité le vieillard, elle sortit avec lui du salon.

Elle ne pouvait pas agir autrement. Il était évident qu'il fallait couper court aux questions et éviter un débat qui devait nécessairement tourner contre elle, et dans lequel elle aurait eu son fils lui-même pour adversaire.

L'entreprise était manquée; l'irritation de M. de Bridieu, la colère que sa fille n'avait pas même pris la peine de dissimuler, ne leur auraient pas permis de consentir sur-le-champ à un mariage amené par des circonstances pareilles. On ne fait pas, en quelques instans, revenir les gens de si loin. Un tête-à-tête entre deux jeunes gens qui s'aimaient était donc le seul remède à ces violences et à ces maladresses. Raoul réparerait la vivacité trop ardente de sa mère, et cependant, elle, apaiserait le vieillard, aurait devant lui l'air de chasser Champagne, et séduirait peut-être M. de Bridieu. Rien n'était donc encore tout à fait perdu, et le prêtre pouvait ne pas s'éloigner de l'autel.

D'un mot Juana eût facilement déjoué ce dernier calcul; d'un geste elle pouvait arrêter M. de Bridieu et Mme de l'Estrades elle-même. Elle pouvait également les suivre. Ce n'était pas son projet. Mme de l'Estrades la servit en s'éloignant et en éloignant son père. Ce Raoul qu'elle fuyait depuis trois mois, sans qu'il cessât d'occuper son cœur, ni d'être présent à son esprit, elle voulait le voir, elle voulait lui dire qu'elle l'aimait, et cela sans avoir à baisser les yeux devant sa mère. Dès qu'ils furent seuls, elle lui tendit la main :

— Raoul, lui dit-elle, il y a des familles bien malheureuses!

— Oui, répondit celui-ci, et quand le malheur est à son comble, elles s'unissent, alors le bonheur renaît pour toutes deux.

— Je ne parle que des de Bridieu, reprit Juana, en quittant la main du jeune homme; le père est déshonoré sur ses vieux jours, le fils meurt avant l'âge, et la fille est en butte aux outrages de votre mère qui la croit sa prisonnière.

— Je ne sais ce qui s'est passé, je vous le jure, s'empressa de répondre Raoul, je vois bien que ma mère a été mal servie... Ce qu'elle voulait, vous le devinez aisément : elle voulait nous réunir...

— Ce que je vois, dit Juana, c'est que vous êtes étranger au dernier affront que mon père et moi venons de subir. Je l'ai deviné à votre pâleur, à votre étonnement, à la colère que j'ai lue sur votre front. Mais que veut cette femme? A quoi prétend-elle?

En entendant Mlle de Bridieu nommer sa mère d'une façon si irrespectueuse et si éloignée des mœurs domestiques de cette époque, Raoul ressentit une douleur amère. L'amour néanmoins l'emporta sur la tendresse filiale, et il répondit avec naïveté :

— Ce qu'elle voulait, Juana? une chose qu'elle achevait de m'avouer au moment où vous êtes entrée dans ce salon, et qu'elle m'a laissé croire que vous faisiez volontairement et de vous-même.

— Quoi donc? Parlez Raoul.

— N'avez-vous pas vu qu'elle a quitté ses habits de veuve. Elle m'invitait à l'imiter, à me revêtir d'habits de noce... Juana! Juana! s'écria Raoul en se précipitant aux pieds de la jeune fille, le prêtre nous attend à l'autel.

Mlle de Bridieu fondit en larmes et détourna la tête; puis, relevant Raoul :

— Puisque votre mère emploie des moyens pareils, elle croit donc que je ne vous aime pas?

Et elle raconta avec vivacité l'attentat dont elle venait d'être la victime.

— Le coupable va être puni, dit Raoul; il l'est en ce moment même au gré de votre père et de vous.

— Non, Raoul; non, répliqua la jeune fille avec bon sens. Ne connaissons-nous pas, vous et moi, Champagne depuis l'enfance? Ne l'avons-nous pas toujours trouvé aussi soumis que respectueux? Nous savons également combien il est dévoué à la comtesse. Champagne n'a agi que par ses ordres.

— Ah! que vous accusez à tort une mère qui ne veut que notre bonheur, dit Raoul.

— Elle veut notre mariage, dit tristement Juana, et elle a la parole de mon père; mais cette parole, pour avoir quelque valeur, a besoin d'être ratifiée par moi; voilà la condition.

— Eh bien! Juana, dites donc le mot que j'attends avec une si grande impatience.

— Oui, reprit la jeune fille avec émotion, elle m'a voulu prisonnière pour disposer de moi à son gré, elle m'a voulu compromise pour me plier forcément à sa volonté : voilà pourquoi l'insolent valet qui a porté la main sur moi cherchait à me séparer de mon père, voilà pourquoi le prêtre m'attend à l'autel. Ah! Raoul, Raoul, elle veut que je sois votre femme par avarice, par avidité, et je voudrais l'être, moi, par amour... parce que je vous aime, Raoul.

— Je suis donc bien heureux, s'écria le jeune homme transporté d'un aveu qui lui parut une preuve certaine de bonheur, vous ne me croyez pas coupable des torts de ma mère, et vous m'aimez.

— Hélas! je vous aime depuis l'enfance, reprit Juana dont les larmes inondaient le visage; souvenez-vous de ce temps, où, vêtus tous deux d'habillemens pareils, nous chevauchions ensemble dans la forêt, et où on nous prenait, non pas pour le frère et la sœur, mais pour les deux frères; j'avais autant de vivacité et autant de hardiesse que vous. Nos jeux étaient trop bruyans et trop dangereux pour Léonce, mon pauvre frère, plus âgé que nous, mais moins fort et moins vigoureux.

Au nom de Léonce de Bridieu, un sentiment douloureux se peignit sur le visage de Raoul de l'Estrades, il se rappela involontairement que le garde du corps était le meurtrier de son père, mais il se contint; ce mouvement n'échappa point à Mlle de Bridieu. Elle reprit :

— Pourquoi la jeune fille avait-elle la vigueur et la santé qui ont été refusées au frère? Léonce portait alors déjà le germe de la maladie qui nous l'a enlevé : il n'a pas vécu, il a langui. Si vous ajoutez, Raoul, que la nature m'a donné le courage d'un homme, un sang ardent qui bouillonne dans mes veines au soupçon d'une injure, et un orgueil qui n'est peut-être que de la dignité, défaut ou qualité que je porte fort loin, quand il s'agit de moi et des miens, vous comprendrez la vérité de ce que disaient alors entr'eux nos domestiques, votre Champagne et mon Picard : que la nature s'était trompée, et que j'aurais dû être monsieur et mon frère mademoiselle... Ils se trompaient, ajouta Juana avec feu, Léonce était courageux jusqu'à l'héroïsme ; mais que sert de tirer l'épée quand le bras n'en peut point supporter le poids? Mon brave Léonce était ainsi à tort condamné par des gens qui jugeaient de la lame par le fourreau.

— Ces temps sont passés, Juana, dit Raoul; de ces ardeurs de jeunesse vous n'avez conservé que les grâces de votre sexe ; j'aimais l'enfant hardie, je suis l'amant dévoué de la jeune fille aussi modeste qu'elle était autrefois résolue, aussi douce qu'elle était, dans le temps dont vous parlez, pleine de courage.

— Je suis la même qu'autrefois, dit Juana d'une voix tremblante.

Elle pouvait à peine maîtriser son émotion. La petite fille hardie avait disparu; il ne restait que la jeune personne amoureuse, qui sent parfaitement que, si elle a été entraînée à une action virile, elle a servi sa cause et celle de son père aux dépens de son propre bonheur à venir, et qu'ayant eu à choisir entre l'honneur et l'amour, elle n'a pu conserver le premier qu'en sacrifiant le second. Cette pensée lui rendit toute sa force d'âme et ranima son courage. Elle eut honte d'un moment de faiblesse, et, séchant ses larmes :

— Monsieur de l'Estrades, dit-elle d'une voix ferme, répondez-moi franchement. Si vous eussiez eu l'honneur de vous nommer de Bridieu, et que votre père eût été traité comme l'a été le mien, qu'auriez-vous fait?

— Laissons des souvenirs irritans, Juana; le passé est mort pour nous. Ne songeons qu'à l'avenir : le jour d'hier n'existe plus. Oublions tous les deux notre deuil.

— Vous allez voir que c'est impossible. Qu'eussiez-vous fait, monsieur?

— Pouvez-vous le demander à un gentilhomme? répondit Raoul qui, voyant que Mlle de Bridieu avait changé de ton et de manières, domina avec peine la colère qui commençait à pointer dans son cœur. Pouvez-vous, répéta-t-il, le demander à un gentilhomme qui, quoiqu'il n'ait pas l'honneur de se nommer de Bridieu, tient à l'intégrité de son nom? J'aurais fait comme monsieur votre frère.

— Je le savais, monsieur; il eût été impossible d'agir autrement. Et si ce frère eût été faible, mourant, dévoré par la fièvre, incapable de sortir d'un lit où l'assiégeaient tous les rêves d'une agonie qui n'a pas été longue, qu'aurait dû faire alors une fille comme moi, qui met l'honneur de son père, de son frère et le sien au-dessus de sa vie? Une fille que vous savez être courageuse, qui méprise la mort et qui, pour effacer une tache imprimée à sa famille, ne craint pas de la donner?... Ce qu'aurait dû faire cette fille? c'est ce que vous auriez fait vous-même, ce qu'aurait fait mon frère, Léonce de Bridieu, si la maladie ne l'eût abattu, c'est ce que j'ai fait, M. Raoul de Bridieu, sous l'uniforme de mon frère... Oui, Raoul... Moi... moi... j'ai tué votre père, mes mains sont teintes de son sang...

— Non, non! s'écria Raoul, c'est impossible.

Et folle de douleur, éperdue, pâle, et marchant les mains étendues vers le jeune homme, non moins pâle et qui reculait comme si, derrière Mlle de Bridieu, l'ombre irritée de son père lui commandait de fuir cette espèce de divinité sanglante qui l'avait privé de la vie : *elle*, celle qui avait relevé son écusson, la vengeresse de l'honneur paternel, elle lui criait toujours :

— La voulez-vous, ma main?... Maintenant que vous savez le sang qu'elle a versé, la voulez-vous encore?... Allez donc demander à votre mère si elle veut une bru pareille à moi!... Le prêtre nous attend à l'autel, monsieur Raoul de l'Estrades ; acceptez-vous l'épouse?...

Et elle avançait toujours vers le jeune homme, qui reculait épouvanté, qui se représentait cette fille, debout et les lèvres séparées par un rire farouche, devant le cadavre de son père!... Raoul ne pouvait soutenir ses regards, il fuyait toujours en insensé. Ce fut ainsi qu'il atteignit la porte du salon; elle céda sous son poids, elle s'ouvrit, et M. Raoul de l'Estrades, en sortant, en referma avec soin les deux battans pour ne plus voir cette jeune fille qui venait de lui révéler un si affreux mystère.

Mlle Juana de Bridieu tomba alors épuisée sur un fauteuil.

— Oh mon Dieu! ayez pitié de moi, dit-elle, et bénissez-moi, j'ai rempli mon devoir jusqu'au bout.

Cependant plein de ces idées qui, quand elles se présentent pour la première fois à une jeune imagination, la remplissent de terreur, Raoul sortit de l'antichambre qui précédait le salon de sa mère, et du château même, sans voir personne. Il prit le premier chemin venu. Chez lui l'amour blessé d'un coup aussi inattendu se tournait en rage. Il avait toujours devant les yeux Juana lui offrant ironiquement cette main teinte du sang paternel; il lui semblait que cette main serrait la sienne et l'entraînait dans la chapelle où attendait le prêtre qui devait les unir. Il marchait devant lui sans but, sans projets. Une idée terrible traversa alors son esprit :

— Ma mère est-elle instruite? pensa-t-il, voulait-elle me faire épouser celle qui a tué mon père?

Terrible question qu'autorisait peut-être le mensonge dont Mme de l'Estrades avait usé envers lui, et la violence exercée sur Mlle de Bridieu.

Un cavalier s'arrêta devant Raoul.

— C'est M. de l'Estrades? M. Raoul de l'Estrades? dit le cavalier en mettant pied à terre.

Raoul jeta sur ce jeune homme un regard menaçant et plaça sa main sur la garde de son épée.

Les duels étaient sévèrement défendus. Les malheurs, la ruine qu'ils entraînaient après eux étaient évidens, et néanmoins le premier mouvement d'un gentilhomme blessé par un mot, par un regard, était toujours de recourir à cet argument meurtrier. Les épées furent tirées.

— C'est M. Henri de Montalais, je crois? dit Raoul d'un air dédaigneux.

— Qu'avez-vous fait de M. et de Mlle de Bridieu? répliqua Henri avec colère.

Raoul ne répondit que par un regard effaré, et les deux adversaires tombèrent en garde.

Les jeunes gens d'alors, même ceux qui ne se destinaient pas à l'état militaire, fréquentaient, au sortir du collège, les académies; la noblesse de robe s'y faisait remarquer aussi, et la bourgeoisie même commençait à s'y introduire. On y enseignait la danse, l'équitation, et surtout l'escrime. Henri de Montalais avait acquis dans ces académies une adresse remarquable à manier l'épée ; mais tous les maîtres en fait d'armes savent que pour mettre leurs leçons à profit, il faut avoir l'esprit calme, le sang reposé afin d'être sûr de ses mouvemens.

M. Henri de Montalais se trouvait dans les plus mauvaises conditions possibles. Couvert de sueur, le sang agité par une course longue et rapide, l'esprit troublé par l'enlèvement de celle qu'il aimait et par la présence inopinée de son rival, sa main tremblait involontairement, et son corps vacillait sur des jambes sans aplomb. Dans la lutte qui allait ainsi s'engager, Raoul avait encore plus de désavantage. Le droit donne de la force ; le but guide l'épée. Le droit et le but manquaient également au fils de feu M. de l'Estrades. Il n'avait point enlevé la jeune fille ; il s'éloignait d'elle pour ne plus la voir, et il se faisait son champion comme il eût voulu la conquérir.

— Il va me tuer, se dit-il ; eh bien, qu'il me tue! la vie serait désormais pour moi si misérable, que la mort deviendra une faveur.

Les épées se croisèrent, les deux fers grincèrent l'un contre l'autre. Une réflexion subite arrêta ce combat qui pouvait être mortel :

— S'il me tue, se dit Raoul, que pensera-t-on? que croira ma mère? et M. de Bridieu? et peut-être Juana elle-même? Tout le monde sera persuadé que mon rival m'a abattu, et que, jusqu'au dernier moment, j'ai voulu épouser celle qui a mis mon père au tombeau!

La révélation de Mlle de Bridieu était si récente, et avait produit une impression si vive, que Raoul fit un pas en arrière, et jeta son épée à ses pieds.

— Non, dit-il, je ne dois point donner ma vie, ni prendre celle de qui que ce soit pour M{{lle}} de Bridieu. Je ne l'aime pas, monsieur.... je ne l'aime pas.... il y a trop de sang entre nous, pour que je l'aime... et quel sang, ajouta-t-il, en passant devant Henri étonné de ces paroles et de cette action.

Le malheureux s'éloignait à grands pas, sans épée et sans regarder derrière lui ; il se roidissait contre sa mauvaise fortune, contre un amour toujours vivant dans son cœur, mais des pleurs involontaires coulaient de ses yeux. Nous avons dit que M. de Montalais le père suivit les traces de son fils, quoique d'un pas plus lent. Certain de le rejoindre, il put voir en effet ce simulacre de combat, et rien ne l'empêcha de croire que son fils avait eu le bonheur de désarmer son rival, et peut-être de lui donner la vie. C'était vers lui que s'avançait Raoul. Quand le gentilhomme aperçut le jeune de l'Estrades, pâle, les cheveux en désordre et la figure gonflée par les pleurs, il s'arrêta d'abord, puis le spectacle de cette douleur le toucha, et il mit pied à terre.

— Voulez-vous me rendre un grand service, monsieur ? lui dit brusquement Raoul, prêtez-moi votre cheval.

M. de Montalais lui remit la bride dans les mains.

— Je sais qui vous êtes, monsieur, dit encore Raoul, demain votre cheval sera dans son écurie, place Royale.

Le jeune homme se mit en selle d'un élan et prit au galop le chemin de Paris.

— Je savais bien, dit plus tard M. de Montalais, que mon pauvre alezan serait fourbu, mais les deux jeunes coqs étaient encore à dix pas l'un de l'autre : un mot, un regard pouvaient faire recommencer le combat, et j'aurais donné dix chevaux au lieu d'un pour les savoir à vingt bonnes lieues l'un de l'autre.

Quand Raoul eut disparu dans les sinuosités de l'avenue, M. de Montalais rejoignit son fils.

— Monsieur, lui dit-il sévèrement, avez-vous eu le tort de provoquer M. de l'Estrades ?

Henri avoua que ses questions avaient pu porter M. de l'Estrades à mettre l'épée à la main ; mais pouvait-il en être autrement ? N'était-il pas à la recherche de M. et de M{{lle}} de Bridieu, enlevés par les gens de la famille de l'Estrades, et sans aucun doute par l'ordre de M. Raoul ?

— Et vous avez eu le bonheur de le désarmer ? dit le père en montrant l'épée de Raoul qui gisait sur le gazon.

— Non, mon père, M. de l'Estrades n'aime pas M{{lle}} de Bridieu, il ne l'a jamais aimée, ou du moins il ne l'aime plus, et il n'en est pas aimé.

— Voilà ce que je vous ai toujours dit, répondit sentencieusement M. de Montalais ; ces deux familles ne peuvent pas s'unir. Un de l'Estrades et un de Bridieu ! c'est Atrée et Thyeste.

— C'est précisément ce qu'il m'a dit, mon père : il y a trop de sang entre nous pour que je l'aime ; et il a jeté son épée, sans souci pour son honneur.

— Sans souci de son honneur ! s'écria M. de Montalais avec gravité ; c'est-à-dire, monsieur, que vous supposez que l'honneur consiste à tirer l'épée sans motif, à se battre même pour vous disputer une jeune personne sur laquelle il n'a aucune prétention ?

— Mais qu'on a enlevée ! s'écria Henri, dont la colère n'était pas apaisée.

— Qui vous l'a dit ? Pour moi, la preuve qu'il ne l'a pas enlevée, c'est qu'il l'abandonne.

M. de Montalais s'empara de l'épée de Raoul et se dirigea avec son fils vers le château de l'Estrades, dont ils n'étaient plus qu'à quelques pas.

Cependant la comtesse, qui s'était emparée de M. de Bridieu, lui fit parcourir les cours, les écuries, demandant aux domestiques qu'elle rencontrait où était Champagne, ordonnant qu'on lui amenât Champagne, et cela accompagné d'un coup d'œil et d'un geste visibles pour tous ses gens et que M. de Bridieu ne pouvait apercevoir. Champagne ne se trouvait pas, il ne pouvait pas se trouver.

— Vous voyez, dit M{{me}} de l'Estrades, que le coupable s'est fait justice lui-même, il a senti l'énormité de sa faute et il n'ose pas paraître devant moi... il ne fait plus partie de ma maison, monsieur.

Trop habile pour parler d'un mariage qui, suivant elle, s'arrangeait sans doute au moment même, elle ne s'attacha qu'à prolonger son entretien avec M. de Bridieu pour donner le temps à son fils de faire parler sa passion et de montrer tout son amour. Si, comme elle en était convaincue, Juana aimait Raoul, plus les jeunes gens demeuraient seuls, mieux l'amant séduirait et enchanterait sa maîtresse. La résistance a ses lassitudes, l'orgueil s'assoupit, la haine même s'endort, l'amour seul s'avive et s'augmente par la présence de l'objet aimé et aux seuls sons de sa voix. Cependant M. de Bridieu ne répondait à la comtesse que par monosyllabes, et il manifesta bientôt le désir de rejoindre sa fille ; il fallut bien y consentir.

Mme de l'Estrades se dirige vers le salon, ouvre la porte et aperçoit Mlle de Bridieu seule, assise dans un fauteuil et la tête cachée dans ses mains.

— Et Raoul ? s'écria-t-elle d'une voix pleine de dépit, qu'avez-vous fait de Raoul, mademoiselle ?

Mlle de Bridieu se leva, et d'une voix calme, mais pleine d'assurance et de fermeté :

— Monsieur votre fils, madame, m'a offert sa main... J'ai rejeté ses offres... Je ne suis pas faite pour porter le nom de l'Estrades... Il en est aussi persuadé que moi, madame... et nous nous sommes séparés en formant le même vœu.

— Que voulez-vous dire, mademoiselle ?

— Le vœu de ne plus nous rencontrer. Nous espérons que Dieu l'exaucera.

Avant que Mme de l'Estrades put exprimer sa colère et demander des explications, Henri de Montalais se précipita dans le salon :

— Monsieur, dit-il à M. de Bridieu, votre carrosse est dans la cour, le cocher est sur son siége : voulez-vous retourner à l'Etang-la-Ville ?

En parlant ainsi, il s'empara de la main de Juana, fit une profonde révérence à Mme de l'Estrades, et ces trois personnages quittèrent le salon et le château. Ce fut alors le tour de M. de Montalais de paraître devant cette femme hardie dont tous les projets se trouvaient renversés sans qu'elle en pût deviner la raison. Le grave magistrat était en habit de cavalier, et il entra une épée nue à la main. Mme de l'Estrades reconnut sur-le-champ une arme qui portait gravées sur la garde les armoiries de sa famille.

— Ah ! s'écria-t-elle, mon fils est mort, les de Bridieu ont tué le père et fait assassiner le fils.

— Votre fils vit, madame, répondit le magistrat en jetant l'épée sur le parquet ; mais cette accusation calomnieuse doit vous prouver à vous-même que toute union est impossible entre votre famille et celle de M. de Bridieu.

Mme de l'Estrades sentait tellement le besoin de rétablir par un riche mariage la fortune épuisée de sa maison, que, malgré l'évidence, elle ne pouvait pas se résoudre à perdre tout espoir.

— Il y a un ordre du roi, s'écria-t-elle.

Toute union impossible ! pourquoi cela ?

— Parce que, d'un côté, il y a l'affront ; de l'autre, la vengeance.

M. de Montalais ne croyait pas si bien dire. . . . .

. . . .

Trois mois après les événemens que nous venons de raconter, M. Henri de Montalais avait l'honneur de présenter sa femme à Mgr le Dauphin, qui, deux ans plus tard, devait succéder à son aïeul Louis XV. En sortant des appartemens du Dauphin, les nouveaux époux passèrent dans ceux de la Dauphine.

Juana avait cédé aux prières de son père, à l'amour de Henri de Montalais et à l'affection presque filiale que depuis l'enfance elle ressentait pour M. et Mme de Montalais. Douée d'un sens aussi exquis que son caractère était ferme, elle sentit le besoin de ne laisser aucun espoir de retour à la passion de M. Raoul de l'Estrades. Le jeune homme, d'abord épouvanté de se trouver le cœur plein d'amour pour une jeune fille qui lui avouait avoir tué son père, s'était enfui plein de frayeur. La réflexion l'empêcherait bientôt de s'éloigner ; l'amour le ramènerait, et les raisonnemens captieux de sa mère, ses ordres, au besoin, lui feraient reprendre ses prétentions et recommencer ses poursuites. Qui pouvait savoir même si Raoul confierait à sa mère ce fatal secret ? et si, jaloux d'oublier ce qu'il avait appris, il n'ensevelirait pas au fond de son cœur cette terrible révélation ? Il était d'ailleurs si facile de justifier Mlle de Bridieu, qu'un fils seul pouvait ne pas admirer sa conduite. Pour Mlle de Bridieu tout était fini sans retour. Une fille plus romanesque que Juana et moins attachée à son père, aurait songé à entrer dans un couvent ; Juana n'en eut à peine un moment la pensée, tellement il lui semblait que ce parti serait douloureux. Elle n'aurait pas pu supporter que M. de l'Estrades l'accusât un jour de n'avoir pas pu surmonter un amour dont il avait eu l'aveu. Ainsi certaines personnes se décident, dans des occasions importantes, par faiblesse et par couardise, d'autres, par amour-propre et par orgueil. Ce qui rassurait Mlle de Bridieu, c'étaient les bonnes qualités de Henri de Montalais et l'espérance de vivre à Paris. M. de Bridieu désirait quitter l'Etang-la-Ville pour se rapprocher, d'abord de ses amis de la place Royale, ensuite des médecins de la capitale. Juana poussa elle-même son père à s'éloigner de Marly et de Louveciennes. Il y avait une avenue, qui conduisait de l'Etang-la-Ville à Louveciennes, dans laquelle elle ne voulait plus passer, qu'elle ne voulait même plus voir.

Avant de donner ces explications, nous avons laissé la jeune femme quittant les appartemens du Dauphin pour entrer dans ceux de la Dauphine.

Marie-Antoinette, assise dans un fauteuil, écoutait une lecture que lui faisait Mᵐᵉ Campan, debout devant elle. L'étiquette avait voulu que Mᵐᵉ la Dauphine fût prévenue de la visite qu'elle devait recevoir; elle attendait M. et Mᵐᵉ de Montalais. L'espèce de lutte qui s'était établie entre Marie-Antoinette et Mᵐᵉ du Barry, à propos de la grâce du gendarme du roi Thibault, et de la même faveur sollicitée pour Léonce de Bridieu, n'était pas sortie de sa mémoire; mais la princesse ne s'attendait pas à trouver dans la femme d'un des menins du Dauphin cette jeune personne éconduite un peu durement, dans un moment de mauvaise humeur, et qui paraissait avoir mérité ce traitement par ses réponses évasives et d'une franchise suspecte. Marie-Antoinette reconnut Mˡˡᵉ de Bridieu dans Mᵐᵉ de Montalais, au premier coup d'œil. Elle reçut les jeunes époux avec sa grâce accoutumée, et sans que rien dans son visage trahît sa surprise. Après les premiers complimens, elle fit à Mᵐᵉ Campan un signe léger que celle-ci comprit à merveille. La lectrice de la Dauphine s'empara de Henri de Montalais, et Marie-Antoinette attira Juana dans l'embrasure d'une fenêtre. A Versailles, aux Tuileries et dans d'autres palais royaux, l'épaisseur des murailles est telle, que ces embrasures forment une espèce de petit salon, dont la profondeur est souvent cachée par un paravent de laque ou d'étoffe. C'était ce qui arrivait chez la Dauphine ; de manière que la princesse et Juana se trouvèrent aussi seules que si elles avaient passé dans une autre pièce.

— Madame, dit Marie-Antoinette à la jeune femme avec un sourire bienveillant, nous ne nous voyons pas pour la première fois?

Mᵐᵉ de Montalais baissa les yeux.

— Vous avez perdu votre frère depuis cinq ou six mois environ ; c'était, en effet, un garde du corps qui servait bien le roi. J'ai pris des informations. Mais il ne vous ressemblait pas. Vous savez qu'au moment même du duel, me trouvant sur les lieux en la compagnie de M. le prince de Ligne, j'ai rencontré...

Juana se jeta aux pieds de la princesse, étendit une main vers le paravent qui la cachait à la vue de son mari, mit un doigt sur sa bouche et dit d'une voix si basse que Marie-Antoinette fut obligée de se baisser pour l'entendre :

— C'était moi, madame.

— Comment ! Que voulez-vous dire ?

— Oui, madame; un père déshonoré, un frère mourant... c'était moi.

— Vous êtes une noble et digne femme, dit Marie-Antoinette en pressant Mᵐᵉ de Montalais sur son cœur.

Juana mit encore un doigt sur sa bouche; ce fut sa seule manière de demander le secret, et ce secret fut d'autant plus religieusement gardé que M. Raoul de l'Estrades ne confia jamais à sa mère que son père avait été tué par une femme.

Il y eut une personne à laquelle le mariage de Mˡˡᵉ de Bridieu avec M. de Montalais causa le plaisir le plus sensible. Cette personne, fut Mᵐᵉ du Barry. La jeune et jolie comtesse ne laissait pas que d'être effrayée des prédictions de M. de La Taille, qui s'était permis d'annoncer que le mariage de M. Raoul de l'Estrades et de Mˡˡᵉ de Bridieu était écrit dans le ciel. Le fait donnait le démenti le plus éclatant à cette prédiction.

— Il ne voit pas plus clair dans le ciel que moi au fond d'un puits, disait la comtesse.

Hélas ! en ce qui concernait Jeanne Vaubernier, malheureusement le devin avait dit vrai.

CHAPITRE XII.

Épilogue.

La révolution de 89 a marqué certains lieux de Paris de son empreinte ineffaçable: les Tuileries, l'Hôtel-de-Ville, le Palais-Royal rappelleront toujours le souvenir de faits et de journées dont, pour nous, la mémoire ne peut périr.

La grande ville que, sans trop d'orgueil, on peut nommer, comme l'ancienne Rome, *Urbs*, renferme également beaucoup de rues, de places, que la Révolution a paru ignorer et que leurs paisibles habitans ont dû quitter, s'ils voulaient voir de près le drame qui se jouait à vingt pas plus loin. Il fallait néanmoins certaines précautions : il était nécessaire de se teindre avec quelque adresse des couleurs du moment, si on voulait jouir de cette tranquillité relative. La Place-Royale eut cet avantage. Commencée sous Henri IV, achevée sous Louis XIII, la statue de ce dernier s'élevait sous ses grands arbres. La statue fut abattue en 1792, et cela sans que le public daignât le remarquer : Louis XIII n'est presque pas un roi de France; le roi de son temps, c'était Richelieu.

On donna alors à cette place le nom de *place de l'Indivisibilité* ; c'était ainsi que se nommait la section où elle est située. Plus tard, le 14 septembre 1800, par arrêté du département de la Seine, elle prit le nom de *place des Vosges*, pour honorer le département des Vosges, qui le premier de tous, acquitta volontairement ses contributions. Ce furent là les seuls changemens qu'y apporta la révolution qui bouillonnait ailleurs. On sait qu'aujourd'hui cette place a repris son ancien nom, et que la statue de Louis XIII s'y trouve de nouveau, à demi-cachée par les arbres qui l'ombragent.

En 1794, l'hôtel Villedeuil, qui portait alors le n° 14, était occupé par le maire de la section de *l'Indivisibilité*, et ce fonctionnaire y avait ses bureaux. Vis-à-vis la mairie se trouvait l'hôtel de la famille Montalais, encore habité par Henri de Montalais et sa femme, née de Bridieu.

Vingt-deux ans s'étaient donc écoulés depuis que nous avons laissé la jeune Mme de Montalais confiant à la Dauphine un secret qui ne devait plus sortir de ses lèvres, et que son mari même ignorait encore. Que de choses passées dans ces vingt-deux ans! la monarchie abattue; Louis XVI, Marie-Antoinette, Mademoiselle Elisabeth précipités dans le même gouffre, la société tout entière ayant pris une nouvelle face et de nouvelles mœurs. Les changemens n'avaient pas été moindres dans les familles de Bridieu et de Montalais; mais du moins ces changemens avaient suivi le cours naturel des choses et la république n'y avait été pour rien. Mme de Montalais la mère était morte quelques années après le mariage de son fils, et un an plus tard M. le président de Montalais suivit sa femme au tombeau. Alors Henri de Montalais, qui depuis l'avénement de Louis XVI n'était plus menin, cessa entièrement de paraître à Versailles, et ne quitta plus Paris où il étudiait avec soin la législation du pays, législation qui allait changer et dont il lui fut facile de reconnaître les défauts et même les impossibilités. Cette étude lui fit excuser beaucoup de fautes et même comprendre beaucoup d'excès. L'homme a tellement besoin d'être gouverné, que si l'édifice social s'écroule, la première pensée de tous est de le reconstruire. Ce fut là le travail de la Convention,

et plus tard du Consulat et de l'Empire. M. de Montalais attendait cette rénovation prochaine avec impatience, et, en 1794, il l'attendait d'une façon singulière et sûre, qui prouvait la souplesse de son organisation et la sûreté de son jugement. Il rabotait! M. Henri de Montalais était devenu menuisier.

Certes, il n'était point infatué des maximes de Jean-Jacques; il n'entendait point mettre à profit les préceptes de l'*Emile;* mais il ne voulait point émigrer, et néanmoins, dans ces temps de violence, il voulait suivre la maxime du sage : *Cache ta vie.* Il résolut donc de la cacher entre une scie et un rabot. La fenêtre d'une pièce du rez-de-chaussée fut ouverte jusques au sol. Le salon devint un magasin, et M. de Montalais, entouré de planches de chêne et d'ais de sapin, faisait ou avait l'air de faire des bancs et des escabeaux pour les jeunes républicains de sa section et pour les membres des clubs voisins. Il vivait de peu, parce qu'il était logique de vivre comme un ouvrier, et que, d'ailleurs, ses fermiers ne le payaient pas. Une grande partie de son hôtel était sagement sous-louée à d'honnêtes habitans du quartier, gens mal aisés qui oubliaient de payer leur terme, et M. de Montalais ne les en faisait pas ressouvenir. Il rendait service à ses voisins, faisait partie de la garde nationale, et il était l'ami et souvent le conseil du citoyen maire et des conseillers municipaux. On a pu voir que sa passion pour Mlle de Bridieu avait été d'autant plus vive, que pendant longtemps elle avait été presque sans espoir : la possession l'avait encore augmentée, et il avait adopté le genre de vie que nous venons de rapporter, beaucoup plus pour la sécurité de sa femme que pour la sienne propre. Ce que surtout il n'aurait pas pu supporter, c'eût été d'être séparé d'elle. On n'ignorait pas place Royale, et dans les environs, qu'il était un ci-devant et on lui savait gré d'avoir écrit sur la devanture de sa boutique : *Henri, menuisier, travaille à façon et dans le bâtiment.*

— Cela vaut mieux que de vivre à l'étranger, se disait-il, en regardant son enseigne.

Mme de Montalais était devenue Mme Henri.

— Tout ce qui est violent ne peut durer, disait-elle à son mari, il viendra un temps où on se demandera lequel vaut mieux de M. de Montalais, homme instruit, jurisconsulte habile, ou de Henri, mauvais menuisier : et on choisira.

Son mari sut se vêtir de gros drap ; elle, d'indienne commune ; Mme Henri visitait les pauvres de son quartier, les soulageait, pansait les blessés et se cachait pour faire l'aumône à tous. Elle était adorée. Une fois la famille royale disparue, rien ne les intéressait plus, politiquement parlant, et ni le mari ni la femme ne s'occupèrent plus de ce qu'on appelait encore le char de l'Etat ou le vaisseau de la république. Ils n'eurent plus que le seul but de vivre oubliés et heureux sous les livrées du peuple, et ils y parvinrent par une conduite égale et cette espèce d'indifférence stoïque qui est l'attribut des sages, quand ils ne peuvent rien sur les événemens.

Des temps plus doux devaient venir.

M. de Bridieu ne mourut qu'en 1789, la veille même de la prise de la Bastille. Il expira doucement dans les bras de sa fille, accablé d'années et après avoir parcouru les douze maisons de la vie, ainsi que le lui avait prédit M. de la Taille.

Celui-ci logeait dans la maison de Mme de Montalais, qui l'avait recueilli et qui soignait sa vieillesse. Si le mariage prédit par le devin ne s'était pas réalisé, il avait du moins (et à son grand regret) prédit avec une fâcheuse exactitude la mort de la comtesse du Barry, exécutée le 9 décembre 1793 ; et comme lui-même se disait inhabile à lire dans les astres le sort qui l'attendait, il subit durant les dernières années du règne de Louis XVI deux malheurs imprévus : il perdit presque en même temps sa fortune et sa fille, seul lien qui l'attachât au monde. Ce fut alors que Mme de Montalais l'attira chez elle, ne voulant pas permettre qu'un ami de son père mourût dans l'isolement et le besoin. Le vieillard avait perdu la mémoire, il s'occupait cependant toujours de chiromancie et prédisait aux époux Montalais que le siècle ne finirait pas sans qu'un héros vînt de l'Orient, qui relèverait les ruines de la France et redonnerait à un nouvel empire un éclat nouveau.

A l'époque dont nous parlons, Mme de Montalais avait quarante-deux ans ; quelques fils d'argent se mêlaient à sa chevelure noire, et depuis son mariage, jamais le nom de M. Raoul de l'Estrades n'était sorti de ses lèvres. Par la mort de son père, la famille de Bridieu était éteinte, il fallait oublier tout ce qu'avait coûté l'honneur d'une race disparue. Seulement, la vanité du vieux M. de La Taille l'inquiétait quelquefois. Le devin tenait d'autant plus à ses anciennes prédictions, que l'âge rendait son esprit moins lucide qu'autrefois.

— Juana, lui disait-il, je suis certain que vous tuerez un homme... tôt ou tard... Il y a un peu plus de vingt-deux ans, je l'ai annoncé à votre père... Dieu fasse que ce ne soit pas quelque bon républicain... les suites en seraient terribles pour nous tous... Voulez-vous que je refasse votre thème de nativité ?

— Non, monsieur de la Taille, répondait Mme de Montalais, qui pâlissait alors légèrement, je ne veux pas connaître l'avenir.

Un jour, M. de Montalais était seul dans sa boutique, toutes portes ouvertes, malgré le froid piquant de février, et afin de se réchauffer par le travail il dégrossissait une planche de chêne, ou plutôt il gâtait du bois, tout en réfléchissant aux événemens du jour. La République était en péril, les places de Doué, Thouars et Saumur étaient au pouvoir des Vendéens ; le général Westermann avait éprouvé un échec considérable à Châtillon ; Custines et Biron (l'ancien duc de Lauzun) venaient de payer de leurs têtes le malheur de leurs armes ; on envoyait des troupes dans l'Ouest, et on sollicitait pour marcher contre la Vendée le courage et le dévoûment de tous les bons citoyens. La veille, le maire de la section avait rencontré M. de Montalais sur la place des Vosges, à côté même du faisceau d'armes surmonté du bonnet de la liberté qui remplaçait la statue de Louis XIII, et lui avait dit :

— Citoyen Henri, ça va mal en Vendée, ces coquins de chouans font des leurs ; ils ont frotté Westermann, Rossignol, Ronsin. J'ai envie de laisser là ma mairie, de prendre un fusil, et d'aller dire deux mots à ces gas... Viens avec moi.

Ces dévouemens subits étaient alors fort communs, et la proposition du citoyen maire, homme encore jeune, était dans les mœurs du jour. Elle ne surprit nullement M. de Montalais, quoiqu'elle ne fût pas de son goût.

— Tu as raison, citoyen, répondit-il tranquillement, je ferais peut-être mieux de servir la République, que de raboter des planches, mais je suis marié.

— Et tu as une belle femme, répliqua le maire, il faut en convenir.

— Bonne citoyenne, dit M. de Montalais.

— Excellente citoyenne, reprit le maire. Ecoute, citoyen, il me vient une idée.

— Laquelle, citoyen ?

— Tu es instruit... un ancien ci-devant, tout le monde le sait ici... Tu es l'homme qu'il faut à la section... Demain, je te fais nommer maire à ma place, et je pars après-demain pour la Vendée.

Là dessus le citoyen maire tapa sur l'épaule de M. de Montalais et alla à ses affaires.

C'était sur ces deux propositions, qui ne lui convenaient ni l'une ni l'autre, que M. de Montalais réfléchissait, gâtant du bois, lorsqu'une ombre se projeta devant lui. Il leva la tête et vit sur le seuil de son magasin un homme de quarante à quarante-cinq ans environ, de taille moyenne, les épaules carrées, la figure d'une pâleur mate que faisait ressortir une énorme moustache noire, l'air hardi, quoiqu'une nuance de frayeur, ou peut-être seulement d'hésitation se peignît sur son visage; d'ailleurs, coiffé du bonnet rouge et vêtu de la carmagnole. Cet individu s'avança vers l'établi, et se jetant sur un escabeau plutôt comme un homme las de lutter contre le danger, que comme un homme physiquement fatigué :

— Mon ami, dit-il à M. de Montalais.... pardon... citoyen, pourrais-tu me dire ce qu'est devenu un ci-devant, M. de Montalais, à qui appartenait autrefois cet hôtel?

— M. le comte de l'Estrades, dit Henri en quittant son rabot et en faisant un salut qui aurait été apprécié à Versailles vingt ans auparavant, cet hôtel appartient toujours à M. de Montalais, et M. de Montalais, c'est moi.

— Ah! s'écria Raoul en se levant, monsieur de Montalais!... c'est par la sembleu, vrai! *By God!* comme disait le général Burgoyne à Boston, qui m'aurait dit que je verrais jamais M. de Montalais un rabot à la main!

— Et M. le comte de l'Estrades, le bonnet rouge sur la tête?

Par un sentiment involontaire de jalousie, M. de Montalais leva les yeux au plafond. Il occupait avec sa femme l'appartement placé au-dessus du magasin ; on avait pratiqué dans le plancher de cet appartement une ouverture carrée, recouverte d'un bois mobile, ce qu'on nomme un *judas*, de manière que sa femme pouvait à son gré le voir, l'entendre et causer avec lui. Le *judas* était fermé; Juana ne pouvait donc pas se douter que M. Raoul de l'Estrades fût aussi près d'elle. Un second mouvement, plus noble et plus généreux, éloigna de lui ce sentiment ridicule de jalousie.

— Non, non, se dit-il, M. Raoul de l'Estrades est mon hôte, j'aurais l'honneur de le présenter à Mme de Montalais, s'il le désire.

M. Raoul crut devoir quelques explications à M. de Montalais.

— Vous avez raison, monsieur, dit-il en jetant son bonnet phrygien sur l'établi, mais je suis prisonnier, traqué, et il faut bien cacher le lion sous la peau du renard.

Quoique la comparaison ne fût pas modeste, elle avait pourtant quelque chose de vrai.

— Je vous remercie, monsieur le comte, dit noblement M. de Montalais, d'avoir songé à moi, puisque vous êtes en péril. Ce magasin, ouvert à tous venans, peut-être dangereux, voulez-vous monter chez moi?

— Permettez, monsieur, le danger quoique réel, n'est pas si pressant que je sois obligé de me cacher, surtout à Paris, où ceux qui me poursuivent ne me soupçonnent pas... mon costume me protége... Chez vous, nous trouverons sans doute Mme de Montalais, dont je voudrais éviter la rencontre.

— Comme il vous plaira, monsieur, répondit M. de Montalais; que puis-je faire pour vous?

Raoul crut alors devoir prendre les choses de loin. Il raconta que le cheval prêté par M. de Montalais le père l'avait conduit à Paris, et que ce jour-là même il s'était mis en route pour l'Angleterre. Sa mère n'avait pas tardé à l'y joindre, et elle était morte à Londres, il y avait quelques années. Pour lui, il s'était marié à Londres même avec une assez riche Anglaise; il avait quatre enfans et il vivait depuis longtemps obscur et tranquille, lorsque la venue de Mgr le comte d'Artois qu'il avait cru devoir visiter, le fit sortir de son repos et l'amena en France dont il serait ravi de s'éloigner.

— Vous êtes ici l'agent de monseigneur le comte d'Artois? demanda M. de Montalais.

— Pas précisément, répondit M. Raoul de l'Estrades ; voici quelle est ma mission; vous allez voir combien elle est simple en apparence, et combien elle a dû me paraître peu compromettante : M. de Calonne, qui conduit toutes les affaires du comte d'Artois à Londres, et qui, avec M. de Puysaye, est à la tête de l'émigration; M. de Calonne m'a donné une liste d'individus chez lesquels j'ai mission d'aller, et auxquels je n'ai que ces seuls mots à dire : *Les courses d'Ascott commenceront en avril*. A quoi les fidèles que je suis chargé de voir devront répondre : *J'aurais parié cent louis qu'il en serait ainsi*, ou deux cents, ou trois cents, ou mille, suivant la somme dont ils voudront disposer pour la bonne cause. Vous savez, monsieur, qu'il s'agit à Londres d'armer les émigrés, de leur donner de l'argent, et, avec l'aide des Anglais, de faire une descente en Bretagne. J'étais un mauvais messager pour une telle entreprise, poursuivit Raoul; vivant hors de France depuis plus de vingt ans, je devais connaître mal les hommes et les choses : aussi ai-je échoué dès les premiers pas. Hier, à Versailles, une similitude de noms m'a fait prendre un républicain forcené pour un royaliste éprouvé; les courses d'Ascott n'ont pas réussi auprès de ce citoyen; il a deviné les projets de M. de Calonne sous le voile léger qui les recouvre, et il m'a fait arrêter. Cette nuit, quelques pièces d'or adroitement coulées dans la main de mon geôlier m'ont ouvert la porte de ma prison. A Sèvres, un maraîcher m'a pris dans sa charrette et m'a conduit jusqu'à Paris, où j'ai endossé la carmagnole. J'ai voulu me réfugier rue du Pas-de-la-Mule, chez un ami, dont le nom même est oublié de son voisinage, et la place Royale vous a rappelé à mon souvenir. Pouvez-vous m'être utile, monsieur? Je vous sais assez généreux pour me servir.

— Et vous ne vous trompez pas; que voulez-vous ?

— Ce que je veux? s'écria Raoul avec la violence qu'il tenait de son père, je veux être à Londres, Lambert-Street, au milieu de ma femme et de mes enfans, et du diable, si je me mêle encore des courses d'Ascott. Je sais très bien que mon républicain de Versailles sera furieux quand il apprendra mon évasion, et qu'aujourd'hui peut-être, demain au plus tard, je serai traqué à Paris comme une bête fauve. Je veux sortir de Paris et gagner la frontière.

— Il y a pour cela un moyen très facile, dit M. de Montalais, si vous voulez me donner votre parole de ne pas prendre les armes contre la république. Je veux bien me permettre un mensonge, mais pas une trahison !

— Ne craignez rien, s'écria Raoul, les affaires de France ne me regardent pas. Je suis marié en Angleterre, je suis à moitié Anglais, mes enfans sont citoyens de Londres.

— Alors, remets ton bonnet rouge, citoyen, et suis-moi, dit M. de Montalais en endossant une veste d'ouvrier qui pouvait passer pour une carmagnole, ou plutôt, ajouta-t-il, garde un moment ma boutique, je vais dire un mot au maire de la section; il est nécessaire de le prévenir.

— Va, citoyen, *and God salve you and myself*; je te réponds de ta boutique jusques à ton retour.

Cependant Mme de Montalais se trouvait en ce moment-là même dans son appartement et elle avait auprès d'elle M. de la Taille assoupi au coin du feu.

Elle poussa légèrement la planchette qui recouvrait le judas, et, sans l'ouvrir entièrement, elle se ménagea un jour suffisant pour voir et surtout pour entendre ce qui se passait dans le magasin. Le premier mot qui parvint jusque'à elle fut celui-ci: «M. le comte», prononcé par son mari. Le premier objet qu'elle aperçut, fut un bonnet rouge. Un titre nobiliaire donné au porteur d'une coiffure républicaine, ne l'étonna pas : de pareilles anomalies étaient alors communes.

— C'est un pauvre émigré, pensa-t-elle, qui rentre en France, malgré les dangers qu'il y courra..... Nous ferons ce que nous pourrons pour lui être utile. Mais Henri ne devrait pas l'appeler M. le comte. Cela est dangereux.

Elle écouta avec attention, et reconnut bientôt la voix de M. Raoul de l'Estrades. Une rougeur subite colora son visage, elle se jeta tout émue dans un fauteuil, et son premier soin fut de reconnaître du regard si M. de la Taille remarquait l'altération de sa figure et l'émotion qu'elle éprouvait. Le vieillard était toujours assoupi.

Juana fit ensuite doucement glisser dans ses rainures la planchette du judas et agrandit ainsi l'espace étroit qui lui permettrait de voir l'intérieur du magasin. En ce moment-là même M. de Montalais sortait pour aller chez le maire de la section, et Raoul promettait de garder avec soin le logis en l'absence du maître.

L'émigré assis sur un escabeau, tournait et retournait dans ses mains son bonnet phrygien, et paraissait livré à des pensées douloureuses. On voyait sur ses traits hautains et un peu durs, les traces de l'orgueil contrarié, et des craintes qu'une fois seul il ne se donnait plus la peine de dissimuler. Son œil défiant errait sur la place Royale, ou suivait M. de Montalais qui se rendait à la section de l'Indivisibilité. De la place où il était assis, Raoul pouvait voir une sentinelle en carmagnole et armée d'une pique, qui faisait faction sur le seuil de cette municipalité républicaine. M. de Montalais échangea quelques mots avec cette sentinelle, qui n'était autre qu'un voisin, et il passa outre. La figure de Raoul s'obscurcit, son front se rida.

— Oh ! non, se dit-il à demi voix, je ne

suis pas venu me jeter dans la gueule du loup! Ce nouveau menuisier est toujours un gentilhomme quoi qu'il fasse. Il est incapable de me trahir!

Ce fut au moment où ces paroles injustes et qui trahissaient de vulgaires appréhensions s'échappaient de la bouche de Raoul que Juana put voir en plein la figure de cet objet d'un premier amour. Tout s'évanouit; le passé ne s'effaça pas cependant, mais il se compléta et revint tout entier dans la mémoire de Mme de Montalais.

Toutes les passions qui autrefois la mordirent au cœur lui parurent renaître, toute sa haine se réveilla. L'imprudent qui met le pied sur un nid de vipères n'éprouve pas une frayeur plus vive en entendant siffler les reptiles. Elle recula et se jetant dans un fauteuil placé auprès de la cheminée, vis-à-vis celui qu'occupait M. de la Taille, elle se saisit de la pincette et tourmenta les bûches qui brûlaient parfaitement dans l'âtre. Au bruit du fer sur les tisons enflammés, au pétillement des étincelles, M. de la Taille se réveilla, et de son œil toujours curieux, il interrogea la figure agitée de Juana :

— Qu'avez-vous, Juana ? dit-il, il me semble que je viens d'entendre aboyer votre petit chien Hope. Pardon, mon enfant, c'est un rêve, Hope est mort depuis longtemps.

Et le vieillard retomba dans ce sommeil de la vieillesse, dont les songes n'amènent, en effet, que les souvenirs du passé.

— Les traits et l'âme du père, se dit Juana, déjà repentante d'un mouvement involontaire. Un orgueil féroce, voilà le père; une méfiance voisine de la bassesse; c'est donc là le fils? Comment, cet émigré se réfugie chez M. de Montalais, et cependant il doute de sa loyauté ! Il vient lui confier sa vie, et il craint de s'être jeté dans la gueule du loup !

Mme de Montalais ne crut pas devoir en entendre davantage. L'homme qui insultait ainsi à l'honneur de son mari, tout en lui demandant un service aussi important que dangereux, ne méritait pas un regard de plus.

Juana poussa du pied la petite planchette de bois et referma le judas.

Tout était fini pour Juana. Le passé fut oublié, il n'y eut plus qu'un hôte dangereux à quelques pieds au-dessous d'elle.

Cependant M. de Montalais revint chez lui.

— Citoyen, dit-il, ton affaire est arrangée; te voilà volontaire de la République. Suis-moi.

La cour de la mairie était pleine de jeunes gens auxquels on venait de distribuer des armes, et qui se préparaient à partir. Heureusement pour la jeune République, ils étaient autres que M. le comte Raoul de l'Estrades. Le citoyen maire faisait les enrôlemens; dans la cour de la mairie les nouveaux conscrits chantaient en chœur la *Marseillaise*. M. de l'Estrades se garda bien de ne pas les imiter; et, conduit par M. de Montalais, il arriva auprès du maire en chantant de toute la force de ses poumons :

Aux armes, citoyens....

Il voulait absolument regagner sa maison de Lambert-street.

— Citoyen maire, dit M. de Montalais à son ami, tu me parlais hier d'aller défendre la patrie dans l'Ouest, je t'ai avoué franchement ma faiblesse, je ne veux pas quitter ma femme, et, comme je viens de te le dire, je t'amène un remplaçant.

Le maire regarda Raoul d'un air de connaisseur, et il parut charmé de sa prestance, de sa vigueur, de son bonnet rouge, de sa carmagnole et surtout de l'ardeur belliqueuse avec laquelle il chantait la *Marseillaise*.

— Et tu as raison, dit le gentilhomme.

— Citoyen, s'écria le maire d'une voix forte en s'adressant à Raoul, tu veux donc servir la République ?

— Oui, citoyen, répondit Raoul. Aux armes, citoyens.

— Très-bien : Comment te nommes-tu ?

— Publicola Regnier, dit intrépidement Raoul.

— Citoyen Publicola, tu es digne de servir la patrie... voici ton cartel d'enrôlement tu fais partie de l'armée de l'Ouest, quarante-cinquième demi-brigade, première compagnie de grenadiers. Vive la République !

Raoul répéta avec enthousiasme le cri de Vive la République; on lui donna un fusil, un sabre, une giberne et il alla dans la cour joindre ses nouveaux camarades qu'on dirigeait vers l'Ouest. Le détachement partait au moment même; il était naturel que Henri le menuisier, fît, à son ami, ce qu'on appelle un bout de conduite; M. de Montalais n'y manqua pas. Ces deux hommes se prirent par le bras et marchèrent un peu en arrière du détachement.

— Je suis heureux de vous avoir rendu service, dit M. de Montalais. Une chose seulement me fâche, c'est que toute haine ne soit pas éteinte entre les de l'Estrades et les de Bridieu; d'autant plus que les de Bridieu n'existent plus; la seule personne de ce sang qui vive encore ne porte plus ce nom, et s'appelle Mme de Montalais.

En entendant ce reproche, Raoul dégagea son bras jusque-là placé sous celui de M. de Montalais, et sa figure ordinairement pâle se couvrit de rougeur.

— Je sais bien, continua M. de Montalais que, comme vous me le dites à Marly, il y a du sang entre vous, mais d'abord vous n'étiez pour rien dans l'enlèvement à demi-accompli par Mme votre mère.

— Pour rien, dit Raoul en frappant sur son fusil de manière à en faire résonner les capucines.

— Ensuite, l'offense ne pouvait se venger que par le sang, et celui qui l'a répandu est mort depuis longtemps.

— Mort!... s'écria Raoul... mort!... c'était elle!...

— Que voulez-vous dire; c'était elle?

— Elle... elle..., vous dis-je, l'autre était mourant.... C'était elle-même encore une fois... elle a tué mon père!

En parlant ainsi, l'œil plein de courroux et le geste menaçant, M. de l'Estrades tourna sur ses talons et rejoignit à grands pas les volontaires de l'Ouest qui s'éloignaient en chantant.

Il eut le bonheur de gagner Londres sans malencontre et il ne revint jamais plus en France, lors même qu'il le put sans danger.

En rentrant chez lui, M. de Montalais monta dans l'appartement de sa femme.

— Vous venez de quitter M. Raoul de l'Estrades, dit Juana dès qu'elle aperçut son mari. Je lis sur votre visage que vous savez tout... Oui, monsieur, c'est à ma tendresse pour mon père, à mon orgueil légitime, à ma colère et si vous voulez à mon courage, que vous devez votre femme, une femme d'une famille sans tache, qui vous aime et qui n'aime que vous.

— Madame, répondit Henri de Montalais en baisant respectueusement la main de Juana, vous êtes *une sœur du Cid*.

— Je l'avais prédit, s'écria M. de la Taille, qui assis dans son fauteuil, paraissait plongé dans un sommeil complet... je l'avais prédit...

Et le vieillard retomba dans sa somnolence sénile.

M. de Montalais ne tarda pas à quitter le rabot; la boutique redevint bientôt un salon et, grâce à l'habile sagacité du premier consul, le mauvais menuisier fut transformé en un magistrat aussi probe qu'intelligent.

M. de la Taille mourut entre les bras des deux époux et il fit Juana son héritière. — L'héritage se réduisait au rubis oriental convoité par le comte Jean et qu'autrefois, à Louveciennes, Mme du Barry avait passé au doigt du DEVIN.

FIN DE LA DEUXIÈME ET DERNIÈRE PARTIE.

Imp. Schiller aîné.

Imp. Schiller aîné, Fg Montmartre, 11.

www.ingramcontent.com/pod-product-compliance
Lightning Source LLC
Chambersburg PA
CBHW060551170426
43201CB00009B/741